北京隋唐五代历史资料汇编

于德源 ◎ 编

北京燕山出版社

内容说明

本人从事北京史研究的26年中，披览、蒐集了大量北京史资料，在退休前就计划编写《北京隋唐五代时期史料汇编》、《北京辽金时期史料汇编》、《北京元代史料汇编》三部资料书，以填补北京史资料汇编的空缺。目前第一部隋唐时期的资料已经编成。

隋唐时代资料主要按政治、经济、行政区划和建置、文化、民族、宗教、城市建设和规模、坊市分为章、节、目。所引书目除隋书、新、旧唐书和新、旧五代史，《唐会要》、《唐大诏令集》及《资治通鉴》外，还搜罗了《全唐诗》、《全唐文》、《文馆词林》；陈尚君：《全唐诗补编》和《全唐文补编》中全部有关资料；《金石萃编》、《八琼室金石补正》和近年出版的高景春：《新中国出土墓志》北京卷（一、二），王鑫：《北京市文物研究所藏墓志拓片》、《房山云居寺石经题记汇编》等金石资料；以及《册府元龟》、《唐六典》、《通典》、《文献通考》等类书、政书；《元和郡县图志》、《太平寰宇记》、《括地志辑校》等地志书。此外，近年重要的考古发掘和重要的研究成果（如敦煌残卷有关内容）也一并收入。其他唐人笔记如《安禄山事迹》、《酉阳杂俎》、《隋唐嘉话》、《朝野佥载》等等，数量繁杂，恕不一一举列。

除进行编排整理外，还包括标点、校勘、注释，资料有抵牾之处，也一并加以考证。

史书叙事时，涉及人物往往只书其名，不书其姓。为了便于读者阅读，编者在资料中将其姓氏补在方括号内，以示醒目。圆括号内一般都是注解性的文字。

本书成稿以后，限于出版经费和发行量有限等因素，迟迟不能出版。今幸得北京市新闻出版广电局有关领导批准资助，在北京燕山出版社领导和金贝伦先生的大力支持下，得以付梓，笔者深为感谢。

需要说明的是，为了方便读者阅读，书中的繁体字、异体字、假借字大多统一为简体字和常用字、本字，但个别繁体字改写成简体字后，用在文言文中易生歧义，则仍保留原字。例如，后、後、几、幾、僕、仆、征、徵、干、乾、幹、發、髮、余、餘、采、採、彩、綵、鐘、鍾、御、禦、鬆、松、覈、核、只、隻、幸、倖、嚷、讓，等等，它们在繁体字中都各有不同的含义，有的甚至发音都不同，但若简化后就会都成为同一个字的多义字、多音字，一同放在正文中，这对于白话文还勉强，但用在文言文中肯定会引起文意上的混乱，所以仍保留原繁体字。虽然这件事颇为费力，但考虑到有利于本书的普及和读者的方便，还是值得的。

北京大学韩光辉教授、北京市社会科学院李宝臣研究员、北京市社会科学院图书馆匡淑红副研究员多年来一直支持笔者的工作，没有大家热情、无私的帮助，也不会有今天这样圆满结果，特在此深致谢意。

编者　2016 年 5 月 27 日

目录

内容说明

第一编　北京隋代历史资料

一、北京地区隋代的社会、经济、文化 3
　（1）建置、郡县、人口分布 3
　（2）商业 5
　（3）自然灾害 6
　（4）学术、文化、教育 6
二、隋朝对河北的控制 8
　（1）隋文帝篡北周时对河北的控制 8
　（2）隋文帝时的幽州（治今北京）酷吏 11
　（3）隋炀帝篡位后北方局势 12
　（4）李子雄与井陉之役 14
三、隋朝与突厥、高丽的关系 16
　（1）隋朝与突厥的关系 16
　（2）隋朝与高丽的关系 37
四、大运河和隋炀帝辽东之役 42
　（1）南北大运河的开凿 42
　（2）隋炀帝辽东之役 45
五、隋末农民起义 67
　（1）隋末河北地区的动乱 67
　（2）隋末唐初窦建德农民军三攻蓟城（今北京） 78

第二编　北京唐代历史资料

一、唐朝的建立和对幽州（治今北京）地区的控制 85

（1）罗艺归顺唐朝 ································· 85
　　（2）玄武门之变和罗艺集团的覆灭 ················· 88
　　（3）唐太宗李世民对幽州（治今北京）地区的控制 ··· 95
二、北京地区唐代的社会、经济、文化 ···················· 99
　　（1）区划、郡县、人口 ····························· 99
　　（2）物产 ··· 108
　　（3）农业 ··· 109
　　（4）商业、手工业 ································· 113
　　（5）学术、文化、教育 ····························· 116
　　（6）自然灾害 ····································· 120
三、唐代大运河和幽州（治今北京） ······················ 122
　　（1）有关唐代永济渠河道方位的记载 ················· 122
　　（2）大运河和幽州（治今北京） ····················· 123
四、唐代幽州（治今北京）的陆路交通和海道交通 ········· 126
　　（1）陆路交通 ····································· 126
　　（2）海道交通 ····································· 127
　　附录：《天津军粮城海口汉唐遗迹调查》 ············· 130
五、唐朝与北方民族的关系 ······························ 132
　　（1）唐朝与靺鞨的关系 ····························· 132
　　（2）唐朝与突厥的关系 ····························· 135
　　（3）唐朝与契丹的关系 ····························· 143
　　（4）唐朝与奚族的关系 ····························· 163
　　（5）唐朝与高丽的关系 ····························· 177
　　（6）唐朝与回鹘（回纥）的关系 ····················· 194
六、安禄山、史思明以幽州（治今北京）为据地的叛乱 ····· 197
　　（1）安禄山和史思明 ······························· 197
　　（2）叛乱的爆发 ··································· 204
　　（3）叛乱集团在幽州（治今北京）的内讧及败亡 ····· 219
七、北京地区唐后期的藩镇割据 ·························· 223
　　（1）藩镇的形成 ··································· 223
　　（2）北京地区唐后期镇帅的变局 ····················· 225
八、唐代蓟城（今北京）的城市 ·························· 315
　　（1）方位四至 ····································· 315
　　（2）布局和街坊 ··································· 318
九、北京隋、唐的寺院 ·································· 324

（1）智泉寺、悯忠寺 ·· 324
　　（2）云居寺和石刻经卷 ·· 330
　　（3）北京隋、唐的其他寺观 ·· 339
十、唐代有关幽州（治今北京）的诗歌 ································· 352
　　（1）卢照邻诗 ·· 352
　　（2）陈子昂诗 ·· 352
　　（3）张说（音：悦）诗 ··· 354
　　（4）卢藏用诗 ·· 356
　　（5）卢从愿诗 ·· 356
　　（6）祖咏诗 ··· 356
　　（7）孟浩然诗 ·· 357
　　（8）李白诗 ··· 357
　　（9）高适诗 ··· 359
　　（10）杜甫诗 ·· 362
　　（11）钱起诗 ·· 364
　　（12）张继诗 ·· 364
　　（13）皇甫冉诗 ··· 364
　　（14）王之涣诗 ··· 364
　　（15）李益诗 ·· 364
　　（16）韩愈诗 ·· 365
　　（17）刘禹锡诗 ··· 366
　　（18）孟郊诗 ·· 366
　　（19）张藉诗 ·· 366
　　（20）李贺诗 ·· 367
　　（21）元稹诗 ·· 367
　　（22）张祜诗 ·· 368
　　（23）贾岛诗 ·· 368
　　（24）河北士人诗两首 ·· 369
　　（25）无可诗 ·· 369
　　（26）姚合诗 ·· 370
　　（27）周贺诗 ·· 372

第三编　北京五代历史资料

一、后梁建立前后的幽州（治今北京）地区 ···························· 375

（1）刘仁恭割据幽州（治今北京）地区 ………………………… 375
　　（2）刘守光建立"大燕" …………………………………………… 393
二、后唐在幽州（治今北京）地区的统治 ……………………………… 421
　　（1）前期周德威等人与契丹的战争 ……………………………… 421
　　（2）后期赵德钧与契丹的战争 …………………………………… 460
　　（3）赵德钧与"东南河" ………………………………………… 510
　　附录：《五代赵德钧东南河考——兼辨永济北端河道》 ………… 510
　　《谈古代北京东南方面漕渠的变迁》 ……………………………… 516

第一编 北京隋代历史资料

一、北京地区隋代的社会、经济、文化

（1）建置、郡县、人口分布

［隋文帝］开皇三年（583年）十一月甲午，罢天下诸郡。

——《隋书》卷一《高祖纪上》。

杨尚希，弘农人也……高祖（指隋文帝杨坚）受禅，拜度支尚书，进爵为公。岁馀，出为河南道行台兵部尚书，加银青光禄大夫。时［杨］尚希见天下州郡过多，上表曰："自秦并天下，罢侯置守，汉、魏及晋，邦邑屡改。窃见当今郡县，倍多于古，或地无百里，数县并置；或户不满千，二郡分领。具僚以众，资费日多，吏卒人倍，租调岁减。清干良才，百分无一，动须数万，如何可觅？所谓民少官多，十羊九牧。琴有更张之义，瑟无胶柱之理。今存要去闲，并小为大，国家则不亏粟帛，选举则易得贤才，敢陈管见，伏听裁处。"帝览而嘉之，于是遂罢天下诸郡。

——《隋书》卷四十六《杨尚希传》。

［陈］长城公至德元年（按：隋文帝开皇三年，公元583年）十一月，河南道行台兵部尚书杨尚希曰："窃见当今郡县，倍多于古。或地无百里，数县并置；或户不满千，二郡分领。具僚已众，资费日多；吏卒增倍，租调岁减；民少官多，十羊九牧。今存要去闲，并小为大，国家则不亏粟帛，选举则易得贤良。"［民部尚书、纳言］苏威亦请废郡。帝从之。甲午，悉罢诸郡为州。

——《资治通鉴》卷一百七十五　陈纪九　长城公至德元年。

隋炀帝大业元年（605年）正月，废诸州总管府。
大业二年（606年）正月丁卯，遣十使并省州县。
大业三年（607年）四月壬辰，改州为郡。

——《隋书》卷三《炀帝纪上》。

隋炀帝大业元年（605年）正月，废诸州总管府①。
大业二年（606年）正月丁卯，遣十使并省州县。

---

① 胡三省注云："后周置诸州总管，隋因之，又有增置，今废之。"

大业三年（607年）四月壬辰，改州为郡。

——《资治通鉴》卷一百八十　隋纪四　炀帝大业元年—三年。

涿郡（治今北京）　旧置幽州，后齐置东北道行台。后周平齐，改置总管府。大业初，府废。统县九，户八万四千五十九。

蓟（今北京）　旧置燕郡，开皇初废，大业初置涿郡。

良乡（今北京房山窦店镇）

安次（今河北廊坊北）

涿（今河北涿州）　旧置范阳郡，开皇初郡废。

固安（今河北固安）　旧曰故安，开皇六年改焉。

雍奴（今天津武清境内）

昌平（今北京昌平土城）　旧置东燕州及平昌郡。后周州郡并废，后又置平昌郡。开皇初郡废，又省万年县入焉。有关官。有长城。

怀戎（今河北涿鹿西南七十里）　后齐置北燕州，领长宁、永丰二郡。后周去"北"字。开皇初郡废，大业初州废。有乔〔桥〕山，历阳山，大、小翻山。有㶟水、潜水、涿水、阪泉水。

潞（今北京通州东，河北三河城子村）　旧置渔阳郡，开皇初废①。

上谷郡（治今河北易县）　开皇元年置易州。统县六，户三万八千七百。

易（今河北易县）　开皇初置黎郡，寻废。十六年置县。大业初置上谷郡。旧有故安县，后齐废。有驳牛山、五回岭。有易水、徐水。

涞水（今河北涞水）　旧曰遒县，后周废。开皇元年以范阳为遒，更置范阳于此。六年改为固安，八年废，十年又置，为永阳。十八年改为涞水。

遒（今河北定兴易上村）　旧范阳居此，俗号小范阳，开皇初改为遒。

遂城（今河北徐水遂城镇）　旧曰武遂。后魏置南营州，准营州置五郡十一县：龙城、广兴、定荒〔县〕属昌黎郡；石城、广都〔县〕属建德郡；襄平、新昌〔县〕属辽东郡；永乐〔县〕属乐浪郡；富平、带方、永安〔县〕属营丘郡。后齐唯留昌黎一郡，领永乐、新昌二县，馀并省。开皇元年州移，三年郡废，十八年改为遂城〔县〕。有龙山。

永乐（今河北满城）　旧曰北平，后周改名焉。有郎山。

---

① 隋朝初年，隋文帝开皇三年（583年）省罢天下诸郡，今北京仍称幽州，置总管府。隋炀帝即位后，为了加强中央对地方的直接控制，大业元年（605年）废诸州总管府，三年（607年）命天下改州为郡，幽州改称涿郡。改设涿郡太守。涿郡，治今北京。蓟县，今北京。良乡，今北京房山窦店镇。安次，今河北廊坊地区。涿县，今河北涿州。固安，是由故安次县得名，今河北固安。雍奴，今天津武清境内。昌平，今北京昌平。怀戎，今河北涿鹿境内。潞县，今北京通州东，河北三河城子村。

飞狐（今河北涞源） 后周置，曰广昌。仁寿初改焉。有栗山。有巨马河①。

渔阳郡（治今天津蓟县）开皇六年徙玄州于此，并立总管府。大业初府废。统县一，户三千九百二十五。

无终（今天津蓟县） 后齐置，后周又废徐无县入焉。大业初置渔阳郡。有长城。有燕山、无终山。有泃河、如河、庚水、灅水、滥水。有海②。

北平郡（治今河北卢龙） 旧置平州。统县一，户二千二百六十九。

卢龙（今河北卢龙） 旧置北平郡，领新昌、朝鲜二县。后齐省朝鲜入新昌，又省辽西郡并所领海阳县入肥如。开皇六年又省肥如入新昌，十八年改名卢龙。大业初置北平郡。有长城。有关官。有临渝宫。有覆舟山。有碣石。有玄水、卢水、温水、闰水、龙鲜水、巨梁水。有海③。

安乐郡（治今北京密云燕落村） 旧置安州，后周改为玄州。开皇十六年州徙，寻置檀州。统县二，户七千五百九十九。

燕乐（今北京密云燕落村） 后魏置广阳郡，领大兴、方城、燕乐三县。后齐废郡，以大兴、方城入焉。大业初置安乐郡。有长城。有沽河。

密云（今北京密云） 后魏置密云郡，领白檀、要阳、密云三县。后齐废郡及二县入密云。又有旧安乐郡，领安市、土垠二县。后齐废土垠入安市，后周废安市入密云县。开皇初郡废。有长城。有桃花山、螺山。有渔水④。

——《隋书》卷三十《地理志中》。

令狐熙，开皇初为沧州刺史，时山东承齐之弊，户口簿籍，类不以实。［令狐］熙晓喻之，令自归首，至者一万口。在职数年，风华大洽，称为良二千石。

——《册府元龟》卷六百九十二《牧守部·招辑》。

（2）商业

突厥尝与中国交市，有明珠一箧，价值八百万，幽州总管阴寿白后（按：指隋文帝的文献独孤皇后）市之。后曰："非我所需也。当今戎狄屡寇，将士罢劳，未

---

① 易县，今河北易县。涞水，今河北涞水。遒县，今河北易县南营丘。遂城，今河北徐水县遂城乡。永乐，今河北满城。飞狐，今河北涞源。易水，今中易水河，过易县南。徐水，今漕河，过今河北徐水县西南。驳牛山，今云蒙山。郎山，今狼牙山。龙山，在今河北满城东北。
② 渔阳郡及所管辖的无终县并治于今天津蓟县。泃河，今泃河，过今北京平谷境。如河，即汝河，今名错河，过北京平谷西。庚水，今河北黎宁、州河。灅水，今河北遵化沙河。海，今渤海湾。无终山，今天津蓟县盘山。燕山，今河北玉田、遵化之间凤凰顶一带。
③ 关官，指监守临渝关的官员，临渝关在今河北抚宁县榆（渝）关。临渝宫应当在今抚宁榆关附近。覆舟山，在今河北迁安东。玄水，今青龙河。卢水，今河北迁安石河。温水，今河北迁安沙河。闰水，今河北迁安北青河。龙鲜水，今河北唐山陡河西源。巨梁水，今河北还乡河，过丰润、玉田境内。海，渤海湾。
④ 沽河，今白河。螺山，今北京怀柔红螺山。渔水，疑为今怀柔雁栖河。

若以八百万分赏有功者。"

——《隋书》卷三十六《后妃传》。

按：《资治通鉴·陈纪九·太建十三年》、《隋书·阴寿传》载：开皇元年（581年）隋文帝以阴寿为幽州行军总管，镇守今北京地区，后为幽州总管。阴寿在幽州3年，开皇三年（583年）卒于幽州。因此，突厥以珍珠于北京和隋朝贸易的事情应当发生在开皇初年（581—583年）。另外，突厥是游牧民族，生活在草原地区，不产珍珠，用来和隋朝贸易的珍珠应当是取自东部靠海的东夷高丽等民族。

[隋文帝开皇初]，韦艺迁营州（治今辽宁朝阳）总管……而大治产业，与北夷贸易，家资巨万，颇为清议所讥①。

——《隋书》卷四十七《韦世康传》附弟艺传。

韦艺为营州总管。[韦]艺容貌瑰伟，每夷狄参谒，必整仪卫，盛服以见之，独坐满一榻，蕃人畏惧，莫敢仰视。

——《册府元龟》卷八百八十三《总录部·形貌》。

（3）自然灾害

隋炀帝大业四年（608年）燕、代缘边诸郡旱。
隋炀帝大业五年（609年）燕、代、齐、鲁诸郡饥。

——《隋书》卷二十二《五行志上》。

按：燕，指以今北京为中心的河北地区。代，指今山西、陕西北部及和内蒙古交界的河套地区。齐，指今山东东部地区。鲁，指今山东西部地区。

（4）学术、文化、教育

[今河北地区]人性多敦厚，务在农桑，好尚儒学，而伤于迟重。前代称幽、冀②之士钝如椎，盖取此焉。俗重气侠，好结朋党，其相赴死生，亦出于仁义。离石、雁门、马邑、定襄、楼烦、涿郡、上谷、渔阳、北平、安乐、辽西③，皆连接边

---

① 亦见《册府元龟》卷四百五十五《将帅部·贪渎》
② 幽，泛指以北京为中心的河北北部地区。冀，泛指河北中南部地区。
③ 离石、雁门、马邑、定襄、楼烦均在今山西境内。涿郡、上谷、渔阳、北平、安乐均在今河北境内。辽西，指辽河以西，即今河北东北部地区。

郡，习尚与太原同俗，故自古言勇侠者，皆推幽、并云。然涿郡、太原①，自前代以来，皆多文雅之士，虽俱曰边郡，然风教不为比也。

——《隋书》卷三十《地理志中》。

［汉朝实行"察举"、"征辟"，魏晋北朝实行"九品中正制"，隋朝开始实行科举，为以后数千年所沿袭。隋文帝］开皇四年（584年）普诏天下公私文翰，并宜实录。

——《隋书》卷六十六《李谔传》。

开皇七年（587年）制：诸州岁贡三人。工商不得入仕。

原附：杜正元开皇举秀才，试策高第。时海内惟正元一人举秀才，馀常贡者，随例诠注……隋世，天下举秀才不十人，而正元一门三秀才。

原注：按常贡者分优劣，随例诠注之人也。举秀才者，文才杰出，对策高第之人也。炀帝始建进士科。

——《文献通考》卷二十八《选举一》。

隋文帝开皇七年（587年）正月，制诸州岁贡三人。

十六年（596年）六月，制工商不得进仕。

十八年（598年）八月，诏京官五品以上及总管、刺史，并以志行修谨、清平干济二科举人。

——《册府元龟》卷六百三十九《贡举部·条制一》。

杜正玄（按："元"避讳为"玄"）开皇末举秀才……应对如响，下笔成章。

——《册府元龟》卷六百四十三《贡举部·考试一》。

大业三年（607年）四月甲午，诏曰："……文武有职事者，五品以上，宜依令十科举人。有一于此，不必求备……其见任九品以上官者，不在举送之限。"五年（609年）六月辛亥，诏诸郡学业该通、才艺优洽、膂力骁壮、超绝等伦，在官勤奋、堪理政事，立性正直、不避强禦四科举人②。

——《隋书》卷三《炀帝纪上》。

卢楚，范阳人。少有才学，鲠急口吃，言语涩难。大业中，为尚书右司郎。

——《册府元龟》卷八百三十五《总录部·讷》。

---

① 涿郡，今北京地区，东周时燕国之都。太原，古晋阳，今山西太原地区，东周时晋国之都。
② 按：隋代，科举初创，其选士不单单是科举考试，也仍沿用朝廷官五品以上和地方官举荐的办法。开科则有二科、十科、四科之别，即按不同之需取士。

卢思道字子行，范阳人也……聪爽俊辩，通侻不羁……［北齐之世］文宣帝崩，当朝文士各作挽歌十首，择其善者而用之。魏收、阳休之、祖孝征等不过得一二首，唯［卢］思道独得八首。故时人称为"八米卢郎"……侍诏文林馆。周武帝平齐……［幽州总管］素闻其名，引出之，令作露布。［卢］思道援笔立成，文无加点……高祖为丞相，迁武阳太守，非其好也。为《孤鸿赋》以寄其情……［隋文帝］开皇初，以母老，表请解职，优诏许之。

——《隋书》卷五十七《卢思道传》。

卢思道为武功太守。开皇初，以母老，表请解职，优诏许之。卢思道自恃才地，多所凌轹，由是官途沦滞，既而又著"劳生论"，指切当时。

——《册府元龟》卷九百十五《总录部·废滞》。

崔儦，年十六，太守请为功曹，不就。少与范阳卢思道、陇西辛德源同志友善。

——《册府元龟》卷八百八十二《总录部·交友二》。

二、隋朝对河北的控制

（1）隋文帝篡北周时对河北的控制

高祖文皇帝姓杨氏，讳坚，弘农郡华阴人也……［父杨忠］从周太祖起义关西，赐姓普六茹氏，位至柱国、大司空、隋国公。

［北周］大象二年（580年）五月，以高祖（按：指后来篡位的隋文帝）为扬州总管，将发，暴有足疾，不果行。乙未，帝（按：指北周宣帝）崩。时静帝（按：宣帝长子宇文衍）幼冲，未能亲理政事。内史上大夫郑译、御正大夫刘昉以高祖［乃］皇后之父，众望所归，遂矫诏引高祖入总朝政，都督内外诸军事。周氏诸王在藩者，高祖悉恐其生变，称赵王［宇文］招将嫁女于突厥为辞以征之。丁未，发丧。庚戌，周帝拜高祖假黄钺、左大丞相，百官总己而听焉。

六月，赵王［宇文］招、陈王［宇文］纯、越王［宇文］盛、代王［宇文］达、滕王［宇文］逌并至于长安。相州（治今河南安阳）总管尉迟迥自以重臣宿将，志不能平，遂举兵东夏。赵、魏之士，从者如流，旬日之间，众至十馀万。又宇文胄以荥州，石愻以建州，席毗以沛郡，毗弟［席］叉罗以兖州，皆以应于［尉迟］迥。

[尉迟]迥遣子质于陈请援。高祖命上柱国、郧国公韦孝宽讨之。雍州牧毕王[宇文]贤及赵、陈等五王，以天下之望归于高祖，因谋作乱。高祖执[宇文]贤斩之，寝赵王等之罪，因诏五王剑履上殿，入朝不趋，用安其心。

　　七月，韦孝宽破尉迟迥于相州，传首阙下，馀党悉平……[又先后平淮南、湖北、四川之乱]……五王阴谋滋甚，高祖赍酒肴以造赵王第，欲观所为。赵王伏甲以宴高祖，高祖几危，赖元胄以济，语在《胄》传。于是诛赵王[宇文]招、越王[宇文]盛。

　　大定元年（581年）二月，周帝以众望有归，乃下诏曰："……今便祇顺天命，出逊别宫，禅位于隋，一依唐、虞、汉、魏故事。"……遣大宗伯、大将军、金城公赵煚奉皇帝玺绂，百官劝进。高祖乃受焉。

　　开皇元年（581年）二月甲子，上（按：指高祖隋文帝）自相府常服入宫，备礼即皇帝位于临光殿。设坛于南郊，遣使柴燎告天。是日，告庙，大赦，改元[开皇]。

——《隋书》卷一《高祖纪上》。

　　尉迟迥字薄居罗，代人也……[北]周宣帝即位，以[尉迟]迥为大前疑，出为相州总管。宣帝崩，隋文帝辅政，以[尉迟]迥望位凤重，惧为异图，乃命[尉迟]迥子魏安公[尉迟]惇赍诏书，以会葬征[尉迟]迥。寻以郧国公韦孝宽代[尉迟]迥为总管。[尉迟]迥以隋文帝当权，将图篡夺，遂谋举兵，留[尉迟]惇而不受代。隋文帝又使候正破六汗裒诣[尉迟]迥喻旨，密与总管府长史晋昶等书，令为之备。[尉迟]迥闻之，杀长史及[破六汗]裒。乃集文武士庶，登城北楼而令之曰："杨坚以凡庸之才，借后父之势，挟幼主而令天下，威福自己，赏罚无章，不臣之迹，暴于行路。吾居将相，与国舅甥，同休共戚，义由一体。先帝处吾于此，本欲寄以安危。今欲与卿等纠合义勇，匡国庇人，进可以享荣名，退可以终臣节。卿等以为如何？"于是众咸从命，莫不感激。乃自称大总管，承制署置官司。于时赵王[宇文]招已入朝，留少子在国，[尉迟]迥又奉以号令。[尉迟]迥弟子[尉迟]勤，时为青州总管，亦从[尉迟]迥。[尉迟]迥所管相、卫、黎、毛、洺、贝、赵、冀、瀛、沧，[尉迟]勤所统青、胶、光、莒诸州，皆从之。众数十万。荥州刺史邵公宇文胄、申州刺史李惠、东楚州刺史费也利进、东潼州刺史曹孝达，各据州以应[尉迟]迥。[尉迟]迥又北结[原北齐营州刺史]高宝宁以通突厥；南连陈人，许割江、淮之地。

　　隋文帝于是征兵讨[尉迟]迥，即以韦孝宽为元帅……孝宽乘胜进至邺（今河北临漳县邺镇）……[尉迟]迥大败，遂入邺。迥走保北城①，孝宽纵兵围之……[尉迟]迥上楼，射杀数人，乃自杀。

　　[尉迟]迥自起兵至败，六十八日。

---

① 邺有南城、北城。《邺中记》称：北城是东汉末年曹操建于建安十八年（213年），南城是南北朝时期北齐初年高欢所建。

——《周书》卷二十一《尉迟迥传》。

韦叔裕字孝宽，京兆杜陵人也，少以字行。世为三辅著姓……及［周］宣帝崩，隋文帝辅政，时尉迟迥先为相州总管，诏孝宽代之。又以小司徒叱列长义为相州刺史，先令赴邺（今河北临漳县邺镇）。［韦］孝宽续进，至朝歌，［尉迟］迥遣大都督贺兰贵赍书候［韦］孝宽。［韦］孝宽留［贺兰］贵与语以察之，疑其有变，遂称疾徐行。又使人至相州求医药，密以伺之。即到汤阴，逢［叱列］长义奔还。［韦］孝宽兄子魏郡守［韦］艺又弃郡南走。［韦］孝宽审讦其状，乃驰还。所经桥、道，悉令毁撤，驿马悉拥以自随……［尉迟］迥果遣仪同梁子康将数百骑追［韦］孝宽……由是不及。

六月，诏发关中兵，以［韦］孝宽为元帅东伐……大破［尉迟］迥子［尉迟］惇，［尉迟］惇轻骑奔邺（今河北临漳县邺镇）。［韦］孝宽军次于邺［城外］西门豹祠之南。［尉迟］迥自出战，又破之。［尉迟］迥穷迫自杀。兵士在小城①中者，尽坑于游豫园。诸有未服皆随机讨之，关东悉平。十月，凯还京师。十一月，薨，时年七十二。

——《周书》卷三十一《韦孝宽传》。

于翼字文若，［北周］太师、燕公［于］谨之子……［北周］大象初，征拜大司徒。诏［于］翼巡长城，立亭鄣。西自雁门，东至碣石，创新改旧，咸得其要害云。仍除幽、定七州六镇诸军事、幽州总管。先是，突厥率为寇掠，居民失业。［于］翼素有威武，兼明斥候，自是不敢犯塞，百姓安之。

及尉迟迥据相州（治今河南安阳）举兵，以书招［于］翼。［于］翼执其使，并书送之。于时隋文帝执政，赐［于］翼杂缯一千五百段、粟麦一千五百石，并珍宝服玩等，进位上柱国，封任国公，增邑通前五千户，别食任城县一千户，收其租赋。［于］翼又遣子［于］让通表劝进，并请入朝。隋文帝许之。

开皇初，拜太尉。或有告［于］翼，云往在幽州欲同尉迟迥者，隋文帝召致清室，遣理官按验。寻以无实见原，仍复本位。三年（583年）五月，薨（按：误，《隋书·高祖纪》及《通鉴》均记于翼卒于二年）。

——《周书》卷三十《于翼传》。

开皇元年（581年）二月乙亥，以柱国、并州总管、申国公李穆为太师，上柱国、邓国公窦炽为太傅，上柱国、幽州总管、任国公于翼为太尉。

开皇二年（582年）五月壬戌，太尉、任国公于翼薨。

——《隋书》卷一《高祖纪上》。

---

① 按：邺小城即北城，见《隋书·尉迟迥传》

于仲文字次武……［开皇初］，其叔父太尉［于］翼坐事下狱，［于］仲文亦为吏所簿，于狱中上书曰："……臣第二叔［于］翼先在幽州，总驭燕、赵，南临群寇，北捍旄头，内外安抚，得免罪戾……"上览表，并［于］翼俱释之。

——《隋书》卷六十《于仲文传》。

（2）隋文帝时的幽州（治今北京）酷吏

仁寿三年（603年）八月壬申，上柱国、检校幽州总管、落丛郡公燕荣以罪伏诛。

——《隋书》卷二《高祖纪下》。

燕荣字贵公，华阴弘农人也。

［开皇初］，突厥寇边，以为行军总管，屯幽州。母忧去职。明年，起为幽州总管。

［燕］荣性严酷，有威容，长史见者，莫不惶惧自失。范阳卢氏，代为著姓，［燕］荣皆署为吏卒以屈辱之。鞭笞左右，动至千数，流血盈前，饮噉自若。尝按部，道次见丛荆，堪为笞棰，命取之，辄以试人。人或自陈无咎，［燕］荣曰："后若有罪，当免尔。"及后犯细过，将棰之，人曰："前日被杖，使君许有罪宥之。"［燕］荣曰："无过尚尔，况有过邪！"榜棰如旧①。［燕］荣每巡省管内，闻官人及百姓妻女有美色，辄舍其室而淫之。贪暴放纵日甚。是时元弘嗣被除为幽州长史，惧为［燕］荣所辱，固辞。上（按：指隋文帝）知之，敕［燕］荣曰："弘嗣杖十以上罪，皆须奏闻。"［燕］荣忿曰："竖子何敢弄我！"于是遣弘嗣监纳仓粟，飏得一糠一粃，辄罚之。每笞虽不满十，然一日之中，或至三数。如是历年，怨隙日构，［燕］荣遂收付狱，禁绝其粮。［元］弘嗣饥馁，抽衣絮，杂水咽之。其妻诣阙称冤，上遣考功侍郎刘士龙驰驿鞫问。奏［燕］荣虐毒非虚，又赃秽狼藉，遂征还京师，赐死。

——《隋书》卷七十四《燕荣传》。

燕荣为幽州总管，每巡省管内，闻官人及百姓妻女有美色，辄舍其室而淫之。贪暴放纵日甚。高祖（即隋文帝）遣考功侍郎刘士龙驰驿鞫问。奏［燕］荣毒虐非虚，又赃秽狼藉，遂赐死。

——《册府元龟》卷六百九十八《牧守部·专恣》。

燕荣为幽州总管，坐毒虐赃秽，征还京师，赐死。先是，燕家寝室无故有蛆数斗，

---

① 《册府元龟》卷六百九十七《牧守部·酷虐》所记与此同。

从地坟出。未几,[燕]荣死于蛆出之处①。

——《册府元龟》卷九百五十一《总录部·咎征二》。

元弘嗣,河南洛阳人也。祖[元]刚,魏渔阳王。父[元]经,周渔阳郡公。[元]弘嗣少袭爵,十八为左亲卫。开皇九年(589年),从晋王[杨广]平陈,以功授上仪同。十四年(594年)除观州总管长史,在州专以严峻任事,吏人多怨之。二十年(600年),转幽州总管长史。于时燕荣为总管,肆虐于[元]弘嗣,每被笞辱。[元]弘嗣心不伏,[燕]荣遂禁[元]弘嗣于狱,将杀之。及[燕]荣诛死,[元]弘嗣为政,酷又甚之。每推鞫囚犯,多以酢灌鼻,或椓戈其下窍,无敢隐情,奸伪屏息②。

——《隋书》卷七十四《元弘嗣传》。

(3) 隋炀帝篡位后北方局势

开皇二十年(600年)十月乙丑,皇太子[杨]勇及诸子并废为庶人。十一月戊子,以晋王[杨]广(按:即隋炀帝)为皇太子。

仁寿四年(604年)七月甲辰,上(隋文帝)以疾甚,卧于仁寿宫(按:在岐州),与百僚辞诀,并握手歔欷。丁未,崩于大宝殿,时年六十四。

——《隋书》卷二《高祖纪下》。

高祖(按:指隋文帝)寝疾于仁寿宫,征皇太子(按:后即位隋炀帝的杨广)入侍医药,而奸乱宫闱,事闻于高祖。高祖抵床曰:"枉废我儿(按:指废太子杨勇)。"因遣[人]追勇。未及发使,高祖暴崩,秘不发丧。遽收柳述、元岩,系于大理狱,伪为高祖敕书,赐庶人(按:指废太子杨勇)死。

——《隋书》卷四十五《房陵王勇传》

宣华夫人陈氏,陈宣帝之女也。性聪慧,姿貌无双。及陈灭,配掖庭,后选入宫为嫔。时独孤皇后性妒,后宫罕得进御,唯陈氏有宠。晋王[杨广]之在藩也,阴有夺宗之计,规为内助,每致礼焉。进金蛇、金驼等物,以取媚于陈氏。皇太子废立之际(按:指隋文帝废杨勇而立晋王杨广为太子),颇有力焉。及文献皇后崩,进为贵人,专房善宠,主断内事,六宫莫与为比。及上(按:指隋文帝)大渐,遗诏拜为宣华夫人。

---

① 此亦见于《隋书·燕荣传》。
② 《册府元龟》卷六百九十七《牧守部·酷虐》所记与此同。

初，上（按：指隋文帝）寝疾于仁寿宫也，夫人与皇太子（按：指后来的隋炀帝杨广）同侍疾。平旦出更衣，为太子所逼，夫人拒之得免，归于上所（按：指隋文帝寝宫）。上怪其神色有异，问其故。夫人泫然曰："太子无礼。"上恚曰："畜生何足付大事，独孤诚误我！"意谓献皇后也。因呼兵部尚书柳述、黄门侍郎元岩曰："召我儿！"述等将呼太子（按：指杨广），上曰："[杨]勇也。"述、岩出阁为敕书讫，示左仆射杨素。素以其事白太子，太子遣张衡入寝殿，遂令夫人及后宫同侍疾者，并出就别室。俄闻上（指隋文帝）崩，而未发丧也。夫人与诸后宫相顾曰："事变矣！"皆色动股栗。晡后，太子遣使者赍金盒子，帖纸于际，亲署封字，以赐夫人。夫人见之惶惧，以为鸩毒，不敢发。使者促之，于是乃发，见盒中有同心结数枚。诸宫人咸悦，相谓曰："得免死矣！"陈氏恚而却坐，不肯致谢。诸宫人共逼之，乃拜使者。其夜，太子烝焉（按：乱伦，以下犯上叫烝）。

——《隋书》卷三十六《后妃传》。

高祖[杨坚]五男，皆文献皇后之所生也。长曰房陵王勇，次炀帝[广]、次秦孝王俊、次庶人秀、次庶人谅。

[杨谅]开皇元年（581年）立为汉王。十二年（592年）为雍州牧，加上柱国、右卫大将军……十七年（597年），出为并州（治太原）总管，上幸温汤而送之。自山以东，至于沧海，南拒黄河，五十二州尽隶焉。特许以便宜，不拘律令。

谅自以所居天下精兵处……阴有异图。遂讽高祖云："突厥方强，太原即为重镇，宜修武备。"高祖从之。于是大发工役，缮治器械，贮纳于并州。招佣亡命，左右私人，殆将数万。

高祖（按：即隋文帝）崩，[炀帝杨广篡位]，征之不赴，遂发兵反……闻喜人总管府兵曹裴文安曰："井陉以西，是王掌握之内，山东士马，亦为我有，宜悉发之。"[杨谅]于是遣所署大将军余公理出太谷，以趣河阳。大将军綦良出滏口，以趣黎阳。大将军刘建出井陉，以略燕、赵。柱国乔钟葵出雁门。

炀帝[杨广]遣杨素率骑五千，袭[杨谅将]王聃、纥单贵于蒲州，破之。于是率步骑四万趣太原……[杨]谅勒兵与官军大战，死者万八千人……降。

——《隋书》卷四十五《庶人谅传》。

屈突通，雍州长安人……及[隋]文帝崩，炀帝遣[屈突]通以诏书征汉王[杨]谅。先是，文帝与[杨]谅有密约曰："若玺书召汝，于敕字之旁别加一点，又与玉麟符合者，当就征。"及发书无验，[杨]谅觉变。

——《旧唐书》卷五十九《屈突通传》。

窦荣定，扶风平陵人也。父[窦]善，[北]周太仆。季父（按：即叔父）[窦]

炽，开皇初，为太傅……其妻则高祖（按：即隋文帝杨坚）姊安成长公主（万安公主）也……开皇六年（586年）卒……子［窦］抗嗣。

［窦］抗美容仪，性通率，长于巧思。父卒之后，恩遇弥隆，所赐钱帛金宝，亦以钜万。抗官至定州刺史，复检校幽州总管（按：检校即代理的意思）。炀帝即位，汉王［杨］谅构逆，［炀帝］以为［窦］抗与通谋，由是除名，以其弟［窦］庆袭封陈公。

——《隋书》卷三十九《窦荣定传》。

［窦］抗字道生，［唐高祖李渊之］太穆皇后之从兄也，隋洛州总管、陈国公荣（按：即窦荣定）之子也；母，隋文帝万安公主。［窦］抗在隋以帝甥甚见崇宠。少入太学，略涉书史，释褐（按：即受任官职的意思）千牛备身、仪同三司。属其父寝疾，抗躬亲扶持，衣不解带者五十馀日。及居丧，哀毁过礼。后袭爵陈国公，累转梁州刺史。将之官，隋文帝幸其第，命抗及公主酣宴，如家人之礼，赏赐极厚。母卒，号恸绝而复苏者数焉，文帝令宫人至第，节其哭泣。岁馀，起为岐州刺史，转幽州总管，所在并以宽惠闻。及汉王［杨］谅作乱，炀帝恐其（按：指窦抗）为变，遣李子雄驰往代之。子雄因言［窦］抗得［杨］谅书而不奏，按之无验，以疑贰除名。

——《旧唐书》卷六十一《窦威传》附从兄子抗传。

［窦］抗，［唐高祖李渊之］太穆皇后从父兄，隋洛州总管、陈国公荣（按：即窦荣定）之子也。母，隋文帝万安公主。隋为幽州总管，［唐高祖］武德初为左武侯大将军，从平王世充。册勋太庙者九人，［窦］抗与从弟［窦］轨俱预，朝廷荣之。

——《册府元龟》卷八百六十六《总录部·贵盛》。

右《唐窦抗墓志》，欧阳询撰并书。其所历官，新、旧《史》所书颇多阙略。盖抗在隋自岐州刺史迁冀州，又迁定州，又为辽东道行军总管，改朔州道，遂授持节幽、易、燕、檀四州诸军事，幽州总管，幽州刺史，而《史》直云："自岐州转幽州总管。"其归唐，为弘化道安抚大使，迁光禄大夫；又为左武候大将军。时，以本官领同州刺史，《史》皆不载。其卒，《史》言谥密，而《志》作容。

——赵明诚《金石录》卷二十三《唐司空窦抗墓志》。

（4）李子雄与井陉之役

李子雄，渤海蓨人也。……汉王［杨］谅之作乱也，炀帝将发幽州兵以讨之。时窦抗为幽州总管，帝恐其有二心，问可任者于杨素。［杨］素进［李］子雄，授大将军，拜廉州刺史，驰至幽州（今北京），止传舍，招募得千馀人。［窦］抗恃素贵，不时相见。子雄遣人谕之。后二日，［窦］抗从铁骑二千，来诣子雄所。子雄伏甲，请与相见，因擒［窦］抗。遂发幽州步骑三万，自井径以讨［杨］谅。时［杨］谅遣大将军刘建略地燕、赵，正攻井陉，相遇于抱犊山下，力战，破之。迁幽州总管，寻征拜民部尚书。

——《隋书》卷七十《李子雄传》。

李子雄［隋文帝之世］为骠骑大将军，后坐事免。炀帝初，汉王［杨］谅乱，帝疑幽州总管窦抗有贰，拜［李］子雄为冀州刺史，驰至幽州，止传舍，招募得千馀人。［窦］抗恃素贵，不时相见，［李］子雄遣人谕之，后二日，［窦］抗从铁骑二千来诣子雄所，［李］子雄伏甲，请与相见，因擒［窦］抗，遂发幽州兵步骑三万自井陉以讨［杨］谅。时［杨］谅遣大将军刘建略地燕、赵，正攻井陉，相遇于抱犊山下，力战，大破之。

——《册府元龟》卷三百六十五《将帅部·机略五》。

李子雄为［北周］帅都督时，高祖作相（后即位为隋文帝），从韦孝宽破尉迟迥（按：《隋书·李子雄传》作尉迟）于相州（今河南安阳），拜上开府，赐爵建昌公。高祖受禅，为骠骑将军。伐陈之役，以功进位大将军。炀帝初，汉王［杨］谅之作乱也。［李］子雄授上大将军，力战破之，迁幽州总管。

——《册府元龟》卷三百八十四《将帅部·褒异十》。

李子雄为广州（按：误，当为"廉"，见《隋书》本传）刺史，炀帝时汉王［杨］谅作乱。帝疑幽州总管窦抗有贰，乃遣［李］子雄驰至幽州，止传舍，召募得千人。

——《册府元龟》卷四百一十三《将帅部·召募》。

京兆张季珣，父［张］祥，少为高祖（按：指隋文帝）所知……仁寿末，汉王［杨］谅举兵反，遣其将刘建略地燕、赵。至井径，［张］祥勒兵拒守，［刘］建攻之，复纵火烧其［城］郭下。［张］祥见百姓惊骇，其城侧有西王母庙，［张］祥登城望之再拜，号泣而言曰："百姓何罪，致此焚烧！神其有灵，可降雨相救。"……须臾骤雨，其火遂灭。士卒感其至诚，莫不用命。城围月馀，李［子］雄援军至，贼遂退走。以功授开府，历汝州刺史、灵武太守，入为都水监，卒官。

——《隋书》卷七十一《张季珣传》。

隋张祥，仁寿末为并州司马，汉王［杨］谅举兵反，遣其将刘建略地燕、赵，至井陉，［张］祥勒兵拒守，［刘］建攻之，复纵火烧其郭下。［张］祥见百姓惊骇，其城侧有西王母庙，［张］祥登城望之再拜，号泣而言曰："百姓何罪，致此焚烧！

神有灵,可降雨相救。"……须臾骤雨,其火遂灭。士卒感其诚,莫不用心。城围月余,李[子]雄援军至,贼遂退走。

——《册府元龟》卷三百九十八《将帅部·冥助》。

三、隋朝与突厥、高丽的关系

（1）隋朝与突厥的关系

[东突厥]沙钵略可汗勇而得众,北夷皆归附之。及高祖（按:指隋文帝）受禅,待之甚薄,北夷大怨。会[北齐]营州刺史高宝宁作乱,沙钵略与之合军,攻陷临渝镇。上敕缘边修保鄣,峻长城,以备之,仍命重将出镇幽、并。沙钵略妻,[北周]宇文氏之女,曰千金公主,自伤宗祀绝灭,每怀复隋之志,日夜言于沙钵略。由是悉众为寇,控弦之士四十万。上令柱国冯昱屯乙弗泊（今青海乐都西）,兰州总管斛李长又守临洮（今甘肃临潭）,上柱国李崇屯幽州（治今北京）,达奚长儒据周盘（今陕西陇县、甘肃秦安以北）,皆为虏所败……天子（按:指隋文帝）震怒………于是以河间王弘、上柱国豆卢勣、窦荣定、左仆射高颎、右仆射虞庆则并为元帅,出塞击之。沙钵略率阿波、贪汗二可汗等来拒战,皆败走遁去。时虏饥甚,不能得食,于是粉骨为粮,又多灾疫,死者极众。

既而[开皇三年（583年）],沙钵略以阿波骁悍,忌之,因其先归,袭击其部,大破之,杀阿波之母。[阿波奔西部突厥、沙钵略可汗从父达头可汗,贪汗可汗、沙钵略从弟地勤察均从达头可汗,共攻沙钵略。会千金公主上书,请为一子之例,[开皇四年（584年）]高祖遣开府徐平和使于沙钵略,[后又遣虞庆则、长孙晟使突厥]。时沙钵略既为达头所困,又东畏契丹,遣使告急,请以部落度漠南,寄居白道川（在今内蒙古呼和浩特北）内,有诏许之。诏晋王广以兵援之,给以衣食,赐以车服鼓吹。沙钵略因西击阿波,破擒之。而阿拔国部落乘虚略其妻子。[隋]官军为击阿拔,败之,所获悉与沙钵略。沙钵略大喜,乃立约,以碛为界。因上表曰:"……窃以天无二日,土无二王,伏惟大隋皇帝,真皇帝也。岂敢阻兵恃险,偷窃名号,今便感慕淳风,归心有道,屈膝稽颡,永为藩附……"高祖下诏曰:"沙钵略称雄漠北,多

---

① 千金公主是北周皇室宇文氏女,隋文帝杨坚以外戚、皇后之父的身份篡取北周帝位,故被千金公主所怨恨。"复隋",报复隋朝的意思。

历世年，百蛮之大，莫过于此。往虽与和，犹是二国，今作君臣，便成一体。情深义厚，朕甚嘉之……宜普颁天下，咸使知闻。"自是诏答诸事并不称其名以异之。其妻可贺敦［北］周千金公主，赐姓杨氏，编之属籍，改封大义公主。策拜窟含真为柱国，封安国公，宴于内殿，引见皇后，赏劳甚厚。沙钵略大悦，于是岁时贡献不绝。

［开皇］七年（587年）［沙钵略可汗摄图］卒。初，摄图以其子雍虞闾性愞，遗令立其弟叶护（叶护，突厥职名）处罗侯；雍虞闾遣使迎处罗侯，将立之……处罗侯竟立，是为叶护可汗，以雍虞闾为叶护。

其后处罗侯又西征，中流矢而卒。其众奉雍虞闾为主，是为颉伽施多那都蓝可汗。雍虞闾遣使诣阙，赐物三千段。每岁遣使朝贡。

平陈①之后，上（按：指隋文帝）以［陈国君］陈叔宝屏风赐大义公主，［公］主心恒不平，因书屏风为诗，叙陈亡以自寄……上闻而恶之，礼赐益薄。公主复与西面突厥泥利可汗连接，上恐其为变，将图之。会公主与所从胡私通，因发其事，下诏废之……时沙钵略子（按：《隋书·长孙晟传》称是处罗侯子）曰染干②，号突利可汗，居北方，遣使求婚。上令裴矩谓之曰："当杀大义公主者，方许婚。"突利［可汗染干］以为然，复谮之，都蓝因发怒，遂杀公主于帐。都蓝与达头可汗有隙，数相征伐，上和解之，各引兵而去。

［开皇］十七年（597年），突利可汗遣使来逆女，上舍之太常，教习六礼，妻以宗女安义公主。上欲离间北夷，故特厚其礼，遣牛弘、苏威、斛律孝卿相继为使，突厥前后遣使入朝三百七十辈。突利本居北方，以尚公主之故，南徙度斤旧镇，锡赍优厚。［都蓝可汗］雍虞闾怒曰："我，大可汗也，反不如染干！"于是朝贡遂绝，数为边患。十八年（598年）诏蜀王［杨］秀出灵州道以击之。明年（开皇十九年，公元599年）［隋文帝遣汉王杨谅及左仆射高颎、右仆射杨素、上柱国将军燕荣分朔州道（治今山西朔县）、灵州（治今宁夏灵武西南）、幽州（治今北京）三路击之。］雍虞闾与［达头可汗］玷厥举兵攻［突利可汗］染干，尽杀其兄弟子侄，遂［南］渡河，入蔚州（治今山西灵丘）。染干夜以五骑与隋使长孙晟归朝。上令染干与雍虞闾使者因头特勤相辩诘，染干辞直，上乃厚待之。雍虞闾弟都速六弃其妻子，与染干归朝，上嘉之。敕染干与都速六捣蒲③，稍稍输以宝物，用慰其心。六月，高颎、杨素击玷厥，大破之。拜染干为意利珍豆启民可汗，华言"意智健"也……于朔州筑大利城（今内蒙古和林格尔西北，一说在今内蒙古清水河县境内）以居之。是时，安义公主已卒，上以宗女义成公主妻之，部落归者甚众。雍虞闾又击之，上复令入塞。

---

① 隋文帝开皇八年（588年）隋朝以晋王杨广为元帅，发兵攻打陈朝。九年（589年）正月隋军入陈都建康（今南京），陈亡。隋朝统一中国南北。
② 《隋书·长孙晟传》记染干是叶护可汗处罗侯之子，《通典·边防十三》亦同，此处所记或有误。沙钵略之子是都蓝可汗雍虞闾。
③ 捣蒲，以骰子赌输赢的游戏，在北方游牧民族中也流行。

雍虞闾侵掠不已，迁于河南，在夏、胜二州之间（按：今陕西横山县北至内蒙古托克托之间）发徒掘堑数百里，东西拒河，尽为启民畜牧之地。[后]都蓝为其麾下所杀，达头自立为步迦可汗，其国大乱。

仁寿元年（601年）诏杨素为云州道行军元帅。帅启民北征。斛、薛等诸姓初附于启民，至是而叛。[杨]素军河北（按：今黄河河套以北），值突厥阿勿思力俟斤等南渡，掠启民男女六千口、杂畜二十馀万而去……[杨]素大破俟斤，悉得人畜以归启民……[隋]军既渡河，贼复掠启民部落……复破之。是岁，[西部突厥]泥利可汗及叶护俱被铁勒所败。[东部]步迦（按：即达头可汗）寻亦大乱……启民遂有其众，岁遣朝贡。

[炀帝]大业三年（607年）四月，炀帝幸榆林（今内蒙古托克托西南），启民及义成公主来朝行宫，前后献马三千匹。帝大悦，赐物万二千段……帝法驾御千人帐①，享启民及其部落酋长三千五百人，赐物二十万段，其下各有差……帝亲巡云内，溯金河（今内蒙古大黑河）而东，北幸启民所居……启民仍扈从入塞，至定襄（今内蒙古和林格尔西北），诏令[启民可汗]归藩。

明年②朝于东都（今洛阳），礼赐益厚。是岁，[启民可汗]疾终，上为之废朝三日，立其子咄吉世，是为始毕可汗。表请尚公主，诏从其俗③。十一年（615年），来朝于东都。其年，车驾避暑汾阳宫，八月，始毕可汗率其种落入寇，围帝于雁门。诏诸郡发兵赴行在所，援军方至，始毕引去。由是朝贡遂绝。明年（616年），复寇马邑，唐公（按：指后来的唐朝开国皇帝李渊。当时，他是隋唐国公，山西、河东慰抚使）以兵击走之。

隋末乱离，中国人归之者（按：指归于突厥）无数，遂大强盛，势陵中夏。迎[炀帝]萧皇后，置于定襄。[当时举兵的]薛举、窦建德、王世充、刘武周、梁师都、李轨、高开道之徒，虽僭越尊号，皆北面称臣，受其（按：指始毕可汗）可汗之号。使者往来，相望于道。

——《隋书》卷八十四《突厥传》。

突厥之后沙钵略妻，[北周]宇文氏之女，曰千金公主，自伤宗祀绝灭，每怀复隋之志，日夜言于沙钵略。由是悉众为寇，控弦之士四十万。高祖[隋文帝]令柱国冯昱屯乙弗泊（今青海乐都西），兰州总管斛李长叉守临洮（今甘肃临潭），上柱

---

① 大帐系宇文恺所造，见《隋书·宇文恺传》、《册府元龟·总录部·工巧》。
② 按：启民可汗卒年，《隋书》不载，依此处文意之，所谓明年似是大业四年，《隋书·炀帝记》所见启民可汗最晚亦在四年四月。但《隋书·炀帝记》又载，大业五年正月改东京为东都（今洛阳），故若是大业四年，则不应言朝于东都。《资治通鉴》记启民朝于洛阳是在大业五年正月，卒于该年十一月，则与前后其他事迹相契合。疑是。
③ 突厥习俗大致与匈奴相同，《周书·突厥传》载："父兄伯叔死者，子弟及任等妻其后母、世叔母及嫂，惟尊者不得下淫。"此处即炀帝诏许始毕可汗以其后母即启民可汗妻、隋义成公主为妻。

国李崇屯幽州（治今北京），达奚长儒据同乐（一作"周盘"），皆为虏所败。

——《册府元龟》卷一千《外臣部·强盛》。

［开皇］十九年（599年）四月，［突厥］达头可汗犯塞，遣八军总管史万岁击破之。是年，遣汉王［杨］谅为元帅，左仆射高颎率将军王誓、上柱国赵仲卿，并出朔州道（治今山西马邑）；右仆射杨素率柱国李彻、韩僧寿出灵州道（治今宁夏灵武西南）；上柱国燕荣出幽州（治今北京），以击突厥。是时，启民可汗归朝。帝于朔州筑大利城（今内蒙古和林格尔西北，一说在今内蒙古清水河县境内）以居之。雍虞间又击之，上复令入塞。雍虞间侵掠不已，遂迁于河南，在夏、胜二州之间（按：今陕西横山县北至内蒙古托克托之间），发役掘堑数百里，东西拒河，尽为启民畜牧之地。于是遣越公杨素出灵州（治今宁夏灵武西南），行军总管韩僧寿出庆州（今陕西庆阳），太平公史万岁出燕州（今河北涿鹿西南七十里），大将军武威姚辩出河州（今甘肃临夏境内），以击都蓝。师未出塞，都蓝为部下所杀，达头自立为步迦可汗，其国大破。遣太平公史万岁出朔州以击之，遇达头于大斤山，虏不战而遁。［史万岁］追斩首虏二千馀人。

——《册府元龟》卷九百八十四《外臣部·征讨三》。

周罗睺，［隋文帝］开皇末为幽州刺史[1]，突厥达头可汗犯塞，从杨素击之。虏众甚盛，［周］罗睺白［杨］素曰："贼阵未整，请击之。"［杨］素许焉。［周罗睺］与轻勇三十骑直冲虏阵，从申至酉，短兵屡接，大破之，进位大将军。

——《册府元龟》卷三百五十七《将帅部·立功十》。

西突厥者，木杆可汗之子大逻便（号阿波可汗）也。与沙钵略［沙钵略可汗名摄图］有隙，因分为二，渐以强盛。东拒都斤（今蒙古共和国乌兰巴托西南杭爱山脉，时称于都斤山），西越金山（今阿尔泰山），龟兹、铁勒、伊吾及西域诸胡悉附之。大逻便为处罗侯所执[2]，其国立鞅素特勤之子，是为泥利可汗。卒，子达曼立，号泥撅处罗可汗。其母向氏，本中国人，生达曼而泥利卒，向氏又嫁其弟婆实特勤。［隋文帝］开皇末，婆实共向氏入朝，遇达头乱[3]，遂留京师，每舍之鸿胪寺。处罗可汗居无恒处，然多在乌孙故地。

当［隋炀帝］大业初，处罗可汗抚御无道，其国多叛，与铁勒屡相攻，大为铁

---

[1] 《隋书·周罗睺传》载：周罗睺原为陈朝大将，开皇九年（589年）隋灭陈，降于隋。开皇十八年（598年）前任幽州刺史，十八年从征辽东。本传载击突厥达头可汗事在开皇十九年（599年），不言其为幽州刺史。疑《册府元龟》有误。"蓟"、"幽"字形相似而讹。
[2] 处罗侯是东突厥沙钵略可汗摄图的弟弟，沙钵略死，舍其子而立处罗侯为叶护可汗。《隋书·突厥传》载，叶护可汗处罗侯西征死，当即与西突厥战死。其后，沙钵略子雍虞间立为东突厥都蓝可汗。
[3] 达头是沙钵略叔父，其乱在隋文帝开皇三年（583年），共攻沙钵略可汗。

勒所败。时黄门侍郎裴矩在敦煌引致西域，闻国乱，复知处罗思其母向氏，因奏之。炀帝遣司朝谒者崔君肃赍书慰谕之……处罗大喜，遂遣使入朝。

[大业]七年（611年）冬，处罗朝于临朔宫（按：在今北京郊区），帝享之……明年（612年）元会，处罗上寿。

处罗从征高丽，赐号曷萨那可汗，赏赐甚厚。十年（614年）正月，以信义公主嫁焉，赐锦采袍千具，采万匹。[隋炀]帝将复其故地，以辽东之役，故未遑也。每从巡幸。江都之乱①，随[宇文]化及至河北。化及将败，奔归京师，为北蕃突厥所害。

——《隋书》卷八十四《西突厥传》。

[西突厥]处罗可汗，隋炀帝大业中与其弟阙达设及特勤大奈入朝。仍从炀帝征高丽，赐号曷萨那可汗。遇江都之乱（按：指炀帝大业十四年遇弑事），从宇文化及至河北。化及败，归长安，高祖（李渊）为之降榻引与同坐，封归义王。献大珠于高祖，高祖劳之曰："珠信为宝，朕所重者赤心，珠无所用。"竟不受之。先与始毕有隙，及在京师，始毕遣使请杀之，高祖不许。群臣谏曰："今若不与，则是存一人而失一国也，后必为患。"太宗[李世民]曰："人穷来归我，杀之不义。"骤谏于高祖，由是迟回者久之。不得已，乃引曷萨那与内殿，与之纵酒，既而送中书省，纵北突厥（按：即东突厥）使[者]杀之。太宗即位，令以礼改葬。

——《旧唐书》卷一百九十四下《突厥下》。

开皇元年（581年）四月，发稽胡修筑长城，二旬而罢。八月壬午，突厥阿波可汗遣使贡方物②。九月，突厥沙钵略可汗遣使贡方物。

二年（582年）四月庚寅，大将军韩僧寿破突厥于鸡头山，上柱国李充破突厥于河北山。五月己未，[在和龙今辽宁朝阳的原北齐营州刺史]高宝宁寇平州（治今河北卢龙），突厥入长城。六月乙酉，上柱国李充破突厥于马邑（今山西朔县东北大夫庄）。十二月乙酉，遣沁源公虞庆则屯弘化，备胡。突厥寇周盘，行军总管达奚长儒击之，为虏所败。

三年（583年）二月癸酉，突厥寇边。三月癸亥，城榆关（今内蒙古托克托西南）。四月己卯，卫王爽破突厥于白道（今内蒙古呼和浩特北）。甲午，突厥遣使来朝。庚辰，行军总管阴寿破高宝宁于黄龙（按：又叫和龙、龙城，今辽宁朝阳）。甲午，突厥遣使来朝。五月癸卯，行军总管李晃破突厥于摩那渡口。戊申，幽州总管阴寿卒。壬戌，行军元帅窦荣定破突厥及吐谷浑于凉州。丙寅，赦黄龙死罪以下。六月戊寅，突厥

---

① 江都。今扬州。大业十二年（616年）七月隋炀帝南至江都宫，十四年（618年）三月右屯卫将军宇文化及等谋乱，入犯宫闱，杀炀帝。

② 方物，地方土产。

遣使请和。七月辛丑，以豫州刺史周摇为幽州总管。

四年（584年）二月丁未，突厥苏尼部男女万馀人来降。庚戌，突厥可汗阿史那玷率其属来降。四月丁未，宴突厥、高丽、吐谷浑使者于大兴殿。

五年（585年）五月甲申，遣上大将军元契使于突厥阿波可汗。七月壬午，突厥沙钵略可汗上表称臣。八月丙戌，沙钵略可汗库合真特勤①来朝。

六年（586年）正月庚午，班历于突厥。二月丁亥，发丁男十一万修筑长城，二旬而罢。三月癸亥，突厥沙钵略遣使贡方物。

七年（587年）二月，发丁男十万馀修筑长城，二旬而罢。四月庚亥，突厥沙钵略可汗卒，其子雍虞闾嗣立，是为都蓝可汗。

——《隋书》卷一《高祖纪上》。

开皇十一年（591年）二月己卯，突厥遣使献七宝盌。三月癸未，以幽州总管周摇为寿州总管。四月戊午，突厥雍虞闾可汗遣其特勤来朝。

十二年（592年）十二月癸酉，突厥遣使来朝。

十七年（597年）七月戊戌，突厥遣使贡方物。十一月丁亥，突厥遣使来朝。

十九年（599年）四月丁酉，突厥［突］利可汗内附。达头可汗犯塞。十月甲午，以突厥利可汗为启人（按：利可汗即突利可汗，赐号启民。唐太宗名李世民，唐人为避讳而改为启人）可汗，筑大利城处其部落。十二月乙未，突厥都蓝可汗为部下所杀。

二十年（600年）正月辛酉朔，突厥遣使贡方物。四月壬戌，突厥犯塞，以晋王［杨］广为行军元帅，击破之。

仁寿元年（601年）丁酉，突厥寇恒安（今山西大同），遣柱国韩洪击之，官军败绩。五月己丑，突厥男女九万口来降。

——《隋书》卷二《高祖纪下》。

豆卢勣字定东，昌黎徒河人也。本姓慕容②，燕北地王［慕容］精之后也……开皇二年（582年），突厥犯塞，以勣为北道行军元帅以备边。岁馀，拜夏州（治今陕西横山县西）总管③。

——《隋书》卷三十九《豆卢勣传》。

---

① 特勤，突厥职名。《周书·突厥传》载：突厥可汗以下，"大官有叶护，次设、次特勤、次俟利发、次吐屯发及馀小官凡二十八等，皆世为之"。
② 十六国时期，鲜卑有慕容、拓拔、段氏等部落。豆卢勣本姓慕容，则是鲜卑族。燕北地王，慕容鲜卑曾建前燕、后燕等政权，豆卢勣当是慕容贵族后裔。
③ 《隋书·高祖纪上》："开皇四年（584年）六月乙巳，以上柱国豆卢勣为夏州总管。"

［长孙］晟字季晟，性通敏，略涉书记，善弹工射，矫捷过人。［北周时］，突厥［沙钵略可汗］摄图请婚于周，以赵王［宇文］招女妻之。然周与突厥各相夸耀，妙选骁勇以充使者，因遣［长孙］晟副汝南公宇文神庆送千金公主至其牙（按：牙又叫衙帐、牙帐，指突厥可汗的居所）。前后使人数十辈，［沙钵略可汗］摄图多不礼，见［长孙］晟而独爱焉，每共游猎，留之竟岁……［摄图］弟处罗侯号突利设，尤得众心，而为摄图所忌，密托腹心，阴与［长孙］晟盟。晟与之游猎，因察山川形势，部众强弱，皆尽知之。时高祖（按：指隋文帝）作相，［长孙］晟以状白高祖。高祖大喜，迁奉车都尉。

　　至［隋文帝］开皇元年（581年），摄图……与［原北齐营州刺史］高宝宁攻陷临渝镇，约诸面部落谋共南侵。高祖新立，由是大惧，修筑长城，发兵屯北境，命阴寿镇幽州（今北京），虞庆则镇并州（今太原），屯兵万人以为之备……授［长孙］晟车骑将军，出黄龙道（按：即北京东北自河北卢龙至辽宁朝阳一线），赍币赐奚、霫、契丹等，遣为向导，得至处罗侯所，深布心腹，诱令内附。

　　二年（582年）……摄图又遣使朝贡，公主自请改姓，乞为帝女，上许之。

　　四年（584年），遣［长孙］晟副虞庆则使于摄图，赐公主姓为杨氏，改封大义公主。

　　七年（587年），［沙钵略可汗］摄图死，遣［长孙］晟持节拜其弟处罗侯为莫何可汗，以其子雍虞闾为叶护可汗①。八年（588年）处罗侯死，遣［长孙］晟往吊，仍赍陈国（都今南京）所献宝器以赐［都蓝可汗］雍虞闾。

　　十三年（593年）杀大义公主，雍虞闾又表请婚，佥议将许之。［长孙］晟又奏曰："臣观雍虞闾反复无信……纵与为婚，终当必叛……且［突利可汗］染干者，处罗侯之子也，素有诚款，于今两代。臣前与相见，亦乞通婚，不如许之，招令南徙，兵少力弱，易可抚训，使敌雍虞闾，以为边捍。"上（按：指隋文帝）曰："善。"又遣慰喻染干，许尚公主。

　　十七年（597年），染干遣五百骑随晟来逆女，以宗女封安义公主以妻之。［长孙］晟说染干率众南徙，居度斤镇。雍虞闾疾之，亟来抄略。染干伺知动静，辄遣奏闻，是以贼来每先有备。

　　十九年（599年）染干因［长孙］晟［上］奏，雍虞闾作攻具欲打大同城（今大同市）。诏发六总管，并取汉王［谅］节度，分道出塞讨之。雍虞闾大惧，复与达头同盟，合力掩袭染干，大战于长城之下。染干败绩，［雍虞闾等］杀其兄弟子侄，而部落亡散。染干与［长孙］晟独以五骑逼夜南走……［入伏远镇］……自将染干驰驿入朝。帝大喜，进授［长孙晟］左勋卫骠骑将军，持节护突厥。［长孙］晟遣降虏觇候雍虞闾……乃请出讨突厥。都素等归染干，前后至者男女万馀口，［长孙］

---

① 《隋书·突厥传》载，处罗侯为叶护可汗，非号莫何。雍虞闾为叶护，非可汗。

晟安置之。由是突厥悦附。寻以染干为意利珍豆启人可汗（按：即启民可汗，唐人避太宗李世民名讳而改），赐射于武安殿……遂遣［长孙］晟领五万人，于朔州筑大利城（今内蒙古和林格尔西北，一说在今内蒙古清水河县境内）以处染干。安义公主死，持节送义成公主，复以妻之。［长孙］晟又奏："染干部落归者既众，虽在长城之内，犹被雍虞间抄略，［隋军］往来辛苦，［突厥］不得宁居。请徙五原（今陕西定边），以河为固，于夏、胜二州之间（按：今陕西横山县北至内蒙古托克托之间），东西至河，南北四百里，掘为横堑，令处其内，任情放牧，免于抄略，人必自安。"上并从之。

二十年（600年），都蓝（按：雍虞间号都蓝可汗）大乱，为其部下所杀……诏［长孙］晟部领降人，为秦川行军总管，取晋王［杨］广节度出讨，［击败达头可汗］，师旋，授上开府仪同三司，复遣还大利城，安抚新附。

［隋文帝］仁寿元年（601年），诏杨素为行军元帅，［长孙］晟为受降使者，送染干北伐。二年（602年）……转战六十馀里，贼众多降。［长孙］晟又教染干分遣使者，往北方铁勒等部招携取之。三年（603年），有铁勒、思结、伏利具、浑、斛萨、阿拔、仆骨等十馀部，尽背达头，请来降附。达头众大溃，西奔吐谷浑［长孙］。晟送染干安置于碛口（今内蒙古二连浩特西南达来附近）。

事毕，入朝，遇高祖崩，匿丧未发。炀帝引［长孙］晟于大行前委以内衙宿卫，知门禁事，即日拜左领军将军。遇杨谅作逆，敕以本官为相州刺史，发山东兵马，与李［子］雄等共经略之。

［炀帝］大业三年（607年），炀帝幸榆林（今内蒙古托克托西南），欲出塞外，陈兵耀武，经突厥中，指于涿郡（今北京）。仍恐［启民可汗］染干惊惧，先遣［长孙］晟往喻旨，称述帝意。染干听之，因招所部各国，奚、霫、室韦等种落数十酋长咸萃。［长孙］晟以牙中草秽，欲令染干亲自除之，示诸部落，以明威重。乃指帐前草曰："此根大香。"染干遽嗅之曰："殊不香也。"［长孙］晟曰："天子行幸所在，诸侯躬亲洒扫，耘除御路，以表至敬之心。今牙中芜秽，谓是留香根耳。"染干乃悟曰："奴罪过。奴之骨肉，皆天子赐也，得效筋力，岂敢有辞？特以边人不知法耳，赖将军恩泽而教导之。将军之惠，奴之幸也。"遂拔所佩刀，亲自芟草，其贵人及诸部争仿效之。乃发榆林北境，至于其牙，又东达于蓟（今北京），长三千里，广百步，举国就役而开御道。

五年（609年），［长孙］晟卒，时年五十八……后突厥围雁门（按：事在大业十一年，公元615年）帝叹曰："向使长孙晟在，不令匈奴（按：即突厥）至此！"

——《隋书》卷五十一《长孙览传》附长孙晟传。

裴矩字弘大，河东闻喜人也……［开皇时］突厥强盛，都蓝可汗［雍虞间］妻［北周］大义公主，即［北周］宇文氏之女也，由是数为边患。后因公主与从胡私通，长孙晟先发其事，[裴]矩请出使说都蓝，显戮宇文氏［大义公主］。上（按：指隋文帝）从之。竟如其言，公主见杀。后都蓝与突利可汗［染干］构难，屡犯亭鄣。诏太平公史万岁为行军总管，出定襄道，以矩为行军长史，破达头可汗于塞外。

——《隋书》卷六十七《裴矩传》。

阴寿字罗云，武威人也……及高祖（按：指隋文帝）为［北周］丞相，引［阴］寿为掾。尉迟迥作乱，高祖以韦孝宽为元帅击之，令寿监军……寻以行军总管镇幽州，即拜幽州总管，封赵国公。

时有高宝宁者，[北]齐氏之疎属也①，为人桀黠，有筹算，在齐久镇黄龙（今辽宁朝阳）。及齐灭，周武帝拜为营州刺史，甚得华夷之心。高祖（按：指隋文帝）为丞相，[高宝宁]遂联结契丹、靺鞨举兵反。高祖以中原多故，未遑进讨，以书喻之而不得。[隋文帝]开皇初，又引突厥攻围北平（今河北卢龙）。至是，令［阴］寿率步骑数万，出卢龙塞以讨之。宝宁求救于突厥，时［隋］卫王爽等诸将数道北征，突厥不能援。宝宁弃城奔于碛北，黄龙诸县悉平。寿班师，留开府成道昂镇之。宝宁遣其子僧伽率轻骑掠城下而去。寻引契丹、靺鞨之众来攻，道昂苦战连日乃退。寿患之，于是重购宝宁②，又遣人阴间其所亲任者赵世模、王威等。月餘，世模率其众降，宝宁复走契丹，为其麾下赵修罗所杀，北边遂安。赐物千段。未幾，卒官，赠司空③。

——《隋书》卷三十九《阴寿传》。

阴寿，仕周为仪同，从[北]州武帝平[北]齐，进位开府（按：开府仪同三司的简称），赐物千段、奴婢百口、女乐二十人。高祖为丞相（后即位为隋文帝），[阴]寿以行军总管镇幽州，即拜幽州总管。时有高宝宁者，[北]齐氏之疎属也。周武帝拜为营州刺史，连结契丹、靺鞨举兵反。遣人阴间其所亲任者。[高]保宁为其麾下所杀，北边遂安，赐物千段。卒官，赠司空。

——《册府元龟》卷三百八十三《将帅部·褒异九》。

阴寿[隋文帝]开皇中为幽州总管。先是高宝宁者，北齐之疎属也，为人桀黠，有筹算，在齐久镇黄龙（今辽宁朝阳）。及齐灭，周武帝拜为营州刺史，甚得华夷心。高祖（按：指杨坚，即位后为隋文帝）为丞相，[高宝宁]遂连结契丹、靺鞨举兵反。高祖以中原多故，未遑进讨，以书喻之而不得。[隋文帝]开皇初，又引突厥攻围

---

① 北齐是高欢、高洋父子于南北朝末期在黄河以东建立的政权，都邺城（今河北临漳县邺镇）。高宝宁是高欢一家关系比较远的亲戚，所以称其为齐氏之疎属。
② 重金悬赏捕杀高宝宁。
③ 阴寿破高宝宁在开皇三年（583年）四月，五月卒，见《隋书·高祖纪上》。

北平（今河北卢龙）。至是，令[阴]寿率步骑数万，出卢龙塞以讨之。[高]宝宁求救于突厥，时[隋]卫王[杨]爽等诸将数道北征，突厥不能援。[高]宝宁弃城奔于碛北，黄龙诸县悉平。

——《册府元龟》卷三百五十七《将帅部·立功十》。

李崇字永隆，英果有筹算，胆力过人……开皇三年（583年），除幽州总管。突厥犯塞，[李]崇辄破之。奚、霫、契丹等慑其威略，争来内附。其后突厥大为寇掠，[李]崇率步骑三千拒之，转战十馀日，师人多死，遂保于砂城（今河北怀来沙城镇）。突厥围之。城本荒废，不可守御，晓夕力战，又无所食，每夜出掠贼营，复得六畜，以继军粮。突厥畏之，厚为其备，每夜中结阵以待之。[李]崇军苦饥，出辄遇敌，死亡略尽，迟明奔还城者，尚且百许人。然多伤重，不堪更战。突厥意欲降之，遣使谓[李]崇曰："若来降者，封为特勤。"[李]崇知必不免，令其士卒曰："崇丧师徒，罪当死，今日效命，以谢国家。待看吾死，且可降贼，方便散走，努力还乡。若见至尊，道崇此意。"乃挺刃突贼，复杀二人。贼乱射之，卒于阵，年四十八①。

——《隋书》卷三十七《李穆传》附李崇传。

李崇为幽州总管，突厥犯塞，[李]崇辄破之。奚、霫、契丹等慑其威略，争来内附②。

——《册府元龟》卷三百九十三《将帅部·威名二》。

李崇为幽州总管，开皇中，突厥大为寇掠，[李]崇率步骑三千拒之，转战十馀日，师人多死，遂保于砂城（今河北怀来沙城镇）。突厥围之，城本荒废，不可守御，晓夕力战，又无所食，每夜出掠贼营，复得六畜，以继军粮。突厥畏之，厚为其备，夜中结阵以待之。[李]崇军苦饥，出辄遇敌，死亡略尽，迟明奔还者，尚且百许人。然多重伤，不堪更战。突厥意降之，遣使谓[李]崇曰："若来降者，封为特勤。"[李]崇知必不免，命其士卒曰："崇丧师徒，罪当死，今日效命，以谢国家。待看吾死，且可降贼，方便散走，努力还乡。若见至尊，道崇此意。"乃挺刃突贼，复杀二人。贼乱射之，遂卒于阵③。

——《册府元龟》卷三百七十三《将帅部·忠四》。

---

① 李崇任幽州总管年月，史书不载。然《隋书·高祖纪上》载，开皇三年（583年）五月戊申，幽州总管阴寿卒；七月，辛丑，以豫州刺史周摇为幽州总管。可见李崇在幽州总管任上不过一月有馀。《通鉴》载砂城战事在六月。
② 《册府元龟》卷四百二十九《将帅部·守边》与此同。
③ 《册府元龟》卷四百二十五《将帅部·死事二》与此同。

李敏，幽州总管［李］崇之子，起家千牛，美姿仪，善骑射，歌舞管弦无不通解，为柱国。

——《册府元龟》卷七百八十六《总录部·多能》。

周摇字世安，其先与后魏［拓拔鲜卑］同源，初为普乃氏，及居洛阳（按：即北魏孝文帝太和十七年迁都洛阳），改为周氏。

［隋文帝］开皇初，突厥寇边，燕、蓟（按：今北京及河北省东北、西北部）多被其患，［开皇三年］前总管李崇为虏所杀，上（按：指隋文帝）思所以镇之，临朝曰："无以加周摇者。"拜为幽州总管六州五十镇诸军事。［周］摇修鄣塞，谨斥候，边民以安。后六载①，徙为寿州［总管］。

——《隋书》卷五十五《周摇传》。

周摇为幽州总管六载，徙为寿州。初，自以年老乞骸骨。高祖（隋文帝）召之，既引见，劳之曰："公积行累仁，历仕三代，克终富贵，保兹遐寿，良足善也。"赐坐褥，归于第。岁餘，终于家。

——《册府元龟》卷八百九十九《总录部·致政》。

隋于仲文，高祖开皇初为大将军。诏［于］仲文率兵屯白狼塞（今山西应县西北），以备胡。

——《册府元龟》卷四百二十九《将帅部·守边》。

大业三年（607年）五月丁巳，突厥启民可汗遣子拓特勤来朝。丙寅，启民可汗遣其兄子毗黎伽特勤来朝。辛未，启民可汗遣使请自入塞，奉迎舆驾，上（按：指隋炀帝）不许。六月戊子，［炀帝］次榆林郡。丁酉，启民可汗来朝。七月辛亥，启民可汗上表请变服，袭冠带。诏启民赞拜不名，位在诸侯王上。甲寅，上于郡城东御大帐，其下备仪卫，建旌旗，宴启民及其部落三千五百人，奏百戏之乐。赐启民及其部落各有差。丙子，发丁男百餘万筑长城，西距榆林，东至紫河，一旬而罢，死者十五六。八月壬午，车驾发榆林。乙酉，启民饰庐清道，以候乘舆。帝幸其帐，启民奉觞上寿，宴赐极厚……皇后亦幸义成公主②帐。己丑，启民可汗归蕃。

四年（608年）二月己卯，遣司朝谒者崔毅（又书崔君毅）使突厥处罗，致汗

---

① 《隋书·高祖纪》载，周摇任幽州总管在开皇三年（583年）七月，徙为寿州总管在开皇十一年（591年）三月，其历幽州总管共计8年，非6年。本传有误。又，开皇三年至十一年之间正是东突厥沙钵略可汗、都蓝可汗内附时期，"边民以安"与此有关。

② 义城公主即义成公主。隋文帝开皇十七年（597年）以宗室女义安公主嫁突厥突利可汗。十九年（599年）突利可汗归顺，赐号启民可汗，当时安义公主已死，隋文帝复以宗室女义成公主嫁之。

血马。三月乙丑，车驾幸五原，因出塞巡长城。四月乙卯，诏曰：突厥意利珍豆启民可汗率领部落，保附关塞，遵奉朝化，思改戎俗，频入谒觐，屡有陈请……诚心恳切，朕之所重。宜于万寿戍置城造屋，其帷帐床褥以上，随事给量，务从优厚，称朕意焉。七月辛巳，发丁男二十馀万筑长城，自榆谷而东。九月辛巳，诏免长城役者一年租赋。

七年（611年）十二月己未，西面突厥处罗多利可汗来朝。上大悦，接以殊礼。

——《隋书》卷三《炀帝纪上》。

十年（614年）正月甲寅，以宗女为信义公主，嫁于［西］突厥曷娑那可汗①。

十一年（615年）正月甲午朔，突厥……等国并遣使朝贡。二月丙子，上谷人王须拔反，自称漫天王，国号燕；贼帅魏刁儿自称历上飞，众各十馀万，北连突厥，南寇赵。八月乙丑，巡北塞，戊辰，突厥始毕可汗②帅骑数十万，谋袭乘舆，义成公主遣使告变。壬申，车驾驰幸雁门。癸酉，突厥围城，官军频战不利。上大惧，欲率精骑溃围而出，民部尚书樊子盖固谏乃止。甲申，诏天下诸郡募兵，于是守令各来赴难。九月甲辰，突厥解围而去。

十三年（617年）二月戊子，贼帅王子英破上谷郡。己丑，马邑校尉刘武周杀太守王仁恭，举兵作乱，北连突厥，自称定杨可汗。五月甲子，唐公［李渊］起义师于太原。丙寅，突厥数千寇太原，唐公击破之。

——《隋书》卷四《炀帝纪下》。

大业十一年（615）八月，帝至雁门，为突厥所围，内史侍郎萧瑀进谋曰："如闻始毕［可汗］托校猎至此，义成公主初不知其有违背之心，且北蕃夷俗，可贺敦（按：可汗之妻叫可贺敦，此指义成公主）知兵马事……若发一军使，以告义成［公主］，假使无益，事亦无损。又窃听舆人之诵，乃虑陛下平突厥后更事辽东，所以人心不一，或至挫败。请下明诏告军中，赦高丽而专攻突厥，则百姓心安，人自为战。"炀帝从之，于是发使诣可贺敦谕旨。俄而突厥解围去，于后获其谍人，云义成公主遣使告急于始毕［可汗］，称北方有警，由是突厥解围，盖公主之助也。

——《册府元龟》卷九百九十《外臣部·备御三》。

［隋炀帝大业九年（613年）征辽东］，还至涿郡，帝以杨玄感初平，令［裴］矩安集陇右。因之会宁（治今甘肃靖远），存问曷萨那部落……［十年（614年）］从师至怀远镇（今辽宁辽阳西北、辽河西岸），诏护北蕃军事。［裴］矩以始毕可汗部

---

① 曷娑那可汗又译曷萨那可汗，即西突厥处罗可汗多利可汗。曷萨那可汗，炀帝所赐号，见《隋书·西突厥传》。
② 隋炀帝大业四年（608年）启民可汗死，其子继为始毕可汗。

众渐盛，献策分其势，将以宗女嫁其弟叱吉设，拜为南面可汗。叱吉不敢受，始毕闻而渐怨。[裴]矩又言于帝（按：指隋炀帝）曰："突厥本淳易可离间，但由其内多有群胡，尽皆桀黠，教导之耳。臣闻史蜀胡悉尤多奸计，幸于始毕，请诱杀之。"帝曰："善。"[裴]矩因遣人告[史蜀]胡悉曰："天子大出珍物，今在马邑，欲与蕃内多作交关。若前来者，即得好物。"[史蜀]胡悉贪而信之，不告始毕，率其部落，尽驱六畜，星驰争进，冀可互市。[裴]矩伏兵马邑下，诱而斩之。始报始毕曰："史蜀胡悉忽领部落走来至此，云背可汗，请我容纳。突厥既是我臣，彼有背叛，我当共杀。今已斩之，故令往报。"始毕亦知其状，由是不朝。十一年（615年），帝北巡狩，始毕率骑数十万，围帝于雁门。

——《隋书》卷六十七《裴矩传》。

[陈]宣帝太建十三年（隋文帝开皇元年，公元581年），突厥佗钵可汗病且卒，谓其子菴逻曰："吾兄不立其子，委位于我。我死，汝曹当避大逻便。"及卒，国人将立大逻便。以其母贱，众不服；菴逻实贵，突厥素重之。摄图最后至，谓国人曰："若立菴逻者，我当帅兄弟事之。若立大逻便，我必守境，利刃长矛以相待。"摄图长，且雄勇，国人莫敢拒，竟立菴逻为嗣。大逻便不得立，心不服菴逻，每遣人詈辱之。菴逻不能制，因以国让摄图。国中相与议曰："四可汗子，摄图最贤。"共迎立之，号沙钵略可汗，居都金山。菴逻降居独洛水，称第二可汗。大逻便乃谓沙钵略曰："我与尔俱可汗子，各承父后。尔今极尊，我独无位，何也？"沙钵略患之，以为阿波可汗，还领所部。又沙钵略从父玷厥，居西面，号达头可汗。诸可汗各统部众，分居四面。沙钵略勇而得众，北方皆畏附之。

隋主既立①（按：指杨坚代北周，为隋文帝），待突厥礼薄，突厥大怨。千金公主伤其宗祀覆灭（千金公主为北周宇文氏宗女，周灭，宗祀自绝），日夜言于沙钵略，请为周室复仇。沙钵略谓其臣曰："我，周之亲也。今隋主自立而不能制，复何面目见可贺敦（按：可汗之妻称可贺敦）乎！"乃与故[北]营州刺史高保宁（时驻今辽宁朝阳）合兵为寇。隋主患之，敕缘边修保障，峻长城，命上柱国武威阴寿镇幽州（今北京），京兆尹虞庆则镇并州（今山西太原），屯兵数万以备之。

[陈]宣帝太建十四年（隋文帝开皇二年，公元582年）正月辛酉，隋置河北道行台于并州（今山西太原），以晋王[阳]广为尚书令。

五月己未，高保宁引突厥寇隋平州（今河北卢龙），突厥悉发五可汗②控弦之士四十万入长城。

十二月，时柱国冯昱屯乙弗泊（今青海乐都西），兰州总管叱列长叉守临洮（今

---

① 指隋文帝代北周。
② 胡三省注云："沙钵略可汗、第二可汗、达头可汗、阿波克汗、贪汗可汗，凡五可汗。"

甘肃临潭），上柱国李崇屯幽州（今北京），皆为突厥所败。

［陈］长城公至德元年（隋文帝开皇三年，公元583年）四月，突厥数为隋寇……于是命卫王［杨］爽等为行军元帅，分八道出塞击之……幽州总管阴寿率步骑十万出卢龙塞，击高宝宁。宝宁求救于突厥，突厥方禦隋师，不能救。庚辰，宝宁弃城奔碛北，和龙（又称柳城，今辽宁朝阳）诸县悉平。［阴］寿设重赏以购宝宁，又遣人离其腹心；宝宁奔契丹，为其麾下所杀。

六月，突厥寇幽州，隋幽州总管、广宗壮公李崇率步骑三千拒之。转战十餘日，师人多死，遂保砂城。突厥围之，城本荒颓，不可守禦，晓夕力战，又无所食，每夜出掠虏营，得六畜以继军粮，突厥畏之，厚为其备，每夜中结阵以待之。［李］崇军苦饥，出辄遇敌，死亡略尽，及明，奔还城者尚百许人，然多重伤，不堪更战。突厥意欲降之，遣使谓［李］崇曰："若来降者，封为特勤（按：特勤，突厥职官名）。"［李］崇知不免，令其士卒曰："崇丧师徒，罪当万死。今日效命，以谢国家。汝俟吾死，且可降贼，便散走，努力还乡。若见至尊，道崇此意。"乃挺刃出阵，复杀二人，突厥乱射，杀之。以豫州刺史代人周摇为幽州总管。

——《资治通鉴》卷一百七十五　陈纪九　宣帝太建十三年—长城公至德元年。

［陈］至德三年（隋文帝开皇五年，公元585年）七月，突厥沙钵略既为达头所困，又畏契丹，遣使告急于隋，请将部落度漠南，寄居白道川（在今内蒙古呼和浩特北），隋主许之，命晋［杨］广以兵援之，给以衣食，赐之车服鼓吹。沙钵略因西击阿波，破之。而阿拔国乘虚掠其妻子；［隋］官军为击阿拔，败之，所获悉与沙钵略。沙钵略大喜，乃立约，以碛为界，因上表曰："天无二日，土无二旺，大隋皇帝真皇帝也，岂敢阻兵恃险，偷窃名号！今感沐淳风，归心有道，屈膝稽颡，永为藩附。"遣其子库合真入朝。

是岁，隋主使司农少卿崔仲方发丁三万，于朔方（今内蒙古乌审旗白城子）、灵武（今宁夏灵武）筑长城，东距河，西至绥州（今陕西绥德），绵历七百里，以遏胡寇①。

［陈］至德四年（隋文帝开皇六年，公元586年）二月丁亥，隋复令崔仲方发丁十五万，于朔方（今内蒙古乌审旗白城子）以东，缘边险要，筑数十城。

［陈］祯明元年（隋文帝开皇七年，公元587年）二月，隋发丁男十万餘人修长城，二旬而罢。

四月，突厥沙钵略可汗遣其子入贡于隋，因请猎于恒、代之间（今山西大同地

---

① 按：考之地志，灵武在西，绥州在东，朔方居中，自灵武到绥州的距离正与"绵历七百里"相应。而"东距河，西至绥州"应是这段长城的最西端，长度不过数十里。故下文所言开皇六年、七年二月于朔方以东及未明言之地所修长城，都是指这条长城的一部分。也就是说，该边城历时三年才完工，第一年征用3万人，第二年征用15万人，第三年征用10万餘人。

区），隋主许之，仍遣人赐以酒食。沙钵略率部落再拜受赐。

沙钵略寻卒，隋为之废朝三日，遣太常吊祭。

初，沙钵略以其子雍虞闾懦弱，遗令立其弟叶护（按：突厥职官名）处罗侯。雍虞闾遣使迎处罗侯，将立之，处罗侯曰："我突厥自木杆可汗以来，多以弟代兄，以庶夺嫡，失先祖之法，不相敬畏。汝当嗣位，我不惮拜汝。"雍虞闾曰："叔与我父，共根连体。我，枝叶也，岂可使根本反从枝叶，叔父屈于卑幼乎！且亡父之命，何可废也！愿叔勿疑！"遣使相让者五六，处罗侯竟立，是为莫何可汗。以雍虞闾为叶护。遣使上表言状。

隋使车骑将军长孙晟持节拜之，赐以鼓吹、幡旗。莫何勇而有谋，以隋所赐旗鼓西击阿波；阿波之众以为得隋兵助之，多望风降附。遂生擒阿波，上书请其死生之命。[长孙晟、高颎皆主张宽仁以示招远之意]，隋主从之。

[陈]祯明二年（隋文帝开皇八年，公元588年）十二月，突厥莫何可汗西击邻国，中流矢而卒。国人拥立雍虞闾，号颉伽施多那都蓝可汗

——《资治通鉴》卷一百七十六　陈纪十　长城公至德三年—祯明二年。

隋文帝开皇十三年（593年），上（指隋文帝）之灭陈也，以陈叔宝屏风赐突厥大义公主（按：即北周千金公主，隋文帝赐号大义公主）。公主以其宗国之覆，心常不平，书屏风，为诗叙陈亡以自寄；上闻而恶之，礼赐渐薄。彭公刘昶先尚周公主，流人杨钦亡入突厥，诈言昶欲与其妻作乱攻隋，遣钦密告大义公主，发兵扰边。都蓝可汗信之，乃不修职贡，颇为边患。上遣车骑将军长孙晟使于突厥，微观察之。公主见晟，言辞不逊，又遣所私胡人安遂伽与杨钦计议，煽惑都蓝。晟至京师，具以状闻。上遣[长孙]晟往索[杨]钦；都蓝不与，曰："检校客内无此色人。"晟乃赂其达官，知钦所在，夜，掩袭之，以示都蓝，因发公主私事，国人以为大耻。都蓝执安遂伽等，并以付晟。上大喜，加授开府仪同三司，仍遣入突厥废公主。内史侍郎裴矩请说都蓝使杀公主。时处罗侯之子染干，号突利可汗[①]，居北方，遣使求婚，上使裴矩谓之曰："当杀大义公主，乃许婚。"突利复潜之于都蓝可汗，都蓝因发怒，杀公主，更表请婚，朝议将许之。长孙晟曰："臣观雍虞闾翻覆无信，直以与玷厥（即达头可汗）有隙，所以欲依附国家，虽与为婚，终当叛去。今若得尚公主，承藉威灵，玷厥、染干必受其征发。强而更反，后恐难图。且染干者，处罗侯之子，素有诚款，于今两代，前乞通婚，不如许之，招令南徙，兵少力弱，易可抚训，使敌雍虞闾以为边捍。"上曰："善。"复遣[长孙]晟慰谕染干，许尚公主。

——《资治通鉴》卷一百七十八　隋纪二　文帝开皇十三年。

---

① 《隋书·长孙晟传》："染干者，处罗侯之子也。"《隋书·突厥传》："时沙钵略子曰染干，号突利可汗，居北方，遣使求婚。"《资治通鉴考异》曰："[染干]，《突厥传》云沙钵略子。今从《隋书·长孙晟传》。"

开皇十七年（597年）七月戊戌，突厥突利可汗来逆女，上舍之太常，教习六礼，妻以宗女安义公主。上欲离间都蓝，故特厚其礼（按：指突利可汗），遣太常卿牛弘、纳言苏威、民部尚书①斛律孝卿相继为使。

突利本居北方，既尚公主，长孙晟说其率众南徙，居度斤旧镇②，锡赉优厚。都蓝怒曰："我，大可汗也，反不如染干！"于是朝贡遂绝，亟来抄掠边鄙。突利伺知动静，辄遣奏闻，由是边鄙每先有备。

——《资治通鉴》卷一百七十八　隋纪二　文帝开皇十七年。

开皇十九年（599年）二月，突厥突利可汗因长孙晟奏言都蓝可汗作攻具，欲攻大同城。诏以汉王［杨］谅为元帅，尚书左仆射高颎出朔州（治今山西马邑）道，右仆射杨素出灵州（治今宁夏灵武西南）道，上柱国燕荣出幽州道（治今北京）以击都蓝，皆取汉王节度；然汉王竟不临戎。

都蓝闻之，与达头结盟，合兵掩袭突利，大战长城下，突利大败。都蓝尽杀其兄弟子侄，遂渡河入蔚州（治今山西灵丘）。突利部落散亡，夜，与长孙晟以五骑南走，比旦，行百餘例，收得数百骑。突利与其下谋曰："今兵败入朝，一降人耳，大隋天子岂礼我乎！玷厥（即达头可汗）虽来，本无冤隙，若往投之，必相存济。"［长孙］晟知之，密遣使者入伏远镇，令速举烽；突利见四烽俱发，以问晟，晟绐之曰："城高地迥，必遥见贼来。我国家法，若贼少，举二烽；来多，举三烽；大逼，举四烽。彼见贼多而又近耳。"突利大惧，谓其众曰："追兵已逼，且可投城。"既入镇，晟留其达官执室领其众，自将突利驰驿入朝。

四月丁酉，突利至长安。帝大喜，以晟为左勋卫骠骑将军，持节护突厥。

上令突利与都蓝使者因头特勒相辩诘，突利辞直，上乃厚待之。都蓝弟郁速六弃其妻子，与突利归朝，上嘉之，使突利多遗之珍宝以慰其心。

十月甲午，以突厥突利可汗为意利珍豆启民可汗，华言"意智健"也。突厥归启民可汗者男女万餘口，上命长孙晟将五万人于朔州筑大利城（今内蒙古和林格尔西北，一说在今内蒙古清水河县境内）以处之。时安义公主已卒，复使［长孙］晟持节送宗女义成公主以妻之。

晟奏："染干部落归者益众，虽在长城之内，犹被雍虞闾抄略，不得宁居。请徙五原（今陕西定边），以河为固，于夏、胜两州之间（按：今陕西横山县北至内蒙古托克托之间），东西至河，南北四百里，掘为横堑，令处其内，使得任情畜牧。"上从之。

又令上柱国赵仲卿屯兵二万为启民防达头，代州总管韩洪等将步骑一万镇恒安（今山西大同）。达头骑十万来寇，韩洪军大败，仲卿自乐宁镇邀击，斩首千餘级。

---

① 胡三省注云："开皇三年（583年），改度支尚书为民部尚书。"
② 胡三省注云："度斤旧镇，盖即都金山，突厥沙钵略旧所居也。"按：今蒙古共和国乌兰巴托西南杭爱山脉，古称于都金山。

帝遣越公杨素出灵州（治今宁夏灵武西南），行军总管韩僧寿出庆州（今陕西庆阳），太平公史万岁出燕州（今河北涿鹿西南七十里），大将军武威姚辩出河州（今甘肃临夏境内），以击都蓝。师未出塞，十二月乙未，都蓝为部下所杀，达头自立为步迦可汗，其国大乱。长孙晟言于上曰："今官军临境，战数有功，房内自携离，其主被杀，乘此招抚，可以尽降。请遣染干部下分道招慰。"上从之。降者甚众。

——《资治通鉴》卷一百七十八　隋纪二　文帝开皇十九年。

开皇二十年（600年）四月壬戌，突厥达头可汗犯塞，诏命晋王广、杨素出灵武道（按：即灵州道，治今宁夏灵武西南），汉王谅、史万岁出马邑道（按：即朔州道，治今山西马邑）以击之。

长孙晟率降人为秦州（今甘肃天水）行军总管，受晋王节度。晟以突厥饮泉，易可行毒，因取诸药毒水上流，突厥人畜饮之多死，于是大惊曰："天雨恶水，其亡我乎！"因夜遁。晟追之，斩首千馀级。

史万岁出塞，至大斤山，与房相遇。达头遣使问："隋将为谁？"候骑报："史万岁也。"突厥复问："得非敦煌戍卒乎？"候骑曰："是也。"达头惧而引去。万岁驰追百馀里，纵击，大破之，斩数千级；逐北，入碛数百里，房远遁而还。诏遣长孙晟复还大利城（今内蒙古和林格尔西北，一说在今内蒙古清水河县境内），安抚新附。

达头复遣其弟子俟利伐从碛东攻启民，上又发兵助启民守要路；俟利伐退走入碛。启民上表陈谢曰："大隋圣人可汗怜养百姓，如天无不覆，地无不载。染干如枯木更叶，枯骨更肉，千世万世，常为大隋典羊马也。"帝又遣赵仲卿为启民筑金河（今内蒙古托克托西南）、定襄（胡三省云即恒安镇，今山西大同；一说在大利城，今内蒙古和林格尔西北）二城。

仁寿元年（601年）正月，突厥步迦可汗（按：即达头可汗）犯塞，败代州总管韩洪于恒安（今山西大同）。

五月己丑，突厥男女九万口来降。

十一月，诏杨素为云州道行军元帅，长孙晟为受降使者，挟启民可汗北击步迦。

仁寿二年（602年）三月，突厥思力俟斤等南渡河，略启民男女六千口、杂畜二十万而去。杨素率诸军追击，转战六十馀里，大破之，突厥北走。[杨]素复进追，夜，及之，恐其越逸，令其骑稍后，亲引两骑并降突厥二人与房并行，房不之觉；候其顿舍未定，趣后骑掩袭，大破之，悉得人畜以归启民。自是突厥远遁，碛南无复寇抄。

仁寿三年（603年），是岁，突厥步迦可汗所部大乱，铁勒仆骨等十馀部，皆叛步迦，降于启民。步迦众溃，西奔吐谷浑；长孙晟送启民置碛口，启民于是尽有步迦之众。

——《资治通鉴》卷一百七十九　隋纪三　文帝开皇二十年—仁寿三年。

隋炀帝大业元年（605年）八月，契丹寇营州（治今辽宁朝阳），诏通事谒者韦云起护突厥兵讨之，启民可汗发骑二万，受其处分。云起分为二十营，四道俱引，营相去一里，不得交杂，闻鼓声而行，闻角声而止，自非公使，勿得走马，三令五申，击鼓而发。有纥干（按：突厥小官）犯约，斩之，持首以徇。于是突厥将帅入谒，皆膝行股栗，莫敢仰视。契丹本事突厥，情无猜忌。云起既入其境，使突厥诈云向柳城与高丽交易，敢漏泄事实者斩。契丹不为备，去其营五十里，驰进袭之，尽获其男女四万口，杀其男子，以女子及畜产之半赐突厥，余皆收之以归。帝大喜，集百官曰："云起用突厥平契丹，才兼文武，朕今自举之。"擢为治书侍御史。

大业三年（607年）正月，朔旦，大陈文物。使突厥启民可汗入朝，见而慕之，请袭冠带，帝不许。

四月庚辰，下诏欲安辑河北，巡省赵、魏。丙寅（按：《隋书·炀帝纪》为丙申），车驾北巡；己亥，顿赤岸泽。

五月丁巳，突厥启民可汗遣其子拓特勤来朝。戊午，发河北十余郡丁男凿太行山，达于并州（今太原），以通驰道。丙寅，启民遣其兄子毗黎伽特勤来朝。辛未，启民遣使请自入塞奉迎舆驾，上不许。

六月，帝过雁门（今山西代县）……至马邑（今山西朔县）。戊子，车驾顿榆林郡（今内蒙古托克托西南）。帝欲出塞耀兵，径突厥中，指于涿郡（治今北京）。恐启民惊惧，先遣武卫将军长孙晟谕旨。启民奉诏，因召所部诸国奚、霫、室韦等酋长数十人咸集。晟见牙帐中草秽，欲令启民亲除之，示诸部落，以明威重，乃指帐前草曰："此根大香。"启民遽嗅之，曰："殊不香也。"晟曰："天子行幸所在，诸侯躬自洒扫，耕除御路，以表至敬之心；今牙中芜秽，谓是留香草耳！"启民乃悟曰："奴之罪也！奴之骨肉皆天子所赐，得效筋力，岂敢有辞。特以边人不知法耳，赖将军教之；将军之惠，奴之幸也。"遂拔所佩刀，自芟庭草。其贵人及诸部争效之。于是发榆林北境，至其牙，东达于蓟（今北京），长三千里，广百步，举国就役，开为御道。帝闻晟策，益嘉之。

丁酉，启民及义成公主来朝行宫。己亥，吐谷浑、高昌并遣使入贡……启民可汗复上表，以为"先帝可汗怜臣，赐臣安义公主，种种无乏。臣兄弟嫉妒，共欲杀臣。臣当是时，走无所适，仰视唯天，俯视唯地，奉身委命，依归先帝。先帝怜臣且死，养而生之，以臣为大可汗，还抚突厥之民。至尊今御天下，还如先帝养生臣及突厥之民，种种无乏。臣荷载圣恩，言不能尽。臣今非昔日突厥可汗，乃是至尊臣民，愿率部落变改衣服，一如华夏。"帝以为不可。七月辛亥，赐启民玺书，谕以"碛北未静，犹须征战，但存心恭顺，何必变服？"

帝欲夸示突厥，令宇文恺为大帐，其下可坐数千人；甲寅，帝于城东御大帐，备仪卫，宴启民及其部落，作散乐。诸胡惊骇，争献牛羊驼马数千万头。帝赐启民帛二千万段，其下各有差。又赐启民路车乘马，鼓吹幡旗。赞拜不名，位在诸侯王上。

又诏发丁男百餘万筑长城，西距榆林（今内蒙古托克托西南），东至紫河（今山西左云县苍头河）尚书左仆射苏威谏，上不听，筑之二旬而毕。帝之征散乐也，太常卿高颎谏，不听。［高］颎退，谓太常丞李懿曰："周天元以好乐而亡，殷鉴不远，安可复耳！"［高］颎又以帝遇启民过厚，谓太府卿何稠曰："此虏颇知中国虚实，山川险易，恐为后患。"又谓观王［杨］雄①曰："近来朝廷殊无纲纪。"礼部尚书宇文弼私谓［高］颎曰："天元之侈，以今方之，不亦甚乎？"又言："长城之役，幸非急务。"光禄大夫贺若弼亦私议宴可汗太侈。并为人所奏。帝以为诽谤朝政，丙子，高颎、宇文弼、贺若弼皆坐诛，［高］颎诸子徙边，［贺若］弼妻子没官为奴婢。事连苏威，亦坐免官……天下莫不伤之。

八月壬午，车驾发榆林，历云中（今山西大同），溯金河（今内蒙古大黑河）。事天下承平，百物丰实，甲士五十餘万，马十万匹，旌旗辎重，千里不绝。令宇文恺等造观风行殿，上容侍卫者数百人，推合为之，下施轮轴，倏忽推移。又作行城，周二千步，一般为幹，衣之以布，饰以丹青，楼橹悉备。胡人惊以为神，每望御营，十里之外，屈膝稽颡，无敢乘马。启民奉庐帐以俟车驾；乙酉，帝幸其帐，启民奉觞上寿，跪伏恭甚，王侯以下祖割于帐前，莫敢仰视。帝大悦，赋诗曰："呼韩顿颡至，屠耆接踵来；何如汉天子，空上单于台！"皇后亦幸义成公主帐。帝赐启民及公主金瓮各一，并衣服被褥锦采，特勤以下，受赐有差。帝还，启民从入塞，己丑，遣还国。

——《资治通鉴》卷一百八十　隋纪四　炀帝大业元年—三年。

炀帝大业四年（608年）四月乙卯，诏以突厥启民可汗遵奉朝化，思改戎俗，宜于万寿戍置城造屋，其帷帐床褥以上，务从优厚。

七月辛巳，发丁男二十餘万筑长城，自榆谷（按：当在榆林郡西）而东。

十月，帝以右翊卫将军河东薛世雄为玉门道行军大将，与突厥启民可汗连兵击伊吾，师出玉门，启民不至。

大业五年（609年）正月丙子，改东京为东都（今洛阳）突厥启民可汗来朝，礼赐益厚。

十一月丙子，突厥启民可汗卒，上为之废朝三日，立其子咄吉（《隋书》称咄吉世），是为始毕可汗；表请尚［义成］公主，诏从其俗。

——《资治通鉴》卷一百八十一　隋纪五　炀帝大业四年—五年。

炀帝大业十一年（615年）八月乙丑，帝巡北塞。

---

① 《隋书·观德王雄传》载：观德王杨雄，初名惠，高祖隋文帝杨坚族子，先后封清漳王、安德王。炀帝大业中，改封观王。大业八年（612年）辽东之役，检校左翊卫大将军，出辽东道。次泸河镇（今辽宁锦州），遘疾而薨，时年七十一岁。谥曰德。

初，裴矩以突厥始毕可汗部众渐盛，献策分其势，欲以宗女嫁其弟叱吉设，拜为南面可汗；叱吉不敢受，始毕闻而渐怨。突厥之臣史蜀胡悉多谋略，为始毕所宠任，[裴]矩诈与为互市，诱至马邑（今山西朔县）[城]下，杀之。遣使诏始毕可汗曰："史蜀胡悉叛可汗来降，我已相为斩之。"始毕知其状，由是不朝。

戊辰，始毕[可汗]帅骑数十万谋袭乘舆，义成公主先遣使告变。壬申，车驾驰入雁门（今山西代县），齐王[杨]暕以后军保崞县（今山西代县西南崞阳镇）。癸酉，突厥围雁门，上下惶怖，撤民屋为守御之具，城中兵民十五万口，食仅可支二旬，雁门四十一城，突厥克其三十九，唯雁门、崞[县]不下。突厥急攻雁门，矢及御前；上大惧，抱赵王杲而泣，目尽肿。

左卫大将军宇文述劝帝简精锐数千骑溃围而出，纳言苏威曰："城守则我有余力，轻骑乃彼之所长，陛下万乘之主，岂宜轻动！"民部尚书樊子盖曰："陛下乘危徼幸，一朝狼狈，悔之何及！不若据坚城以挫其锐，坐征四方兵使入援。陛下亲抚循士卒，谕以不复征辽，厚为勋格，必人人自奋，何忧不济。"内史侍郎萧瑀以为："突厥之俗，可贺敦预知军谋；且义成公主以帝女嫁外夷，必恃大国之援。若使一介告知，借使无益，庸有何损。又，将士之意，恐陛下既免突厥之患，还事高丽，若发明诏，谕以赦高丽、专讨突厥，则众心皆安，人自为战矣。"[萧]瑀，皇后之弟也。虞世基亦劝帝重为赏格，下诏停辽东之役。帝从之。……

甲申，诏天下募兵。守令竞来赴难，李渊之子李世民，年十六，应募隶屯卫将军云定兴，说[云]定兴多赍旗鼓为疑兵……[云]定兴从之。帝遣间使求救于义成公主，公主遣使告始毕云："北边有急。"东都及诸郡援兵亦至忻口（今山西定襄西北忻口）。

九月甲辰，始毕解围去。帝使人出侦，山谷皆空，无胡马，乃遣二千骑追蹑，至马邑，得突厥老弱二千余人而还。

——《资治通鉴》卷一百八十二　隋纪六　炀帝大业十一年。

炀帝大业十二年（616年），突厥数寇北边，诏晋阳留守李渊帅太原道兵与马邑太守王仁恭击之。时突厥方强，两军众不满五千，仁恭患之。渊选善骑射者二千人，使之饮食舍止一如突厥，或与突厥遇，则伺便击之，前后屡捷，突厥颇惮之。

——《资治通鉴》卷一百八十三　隋纪七　炀帝大业十二年。

初，西突厥阿波可汗为叶护可汗所虏（按：开皇七年事），国人立鞅素特勒之子，是为泥利可汗。泥利卒，子达漫立，号处罗可汗。其母向氏，本中国人，更嫁泥利之弟婆实特勒。开皇末，婆实与向氏入朝，遇达头之乱，遂留长安，舍于鸿胪寺。处罗多居乌孙故地，抚御失道，国人多叛，复为铁勒所困。铁勒者，匈奴之遗种，族类最多，有仆骨、同罗、契苾、薛延陀等部，其酋长皆号俟斤。族姓虽殊，同谓之铁勒,大抵与突厥同俗,以寇抄为生,无大君长,分属东、西两突厥。是岁,处罗引兵击铁勒诸部,厚税其物,又猜忌薛延陀,恐其为变,集其酋长数百人,尽杀之。于是铁勒皆叛……与处罗战,屡破之。

——《资治通鉴》卷一百八十 隋纪四 炀帝大业元年。

炀帝大业四年(608年)正月,裴矩闻西突厥处罗可汗思其母,请遣使招怀之。二月己卯,帝遣司朝谒者崔君肃①赍诏书慰谕之。处罗见君肃甚倨,受诏不肯起,君肃谓之曰:"突厥本一国,中分为二,每岁交兵,积数十岁而莫能相灭者,明知其势敌耳。然启民举其部落百万之众,卑躬折节,入臣天子者,其故何也?正以切恨可汗,不能独制,欲借兵于大国,共灭可汗耳。群臣咸欲从启民之请,天子既许之,师出有日也。故可汗母向氏夫人惧西国之灭,旦夕守阙,哭泣哀祈,匍匐谢罪,请发使招可汗,令入内属。天子怜之,故复遣使至此。今可汗乃倨慢如此,则向夫人为诳天子,必伏尸都市,传首虏庭。发大隋之兵,资东国之众,左提右挈以击可汗,亡无日矣!奈何爱两拜之礼,绝慈母之命,惜一语称臣,使社稷为墟乎!"处罗矍然而起,流涕再拜,跪受诏书,因遣使者随[崔]君肃贡汗血马。

炀帝大业七年(611年)十月,初,[大业五年(609年)]帝西巡,遣侍御史韦节招西突厥处罗可汗,令与车驾会大斗拔谷,国人不聪,处罗谢使者,辞以他故。帝大怒,无如之何。会其酋长射匮遣使来求婚,裴矩因奏曰:"处罗不朝,恃强大耳。臣请以计弱之,分裂其国,即易制也。射匮者,都六之子,达头之孙,世为可汗,君临西面,今闻其失职(按:失可汗位),附属处罗,故遣使来以结援耳,愿厚礼其使,拜为大可汗,则突厥势分,两从我矣。"帝曰:"公言是也。"因遣矩朝夕至馆,微讽喻之。帝于仁风殿召其使者,言处罗不顺之状,称射匮向善,我将立为大可汗,令发兵诛处罗,然后为婚。帝取桃竹白羽箭一枚以赐射匮,因谓之曰:"此事宜速,使疾如箭也。"使者返,路径处罗,处罗爱箭,将留之,使者谲而得免。射匮闻而大喜,兴兵袭处罗;处罗大败,弃妻子,将数千骑东走,缘道被劫,寓于高昌(今新疆吐鲁番东南高昌古城),东保时罗曼山(今天山)高昌王麴伯雅上状。帝遣裴矩与向氏亲要左右驰至玉门关晋昌城,晓喻处罗使入朝。

十二月己未,处罗来朝于临朔宫(按:在今北京郊区),帝大悦,接以殊礼。帝与处罗宴,处罗稽首,谢入见之晚。帝以温言慰劳之,备设天下珍膳,盛陈女乐,罗绮丝竹,炫耀耳目,然处罗终有怏怏之色。

大业八年(612年)正月,帝分西突厥处罗可汗之众为三,使其弟阙度设②将羸弱万余口,居于会宁(今甘肃靖远),又使特勒大奈别将余众居于楼烦(今山西静

---

① 《资治通鉴考异》曰:"《隋书·炀帝纪》作'崔毅',今从《隋书·西突厥传》。"
② 《资治通鉴考异》曰:"《隋书·西突厥传》作'达度阙设',今从《隋书·裴矩传》"

乐），命处罗将五百骑常从车驾巡幸，赐号曷婆那可汗，赏赐甚厚。

——《资治通鉴》卷一百八十一　隋纪五　炀帝大业四年—八年。

（2）隋朝与高丽的关系

　　高丽之先，出自夫余。夫余王尝得河伯女，因闭于室内，为日光随而照之，感而遂孕，生一大卵，有一男子破壳而出，名曰朱蒙。

　　朱蒙建国，自号高句丽，以高为氏。朱蒙死，子闾达嗣。至其孙莫来兴兵，遂并夫余。至裔孙位宫，以［曹］魏正始中入寇西安平，［魏幽州刺史］毌丘俭拒破之。位宫玄孙之子曰昭列帝，为［鲜卑］慕容氏所破，遂入丸都，焚其宫室，大掠而还。昭列帝后为百济所杀。其曾孙［高］琏，遣使后魏。琏六世孙［高］汤①在周遣使朝贡，［北周］武帝拜汤上开府、辽东郡公、辽东王。高祖受禅（按：指隋文帝），汤复遣使诣阙，进授大将军，改封高丽王。岁遣使朝贡不绝。

　　［隋文帝］开皇初，频有使入朝。及平陈之后（按：事在开皇九年，公元589年），［高］汤大惧，治兵积谷，为守据之策。十七年（597年）上（按：指隋文帝）赐［高］汤玺书曰："……王既为人臣，须同朕德，而乃驱逼靺鞨，固禁契丹。诸藩顿颡，为我臣妾，忿善人之慕义，何毒害之情深乎？……时命使者，抚慰王藩，本欲问彼人情，教彼政术。王乃坐之空馆，严加防守，使其闭目塞耳，永无闻见。有何阴恶，弗欲人知，禁制官司，畏其访察？又数遣马骑，杀害边人，屡骋奸谋，动作邪说，心在不宾。""高丽之人多少陈国？朕若不存含育，责王前愆，命一将军，何待多力！殷勤晓示，许王自新耳。宜得朕怀，自求多福。"②［高］汤得书惶恐，将奉表陈谢，会病卒。子［高］元嗣立。高祖［隋文帝］使使拜元为上开府、仪同三司，袭爵辽东郡公，赐衣一袭。元奉表谢恩，并贺祥瑞，因请封王。高祖优册［高］元为王。

　　明年（598年），［高］元率靺鞨之众万馀骑寇辽西，营州总管韦冲击走之。高祖闻而大怒，命汉王［杨］谅为元帅，总水陆讨之，下诏黜其爵位（按：指高元的高丽王爵位）。馈运不继，六军乏食，［隋］军出临渝关（今河北抚宁境内），复遇疾疫，王师不振。及次辽水，［高］元亦惶惧，遣使谢罪，上表称"辽东粪土臣"云云。上于是罢兵，待之如初，［高］元亦岁遣朝贡。

　　［隋］炀帝嗣位，天下全盛，高昌王、突厥启人可汗（按：即启民可汗，唐人避太宗李世民名讳而改）并亲诣阙贡献，于是征［高丽王高］元入朝。元惧，藩礼颇阙。大业七年（611年）帝将讨元之罪，［八年，公元612年］车驾渡辽水……是行

---

① 高丽王高汤即《隋书·高祖纪下》的高阳，高元之父。
② 此诏书《隋书》和《资治通鉴》均载在开皇十七年（597年），但朝鲜《三国史记》卷十九却载在高丽平原王（阳成）二十二年即隋开皇十年（590年）。考高阳卒于开皇十年（见《隋书》），随后长子高元嗣位，因此隋文帝此赐高阳诏书不可能晚至开皇十七年。今从《三国史记》。

也,唯于辽水西拔贼武厉逻(今辽宁沈阳西北,辽河西岸),置辽东郡及通定镇而还。

九年(613年)帝复亲征之……会杨玄感作乱……即日六军并还……兵部尚书斛斯政[因与杨玄感通谋]亡入高丽,高丽具知事实,悉锐来追,[隋]殿军多败。

十年(614年)又发天下兵,会盗贼蜂起,人多流亡,所在阻绝,军多失期。至辽水,高丽亦困弊,遣使乞降,囚送斛斯政以赎罪。帝许之,顿于怀远镇(今辽宁辽阳西北,辽河西岸),受其降款。仍以俘囚军实归。至京师,以高丽使者亲告于太庙,因拘留之。仍征元入朝,元竟不至。帝敕诸军严装,更图后举,会天下大乱(按:隋朝灭亡),遂不克复行。

——《隋书》卷八十一《高丽传》。

韦冲开皇中为营州总管,容貌都雅,宽厚得众,怀抚靺鞨、契丹,皆能致其死力。奚、霫畏惧,朝贡相续。高丽尝入寇,[韦]冲率兵击之。

——《册府元龟》卷四百二十九《将帅部·守边》。

[隋文帝]开皇元年(581年)十二月壬寅,高丽王高阳遣使朝贡,授[高]阳大将军、辽东郡公。

二年(582年)正月辛未,高丽、百济并遣使贡方物。十一月丙午,高丽遣使献方物。

三年(583年)正月癸亥,高丽遣使来朝。四月辛未,高丽遣使来朝。五月甲辰,高丽遣使来朝。

四年(584年)四月丁未,宴突厥、高丽、吐谷浑使者于大兴殿。

——《隋书》卷一《高祖纪上》。

十年(590年)七月辛亥,高丽辽东郡公高阳卒。

十一年(591年)正月辛丑,高丽遣使朝贡。五月甲子,高丽遣使贡方物。

十七年(597年)五月己巳,高丽遣使贡方物。

十八年(598年)二月乙巳,以汉王[杨]谅为行军元帅,水陆三十万伐高丽。六月丙寅,下诏黜高丽王高元官爵。九月己丑,汉王[杨]谅师遇疾疫而旋,死者十八、九。

二十年(600年)正月,突厥、高丽、契丹并遣使贡方物。

——《隋书》卷二《高祖纪下》。

[开皇]十八年(598年),起辽东之役,[隋文帝]以[杨]谅为行军元帅,率众至辽水,遇疾疫,不利而还。

——《隋书》卷四十五《庶人谅传》。

宇文弼字公辅，河南洛阳人也……［开皇］十八年（598年），辽东之役，授元帅汉王府司马，仍领行军总管。

——《隋书》卷五十六《宇文弼传》。

［元］褒字孝整……［开皇］十四年（594年），以行军总管屯兵备边。辽东之役，复以行军总管从汉王［杨谅］至柳城（今辽宁朝阳）而还。

——《隋书》卷五十《元孝矩传》附褒传。

［韩］僧寿字玄庆，［韩擒虎同］母弟也，亦以勇烈知名……［开皇］十七年（597年），屯兰州以备胡。明年（598年），辽东之役，领行军总管。还，检校灵州总管事。

——《隋书》卷五十二《韩擒虎传》附僧寿传。

杜彦，云中人也……［开皇］十八年（598年），辽东之役，以行军总管从汉王谅至营州。上（指隋文帝）以［杜］彦晓习军旅，令总统五十营事。及还，拜朔州总管。

——《隋书》卷五十五《杜彦传》。

王世积……［北周末年］高祖为丞相，尉迟作乱，从韦孝宽击之，每战有功，拜上大将军。高祖受禅，进封宜阳郡公……及起辽东之役，世积与汉王并为行军元帅，至柳城，遇疾疫而还。

——《隋书》卷四十《王世积传》。

高颎字昭玄，一名敏，自云渤海蓨人也……高祖受禅，拜尚书左仆射、兼纳言，进封渤海郡公，朝臣莫与之比……［开皇十八年］会议伐辽东，颎固谏不可。上不从，以［高］颎为元帅长史，从汉王征辽东，遇霖潦疾疫，不利而还。后言于上曰："［高］颎初不欲行，陛下强遣之，妾固知其无功矣。"又上以汉王［杨谅］年少，专委军于［高］颎。［高］颎以任寄隆重。每怀至公，无自疑之意。［杨］谅所言多不用，甚衔之。及还，［杨］谅泣言于后曰："儿幸免高颎所杀。"上闻知，弥不平。

——《隋书》卷四十一《高颎传》。

张奫字文懿，自云清河人也，家于淮阴。……平陈之役，颇有功焉。进位开府仪同三司，封文安县子，邑八百户……开皇十八年（598年），为行军总管，从汉王谅征辽东，诸军多物故，奫众独全。

——《隋书》卷六十四《张奫传》。

周罗睺字公布，九江寻阳人也。［为陈朝之重臣］，［隋开皇九年，隋］晋王广（按：即后来的隋炀帝）之伐陈也，［周罗睺］都督巴峡缘江诸军事，以拒［隋］秦王俊，［隋］军不得渡，相持踰月。遇丹阳陷，陈主被擒，上江犹不下，晋王广遣陈主手书命之，罗睺与诸将大临三日，放兵士散，然后乃降……［仕隋］授幽州刺史，并有能名。

［开皇］十八年（598年），起辽东之役，征为水军总管。自东莱泛海，趣平壤城，遭风，船多飘没，无功而还。

——《隋书》卷六十五《周罗睺传》。

李景字道兴，天水休官人也……［开皇］十七年（597年）辽东之役，为马军总管，及还，配事汉王［杨谅］。

——《隋书》卷六十五《李景传》。

陆知命字仲通，吴郡富春人也……［开皇之世］，数年不得调，诣堂上表，请使高丽，曰："……四海廓清，三边底定，惟高丽小竖，狼顾燕垂……臣请以一节，宣示皇风，使彼君臣面缚阙下。"

——《隋书》卷六十六《陆知命传》。

刘炫字光伯，河间景城人也……开皇之末，国家殷盛，朝野皆以辽东为意。炫以为辽东不可伐，作"抚夷论"以讽焉，当时莫有悟者。及［隋炀帝］大业之季，三征不克，炫言方验。

——《隋书》卷七十五《刘炫传》。

开皇十七年（597年）高丽王［高］汤闻陈亡，大惧，治兵积谷，为据守之策。是岁，上赐［高］汤玺书，责以"虽称藩属，臣节未尽"。且曰："彼之一方，虽地狭人少，今若黜王，不可虚置，终须更选官署，就彼安抚。王若洒（音：洗）心易行，率由宪章，即是朕之良臣，何劳别遣才彦！王谓辽水之广，何如长江？高丽之人，多少陈国？朕若不存含育，责王前愆，命一将军，何待多力！殷勤晓示，许王自新耳。"［高］汤得书，惶恐，将奉表陈谢，会病卒，子［高］元嗣立，上使使拜元为上开府仪同三司，袭爵辽东公。［高］元奉表谢恩，因请封王，上许之。

开皇十八年（598年）二月，高丽王［高］元帅靺鞨之众万余寇辽西，营州（今辽宁朝阳）总管韦冲击走之。上闻而大怒，乙巳，以汉王［阳］谅、王世积并为行军元帅，将水陆三十万伐高丽，以尚书左仆射高颎为汉王长史，周罗睺为水军总管。

六月丙寅，下诏黜高丽王［高］元官爵。汉王［阳］谅军出临渝关（今河北抚宁境内），值水潦，馈运不继，军中乏食，复遇疾疫。周罗睺自东莱泛海趣平壤城，亦遭风，船多飘没。

九月己丑，师还，死者什八九。高丽王［高］元亦惶惧遣使谢罪，上表称"辽东粪土臣元"，上于是罢兵，待之如初。

——《资治通鉴》卷一百七十八　隋纪二　文帝开皇十七年—十八年。

［隋炀帝］大业三年（607年）八月壬午，车驾发榆林。上（按：指隋炀帝）谓高丽使者曰："归语尔王，当早来朝见。不然者，吾与［突厥］启民［可汗］巡彼土也。"

七年（611年）二月乙亥，上自江都（今扬州）御龙舟入通济渠，隋幸于涿郡（今北京）。壬午，诏曰："……高丽高元，亏失藩礼，将欲问罪辽左（按：即辽东），恢宣胜略……今往涿郡，巡抚民俗。"

——《隋书》卷三《炀帝纪上》。

［隋炀帝］大业三年（607年）八月，帝巡于塞北，幸启民［可汗］帐，时高丽遣使先通于突厥，启民不敢隐，引之见帝。内使侍郎裴矩因奏状曰："高丽之地本孤竹国也，周代以之封于箕子，汉世分为三郡，晋世亦统辽东，今乃不臣……今其使者朝于突厥，亲见启民合国从化，必惧皇灵之远畅……""请面诏其使，放还本国，遣语其主，令速朝觐。不然者，当率突厥，即日诛之。"帝纳焉。其王高元不用命，始建征辽之策。

——《册府元龟》卷九百九十《外臣部·备御三》。

［隋炀帝］大业八年（612年）正月壬午，下诏："……高丽小丑，迷昏不恭，崇聚勃、碣之间，荐食辽、獩之境。虽复汉、魏诛戮，巢窟暂倾，乱离多阻，种落还集。""在昔薄伐，已漏天网……乃兼契丹之党，虔刘海戍，习鞍鞯之服，侵轶辽西。又青丘之表，咸修职贡，碧海之滨，同禀正朔，遂复夺攘琛赆，遏绝往来，虐及无辜，诚而遇祸。""今宜授律启行，分麾届路……比戈按甲，誓旅而后行，三令五申，必胜而后战。"七月壬寅，宇文述等败绩于萨水，右屯卫将军辛世雄死之。九军并陷，将帅奔还亡者二千馀骑。癸卯，班师。

九年（613年）二月壬午，又征兵讨高丽。六月戊辰，兵部侍郎斛斯政奔于高丽。庚午，上班师。高丽犯后军，敕右武卫大将军李景为后拒。

十年（614年）二月辛卯，诏曰："蕞尔高丽，僻居荒表，鸱张狼噬，侮慢不恭，抄窃我边陲，侵轶我城镇。是以去岁出军，问罪辽、碣，殪长蛇于玄菟（治今辽宁新宾县西），戮封豕于襄平（东汉置，治今辽宁辽阳）……径踰浿水（今朝鲜大同江），沧海舟楫，冲贼腹心，焚其城郭，污其宫室。高元伏锧泥首，送款军门，寻请入朝，归罪司寇。朕以许其改过，乃诏班师。而长恶靡悛，宴安鸩毒，此而可忍，孰不可容！便可分命六师，百道俱进。朕当亲执武节，临御诸军，秣马丸都（今吉林集安）观兵辽水（今辽河），顺天诛于海外，救穷民于倒悬，征伐以正之，明德以诛之，只除元恶，餘无所问。"七月癸丑，车驾次怀远镇。甲子，高丽遣使请降，囚送斛斯政，上大悦。八月己巳，班师。

——《隋书》卷四《炀帝纪下》。

隋阎毗为殿内少监，从炀帝征辽东。帝〔因杨玄感之乱〕班师，兵部郎中斛斯政〔以通杨玄感〕奔辽东。帝令〔阎〕毗帅骑二千追之，不及，〔斛斯〕政投高丽柏崖城，〔阎〕毗攻之。二月，有诏征还。

——《册府元龟》卷四百三十八《将帅部·无功》。

四、大运河和隋炀帝辽东之役

（1）南北大运河的开凿

〔隋文帝〕开皇四年（584年）六月壬子，开渠，自渭〔河〕达〔黄〕河以通运漕。

——《隋书》卷一《高祖纪上》。

开皇四年（584年）……命宇文恺率水工凿渠，引渭水，自大兴城（按：后改名长安）东至潼关，三百餘里，名曰广通渠。转漕通利，关内赖之。

——《隋书》卷二十四《食货志》。

宇文恺字安乐，耕国公忻之弟也……决渭水达河，以通运漕。诏恺总督其事。

——《隋书》卷六十八《宇文恺传》。

至德二年（584年。按：宋人奉南朝为正统，故书陈朝纪年），隋主（按：指隋文帝）以渭水多沙，深浅不常，漕者苦之，六月壬子，诏太子左庶子宇文恺率水工凿渠，引渭水，自大兴城东至潼关三百餘里，名曰广通渠。漕运通利，关内赖之。

——《资治通鉴》卷一百七十六　陈纪十　长城公至德二年六月。

郭衍，字彦文，自云太原介休人也……〔开皇中〕征为开漕渠大监。部率水工，凿渠引渭水，经大兴城北，东至于潼关，漕运四百余里。关内赖之，名曰富民渠①。

——《隋书》卷六十一《郭衍传》。

元寿字长寿，河南洛阳人……［开皇］四年（584年），参督漕渠之役，授尚书主爵侍郎。

——《隋书》卷六十三《元寿传》。

于仲文字次武……［隋文帝开皇之世］，上每忧转运不给，仲文请决渭水，开漕渠。上然之，使仲文总其事②。

［开皇］七年（587年）四月庚戌，于扬州开山阳渎，以通运漕。

——《隋书》卷一《高祖纪上》。

［陈］祯明元年（587年）四月，［隋文帝］于扬州开山阳渎以通运。

原按：春秋，吴［国］城邗［江］，沟通［长］江、淮［水］。山阳渎通于广陵（今扬州）尚矣，隋特开而深广之，将以伐陈也③。

——《资治通鉴》卷一百七十六 陈纪十 长城公祯明元年四月。

［隋炀帝］大业元年（605年）三月辛亥，发河南诸郡男女百余万，开通济渠，自［东都洛阳］西苑引谷、洛水达于［黄］河，自板渚（今河南汜水县东北20里）引［黄］河通于淮［水］④。

——《隋书》卷三《炀帝纪上》。

大业元年（605年）发河南道诸州郡兵夫五十馀万开通济渠，自河起荥泽入淮千余里。又发淮南诸州郡丁夫十馀万开邗沟（按：先已开之，此又加宽也），自山阳淮至于扬子入江三百馀里。水面阔四十步，造龙舟，两岸为大道，种榆、柳。自东

---

① 富民渠即广通渠，一为俗称，一为正称。宇文恺总督其事，郭衍亲督其工。
② 按：于仲文所建策，即开广通渠，可见参与其事者不止宇文恺、郭衍。
③ 山阳渎南起长江北岸的江都广陵（今江苏扬州），北至淮水南岸的山阳县（今江苏淮安），沟通淮河、长江二水。《行水金鉴》卷九十二《运河水》：《左传》哀公九年（前486年）秋，吴城邗，沟通江、淮。杜预注云：于邗江筑城穿沟，东北通射阳湖，西北至末口入淮，通粮道也。今广陵邗江是。按：末口在山阳县北5里。《宋徽宗宣和三年诏》云：江淮漕运尚矣；春秋时吴穿邗沟；［西］汉吴王濞开邗沟，通道海陵；隋开邗沟，自山阳至扬子入江。
④ 通济渠南起江苏山阳（今淮安）以西的淮水上游北岸，北至黄河南岸的板渚，直接沟通黄河、淮水。《行水金鉴》卷九十二《运河水》：《通典》：汴渠在河南府阴县南二百五十步，今名通济渠。隋炀帝开导，西通［黄］河、洛［水］，南达［长］江、淮［水］。《笔尘》：隋炀帝开通济渠，自东都西苑引谷、洛之水达于［黄］河，又自板渚引河水达于汴，又自大梁（今河南开封）东引汴水入泗达于淮（按：即通济渠），又自山阳至扬子达于江，于是江、淮、河、汴之水相属而为一也。

郡（今河南滑县）至江都二千餘里，树阴相交。每两驿站置一宫，为停顿之所。自京师至江都离宫四十餘所。

——《行水金鉴》卷九十二《运河水》。

［大业元年（605年）］，开渠，引谷、洛水，自苑西入，而东注于洛。又自板渚引河达于淮海，谓之御河（按：即通济渠）。

——《隋书》卷二十四《食货志》。

河阴县（今河南荥阳北，黄河南岸）：汴渠在县南二百五十步，亦名浪荡渠……隋炀帝大业元年（605年）更令开导，名通济渠，自洛阳西苑引谷、洛水达于河，自板渚引河入汴口，又从大梁（今河南开封）之东引汴水入于泗，达于淮，自江都宫入于海①。亦谓之御河，河畔筑御道，树之以柳，炀帝巡幸，乘龙舟而往江都。自扬、益、湘南至交、广、闽中等州，公家运漕，私行商旅，舳舻相继。隋氏作之虽劳，后代实受其利焉。汴口堰，在县西二十里。又名梁公堰，隋文帝开皇七年（587年），使梁睿增筑汉古堰，遏河入汴也。

——《元和郡县图志》卷五《河南道一》。

［大业］四年（603年）正月乙巳，诏发河北诸郡男女百餘万开永济渠，引沁水南达于河，北通涿郡（今北京）②。

——《隋书》卷三《炀帝纪上》。

［大业］四年（603年），发河北诸郡百餘万众，引沁水，南达于河，北通涿郡。自是以丁男不供，始以妇人从役③。

——《隋书》卷二十四《食货志》。

阎毗，榆林盛乐人也……［大业四年（603年）］将兴辽东之役，自洛口开渠，达于涿郡（今北京），以通运漕。毗督其役④。明年（604年），兼领右翊卫长史，营

---

① 江都宫在江都即今扬州，南临长江。所谓自江都宫入海，就是由黄河循汴渠、山阳渎南入长江，然后东出海。
② 《册府元龟·邦计部·河渠二》所记与此同。
③ 《册府元龟·邦计部·漕运》载：″［大业］四年，又发河北诸郡百万余众，开永济渠，引沁水南达于河，北通涿郡（今北京）。自是丁男不供，始以妇人从役。″同书《邦计部·户籍》载：隋开皇二年定制：男女三岁以下为黄，十以下为小，十七以下为中，十八以上为丁，以从课役。八十为老，乃免。三年，令军人以二十一成丁。炀帝大业初年，诏男子以二十一成丁。
④ 此即大运河的北方河道永济渠。洛口位于黄河南岸，是洛水入黄河处。《隋书·阎毗传》在记载他开凿在黄河北岸的引沁水南达于黄河，北至涿郡时，特意写明疏凿黄河南岸的洛口，即自洛阳仓和洛口仓运粮北上的漕船从洛口入黄河，顺流东下近40公里，然后驶入对岸的沁水入黄河口，溯流而上不远，在今河南武陟县境内抵达永济渠的南端即引沁水东济清、淇的引水口，东折入永济渠，历今河南汲县的黎阳而北上涿郡（今北京）。

建临朔宫（按：在今北京郊区）。

——《隋书》卷六十八《阎毗传》。

阎毗为起部郎，炀帝将兴辽东之役，自洛口开渠，达涿郡，以通漕，[阎]毗督其役。

——《册府元龟》卷四百九十七《邦计部·河渠二》。

大业六年（610年）十二月，敕开江南河。自京口（今江苏镇江）至余杭郡（今浙江杭州）八百余里，水面阔十余丈，又拟通龙舟，驿宫、草顿并足，欲东巡会稽（今浙江绍兴）①。

——《行水金鉴》卷九十二《运河水》引《大业杂记》。

（2）隋炀帝辽东之役

[大业三年（607年）隋炀帝北巡塞外，至突厥启民可汗帐。]先是，高丽私通使启民所，启民推诚奉国，不敢隐境外之交。是日，将高丽使人见，敕令牛弘宣旨谓之曰："朕以启民诚心奉国，故亲至其所。明年当往涿郡（治今北京）。尔还日，语高丽王知，宜早来朝，勿自疑惧。存育之礼，当同于启民。如或不朝，必将启民巡行彼土。"使人甚惧。

——《隋书》卷八十四《突厥传》。

裴矩字弘大，河东闻喜人……[大业三年（607年）]从[隋炀]帝巡于塞北，幸启民帐。时高丽遣使先通于突厥，启民不敢隐，引之见帝。[裴]矩因奏状曰："高丽之地，本孤竹国也。[西]周代以之封于箕子，汉世分为三郡，晋氏亦统辽东。今乃不臣，别为外域，故先帝疾焉，欲征之久矣。但以杨谅不肖，师出无功。当陛下之时，安得不事，使此冠带之境，仍为蛮貊之乡乎？今其使者朝于突厥，亲见启民合国从化，必惧皇灵之远畅，虑后伏之先亡。胁令入朝，当可致也。"帝曰："如何？"[裴]矩曰："请面诏其使，放还本国，遣语其王，令速朝觐。不然者，当率突厥，即日诛之。"帝纳焉。[高丽王]高元不用命，始建征辽之策。王师临辽，以本官领武贲郎将。明年（608年），复从至辽东。兵部侍郎斛斯政亡入高丽，帝令[裴]矩兼掌兵事。以前后渡辽之役，进为右光禄大夫。

还至涿郡（治今北京），帝以杨玄感初平，令[裴]矩安集陇右……后从师至怀远镇，诏护北蕃军事……十一年（615年）帝北巡狩，[突厥]始毕率骑数十万，围

---

① 至此，隋大运河始告完竣，南自余杭（今浙江杭州），北至涿郡（今北京），沟通海河、黄河、淮河、长江、钱塘江五大水系。

帝于雁门（今山西代县）。诏令［裴］矩与虞世基每宿朝堂，以待顾问。

——《隋书》卷六十七《裴矩传》。

裴矩字弘大，河东闻喜人……［大业三年（607年）］从帝巡于塞北，幸启民可汗帐。时高丽遣使先通于突厥，启民不敢隐，引之见帝，［裴］矩因奏曰："高丽之地本孤竹国也，［西］周代以之封箕子，汉时分为三郡，晋氏亦统辽东。今乃不臣，列为外域，故先帝欲征之久矣，但以杨谅不肖，师出无功。当陛下时，安得不有事于此，使冠带之境，仍为蛮貊之乡乎？今其使者朝于突厥，亲见启民从化，必惧皇灵之远畅，虑后服之先亡，胁令入朝，当可至也。请面诏其使还本国，遣语其王令速朝觐。不然者，当率突厥即日诛之。"帝纳焉。高丽不用命，始建征辽之策。［大业八年，公元612年］王师临辽，以本官领虎贲郎将。明年［大业九年，公元613年］，复从至辽东。兵部侍郎斛斯政亡入高丽，帝令［裴］矩兼掌兵部事。以前后渡辽功，进位右光禄大夫。

——《旧唐书》卷六十三《裴矩传》。

［大业三年（607年）］帝之幸启民可汗帐也，高丽使者在启民所，启民不敢隐，与之见帝。黄门侍郎裴矩说帝曰："高丽本箕子所封之地，汉、晋皆为郡县；今乃不臣，别为异域。先帝欲征之久矣，但杨谅不肖，师出无功。当陛下之时，安可不取，使冠带之境，遂为蛮貊之乡乎！今其使者亲见启民举国从化，可因其恐惧，胁使入朝。"帝从之。敕牛弘宣旨曰："朕以启民诚心奉国，故亲至其帐。明年当往涿郡（治今北京），尔还日语高丽王：勿自疑惧，存育之礼，当如启民。苟或不朝，将帅启民往巡彼土。"高丽王［高］元惧，藩礼颇阙，帝将讨之；课天下富人买武马，匹至十万钱；简阅器仗，务令精新，或有滥恶，则使者立斩。

——《资治通鉴》卷一百八十一 隋纪五 炀帝大业六年。

大业六年（610年）三月癸亥，幸江都宫。

大业七年（611年）二月乙亥，上自江都御龙舟入通济渠，遂幸于涿郡（今北京）。壬午，诏曰："高丽高元，亏失藩礼，将欲问罪辽左（即辽东），恢宣胜略。"四月庚午，至涿郡之临朔宫（按：在今北京郊区）。

——《隋书》卷三《炀帝纪上》。

大业七年（611年）二月乙亥，帝自江都行幸涿郡，御龙舟，渡河入永济渠，仍选部、门下、内史、御史四司之官于船前选补，其受选者三千馀人，或徒步随船三千馀里，不得处分，冻馁疲顿，因而致死者什一二。壬午，下诏讨高丽。敕幽州总管元弘嗣往东莱（今山东掖县）海口造船三百艘，官吏督役，昼夜站立水中，略不敢息，自腰以下皆生蛆，死者什三四。四月庚午，车驾至涿郡之临朔宫……先是，诏总征天下兵，无问远近，俱会于涿（治今北京）。又发江淮以南水手一万人，弩手三万人，岭南排镩手（按：即持短矛近战的战士）三万人，于是四远奔赴如流。五月，敕河南、淮南、江南造戎车五万乘送高阳（今河北高阳），供载衣甲幔幕，令兵士自挽之；发河南、北民夫以供军需。

七月，发江淮以南民夫及船运黎阳（按：黎阳县在今河南浚县东北，黎阳仓在今河南浚县西南三十里）及洛口（今河南巩县）诸仓米至涿郡（治今北京），舳舻相次千余里，载兵甲及攻取之具，往还在道常数十万人，填咽于道，昼夜不绝，死者相枕，臭秽盈路，天下骚动。

十二月，帝自去岁谋划讨高丽，诏山东置府，令养马以供军役。又发民夫运，积于泸河（今辽宁锦州）、怀远（今辽宁辽阳西北，辽河西岸）二镇，车马往者皆不返，士卒死亡过半，耕稼失时，田畴多荒……又发鹿车（按：即小车）夫六十餘万，二人共推米三石，道途险远，不足充糇粮（按：即干的食粮），至镇，无可输，皆惧罪亡命。重以官吏贪残，因缘侵渔，百姓困穷，财力俱竭，安居则不胜冻馁，死期交急，剽掠则犹得延生，于是始相聚为群盗。

——《资治通鉴》卷一百八十一　隋纪五　炀帝大业七年。

大业八年（612年）正月辛巳，大军集于涿郡（治今北京）。壬午，下诏曰："……比戈按甲，誓旅而后行，三令五申，必胜而后战。左第一军可镂方道，第二军可长岑道，第三军可海冥道，第四军可盖马道，第五军可建安道，第六军可南苏道，第七军可辽东道，第八军可玄菟道，第九军可扶余道，第十军可朝鲜道，第十一军可沃沮道，第十二军可乐浪道。右第一军可粘蝉道，第二军可含资道，第三军可浑弥道，第四军可临屯道，第五军可候城道，第六军可提奚道，第七军可踏顿道，第八军可肃慎道，第九军可碣石道，第十军可东暆道，第十一军可带方道，第十二军可襄平道"①……总一百一十三万三千八百，号二百万，其馈运者倍之。三月癸巳，上御师。甲午，临戎于辽水桥。戊戌，大军为贼所拒，不果济。右屯卫大将军、左光禄大夫麦铁杖，武贲郎将钱士雄、孟金叉等，皆死之。甲午，车驾渡辽〔河〕。大战于东岸，击贼破之，进围辽东。五月，于时诸将各奉旨，不敢赴机。既而高丽各城守，攻之不下。六月，幸辽东，责怒诸将。止城西数里，御六合城②。七月壬寅，宇文述等败绩于萨水（今朝鲜清川江），右屯卫将军辛世雄死之。九军并陷，将帅奔还亡（按：

---

① 按：当时高丽占据辽河以东各地，故隋军左、右各12军所循路线，部分在辽西，如提（偍）奚道在今北京密云东北古北口外，踏（蹋）顿道在今辽宁朝阳，碣石道在今河北昌黎，等等；部分在辽东，如辽东道在今辽宁沈阳东北，襄平道在今辽宁辽阳，扶余道在今吉林四平，玄菟道在今吉林新宾县西，等等；部分则在今朝鲜境内，如镂方道、长岑道、海冥道、粘蝉、乐浪道、盖马道，等等。总而言之，大都是秦、汉旧名。由此亦可见，隋炀帝之用兵，志在恢复秦、汉疆域。

② 六合城，何稠所造木制行军围城。见《隋书·何稠传》、《册府元龟·总录部·工巧》。

"亡"误,当为"至")者二千餘骑。癸卯,班师。

——《隋书》卷四《炀帝纪下》。

大业七年(611年),征辽东,炀帝遣诸将,于蓟城(今北京)南桑乾河①上,筑社稷二坛,设方壝,行宜社礼。帝斋于临朔宫怀荒殿,预告官与侍从,各斋于其所。十二卫士并斋。帝衮冕玉辂,备法驾。礼毕,御金辂,服通天冠,还宫。又于宫南类(按:祭告也)上帝,积柴于燎坛,设高祖(按:指隋文帝)位于东方,帝服大裘以冕,乘玉辂,祭奠玉帛,并如宜社。诸军受胙毕,帝就位,观燎,乃出。又于蓟城北设坛,祭马祖于其上,亦有燎。又于其日,使有司并祭先牧及马步,无钟鼓之乐。

众军将发,帝御临朔宫,亲授节度。每军大将、亚将各一人。骑兵四十队。队百人置一纛。十队为团,团有偏将一人。第一团,皆青丝连明光甲、铁具装、青缨拂、建狻猊旗。第二团,绛丝连朱犀甲、兽文具装、赤缨拂、建貔貅旗。第三团,白丝连明光甲、铁具装、素缨拂、建辟邪旗。第四团,乌丝连玄犀甲、兽文具装、建[淄]缨拂、建六驳旗。前部鼓吹一部,大鼓、小鼓及鼜、长鸣、中鸣等各十八具,掆鼓、金钲各二具。后部铙吹一部,铙二面,歌箫及笳各四具,节鼓一面,吴吹筚篥、横笛各四具,大角十八具。又步卒八十队,分为四团。团有偏将一人。第一团,每队给青隼荡幡一。第二团,每队黄隼荡一。第三团,每队白隼荡幡一。第四团,每队苍隼荡幡一。长矟楯弩及甲牦等,各称兵数。受降使者一人,给二马轺车一乘,白兽幡及节各一,骑吏三人,车辐白从十二人。承诏慰抚,不受大将制。战阵则为监军。

军将[出]发,候大角一通,步卒第一团出营东门,东向阵。第二团出营南门,南向阵。第三团出营西门,西向阵。第四团出营北门,北向阵。阵四面团营,然后诸团严驾立。大角三通,则铙鼓俱振,骑第一团引行。队间相去各十五步。次第二团,次前部鼓吹,次弓矢一队,合二百骑。建蹲兽旗,炮㮫二张,大将在其下。次诞马二十匹,次大角,次后部铙,次第三团,次第四团,次受降使者。次及辎重戎车散兵等,亦有四团。第一辎重出,收东面阵,分为两道,夹以行。第二辎重出,收南面阵,夹以行。第三辎重出,收西面阵,夹以行。第四辎重出,收北面阵,夹以行。亚将领五百骑,建腾豹旗,殿军后。至营,则第一团骑阵于东面,第二团骑阵于南面,鼓吹翊大将居中,驻马南向。第三团骑阵于西面,第四团骑阵于北面,合为方阵。四团外向,步卒翊辎重入于阵内,以次安营。营定,四面阵者,引骑入营。亚将率骁骑游弈督察。其安营之制,以车外布,间设马枪,次施兵幕,内安杂畜。事毕,大将、亚将等,各就牙帐。其马步队与军中散兵,交为两番,五日而代。于是每日遣一军发,相去四十里,连营渐进。二十四日续发而尽。首尾相继,鼓角相闻,旌旗亘九百六十里。天子六军次发,两部前后先置,又亘八十里。通诸道合三十军,

---

① 桑乾河即今永定河,隋唐之世的河道在今北京大兴凉水凤河一线,故说在蓟城南。

亘一千四十里。诸军各以帛为带，长尺五寸，阔二寸，题其军号为记。御营内者，合十二位、三台、五省、九寺，并分隶内外前后左右六军，亦各题军号，不得自言台省。王公以下，至于兵丁厮隶，悉以帛为带，缀于衣领，名"军记带"。诸军并给幡数百，有事，使人交相去来者执以行。不执幡而离本军者，他军验军纪带，知非本部兵，则所在斩之。

是岁也，行幸望海顿（按：即临海顿，今辽宁锦州东南，大凌河口），于秃黎山为坛，祀黄帝，行祃祭（按：指军队在驻在地举行的祭祀）。诏太常少卿韦霁、博士褚亮奏定其礼。皇帝及诸预祭臣、进侍官、诸军将，皆斋一宿。有司供帐设位，为埋坎神坐西北，内壝之外。建二旗于南门外。以熊席设帝轩辕神坐于壝内，置甲胄弓兵于坐侧，建槊于坐后。皇帝出次入门，群官定位，皆再拜奠。礼毕，还宫①。

——《隋书》卷八《礼仪志三》。

大业八年（612年）正月，四方兵皆集涿郡（今北京）帝征合水庾质，问曰："高丽之众不能当我一郡，今朕以此众伐之，卿以为克不（胡三省注：音：否）？"对曰："伐之可克。然臣窃有愚见，不愿陛下亲行。"帝作色曰："朕今总兵至此，岂可未见贼而先自退耶？"对曰："战而未克，惧损威灵。若车驾留此，命猛将劲卒，指授方略，倍道兼行，出其不意，克之必矣。事机在速，缓则无功。"帝不悦，曰："汝既惮行，自可留此。"右尚方署监事耿询上书切谏，帝大怒，命左右斩之，［少府监］何稠苦救，得免。

壬午，诏左十二军出镂方、长岑、溟海、盖马、建安、南苏、辽东、玄菟、扶余、朝鲜、沃沮、乐浪等道，右十二军出粘蝉、含资、浑弥、临屯、候城、提奚、塌顿、肃慎、碣石、东暆、带方、襄平等道，络绎引途，总集平壤，凡一百一十三万三千八百人，号二百万，其馈运者倍之。宜社于［城］南桑干水上，类上帝于临朔宫南，祭马祖于蓟城北。帝亲授节度：每军大将、亚将各一人；骑兵四十队，队百人，十队为团；步卒八十队，分为四团，团各有偏将一人；其铠胄、缨拂、旗幡、每团异色；受降使者一人，承诏慰抚，不受大将节制；其辎重散兵等亦为四团，使步卒挟之而行；进止立营，皆有次叙仪法。癸未，第一军发；日遣一军，相去四十里，连营渐进，终四十日，发乃尽，首尾相继，鼓角相闻，旌旗亘九百六十里。御营内合十二卫、三台、五省、九寺，分隶内、外、前、后、左、右六军，次后发，又亘八十里。近古出师之盛，未之有也。

三月癸巳，上始御师，进至辽水。众军总会，临水为大阵，高丽兵阻水据守，隋兵不得济。左屯卫大将军麦铁杖谓人曰："丈夫生命自有所在，岂能然艾灸颏，瓜

---

① 此段总述隋炀帝出军前后的礼仪制度，所以总称之大业七年。实际上，炀帝自江都抵涿郡（今北京）是在大业七年（611年），出军是在八年（612年）。

蒂歜鼻，治黄不差，而卧死儿女手中乎！"乃自请为前锋，谓其三子曰："吾荷国恩，今为死日！我得良杀，汝当富贵。"帝命工部尚书宇文恺造浮桥三道于辽水西岸，既成，引桥趣东岸，桥短不及岸丈馀。高丽兵大至，隋兵骁勇者争赴水接战，高丽兵乘高击之，隋兵不得登岸，死者甚众。麦铁杖跃登岸，与虎贲郎将钱士雄、孟叉等皆死。乃敛兵，引桥复就西岸。诏赠铁杖宿公，使其子孟才袭爵，次子仲才、季才并拜正议大夫。更命少府监何稠接桥，二日而成，诸军相次继进，大战于东岸，高丽兵大败，死者万计。诸军乘胜进围辽东城（今辽宁辽阳），即汉之襄平城也。车驾渡辽，引曷萨那可汗及高昌王伯雅观战处以慑惮之，因下诏赦天下。命刑部尚书卫文升、尚书右丞刘士龙抚辽左之民，给复十年，建置郡县，以相统摄。

五月，辽东数出战不利，乃婴城固守，帝命诸军攻之。又敕诸将，高丽若降，即宜抚纳，不得纵兵。辽东城将陷，城中人辄言请降；诸将奉旨不敢赴机，先令驰奏，比报至，城中守御亦备，随出拒战。如此再三，帝终不悟。

六月，高丽诸城各坚守不下。右翊卫大将军来护儿率江、淮水军，舳舻数百里，浮海先进，入自浿水（今朝鲜大同江，平壤在江侧），去平壤六十里，与高丽相遇，进击，大破之。护儿欲乘胜趣其城，副总管周法尚止之，请俟诸军至俱进。护儿不听，简精甲四万，直造城下。高丽伏兵于罗郭内空寺中，出兵与护儿战而伪败，护儿逐之入城，纵兵俘掠，无复部伍。伏兵发，护儿大败，仅而获免，士卒还者不过数千人。高丽追至船所，周法尚整陈（胡三省注：音：阵）以待之，高丽乃退。护儿引兵还屯海浦，不敢复留应接诸军。

左翊卫大将军宇文述出扶馀道，右翊卫大将军①于仲文出乐浪道，左骁卫大将军荆元恒出辽东道，右翊卫将军薛世雄出沃沮道，左屯卫将军辛世雄出玄菟道，右御卫将军张瑾出襄平道，右武候将军赵孝才出碣石道，涿郡太守、检校左武卫将军崔弘升出遂城道，检校右御卫虎贲郎将卫文升出增地道，皆会于鸭绿水（今鸭绿江）西。[宇文]述等兵自泸河、怀远二镇，人马皆给百日粮，又给排甲、枪矟并衣资、戎具、火幕，人别三石以上，重莫能胜致。下令军中："士卒有遗弃米粟者斩！"军士皆于幕下掘坑埋之，才行及中路，粮已将尽。

高丽遣大臣乙支文德诣其营诈降，实欲观其虚实。于仲文先奉密旨："若遇高元及文德来者，必擒之。"仲文将执之，尚书右丞刘士龙为慰抚使，固止之。仲文随听文德还，既而悔之，遣人绐文德曰："更欲有言，可复来。"文德不顾，济鸭绿水而去。仲文与[宇文]述既失文德，内不自安，[宇文]述以粮尽，欲还。仲文意以精锐追文德，可以有功，[宇文]述固止，仲文怒曰："将军仗十万之众，不能破小贼，何颜以见帝！且仲文此行，固知无功，何则？古之良将能成功者，军中之事，决在一人，

---

① 胡三省注曰："隋制：十二卫各置大将军一人，来护儿、于仲文并书右翊卫大将军，何也？考二人本传，于仲文，帝即位之初为右翊卫大将军，征吐谷浑时，来护儿已为右翊卫大将军，《通鉴》盖追书仲文官也。"

今人各有心,何以胜敌!"时帝以仲文有计畫,令诸军咨禀节度,固有是言。由是［宇文］述等不得已而从之,与诸将渡水追文德。文德见［宇文］述军士有饥色,故欲疲之,每战辄走。［宇文］述一日之中,七战皆捷,即恃骤胜,又逼群议,于是遂进,东济萨水（今朝鲜清川江）,去平壤城三十里,因山为营。文德复遣使诈降,请于［宇文］述曰:"若旋师者,当奉高元朝行在所①。"［宇文］述见士卒疲弊,不可复战,又平壤城险固,度难猝拔,遂因其诈而还②。［宇文］述等为方阵而行,高丽四面抄击,［宇文］述等且战且行。

七月壬寅,至萨水,军半济,高丽自后击其军,右屯卫将军辛世雄战死。于是诸军俱溃,不可禁止,将士奔还,一日一夜至鸭绿水,行四百五十里。将军天水王仁恭为殿最,击高丽,却之。来护儿闻［宇文］述等败,亦引还。唯韦文升一军独全。

初,九军渡辽,凡三十万五千,及还至辽东城（今辽宁辽阳）,唯二千七百人,资储器械巨万计,失亡荡尽。帝大怒,锁［宇文］述等。癸卯,引还③。……是行也,唯于辽水西拔高丽武厉逻（今辽宁沈阳西北,辽河西岸）,置辽东郡及通定镇而已。

八月,敕运黎阳、洛阳、洛口、太原等仓谷向望海顿（按:即临海顿,今辽宁锦州东南,大凌河口）,使民部尚书樊子盖留守涿郡（治今北京）。

九月庚寅,车驾至东都（洛阳）。

——《资治通鉴》卷一百八十一　隋纪五　炀帝大业八年。

庾质字行修……［大业］八年（612年）帝亲伐辽东,征诣行在所。至临渝（今河北抚宁境内）谒见,帝谓［庾］质曰:"朕承先旨,亲事高丽,度其土地人民纔当我一郡,卿以为克不?"质对曰:"以臣管窥,伐之可克,切有愚见,不愿陛下亲行。"……质又曰:"陛下若行,虑损军威。臣犹愿安驾住此,命骁将勇士指授规略,倍道兼行,出其不意。事宜在速,缓必无功。"帝不悦……及师还,授太史令。

——《隋书》卷七十八《庾质传》。

［大业八年］,及兴辽东之役,郡官督事者前后相属,有西曹掾当行,诈疾,［郡太守元］褒诘之,掾理屈,褒杖之。

——《隋书》卷五十《元孝矩传》附褒传。

许善心字务本,高阳北新城人也……［大业］七年（611年）从至涿郡（今北

---

① 行在所,皇帝出巡时的驻在地。
② 胡三省注曰:"使来护儿只是不败而先退,则营于平壤城外,与宇文述诸军犹声援相接,不致有萨水之狼狈也。"
③ 《资治通鉴考异》曰:"《大业杂记》:'七月,帝自涿郡还东都。十一月,宇文述等粮尽遁归,高丽出兵邀截,亡失荡尽。帝怒,敕所司锁将随行。无几,斩刘士龙等于军市,特赦［宇文］述。'今从《隋书》。"

京），帝方自御戎以东讨，［许］善心上封事忤旨，免官。

——《隋书》卷五十八《许善心传》。

于仲文字次武……［大业八年］辽东之役，仲文率军指乐浪道。军次乌骨城（今辽宁丹东西北），仲文简羸马驴数千，置于军后。既而率众东过，高丽出兵掩袭辎重，仲文回击，大破之。至鸭绿水（今鸭绿江），高丽将乙支文德诈降，来入其营。仲文先奉密旨，若逢高元及文德者，必擒之。至是，文德来，仲文将执之。时尚书右丞刘士龙为慰抚使，固止之。仲文遂舍文德。寻悔，遣人绐文德曰："更有言议，可复来也。"文德不从，遂济。仲文选骑渡水追之，每战破贼……文德烧栅而遁。时宇文述以粮尽欲还，仲文议以精锐追文德，可以有功。述固止之，仲文怒曰："将军仗十万之众，不能破小贼，何颜以见帝！且仲文此行也，固无功矣。"……初，帝以仲文有计画，令诸军咨禀节度，故有此言。由是述等不得已而从之，遂行。东至萨水（今朝鲜清川江），宇文述以兵馁退归，师遂败绩。

——《隋书》卷六十《于仲文传》。

段文振，北海期原人也……及［大业八年］辽东之役，授左候卫大将军，出南苏道。在道疾笃，上表曰："……夷狄多诈，深需防拟，口称降款，心怀背叛，诡计多端，勿得便受。水潦方降，不可淹迟，唯愿严勒诸军，星驰速发，水陆俱前，出其不意，则平壤孤城，势可拔也。若倾其本根，余城自克。如不时定，脱遇秋潦，深为艰阻，兵粮又竭，强敌在前，靺鞨出后，迟疑不决，非上策也。"

——《隋书》卷六十《段文振传》。

宇文述字伯通，代郡武川人也。本姓破野头，役属鲜卑俟豆归，后从其主为宇文氏……及［大业八年，公元612年］征高丽，［宇文］述为扶余道军将……述与九军至鸭绿水，粮尽，议欲班师。诸将多异同，［宇文］述又不测帝意。会乙支文德来诣其营，［宇文］述先与［于］仲文俱奉密旨，令诱执文德。既而缓纵，文德逃归，语在《仲文传》。［宇文］述内不自安，遂与诸将渡水追之。时文德见［宇文］述军中多饥色，欲疲［宇文］述众，每鬬便北（按：假装败北，以劳累隋军）。［宇文］述一日之中七战皆捷，既恃骤胜，又内逼群议，于是遂进，东济萨水（今朝鲜清川江），去平壤城三十里，因山为营。文德复遣使伪降，请［宇文］述曰："若旋师还，当奉高元朝行在所（按：指炀帝所驻辽东行宫）。"［宇文］述见士卒疲敝，不可复战，又平壤险固，卒难致力，遂因其诈而还。众半济（按：正在西渡清川江过程中），贼击后军，于是大溃不可禁止，九军败绩，一日一夜，还至鸭绿江，行四百五十里。初，渡辽九军三十万五千人，及还至辽东城（今辽宁辽阳），唯二千七百人。帝大怒，以述等属吏（按：交付官员审办）。至东都（今洛阳），除名为民。

——《隋书》卷六十一《宇文述传》。

游元字楚客，广平任人也……［大业八年］辽东之役，领左骁卫长史，为盖牟道（按：即盖马道）监军，拜朝请大夫、兼治书侍御史。宇文述等九军败绩，帝令［游］元按其狱。［宇文］述时贵幸，其子［宇文］士及又尚南阳公主，势倾朝廷。遣家僮造［游］元，有所请属。［游］元不之见。他日，数［宇文］述曰："公地属亲贤，腹心是寄，当咎身责己，以劝事君，乃遣人相造，欲何所道？"按之愈急，仍以状劾之。帝嘉其正，赐朝服一袭。

——《隋书》卷七十一《游元传》。

史祥字世休，朔方人也……少有文武之才……及［大业八年］辽东之役，出塌顿道，不利而还。由是除名为民。

——《隋书》卷六十三《史祥传》。

［元寿］，［大业］七年（611年），兼左翊卫将军，从征辽东。行至涿郡（治今北京），遇疾卒，时年六十三。

——《隋书》卷六十三《元寿传》。

杨义臣，代人也，本姓尉迟氏……［大业八年］征辽东，以军将指肃慎道。至鸭绿水，与乙支文德战，每为先锋，一日七捷。后与诸军俱败，竟坐免［官］。

——《隋书》卷六十三《杨义臣传》。

卫玄字文升，河南洛阳人也……大业八年（612年）转刑部尚书。辽东之役，检校右禦卫大将军，率师出增地道。时诸军多不利，［卫］玄独全众而还。

——《隋书》卷六十三《卫玄传》。

麦铁杖，始兴人也……及［大业八年］辽东之役，请为先锋……将渡辽（今辽河），及济，桥未成，去东岸尚数丈，贼大至。铁杖跳上岸，与贼战，死。武贲郎将钱士雄、孟金叉亦死之，左右更无及者。

——《隋书》卷六十四《麦铁杖传》。

何稠字桂林……［大业八年］辽东之役，摄右屯卫将军，领御营弩手三万人。时工部尚书宇文恺造辽水桥不成，师不得济，右屯卫大将军麦铁杖因而遇害。帝遣［何］稠造桥，二日而就。初，［何］稠制行殿及六合城，至是，帝于辽左与贼相对，夜中施之。其城周回八里，城及女垣合高十仞，上部甲士，立仗建旗，四隅置阙，面别一观，观下三门，迟明而毕。高丽望见，谓若神功。

——《隋书》卷六十八《何稠传》。

辛公义，陇西狄道人也……从征至柳城郡（今辽宁朝阳）卒，时年六十二。

——《隋书》卷七十三《辛公义传》。

来护儿字崇善，江都人也……［大业八年］辽东之役，［来］护儿率楼船，指沧海，入自浿水（今朝鲜大同江，平壤在江侧），去平壤六十里，与高丽相遇。进击，大破之，乘胜直造城下，破其郭郛。于是纵军大掠，稍失部伍，高元弟［高］建武募敢死士五百人邀击之。［来］护儿因怯，屯营海浦，以待期会。后知宇文述等败，遂班师。

——《隋书》卷六十四《来护儿传》。

［大业］七年冬，大会涿郡。分江淮南兵配骁卫大将军来护儿别以舟师，济沧海，舳舻数百里，并载军粮，期与大兵会于平壤。"

——《册府元龟》卷四百九十八《邦计部·漕运》。

李景字道兴，天水休官人也……［大业］五年（609年）车驾西巡……竟以［罪］坐免。岁余，复位……明年（大业七年，公元611年）攻高丽武厉城①，破之，赐爵苑丘侯，物一千段。八年（612年），出浑弥道。

——《隋书》卷六十五《李景传》。

薛世雄字世英，本河东汾阴人也，其先寓居关中……［大业八年，公元612年］辽东之役，以世雄为沃沮道军将，与宇文述同败绩于平壤。还次白石山，为贼所围百余重，四面矢下如雨。世雄以羸师为方阵，选劲骑二百先犯之，贼稍怯，因而纵击，遂破之而还。所亡失多，竟坐免。

——《隋书》卷六十五《薛世雄传》。

王仁恭字符实，天水上邽人也……［大业八年，公元612年］辽东之役，以仁恭为军将。及帝班师，仁恭为殿（按：即后卫），遇贼，击走之。

——《隋书》卷六十五《王仁恭传》。

吐万绪字长绪，代郡鲜卑人也……［大业八年，公元612年］辽东之役，请为先锋，

---

① 武厉城又称武厉逻，在今辽宁沈阳西北，辽河西岸。此记于大业七年（611年），《隋书·高丽传》记此事于大业八年（612年）。考炀帝于大业七年（611年）自江南至涿郡，八年（612年）正月出师，则拔武厉城当在八年（612年）。《李景传》误。

帝嘉之，拜左屯卫大将军，率马步数万指盖马道。及班师，留镇怀远（今辽宁辽阳西北、辽河西岸），进位左光禄大夫。

——《隋书》卷六十五《吐万绪传》。

赵才字孝才，张掖酒泉人也……［先，从征吐谷浑，出合河道］。及［大业八年，公元612年］辽东之役，再出碣石道，还授左候卫将军。

——《隋书》卷六十五《赵才传》。

崔赜，字祖浚……［大业八年，公元612年］辽东之役，授鹰扬长史，置辽东郡县名，皆赜之议也。

——《隋书》卷七十七《崔廓传》附崔赜传。

观德王［杨］雄，初名惠，高祖［隋文帝杨坚］族子也……［大业八年，公元612年］辽东之役，检校左翊卫大将军，出辽东道。次泸河镇（今辽宁锦州），遘疾而薨，时年七十一岁。

雄弟［杨］达，字士达……［大业八年，公元612年］辽东之役，领右武卫将军，进位左光禄大夫，卒于师，时年六十二岁。

——《隋书》卷四十三《观德王雄传》。

［崔］弘升字上客，［大业中］转涿郡太守。［大业八年，公元612年］辽东之役，检校左武卫大将军事，指平壤。与宇文述等同败绩，奔还，发病而卒，时年六十。

——《隋书》卷七十四《崔弘度传》附弘升传。

元弘嗣，河南洛阳人也……大业初，炀帝潜有取辽东之意，遣弘嗣往东莱海口监造船。诸州役丁苦其捶楚，官人督役，昼夜立于水中，略不敢息，自腰以下无不生蛆，死者十三四……［大业八年，公元612年］辽东之役，进位金紫光禄大夫。

——《隋书》卷七十四《元弘嗣传》。

虞绰字士裕，会稽余姚人也……［大业八年，公元612年］从征辽东，帝舍［于］临海顿（按：即望海顿，今辽宁锦州东南，大凌河口），见大鸟，异之，诏绰为铭。其辞曰："维大业八年（612年），岁在壬申，夏四月丙子，皇帝底定辽碣，班师振旅，龙驾南辕，鸾旗西迈，行宫次于柳城县之临海顿焉。"

——《隋书》卷七十六《虞绰传》。

自大业八年（612年）四月十六日昧爽以前，大辟罪（按：即死刑罪）以下，已发觉未发觉，已结正未结正系囚见徒，罪无轻重，皆赦除之。其常赦所不免，谋反大逆，妖言惑众语及国家者，并不在此例。其诸郡供军事者，并给复一年，其所役丁夫匠至涿郡（治今北京）者，给复二；至临渝关（今河北抚宁境内）以西者，[给]复三年；至柳城郡（今辽宁朝阳）以西者，[给]复四年；至泸河（今辽宁锦州）、怀远（今辽宁辽阳西北、辽河西岸）以西者[给]复五年；至通定镇（原高丽武厉逻，炀帝置辽东郡、通定镇，今辽宁沈阳西北，辽河西岸）以西者，[给]复七年，至渡辽西镇者，[给]复十年。……辽左之甿，新露皇化，宜遣使人刑部尚书、正议大夫卫文升、守尚书右丞刘士龙等巡抚存问，仍给复十年。

——《文馆词林》卷六百六十九《隋炀帝平辽东大赦诏一首》，中华书局 2001 年 357 页。

[炀帝大业]八年（612年）四月敕诏：以征辽凯旋，其诸郡供军事者，并给复一年，其所役丁夫匠至涿郡（治今北京）者，复二年；至临渝关（今河北抚宁境内）以西者复三年；至柳城郡以西者，复五年；至通定镇（原高丽武厉逻，炀帝置辽东郡、通定镇，今辽宁沈阳西北，辽河西岸）以西者，复七年；至渡辽西镇者，复十年。辽左之民，仍给复十年①。

——《册府元龟》卷四百九十《邦计部·蠲复二》。

[大业]九年（613年）春正月丁丑，征天下兵，募民为骁果，集于涿郡（治今北京）。辛卯，置折冲、果毅、武勇、雄武等郎将官，以领骁果。二月壬午，复宇文述等官爵。又征兵讨高丽。三月戊寅，[炀帝]幸辽东。夏四月庚午，车驾渡辽。壬申，遣宇文述、杨义臣趣平壤。六月乙巳，礼部尚书杨玄感（杨素之子）反于黎阳（治今河南浚县东北）。戊辰，兵部侍郎斛斯政奔于高丽。庚午，上班师。高丽犯后军，敕右武卫大将军李景为后拒。遣左翊卫大将军宇文述、左候卫将军屈突通等驰传发兵，以讨玄感。八月壬寅，左翊卫大将军宇文述等破杨玄感于阌乡（今河南故县），斩之。余党悉平。

——《隋书》卷四《炀帝纪下》。

隋炀帝大业九年（613年）正月丁丑，诏征天下兵集涿郡（今北京）。始募民为骁果，修辽东古城（今辽宁辽阳）以贮军粮。

二月壬午，诏："宇文述以兵粮不继，遂陷王师；乃军吏失于支料，非述之罪，宜复其官爵。"寻又加开府仪同三司。

帝谓侍臣曰："高丽小虏，侮慢上国；今拔海移山，犹望克果，况此虏乎！"乃

---

① 此条系据《大赦诏》改写，惟有遗漏"给复四年"一段。

复议伐高丽。左光禄大夫郭荣谏曰："戎狄失礼，臣下之事；千钧之弩，不为鼷鼠发机，奈何亲辱万乘以敌小寇乎！"帝不听。

三月戊寅，帝幸辽东，命民部尚书樊子盖等①辅越王［杨］侗留守东都（洛阳）。

四月庚午，车驾渡辽。壬申，遣宇文述与上大将军杨义臣趣平壤。

左光禄大夫王仁恭出扶余道（今吉林四平）。仁恭进军新城（今辽宁抚顺北），高丽兵数万拒战，仁恭率劲骑一千击破之，高丽婴城固守。帝命诸将攻辽东，听以便宜行事。飞楼、橦、云梯、地道四面俱进，昼夜不息，而高丽应变拒之，二十馀日不拔，主客死者甚众。冲梯竿长十五丈，骁果吴兴沈光升其端，临城与高丽战，短兵接，杀十数人，高丽竞击之而坠；未及地，适遇竿有垂绹，［沈］光接而复上。帝望见，壮之，即拜朝散大夫，恒置左右。

……

帝伐高丽，命［礼部尚书］［杨］玄感于黎阳（治今河南浚县东北）督运，遂与虎贲郎将王仲伯、汲郡（治今河南浚县西南五十里卫贤集）赞治赵怀义等谋，故逗留漕运，不时进发，欲令渡辽诸军乏食；帝遣使者促之，［杨］玄感扬言水路多盗，不可前后而发。玄感弟虎贲郎将［杨］玄纵，鹰扬郎将［杨］万石（一作"万硕"），并从幸辽东，玄感潜遣人召之，二人皆亡还。万石至高阳（治今河北高阳县东），为监事许华所执，斩于涿郡（治今北京）。

时右骁卫大将军来护儿以舟师自东莱（今山东掖县）将入海趣平壤，玄感遣家奴伪为使者从东方来，诈称［来］护儿反。

六月乙巳，玄感入黎阳，闭城，大索男夫，取帆布为牟、甲，皆准开皇之旧。移书旁郡，以讨来护儿为名，各令发兵会于仓所（按：即黎阳仓，在今河南浚县西南）。郡县官有干用者，玄感皆以运粮追集之，以赵怀义为卫州刺史（治今河南汲县），东光尉元务本为黎州刺史②，河内郡主簿唐祎为怀州刺史（治今河南沁阳）。

……

先是玄感先遣家僮至长安（今西安），召李密及弟玄挺赴黎阳。及举兵，［李］密适至，玄感大喜，以为谋主，谓［李］密曰："子常以济物为己任，今其时矣！计将安出？"［李］密曰："天子出征，远在辽外，去幽州犹隔千里。南有巨海，北有强胡，中间一道，理极艰危。公拥兵出其不意，长驱入蓟，据临渝之险，扼其咽喉，归路既绝，高丽闻之，必蹑其后，不过旬月，资粮竭尽，其众不降则溃，可不战而擒，此上计也。"玄感曰："更言其次。"［李］密曰："关中四塞，天府之国，虽有卫文升，不足为意。

---

① 胡三省注云："［隋文帝］开皇三年（583年），改度支尚书为户部尚书，［炀］帝乃改为民部尚书，并曹郎亦改之。"
② 炀帝大业三年诏天下改州为郡，故杨玄感举事，恢复文帝时州郡旧名。但隋本无黎州之设，北齐、北周也无黎州。此黎州是杨玄感自创，并使元务本守之。下文炀帝使虎贲郎将陈稜攻元务本于黎阳，可知杨玄感所设黎州即黎阳（今河南浚县东北），北齐为黎阳郡，北周灭齐及隋初文帝时不改。杨玄感称黎州，盖虚张声势以自大也。

今帅众鼓行而西，经城勿攻，直取长安，收其豪杰，抚其士民，据险而守之。天子虽还，失其根本，可徐图也。"玄感曰："更言其次。"［李］密曰："简精锐，昼夜倍道，袭取东都（今洛阳），以号令四方。但恐唐祎告之，先已固守。若引兵攻之，百日不克，天下之兵四面而至，非仆所知也。"玄感曰："不然，今百官家口并在东都，若先取之，足动其心。且经城不拔，何以示威！公之下计，乃上策也。"遂引兵向洛阳……唐祎自玄感所逃归河内（今河南沁阳）。

……

辽东城（今辽宁辽阳）久不拔，帝遣造布囊百馀万口，满贮土，欲积为鱼梁大道，阔三十步，高与城齐，使战士登而攻之，又作八轮楼车，高出于城，夹鱼梁道，欲俯射城内，指期将攻，城内危蹙。会杨玄感反书至，帝大惧，引纳言苏威入帐中，谓曰："此儿聪明，得无为患？"威曰："夫识是非，审成败，乃谓之聪明，玄感粗疏，必无所虑。但恐因此寖成乱阶耳。"帝又闻达官子弟皆在玄感所，益忧之。兵部侍郎斛斯政素与玄感善，玄感之反，［斛斯］政与之通谋，玄纵兄弟亡归，［斛斯］政潜遣之。帝将穷治玄纵等党与，［斛斯］政不自安，戊辰，亡奔高丽。庚午，夜二更，帝密召诸将，使引军还，军资、器械、攻具，积如丘山，营垒、帐幕，按堵不动，皆弃之而去。众心汹惧，无复部分，诸道分散。高丽即时觉之，然不敢出，但于城内鼓噪。至来日午时，方渐出外，四远觇侦，犹疑隋军诈之。经二日，乃出数千兵追蹑，畏隋兵之众，不敢逼，常相去八九十里；将至辽水，知御营毕渡，乃敢逼后军。时后军犹数万人，高丽随而抄击，最后羸弱数千人为所杀略。

初，帝再征高丽，复问太史令庾质曰："今段何如？"对曰："臣实愚迷，犹持前见，陛下若亲动万乘，劳费实多。"帝怒曰："我自行犹不克，直遣人去，安得有功！"及还，谓庾质曰："卿前不欲我行，当为此耳。玄感其有成乎？"［庾］质曰："玄感地势虽隆，素非人望，因百姓之劳，冀幸成功。今天下一家，未易可动。"

帝遣虎贲郎将陈稜攻元务本于黎阳（今河南浚县东北），又遣左翊卫大将军宇文述、右候卫将军屈突通乘传发兵以讨玄感。来护儿至东莱（今山东掖县），闻玄感围东都（洛阳），召诸将议，旋军救之。诸将咸以无敕，不宜擅还，固执不从，护儿厉声曰："洛阳被围，心腹之疾；高丽逆命，犹疥癣耳。公家之事，知无不为，专擅在吾，不关诸人，有沮议者，军法从事！"即日迴军。令子弘整驰驿奏闻。帝时还至涿郡，已敕护儿救东都，见弘整，甚悦，赐［来］护儿玺书曰："公旋师之时，是朕敕公之日，君臣意合，远同符契。"

先是，右武候大将军李子雄坐事除名，令从军自效，从来护儿在东莱，帝疑之，诏锁子雄送行在所。子雄杀使者，逃奔玄感。

八月壬寅，玄感阵于董杜原，诸军击之，玄感大败，独与十余骑奔上洛（在长安东南，今陕西商县），追骑至，玄感叱之，皆反走。至葭芦戍，独与弟积善徒步走，自度不免，谓积善曰："我不能受人戮辱，汝可杀我！"积善抽刀斫杀之，因自刺，不死，为追兵所执，与玄感首俱送行在所。磔玄感尸于东都市，三日，复脔而焚之。玄感弟玄奖为义阳太守，将赴玄感，为郡丞周旋玉所杀；仁行为朝请大夫，伏诛于长安（胡三省注："杨素之门于是灭矣"）。

——《资治通鉴》卷一百八十二　隋纪六　炀帝大业九年。

虞庆则，京兆栎阳人也……代为北边豪杰……子［虞］孝仁，幼豪侠任气……炀帝嗣位，以藩邸之旧，授候卫长史、兼领金谷监，监禁苑。有巧思，颇称旨。［大业］九年（613年），伐辽，授都水丞，充使监运，颇有功。然性奢华，以骆驼负函盛水养鱼而自给。

——《隋书》卷四十《虞庆则传》附孝仁传。

虞孝仁为都水丞，伐辽之役充使监运，颇有功。然性奢华，以骆驼负函盛水养鱼而自给。

——《册府元龟》卷九百四十六《总录部·奢侈》。

杨玄感，司徒［杨］素之子也……［大业九年，公元613年，炀帝］征辽东，命［杨］玄感于黎阳［杨］（今河南浚县东北）督运。于时百姓苦役，天下思乱，玄感遂与武贲郎将王仲伯、汲郡赞治赵怀义等谋议，欲令帝所军众饥馁，每为逗留，不时进发。帝迟之，遣使者逼促，玄感扬言曰："水路多盗贼，不可前后而发。其弟武贲郎将［杨］玄纵、鹰扬郎将［杨］万硕并从幸辽东，玄感潜遣人召之。时将军来护儿以舟师自东莱将入海，趣平壤城，军未发。玄感无以动众，乃遣家奴伪为使者，从东方来，谬称护儿失军期而反。玄感遂入黎阳县……移书旁郡，以讨护儿为名，各令发兵。［后败于阌乡（今河南故县）］，自知不免，谓［弟］积善曰：'事败矣。我不能受人戮辱，汝可杀我。'积善抽刀斫杀之，因自刺，不死，为追兵所执，与玄感首俱送行在所。磔其尸于东都市三日，复脔而焚之。余党悉平。""玄纵弟万硕，自帝所逃归，至高阳，止传舍，监事许华与郡兵执之，斩于涿郡（治今北京）。"

——《隋书》卷七十《杨玄感传》。

博陵赵元淑……礼部尚书杨玄感潜有异志，以元淑可与共乱，遂与结交，多遗金宝。［大业八年，公元612年］辽东之役，领将军，典宿卫，加授光禄大夫，封葛公。明年（按：大业九年，公元613年），帝复征高丽，以元淑镇临渝（今河北抚宁境内）。及玄感作乱，其弟玄纵自帝所逃归，路经临渝。元淑出其小妻魏氏见玄纵，对宴极欢，因与通谋，并授玄纵贿遗。及玄感败，人有告其事者，帝以属吏。元淑言与玄感结婚，所得金宝则为财聘，实无他故。魏氏复言初不受金。帝亲临问卒无异辞。帝大怒，谓侍臣曰："此则反状，何劳重问！"元淑及魏氏俱斩于涿郡（治今北京），籍没其家。

——《隋书》卷七十《赵元淑传》。

唐高祖〔李渊〕……袭封唐国公，〔隋炀帝〕大业中为卫尉少卿。辽东之役，高祖于怀远镇督运粮，知杨玄纵兄弟逊（按：同"逃"字），还，密表闻奏，炀帝始知〔杨〕玄感起逆，乃班师。于是慰劳高祖〔李渊〕，谕以亲亲之意。
——《册府元龟》卷七《帝王部·创业三》。

王仁恭字符实……明年（按：大业九年，公元613年），复以军将指扶余道，帝谓之曰："往者诸军多不利，公独以一军破贼。古人云，败军之将不可以言勇，诸将其可任乎？今委公为前军，当副所望也。"赐良马十匹，黄金百两。〔王〕仁恭遂进军，至新城（今辽宁抚顺北），贼数万背城结阵，〔王〕仁恭率劲骑一千击破之。贼婴城拒守，〔王〕仁恭四面攻围。帝闻而大悦，遣舍人诣军劳问，赐以珍物。进授光禄大夫，赐绢五千匹。会杨玄感作乱，其兄子武贲郎将〔王〕仲伯预焉，〔王〕仁恭由是坐免。
——《隋书》卷六十五《王仁恭传》。

〔梁〕文谦弘雅有父风，以上柱国嫡子，例授仪同……〔大业八年〕辽东之役，领武贲郎将，以本官兼检校太府、卫尉二少卿。明年（按：大业九年，公元613年）又领武贲郎将，为卢龙道军副。会杨玄感作乱，其弟武贲郎将〔杨〕玄纵先隶〔梁〕文谦，〔杨〕玄感反问未至而〔杨〕玄纵逃走，〔梁〕文谦不之觉，坐是配防桂林而卒，时年五十六。
——《隋书》卷七十三《梁彦光传》附文谦传。

河南斛斯政……大业中，为尚书兵曹郎。〔斛斯〕政有风神，每奏事，未尝不称旨。炀帝悦之，渐见委信。杨玄感兄弟俱与之交。〔大业八年，公元612年〕辽东之役，兵部尚书段文振卒，侍郎明雅复以罪废，帝弥属意。寻迁兵部侍郎。于时外事四夷，军国多务，〔斛斯〕政处断辩速，称为干理。〔大业九年，公元613年〕玄感之反也，〔斛斯〕政与通谋。及玄纵等亡归，亦〔斛斯〕政之计也。帝在辽东，将班师，穷治玄纵党与。〔斛斯政〕内不自安，遂亡奔高丽。〔大业十年，公元614年〕帝复东征，高丽请降，求执送〔斛斯〕政。帝许之，遂锁〔斛斯〕政而还，至京师……缚政于柱，公卿百僚并亲击射，脔割其肉，多有啖者。啖后烹煮，收其余骨，焚而扬之。
——《隋书》卷七十《斛斯政传》。

斛斯政为兵部侍郎，征辽时当途任事，以猜嫌惧罪，内不自安，亡奔高丽。
——《册府元龟》卷九百四十九《总录部·亡命》。

[宇文述]明年（按：大业九年），帝有事辽东，复[宇文]述官爵，待之如初。从至辽东，与将军杨义臣率兵复临鸭绿水。会杨玄感作乱，帝召[宇文]述班师令驰驿赴河阳（今河南孟县西南，时在黄河南洛阳一侧），发诸郡兵以讨[杨]玄感。时[杨]玄感逼东都（今洛阳），闻[宇文]述军将至，惧而西遁，将图关中。[宇文]述与刑部尚书卫玄、左御卫将军来护儿、武卫将军屈突通等蹑之。至阌乡（今河南故县）皇天原，与[杨]玄感相及。[宇文]述与来护儿列阵当其前，遣屈突通以奇兵击其后，大破之，遂斩[杨]玄感，传首行在所。赐物数千段。[大业十年，公元614年]复从东征，至怀远（今辽宁辽阳西北、辽河西岸）而还。

——《隋书》卷六十一《宇文述传》。

[杨义臣]，明年（按：大业九年，公元613）以为军副，与大将军宇文述趣平壤。至鸭绿水，会杨玄感作乱班师，检校赵郡太守。

——《隋书》卷六十三《杨义臣传》。

[来护儿]，明年（按：大业九年，公元613）又出沧海道，师次东莱，会杨玄感作逆黎阳（今河南浚县东北），进逼巩、洛，护儿勒兵与宇文述等击破之。封荣国公，邑二千户。

——《隋书》卷六十四《来护儿传》。

房彦谦字孝冲，本清河人也……大业九年（613年），从驾渡辽，监扶余道军。

——《隋书》卷六十六《房彦谦传》。

鱼俱罗，冯翊下邽人也……大业九年（613年），重征高丽，以俱罗为碣石道军将。

——《隋书》卷六十四《鱼俱罗传》。

周法尚字德迈，汝南安成人也……[大业九年，公元613]辽东之役，以舟师指朝鲜道，会杨玄感反，与将军宇文述、来护儿等破之。以功进右光禄大夫，赐物九百段。

——《隋书》卷六十五《周法尚传》。

薛世雄字世英，本河东汾阴人也，其先寓居关中……明年（按：大业九年，公元613年）帝复征辽东，拜右候卫将军，兵指碣顿道。军至乌骨城（今辽宁丹东西北），会杨玄感作乱，班师。帝至柳城（今辽宁朝阳），以[薛]世雄为东北道大使，行燕郡太守，镇怀远（今辽宁辽阳西北、辽河西岸）。于时突厥颇为寇盗，缘边诸郡多苦之，诏[薛]世雄发十二郡士马巡塞而还。

——《隋书》卷六十五《薛世雄传》。

薛世雄为东北道大使，行燕郡太守，镇怀远（今辽宁辽阳西北、辽河西岸）。于时突厥颇有寇盗，缘边诸郡多苦之，诏［薛］世雄发十二郡士马巡塞而还。
——《册府元龟》卷四百二十九《将帅部·守边》。

［大业九年，杨玄感之叛，攻东都洛阳，东都留守樊子盖拒之，斩违令之裴弘策。］玄感尽锐攻城，［樊］子盖随方拒守，［杨］玄感不能克。然达官子弟应募从军者，闻［裴］弘策死，皆不敢入城。韩擒虎子世谔、观［德］王［杨］雄子恭道、虞世基子柔、来护儿子渊、裴蕴子爽、大理卿郑善果子俨、周罗睺［之］子等四十余人皆降于［杨］玄感，［杨］玄感悉以亲重要任委之。
——《资治通鉴》卷一百八十二　隋纪六　炀帝大业九年六月。

［李景］……［大业］九年（613年）复出辽东。及旋师，以［李］景为殿。高丽追兵大至，［李］景击走之。赉物三千段，进爵滑国公。杨玄感之反也，朝臣子弟多预焉，而［李］景独无关涉。
——《隋书》卷六十五《李景传》。

苏威字无畏，京兆武功人也……［大业八年，公元612年］及辽东之役，以本官领左武卫大将军，进位光禄大夫，赐爵宁陵侯。明年（按：大业九年，公元613年），从征辽东，领右禦卫大将军。杨玄感之反也，帝引［苏］威［于］帐中，惧见于色，谓威曰："此小儿聪明（按：指杨玄感），得不为患乎？"［苏］威曰："夫识是非，审成败者，乃所谓聪明。［杨］玄感粗疏，非聪明者，必无所虑。但恐浸成乱阶耳（按：将渐开大乱之端的意思）。"［苏］威见劳役不息，百姓思乱，微以此讽（按：暗示的意思）帝，帝竟不悟。从还至涿郡（治今北京），诏［苏］威安抚关中（按：隋都大兴城所在的今西安京畿地区）。
——《隋书》卷四十一《苏威传》。

大业十年（614年）二月辛未，诏百僚议伐高丽，数日无敢言者。戊子，诏曰："竭力王役，致身戎事，咸由徇义，莫匪勤诚，委命草泽，弃骸原野，兴言念之，每怀愍恻。往年出车问罪，将届辽滨，庙算胜略，具有进止。而［杨］谅悖凶，罔识成败，高颎愎很，本无智谋，临三军犹儿戏，视人命如草芥，不遵成规，坐贻挠退，遂令死亡者众，不及掩埋（按：高颎阻隋文帝征辽事，见前引本传）。今宜遣使人分道收葬，设祭于辽西郡，立道场一所（按：此皆指文帝开皇时征辽事）"辛卯，诏曰："高元伏锧泥首，送款军门，寻请入朝，归罪司寇。朕以许其改过，乃诏班师。而长恶靡俊，宴安鸩毒，此而可忍，孰不可容！便可分命六师，百道俱进。朕当亲执武节，临御诸军，秣马丸都（今吉林集安）观兵辽水（今辽河），顺天诛于海外，救穷民于倒悬，征伐以正之，明德以诛之，只除元恶，馀无所问。"三月壬子，行幸涿郡（治今北京）。癸亥，次临渝宫，亲御戎服，祃祭（按：指军队在驻在地举行的祭祀）黄帝，斩叛军者以衅鼓。夏四月甲午，车驾次北平（今河北卢龙）。秋七月癸丑，车驾次怀远镇（今辽宁辽阳西北、辽河西岸）。甲子，高丽遣使请降，囚送斛斯政，上大悦。八月己巳，班师。冬十月丁卯，上至东都。己巳，还京师。十一月丙申，支解斛斯政于金光门。

——《隋书》卷四《炀帝纪下》。

大业十年（614年）二月辛未，诏百僚议伐高丽，数日，无敢言者。戊子，诏复征天下兵，百道俱进。

三月壬子，帝行幸涿郡（治今北京），士卒在道，［逃］亡者相继。癸亥，至临渝宫（临渝宫在今抚宁榆关即隋渝关附近），祃祭黄帝①，斩叛军以衅鼓，［逃］亡者亦不止。

四月甲午，车驾至北平（治今河北卢龙）。

七月癸丑，车驾次怀远镇（今辽宁辽阳西北、辽河西岸）。时天下已乱，所征兵多失期不至，高丽亦困弊。来护儿至毕奢城（胡三省按：即卑沙城。今辽宁大连东北），高丽举兵逆战，护儿击破之，将趣平壤，高丽王［高］元惧，甲子，遣使乞降，囚送斛斯政。帝大悦，遣使持节召护儿还。护儿集众曰："大军三出，未能平贼，此还不可复来，劳而无功，无窃耻之。今高丽实困，以此众击之，不日可克，吾欲进兵，径围平壤，取高元，献捷而归，不亦善乎！"答表请行，不肯奉诏。长史崔君肃固争，护儿不可，曰："贼势破矣，独以相任，自足办之。吾在阃外，事当专决，宁得高元还而获谴，舍此成功，所不能矣！"君肃告众曰："若从元帅违拒诏书，必当奏闻，皆应获罪。"诸将惧，俱请还，乃始奉诏。

八月己巳，帝自怀远镇班师。邯郸贼杨公卿率其党八千人抄驾后第八队，得飞黄上厩马四十二匹而去。

十月丁卯，上至东都（今洛阳）；己丑，还西京（长安，今西安）。以高丽使者及斛斯政告太庙；仍征高丽王［高］元入朝，［高］元竟不至。敕将帅严装，更图后举，竟不果行。

---

① 胡三省注云："'（汉）郑玄曰：祃，师祭也，在野曰祃。'（晋）应劭曰：'黄帝战于阪泉以定天下，故祭以求福相。'（唐）杜佑曰：'祃，师祭也，为兵祷也。其神盖蚩尤，或云黄帝。北齐之制，天子亲征，将届战所，卜刚日，被玄牲，列军容，设于辰地，为墠而祃祭，大司马奠矢，有司奠毛血，乐奏《大濩》之音，礼毕撒牲柴燎。'按：《礼记·王制》，天子出征，祃于所征之地，其礼亡矣。杜佑所载者，北齐之礼耳。"

初，[隋文帝]开皇之末，国家殷盛，朝野皆以高丽为意，刘炫独以为不可，作《抚夷论》以刺之，至是，其言始验。

十一月丙申，杀斛斯政于金光门外（胡三省注：大兴城西面三门之中门）如杨积善之法（按，去年杀杨积善），仍烹其肉，使百官啖之，佞者或啖之至饱，收其余骨，焚而扬之。

——《资治通鉴》卷一百八十二 隋纪六 炀帝大业十年。

[来护儿]，大业十年（614年），又帅师度海，至卑奢城（今辽宁大连东北），高丽举国来战，护儿大破之，斩首千余级。将趣平壤，高元震惧，遣使执叛臣斛斯政，诣辽东城（今辽宁辽阳）下，上表请降。帝许之，遣人持节诏护儿旋师。

——《隋书》卷六十四《来护儿传》。

[大业十年]八月己巳，帝自怀远镇（今辽宁辽阳西北、辽河西岸）班师。十月丁卯，上至东都（今洛阳）；己丑，还西京（大兴城，今西安），以高丽使者及斛斯政告太庙；仍征高丽王[高]元入朝，[高]元竟不至。[帝]将帅严装，更图后举，竟不果。

——《资治通鉴》卷一百八十二 隋纪六 炀帝大业十年八月。

薛世雄字世英，本河东汾阴人也，其先寓居关中……[大业]十年（614年），复从帝至辽东，迁左御卫大将军，仍领涿郡（治今北京）留守。

——《隋书》卷六十五《薛世雄传》。

周法尚字德迈，汝南安成人也……明年（按：大业十年，公元614年），复[率水师]临沧海，在军疾甚……终，年五十九。

——《隋书》卷六十五《周法尚传》。

大业十一年（615年），春正月甲午朔大宴百僚。突厥、新罗、契丹[等二十六国]并遣使朝贡。八月乙丑，巡北塞，[被突厥始毕可汗围于雁门]。九月甲辰，突厥解围而去。

——《隋书》卷四《炀帝纪下》。

樊子盖字华宗，庐江人也……[大业八年，公元612年]辽东之役，征摄左武卫将军，出长岑道。后以宿卫不行。进授左光禄大夫，尚书如故。其年帝还东都，以子盖为涿郡（治今北京）留守。九年（613年），车驾复幸辽东，命子盖为东都留守。属杨玄感作逆，[久攻不克]，会来护儿等救至，玄感解去……十一年（615年）

从驾汾阳宫。至于雁门，车驾为突厥所围，频战不利……子盖谏曰："愿暂停辽东之役，以慰众望。圣躬亲出慰抚，厚为勋格，人心自奋，不足为忧。"帝从之。其后援兵稍至（按：渐至的意思），虏乃引去。纳言苏威追论勋格太重，宜在斟酌。［樊］子盖执奏不宜失信。帝曰："公欲收物情耶？"［樊］子盖默然不敢对。

——《隋书》卷六十三《樊子盖传》。

虞世基字茂世，会稽余姚人也……［大业八年，公元612年］辽东之役，进位金紫光禄大夫。后［大业十一年，公元615年］从幸雁门，帝为突厥所围，战士多败。世基劝帝重为赏格，亲自抚循，又下诏停辽东之事。帝从之，师乃复振。及围解，勋格不行，又下伐辽之诏。由是言其诈众，朝野离心。

——《隋书》卷六十七《虞世基传》。

萧瑀字时文。高祖梁武帝。曾祖昭明太子，［南朝后梁宗室］，姊为隋晋王（按：即隋炀帝）妃，从入长安……［大业十一年，公元615年］炀帝至雁门，为突厥所围，瑀进谋曰："如闻始毕托校猎至此，义成公主初不知其有违背之心……且北蕃夷俗，可贺敦（按：可汗之妻叫可贺敦，此指义成公主）知兵马事……若发一单骑，使以告义成，假使无益，事亦无损。臣又窃听舆人之诵，乃虑陛下平突厥后更事辽东，所以人心不一，或至挫败。请下明诏告军中，赦高丽而专攻突厥，则百姓心安，人自为战。"炀帝从之，于是发使诣可贺敦谕旨。俄而突厥解围去，于后获其谍人，云义成公主遣使告急于始毕，称北方有警，由是突厥解围，盖公主之力也。炀帝又将伐辽东，谓群臣曰："突厥狂悖为寇，势何能为。以其少时未散，萧瑀遂相恐动，情不可恕。"因出为河池郡守，即日遣之。

——《旧唐书》卷六十三《萧瑀传》。

大业十一年（615年）秋八月乙丑，帝巡北塞……壬申，车驾驰入雁门。癸酉，突厥围雁门，上下惶怖。民部尚书樊子盖曰："……陛下亲抚循士卒，谕以不复征辽，厚为赏格，必人人自奋，何忧不济！"内史侍郎萧瑀以为："……将士之意，恐陛下既免突厥之患，还事高丽，若发明诏，谕以赦高丽，专讨突厥，则众心皆安，人自为战矣。"瑀，皇后之弟也。虞世基亦劝帝重为赏格，下诏停辽东之役。帝从之。九月甲辰，［突厥］始毕［可汗］解围去。冬十月壬戌，帝至东都……帝性吝官赏，初平杨玄感，应授勋者多，乃更置戎秩：建节尉为正六品，次奋武、宣惠、绥德、怀仁、秉义、奉诚、立信等尉，递降一阶。将士守雁门者万七千人，得勋者才千五百人，皆准平玄感勋，一战得第一勋者进一阶，其无戎秩者只得立信尉，三战得第一勋者至秉义尉，其在行阵而无勋者四战进一阶，亦无赐。会仍议伐高丽，由是将士无不愤怨。

——《资治通鉴》卷一百八十二　隋纪六　炀帝大业十一年。

大业十二年（616年）五月，帝问侍臣盗贼，左翊卫大将军宇文述曰："渐少。"帝曰："比从来少几何？"对曰："不能什一。"纳言苏威引身隐柱，帝呼前问之，对曰："臣非所司，不委多少，但患渐近。"帝曰："何谓也？"［苏］威曰："他日贼据长白山（在今山东邹平南），今近在汜水（即虎牢，今河南汜水）。且往日租赋丁役，今皆何在！岂非其人皆化为盗乎！比见奏贼皆以不实，遂使失于支计，不时剿除。又昔在雁门，许罢征辽，今复征发，贼何由息！"帝不悦而罢。寻属五月五日，百僚多馈珍玩，［苏］威独献《尚书》。或谮之曰："《尚书》有'五子之歌'［苏］威意甚不逊。"帝益怒。顷之，帝问［苏］威以伐高丽事，［苏］威欲帝知天下多盗，对曰："今兹之役，愿不发兵，但赦群盗，自可得数十万，遣之东征。彼喜于免罪，争务立功，高丽可灭。"帝不怿。［苏］威初，御史大夫裴蕴奏曰："此大不逊！天下何处有许多贼！"帝曰："老革多奸，以贼胁我！欲批其口，且复隐忍。"［裴］蕴知帝意，遣河南白衣张行本奏："［苏］威昔在高阳典选，滥授人官；畏怯突厥，请还京师。"帝令按验，狱成，下诏数［苏］威罪状，除名为民。后月余，复有奏［苏］威与突厥阴图不轨者，事下裴蕴推之，［裴］蕴处［苏］威死。［苏］威无以自明，但摧谢而已。帝悯而释之，曰："未忍即杀。"并其子孙三世皆除名。

七月，江都（今江苏扬州）新作龙舟成，送东都；宇文述劝幸江都。右候卫大将军酒泉赵才谏曰："今百姓疲劳，府藏空竭，盗贼蜂起，禁令不行，愿陛下还京师，安兆庶。"帝大怒，以［赵］才属吏，旬日，意解，乃出之。朝臣皆不欲行，帝意甚坚，无敢谏者。建节尉任宗上书极谏，即日于朝堂仗杀之……帝以诗留别宫人曰："我梦江南好，征辽亦偶然。"奉信郎崔民象以盗贼充斥，于建国门上表谏；帝大怒，先解其颐，然后斩之。

——《资治通鉴》卷一百八十三　隋纪七　炀帝大业十二年。

［隋炀帝］慨然慕秦皇、汉武之事。乃盛治宫室，穷极侈靡，召募行人，分使绝域……课天下富室，益市武马，匹值十馀万，富强坐是冻馁者十家而九……六军不息，百役繁兴，行者不归，居者失业……区宇之内，盗贼蜂起，劫掠从官，屠陷城邑，近臣互相掩蔽，隐贼数不以实对……每出师徒，败亡相继……黎庶愤怨，天下土崩，至于就擒而犹未悟也。

——《隋书》卷四《炀帝纪下》。

炀帝大业初，户口益多，府库盈羡；及帝将事辽碣，增置军府，扫地为兵，自是租赋之入益减矣。

——《册府元龟》卷四百八十四《邦计部·经费》。

五、隋末农民起义

（1）隋末河北地区的动乱

［开皇中］，敬肃为幽州①长史，迁卫州司马，俱有异绩。

——《册府元龟》卷六百七十七《牧守部·能政》。

［大业四年（608年），炀帝］②幸涿郡（今北京）及祠恒岳时，父老谒见者衣冠皆不整。

——《隋书》卷五十六《张衡传》。

大业七年（611年）十二月，于时辽东战士及馈运者填塞于道，昼夜不绝，苦役者始为群盗。甲子，敕都尉、鹰扬与郡县相知追捕，随获斩决之。

——《隋书》卷三《炀帝纪上》。

大业八年（612年），是岁，大旱，疫，人多死，山东尤甚。

——《隋书》卷四《炀帝纪下》。

大业八年（612年），天下旱，百姓流亡，时发四海兵，帝亲征高丽，六军冻馁，死者十八九。

——《隋书》卷二十二《五行志上》。

大业六年（610年），将征高丽，有司奏兵马已多损耗。诏又科天下富人，量其资产，出钱市武马，填原数……于是马匹至十万。七年（611年）冬，大会涿郡（治今北京）。分江淮南兵，配骁卫大将军来护儿，别以舟师济沧海，舳舻数百里。并载军粮，期与大兵会平壤。是岁山东、河南大水，漂没四十餘郡，重以［大业八年，公元612年］辽东覆败，死者数十万。因属疫疾，山东尤甚。所在皆以征敛供帐军

---

① 按：此处《册府元龟》有误，"幽州"当为"蔺州"。《隋书·敬肃传》称："敬肃字弘俭，河东蒲阪人也……开皇初，为安陵令，有能名，擢拜秦州司马，转蔺州长史。仁寿中，为卫州司马，俱有异绩。"又云："［大业］八年，朝于涿郡（今北京），［炀］帝以其年老，有治名，将擢为太守者数矣，辄为［宇文］述所毁，不行。大业末，乞骸骨（按：请求退老归乡），优诏许之。"
② 按：此原文不记年月，只知在大业八年（612年）以前。《隋书·炀帝纪上》记炀帝在大业三年（607年）北巡启民可汗帐，东至涿郡；四年（608年）八月亲祠恒岳，河北道郡守毕集。故《张衡传》所述当在三年、四年左右，姑系于四年。

旅所资为务，百姓虽困，而弗之恤也。每急徭卒赋，有所征求，长吏必先贱买之，然后宣下，乃贵卖与人，旦暮之间，价赢数倍……强者聚而为盗，弱者自卖为奴婢。九年（613年）……又发诸州丁，分为四番，于辽西柳城（今辽宁朝阳）营屯，往来艰苦，生业尽罄……及［杨］玄感平，帝谓侍臣曰："玄感一呼而从者如市，益知天下人不欲多，多则为贼，不尽诛，后无以示劝。"乃令裴蕴穷其党与，诏郡县坑杀之，死者不可胜数。所在惊骇。举天下之人十分，九为盗贼，皆盗武马，始作长枪，攻陷城邑……［炀帝］益遣募人征辽，马少不充八驮，而许为六驮。又不足，听半以驴充。在路逃者相继，执获皆斩之，而莫能止。帝不怿。遇高丽执送叛臣斛斯政，遣使求降，发诏赦之……［次年，公元614年］遂幸太原，为突厥围于雁门。突厥寻散，遽发洛阳，募益骁果，以充旧数（按：仍欲征辽东也）。

——《隋书》卷二十四《食货志》。

段达，武威姑臧人也……［大业七年，公元611年］帝征辽东，百姓苦役，平原祁孝德、清河张金称等并聚众为群盗，攻陷城邑，郡县不能御。帝令［段］达击之，数为张金称等所挫，亡失甚多。诸贼轻之，号为段姥。後用鄃令杨善会之计，更与贼战，方致克捷。还京师，以公事坐免。明年（大业八年，612年）帝征辽东，以［段］达留守涿郡（治今北京）。俄复拜左翊卫将军。高阳（今河北高阳东）魏刀儿（按：即魏刁儿）聚众十餘万，自号历山飞，寇掠燕、赵。［段］达率涿郡（治今北京）通守郭绚击败之。于时盗贼既多，官军恶（按：厌也）战，［段］达不能因机决胜，惟持重自守，顿兵馈粮，多无克获，时皆谓之为怯愞①。

——《隋书》卷八十五《段达传》。

阴世师（按：隋初幽州总管阴寿之子）……［大业八年，公元612年］辽东之役，出襄平道。明年［大业九年，公元613年］，帝复击高丽，以本官为涿郡（治今北京）留守。于时盗贼蜂起，世师逐捕之，往往克捷②。

——《隋书》卷三十九《阴寿传》附世师传。

大业九年（613年）十月，齐人孟让、王薄等众十餘万，据长白山（在今山东邹平南），攻剽诸郡，清河（治今河北清河西北）贼张金称众数万，渤海（治今山东阳信西南）贼帅格谦自号燕王，孙宣雅自号齐王，众各十万，山东苦之。十一月己酉，右候卫将军冯孝慈讨张金称于清河，反为所败，孝慈死之③。

---

① 《册府元龟》卷四百五十三《将帅部·怯愞》所记与此同。
② 《册府元龟》卷六百九十五《牧守部·屏盗》所记与此同。
③ 按：此总而述之。据《通鉴》：邹平（今山东邹平）人王薄、平原（今山东陵县）人刘霸道、漳南（今河北故城县东）人窦建德和孙安祖、鄃（今山东夏津）人张金称、蓨（今河北景县）人高士达均起事于大业七年（611年）。其地约在今山东、河北之间。

——《隋书》卷四《炀帝纪下》。

大业九年（613年）九月甲午，车驾次上谷，以供费不给，上大怒，免太守虞荷等官。

——《隋书》卷四《炀帝纪下》。

大业十一年（615年）二月戊辰，贼帅杨仲绪率众万馀，攻北平（治河北卢龙），滑公李景破斩之。丙子，上谷（治今河北易县）人王须拔反，自称漫天王，国号燕，贼帅魏刁儿自称历山飞，众各十馀万，北连突厥，南寇赵（按：指今河北中部、南部）。十一月，贼帅王须拔破高阳郡。

大业十二年（616年）四月癸亥，魏刁儿所部将甄翟儿复号历山飞，众十万，转寇太原。

大业十三年（617年）二月戊子，贼帅王子英破上谷郡。

——《隋书》卷四《炀帝纪下》。

大业十年（614年）十二月，涿郡贼卢明月率众十馀万，军祝阿（今山东禹城西南），[齐郡丞张]须陀将万人邀之。相持十馀日，粮尽，将退，谓将士曰："贼见吾退，必悉众来追，若以千人袭据其营，可有大利。此诚危事，谁能任者？"众莫对，惟罗士信及历城秦叔宝请行……[卢]明月悉众追之。[罗]士信、[秦]叔宝驰至其栅，栅门闭，二人超升其楼，各杀数人，营中大乱；二人斩关以纳外兵，因纵火焚其三十余栅，烟焰涨天。[卢]明月奔还，[张]须陀回军奋击，大破之，[卢]明月以数百骑遁去，所俘斩无算。

——《资治通鉴》卷一百八十二　隋纪六　炀帝大业十年十二月。

大业十一年（615年）十月壬申，卢明月率众十万寇陈、汝（按：今河南淮阳、临汝一带）。

——《资治通鉴》卷一百八十二　隋纪六　炀帝大业十一年十月。

柳肃，大业中召守礼部侍郎，转工部侍郎，大见亲任。每行幸辽东，帝常委之于涿郡（治今北京）留守。[大业]十一年（615年）卒。

——《隋书》卷四十七《柳机传》附柳肃传。

苏威字无畏，京兆武功人也……时天下大乱，[苏]威知帝不可改，意甚患之。属帝问侍臣盗贼事，宇文述曰："盗贼信少，不足为虑。"[苏]威不能诡对，以身隐于殿柱。帝呼[苏]威而问之。[苏]威对曰："臣非职司，不知多少，但患其渐近。"帝曰："何谓也？"[苏]威曰："他日贼据长白山（在今山东邹平南），今者近在荥阳、汜水（今河南荥阳、汜水）。"帝不悦而罢。寻属五月五日，百僚上馈，多以珍玩。[苏]威献《尚书》一部，微以讽帝，帝弥不平。后[帝]复问伐辽东事，[苏]威对愿赦群盗，遣讨高丽，帝益怒。

——《隋书》卷四十一《苏威传》。

裴蕴，河东闻喜人也……[大业十二年，公元616年]帝问苏威以讨辽之策，[苏]威不愿帝复行，且欲令帝知天下多贼，乃诡答曰："今者之役，不愿发兵，但诏赦群盗，自可得数十万。遣关内奴贼及山东历山飞、张金称等头别为一军，出辽西道，诸河南贼王薄、孟让等十余头并给舟楫，浮沧海道，必喜于免罪，竞务立功，一岁之间，可灭高丽矣。"帝不怿曰："我去尚犹未克，鼠窃安能济乎？"[苏]威出后，[裴]蕴奏曰："此大不逊，天下何处有许多贼！"帝悟曰："老革多奸，将贼胁我。欲搭其口，但隐忍之，诚极难耐。"

——《隋书》卷六十七《裴蕴传》。

王辩字警略，冯翊蒲城人也……及山东盗贼起，[大业十一年，公元615年，见《隋书·炀帝纪下》]上谷魏刀儿自号历山飞，众十餘万，劫掠燕、赵。[炀帝命王辩]发从行步骑三千，击败之，赐金二百两。明年（大业十二年，616年），渤海贼帅高士达自号东海公，众以万数，[帝]复令[王]辩击之，屡挫其锐。帝在江都宫（今扬州），闻而驰召之。及引见，礼赐甚厚，复令往信都经略（按：即仍破高士达、窦建德）。[高]士达于是复战，破之，优诏褒显。时贼帅郝孝德、孙宣雅、时季康、窦建德、魏刀儿等往往屯聚，大至十万，小至数千，寇掠河北。[王]辩进兵击之，所往皆捷，深为群贼所惮。

——《隋书》卷六十四《王辩传》。

王辨（辩），[隋文帝]仁寿末为车骑将军，汉王[杨]谅之乱，[王]辨从杨素讨平之，累迁鹰扬郎将。辽东之役，以功加通义大夫。山东盗贼起。上谷魏刀儿自号历山飞，众十餘万，劫掠燕、赵，[炀帝]诏辨发步骑三千，击败之。其后贼帅郝孝德、孙宣雅、时季康、窦建德、魏刀儿等往往屯聚，大至十万，小至数千，寇掠河北。[王]辨进兵击之，所往皆捷。

——《册府元龟》卷三百五十七《将帅部·立功十》。

王辩为武贲郎将，贼帅郝孝德、孙宣雅、时季康、窦建德、魏刀儿等往往屯聚，大至十万，小至数千，寇掠河北。[王]辩进兵击之，所往皆捷，为群贼所惮。

——《册府元龟》卷三百九十三《将帅部·威名二》。

王辩为武贲郎将，及山东盗贼起，上谷魏刀儿自号历山飞，众十余万，劫掠燕、赵。炀帝引［王］辩升御榻问以方略。［王］辩论取贼形势。帝称善，曰："诚如此计，贼何足忧也。"于是发从行步骑三千，击败之，赐黄金二百两。

——《册府元龟》卷七十八《帝王部·委任二》。

大业十二年（616年），帝令［李］景营辽东战具于北平（治河北卢龙），赐御马一匹，名狮子騧。会幽州贼杨仲绪率众万余人来攻北平，［李］景督兵击破之，斩仲绪。于时盗贼蜂起，道路隔绝，［李］景遂招募，以备不虞。武贲郎将罗艺与［李］景有隙，遂诬告［李］景将反。帝遣其子慰谕之曰："纵人言公窥天阙，据京师，吾无疑也。"后为高开道所围，独守孤城，外无声援，岁余，士卒患脚肿而死者十将六七，［李］景抚循之，一无反叛。辽东军资多在其所，粟帛山积，既逢离乱，［李］景无所私焉。及［618年］帝崩于江都，辽西太守邓暠率兵救之，遂归柳城（今辽宁朝阳）。后将还幽州（治今北京），在道遇贼，见害。契丹、靺鞨素感其恩，闻之莫不流涕，幽、燕人士于今伤惜之。

——《隋书》卷六十五《李景传》。

李景为柱国、右武卫将军，炀帝使营建辽东战具于北平，遇贼见害。契丹、靺鞨素感其恩，闻之莫不流涕，幽、燕人士于今伤惜之。

——《册府元龟》卷四百一十二《将帅部·仁爱》。

罗艺字子延，本襄阳人也……大业时，屡以军功官至虎贲郎将，［大业十二年，公元616年］炀帝令［罗艺］受右武卫大将军李景节度，督军于北平（今河北卢龙）①。［罗］艺少习戎旅，分部严肃，然任气纵暴，每凌侮于［李］景，频为［李］景所辱，［罗］艺深衔之。

后遇天下大乱②，涿郡（今北京）物殷阜，加有伐辽器仗，仓粟盈积。又临朔宫（按：在今北京郊区）中多珍产，屯兵数万，而诸贼竞来侵掠。留守官虎贲郎将赵什柱、贺兰谊、晋文衍等皆不能拒，惟［罗］艺独出战，前后破贼不可胜计，威势日重。［赵］什柱等颇忌［罗］艺，［罗］艺阴知之，将图为乱，乃宣言于众曰："吾辈讨贼，甚有功效，城中仓库山积，制在留守之官，而无心济贫，此岂存恤之意也！"以此言激怒其众，众人皆怨。既而旋师，郡丞出城候［罗］艺，［罗］艺因执之，陈兵而入，［赵］什柱等惧，皆来听命。于是发库物以赐战士，开仓以赈穷乏，境内咸悦。杀渤海太守唐祎等不同己者数人，威振边朔，柳城（今辽宁朝阳）、怀远（今辽宁辽

---

① 按：《隋书·李景传》记载，大业十二年（616年）炀帝令李景驻军北平，罗艺在李景麾下当在此时。
② 隋末，左御卫大将军薛世雄为涿郡留守，位远在虎贲郎将罗艺、赵什柱等之上。《隋书·薛世雄传》记载，薛世雄死于大业十三年（617年）征窦建德之役。所以，罗艺以勇力显于幽州并夺兵权应在大业十三年之后。

阳西北、辽河西岸）并归附之。［罗］艺黜柳城太守杨林甫，改郡为营州，以襄平（今辽宁辽阳）太守邓暠为总管，［罗］艺自称幽州总管①。

——《旧唐书》卷五十六《罗艺传》。

李艺（即罗艺，归唐后赐姓"李"）［隋炀帝］大业中屡以军功官至虎贲郎将，［大业十二年，公元616年］炀帝征辽，令［李］艺督运于北平（今河北卢龙），受［右］武卫大将军李景节度。［李］艺少习戎旅，军法严肃，然使气纵暴，每凌侮李景，频为［李］景所辱，［罗］艺甚衔之。

——《册府元龟》卷四百五十六《将帅部·不和》。

李艺，性桀黠，刚愎不仁，勇于攻战。

——《册府元龟》卷八百四十七《总录部·勇》。

李艺初仕隋为虎贲郎将，炀帝命督运于北平（今河北卢龙）。大业末，自称幽州总管。宇文化及至山东，遣使呼［李］艺，［李］艺斩其使者，而为炀帝发丧。

——《册府元龟》卷三百七十三《将帅部·忠四》。

郭绚，河东安邑人也……［大业七年，公元611年］炀帝将有事于辽东，以涿郡（今北京）为冲要，访可任者。闻［郭］绚有干局，拜涿郡丞，吏人悦服②。数载，迁为通守（按：即太守），兼领留守。及山东贼起（按：王薄据长白山起义，其事在大业七年，公元611年。见《通鉴》），［郭］绚逐捕之，多所克获。时诸郡无复完者，惟涿郡（今北京）独全。后将兵击窦建德于河间，战死，人吏哭之，数月不息。

——《隋书》卷七十三《郭绚传》。

郭绚，大业末为涿郡（今北京）通守，将兵击窦建德于河间，战死，人吏哭之，数月不息③。

——《册府元龟》卷四百二十五《将帅部·死事二》。

郭绚为涿郡（今北京）通守（按：即太守）。山东盗贼起（按：王薄据长白山起义，其事在大业七年，公元611年。见《通鉴》），［郭］绚逐捕之，多所克获。时诸

---

① 北周及隋初文帝开皇之世，今北京置幽州，有总管府。《隋书·炀帝纪上》记载：隋炀帝大业元年（605年）首先废诸州总管府，三年（607年）又改州为郡，由此幽州改称涿郡，行政区划和地方权利相对缩小。因此，罗艺自称幽州总管是恢复了炀帝以前的旧制。
② 《册府元龟·牧守部·选任》载："郭绚，大业中炀帝将有事于辽东，以涿郡为冲要，访可任者。闻［郭］绚有干局，拜涿郡丞。"
③ 《册府元龟·牧守部·遗爱二》所记与此同，惟"数月不息"为"数日不息"。

郡无复完者，惟涿郡（治今北京）独全。

——《册府元龟》卷六百九十四《牧守部·武功二》。

[炀帝大业十二年（616年）]十二月，涿郡通守（按：即太守）郭绚将兵万余人讨高士达。士达自以为才略不及窦建德，乃进建德为军司马，悉以兵授之。建德请士达守辎重，自简精兵七千人拒[郭]绚，诈为与士达有隙而叛，遣人请降于[郭]绚，愿为前驱，击士达以自效。[郭]绚信之，引兵随建德至长河（今山东德州市东），不复设备。建德袭之，杀虏数千人，斩[郭]绚首，献士达，张金称余众皆归建德①。

——《资治通鉴》卷一百八十三 隋纪七 炀帝大业十二年。

王[世]充字行满，本西域人也……大业十二年（616年）迁为江都通守。时厌次（今山东惠民西南）人格谦为盗数年，兵十馀万，在豆子䴚（今山东陵县与惠民之间）中。[世]充帅师破斩之，威振群贼。又击卢明月，破之于南阳（今河南南阳），斩首数万，虏获极多。后还江都，帝大悦，自执杯酒以赐之。

——《隋书》卷八十五《王[世]充传》。

王世充，[炀帝]大业中为江都守（今扬州），时厌次（今山东惠民西南）人格谦为盗数年，兵十余万，在豆子䴚（今山东陵县与惠民之间）中。[王]世充帅师破斩之，威振群贼。又击卢明月，破之于南阳（今河南南阳），斩首数万，虏获极多。后还江都，帝大悦，自执杯酒以赐之。

——《册府元龟》卷三百五十七《将帅部·立功十》。

大业十二年（616年）十二月，河间（今河北河间）贼帅格谦②拥众十餘万，据豆子䴚（今山东陵县与惠民之间），自称燕王，帝命王世充将兵讨斩之。[格]谦将渤海（治今山东阳信西南）高开道收其余众，寇掠燕地，军势复振。

——《资治通鉴》卷一百八十三 隋纪七 炀帝大业十二年十二月。

高开道，渤海人，少而骁捷。隋大业末，贼帅格谦拥众于豆子䴚（今山东陵县与惠民之间），[高]开道归之，礼遇甚薄。会格谦为隋师所围，左右分散无救之者，[高]开道独身决战，杀十余人，隋师披靡，[格]谦乃获免，于是重用[高]开道，

---

① 时张金称起义军已被隋将杨义臣破于临清。
② 格谦，《隋书·炀帝纪下》大业九年，及其为渤海人（治今山东阳信西南）；同书《王[世]充》则称其为厌次人（今山东惠民西南）；而《通鉴》称其为河间人（今河北河间），互相抵牾。但以其活动于豆子䴚，其地正在渤海郡（治今山东阳信西南）和平原郡（今山东陵县）之间，而厌次属渤海郡，则其为渤海人为宜。

为幽州总管①。

——《册府元龟》卷八百四十七《总录部·勇》。

大业十三年（617年）正月，卢明月转掠河南，至于淮北，众号四十万，自称无上王。帝命江都通守王世充讨之。［王］世充与战于南阳（今河南南阳），大破之，斩卢明月，余众皆散。

——《资治通鉴》卷一百八十三　隋纪七　恭帝义宁元年三月。

史祥字世休，朔方人也……［大业末年］俄拜燕郡（治今辽宁义县）太守，被贼高开道所围，［史］祥称疾不视事。及城陷，开道甚礼之。会［高］开道与罗艺通和，送［史］祥于涿郡（治今北京），卒于途。

——《隋书》卷六十三《史祥传》。

史祥为燕郡（治今辽宁义县）太守，被贼高开道围之，城陷，［高］开道甚礼之。会［高］开道与罗艺通和，送［史］祥于涿郡（今北京），卒于途②。

——《册府元龟》卷四百四十四《将帅部·陷没》。

高开道，沧州阳信人也（按：即渤海郡）……隋大业末，河间人格谦拥兵于豆子䴚，开道往从之，署为将军。后［大业十二年，公元616年］［格］谦为隋师所灭，开道与其党百余人亡匿海曲。复出掠沧州，招集数百人，北掠城镇，临渝（今河北抚宁境内）至于怀远（今辽宁辽阳西北、辽河西岸）皆破之。悉有其众。

（唐）武德元年（按：即大业十四年，公元618年），隋将李景守北平郡（今河北卢龙），开道引兵围之，连年不能克。［李］景自度不能支，拔城而去。开道又取其地，进陷渔阳郡（治无终，今天津蓟县），有马数千匹，众且万人，自立为燕王，都于渔阳。先是怀戎（今河北涿鹿西南七十里）沙门高昙晟者，因县令设斋，士女大集，昙晟与其僧徒五十人拥斋众而反，杀县令及镇将，自称大乘皇帝，立尼静宣为耶输皇后，建元为法轮。至夜，遣人招诱开道，结为兄弟，改封齐王。开道以众五千人归之，居数月，袭杀昙晟，悉并其众。

［武德］三年（620年）复称燕王，建元，署置百官。罗艺在幽州，为窦建德所围，告急于开道，乃率二千骑援之。建德惧其骁锐，于是引去。［高］开道因［罗］艺遣使来降，诏封北平郡王，赐姓李氏，授蔚州总管③。时幽州大饥，开道许给之粟，［罗］艺遣老弱就食，开道皆厚遇之。［罗］艺甚悦，不以为虞，乃发兵三千人、

---

① 按：隋末唐初高开道不曾为幽州总管。
② 《册府元龟》卷四百五十《将帅部·失守》；卷六百九十八《牧守部·懦劣》所记与此同。
③ 《旧唐书·高祖纪》记载：武德三年（620年）十月庚子，怀戎贼帅高开道遣使降，授蔚州总管，封北平郡王，赐姓李氏。

车数百乘、驴马千余匹，请粟于开道。悉留之，北连突厥，告绝于［罗］艺，复称燕国。

是岁，刘黑闼入寇山东，开道与之连和，引兵攻易州（今河北易县）①，不克而退。又遣其将谢棱诈降于［罗］艺，请兵援接，［罗］艺出兵应之，将至怀戎（今河北涿鹿西南七十里，唐改置于今河北怀来县东的旧怀来县城），［谢］棱袭破［罗］艺兵。开道又引突厥频来为寇，恒、定、幽、易等州皆罹其患②。

先是，刘黑闼亡将张君立奔于开道，因与其将张金称潜相结连，［叛高开道，高开道自杀］。［张金称］又杀张君立，死者五百人，遂归国……以其地为妫州③。

——《旧唐书》卷五十五《高开道传》。

高开道，世家寒微，煮盐以自给。少而骁捷，走及奔马，后为蔚州总管。

——《册府元龟》卷八百四十五《总录部·矫捷》。

杨善会字敬，弘农华阴人也……［大业十二年，公元616年，见《通鉴》］太仆杨义臣讨［张］金称，复为贼所败，退保临清（今山东临清）。［杨义臣］取［杨］善会之策，频与决战，贼乃退走。乘胜破其营，尽俘其众。［张］金称将数百人遁逃，后归漳南（今河北故城县东），招集余党。［杨］善会追捕斩之，传首行在所（按：即炀帝所在的江都，今扬州）。帝赐［杨善会］以尚方甲矟弓剑，进拜清河（今河北清河西北）通守。其年，从杨义臣斩漳南贼高士达，传首江都（今扬州）宫。

［高］士达所部将窦建德，自号长乐王，来攻信都（今河北冀县）。临清贼王安阻兵数千，与［窦］建德相影响。［杨］善会袭［王］安，斩之。［窦］建德既下信都，复扰清河（今河北清河西北），［杨］善会逆拒之，反为所败，婴城固守。贼围之四旬，城陷，为贼所执……于是害之。

——《隋书》卷七十一《杨善会传》。

薛世雄字世英，本河东汾阴人也，其先寓居关中……大业十年（614年）从帝至辽东，迁左御卫大将军，仍领涿郡（治今北京）留守。未几，李密逼东都（今洛阳），中原骚动，［大业十三年，公元617年］诏［薛］世雄率幽蓟精兵将击之。军次河间（今河北河间），营于郡城南，河间诸县并集兵，依［薛］世雄大军为营，欲讨窦建德。［窦］建德将家口遁，自选精锐数百，夜来袭之。先犯河间兵，溃奔［薛］世雄营。时遇雾雰晦暝，莫明辨识，军不得列，皆腾栅而走，于是大败，［薛］世雄与左右数十骑遁入河间城，惭恚发病，归于涿郡（治今北京），未几而卒，时年六十三岁。

——《隋书》卷六十五《薛世雄传》。

---

① 《旧唐书·高祖纪》记载：武德五年（622年）三月，蔚州总管、北平郡王高开道叛，寇易州。
② 《旧唐书·高祖纪》记载：武德六年（623年）九月，高开道引突厥寇幽州。
③ 《旧唐书·高祖纪》记载：武德七年（624年）二月，高开道为部将张金称所杀，以其地降。

隋薛世雄，为右翊卫将军。［大业十三年，公元617年］窦建德僭称长乐王，遣［薛］世雄率兵三万讨之。至阿城南，营于十里井。［窦］建德闻［薛］世雄至，精兵数千伏河间（今河北河间）南界泽中，悉拔诸城伪遁，云亡入豆子䴚（今山东陵县与惠民之间）中。［薛］世雄以为［窦］建德畏亡，乃不设备。［窦］建德觇知之，自率敢死士一千人，袭击［薛］世雄，会雾雾昼晦，两军不辨，隋军大溃，自相腾藉，死者万余。［薛］世雄以数百骑而遁。

——《册府元龟》卷四百四十七《将帅部·轻敌》。

炀帝大业十三年（617年）七月，炀帝诏左禦卫大将军、涿郡留守薛世雄将燕地精兵三万讨李密，命王世充等诸将皆受世雄节度，所过盗贼，随便蒭除。世雄行至河间，军于七里井，窦建德士众惶惧，悉拔诸城南遁，声言还入豆子䴚（今山东陵县与惠民之间）。世雄以为畏己，不复设备，建德谋还袭之。其处去世雄营百四十里，建德帅敢死士二百八十人先行，令余众续发，建德与其士众约曰："夜至，则击其营；已明，则降之。"未至一里所，天欲明，建德惶惑议降；会天大雾，人支持不相辨，建德喜曰："天赞我也！"遂突入其营击之，世雄士卒大乱，皆腾栅走。世雄不能禁，与左右数十骑遁归涿郡（治今北京）①，憋恚发病卒。建德遂围河间。

——《资治通鉴》卷一百八十四　隋纪八　恭帝义宁元年。

先是，上谷人宋金刚有众万餘人，在易州（今河北易县）界为群盗，定州贼帅魏刀儿②与相表里。后［魏］刀儿为窦建德所灭（按：此隋大业十四年事，见《旧唐书·窦建德传》），金刚救之，战败，率余众四千人奔于［刘］武周。

---

① 《资治通鉴考异》曰："《革命记》：'帝以李密在洛口（今河南巩县东），征辽回日，令右翊卫将军薛世雄于留镇兵内简练精锐及幽、易骁勇讨［李］密，经过之处，若有草窃，随便诛蒭；仍令王世充等诸将并取世雄处分。世雄乃自领精兵六万，四月末，至河间郡城下作营，州县皆备牛酒军粮以待薛将军。时建德以无粮食，兵士先皆分散，余军不满千人，在武强县境内收麦充食，闻世雄兵至河间，惶惧无计。问一女巫：欲走避之，如何？巫云：不免。问：欲首如何？巫云：亦不吉。问：欲掩其不备击之，如何？巫云：今夜天未明到，大吉。卜时，日巳午；卜处，去河间一百四十里。建德简精兵二百八十人先行，余勒续发。建德与众决云：夜到即打，明即降之，吉凶之事在此举耳。遂行。去世雄营二里，天已属明，又闻吹角声拟发，建德惶惑欲降。须臾，大雾忽起，建德曰：此天助我也。遂引兵入营攻之，兵随大乱。世雄左右先已装束拟发，世雄遂得上马奔走，仍中数枪，仅而获免。幽、易之士，并不欲作留镇兵，先无鬬意，既不知贼多少，悉弃甲奔亡，遂使山东贼势转盛。李密先招慰河北州县，多悉从之。世雄憋愤而卒。'《新唐书·窦建德传》云：'七月，世雄讨之，建德帅敢死士千人袭之，世雄以数百骑遁去。'今从《隋书·薛世雄传》，以《窦建德传》、《革命记》参之。"

② 按：《隋书·段达传》称"高阳（今河北高阳东）魏刀儿"；《隋书·炀帝纪下》则称"大业十一年（615年）二月丙子，上谷（治今河北易县）人王须拔反，自称漫天王，国号燕，贼帅魏刁儿自称历山飞"；《隋书·王辩传》与《炀帝纪下》同，也称"上谷魏刀儿自号历山飞"；本传则称"定州贼帅魏刀儿"。考《隋书·地理志中》隋上谷郡领易、涞水、遒、遂城、永乐、飞狐等6县。高阳县属河间郡。定州（今河北定州）即汉卢奴县，在隋是博陵郡鲜虞县。

如此，有关魏刀儿属籍，有上谷郡、河间高阳县、博陵郡鲜虞县（按：今河北定州，唐改定州）3种记载。不过3郡相邻，距离不远，而隋末丧乱，于农民起义首领属籍记载混乱也在意料之中，不足为怪。

——《旧唐书》卷五十五《刘武周传》。

窦建德，贝州漳南（今河北故城县东）人也……大业七年（611年），募人讨高丽，本郡选勇敢尤异者以充小帅，遂补建德为二百人长……同县有孙安祖，家为水所漂，妻子馁死。县以安祖骁勇，亦选在行中。安祖辞贫，白言漳南令，[县]令怒笞之。[孙]安祖刺杀[县]令，亡投[窦]建德，[窦]建德舍之……谓："我知高鸡泊（今河北故城县西）中广大数百里，莞蒲阻深，可以逃难，承间而出虏掠，足以自资。即得聚人，且观时变，必有大功天下也。"[孙]安祖然其计……鄃（今山东夏津）人张金称亦结聚得百人，在河阻中。蓚（今河北景县）人高士达又起兵得千余人，在清河（今河北清河西北）界中。时诸贼往来漳南者，所过皆杀掠居人，焚烧舍宅，独不入[窦]建德之间（按：即村庄）。由是郡县意[窦]建德与贼徒交结，收系[窦建德]家属，无少长皆杀之。[窦]建德闻其家被屠灭，率麾下二百人亡归[高]士达。[高]士达自称东海公，以[窦]建德为司兵。后[孙]安祖为张金称所杀，其兵数千人又尽归于[窦]建德。自此渐盛，兵至万馀人，犹往来高鸡泊中。每倾身接物，与士卒均执勤苦，由是能致人死力。

[大业]十二年（616年），涿郡通守郭绚率兵万馀人来讨士达。[高]士达自以智略不及[窦]建德，乃进[窦建德]为军司马，咸以兵授焉。[窦]建德既初董众，欲立奇功以威群贼，请[高]士达守辎重，自简精兵七千人以拒[郭]绚，诈为与[高]士达有隙而叛之。[高]士达又宣言[窦]建德背亡，而取虏获妇人给为建德妻子，于军中杀之。[窦]建德伪遣人遗[郭]绚书请降，愿为先驱，破[高]士达以自效。[郭]绚信之，即引兵从[窦]建德至长河界，期与为盟，共图[高]士达。[郭]绚兵益懈而不备，[窦]建德袭之，大破绚军，杀略数千人，获马千馀匹，[郭]绚以数十骑遁走，[窦建德]遣将追及平原（治今山东陵县），斩其首以献[高]士达。由是[窦]建德之势益振。

[大业十二年，公元616年，见《通鉴》]隋遣太仆卿杨义臣率兵万馀人讨张金称，破之于清河（今河北清河西北），所获贼众皆屠灭，余散在草泽间者复相聚而投建德。[杨]义臣乘胜至平原（治今山东陵县），欲入高鸡泊中，[窦]建德谓[高]士达曰："历观隋将，善用兵者惟[杨]义臣耳。新破金称，远来袭我，其锋不可挡。请引兵避之，令其欲战不得，空延岁月，将士疲倦，乘便袭击，可有大功。今与争锋，恐公不能敌也。"[高]士达不从其言，因留[窦]建德守壁（按：即大营，因以栅栏围之，故称壁），自率精兵逆击[杨]义臣，战小胜，而纵酒高会，有轻义臣之心。[窦]建德闻之曰："东海公未能破贼而自矜大，此祸至不久矣。隋兵乘胜，必长驱至此，人心惊骇，吾恐不全。"遂留人守壁，自率精锐百余据险，以防[高]士达之败。后五日，[杨]义臣果大破[高]士达，于阵斩之，乘势追奔，将围[窦]建德。守兵既少，闻[高]士达败，众皆溃散。[窦]建德率百馀骑亡去，行至饶阳（今

河北饶阳），观其无守备，攻陷之，抚循士众，人多愿从，又得三千兵。

初，［杨］义臣既杀［高］士达，以为［窦］建德不足忧。［窦］建德复还平原［郡］，收［高］士达败兵之死者，悉收葬焉。为［高］士达发丧，三军皆缟素。招集亡卒，得数千人，军复大振，始自称将军。初，群盗得隋官及山东士子皆杀之，惟［窦］建德每获士人必加恩遇……此后隋郡长吏稍（按：渐也）以城降之，军容益盛，胜兵十余万人。

［大业］十三年（617年）正月，［窦建德］筑坛场于河间乐寿（今河北献县）界中，自称长乐王，年号丁丑，署置官属。七月，隋遣右翊卫将军薛世雄率兵三万来讨之，至河间（今河北河间）城南，营于七里井。［窦］建德闻世雄至，选精兵数千人伏河间南界泽中，悉拔诸城伪遁，云亡入豆子䴚中。［薛］世雄以为［窦］建德畏己，乃不设备。［窦］建德觇知之，自率敢死士一千人袭击世雄。会云雾昼晦，两军不辨，隋军大溃，自相踏藉，死者万余，［薛］世雄以数百骑而遁，余军悉陷。于是［窦］建德进攻河间，频战不下。其后城中食尽，又闻炀帝［在江都］被弑，郡丞王琮［率众降］，［窦建德］始都乐寿。号曰金城宫，自是郡县多下之。

武德二年（619年）迁都于洺州（今河北永年东），号万春宫。

——《旧唐书》卷五十四《窦建德传》。

（2）隋末唐初窦建德农民军三攻蓟城（今北京）

［唐高祖李渊］武德元年（按：即隋大业十四年，公元618年），先是，有上谷贼帅王须拔自号漫天王，拥众数万，入掠幽州（治今北京），中流矢而死。其亚将魏刀儿代领其众，自号历山飞，入据深泽（今河北深泽），有徒十万。［窦］建德与之和，［魏］刀儿因弛守备，［窦］建德袭破之，又尽并其地①。

——《旧唐书》卷五十四《窦建德传》。

薛万彻，雍州咸阳人，自敦煌徙焉，隋左禦卫大将军［薛］世雄子也。［薛］世雄大业末卒于涿郡太守。［薛］万彻少与兄［薛］万均随父在幽州（今北京），俱以武略为罗艺亲待……［武德元年（618年）十二月］，会窦建德［部下高士兴］率众十万来寇幽州，艺逆拒之。万均谓艺曰："众寡不敌，今若出斗，百战百败，当以计取之。可令赢兵弱马阻水背城为阵以诱之，观贼之势，必渡水交兵。万均请精骑百人伏于城侧，待其半渡击之，破贼必矣。"艺从其言。建德果引军渡水，

---

① 窦建德并灭魏刀儿事，在武德元年即大业十四年（618年）十一月，见《资治通鉴》卷一百八十六　唐纪二　高祖武德元年。

万均邀击,大破之①。明年（619年）②,建德率众二十万复攻幽州,贼已攀堞③,[薛]万均与[薛]万彻率敢死士百人从地道而出,直掩贼背而击之,贼遂溃走。

——《旧唐书》卷六十九《薛万彻传》。

薛万彻,父[薛]世雄[隋炀帝]大业末卒于涿郡（今北京）太守。[薛]万彻少与兄[薛]万均随父幽州,俱以武略为罗艺所亲待,位宁州刺史。

——《册府元龟》卷七百八十三《总录部·兄弟齐名》。

薛万彻为车骑将军,母忧,去职,俄起为右卫将军。

——《册府元龟》卷八百六十二《总录部·起复》。

薛万彻为右卫大将军,出青丘道伐高丽。[薛]万彻在军仗气凌物,人或奏之,及还,谒见,太宗谓曰:"上书者谓卿与诸将不协,朕录功弃过,不罪卿也。"因取书焚之。

——《册府元龟》卷九十九《帝王部·推诚》。

唐薛万均为上柱国、永安郡公,与燕王罗艺守幽州。窦建德率众十万来至范阳（按:幽州又称范阳）。[薛]万均谓[罗]艺曰:"众寡不敌,今若出门,百战百败。当以计取之。可令羸兵弱马阻[水为阵],精骑百人伏于城侧,待其半渡而击之,破之必矣。"[罗艺]从之。[窦]建德果引兵渡,[薛]万均邀击,大破之。

——《册府元龟》卷四百三十三《将帅部·示弱》。

薛万均,武德中与罗艺守幽燕。时窦建德率众十万至危水④。[薛]万均谓[罗]艺曰:"众寡不敌,今若出鬬,百战百败。可令羸马阻水背城为阵,以诱之。贼若渡水交兵,请公以精骑百人伏于城侧,待其半渡而击之,破必矣。"[罗]艺从之。[窦]建德引兵渡水,[薛]万均击破之。

——《册府元龟》卷三百九十八《将帅部·择地利》。

薛万均,河东汾阴人,善射,有武略,拳勇绝人,后官至屯卫大将军。

——《册府元龟》卷八百四十七《总录部·勇》。

---

① 窦建德首攻幽州是在武德元年（618年）十二月,见《资治通鉴》卷一百八十六 唐纪二 高祖武德元年。
② 窦建德再攻幽州是在武德三年（620年）五月和十月,并非二年（619年）,《万彻传》有误。
③ 堞,指城墙上的尺状矮墙即女墙,也泛指城墙。
④ 危水当即灅水,唐代永定河故道,在今北京大兴凉水河、凤河一线。

薛万均为幽州裨将。武德中，窦建德率众十万来寇范阳（又称幽州，今北京），总管罗艺逆拒之。[薛]万均谓[罗]艺曰："众寡不敌，今若出门，百战百败。当以计取之，可令羸兵弱马阻水背城为阵，以诱之。观贼之势，必渡水交兵。[薛]万均请精骑百人伏于城侧，待其半渡击之，破贼必矣。"[罗]艺从其言，[窦]建德果引军渡水，[薛]万均邀击，大破之。

——《册府元龟》卷三百六十五《将帅部·机略五》。

薛万钧（按：误，当为"均"），武德中与罗艺守幽燕。时窦建德率众十万至危水。[薛]万均谓[罗]艺曰："众寡不敌，今若出鬬，百战百败。可令羸马阻水背城为阵，以诱之。贼若渡水交兵，请公以精骑百人伏于城侧，待其半渡而击之，破必矣。"[罗]艺从之。[窦]建德引兵渡水，[薛]万均击破之。

武德元年（618年）十二月，窦建德既克冀州（按：指火并魏刀儿部事），兵威益盛，帅众十万寇幽州（治今北京）。艺将逆战，万均曰："彼众我寡，出战必败，不若使羸兵背城阻水为阵，彼必渡水击我。万均请以精骑百人伏于城旁，俟其半渡击之蔑不胜矣。"艺从之。建德果引兵渡水，万均邀击，大破之。建德竟不能至其城下，乃分兵掠霍堡及雍奴等县①，艺复邀击，败之。建德不能克，乃还乐寿。

——《资治通鉴》卷一百八十六　唐纪二　高祖武德元年十二月。

武德三年（620年）[窦建德]又遣[高]士兴进围幽州（治今北京）②，攻之不克，退军于笼火城（在今北京大兴境内），为[罗]艺所袭，[高]士兴大溃。先是，其大将王伏宝多勇略，功冠等伦，群帅嫉之，或言其反，[窦]建德将杀之，[王]伏宝曰："我无罪也，大王何听谗言，自斩左右手乎？"既杀之，后用兵多不利。

——《旧唐书》卷五十四《窦建德传》。

凌敬为窦建德国子祭酒。初，[窦]建德尝破赵州，执刺史张志昂等……将戮之。[凌]敬谏之曰："夫犬各吠非其主，今邻人坚小力屈就擒，此乃忠确士也。若加酷害，何以劝大王之臣乎！"[窦]建德怒曰："我至城下，犹迷不降，劳我师旅，罪何可赦？"[凌]敬曰："今大王使大将军高士兴于易水北抗御，罗艺兵才至，[高]士兴即降，

---

① 《通鉴》原注："霍堡，盖世乱，霍氏宗党筑堡以自固，因以为名。雍奴，汉古县，唐玄宗天宝年间改为武清。"
② 同《传》载：武德三年（620年）初，窦建德攻陷赵州，以其刺史张昂等此前据守不降，欲杀之。其国子祭酒凌敬谏曰："今大王使大将军高士兴于易水抗御罗艺，[假使罗艺]兵才至，士兴即降，大王之意复为可不（按：同'否'）。"据此可见，窦建德在据有河北中部地区以后，武德二年九月又南向攻略相州（今河南安阳）、卫州（今河南汲县）、滑州（今河南滑县）、齐州（今山东济南）、济州（今山东东阿西北）、兖州（今山东兖州）等地之时，已事先派高士兴北至河北易水一线防御罗艺从背后偷袭。待河南、山东等地战事结束，才复遣高士兴渡过易水，从守势转为攻势，北攻幽州罗艺。

大王之意复为可否？"［窦］建德乃悟，即命释之。

——《册府元龟》卷八百三十二《总录部·规讽二》。

武德三年（620年）五月，窦建德遣高士兴击李艺于幽州①，不克，退军笼火城。艺袭击，大破之，斩首五千级。

——《资治通鉴》卷一百八十六 唐纪四 高祖武德三年五月。

窦建德之围幽州（治今北京）也，李艺告急于高开道，［高］开道帅二千骑救之，［窦］建德兵引去②。

——《资治通鉴》卷一百八十六 唐纪四 高祖武德三年十月。

武德三年（620年）九月③，［窦］建德自帅师围幽州（治今北京），艺出兵与战，大破之，斩首千二百级。艺兵频胜而骄，进袭其营，建德列阵于营中，填堑而出，击艺败之。建德薄（按：逼近也）其城，不克，遂归洺州（今河北永年东）④。

——《旧唐书》卷五十四《窦建德传》。

武德三年（620年）十月，窦建德帅众二十万复攻幽州（今北京）。建德兵已攀堞⑤，薛万均、万彻帅敢死士百人从地道出其背，掩袭之，建德兵溃走，斩首千余级。李艺兵乘胜薄其营，建德阵于营中，填堑而出，奋击，大破之，建德逐北，至其城下（幽州蓟城即今北京城下），攻之不克而还。

——《资治通鉴》卷一百八十六 唐纪四 高祖武德三年十月。

唐李艺（即罗艺），隋末为幽州总管，及闻高祖践祚（按：李渊即位为唐高祖），奉表归国，寻为窦建德所围五十馀日，不克而退。

——《册府元龟》卷四百《将帅部·固守二》。

---

① 李艺即罗艺。《旧唐书·罗艺传》记载：罗艺于武德三年（620年）归附李渊，诏封燕王，赐姓李氏。
② 按：此即指高士兴围幽州事。
③ 按：《通鉴》记此事在三年十月。
④ 《旧唐书·窦建德传》记载：武德二年（619年）窦建德攻陷洺州，迁都于洺州，号万春宫。
⑤ 堞，指城墙上的尺状矮墙即女墙，也泛指城墙。

第二编　北京唐代历史资料

一、唐朝的建立和对幽州（治今北京）地区的控制

（1）罗艺归顺唐朝

李渊，其先陇西狄道人，［十六国时］凉武昭王［李］暠七代孙也……皇祖讳虎，后魏左仆射，封陇西郡公，与［北］周文帝及太保李弼、大司马独孤信等以功参佐命，当时称为"八柱国家"，仍赐姓大野氏。［北］周受禅，追封唐国公，谥曰襄。至隋文帝作相，还复本姓……皇考（按：即李渊之父）讳昞，［北］周安州总管、柱国大将军，袭唐国公，谥曰仁。高祖［李渊］七岁袭唐国公……隋受禅，补为千牛备身。［隋］文帝［杨坚］独孤皇后，即高祖从母也，由是特见亲爱……［隋炀帝大业八年（612年）］辽东之役，督运于怀远镇。及［大业九年（613年）］杨玄感反，诏高祖驰驿镇弘化郡（今甘肃庆阳北），兼知关右诸军事……十一年（615年）炀帝幸汾阳宫，命高祖往山西、河东黜陟讨捕……十二年（616年），迁右骁卫将军。十三年（617年），为太原留守，郡丞王威、武牙郎将高君雅为副。群盗蜂起，江都阻绝，［唐］太宗（其子李世民）与晋阳令刘文静首谋，劝［李渊］举义兵……五月，遣开阳府司马刘政会告［王］威等谋反，即斩之以徇，遂起义兵。甲戌，遣刘文静使于突厥始毕可汗，令率兵相应……十一月丙辰，攻拔京城（今西安）……立［炀帝之孙］代王［杨］侑（炀帝长子元德太子杨昭之子，封代王）为天子，遥尊炀帝为太上皇，大赦，改元为义宁。甲子，隋帝（即杨侑）诏加高祖假黄钺、使持节、大都督内外诸军事、大丞相，进封唐王，总录万机……二年（即大业十四年、唐武德元年，公元618年）三月丙辰，右屯卫将军宇文化及弑隋太上皇（即炀帝）于江都宫……五月甲子，高祖［李渊］即皇帝位于太极殿……改隋义宁二年为唐武德元年。

——《旧唐书》卷一《高祖纪》。

罗艺字子延，本襄阳人也……［隋大业末年割据幽州］，自称幽州总管。宇文化及［弑炀帝于江都，率师北归］及山东，遣使召［罗］艺，［罗］艺曰："我隋室旧臣，感恩累叶，大行颠覆（指炀帝被杀事），实所痛心。"乃斩［宇文］化及使者，而为炀帝发丧，大临三日。窦建德、高开道亦遣使于［罗］艺，［罗］艺谓官属曰："建德、开道皆剧贼耳，化及弑逆，并不可从。今唐公［李渊］[1]起兵，皆符人望，入据关右，事无不成。吾率众归之，意已决矣，有沮众异议者必戮之。"会我（按：指李渊）使人张道源绥辑山东，遣人谕意，［罗］艺大悦。武德三年（620年），奉表归国，

---

[1] 此指唐高祖李渊。

诏封燕王，赐姓李氏，预宗正属籍。

［武德五年（622年）］太宗①之击刘黑闼也②，［罗］艺领本兵数万，破黑闼弟［刘］什善于徐河，俘斩八千人。明年（623年），黑闼引突厥俱入寇，［罗］艺复将兵与隐太子建成会于洺州，因请入朝，高祖［李渊］遇之甚厚。俄拜左翊卫大将军。

——《旧唐书》卷五十六《罗艺传》。

李艺（即罗艺），仕隋，大业末为幽州总管。及闻高祖（即唐高祖李渊）践祚，奉表归国，于是玺书封王。会刘黑闼举兵，高祖遣其弟监门将军［李］寿将兵与［李］艺合势攻刘黑闼。［李］艺率步骑数万破刘什善（刘黑闼之弟）于徐河，又进兵与太宗军会于洺水。太宗令为马军总管仍令本兵，从大军击贼有功。武德三年（620年）窦建德侵幽州，［李］艺为总管，击走之，斩首千余级。

——《册府元龟》卷三百五十七《将帅部·立功十》。

武德四年（621年）九月，［唐］淮安王［李］神通将关内兵至冀州，与李艺（按：即罗艺，赐姓李）兵合。又发邢、洺、相、魏、恒、赵等兵合五万余人，与刘黑闼战于饶阳城南，布阵十余里；［刘］黑闼众少，依堤单行而阵以当之。会风雪，［李］神通乘风击之，既而风返，［李］神通大败，士马军资失亡三分之一。李艺居西边，击高雅贤，破之，逐奔数里，闻大军不利，退保藁城；［刘］黑闼就击之，［李］艺亦败，薛万均、万彻皆为所虏，截发驱之。万均兄弟亡归，［李］艺引兵归幽州。［刘］黑闼兵势大振。

——《资治通鉴》卷一百八十九 唐纪五 高祖武德四年九月。

温大雅字彦弘，太原祁人也。父［温］君悠，北齐文林馆学士，隋泗州司马。［隋炀帝］大业末，为司隶从事，见隋政日乱，谢病而归。［温大雅］……仕隋东宫学士、

---

① 此指唐太宗李世民。李世民是李渊次子，兄李建成，弟李元吉。李世民有谋略，首先劝李渊在隋末农民起义的乱局中夺取统治地位，又有军事天才，屡立战功。进入京师后，隋恭帝义宁元年即大业十三年（617年）封为秦王。唐武德九年（626年）六月，李世民杀兄弟太子建成、元吉。李渊改立李世民为皇太子。八月，李世民逼李渊退位，即位为皇帝，即唐太宗。

② 刘黑闼，贝州漳南人，原是窦建德的部下。武德四年（621年）五月，唐秦王李世民击败窦建德于武牢（即虎牢，在今河南汜水西北），俘窦建德，斩于京师长安市上。刘黑闼归于乡里，闭门不出。七月，刘黑闼与窦建德余部范愿等复反于漳南，自称大将军，兵锋甚锐，连败唐淮安王李神通、唐将李世勣等，连兵突厥得胡骑之助，进陷相州（治今河南安阳），半年就复据有窦建德原河北之地。山东徐圆朗举齐、兖之地也归附刘黑闼，自称鲁王，刘黑闼势力更张。五年（622年），刘黑闼称汉东王，部署百官，悉恢复窦建德制度，复都于洺州。三月，唐秦王李世民与幽州总管罗艺共营于洺水之南，分兵屯于水北，与刘黑闼相持月余，终大败之。刘黑闼与范愿等二百余骑北奔突厥。六月，刘黑闼借兵于突厥，先后进据山东、河北诸城，屡败唐淮阳王李道玄、原国公史万宝，河北诸州尽叛，旬日之间刘黑闼恢复旧有之地，复都于洺州。六年（623年）唐朝遣齐王李元吉、太子李建成击败刘黑闼于魏州馆陶。刘黑闼被部下诸葛德威执送唐军，杀于洺州。

长安县尉,以父忧去职。后以天下方乱,不求仕进。高祖(按:指唐高祖李渊)镇太原,甚礼之。义兵起①,引为大将军府记室参军,专掌文翰……弟[温]彦博……开皇末,为州牧秦孝王[杨]俊所荐,授文林郎,直内史省,转通直谒者。及隋乱,幽州总管罗艺引为司马。[罗]艺以幽州归国,[温]彦博赞成其事,[被唐高祖]授幽州总管府长史。未幾,征为中书舍人,俄迁中书侍郎,封西河郡公。

——《旧唐书》卷六十一《温大雅传》附彦博传。

[罗]艺得隋通直谒者温彦博,以为司马。[罗]艺以幽州归国,[温]彦博赞成之;[武德元年,公元618年]十二月,诏以[温]彦博为幽州总管府长史,未幾,征为中书侍郎。兄[温]大雅,时为黄门侍郎,与彦博对居近密,时人荣之(胡三省注:黄门侍郎居门下省,谓之东省;中书侍郎居中书省,谓之西省;故曰对居近密)。

——《资治通鉴》卷一百八十六唐纪二高祖武德元年十二月。

温彦博初仕隋,为幽州总管罗艺司马,[罗]艺以幽州归国,[温]彦博赞成其事,授幽州总管府长史。

——《册府元龟》卷七百二十二《幕府部·禅赞》。

武德二年(619年)冬十月己亥,封幽州总管罗艺为燕郡王,赐姓李氏。

——《旧唐书》卷一《高祖纪》。

武德元年(618年)十二月丁酉,隋襄平太守邓暠(又记为辽西太守,见《隋书·李景传》)以柳城(今辽宁朝阳)、北平(今河北卢龙)二郡来降,[唐]以[邓]暠为营州总管。

初,宇文化及遣使召罗艺,[罗]艺曰:"我隋室臣也。"斩其使者,为炀帝发丧,临三日。窦建德、高开道各遣使招之,[罗]艺曰:"建德、开道,皆剧贼耳!吾闻唐公[李渊]已定关中,人望归之。此真吾主也。吾将从之,敢沮议者斩。"会[唐使者]张道源慰抚山东,[罗]艺遂奉表,与渔阳、上谷等诸郡皆来降。癸未,诏以[罗]艺为幽州总管。(胡三省注:《考异》曰:"《创业注》:'艺以武德元年二月降。'《旧》云三年,《新书》云二年,皆误也。今从《实录》。"②)

——《资治通鉴》卷一百八十六唐纪二高祖武德元年十二月。

---

① 此指隋炀帝大业十三年(617年)李渊父子据太原举兵反隋。当时温大雅、彦博兄弟,一在太原被李渊用为记室(即秘书),一在幽州罗艺总管府中任司马,故在罗艺归国过程中起着重要作用。
② 《考异》即司马光所:《资治通鉴考异》。司马光编纂《资治通鉴》,复为《资治通鉴考异》以辨证谬误,说明编撰《资治通鉴》时史料取舍缘由,别为一书即《资治通鉴考异》,简称《考异》。元朝学者胡三省著《资治通鉴音注》,始将其散注在正文之下。

［隋恭帝］义宁二年（即唐武德元年，公元618年）二月，涿郡太守［罗］艺与渔阳、上谷、北平、柳城等郡诸官民，遣使送款。先是平原贼窦建德，聚众数万人充斥河右、渤海、高阳等郡，大将军府使人张道源所定赵郡、襄国、武安、清河等郡，至是并陷于贼。道源亦随而没焉。建德遂僭称王，自号夏国①。

——温大雅：《大唐创业起居注》卷三。

燕公罗艺封燕郡王赐姓上籍宗正诏：昭德以爵，前王令范，功懋懋赏，有国遗训。使持节幽州总管、上柱国、燕公［罗］艺，早悟机权，夙展诚节，革运之始，立功燕、代，镇守边要，驭控遐荒，忠绩既宣，宜加宠昵。可赐姓李氏，上籍宗正，封燕郡王，食五千户②。

——《全唐文》卷一《燕公罗艺封燕郡王赐姓上籍宗正诏》。

（2）玄武门之变和罗艺集团的覆灭

武德九年（626年）六月庚申，秦王［李世民］以皇太子［李］建成与齐王［李］元吉同谋害己，率兵诛之。诏立秦王［李世民］为皇太子，继统万机，大赦天下。八月癸亥，诏传位于皇太子。尊帝（按：唐高祖李渊）为太上皇。

——《旧唐书》卷一《高祖纪》。

［武德］九年（626年），皇太子［李］建成、齐王［李］元吉谋害太宗（按：即李世民，时为秦王）。六月四日，太宗率长孙无忌、尉迟敬德、房玄龄、杜如晦、宇文士及、高士廉、侯君集、程知节、秦叔宝、段志玄、屈突通、张士贵等于玄武门诛之。甲子，立为皇太子，庶政皆断决。

——《旧唐书》卷二《太宗纪》。

---

① 罗艺归唐，《旧唐书·罗艺传》记载为武德三年（620年），同书《高祖纪》记载为武德二年（619年）十月。温大雅：《大唐创业起居注》记载为武德元年（618年）二月。温大雅亲身参与李渊太原举义和唐朝政权的建立，对经历的史事记载甚详，故宋朝司马光编《资治通鉴》取其说，将此事记在武德元年（618年）二月之下。简而言之，炀帝遇弑在大业十四年即隋恭帝义宁二年（618年）五月，当年二月李渊尚遥尊炀帝为太上皇，奉炀帝之孙代王杨侑为恭帝，自己则为大都督内外诸军事、大丞相，进封唐王。故张道源被称为大将军使人，而罗艺与渔阳、北平、上谷等郡遣使送款归唐，即在此时。三月炀帝在江都被杀，五月李渊废隋恭帝而即帝位，国号唐。因此，罗艺归唐是在唐朝建立数月之前。至于窦建德僭称长乐王，则早在大业十三年即隋恭帝义宁元年（617年）见《旧唐书》本传；自号夏国则晚在唐武德三年（620年），见《旧唐书·高祖纪》，均不是武德元年（618年）事，此为温大雅误记。
② 《旧唐书·罗艺传》称罗艺归唐和赐姓、封燕郡王均在武德三年（620年），前已辨之有误。从唐高祖李渊此诏中"早悟机权，夙展诚节，革运之始，立功燕、代"一语中亦可见罗艺归唐是在唐朝立国之际。但本传所记也并非全错，该诏可证其赐姓、封王确实是在武德三年，时李渊已即帝位，故得称诏。六年（623年），刘黑闼引突厥入寇，罗艺复将兵与太子李建成会于洺州，因请入朝。自此，罗艺就成为唐朝皇室斗争中的太子李建成一党。

[唐高祖]武德九年（626年）六月己未，[李]世民密奏[李]建成、[李]元吉淫乱后宫，且曰："臣于兄弟无丝毫负，今欲杀臣，似为[王]世充、[窦]建德报仇。臣今枉死，永违君亲，魂归地下，实耻见诸贼！"上（高祖李渊）省之，愕然，报曰："明当鞫问，汝宜早参。"庚申，[李]世民率长孙无忌等入，伏兵于玄武门。张婕妤窃知[李]世民[上]表意，驰语建成。建成召元吉谋之，元吉曰："宜勒宫府兵①，托疾不朝，以观形势。"建成曰："兵备已严，当与弟入参，自问消息。"乃俱入，趣玄武门。上时已召裴寂、萧瑀、陈叔达等，欲按其事。

建成、元吉至临湖殿，觉变，即跋马②东归宫府。世民从而呼之，元吉张弓射世民，再三不彀，世民射建成，杀之。尉迟敬德将七十骑继至，左右射元吉坠马。世民马逸入林下，为木枝所絓，坠不能起。元吉遽至，夺弓将扼之，敬德跃马叱之。元吉步欲趣武德殿，敬德追射，杀之。翊卫车骑将军③冯翊冯立闻建成死，叹曰："岂有生获其恩而死逃其难乎！"乃与副护军薛万彻、屈咥直府左车骑万年谢叔方帅东宫、齐府精兵二千驰趣玄武门。张公谨多力，独闭关以拒之，不得入。云麾将军敬君弘掌宿卫兵，屯玄武门，挺身出战，所亲止之曰："是未可知，且徐观变，俟兵集，成列而战，未晚也。"君弘不从，与中郎将吕世衡大呼而进，皆死之。君弘，[北齐尚书右仆射]敬显儁之曾孙也。守门兵与万彻等力战良久，万彻鼓噪欲攻秦[王]府，将士大惧；尉迟敬德持建成、元吉首示之，宫府兵遂溃。[薛]万彻与数十骑亡入终南山。冯力既杀敬君弘，谓其徒曰："亦足以少报太子矣！"遂解兵，逃于野。

上（高祖李渊）方泛舟海池④[李]世使尉迟敬德入宿卫，敬德擐甲持矛，直至上所。上大惊，问曰："今日乱者谁耶？卿来此何为？"对曰："秦王[李世民]以太子[李建成]、齐王[李元吉]作乱，举兵诛之，恐惊动陛下，遣臣宿卫。"上谓裴寂等曰："不图今日乃见此事，当如之何？"萧瑀、陈叔达曰："建成、元吉不预义谋（按：指晋阳举兵反隋事），又无功于天下，疾秦王功高望重，共为奸谋。今秦王已讨而诛之，秦王功盖宇宙，率土归心，陛下若处以元良（元良即太子位）委之国事，无复事矣！"上曰："善！此吾之夙心也。"时宿卫及秦府兵与二宫左右战犹未已，敬德请降手敕，令诸军并受秦王处分，上从之。天策府司马宇文士及自[太极殿]东上阁门出宣敕，众然后定。上又使黄门侍郎裴矩至东宫晓喻诸将卒，皆罢散。上乃召世民，抚之曰："近日以来，几有投杼之惑。"世民跪而吮上乳，号恸久之。

[李]建成子安陆王[李]承道、河东王[李]承德、武安王[李]承训、汝南王[李]承明、钜鹿王[李]承义，[李]元吉子梁郡王[李]承业、渔阳王[李]

---

① 指皇太子李建成的东宫兵和李元吉自己的齐王府兵。
② 即掉转马首。
③ 胡三省注云："太子左右率府所领，亦有亲、勋、翊三卫府。"
④ 胡三省注云："《阁本太极宫图》：太极宫中凡有三海池，东海池在玄武门内之东，近凝云阁；北海池在玄武门内之西；又南有南海池，近咸池殿。"

承鸾、普安王［李］承奖、江夏王［李］承裕、义阳王［李］承度皆坐诛，仍绝属籍。

初，建成许元吉以正位之后，立为太弟，故元吉为之尽死。诸将欲尽诛建成、元吉左右百餘人，籍没其家，尉迟敬德固争之曰："罪在二凶，既伏其诛；若及支党，非所以求安也！"乃止。是日，下诏，赦天下。凶逆之罪，至于建成、元吉，自餘党与，一无所问。其僧、尼、道士、女冠并宜依旧①。国家庶事，皆取秦王处分。

辛酉，冯立、谢叔方皆自出；薛万彻亡匿，世民屡使谕之，乃出。世民曰："此皆忠于所事，义士也。"释之。

癸亥，立世民为皇太子。又诏："自今军国庶事，无大小悉委太子处决，然后奏闻。"

……

辛巳，幽州大都督庐江王［李］瑗反，右领军王君廓杀之，传首。

——《资治通鉴》卷一百九十一唐纪七高祖武德九年。

长孙无忌字辅机，河南洛阳人……父［长孙］晟，隋右骁卫将军。

［长孙］无忌贵戚好学，该博文史，性通悟，有筹略。［太宗李世民］文德皇后即其妹也。少与太宗友善，义军渡河②，［长孙］无忌至长春宫谒见，授渭北道行军典签。常从太宗征讨，累除比部郎中，封上党县公。武德九年（626年）隐太子建成、齐王元吉将害太宗，［长孙］无忌请太宗先发诛之。于是奉旨密召房玄龄、杜如晦等共为筹略。六月四日，［长孙］无忌与尉迟敬德、侯君集、张公谨、刘师立、公孙武达、独孤彦云、杜君绰、郑仁泰、李孟尝等九人，入玄武门讨建成、元吉，平之。太宗升春宫，授太子左庶子。及［太宗］即位（627年），迁左武侯大将军。

——《旧唐书》卷六十五《长孙无忌传》。

尉迟敬德，朔州善阳人。大业末从军于高阳，讨捕群贼，以武勇称，累授朝散大夫。刘武周起③，以为偏将……武德三年（620年）太宗讨武周于柏壁……［尉迟敬德］城守介休。太宗遣任城王［李］道宗、宇文士及往谕之，［尉迟］敬德与寻

---

① 《旧唐书·高祖纪》："武德九年五月辛巳，以京师寺观不甚洁净，诏曰：……诸僧、尼、道士、女冠等，有精勤练行、守戒律者，并令大寺观居住，给衣食，勿令乏短。其不能精进、戒行有阙、不堪供养者，并令罢遣，各还桑梓。所司明为条式，务依法教，违制之事，悉宜停断。京城留寺三所，观二所。其余天下诸州，各留一所。余悉罢之。"六月玄武门事变后，此诏不行，仍复旧规，以示崇拜神明也。

② 《旧唐书·高祖纪》记载：隋大业十三年五月李渊据太原举事，七月西图关中，九月渡河占据河东，庚申，高祖率军济河，舍于长春宫。长孙无忌投奔李渊父子即在此时。

③ 《旧唐书·高祖纪》记载："大业十三年（617年）马邑校尉刘武周据汾阳宫反。"武德三年（620年）四月，刘武周被秦王李世民所破，奔于突厥；七月，被突厥所杀。

相举城来降。太宗大悦,赐以曲宴,引为右一府统军,从击王世充于东都(今洛阳)①。既而寻相与武周下降将皆叛,诸将疑[尉迟]敬德必叛,因于军中……[太宗]遽命释之,引入卧内,赐以金宝……此后,恩眄日隆。[复从太宗讨窦建德、刘黑闼、徐圆朗]累有战功,授秦王府左二副护军。

[隐太子]建成、巢剌王元吉②将谋害太宗,密致书以招[尉迟]敬德,[被尉迟敬德所拒],建成怒,是后遂绝……元吉乃谮[尉迟]敬德于高祖,下诏狱讯验,将杀之,太宗固谏得释。

会突厥侵扰乌城,[李]建成举[李]元吉为将,密谋请太宗同送于昆明池,将加屠害。[尉迟]敬德闻其谋,与长孙无忌遽启太宗……太宗犹豫未决……[尉迟]敬德又与侯君集日夜进劝,然后计定……六月四日,建成既死,[尉迟]敬德领七十骑蹑踵继至,元吉走马东奔,左右射之坠马。太宗所乘马又逸于林下,横被所缲,坠不能兴。元吉遽来夺弓,垂欲相扼,[尉迟]敬德跃马叱之,于是步走欲归武德殿,[尉迟]敬德奔逐射杀之。其宫、府诸将③薛万彻、谢叔方、冯立等率兵大至,屯于玄武门,杀屯营将军。[尉迟]敬德持建成、元吉首以示之,宫、府兵遂散。是时,高祖泛舟于海池。太宗命[尉迟]敬德侍卫高祖。[尉迟]敬德擐甲持矛,直至高祖所。高祖大惊,问曰:"今日作乱是谁?卿来此何也?"对曰:"秦王以太子、齐王作乱,举兵诛之,恐陛下惊动,遣臣来宿卫。"高祖意乃安。南衙、北门兵马及二宫左右④犹相拒战,[尉迟]敬德奏请降手敕,令诸军兵并受秦王处分,于是内外遂定……及论功,[尉迟]敬德与长孙无忌为第一。

——《旧唐书》卷六十八《尉迟敬德传》。

张公谨字弘慎,魏州繁水人也……武德元年(618年)与王世充所署洧州刺史崔枢以州城归国,授邹州别驾,累除右武候长史。初未知名,李勣骤荐于太宗[李世民],尉迟敬德亦言之,乃引入幕府……[武德九年,公元626年]六月四日,[张]

---

① 《隋书·王世充传》记载:王世充本西域人,隋文帝开皇中由左翊卫迁兵部员外。隋炀帝时迁为江都郡丞,领江都宫监。大业八年(612年)隋乱,王世充阴结豪杰,扩充势力。大业十年(614年)以后,奉炀帝之命,镇压各地农民军。大业十二年(616年)炀帝避往江都。王世充奉越王杨侗(按:即元德太子之子)守东都洛阳。大业十四年(618年)炀帝遇弑于江都。王世充起初与隋臣元文都等奉越王杨侗为帝,及破李密以后,势力东达于海,南达于江,于是为太尉。唐武德二年(619年)王世充自称相国,随即皇帝位,国号郑,建元开明。唐武德三年(620年)唐高祖李渊派秦王李世民率军伐王世充。武德四年(621年)唐军破来援的窦建德军于武牢,俘窦建德。王世充部下皆无斗志,只好出降,押解到长安,被杀。
② 李建成原为皇太子,李元吉原封齐王。《旧唐书·高祖二十二子传》载:玄武门事变后,太宗即位,追封李建成为息王,谥曰隐。贞观十六年(642年)五月,又追赠皇太子,谥仍依旧。同时,追封李元吉为海陵郡王,谥曰剌。贞观十六年,又追封巢王,谥如故。
③ 即太子李建成的东宫和李元吉的齐王府诸将。
④ 玄武门是宫城北门,北门兵即玄武门宿卫兵,屯卫将军敬君弘等亦李世民一党。南衙指皇城内与北面皇帝所居宫城相对的中书等三省衙门。《旧唐书·太宗纪》载:武德八年(625年)李世民加中书令。因此,南衙兵马即李世民部下兵马。二宫兵即前言之宫府兵,李建成、李元吉部下兵马。

公谨与长孙无忌等九人伏于玄武门以俟变。及斩建成、元吉，其党来攻玄武门，兵锋甚盛。［张］公谨有勇力，独闭关以拒之。以功累授左武候将军，封定远郡公，赐实封一千户。

——《旧唐书》卷六十八《张公谨传》。

张公谨倜傥好奇略，太宗引入幕府。时太宗功德甚隆，每为［李］建成、元吉所潜毁，因招［张］公谨访以自安之术，对甚合旨，未见亲遇。及［李］建成将为乱，［张］公谨与长孙无忌等九人奉太宗于玄武门以讨乱。其党来犯玄武门，［张］公谨闭门以拒之。以功累转右武候将军，封定远县公，邑二千户，别食一千户。

——《册府元龟》卷七百一十五《宫臣部·忠于所事》。

敬君弘，绛州太平人也……武德中，为骠骑将军，封黔昌县侯，掌屯营兵于玄武门，加授云麾将军。隐太子［李］建成之诛也，其余党冯立、谢叔方率兵犯玄武门，［敬］君弘挺身出战，其所亲止之曰："事未可知，当且观其变，待兵集，成列而战，未晚也。"［敬］君弘不从，乃与中郎将吕世衡大呼而进，并遇害。

——《旧唐书》卷一百八十七上《敬君弘传》。

裴矩字弘大，河东闻喜人……［在隋，为炀帝所亲信］，宇文化及弑逆，署为尚书右仆射。化及败，窦建德复以为尚书右仆射，令专掌选事……及建德败，［裴］矩与伪将曹旦及建德之妻赍传国八玺，举山东之地来降，封安邑县公。

［唐高祖］武德五年（622年）拜太子左庶子。俄迁太子詹事……八年（625年），兼检校侍中。及［武德九年，公元626年］太子建成被诛，其馀党尚保宫城，欲与秦王决战，王遣［裴］矩晓谕之，宫兵乃散。寻迁民部尚书。［裴］矩年且八十，而精爽不衰，以晓习故事，甚见推重……贞观元年（627年）卒

——《旧唐书》卷六十三《裴矩传》。

冯立，同州冯翊人也。有武艺，略涉书记。隐太子［李］建成引为翊卫车骑将军，托以心膂。建成被诛，其左右多逃散，［冯］立叹曰："岂有生受其恩而死逃其难！"于是率兵犯玄武门，苦战久之，杀屯营将军敬君弘，谓其徒曰："微以报太子矣！"遂解兵遁于野。俄而来请罪，太宗数之曰："汝在东宫，潜为间构，阻我骨肉，汝罪一也。昨日复出兵来战，杀伤我将士，汝罪二也。何以逃死！"对曰："出身事主，期之效命，当职之日，无所顾惮。"因伏地歔欷，悲不自胜。太宗慰勉之。［冯］立归，谓所亲曰："逢莫大之恩，幸而获济，终当以死奉答。"未幾，突厥至便桥（按：

渭水便桥）①，[冯]立率数百骑与虏战于咸阳，杀获甚众。

——《旧唐书》卷一百八十七上《冯立传》。

谢叔方，雍州万年人也。初从巢剌王元吉征讨，数有战功，元吉奏授屈咥直府左军骑。太宗诛隐太子及元吉于玄武门，[谢]叔方率府兵与冯立合军，拒战于北阙之下，杀敬君弘、吕世衡。太宗兵不振，秦府护军尉迟敬德传元吉首以示之，[谢]叔方下马号哭而遁。明日出首，太宗曰："义士也！"命释之。

——《旧唐书》卷一百八十七上《谢叔方传》。

薛万彻，雍州咸阳人，自敦煌徙焉，隋左御卫大将军[薛]世雄子也……及[武德五年，公元622年]太宗平刘黑闼，引[其弟薛]万均为右二护军，恩顾甚至。隐太子建成又引[薛]万彻置于左右。建成被诛，[薛]万彻率宫兵战于玄武门，鼓噪欲入秦王府，将士大惧。及枭建成首示之，[薛]万彻与数十骑亡于终南山。太宗累遣使谕意，[薛]万彻释杖而来，太宗以其忠于所事，不之罪也……贞观十八年（644年），授左武卫将军，尚丹阳公主，拜驸马都尉……太宗尝召司徒长孙无忌等十余人宴于丹霄殿，各赐以貘皮，万彻预焉。太宗意在赐万彻，而误呼[薛]万均，因怆然曰："万均朕之勋旧，不幸早亡，不觉呼名，岂其魂灵欲朕之赐也。"因令取貘皮，呼[薛]万均以同赐而焚之于前，侍坐者无不感叹②。

贞观二十二年（648年），万彻又为青丘道行军大总管，率甲士三万自莱州泛海伐高丽，入鸭绿水，百余里至泊汋城，高丽震惧，多弃城而遁……[唐兵]进围泊汋城，其城因山设险，阻鸭绿水以为固，攻之未拔。

——《旧唐书》卷六十九《薛万彻传》。

薛万均，贞观中为右屯卫大将军③。太宗幸芙蓉园，[薛]万均屏人不尽，以之属吏。[薛]万均服石乳，及忧愤发疾，会将虑过，遂卒于东堂。

——《册府元龟》卷九百九《总录部·忧惧》。

---

① 《旧唐书·太宗纪》记载：太宗李世民杀其兄太子建成、弟齐王元吉于武德九年（626年）六月四日，即玄武门之变；随即立为太子。八月癸亥，即位为皇帝；癸未，突厥颉利可汗至于渭水便桥。其间只隔不到20天。

② 武德五年（622年）秦王李世民与罗艺合军，破刘黑闼于洺水。刘黑闼率残部北奔突厥。六月，刘黑闼借兵于突厥，先后进据山东、河北诸城，屡败唐军，旬日之间刘黑闼恢复旧有之地，复都于洺州。六年（623年）唐朝遣齐王李元吉、太子李建成与罗艺合军，击败刘黑闼于魏州馆陶。刘黑闼被俘，杀于洺州。罗艺因从太子李建成入朝。由此观之，薛万均投李世民当在五年，而薛万彻依太子一党，则在六年与罗艺同从太子李建成入朝之时。故万均为太宗勋旧，而万彻随罗艺为隐太子建成忠臣。亦无怪乎太子建成被杀，秦王李世民即位，罗艺即反。

③ 《旧唐书·薛万彻传》、《新唐书·薛万均传》均载薛万均为左屯卫大将军。

贞观中，帝幸芙蓉园，［薛万均］坐清宫不谨下狱，忧愤卒。帝惊悼，为举哀，诏陪葬昭陵。

——《新唐书》卷九十四《薛万均传》。

薛万彻，为车骑将军，封武安县公，隐太子［李］建成引置左右。［李］建成被诛，［薛］万彻率宫兵战于玄武门，鼓噪欲入秦府（按：李世民府），将士大惧。乃以［李］建成首示之，［薛］万彻以十余骑亡于终南山。太宗累遣使谕意，［薛］万彻释杖而来，太宗以其忠于所事，不之罪也。

——《册府元龟》卷七百一十五《宫臣部·忠于所事》。

唐薛万彻为右领军，镇黄龙（今辽宁朝阳），后坐擅将兵出境，被征入朝。

——《册府元龟》卷四百三十九《将帅部·擅命》。

薛万彻为青丘道将军，伐高丽。在军中与副将裴行方不协。贞观二十三年（649年），有人上书告［薛］万彻有怨望之词，于是廷辩曲直。［薛］万彻辞屈，乃除名流于蒙州。

——《册府元龟》卷四百五十六《将帅部·不和》。

唐高宗永徽四年（653年）春正月丙子，新除房州刺史、驸马都尉房遗爱，司徒、秦州刺史、荆王［李］元景，司空、安州刺史、吴王［李］恪，宁州刺史、驸马都尉薛万彻，岚州刺史、驸马都尉柴令武谋反。二月乙酉，遗爱、万彻、令武等并伏诛。

——《旧唐书》卷四《高宗纪上》。

薛万彻为宁州刺史，［高宗永徽二年（651年）］坐房遗爱（按：房玄龄之子，谋立荆王，被诛）同谋，伏罪。临刑大言曰："薛万彻健儿也，留为国家效死。万彻岂得坐房遗爱而杀之乎！"遂解衣谓监刑者疾斫。执刀者斩之不殊。［薛］万彻叱之："因何不加力！"三刀乃绝①。

——《册府元龟》卷八百七十七《总录部·刚》。

武德七年（624年）六月，［太子］建成擅募长安及四方骁勇二千余人为东宫（按：太子居所）卫士，分屯左、右长林，号长林兵。又密使右虞候率可达志从燕王李艺（按：即罗艺）发幽州突骑三百，置宫东诸坊，欲以补东宫长上。为人所告，上（按：唐高祖李渊）召建成责之，流可达志于巂州。

——《资治通鉴》卷一百九十一　唐纪七　高祖武德七年六月。

---

① 《旧唐书·薛万彻传》载此。

武德八年六月丙子，遣燕郡王李艺屯华亭县及弹筝峡，水部郎中姜行本断石岭道以备突厥。

——《资治通鉴》卷一百九十一　唐纪七　高祖武德八年六月。

［唐太宗］贞观元年正月辛丑，天节将军燕郡王李艺居泾州反。

——《资治通鉴》卷一百九十二　唐纪八　太宗贞观元年正月。

［唐太宗］贞观元年正月辛丑，燕郡王李艺据泾州反，寻为左右所斩，传首京师。

——《旧唐书》卷二《太宗纪上》。

［唐武德六年（623年）罗艺从皇太子李建成平刘黑闼之后，率幽州兵马从李建成入朝。］自以功高位重，无以降下，太宗［李世民］左右尝至其营，［罗］艺无故殴击之。高祖［李渊］怒，以属吏，久而乃释，待之如初。时突厥屡为寇患，以［罗］艺素有威名，为北夷所惮，令以本官领天节军将镇泾州（今甘肃泾川北）。

［武德九年（626年）玄武门事变后］太宗即位，拜［罗艺］开府仪同三司，而［罗］艺惧不自安，遂于泾州诈言阅武，因追兵，矫称奉密诏勒兵入朝，率众军至于豳州（今陕西彬县）……入据豳州。太宗［李世民］命吏部尚书长孙无忌、右武候大将军尉迟敬德率众讨［罗］艺……［罗］艺大溃，弃妻子，与数百骑奔于突厥。至宁州界，过乌氏驿，从者渐散，其左右斩［罗］艺，传首京师，枭之于市。

——《旧唐书》卷五十六《罗艺传》。

（3）唐太宗李世民对幽州（治今北京）地区的控制

庐江王［李］瑗，高祖［李渊］从父子也[①]……武德元年（618年）历信州总管，封庐江王。九年（626年）累迁幽州（治今北京）大都督。朝廷以［李］瑗懦愞，非边将才，遣右领军将军王君廓助典兵事。［王］君廓故尝为盗，勇力绝人，［李］瑗依仗之，许结婚姻，以布心腹。

时隐太子［李］建成将有异图，外结于［李］瑗。及［李］建成诛死，遣通事舍人崔敦礼召［李］瑗入朝，［李］瑗有惧色。［王］君廓素险薄，欲因事陷之以为己功，遂绐［李］瑗曰："京都有变，事未可知。大王国之懿亲，受委作镇，宁得拥兵数万而从一使召耶！且闻赵郡王先已被拘，太子、齐王又言若此，大王今去，能自保乎？"相与共泣。［李］瑗乃囚敦礼，举兵反。召北燕州刺史王诜，将与计事，兵曹参军王利涉说［李］瑗曰："王不奉诏而擅发兵，此为反矣。须改易法度，以

---

① 从父，指父亲的兄弟。从父子即叔伯兄弟。

权宜应变,先定众心。今诸州刺史或有逆命,王征兵不集,何以保全?"[李]瑗曰:"若之何?"[王]利涉曰:"山东之地先从窦建德,酋豪首领皆是伪官,今并黜之,退居匹庶,此人思乱,若旱苗之望雨。王宜发使复其旧职,各于所在遣募本兵,诸州倘有不从,即委随便戮之。此计若行,河北之地可呼吸而定也。然后分遣王诜北连突厥,道自太原,南临蒲、绛;大王整驾亲诣洛阳,西入潼关,两军合势,不盈旬月,天下可定矣。"[李]瑗从之。

[李]瑗以内外机务悉付[王]君廓。[王]利涉以君廓多翻覆,又说[李]瑗委兵于王诜而除[王]君廓,[李]瑗不能决。[王]君廓知之,驰斩[王]诜,持首告其众曰:"李瑗与王诜共反,禁锢敕使,擅追兵集。今王诜已斩,独李瑗在,无能为也。汝若从之,终亦族灭;从我取之,立得富贵。祸福如是,意欲何从?"众曰:"皆愿讨贼。"[王]君廓领其麾下登城(按:即幽州蓟城,今北京)西面,[李]瑗未之觉。[王]君廓自领千余人先往狱中出敦礼,[李]瑗始知之,遽领数百人披甲,才出至门外,与[王]君廓相遇。[王]君廓谓其众曰:"李瑗作逆误人,何忽从之,自取涂炭。"众皆倒戈,一时溃走。[李]瑗块然独存,谓[王]君廓曰:"小人卖我以自媚,汝行当自及矣。"[王]君廓擒[李]瑗,缢杀之①,年四十一,传首京师,绝其属籍。

——《旧唐书》卷六十《庐江王瑗传》。

武德九年六月辛巳,幽州大都督庐江王[李]瑗反,右领军王君廓杀之,传首。初,上(唐高祖李渊)以[李]瑗懦怯非将帅才,使[右领军将军]王君廓佐之。君廓故群盗,勇悍险诈,[李]瑗推心依仗之,许为婚姻。太子建成谋害秦王[李世民],密与[李]瑗相结。建成死,诏遣通事舍人崔敦礼驰驿召[李]瑗。[李]瑗心不自安,谋于[王]君廓。[王]君廓欲取[李]瑗以为功,乃说曰:"大王若如,必无全理。今拥兵数万,奈何受单使之召,自投罔罟乎!"因相与泣。[李]瑗曰:"我今以命托公,举事决矣。"乃劫敦礼,问以京师机事;敦礼不屈,[李]瑗囚之。发驿征兵,且召燕州刺史王诜②赴蓟(今北京),与之计事。兵曹参军王利涉说[李]瑗曰:"王君廓反覆,不可委以机柄,宜早除去,以王诜代之。"[李]瑗不能决。[王]君廓知之,往见[王]诜,[王]诜方沐,握发而出,君廓手斩之,持其首告众曰:"李瑗与王诜同反,囚执敕使,擅自征兵。今[王]诜已诛,独有李瑗,无能为也。汝宁随[李]瑗族灭乎,欲从我以取富贵乎?"

---

① 缢杀即以绳勒杀。王君廓先伪言煽动李瑗反,复又出卖李瑗以立平定之功,惧李瑗到长安后说出其起初煽动情节,故擅杀之。

② 胡三省注云:"隋于营州之境汝罗故城(今辽宁义县东南)置辽西郡,武德元年曰燕州。六年,自营州迁于幽州城中,又于怀戎置北燕州。武德六年,李艺(即罗艺)自幽州入朝,王诜为长史,实掌州事,幽州之人素信服之。[李]瑗欲反,故召之与计事。"按:当时燕州衙署即在幽州城内。

众皆曰："愿从公讨贼。"［王］君廓乃率其麾下千余人，踰西城而入，［李］瑗不之觉；［王］君廓入狱出［崔］敦礼，［李］瑗始知之，遽帅左右数百人被甲而出，遇［王］君廓于门外。君廓谓［李］瑗众曰："李瑗为逆，汝何为随之入汤火乎！"众皆弃兵而溃。唯［李］瑗独存，骂［王］君廓曰："小人卖我，行自及矣！"随执［李］瑗，缢之。壬午，以王君廓为左领军大将军、兼幽州都督，以［李］瑗家口赐之。

——《资治通鉴》卷一百九十一唐纪七高祖武德九年。

崔敦礼，雍州咸阳人……武德中，拜通事舍人。九年（626年）［玄武门事变后］，太宗使敦礼往幽州（今北京）召庐江王瑗。瑗举兵反，执敦礼，问京师之事，敦礼竟无异词。太宗闻而壮之，迁左卫郎将，赐以良马及黄金杂物。

——《旧唐书》卷八十一《崔敦礼传》。

王君廓，并州石艾人也。少亡命为群盗，聚徒千馀人，转掠长平，进逼夏县，李密遣使召之，遂投于［李］密。寻又率众归国，历迁右武卫将军，累封彭国公。从平刘黑闼，令镇幽州（治今北京）①。会突厥入寇，［王］君廓邀击破之，俘斩二千余人，获马五千匹。高祖大悦，征入朝，赐以御马，领于殿庭，乘之而出……复赐锦袍金带，还镇幽州。寻以诛［李］瑗功，拜左领军大将军、兼幽州都督，以［李］瑗家口赐之，加左光禄大夫，赐物千段，食实封千三百户。在职多纵逸，长史李玄道数以朝宪胁之，惧为所奏，殊不自安。后追入朝，行至渭南，杀驿吏而遁。将奔突厥，为野人所杀，追削其封邑。

——《旧唐书》卷六十《庐江王瑗传》附君廓传。

王及善，洺州邯郸人也……父［王］君愕。隋大业末，并州人王君廓掠邯郸，［王］君愕往说［王］君廓曰："方今万乘失御，英雄竞起，诚宜抚纳遗甿，保全形胜，按甲以观时变，拥众而归真主，此富贵可图也。今足下居无尺土之地，守无兼旬之粮，恣行残忍，所过攘夺，窃为足下寒心矣。"［王］君廓曰："计将安出？"［王］君愕为陈井陉之险，可先往据之。［王］君廓从其言，乃屯井陉山。岁馀，会义师（指李渊军）入定关中，乃与［王］君廓率所部万馀人来降，拜大将军②。

——《旧唐书》卷九十《王及善传》。

---

① 唐平刘黑闼有三次，一是武德四年淮安王李神通与罗艺合兵，被刘黑闼击败于藁城。一是武德五年（622年）秦王李世民与幽州总管罗艺大破之，刘黑闼奔于突厥；另一次是武德六年（623年）太子李建成、齐王李元吉会罗艺军击灭刘黑闼于馆陶。战事之后，罗艺率薛万彻等从太子入朝，幽州无守官。因此，王君廓"从平刘黑闼，令镇幽州"，当在六年。九年（626年），李瑗始得为幽州大都督，时王君廓当已在幽州。

② 《册府元龟·总录部·游说六》所载与此同。

王君廓本太原人，后徙家于井陉。少孤贫无行，以驱侩为业，善行偷盗，尝所赍器，内有逆须，制同鱼笙，才容人头，于日晚时，市人将散，见鬻缯者，君廓以竹器自后笼其头，逆须为碍，不可得脱，乃夺缯而去。物主不之识，竟以获免，其诡谲多类此。

——《册府元龟》卷九百三十《总录部·寇窃》。

王君廓〔武德时〕为右领军，镇幽州。会突厥入寇，〔王〕君廓邀击，破之，俘斩二千馀人，获马二十匹。高祖〔李渊〕闻而大悦。

——《册府元龟》卷三百八十四《将帅部·褒异十》。

唐太宗贞观元年（627年）九月辛未，幽州都督王君廓谋叛，道死。

君廓在州骄纵多不法，征入朝。长史李玄道，〔中书令〕房玄龄〔是其〕从甥也，凭君廓附书，君廓私发之，不识草书，疑其告己罪；行至渭南（按：在长安东115里），杀驿吏而逃，将奔突厥，为野人（按：即村野之人）所杀。

——《资治通鉴》卷一百九十二　唐纪八　太宗贞观元年九月。

李玄道者，本陇西人也，世居郑州，为山东冠族……玄道仕隋为齐王府属。李密据洛口，引为记室。及〔李〕密①破，为王世充所执……释缚以为著作佐郎。

东都平②，太宗召为秦王府主簿，文学馆学士。贞观元年（627年），累迁给事中，封姑臧县男。时王君廓为幽州都督，朝廷以其武将不习时事，拜玄道为幽州长史，以维持府事。君廓在州屡为非法，玄道数议裁之。尝又遗玄道一婢，玄道问婢所由，云本良家子，为君廓所掠，玄道因放遣之，君廓甚不悦。后遇君廓入朝，房玄龄即玄道之从甥也③，玄道附书，君廓私发，不识草字，疑其谋己，惧而奔叛，玄道坐流巂州。未几征还，为常州刺史……三年（629年）表请致仕，加银青光禄大夫，以禄归第，寻卒。

---

① 《旧唐书·李密传》记载：李密字玄邃，本辽东襄平人……徙为京兆长安人，〔父、祖在隋皆知名当代〕……〔杨玄感倾心结托。大业九年（613年）六月，杨玄感反于黎阳，以李密为谋主。李密劝杨玄感占领蓟城（今北京），说："今天子出征，远在辽外，地去幽州（治蓟城，今北京），悬隔千里；南有巨海之限，北有胡戎之患，中间一道，理极艰危。今公拥兵出其不意，长驱入蓟（今北京），直扼其喉。前有高丽，退无归路，不过旬朔，赍粮必尽。举麾一召，其众自降，不战而擒，此计之上也。"玄感不从。八月，杨玄感败死。李密辗转逃亡，投奔翟让。大业十三年（617年）李密与翟让占据兴洛仓，城洛口。及唐武德元年（618年）十月，李密为王世充所败，率部投奔唐朝李渊。十二月，复叛，被杀。
② 武德四年（621年）秦王李世民围王世充所据东都洛阳，破窦建德援兵于武牢，俘窦建德，杀之。五月，王世充被迫出降，东都平。
③ 《旧唐书·李玄道传》云："房玄龄即玄道之从甥也。"《资治通鉴》'贞观元年'云："长史李玄道，房玄龄从甥也。"考：李玄道贞观三年（629年）表请致仕，而房玄龄卒于贞观二十二年（648年），年七十；贞观三年（629年）时年五十岁。古人七十致仕，故玄道长于房龄20岁，当以《旧唐书·李玄道传》所记为是。

——《旧唐书》卷七十二《李玄道传》。

蒋俨，常州义兴人。贞观中，为右屯卫兵曹参军。太宗将征辽东，募使高丽使者，众皆畏惮，[蒋]俨谓人曰："主上雄略，华夷畏威，高丽小蕃，岂敢图其使者。纵其凌虐，亦是吾死所也。"遂请行。及至高丽，莫离之置于窟室，胁以兵刃，终不屈挠。会高丽败，得归，太宗奇之，拜朝散大夫。再迁幽州司马，以善政为巡察使刘祥道所荐，擢为会州刺史。

——《旧唐书》卷一百三十五上《良吏上》。

蒋俨为幽州司马，以善政为巡察使，刘祥道所荐。
——《册府元龟》卷六百七十七《牧守部·能政》。

崔干历宋、幽二州刺史，为下所怀。
——《册府元龟》卷六百七十七《牧守部·能政》。

二、北京地区唐代的社会、经济、文化

（1）区划、郡县、人口

自隋季丧乱，群盗初伏，权置州郡，倍于开皇、大业之间。[唐太宗]贞观元年（627年），悉令并省。始于山河形便，分为十道：一曰关内道，二曰河南道，三曰河东道，四曰河北道，五曰山南道，六曰陇右道，七曰淮南道，八曰江南道，九曰剑南道，十曰岭南道……[唐睿宗]景云二年（711年），分天下郡县，置二十四都督府以统之。议者以权重不便，寻亦罢之。

[唐玄宗]开元二十一年（733年），分天下为十五道，每道置采访使，检察非法，如汉刺史之职……又于边境置节度、经略使，式遏四夷。凡节度使十，经略守捉使三①。

范阳节度使，临制奚、契丹，统经略、威武、清夷、静塞、恒阳、北平、高阳、

---

① 《资治通鉴》唐玄宗天宝元年记载："是时，天下声教所被之州三百三十一，羁縻之州八百，置十节度、经略使以备边。"与此有异。

唐兴、横海等九军。

范阳节度使，理幽州（治今北京），管兵九万一千四百人，马六千五百匹，衣赐八十万匹段，军粮五十万石。经略军，在幽州城内（今北京），管军三万人，马五千四百匹。威武军，在檀州城内（今北京密云），管兵万人，马三百匹。清夷军，在妫州城内（今河北怀来东旧怀来县城），管兵万人，马三百匹。静塞军，在蓟州城内（今天津蓟县），管兵万六千人，马五百匹。恒阳军，在恒州城东（今河北正定），管兵三千五百人。北平军，在定州城西（今河北定州），管兵六千人。高阳军，在易州城内（今河北易县），管兵六千人。唐兴军，在莫州城内（今河北任丘市鄚州镇），管兵六千人。横海军，在沧州城内（今河北沧县旧州），管兵六千人。

平卢军节度使，镇抚室韦、靺鞨，统平卢、卢龙二军，榆关守捉，安东都护府。

平卢军节度使治，在营州（治今辽宁朝阳），管兵［三］万七千五百人①，马五千五百匹。平卢军，在营州城内（今辽宁朝阳），管兵万六千人，马四千二百匹。卢龙军，在平州城内（今河北卢龙），管兵万人，马三百匹。榆关守捉，在营州城西四百八十里（今河北抚宁榆关，即隋渝关），管兵三百，马百匹。安东都护府，在营州东二百七十里（今辽宁锦州），管兵八千五百人，马七百匹。

——《旧唐书》卷三十八《地理志一》。

河北道：

幽州大都督府（治今北京）隋为涿郡。[唐]武德元年（618年），改为幽州总管府，管幽（治今北京）、易（治今河北易县）、平（治今河北卢龙）、檀（治今北京密云）、燕（原寄治于辽宁朝阳）②、北燕（后改妫州，治今河北怀来旧怀来县城）、营（治今辽宁朝阳）、辽（治今辽宁辽阳，即隋辽东城）等八州。幽州领蓟（今北京）、良乡（今北京房山窦店镇）、潞（今北京通州东，河北三河城子村）、涿（今河北涿州）、固安（今河北固安）、雍奴（今天津武清境内）、安次（今河北廊坊西）、昌平（今北京昌平西南）等八县。二年（619年）又分潞县置玄州，领县一，隶总管。四年（621年），窦建德平，固安县属北义州。六年（623年），改总管为大总管，管三十九州。

---

① 《资治通鉴》唐玄宗天宝元年（742年）记载："平卢节度……治营州，兵三万七千五百人。"又，据本地理志所记，平卢军、卢龙军、榆关守捉、安东都护府四军合计之数，也应当是三万七千五百人。

② 《旧唐书·地理志二》记载："燕州 隋辽西郡，寄治于营州（今辽宁朝阳）。武德元年（618年），改为燕州总管府，领辽西（今辽宁朝阳）、泸河（今辽宁锦州）、怀远（今辽宁辽阳西北、辽河西岸）三县。其年，废泸河县。六年（623年）自营州南迁，寄治于幽州城内（今北京）。贞观元年（627年），废都督府，仍省怀远县。开元二十五年（737年），移治所于幽州北桃谷山（今北京昌平东南）。天宝元年（742年），改为归德郡。乾元元年（758年），复为燕州。旧领县一，无实土户。所领户出粟皆靺鞨别种，户五百。天宝，户二千四十五，口一万一千六百三。两京道里，与幽州同。"按：如此，燕州原寄治于今辽宁朝阳，后迁至今北京，再迁至今北京北桃谷山。《光绪昌平州志·山川记》载："桃谷水源在桃谷口内，南流迳西官庄西，左合（即东合）暴榆泉水，即白浪河。又东南流至小东流村西北，左合苏家口水。又南至蔺沟村西北，入芹城水。"桃谷水即今桃峪口沟，其西有桃林村，当即燕州在桃谷山治所遗址。西官庄、暴榆泉水、小东流村、蔺沟村等地，今名不变。

七年（624年），改为大都督府，又改涿县为范阳（今河北涿州）。九年（626年），改大都督府为都督，幽、易、景、营、东盐、沧、浦、蠡、北义、燕、营、辽、平、檀、玄、北燕等十七州①。[唐太宗]贞观元年（627年），废玄州，以渔阳、潞二县来属。又废北义州，以固安来属。八年（634年），又置归义县。都督幽、易、燕、北燕、平、檀六州。[唐高宗]乾封三年（668年），置无终县。[武则天]如意元年（692年），分置武隆县。[唐中宗]景龙三年（709年），分置三河县。[唐玄宗]开元十三年（725年），升为大都督府②。十八年（730年），割渔阳、玉田、三河置蓟州。天宝元年（742年），改范阳郡，属（误，当为"管"）范阳、上谷、妫川、密云、归德、渔阳、顺义、归化八郡（按：误，此八地属范阳郡，当为县）。[唐肃宗]乾元元年（758年），复为幽州。旧领县十：蓟、潞、雍奴、渔阳、良乡、固安、昌平、范阳、归义、[安次]也。户二万一千六百九十八，口十万二千七十九。天宝[年间]：县十，户六万七千二百四十二，口[三]十七万一千三百一十二。今领县九③。在京师（按：指长安，今西安）东北二千五百二十里，至东都（今洛阳）一千六百里。

蓟（今北京） 州所治。古之燕国都。汉为蓟县（今北京），属广阳国。晋置幽州，慕容俊称燕，皆治于此。自晋至隋，幽州刺史皆以蓟为治所。

幽都（今北京） 管郭下西界，与蓟分理。[唐德宗]建中二年（781年），取罗城内废燕州廨署，置幽都县，在府北一里。

广平（今北京西郊石景山、门头沟等地）[唐玄宗]天宝元年（742年），分蓟县置。三载（744年）复废。[唐肃宗]至德后，复分置。

潞（今北京通州） 后汉县，属渔阳郡，隋不改。[唐高祖]武德二年（619年），于县置玄州，仍置临洵县。玄州领潞（今北京通州）、临洵（今河北三河东南）、渔阳（今天津蓟县）、无终（今河北玉田）四县。[唐太宗]贞观元年（627年），废玄州，省临洵、无终二县，以潞、渔阳属幽州。

武清（今天津武清境内） 后汉雍奴县，属渔阳郡。历代不改。天宝元年（742年），改为武清。

永清（今河北永清）[武则天]如意元年（692年），分安次县置武隆县。[唐睿宗]景云元年（710年），改为会昌县。天宝元年（742年），改为永清。

安次（今河北廊坊西） 汉县，属渤海郡，至隋不改。隋属幽州。

良乡（今北京房山窦店镇） 汉县，属涿郡，至隋不改。

昌平（今北京昌平旧县） 后汉县，属广阳国，故城在今县东南。隋属涿郡。

---

① 所记只有16州，原书阙载。
② 《旧唐书·玄宗纪》：开元十三年（725年）春正月乙酉，以幽州都督府为大都督府。
③ 旧领、新领云云。旧领指唐太宗贞观十三年（639年）之数，新领指唐末昭宗景福二年（893年）以后之数。见翁俊雄：《唐初政区与人口》，北京师范学院出版社1990年。

涿州（治今河北涿州） 本幽州之范阳县。[唐代宗]大历四年（769年），幽州节度使朱希彩，奏请于范阳县置涿州，仍割幽州之范阳、归义、固安三县以隶涿，属幽州都督。州新置，未计户口帐簿。至京师二千四百里，至东都一千四百八十里。

范阳（今河北涿州） 汉涿郡之涿县也，郡所置。曹魏文帝改为范阳郡。晋为范阳国，后魏为范阳郡，隋为涿县。[唐高祖]武德七年（624年），改为范阳县。大历四年，复于县置涿州①。

新昌（今河北高碑店市新城东南，白沟河东） 汉县名，后废。大历四年，复析固安县置。

归义（今河北容城东北） 汉易县地，属涿郡。北齐省入鄚县。[唐高祖]武德五年（622年），于县置北义州。[唐太宗]贞观元年（627年），与州同省。八年（634年），复置，改属幽州。分置涿州，又来属。

固安（今河北固安） 汉县，属涿郡。武德四年（621年），属北义州，移治章信城。贞观元年（627年），省义州，以县属幽州，乃移于今治。今治城，汉方城县地，属广阳国。

新城（今河北高碑店市新城东南，白沟河西） 大历四年，析[固安县]置。

蓟州（治今天津蓟县） [唐玄宗]开元十八年（730年），分幽州之三县[渔阳、三河、玉田]置蓟州。[唐玄宗]天宝元年（742年），改为渔阳郡。[唐肃宗]乾元元年（758年）复为蓟州。天宝领县三，户五千三百一十七，口二万八千五百二十一。至京师二千八百二十三里，至东都一千二十三里。

渔阳（今天津蓟县） 后汉县，属渔阳国。秦右北平郡所治也。隋为渔阳县。[唐高祖]武德元年（618年），属幽州。二年（619年），改属玄州，又分置无终县。[唐太宗]贞观元年（627年），属幽州，省无终县。[唐中宗]神龙元年（705年），改属营州。[唐玄宗]开元四年（716年），还属幽州。十八年（730年）于县置蓟州，乃隶之。

三河（今河北三河） 开元四年（716年），分潞县置，属幽州。十八年（730年），改隶蓟州。

玉田（今河北玉田） 汉无终县，属右北平郡。[唐高宗]乾封二年（667年），于废无终县置，名无终，属幽州。[武则天]万岁通天二年（697年），改为玉田县。[唐中宗]神龙元年（705年），割属营州。[唐玄宗]开元四年（716年），还属幽州。八年（720年），又割属营州。十一年（723年），又属蓟州。

檀州（治今北京密云） 后汉傂奚县，属渔阳郡。隋置安乐郡，分幽州燕乐、密云二县隶之。[唐高祖]武德元年（618年），改为檀州。[唐玄宗]天宝元年（742年），改为密云郡。[唐肃宗]乾元元年（758年），复为檀州。旧领县二，户

---

① 按：此为范阳县，即今河北涿州。《旧唐书·玄宗纪下》载：唐玄宗天宝元年（742年）二月，诏天下诸州改为郡。幽州改为范阳郡，治蓟城，今北京。时涿州仍为范阳县。

一千七百三十七，口六千四百六十八。天宝，户六千六十四，口三万二百四十六。在京师东北二千六百五十七里，至东都一千八百四十四里。

密云（今北京密云） 隋县。州所治。

燕乐（今北京密云燕落村） 隋县。后魏于县置广阳郡，后废。旧治白檀故城（今河北滦平小城子），［武则天］长寿二年（693年），移至新城，即今治也。

妫州（治今河北怀来旧怀来县城） 隋涿郡之怀戎县。［唐高祖］武德七年（624年），讨平高开道，置北燕州，复北齐旧名。［唐太宗］贞观八年（634年），改名妫州，取妫水为名。［武则天］长安二年（702年），移至旧清夷军城。［唐玄宗］天宝元年（742年），改名妫川郡。［唐肃宗］乾元元年（758年），复为妫州。旧领县一，户四百七十六，口二千四百九十。天宝，户二千二百六十三，口一万一千五百八十四。在京师东北二千八百四十二里，至东都一千九百一十里。

怀戎（今河北怀来旧怀来县城） 后汉潘县，属上谷郡。北齐改为怀戎。妫水（今北京延庆妫水河）经其中，州所治也。

妫川（今北京延庆）［唐玄宗］天宝后析怀戎县置，今所。

平州（治今河北卢龙） 隋为北平郡。［唐高祖］武德二年（619年），改为平州，领临渝、肥如二县。其年，自临渝移治肥如，改为卢龙县，更置抚宁县。七年（624年），省临渝、抚宁二县。［唐玄宗］天宝元年（742年），改为北平郡。［唐肃宗］乾元元年（758年），复为平州。旧领县一，户六百三，口二千五百四十二。天宝，领县三，户三千一百一十三，口二万五千八十六。在京师东北二千六百五十里，至东都一千九百里。

卢龙（今河北卢龙） 后汉肥如县，属辽西郡，至隋不改。［唐高祖］武德二年（619年），改为卢龙县，复开皇旧名。

石城（今河北抚宁境内）① 汉县，属右北平。［唐太宗］贞观十五年（641年），于故临渝县城置临渝。［武则天］万岁通天二年（697年），改为石城，取旧名。

马城（今河北滦南马城）［唐玄宗］开元二十八年（740年），分卢龙县置。

——《旧唐书》卷三十九《地理志二》。

羁縻州·河北道

突厥州二：

---

① 谭其骧：《中国历史地图集》隋唐五代分册，第48—49幅，标石城在今河北唐山市陡河水库东北隅。但《旧唐书·地理志二》"平州条下"称唐初武德二年（619年）将平州治所从临渝迁到肥如，并将之改称卢龙，同时增置抚宁县。如此，武德时平州治卢龙，并领卢龙、临渝、抚宁三县。七年，省并临渝、抚宁二县，则只剩卢龙一县。唐玄宗天宝年间改称北平郡，复领县三，石城即为其一。唐肃宗乾元之世再次恢复为平州。"平州·石城"条下又称石城县系临渝县改称，而唐临渝县又系置于隋旧临渝县城内。因此，唐石城遗址当在隋旧临渝县旧址，即今河北抚宁县境内临近榆关和旧渝水（今北戴河）附近。陡河水库远在榆关和旧渝水以西200里以外，似与地望不合。

顺州顺义郡　贞观四年（630年）平突厥，以其部落置顺、佑、化、长四州都督府于幽、灵之境；又置北开、北宁、北抚、北安等四州都督府。六年，顺州侨治于营州南之五柳戍；又分思农部置燕然县，侨置阳曲；分思结部置怀化县，侨置秀容，隶顺州；后皆省。佑、化、长及北开等四州亦废，而顺州侨治幽州城中（今北京）。岁贡麝香。县一：宾义①。

瑞州　本威州，贞观十年以乌突汗达干部落置，在营州之境。咸亨中更名。后侨治良乡之广阳城（今北京房山广阳镇）。县一：来远②。

右初隶营州都督府，及［武则天万岁通天元年，公元696年，契丹首领］李尽忠陷营州，以顺州隶幽州都督府，徙瑞州于宋州之境。［唐中宗］神龙初北还，亦隶幽州都督府。

奚州九③，府一：

鲜州　武德五年析饶乐都督府置。侨治潞之古县城（今北京通州东，河北三河城子村）。县一：宾从④。

崇州　武德五年析饶乐都督府之可汗部落置。贞观三年更名北黎州，置营州之废阳师镇。八年复故名。后与鲜州同侨治潞之古县城（今北京通州东，河北三河城子村）。县一：昌黎⑤。

顺化州　县一：怀远。

归义州归德郡　［唐高宗］总章中以新罗户置，侨治良乡之广阳城（今北京房山广阳镇）。县一：归义⑥。后废。开元中，信安王［李］祎降契丹李诗部落五千帐，以其众复置。

契丹州十七⑦，府一：

玄州　贞观二十年以纥主曲据部落置。侨治范阳之鲁泊村（今河北涿州境内）。

---

① 《旧唐书·地理志二》载："顺州……天宝元年改为顺义郡。乾元元年，复为顺州。旧领县一，户八十一，口二百一十九。天宝，户一千六十四，口五千一百五十七。宾义［县］　郡所理，在幽州城内。"
② 《旧唐书·地理志二》载："瑞州……咸亨中，改为瑞州。万岁通天二年，迁于宋州安置。神龙初还，隶幽州都督。旧领县一，户六十，口三百六十五。天宝，户一百九十五，口六百二十四。来远［县］旧县在营州界。州陷契丹，移治于良乡县之故广阳城。"
③ 以下列奚州四。奉诚都督府，本饶乐都督府，领州五，因与幽州无关，故略。
④ 《旧唐书·地理志二》载："鲜州　武德五年，分饶乐郡都督府奚部落置，隶营州都督。万岁通天元年，迁于青州安置。神龙初，改隶幽州。天宝领县一，户一百七，口三百六十七。宾从［县］　初置营州界，自青州还，寄治潞县之古潞城。"
⑤ 《旧唐书·地理志二》载："崇州　武德五年，分饶乐郡都督府置崇州、鲜州（按：分饶乐都督府同时置崇、鲜二州），处奚可汗部落，隶营州都督。旧领县一，户一百四十，口五百五十四。天宝，户二百，口七百一十六。昌黎［县］　贞观二年，置北黎州（按：新书记为三年，误），寄治营州东北废杨师镇（按：新书记为阳师镇，音同字异）。八年，改为崇州，置昌黎县。契丹陷营州，徙治于潞县之古潞城，为县。"
⑥ 《旧唐书·地理志二》载："归义州……隶幽州都督。旧领县一，户一百九十五，口六百二十四。归义［县］在良乡县之故广阳城，州所治也。"
⑦ 以下列契丹州八。松漠都督府领契丹州八，又有归诚州，因与幽州无关，故略。

县一：静蕃①。

威州　本辽州，武德二年以内稽部落置。初置燕支城，后侨治营州城中。贞观元年更名。后治良乡之石窟堡（今北京房山佛子庄）。县一：威化②。

昌州　贞观二年以松漠部落置，侨治营州之静蕃戍。七年徙于三合镇，后治安次之故常道城（今河北廊坊西北）。县一：龙山③。

师州　贞观三年以契丹、室韦部落置，侨治营州之废阳师镇，后侨治良乡之东闾城（今北京房山境内）。县一：阳师④。

带州　贞观十年以乙失革部落置。侨治昌平之清水店（今北京海淀太舟坞）。县一：孤竹⑤。

归顺州归化郡　本弹汗州，贞观二十二年以内属契丹别帅析纥便部置。开元四年更名。县一：怀柔（今北京顺义）⑥。

沃州　［武则天］载初中析昌州置。万岁通天元年没于［契丹叛乱首领］李尽忠，开元二年复置。后侨置蓟之南回城（今北京大兴回城村）。县一：滨海⑦。

信州　万岁通天元年以乙失活部落置。侨置范阳境（今河北涿州）。县一：黄龙⑧。

---

① 《旧唐书·地理志二》载："玄州　隋开皇初置，处契丹李去闾部落。万岁通天二年，移于徐、宋州安置。神龙元年，复旧。今隶幽州。天宝领县一，户六百一十八，口一千三百三十三。静蕃［县］　州所治，范阳县之鲁泊村。"
② 《旧唐书·地理志二》载："威州　武德二年，置辽州总管，自燕支城徙寄治营州城内。七年，废总管府。贞观元年，改为威州，隶幽州大都督。所领户，契丹内稽部落。旧领县一，户七百二十九，口四千二百二十二。天宝，户六百一十一，口一千八百六十九。两京道里，与涿州同。威化［县］　后契丹陷营州乃南迁，寄治于良乡县石窟堡，为威化县，州［所］治也。"
③ 《旧唐书·地理志二》载："昌州……万岁通天二年，迁于青州安置。神龙初还，隶幽州。旧领县一，户一百三十二，口四百八十七。天宝，户二百八十一，口一千八十八。龙山［县］……营州陷契丹，乃迁于安次县古常道城，为州治。"按：此条前后有互相抵牾之处。万岁通天元年契丹反于营州之后，龙山县应与昌州于二年先同南迁青州安置，神龙初才复北迁幽州境内安次常道城，而并不是像威州那样直接迁到幽州。
④ 《旧唐书·地理志二》载："师州……万岁通天元年，迁于青州安置。神龙初，改隶幽州都督。旧领县一，户一百三十八，口五百六十八。天宝，户三百一十四，口三千二百一十五。阳师［县］　初，贞观置州于营州东北废阳师镇，故号师州。神龙中，自青州还寄治于良乡之故东闾城，为州治，县在焉。"
⑤ 《旧唐书·地理志二》载："带州　贞观十九年（按：新书为贞观十年，误）于营州界内置……万岁通天元年，迁于青州安置。神龙初，放还，隶幽州都督。天宝领县一，户五百六十九，口一千九百九十。孤竹［县］　旧治营州界。州陷契丹后，寄治于昌平县之清水店，为州治"
⑥ 《旧唐书·地理志二》载："归顺州　开元四年置（按：新书记其为太宗贞观二十二年所创，玄宗开元四年更名）。为契丹松漠府弹汗州部落。天宝元年改为归化郡。乾元元年，复为归顺州。天宝领县一，户一千三十七，口四千四百六十九。在京师二千六百里，至东都一千七百一十里。怀柔［县］　州所理也。"
⑦ 《旧唐书·地理志二》载："沃州……隶营州。州陷契丹，乃迁于幽州，隶幽州都督。天宝领县一，户一百五十九，口六百一十九。滨海［县］　沃州本寄治营州城内，州陷契丹，乃迁于蓟县东南回城，为［州］治所。"
⑧ 《旧唐书·地理志二》载："信州　万岁通天元年置，处契丹失活部落（按：新书记为乙失活部落，衍一'乙'字），隶营州都督。二年，迁于青州安置。神龙初还，隶幽州都督。天宝领县一，户四百一十四，口一千六。黄龙［县］　州所治，寄于范阳县。"

青山州　[唐睿宗]景云元年析玄州置。侨置范阳之水门村。县一：青山①。

靺鞨州三，府三②：

慎州　武德初以涑沫、乌素固部落置。侨置良乡之故都乡城（今北京房山长沟村）。县一：逢龙。

夷宾州　[唐僖宗]乾符中（按：似误，《旧唐书·地理志》为唐高宗乾封中）以愁思岭部落置，侨治良乡之古广阳城（今北京房山广阳镇）。县一：来苏。

黎州　[武则天]载初二年析慎州置。侨治良乡之故都乡城（今北京房山长沟村）。县一：新黎。

右（按："以上"的意思）初皆隶营州都督府，李尽忠陷营州，乃迁玄州于徐（治今江苏徐州）、宋（治今河南商丘）之境，威州于幽州（治今北京）之境，昌、师、带、鲜、信五州于青州（治今山东益都）之境，崇、慎二州于淄（治今山东淄川）、青之境，夷宾州于徐州之境，黎州于宋州之境，在河南者（按：指河南道，今山东、河南大部及江苏、安徽各一部）十州③，神龙初乃使北还，二年皆隶幽州都督府。

降胡州一：

凛州　天宝初置，侨置范阳境（今河北涿州境内）。

右隶幽州都督府。

——《新唐书》卷四十三下《地理志七下》。

幽州：

蓟县（今北京）：昌平故城在幽州东南六十里。元英、磨（音：立）室二宫皆燕宫，在幽州蓟县西四十里宁台（按：大约今北京石景山地区）之下。碣石宫在幽州蓟县西四十宁台之东。

良乡县（今北京房山东南）：广阳故城（今北京房山广阳城）在幽州良乡县东北三十七里。

范阳县（今河北涿州）：鸣泽在幽州范阳县西十五里。督亢坡在幽州范阳县东南十里。刘向：《别录》云督亢，膏腴之地。《风俗通》云：亢，莽也，言平望漭漭无涯际也。亢，泽之无水斥卤之谓也。

督亢坡在幽州范阳县东南十里。今固安县南有督亢陌，幽州南界。

固安县（今河北固安）：方城故城在幽州固安县南十七里。临乡故城在幽州固安县南十七里。

---

① 玄州、信州、青山州侨置之范阳均为幽州范阳县，即今河北涿州，《旧唐书·地理志二》已详记之。鲁泊村、水门村皆不详。但青山州既然是析玄州分置，则其侨置之水门村也应当在玄州侨置之鲁泊村不远。

② 以下列靺鞨州三、黑水州都督府、渤海都督府、安静都督府因与幽州无关，故略。

③ 唐代，徐、宋、青、淄诸州均属河南道，故《新唐书·地理志七下》所述侨治幽州之11契丹、靺鞨羁縻州中（按：契丹州8、靺鞨州3），除威州外，其他即为武则天之世迁于河南道的10州，唐中宗神龙二年归隶幽州都督府。突厥、奚、新罗州在外。

昌平县（今北京昌平西南）：幽州昌平县，本汉浑都县。

渔阳县（今天津蓟县）：幽州渔阳县，本北戎无终子国。幽州渔阳县东南七十七里北平城，即汉右北平也。燕山在幽州渔阳县东南六十里。徐才宗：《国都城记》云周武王封召公奭于燕，地在燕山之野，故国取名焉。

归义县（今河北易县）：易县故城在幽州归义县东南十五里，燕桓侯徙都临易是也。

妫州：

怀戎县（今河北怀来旧怀来县城）：潘，今妫州城是也。上谷故城在妫州怀戎县东北百二十里。燕[之]上谷，秦因之不改，汉为沮阳县。釜山在妫州怀戎县北三里，山上有舜庙。羹颉山在妫州怀戎县东南十五里。妫州有妫水，源出城中，耆旧传云即舜厘二女子于妫汭之所。外城有舜井，城北有历山，山上有舜庙。舜井在妫州怀戎县西外城中。其西又有一井，耆旧传云并舜井也，舜自中出。《帝王世记》云河东有舜井，未详也。阪泉今名黄帝泉，在妫州怀戎县东五十六里，出五里至涿鹿，东北与涿水合。涿鹿故城在妫州东南五十里，本黄帝所都也。《晋太康地理志》云："涿鹿城东一里有阪泉，上有黄帝祠。"涿鹿山在妫州东南五十里，山侧有涿鹿城，即黄帝、尧、舜之都也。妫州怀戎县东北有马兰溪水。

檀州：

燕乐县（今北京密云燕落村）：故龚城在檀州燕乐县界，故老传云舜流共工幽州居此城。

密云县（今北京密云）：渔阳故城（今北京怀柔梨园庄）在檀州密云县南十八里，在渔水之阳也。

平州：

卢龙县：孤竹故城在平州卢龙县南十二里，殷时诸侯孤竹国也，姓墨胎氏。

——（唐）李泰等著，贺次君辑校：《括地志辑校》，中华书局1980年，第104—106页。

幽州……[唐肃宗]乾元元年复为幽州，领县八：蓟、幽都、良乡、永清、安次、武清、潞、昌平[①]。

蓟县，二十二乡。

幽都县，十二乡。

良乡县，十二乡。

永清县，十乡。

安次县，十六乡。

---

① 按：与《旧唐书·地理志二》相比，少一广平县。

武清县，十乡。

潞县，十乡。

昌平县，四乡。

——《太平寰宇记》卷六十九《河北道十八·幽州》①。

涿州……领县五：范阳、固安、归义、新昌、新城。

范阳县，二十乡。

固安县，十二乡。

归义县，十二乡。

新昌县。

新城县。

——《太平寰宇记》卷七十《河北道十九·涿州》。

蓟州……[唐肃宗]乾元元年复为蓟州，领县三：渔阳、三河、玉田。

渔阳县，三乡。

三河县，三乡。

玉田县，二乡。

平州……[唐肃宗]乾元元年复为平州，领县三：卢龙、石城、马城。

卢龙县，五乡。

石城县，二乡。

马城县，二乡。

——《太平寰宇记》卷七十《河北道十九·平州》。

妫州……[唐肃宗]乾元元年复为妫州，原领县二，今一：怀戎。一县废：妫川。

怀戎县，二乡②。

——《太平寰宇记》卷七十一《河北道二十·妫州》。

（2）物产

幽州范阳郡（治今北京）……土贡：绫、绵、绢、角弓、人参、栗。

妫州妫川郡（治今北京延庆）……土贡：桦皮（按：桦树皮，可制刀鞘等器具）、

---

① 《太平寰宇记》，北宋人乐史著。其时，幽州等巨马河以北地区已归契丹辽朝所有，该书所据皆为唐代地志资料，因此可作为唐代史料利用。以下同。

② 《旧唐书·食货志上》载："百户为里，五里为乡。"如此，一乡即有500户。其它依此类推。

胡禄（按：今葫芦）、甲榆（按：榆树皮）、髇矢（按：响箭）、麝香。

檀州密云郡（治今北京密云）……土贡：人参、麝香。

——《新唐书》卷三十九《地理志三》。

河北道……厥贡……幽州范阳（治今北京）：绫……妫（今河北怀来东旧怀来县城）、营、归顺等州：麝香。檀州（治今北京密云）、安东府：人参。

——《唐六典》卷三《尚书·户部》（陈仲林点校本），中华书局1992年，第67页。

有唐开府仪同三司、行尚书左丞，赠太师、燕国文贞公讳说（音：悦），字道济，张氏（按：指张说，唐玄宗开元六年任检校幽州都督）……开元六祀（718年），宅于幽朔……命卝人①采铜于黄山（按：误，当为燕山），使兴鼓铸之利；命朾人斩木于燕岳，使通林麓之财；命圉人市骏马于两蕃，使颁质马之政令；命廪人搜粟于塞下，使循平籴之法。

——《全唐文》卷三百十二　孙逖：《唐故幽州都督、河北节度使、燕国文贞张公遗爱颂》并序。

（3）农业

武德四年（621年）七月，诏以平王世充、窦建德，其天下民庶给复一年；幽州管内久隔寇戎，给复二年。

——《册府元龟》卷四百九十《邦计部·蠲复二》。

裴行方［唐高宗］永徽中为检校幽州都督，引卢沟水，广开稻田数千顷，百姓赖以丰给②。

——《册府元龟》卷四百九十七《邦计部·河渠二》，中华书局1960年影印明刻本（下同）。

---

① 卝，旧读乘，今读况，字同矿。《周礼·地官》有司矿产之官"卝人"、司仓廪之官"廪人"，《夏官》有司畜牧之官"圉人"。"卝人，掌金玉锡石之地。""廪人，掌九谷之数，以待国之匪颁、赒赐稍食。""圉人，掌养马刍牧之事，以役圉师。"朾，减削之意。
② 此条又见于《册府元龟·牧守部·兴利》，惟首句为"裴行方简校幽州都督"，以下数句相同，无"永徽中"三字，但其在"唐李袭誉……"、"长孙操武德中……"诸条之后，当为唐代事应无疑义。岑仲勉：《隋书求是·隋书州郡牧守编年表》一零六条"幽州"下载：'开皇中，裴行方为幽州总管（册府元龟）'。注云：原文作'幽州都督'，但隋称总管，不称都督。"按：岑书中所谓"方行"或是"行方"之误，然裴行方并非隋人。《资治通鉴》唐太宗贞观十九年："是岁，右亲卫中郎将裴行方讨茂州叛羌黄郎弄，大破之。"其所云裴氏与高宗时裴行方或即一人。

裴行方，武德初为右亲卫中郎将，从征辽东，授右五步军总管。破驻跸山，攻安市城（今辽宁鞍山）有功，授右卫将军。

——《册府元龟》卷三百五十七《将帅部·立功十》。

武德七年（624年），始定律令。以度田之制：五尺为步，步二百四十为亩，亩百为顷。丁男、中男①给一顷，笃疾、废疾给四十亩，寡妻妾三十亩。若为户者加二十亩。所授之田，十分之二为世业（按：即永归个人所有），[十分之]八为口分（按：即个人只有使用权）。世业之田，身死则承户者便授之；口分，则收入官，更以给人。赋役之法：每丁岁入租粟二石。调则随乡土所产，绫绢𬘓各二丈，布（按：指麻布，棉布始于元代）则加五分之一。输绫绢𬘓者，兼调绵（按：此指丝绵）三两；输布者，麻三斤。凡丁，岁役二旬。若不役，则收其佣，每日三尺。有事而加役者，旬有五日免其调，三旬则租调俱免。通正役，并不过五十日。

——《旧唐书》卷四十八《食货志上》。

薛大鼎……贞观中，累转鸿胪少卿、沧州刺史。州界有无棣河，隋末填废，[薛]大鼎奏开之，引鱼盐于海。百姓歌之曰："新河得通舟楫利，直达沧海鱼盐至。昔日徒行今骋驷，美哉薛公德滂披。"[薛]大鼎又以州界卑下，遂决长芦及漳、衡（今漳河、衡水）等三河，分洩夏潦，境内无复水害。时与营州刺史贾敦颐、曹州刺史郑德本，俱有美政，河北称为"鐺脚刺史"②。

——《旧唐书》卷一百八十五上《能吏上·薛大鼎传》。

[武则天、中宗之世]，蒲陕之布却入渔阳，幽易之缣反归关陇，同北辕之适越，类东走之望秦，人之情乎繫独无也。细绢称以纳库，粗布贮以充军，非直运者苦劳，抑亦兵家贾怨，宜从削黜，以肃愚顽。

——《全唐文》卷一百七十二　张鷟：《工部员外郎赵务支蒲陕布供渔阳军，幽易绢入京，百姓诉不便。务款布是粗物将以供军，绢是细物宜贮官库》。

则天万岁通天二年（697年）十月，以定州北平（今河北完县）、义丰（今河北安国）两县被契丹侵掠，坚守不降，改北平为狗忠、义丰为立节。其守城百姓并给复一年

——《册府元龟》卷四百九十《邦计部·蠲复二》。

---

① 《旧唐书·食货志上》载：唐武德六年以男女始生者为"黄"，四岁为"小"，十六岁为"中"，二十一岁为"丁"，六十岁为"老"。唐玄宗天宝三年以后，改为十八岁为"中男"，二十二岁为"丁"。《册府元龟·邦计部·户籍》所载武德制度与《旧唐书·食货志》同，惟玄宗天宝三年以后制度，却为"二十三以上成丁"。似误。当以《旧唐书·食货志》所记为是。唐朝制度比隋朝稍宽。

② 《册府元龟·牧守部·兴利》所记与此同。

沧、瀛等州频遭水涝……当时奉旨，令贷半租。此日蠲科，仍闻款诉，准旨有明年之语，据条无三年之文……明年复涝乃是折空，后岁总征元无折处……征一丁之半租，招百姓之深怨，是则国家之信不及于豚鱼，王者之仁不流于行苇。

——《全唐文》卷一百七十二　张鹫：《沧瀛等州申称：神龙元年百姓遭水，奉旨贷半租供渔阳军，许折；明年又遭涝免，无租可折；至三年，百姓诉州以去年合折，不许，百姓不伏》。

[唐玄宗开元初]，臣[张]廷珪言：伏见[唐中宗]景龙二年（708年）三月十一日敕河南、北桑蚕倍多，风土异宜，租庸须别。自今以后河南、河北蚕熟依限，即输庸调，秋苗若损，唯令折租，乃为常式者……顷于灾岁重赋饥人，顿革彝典，特开变例，虽施蛮貊之邦，臣愚犹知不可。况此两道枕依大河，南接神州，北通天邑，郡县雄剧，人物昌阜，既类股肱之地，尤宜得其欣心，岂可殊其土风，异其徭赋，不恤灾患，而殚其财力者……伏愿陛下广天成之德，均子育之爱，式崇大体，追复旧章，许河南、河北有水旱处，倚贞观、永徽故事，一准令式折免，则在苍生不胜幸甚。谨因所部司法参军郑元亮奏涝损，谨附表以闻。

——《全唐文》卷二百六十九　张廷珪：《请河北遭旱涝州准式折免表》。

屯田郎中、员外郎掌天下屯田之政令。凡军、州边防镇守转运不给，则设屯田以益军储。其水陆腴瘠，播植地宜，功庸烦省，收率等级，咸取决焉……凡天下诸军、州管屯，总九百九十有二：……河北道：幽州（治今北京）五十五屯，清夷（清夷军，驻妫州城内，今河北怀来东旧怀来县城）十五屯，北郡（按：疑即北平郡，治今河北卢龙）六屯，威武（威武军，驻檀州城内，今北京密云）一十五屯，静塞（静塞军，驻蓟州城内，今天津蓟县）二十屯，平川（按：疑为平州，治今河北卢龙）三十四屯，平卢（开元中，平卢军节度使驻今辽宁朝阳）三十五屯，安东（按：原在营州东，开元中迁治于平州）一十二屯，长阳使（不详）六屯，渝关（今河北抚宁县榆关）一十屯……[每屯]大者五十顷，小者二十顷。凡当屯之中，地有良薄，岁有丰俭，各定为三等。凡屯皆有屯官、屯副①。

——《唐六典》（陈仲夫点校本）卷七《尚书·工部·屯田郎中》。

唐德宗建中三年（782年），既诛李惟岳，下诏易定、深赵、恒冀节度观察管内百姓，除本道所用者外，给复三年②。

---

① 《唐六典》系李林甫等所撰，成书于唐玄宗开元二十七年（739年），故所记内容为开元之世典章制度。《旧唐书·地理志二》云：今河北卢龙在唐初为平州，玄宗天宝元年（742年）才改为北平郡。如此，北郡则不可能是北平郡之误。待考。

② 按：本条系据《唐大诏令集》卷一百四十二《政事·平乱中》"诛李惟岳后优恤易定等道诏"改写。

——《册府元龟》卷四百九十一《邦计部·蠲复三》。

[唐武宗会昌二年，公元 842 年]，张仲武为幽州节度使（治北京），以边塞既宁，尤勤抚育。每春则劝农。及夏，亲行县，以较其民之稼穑。见稊莠不去者，必挞之。见滋长如云者，必坐于木阴，赐酒茗以厚之。

——《册府元龟》卷六百七十八《牧守部·劝课》。

张仲武，[唐]武宗会昌中为幽州节度使，教其民曰："凡为牛马羊豕之类必先择其牝之大者，则其种亦大。"乃自指曰："吾所以形貌大者，由母故也。"

——《册府元龟》卷九百五十四《总录部·愚暗》。

张仲武，武宗会昌中镇幽州（今北京），既卒，渔阳之人有八、九十岁，少而识其面者，说之则泪。

——《册府元龟》卷六百八十三《牧守部·遗爱二》。

张仲武，范阳人也。少业《左氏春秋》，掷笔为蓟北雄武军使。

——《册府元龟》卷七百七十二《总录部·志节》。

[唐宣宗大中四年，公元 850 年]张允伸[为幽州节度使]，[唐懿宗]咸通十年（869 年）徐人作乱（按：指九年徐州庞勋之乱），请以弟[张]允皋领兵伐叛，懿宗不允。[张允伸]进助军米五十万石，盐二万石，诏嘉之①。

允伸领镇凡二十三年，克勤克俭，比岁丰登。

——《旧唐书》卷一百八十《张允伸传》。

张允伸为幽州节度，懿宗咸通十年（869 年）徐人作乱（按：指九年徐州庞勋之乱），[张]允伸请以弟[张]允皋领兵伐叛，懿宗不允。[张允伸]进助军米五十万石，盐二万石，诏嘉之。赐以锦采玉带金银器等。

——《册府元龟》卷三百五十八《将帅部·褒异十一》。

唐玄宗开元二十五年（737 年）……又屯田格：幽州盐屯，每屯配丁五十人。一年收率满二千八百石以上，准营田第二等；二千四百石以上，准第三等；二千石以上，准第四等②。

---

① 《册府元龟·邦计部·济军》所记与此同，惟将张允伸、允皋误为张元伸、元皋。
② 《册府元龟·邦计部·山泽一》所记与此同。

——《通典》卷十《食货十》。

唐太宗贞观十三年（639年）十二月十四日，诏于洛、相、幽、徐、齐、并、秦、蒲等州并置常平仓①。

——《旧唐书》卷三《太宗纪下》。

刘怦，幽州昌平人也……［幽州节度使］朱滔姑之子，积军功为雄武军使，广屯田，节用，以办理称。

——《旧唐书》卷一百四十三《刘怦传》。

（4）商业、手工业

燕州角［行］社官张二郎、录事张庭宾合邑人等每载造石经一条。［唐玄宗］天宝七载四月八日。

［幽州城内］楼南长店邑社官王思明、录事李道祥合邑人等造经一条。［天宝］七载（748年）四月八日上。

绢行小社官权思贞合邑人等造经一条。天宝七载四月八日上②。（以上第89页）

［天宝八载（749年）］，范阳郡（治今北京）幞头行社官赵冲等造经二条。

范阳郡小绢行邑社官权思贞、录事孙光逸……天宝八载四月八日上。

范阳郡白米行石经社官吴庭芝、录事胡乾运合邑等上经二条。（以上第90页）

大绢行社官游金应合邑人等敬造经三条。天宝九载（750年）四月八日建。（以上第92页）

［天宝十载，公元751年］范阳郡屠行邑社官卫奴子合邑人等造经一条

范阳郡楼南头长店邑社官王思明合邑人等造经一条

范阳郡宴设楼□（以上第93页）

宴社楼南长店邑人王思明等共造经一条。天宝十一载（752年）四月八日。

屠行社官安令瓌合社人造经一条。天宝十一载四月八日建。（以上第95页）

［天宝十三载，公元754年］，范阳郡杂行邑社官陈仙、录事刘仙……［天宝十三载，公元754年］，范阳郡炭行邑社官鲁思言录事王什三合邑人等上经一条……

［天宝十三载，公元754年］，范阳郡五熟行石经邑主何令宾、史重海……

［天宝十三载，公元754年］，杂行社张崇宾廿一人等上经一条。（以上第101页）

［天宝十四载，公元755年］，范阳郡白米行王六娘造经一条。

---

① 《册府元龟·邦计部·常平》所记与此同。
② 按：以上题记凡有重复出现的，只摘录一条。

〔天宝十四载，公元755年〕，范阳郡绢行邑人张国钦等同造。

〔天宝十四载，公元755年〕，范阳郡市东店侯光进、母杜〔氏〕、妻任〔氏〕……合家供养。（以上第103页）

〔唐代宗大历九年，公元774年〕，丝绵行娄希祥、刘铨……（以上第109页）

〔大历十四年，公元779年〕，丝绵行造经……（以上第111页）

彩帛行邑平正蓝□、录事魏光……等敬造，〔唐德宗〕建中五年（784年）四月八日上。（以上第116页）

〔唐德宗贞元二年，公元786年〕，经主幽州丝绵行贺婆等敬造。（以上第120页）

幽州磨行〔石经〕邑人王怀章、门含玉……贞元七年（791年）四月八日上。（以上第127页）

幽州石经邑油行李承福、米令祥……贞元八年（792年）四月八日上。（以上第129页）

幽州油行石经社邑人李永福合邑廿七人等造经一条。贞元十年（794年）四月八日上。（以上第133页）

幽州市诸行石经社官卢庭晖、录事李润国合邑一百一十七人等同造石经一条。贞元十一年（795年）四月八〔日〕建。（以上第135页）

幽州油行社长李福、卢芬……共造经一条。贞元十四年（798年）四月八日上。（以上第143页）

大唐幽州蓟县界蓟北坊檀州街西店弟子刘师弘、何惟颇……造大般若石经两条……〔唐懿宗〕咸通二年（861年）四月八日上。（以上第174—176页）

幽州蓟县界市东门外两店奉为王添大般若经条邑众等并供……〔唐僖宗中和四年，公元884年〕。

〔幽州〕□蓟县界檀州街市□□□□编门外两店添石经□□□□也……中和四年四月八日建。（以上第182—184页）

〔唐武宗会昌二年，公元842年〕隔城门外两店奉为司徒（按：会昌二年张仲武为幽州节度使，官至检校司徒）造大石经一条，并送斋料米面等。（以上第257页）

——北京图书馆金石组等编：《房山石经题记汇编》，书目文献出版社1987年。

〔唐高祖〕武德四年（621年）七月，废〔隋〕五铢钱，行开元通宝钱……仍置钱监于洛（治今洛阳）、并（治今山西太原）、幽（治今北京）、益（治今四川成都）等州。

——《旧唐书》卷四十八《食货志上》。

宋庆礼……开元中，累迁贝州刺史，仍为河北支度营田使。初，营州都督府置在柳城（今辽宁朝阳），控带奚、契丹。［武］则天时，都督赵文翙政理乖方，两蕃反叛，攻陷州城，其后移于幽州东二百里渔阳城（今天津蓟县）安置。开元五年（717年），奚、契丹各款塞归附，玄宗欲复营州于旧城（今辽宁朝阳），侍中宋璟固争不可，独庆礼甚陈其利。乃诏庆礼及太子詹事姜师度、左骁卫将军邵宏等充使，更于柳城筑营州城，兴役三旬而毕。俄拜庆礼御使中丞、兼检校营州都督。开屯田八十余所，追拔幽州（治今北京）及渔阳（治今天津蓟县）、淄（治今山东淄博南）、青（治今山东益都）等户①，并招集商胡，为立店肆，数年间，营州仓廪颇实，居人渐殷②。

——《旧唐书》卷一百八十五下《宋庆礼传》。

故事（按：指唐玄宗天宝十四载安、史之乱以前），常以范阳节度使为押奚、契丹两蕃使。自［唐肃宗］至德之后，藩臣（按：指割据的节度使）多擅封壤，朝廷优容之，彼务自完，不生边事，故两蕃（按：指奚、契丹）亦少为寇。其每岁朝贺，常各遣数百人至幽州（今北京），则选其酋渠三、五十人赴阙，引见于麟德殿，锡以金帛遣还，馀皆驻而馆之，率为常也。

——《旧唐书》卷一百九十九下《北狄·奚国》。

契丹在开元、天宝间，使朝献者无虑二十。故事，以范阳节度使为押奚、契丹使，自至德后，藩镇擅地务自安，郛戍斥候益谨，不生事于边，奚、契丹亦鲜入寇，岁选酋豪数十人入长安（今西安）朝会，每引见，赐与有序，其下率数百皆驻馆幽州（治今北京）。

——《新唐书》卷二百一十九《北狄·契丹》。

天宝九载（750年），天长节，［安］禄山进山石功德及幡花香炉等，命于大同殿安置……又进玉石天尊一铺，请于道场所安置。玄宗命置于内暖殿。天尊并侍坐真人、玉女神、天丁力士、六乐童子及狮子、辟邪、香炉、玉案三十六事。

是秋……考课之日，上考，［安］禄山又自献金银器物、婢及驼马等。金窑细胡瓶二、银平脱胡平床子二、红罗褥子一、婢十人、细马十匹、打球士生马三十匹、骆驼十头、骨鞍辔三十具、并黄绫鞍袱三十条、抄尾大马缨十个，又进鹿尾酱、鹿尾骨等。

先，许安禄山于管内上谷郡起五炉铸钱，时又进钱样一千贯文。

天宝十载（751年），［安禄山］总三道以节制，天宝元年（742年），除平卢节度使（治今辽宁朝阳）；三年（744年），兼范阳节度使（治今北京）；十年（751年），

---

① 按：即征召今北京地区、蓟县地区和山东淄博、益都地区农户到今辽宁朝阳地区开屯田。
② 《册府元龟·牧守部·招辑》所记与此同。

兼河东节度使（治今山西太原）……潜于诸道商胡兴贩，每岁输异方珍货计百万数。每商至，则禄山胡服坐重床，烧香列珍宝，令百胡侍左右，群胡罗拜于下，邀福于天。禄山盛陈牲牢，诸巫击鼓、歌舞，至暮而散。遂令群胡于诸道潜市罗帛，及造绯紫袍、金银鱼袋、腰带等百万计，将为叛逆之资，已八九年矣。又每岁献俘虏、牛羊、驼马，不绝于路，珍禽奇兽、珠宝异物，贡无虚月。所过郡县，疲于递运，人不聊生。

——《安禄山事迹》卷上。

（5）学术、文化、教育

张蕴，博涉书传，善缀文。自幽州总管府记室直中书省。太宗初即位，上《大宝箴》以讽。

——《册府元龟》卷八百四十《总录部·文章四》。

韦机，雍州万年人……［唐高宗］显庆中为檀州刺史（治今北京密云）。边郡素无学校，［韦］机敦劝生徒，创立孔子庙，图七十二子及自古贤达，皆为之赞述。

——《旧唐书》卷一百八十五上《韦机传》。

韦弘机①，京兆万年人……显庆中，为檀州刺史，以边人陋僻，不知文儒贵，乃修学官，画孔子、七十二子、汉晋名儒象，自为赞，敦劝生徒，由是大化。

——《新唐书》卷一百《韦弘机传》。

［刘济为幽州节度使（785年—810年）］，兵兴以来，气俗相因，或以夸败度，或以美没礼。比屋之人，被缦胡而挥孟劳，不知书术。公乃修先师祠堂，选幼壮孝悌之伦，春秋二仲行释菜、乡饮酒之礼②，生徒俎豆，若在洙泗，私门眈眈，公署沉沉。自从事、掾史迨纪纲之仆，廪稍有伦，采章不紊，结士必下以词气，推贤而容其出处。陇西李益、乐安任公叔，皆以宾介荐延至郎吏二千石，为近臣良守，此又烈丈夫大君子旷度卓荦之为也。

——《全唐文》卷五百五 权德舆：《故幽州卢龙军节度副大使知节度使事幽州大都督府长史刘公墓志铭》。

卢承庆，幽州范阳（今河北涿州）人。隋武阳太守［卢］思道孙也。

---

① 《旧唐书》作韦机，《新唐书》作韦弘机，实为一人。
② 释菜。即以苹蘩（按：苹，一种水草。蘩，白蒿）之属礼先师。见《礼记·月令》。乡饮酒礼，古制，三年一次选拔人才，届时乡大夫举荐贤者、能者于其君；送行时，以宾礼待之，与饮酒。见《仪礼·乡饮酒礼》。

承庆美风仪，博学有才干，少袭父爵。贞观初，为秦州都督府户曹参军……太宗尝问历代户口多少之数，承庆叙夏、殷以后，迄于周、隋，皆有依据，太宗嗟赏久之。

弟承业，亦有学识。[唐太宗]贞观末，官至雍州长史。

——《旧唐书》卷八十一《卢承庆传》。

卢藏用，字子潜……少以词学见称，初举进士选，不调，乃著《芳草赋》以见意。寻隐居终南山，学辟谷、练气之术。

……

[卢]藏用工篆隶，好琴棋，当时称为多能之士。少与陈子昂、赵贞固友善，二人并早卒，[卢]藏用厚抚其子，为时所称。然初隐居之时，有贞俭之操，往来少室（今洛阳东南）、终南（今西安西南）二山，时人称为随驾隐士；及登朝，趑趄诡佞，专事权贵，奢靡淫纵，以此获讥于世。

——《旧唐书》卷九十四《卢藏用传》。

卢藏用，少以词学见称，隐居终南山。[武则天]长安中征拜左拾遗，后为尚书右丞。玄宗先天中，坐托付太平公主配流岭表。初，[卢]藏用隐居之时，有自俭之操，往来少室（今洛阳东南）、终南（今西安西南）二山，时人称为随驾隐士①及登朝，奢靡淫纵，车服鲜丽，趑趄诡佞，专事权贵，时议乃表其丑行。

——《册府元龟》卷九百十七《总录部·改节》。

卢群字载初，范阳人。少好读书。初学于太安山，淮南节度使陈少游闻其名，辟为从事。

——《旧唐书》卷一百四十《卢群传》。

李景略，幽州良乡人也。大父[李]楷固。父[李]承悦，檀州刺史、密云军使。[李]景略以门荫补幽州功曹。[唐代宗]大历末，寓居河中，阖门读书。

——《旧唐书》卷一百五十二《李景略传》。

张仲武为幽州节度。故事，每有新帅，每创招提以邀福利。[张]仲武曰："劳人求福，何福之有。"因出己所俸，择吏之清洁者，厚给其家，使市纸于江南，远佣其善书者，录其释氏之典，传之于人。因谓其宾客曰："此非取福贵，助其教化耳。"

---

① 长安、洛阳为唐之两都，皇帝时往来两京，卢藏用既欲求隐士之名，又忧不能闻达于朝廷，故亦随趋之。"随驾隐士"已含讥讽之意矣。

——《册府元龟》卷八百二十一《总录部·崇释教》。

李景略,幽州人,为幽府功曹,寓居河中(今山西永济西南)。李怀光为朔方节度使,招在幕府。[李]怀光反状始萌(按:李怀光于唐德宗兴元元年反),[李]景略退归私家,寻为灵武节度杜希全辟在幕府,转殿中侍御史。

——《册府元龟》卷起百二十八《幕府部·辟署三》。

李景略,幽州人。[唐代宗]大历末(779年)寓居河中(今山西永济西南)。李怀光为朔方节度使,招在幕府,奏授大理司直,迁监察御史。及[李]怀光屯军咸阳,反状始萌(按:李怀光于唐德宗兴元元年反)。[李]景略说[李]怀光请复宫阙,迎大驾,[李]怀光不从,[李]景略出军门,大哭曰:"谁知此军一日陷于不义!"军士、将领甚义之,因退归私家。

——《册府元龟》卷七百五十九《总录部·忠二》。

卢简辞字子策,范阳人,后徙家于蒲。祖翰。父[卢]纶,[唐玄宗]天宝末举进士,遇乱不第,奉亲避地于鄱阳,与郡人吉中孚为林泉之友。[唐代宗]大历初,还京师,宰相王缙奏为集贤学士、秘书省校书郎。王缙兄弟有诗名于世,缙既官重凡所延辟,皆辞人名士,以纶能诗,礼待愈厚……初,大历中,诗人李端、钱起、韩翃辈能为五言诗,而辞情捷丽,[卢]纶作尤工。至贞元末,钱、李诸公凋落,[卢]纶尝为怀旧诗五十韵……[唐]文宗好文,尤重[卢]纶诗,尝问侍臣曰:"卢纶集几卷?有弟子否?"李德裕答曰:"[卢]纶有四男,皆登进士第,今员外郎[卢]简能、侍御史[卢]简辞是也。"即遣中使诣其家,令进文集。简能尽以所集五百篇上献,优诏嘉之。

——《旧唐书》卷一百六十三《卢简辞传》。

张士衡,瀛州乐寿人也……及长,[父友、齐国子博士]刘轨思授以《毛诗》、《周礼》,又从熊安生及刘焯受《礼记》,皆精究大义。此后遍讲五经,尤攻三礼。仕隋位余杭令,后以年老归乡里。

[唐太宗]贞观中,幽州都督燕王[李]灵夔备玄纁束帛之礼,就家迎聘,北面师之……士衡既礼学为优,当时受其业擅名于时者,唯贾公彦为最焉。

——《旧唐书》卷一百八十九上《张士衡传》。

郎余令,定州新乐人也……少以博学知名,举进士。初授霍王[李]元轨府参军,数上词赋,元轨深礼之……转幽州录事参军。时有客僧聚众欲自焚,长史裴照率官属欲往观之。余令曰:"好生恶死,人之性也。违越教义,不近人情。明公佐守重藩,须察其奸诈，岂得轻举，观此妖妄。"[裴]照从其言，因收僧按问，果得诈状。

——《旧唐书》卷一百八十九下《郎余令传》。

卢粲，幽州范阳人……祖[卢]彦卿撰《后魏纪》二十卷，行于时，官至合肥令。叔父[卢]行嘉，亦有学涉，高宗时为雍王记室。[卢]粲博览经史，弱冠举进士。[唐中宗]景龙二年（708年），累迁给事中……[唐玄宗]开元初卒。

——《旧唐书》卷一百八十九下《卢粲传》。

张蕴古，相州洹水人也。性聪敏，博涉书传，善缀文，能背碑覆局，尤晓时务，为州闾所称。自幽州总管府直中书省。

——《旧唐书》卷一百九十上《张蕴古传》。

卢照邻字升之，幽州范阳人也。年十餘岁，就曹宪、王义方授《苍》《雅》及经史，博学善属文。初授邓王府典签，王甚爱重之，曾谓群官曰："此即寡人相如也。"后拜新都尉，因染风疾去官，处太白山中，以服饵为事。后疾转笃，徙居阳翟之具茨山，著《释疾文》、《五悲》等诵，颇有骚人之风，甚为文士所重。照邻既沉疴挛废，不堪其苦，尝与亲属执别，遂自投颍水而死，时年四十。文集二十卷。

——《旧唐书》卷一百九十上《卢照邻传》。

卢照邻为新都尉，因染风疾去官，处大白山中，以服饵为事，后疾转笃，徙居阳翟之具茨山，著释疾文、五悲等词，颇有骚人之风，甚为文士所重。[卢]照邻既沉痼挛废，不堪其苦，尝与亲属执别，遂自投颍水而死。

——《册府元龟》卷九百六《总录部·疾疹》。

杨炯，华阴人……幼聪敏博学，善属文。神童举，拜校书郎，为崇文观学士。

[杨]炯与王勃、卢照邻、骆宾王以文词齐名，海内称为王、杨、卢、骆，亦号为"四杰"。[杨]炯闻之，谓人曰："吾愧在'卢'前，耻居'王'后。"当时议者亦以为然。其后崔融、李峤、张说俱重"四杰"之文。

——《旧唐书》卷一百九十上《杨炯传》。

陈子昂，梓州射洪人。家世富豪，子昂独苦节读书，尤善属文。初为《感遇诗》三十首，京兆司功王适见而惊曰："此子必为天下文宗矣。"由是知名……[武则天之世]武攸宜统军北讨契丹，以子昂为管记，军中文翰皆委之。

——《旧唐书》卷一百九十中《陈子昂传》。

高霞寓，范阳人。祖先父［高］栖鹤皆以孝闻，凡五代同爨。德宗朝采访使洪经纶奏，旌表其门。至今乡里共称其事。［高］霞寓位至右金吾大将军。

——《册府元龟》卷七百八十三《总录部·世德》。

刘蕡字去华，昌平人。父勉。［刘］蕡宝历二年进士擢第。博学善属文，尤精《左氏春秋》。与朋友交，好谈王霸大略，耿介嫉恶，言及世务，慨然有澄清之志。自［唐宪宗］元和末，阉寺权盛，握兵宫闱，横制天下，天子废立，由其可否，干挠庶政。当时目为南北司①，爱恶相攻，有同水火。［刘］蕡草泽中居常愤惋。［唐］文宗即位，恭俭求理，大和二年（828年）［刘蕡参加］策试贤良，［切论黄门太横，危及宗社］。

是岁，左散骑常侍冯宿、太常少卿贾餗、库部郎中庞严为考策官，三人者，时之文士也，睹［刘］蕡条对，叹服嗟悒，以为汉之晁、董，无以过之。言论激切，士林感动。时登科者二十二人，而中官当途，考官不敢留［刘］蕡在籍中，物论喧然不平之。守道正人，传读其文，至有相对而垂泣者。谏官御史，扼腕愤发，而执政之臣，从而弭之，以避黄门之怨。唯登科人李合谓人曰："刘蕡不第，我辈登科，实厚颜矣。"请以所授官让［刘］蕡，事虽不行，人士多之。

——《旧唐书》卷一百九十下《刘蕡传》。

贾岛字浪仙，范阳人，初为浮屠，名无本。来东都（今洛阳），时洛阳令禁僧午后不得出，［贾］岛为诗自伤。［韩］愈怜之，因教为文，遂去浮屠，举进士。当其苦吟，虽逢值公卿贵人，皆不之觉也。一日见京兆尹，跨驴不避，谯诘之，久乃得释。累举不中第。［唐］文宗时，坐飞谤，贬长江主簿。［唐武宗］会昌初，以普州司仓参军迁司户，未受命卒，年六十五。

——《新唐书》卷一百七十六《韩愈传》附贾岛传。

（6）自然灾害

唐高祖武德五年（622年），时幽州大饥，［高］开道许给之粟，［罗］艺遣老弱就食，开道皆厚遇之。艺甚悦，不以为虞，乃发兵三千人，车数百乘，驴马千馀匹请粟于开道。［高开道］悉留之，连突厥，告绝于［罗］艺，复称燕国②。

唐太宗贞观二十一年（647年）八月，冀、易、幽、瀛、嘗、豫、邢、赵八州大水，

---

① 唐代，皇城内，中书省等三省衙门在南，称之为南衙、南司；宦官和皇帝居住的宫城在北。因宦官（又称黄门、阉寺、太监）专权，形成与中央政府机构对抗的势力，人称宦官的内侍省为北司。
② 《旧唐书》卷五十五《高开道传》。
    按：此事《旧唐书·高开道传》不载年月，《新唐书》同传称"五年（622年），幽州饥，开道许输以粟。"《通鉴》系此事于武德四年（621年）十一月，与《新唐书》所记大致相符。今从《新唐书》。
    高开道时驻怀戎（治今河北怀来县东），幽州总管罗艺驻蓟城（今北京）。

遣屯田员外韩赡等分行所损各家赈恤①。

唐玄宗先天二年（713年）冬，京师、岐、陇、幽州饥②。

唐玄宗开元十四年（726年）九月，八十五州言水［灾］，河南、河北尤甚③。

唐玄宗开元十五年（727年）二月，遣右监门将军黎敬仁往河北赈给贫乏，时河北牛畜大疫也。七月戊寅，冀州、幽州、莫州大水，河水泛滥漂损居人室宇及稼穑，并以仓粮赈给之。十二月，以河北饥甚，转江淮租米百万馀石赈给之④。

唐玄宗开元二十九年（741年）秋，河北二十四州雨水害稼，命御史中丞张倚往东都（今洛阳）及河北赈恤⑤。

唐德宗建中元年（780年），幽、镇、魏、博大雨，易水、滹沱横流，自山而下，转石折树，水高丈馀，苗稼荡尽⑥。

唐德宗兴元元年（784年）闰十月乙亥，诏宋亳、淄青、泽潞、河东、恒冀、幽、易定、魏博等八节度使，螟蝗为害，蒸民饥谨，每节度赐米五万石，河阳东畿各赐三万石，所司搬运，于楚州分付⑦。

唐德宗贞元元年（785年），［幽州］比岁大旱，蟓蝗为灾。二月，河南、河北饥，米斗千钱⑧。

唐德宗贞元八年（792年）秋，自江淮及荆、襄、陈、宋至于河朔，州四十余，大水害稼，溺死二万馀人，漂没城郭庐舍。幽州平地水深二丈，徐、郑、涿、蓟、檀（治今北京密云）、平等州，皆深丈馀⑨。

唐宪宗元和元年（806年）夏，荆南及寿、幽、徐等州大水⑩。

唐宪宗元和十二年（817年）六月，河中、江陵、幽、泽、潞、晋、隰、苏、台、

---

① 《册府元龟》卷一百五《帝王部·惠民一》。《新唐书·太宗本纪》载：该年"河北大水。"故疑"嘗"当亦为河北州郡。
② 《新唐书》卷三十五《五行志二》。
③ 《册府元龟》卷一百五《帝王部·惠民一》。
④ 同上。
⑤ 同上。
⑥ 《新唐书》卷三十六《五行志三》。
⑦ 《旧唐书》卷十二《德宗纪上》。
⑧ 《旧唐书》卷十二《德宗纪上》；《全唐文》卷五百五权德舆：《故幽州卢龙军节度副大使知节度使事幽州大都督府长史刘公墓志铭》。
  按：《旧唐书·德宗纪上》载："贞元元年九月辛巳，以权知幽州卢龙军府事刘济为幽州长史兼御史大夫、幽州卢龙节度、观察、押奚契丹两蕃等使。"志文叙述幽州灾情于刘济出任节度使之际，故系于贞元元年(785年)之下。
⑨ 《新唐书》卷三十六《五行志三》。
  按：《唐会要》载："贞元八年（792年）八月，河北、山南、江淮凡四十余州，大水，漂溺死者二万余人。又幽州奏：七月大雨，水深一丈以上，莫（治今河北任丘市鄚州镇）、涿（治今河北涿州）、蓟（治今北京）、檀（治今北京密云）、平（治今河北卢龙）等五州并平地水深一丈五尺。"
⑩ 《新唐书》卷三十六《五行志三》。
  按：《唐会要》载："元和元年（806年）十二月，幽州、徐州水损田苗。"

越州水，害稼①。

唐文宗开成五年（840年）夏，幽、魏、博、郓、曹、濮、沧、齐、德、淄、青、兖、海、河阳、淮南、虢、陈、许、汝等州螟蝗害稼②。

张仲武自雄武军使为兵马留后，改幽州都督府长史、东面招讨回鹘使。经其旧地③，岁旱，因召其代己者未详姓名……云："吾昔镇彼，年年丰熟，子［在此］何久旱如此，得非为政之不至，而天意所谴耶？"军吏曰："盖闻凤去巢空，岂凡禽所能继。"［张］仲武嘉其对，而不责之④。

唐武宗会昌六年（846年）［卢弘宣］徙义武节度使……初，诏赐其军粟三十万斛，贮飞狐（今河北涞源），弘宣计挽费不能满直，敕吏守之。明年（846年）春，大旱，教民随力往取，时幽、魏饥甚，独易、定自如⑤。

唐宣宗大中十二年（858年）八月，魏、博、幽、镇、兖、郓、滑、汴、宋、舒、寿、和、润等州水，害稼⑥。

唐昭宗大顺二年（891年）六月，幽州市楼灾，延及数百步⑦。

三、唐代大运河和幽州（治今北京）

（1）有关唐代永济渠河道方位的记载

武陟县："沁水在县东一里。"

馆陶县："白沟水，本名白渠，隋炀帝导为永济渠，亦名御河，西去县十里。"

---

① 《新唐书》卷三十六《五行志三》。
② 《新唐书》卷三十六《五行志三》。
　按：《唐会要》载："开成五年（840年）四月，郓州、兖、海管内并蝗。又汝州有虫食苗。五月，河南府有黑虫生，食田苗。汝州管内蝗，兖、海、临沂等五县，有蝗虫于土中生子，食田苗。六月，淄、青、登、莱四州蝗虫。河阳飞蝗入境。幽州管内，有地蝻虫，食田苗。魏、博、河南府河阳等九县，沂、密两州，沧州、易、定、郓州、陕府、虢州六县蝗。"
③ 按：雄武军驻今天津蓟县北、河北兴隆县南，所谓旧地即此。张仲武击回鹘乌介可汗在会昌元年（841年）、三年（843年）之间，即此之旱也。
④ 《册府元龟》卷四百五十一《将帅部·矜伐》。
⑤ 《新唐书》卷一百九十七《卢弘宣传》。
　按：《资治通鉴》卷二百四十八载："会昌五年（845年）正月，以秘书监卢弘宣为义武节度使。"故《新唐书·卢弘宣传》所谓"明年春"，即当指会昌六年（846年）而言。
⑥ 《新唐书》卷三十六《五行志三》。
⑦ 《古今图书集成·方舆汇编·职方典·顺天府部·纪事》引《五代史》。

内黄县:"永济渠,本名白渠,隋炀帝导为永济渠,一名御河,北去县二百步。"

洹水县(今河北魏县西南):"永济渠西去县二里。"

共城县(今河南辉县):"淇水,源出县西北沮洳山,至卫县(今河南淇县东)入河,谓之淇水口(按:即清口)。"

清河县(今河北清河县西北):"永济渠,东南去县十里。"

漳南县(今河北故城县东):"永济渠,在县东五十里。"

临清县(今河北临西县):"永济渠在城西门外。"

永济县(今山东临清市西南):"永济渠在县西郭内。阔一百七十尺,深二丈四尺。南自汲郡(今河南汲县)引清、淇二水东北入白沟,穿此县入临清(今河北临西县)。按:汉武帝时,河决馆陶,分为屯氏河,东北经贝州(治清河,今河北清河西北)、冀州(治信都,今河北冀县)而入渤海,此渠盖屯氏古渎,隋氏修之,因名永济。"

——《元和郡县图志》卷十六《河北道一》。

长河县(今山东德州市东):"永济渠,县西十里。"

——《元和郡县图志》卷十七《河北道二》。

鲁城县(唐朝一度改称乾符县,今河北沧县东北70里):"平鲁(讹,应当为虏)渠,在郭内。魏武北伐匈奴(误,应当为乌丸)开之。"

——《元和郡县图志》卷十八《河北道三》。

德州将陵县(今山东陵县北):"永济渠在县西十里。"

——《太平寰宇记》卷六十四《河北道十三·德州》。

沧州清池县(今河北沧县旧州):"永济河在县西三十里,自南皮县(今河北南皮)来,入乾宁军(今河北青县),今亦呼为御河……县原在永济渠西,[唐玄宗]开元十四年(726年)雨,城邑漂沉。十六年(728年)移于永济渠东一里,即今县是也。皇朝[宋太祖]乾德二年(964年)割入清池县。""平虏渠在县南二百步,魏建安中于此穿平虏渠以通军漕,北伐匈奴(按:误,是乌桓),又筑城在渠之左。"

——《太平寰宇记》卷六十五《河北道十四·沧州》。

(2)大运河和幽州(治今北京)

夫垂后以德者,当时逸而后时美;垂后以功者,当时劳而后时利。若然者,守道之主，惟恐德不美于后时，逸于己民也；夸力之主，惟恐功不及当时，劳于己民也。故天下事，不逸不足守，不劳不可去。致其利害，生于贤愚之主，自古然耶？则隋之疏淇、汴①，凿太行，在隋之民不胜其害也，在唐之民不胜其利也。今自九河外，复有淇、汴，北通涿郡之渔商，南运江都之转输，其为利也博哉！不劳一夫之荷畚，一卒之凿险，而先功巍巍，得非天假暴隋，成我大利哉！

——《皮子文薮》卷四《汴河铭》。

[武则天之世]，今国家第一要者在稍宽兵期。山南、淮南去幽州（今北京）四千里，所司使十月上旬到，计日行百里，四十日方到。即今水雨如此，又征符到彼未久，当日便发犹不及期，况未便发且日行不可百里。若违限者死，国有常刑；到不及期，惧罪逃散为贼，此更生一患。纵倍程趁期亦恐不及，若违不诛则军不可统，若违必诛则全众皆怨。况兵疲不堪用，吴广陈胜为盗由此，切急切急。即日江南淮南诸州租船数千艘已至巩、洛，计有百余万斛，所司便勒往幽州，纳充军粮。其船夫多是客户、游手、隳业、无赖杂色人，发家来时唯作入都资料（按：误，似当为"粮"），今已到京又勒往幽州，幽州去此二千餘里，还又二千餘里，方寒冰冻，一无资粮，国家更无忧恤，但切勒赴限，比闻丁夫皆甚愁叹。

——《全唐文》卷二百十一 陈子昂：《上军国机要事》。

臣顿首死罪，皇帝陛下，先帝以臣践履忠孝，使臣启发圣明，故得侍读春宫，凤承天眷，景云中岁兼秉枢衡，内当沸腾之口，外禦侵夺之势。陛下监抚既安，自天所佑，臣协赞之意，明神启之。开元之始首典钧轴，智小任大，福过灾生，出守三州，违离六载，曲直非己，升降由人，惟君知臣事不待说。今改秩边镇②，委重戎麾，窃以两蕃近和，能无同异，九姓远附，未闻抚纳，欲恃贼杀无侵扰之虑，保宁两蕃受征发之盟，臣愚料之恐未然，何者？贼杀新立必逞兵威，贼兵所加必收九姓，九姓若去，两蕃摇矣。九姓虽属并州节度，然共幽州密迩，脱有风尘，何事不至。臣熟闻幽州兵马寡弱，卒欲排比，未可即戎。城中仓粮全无贮积，设

---

① 由于永济渠主要是利用淇水及其下游河道，通济渠主要是利用汴河河道，所以皮日休以淇、汴代称永济、通济二渠。
② 《旧唐书·张说传》："张说字道济，其先范阳人，代居河东，近又徙家河南之洛阳……[武则天]长安初，修《三教珠英》毕，迁右史、内供奉，兼知考功贡举事。擢拜凤阁舍人。时麟台监张易之与其弟昌宗构陷御史大夫魏元忠，称其谋反，引[张]说令证其事。说至御前，扬言元忠实不反，此是易之诬构耳。元忠由是免诛，说坐忤旨配流钦州。在岭外岁余，中总即位，召拜兵部员外郎，累转工部侍郎。景龙中，丁母忧去职……腹终，复为工部侍郎，俄拜兵部侍郎，加弘文馆学士。睿宗即位，迁中书侍郎，兼雍州长史……[玄宗即位]开元元年七月乙亥，为中书令。]十二月，为[宰相]姚崇所构，出为相州刺史。俄又坐事左转岳州刺史，仍停其实封三百户，[开元六年]迁right羽林将军，兼检校幽州都督。开元七年，检校并州大都督府长史、兼天兵军大使，摄御史大夫、兼修国史，仍赍史本随军修撰……九年，拜兵部尚书、同中书门下三品，仍依旧修国史……十三年……授说集贤院学士，知院事……十七年，复拜尚书左丞相、集贤院学士，寻代源乾曜为尚书左丞相……十八年遇疾……十二月薨。"

若［两蕃］来迫，臣实忧之。伏乞圣慈深以垂意，博询旧将，预为筹划。若早图之，必无后悔。且孤臣总众，易起猜疑，宽大失济事之宜，严正招怨黩之谤，远辞天听，临路彷徨，如有论告臣身，奏劾军事者，乞追臣面问，对定真虚，则日月无可蔽之期，幽远有自通之望，伏愿留书在内，时加矜察。

——《全唐文》卷二百二十四　张说：《论幽州边事书》。

天宝十三载（754年）［安］禄山归范阳（今北京），玄宗御望春亭送别，脱御服以赐之，禄山受之，惊惧不敢言。自谓先兆，恐复留之，遂疾驱出［潼］关。至淇门（今河南汲县东北50里有淇门镇），顺流而下，所至郡县，船夫持牵板绳立于岸上以待，至则牵之，而日行三四百里。

——《安禄山事迹》卷中。

［唐肃宗至德元载（756年）安史之乱起，颜真卿守平原郡（今山东陵县）］，先是清河（今河北清河西北）①客李萼，年二十餘，为郡人乞师于真卿曰："今清河，公之西邻，国家平日聚江、淮、河南钱帛于彼以赡北军，谓之'天下北库'；今有布三百餘万匹，帛八十餘万匹，钱三十餘万缗，粮三十餘万斛。昔讨默啜，甲兵皆贮清河库，今有五十余餘事。"

——《资治通鉴》卷二百十七　唐纪三十三　肃宗至德元载三月。

［唐玄宗开元中］敕曰："顷者水灾，荐及河朔，朕思无不至忧彼元元。发仓廪，漕江淮以赈之；蠲租税，停征役以安之。"

——《全唐文》卷二百五十四　苏颋：《处分朝集使九》。

唐玄宗开元十五年（727年）秋，河北饥，转江淮之南租米百万石以赈给之②。

——《旧唐书》卷八《玄宗纪上》。

［唐玄宗开元中定制］："水行之程：舟之重者，溯河日［行］三十里，江四十里，余水四十五里；空舟溯河［日行］四十里，江五十里，余水六十里。沿流之舟则轻重同制，河日［行］一百五十里，江一百里，餘水七十里。其三峡砥柱之类，不拘此限。""凡天下舟车水陆载运，皆具为脚直（按：即运费）轻重、贵贱、平易、险涩，而为之制。黄河及洛水河，并从幽州运至平州［例］，上水（按：即溯水），［每里］十六文；下［水，每里］六文。余水，上，十五文；下，五文。"

---

① 据《元和郡县图志·河北道一》，永济渠在清河县东南10里。则其所贮物资当由永济渠运输而来。
② 《册府元龟·帝王部·惠民一》所记与此同。

——《唐六典》（陈仲夫点校本）卷三《尚书·户部·度支郎中》。

四、唐代幽州（治今北京）的陆路交通和海道交通

（1）陆路交通

［唐太宗］贞观十八年（644年）十一月庚子，命太子詹事、英国公李勣为辽东道行军总管，出柳城郡，礼部尚书江夏郡王［李］道宗副之。十九年（645年）春二月庚戌，上（按：指唐太宗）亲统六军发洛阳。三月壬辰，发定州（今河北定州）……夏四月癸卯，誓师于幽州城（今北京）南……五月丁丑，车驾渡辽①……秋七月，李勣进军攻安市城（今辽宁鞍山），至九月不克，乃班师。冬十月丙辰，入临渝关（今河北抚宁境内）……十一月辛未，幸幽州……十二月戊申，幸并州（治今山西太原）。二十年（646年）上在并州……三月己巳，车驾至京师（长安，今西安）②。

——《旧唐书》卷三《太宗纪下》。

［唐武宗］会昌五年（845年）五台僧多亡奔幽州（今北京）。李德裕召进奏官谓曰："汝趣（按：音"促"）白本使，五台僧为将必不如幽州将，为卒必不如幽州卒，何为虚取容纳之名，染于人口！独不见近日刘从谏招募无算闲人，竟有何益！"张仲武乃封二刀付居庸关曰："有游僧入境则斩之。"③

——《资治通鉴》卷二百四十八 唐纪六十四 武宗会昌五年八月。

---

① 从唐太宗自幽州到辽东的来往记载，可知其自今北京东循山海关大道，自渝关出入，然后东北至今辽宁朝阳，再东渡辽河。
② 唐太宗出发时是自洛阳先到今河北定州，然后再北至今北京，这是从河南经今太行山东麓大道抵达北京。班师时，是自今北京先到并州太原，然后回到长安。这里有两种可能：一是自北京向西北出居庸关后西入山西境内，再南至太原。一是自北京先循太行山东麓大道经定州至井陉，然后从井陉横穿太行山，西入山西境内，再西至太原。由于从北京经定州到井陉一途道路宽敞，而井陉山道经隋炀帝"凿太行"之后也变得易行，可通大队人马；且出井陉后西距太原不远。因此，后者可能最大。不过，由于归程中没有记载定州一地，故使得路线不是很明确。
③ 唐武宗会昌五年七月，诏陈佛教之弊，平毁官私佛寺、塔数万，归俗僧人26万余人。时张仲武为幽州节度使。山西五台僧入幽州须经居庸关，这就是自古以来的居庸大道。

（2）海道交通

《水部式》："沧、瀛（治今河北河间）、莫（治今河北任丘鄚州）、登（治今山东蓬莱）、莱（治今山东掖县）、海（治今江苏海州）、泗（治今江苏盱眙北）、魏（治今河北大名东北）、德（治今山东陵县）、等十州共差水手五千四百人，三千四百人海运，二千人平河，宜二年与替。""安东都里镇（今辽宁旅顺西南）防人粮，令莱州召取当州经渡海得勋人，谙知风水者，置海师二人，舵师四人，隶蓬莱镇。令候风调海晏，并运镇粮。同京上勋官例，年满听选"

罗振玉跋：此卷首尾皆缺，不见书题。检白氏六帖卷二十二《水田类》……云云正在此卷中，知此书为《水部式》也。考《唐六典》：唐律一十二章、令二十有七、格二十四篇、式三十有三篇。此《水部式》盖三十三篇之一。

又唐代转漕，于水陆之常运外，曾行海运，两［唐］食货志中顾不载之。予遍检纪传及《唐会要》、石刻《册府元龟》、杜甫诗，得七事。知由贞观以讫开元屡屡行之，咸通中再行之。《旧唐书·崔仁师传》：征辽之役，诏韦挺知海运，仁师为副，仁师又别知河南水运。仁师以水路险远，恐远州所输不时至海，遂便宜从事，递发近海租赋，以充转输。及韦挺以壅滞失期，除名为民，仁师以运夫逃走不奏，坐免官。此一事也。

《册府元龟》卷四百九十八太宗贞观十七年，时征辽东，先遣太常卿韦挺于河北诸州征军粮，贮于营州。又令太仆少卿萧锐于河南道诸州转粮入海。至十八年八月，［萧］锐奏称海中古大人城（今山东长岛列岛），西去黄县（今山东黄县）二十三里，北至高丽四百七十里，地多甜水，山岛接连，贮纳军粮，此为尤便。诏从之。于是自河南道运转米粮，水陆相继，渡海军粮皆贮此。此二事也。

《登州司马王庆墓志》："万岁通天元年，白虏（按：指契丹）赵趄，锋交碣石，天子诏左卫将军薛讷绝海长驱，掩其巢穴。飞刍挽粟，雾集登、莱（按：指今山东蓬莱、掖县等沿海口岸），除公（按：指王庆）行登州司马，仍充南运使。䊰粟（按：红粟指陈米）齐山，飞云蔽海，三年（疑当为"军"字）叹美，金曰得人。圣历年（698年）运停还任。"此三事也。

《唐书·姜师度传》，神龙初，试为易州刺史、河北巡察兼支度营田使，并海凿平虏渠，以通饷路，罢海运，省功多，迁司农卿。《册府元龟》卷四百九十七记［中宗神龙三年］师度约旧渠，傍海穿漕，号为平虏渠，以备海南（疑为"道"字）运粮，与传所记略殊。此四事也。

《唐会要》《玉海》卷一百八十二引 开元二十七年十二月，李适之为幽州节度使、河北海运使。此五事也。

杜甫《后出塞》诗："云帆转辽海，粳粟来东吴。"此六事也。

《旧史·懿宗纪》：咸通三年，南蛮陷交趾，征诸道兵赴岭南，广州乏食。润州人陈磻石奏，臣弟听思曾任雷州刺史，家人随海船至福建往来。大船一只可至千石，自福建装船不一月至广州，得船数十艘，便可致三万石至广州矣。执政是之，以磻石为盐铁巡官，往杨子院专督海运。于是康承训之军皆不阙供。又五年五月丁酉，诏曰：淮南、两浙海运，虏隔舟船，令三道据所搬米石数，牒报所在盐铁巡院，令和雇人海舟同船，分付所司，通计载米数足外，辄不更有隔夺，妄称贮备，其小舸短船到江口，使司自有船不在，更取商人舟船之限。如官吏妄行威福必议痛刑云云。此七事也。

前六事为太宗、武后、中宗、元宗四朝海运事实可考者。第七事则懿宗朝复行海运之事实。此卷载："沧、瀛、贝、登、莱、海、泗、魏、德等十州共［差］水手五千四百人，［其中］三千四百人海运，二千人平河，宜二年与替。"又云："安东都里镇（今辽宁旅顺西南）防人粮，令莱州召取当州经渡得勋人，谙知风水者置海师两人，舵师四人，隶蓬莱镇，令候风调海晏，并运镇粮。"所记海师、舵师、水手之制，足补纪传诸书所未备。两史食货志谓州、县、方镇漕以自资，或兵所征行，转运以给一时之用者，皆不足记。然唐之海运行之数世，乌可不载。两志乃均削而不著。幸散见纪传及诸书、石刻及此卷中，得知涯略。明邱琼山（按：即邱浚）谓唐代海运见于杜诗，可谓疏矣。予故采摘之，附载于此，俾言唐代史事者有所稽焉

——罗振玉：《水部式跋》，见《罗雪堂先生全集》第四编第五册，台湾大通书局 1972 年，第 2025 页。

崔仁师，定州安喜人……［唐太宗贞观之世］转为鸿胪少卿，迁民部侍郎。征辽之役，诏太常卿韦挺知海运，仁师为副，仁师又别知河南水运。仁师以水路险远，恐远州所输不［能按］时至海，遂便宜（按："权宜"的意思）行事，递发近海［州县］租赋以充转输。及韦挺以雍滞失期，除名为民，仁师以运夫逃走不奏，坐免官。既不得志，遂作《体命赋》以畅其情，辞多不载①。

——《旧唐书》卷七十四《崔仁师传》。

［唐太宗］贞观十八年（644 年）上将征高丽，秋七月……以太常卿韦挺为馈运使，以民部侍郎崔仁师副之，自河北诸州皆受［韦］挺节度，听以便宜行事。又命太仆少卿萧锐运河南诸州粮入海。［萧］锐，［萧］瑀之子也（按：萧瑀是南朝萧梁皇室贵族，南朝灭，其姊为隋炀帝后。隋灭，入唐）

——《资治通鉴》卷一百九十七 唐纪十三 太宗贞观十八年七月。

太宗贞观十七年，时征辽东，先遣太常卿韦挺于河北诸州征军粮，贮于营州（今

---

① 《新唐书·崔仁师传》与此同。按：此传云：以韦挺知海运，崔仁师为之副。但《旧唐书·韦挺传》及《资治通鉴》均载太宗以韦挺知掌自幽州以北水运事，并无海运。当时知海运者是萧锐，然新、旧唐书萧锐本传均不见记载，惟《资治通鉴》、《册府元龟》载之。

辽宁朝阳)。又令太仆少卿萧锐于河南道诸州（按：唐代河南道指今山东、河南大部及江苏、安徽各一部）转粮入海。至十八年八月，[萧]锐奏称海中古大人城（今山东长岛列岛），西去黄县（今山东黄县）二十三里，北至高丽四百七十里，地多甜水，山岛接连，贮纳军粮，此为尤便。诏从之。于是自河南道运转米粮，水陆相继，渡海军粮皆贮此。

——《册府元龟》卷四百九十八《邦计部·漕运》。

范阳节度使：[唐玄宗]先天二年（713年）二月，甄道一出幽州节度经略镇守使。至开元十五年（727年）十二月，除李尚隐，又带河北支度营田使。二十七年（739年）十二月，除李适之，又加河北海运使①。天宝元年（742年）十月，除裴宽为范阳节度使，经略河北支度营田、河北海运使，以后遂为定制。

——《唐会要》卷七十八《诸使中·节度使》。

姜师度，魏人也。明经举。[唐中宗]神龙初，累迁易州刺史、兼御史中丞，为河北道监察、兼支度营田使。师度勤于为政，又有巧思，颇知沟洫之利。始于蓟门之北，涨水为沟，以备奚、契丹之寇。又约魏武旧渠（按：指曹操所开平虏、泉州二渠），傍海穿漕，号为平虏渠②，以避海艰，粮运者至今利焉。

——《旧唐书》卷一百八十五下《姜师度传》。

中宗神龙三年（707年），沧州刺史姜师度于蓟州（今天津蓟县）之北，涨水为沟，以备契丹之寇。又约旧渠，傍海穿漕，号为平虏渠，以备海南（疑为"道"字）运粮。

——《册府元龟》卷四百九十七《邦计部·河渠二》。

按：此言姜师度傍海开渠"以备海南运粮"，而前引《旧唐书·姜师度传》则称"以避海艰"，《新唐书·姜师度传》更明确说"以通饷路，罢海运，省功多"。按：唐武则天之世，唐朝海运是从长江口出发，北至今山东登、莱，然后转运至今天津军粮城，一部分供给幽州城驻军，又一部分或东运至蓟运河河口，循蓟运河北至今天津蓟县，即蓟州治所；或东运至滦河口，循滦河北至卢龙，即平州治所。平州、蓟州均属河北道，姜师度为河北道监察、兼支度营田使，此正是其职务所在。从幽州到蓟州、平州的河运在唐代，始于唐太宗贞观十八年征辽之役的准备（见《旧唐书·韦挺传》)，再恢复于中宗神龙中姜师度傍海开渠，一直持续到玄宗开元中（见前引《唐六典·尚书户部·度支郎中》"水程水脚直"条）

---

① 新、旧唐书本传均只言开元二十七年（739年）李适之兼幽州大都督府长史、知节度事，不言加河北海运使。今据《唐会要》可知自开元二十七年以后，幽州节度使加支度营田、海运使遂为常制。
② "蓟门"即今天津蓟县。姜师度于此傍海开渠，是循曹操辽西新河故道，并非平虏、泉州二渠。"号为平虏渠"实为误称。

《姜师度传》所说罢海运即指此而言。《旧唐书·宋庆礼传》记载，宋庆礼广开营州屯田，足以赡军，卒后，礼部尚书张九龄叙其功说："寻而罢海运，收岁储，边亭晏然，河朔无扰。"姜师度卒于开元十一年（723年），宋庆礼卒于开元七年（719年），几乎同时。姜师度以开渠省海运，宋庆礼以在当地开屯田以省海运，可谓殊途同归。这里所说的海运，都是指自幽州到今天津蓟县和河北卢龙的海运。唐代自江南经登、莱到幽州的海运却是一直持续到天宝十四载（755年）安史之乱爆发才告终止。有见于此，姜师度开渠是"以备海南运粮"，但罢省幽州（今北京）至蓟州（今天津蓟县）、平州（今河北卢龙）海运《册府元龟》和新、旧唐书《姜师度传》、《宋庆礼传》所云均是事实，但略笼统而已。

附录：

《天津军粮城海口汉唐遗迹调查》

天津市历史博物馆考古部

历史时期以来海河一直是我国北方的重要出海口，但由于海岸线不断迁移，海口位置也随着变化。位于天津东郊军粮城至南郊泥沽一线的贝壳堤，是战国至宋代的海岸线遗迹。这里的海河口是这一时期沽、沽等河流的入海地点。解放以来，在这一地区不断发现与海口活动有关的古文化遗存。1987年文物普查时，我们在此作了重点调查，又发现了几座遗址，兹将有关材料简报如下。

一、西南堼遗址。位于东郊小东庄乡西南堼村南500米，南距海河1.5公里。贝壳堤自西南向东北方向延伸，略高于附近地面，遗址即位于贝壳堤上。面积约3万平方米，耕工下即为文化层。地面暴露有大量砖瓦、陶片、瓷器等。下面按时代叙述采集的遗物。

西汉：有瓦、瓦当、陶器等，皆为泥质灰陶。筒瓦、板瓦、绳纹砖、陶罐。

魏晋：青瓷器、筒瓦、板瓦。

唐代：白瓷碗。

二、务本二村城址。位于小东庄乡务本二村西300米，南距海河2公里，城墙已被夷平，成为一略高于周围平地的方形高地，东距贝壳堤1500米，面积50多万平方米，南北二面城墙痕迹较为明显，成为二道平行的土垄。城墙东西长300米，南北宽170米，残存高度约1米。因没有发掘，城墙夯土结构不明。地面暴露大量建筑材料和陶器残片，采集遗物有灰陶罐、红陶釜、板瓦、筒瓦、瓦当残片及红烧土块等。从卷云纹瓦当，筒、板瓦和陶器特征看，此城属西汉时期。

务本三村遗址。位于小东庄乡务本三村东500米处，面积75万平方米，地面暴露大量残陶片，采集遗物有陶盆、甑、石磨等，并发现大面积的红烧土。另外发现五铢钱一枚。上述遗物皆属西汉。

四、刘台古城和墓地。古城位于东郊军粮城乡刘台村西南 1 公里处，东距贝壳堤 0.5 公里，南距海河 4 公里，俗名"土城"，四面城墙已夷为平地，呈一略高出四周平地的土台，南北长 320 米，东西宽 250 米。东城墙现为一土道，城外是洼地；南、西、北三面较城外高 0.5—1 米不等。城内地面散布有陶、瓷残片和砖瓦等遗物。

三彩器：钵。

瓷器：碗、双耳罐、钵。

陶器：以泥质灰陶为主，泥质黄褐陶次之，少量夹砂灰陶。器形有盆、瓮、罐等。

近年在刘台古城周围，先后多处发现唐代墓葬。1988 年夏，在城外西南约 100 米处，农民挖养鱼池，发现唐代砖室墓数座，其中有一墓砖上书"唐李氏"字样。1988 年冬，在城北约 100 米处，外贸土产仓库挖防火沟时，发现唐代墓葬，征集到一件双耳青瓷罐和两个灰陶罐。刘台城址和周围墓葬出土遗物，除泥质灰陶和黄褐陶器以外，多为瓷器。瓷器以青瓷为主，白瓷较少。器形较单纯以碗、双耳罐为主。釉多施于器物的上半部，并有明显的垂釉。器底多为平底或饼状实足，个别有璧形足。皆具唐代前期特征。

五、白沙岭唐代墓葬。在军粮城东北 2 公里的贝壳堤上，采集瓷器 2 件，可能出于墓葬。青瓷豆一件。青瓷碗口微内敛，实足，胎厚重，碗里满釉，外挂半釉，有垂釉。腹下部和足部露胎。釉色清白相间，透明。

结语。刘台古城，唐代所建。《天津县志》以为是元代漕运遗迹，不确。该城址及其周围墓葬出土遗物较单纯，年代明确，皆属唐代前期。唐初，为防备北方游牧部落的侵扰，在幽蓟驻守重兵，粮饷主要由江南供给。从长江口海运至海河，时称"三会海口"。或由沽河至幽州，或由姜师度于公元 705 年循泉州渠旧迹，穿凿平虏渠至蓟州，海河口成为转输基地。刘台古城应是此时修筑。天宝安史之乱，河北地区战争连绵，海运基本结束。刘台古城不见唐后期遗物，恰和此段海运历史有关。

唐朝以后，宋辽对峙，海河成为界河，宋朝在海河岸泥沽村设立泥沽寨，海口经济活动大为减少，这个时期的文化遗存发现不多。公元 1048 年黄河迁此入海，海岸线迅速东移，军粮城一地作为海口的历史亦至此结束。

——《考古》1993 年第 6 期。

渔阳郡（治今天津蓟县）南至三会海口一百八十里[①]。

——（唐）杜佑：《通典》卷一百七十八《州郡八·渔阳郡》。

直沽。[武清]县东南百二十里。卫河、白河、丁字沽合流于此。又东南四十里

---

① 今从蓟县南至天津为 200 里左右。

名海口,《通典》谓之三会海口,元延祐三年于此置海津镇……丁字沽,以三水会流如丁字也。[丁字]沽东南去天津六十里。

——(清)顾祖禹:《读史方舆纪要》卷十一《北直二·直沽》。

五、唐朝与北方民族的关系

(1)唐朝与靺鞨的关系

靺鞨,在高丽之北,邑落俱有酋长,不相总一。凡有七种:其一号粟末部,与高丽相接,胜兵数千,多骁武,每寇高丽中。其二曰伯咄部,在粟末之北,胜兵七千。其三曰安车骨部,在伯咄东北;其四曰拂涅部,在伯咄东;其五曰号室部,在拂涅东;其六曰黑水部,在安车骨西北;其七曰白山部,在粟末东南,[诸部]胜兵并不过三千,而黑水部尤为劲健……即古之肃慎氏也。

[隋文帝]开皇初,相率遣使贡献……炀帝初与高丽战,频败其众,渠帅度地稽率其部来降。拜为右光禄大夫,居之柳城(今辽宁朝阳),与边人来往。悦中国风俗,请被冠带,帝嘉之,赐以锦绮而褒宠之。及辽东之役,度地稽率其徒以从,每有战功,赏赐优厚。[大业]十三年(617年),从帝幸江都(今江苏扬州),寻放归柳城。在途遇李密之乱,[李]密遣兵邀之,前后十余战,仅而得免。至高阳,复没于王须拔。未几,遁归罗艺。

——《隋书》卷八十一《靺鞨传》。

[隋炀帝]大业八年征辽。靺鞨国渠帅度地稽率其徒以从,每有战功,赏赐厚。

——《册府元龟》卷九百七十三《外臣部·助国讨伐》。

唐高祖武德四年(621年)三月庚申,以靺鞨渠帅突地稽(按:《隋书》作度地稽)为燕州总管②。

——《资治通鉴》卷一百八十九 唐纪五 高祖武德四年三月。

---

① 直沽、海津镇即今天津。丁字沽在天津西北。
② 按:度地稽与罗艺一同归唐。时燕州尚治柳城。

武德六年（623年）五月癸卯，高开道引奚骑寇幽州，[幽州]长史王诜击破之。[先是，武德中]刘黑闼之叛也，突地稽引兵助唐，徙其部落于幽州之昌平城；高开道引突厥寇幽州，突地稽将兵邀击，破之。

——《资治通鉴》卷一百九十 唐纪六 高祖武德六年五月。

唐太宗贞观二年二月丙戌，靺鞨内属。

——《旧唐书》卷二《太宗纪上》。

靺鞨，盖肃慎之地，后魏谓之勿吉，在京师东北六千余里。东至于海，西接突厥，南界高丽，北邻室韦。其国凡为数十部，各有酋帅，或附于高丽，或臣于突厥。而黑水靺鞨最处北方，尤称劲健，每恃其勇，恒为邻境之患。

有酋帅突地稽者隋末率其部千余家内属，处之于营州，炀帝授突地稽金紫光禄大夫、辽西太守。[唐高祖]武德初，[突地稽]遣间使朝贡，以其部落置燕州，仍以突地稽为总管。刘黑闼之叛也，突地稽率所部赴定州，遣使诣太宗请受节度，以战功封蓍国公。又徙其部落于幽州之昌平城。会高开道引突厥来攻幽州，突地稽率兵邀击，大破之。[唐太宗]贞观初，拜右卫将军，赐姓李氏，寻卒。子[李]谨行，伟貌，武力绝人。[唐高宗]麟德中历迁营州都督其部落家僮数千人，以财力雄边，为夷人所惮。累拜右领军大将军，为积石道经略大使。吐蕃论钦陵等率众十万人入寇湟中，谨行兵士樵采，素不设备，忽闻贼至，遂建旗伐鼓，开门以待之。吐蕃疑有伏兵，竟不敢进。上元三年（676年），又破吐蕃数万众于青海，降玺书劳勉之。累授镇军大将军，行右卫大将军，封燕国公。永淳元年（682年）卒，赠幽州都督陪葬乾陵。自后或有酋长自来，或遣使来朝贡，每岁不绝。

其白山部，素附于高丽，因收平壤之后，部众多入中国。汨咄、安居骨、号室等部，亦因高丽破后，奔散微弱，后无闻焉，纵有遗人，并为渤海编户。唯黑水部全盛，分为十六部，部又以南、北为称。开元十三年（725年），安东都护薛泰请于黑水靺鞨内置黑水军，续更以最大部落为黑水府，仍以其首领为都督，诸部刺史隶属焉。中国置长史，就其部落监领之。十六年（728年），其都督赐姓李氏，名献诚，授云麾将军、兼黑水经略使，仍以幽州都督为其押使，自此朝贡不绝。

渤海靺鞨大祚荣者，本高丽别种也。高丽既灭，祚荣率家属徙居营州。[武则天]万岁通天[元]年（696年），契丹李尽忠反叛，祚荣与靺鞨乞四比羽各领亡命东奔，保阻以自固。尽忠既死，[武]则天命右玉钤卫大将军李楷固（按：李楷固系契丹降将，见《资治通鉴》则天后久视元年）率兵讨其余党，先破斩乞四比羽，又度天门岭以迫祚荣。祚荣合高丽、靺鞨之众以拒楷固，王师大败，楷固脱身而还。属契丹及奚尽降突厥，道路阻绝，则天不能讨，祚荣遂率其众保桂娄（按：即挹娄）之故地，据东牟山（今吉林敦化北太平岭），筑城以居之……[武则天]圣历中，[祚荣]自立为振国王①……[唐]睿宗先天二年（713年），遣郎将崔欣往册拜祚荣为左骁卫员外大将军、渤海郡王②，仍以其所统为忽汗州，加授忽汗州都督，自是每岁遣使朝贡。[唐玄宗]开元七年（719年），祚荣死，玄宗遣使吊祭，乃册立其嫡子桂娄郡王大武艺袭父为左骁卫大将军、渤海郡王、忽汗州都督。

[开元]十四年（726年），黑水靺鞨遣使来朝，诏以其地为黑水州，仍置长史，遣使镇押。[大武艺认为黑水靺鞨通唐是欲夹击渤海]，遣母弟（按：即同母兄弟）大门艺及其舅任雅发兵以击黑水。门艺曾充质京师，开元初还国，[谏其不可]，武艺不从。门艺兵至境，又上书固谏。武艺怒，遣其从兄大壹代门艺统兵，征门艺，欲杀之。门艺遂弃其众，间道来奔，诏授左骁卫大将军。

[开元]二十年（732年），武艺遣其将张文休率海贼攻登州（今山东蓬莱）刺史韦俊。诏遣门艺往幽州（治今北京）征兵以讨之，仍令太仆员外卿金思兰往新罗发兵以攻其南境。属山阻地冻，雪深丈余，兵士死者过半，竟无功而还。

[开元]二十五年（737年）武艺卒，其子钦茂嗣立。诏遣内侍段守简往册钦茂为渤海郡王，仍嗣其父为骁卫大将军、忽汗州都督。钦茂承诏赦其境内，遣使随[段]守简入朝贡献。[自此以后直至唐亡一直往来不绝，五代后唐之世渤海灭于契丹。]

——《旧唐书》卷一百九十九下《靺鞨》。

黑水靺鞨，后魏谓之勿吉。有酋帅突地稽者，隋末率其部落千余家内属，处之营州。炀帝授以辽西太守。唐武德初，以其部落置燕州，以突地稽为总管。[玄宗]开元十三年（725年）置黑水府，以其首领为都督。十六年（728年）赐姓李氏……其部类凡有七种。

——《册府元龟》卷九百五十六《外臣部·种族》。

乌承玼字德润，张掖人。开元中与族兄[乌]承恩皆为平卢[军]（驻营州，今辽宁朝阳）先锋，沉勇而决，号"辕门二龙"……[开元十四年]渤海大武艺与弟门艺战国中，门艺来，[开元二十一年]诏[门艺]与太仆卿金思兰发范阳（治今北京）、新罗（今朝鲜半岛南方的东半部地区）兵十万讨之，无功。武艺遣客刺门艺于东都，引兵至马都山（今河北宽城满族自治县都山），屠城邑③。[乌]承玼窒要路，堑以大石，亘四百里，房不得入。

---

① 武则天圣历只有两年，金毓黻据日本《逸史》认为即圣历元年（697年），见《渤海国志》卷六世系表。此是大祚荣靺鞨建国之始。

② 唐睿宗延和元年（712年）八月传位于太子李隆基，自称太上皇，李隆基即位为玄宗，改元先天。所以此处应当为玄宗先天二年（713年）。先天二年十二月，玄宗复改元开元即开元元年。这年是大祚荣去靺鞨称号，专称渤海之始。

③ 按：司马光：《资治通鉴考异》开元二十一年条指出，马都山当时为契丹地，大武艺不该至此，《新唐书·乌承玼传》有误。

——《新唐书》卷一百三十六《李光弼传》附乌承玼传。

开元二十年（732年）九月，渤海靺鞨王武艺义遣其将张文休帅海贼寇登州，杀刺史韦俊，上命右领军将军葛福顺发兵讨之。
——《资治通鉴》卷二百一十三　唐纪二十九　玄宗开元二十年九月。

开元二十一年正月，上遣大门艺诣幽州发兵，以讨渤海王武艺；庚申，命太仆员外卿金思兰使于新罗（胡三省注：思兰，新罗王之侍子，留京师，官为太仆卿，员外置）发兵击其南鄙。会大雪丈余，山路阻绝，士卒死者过半，无功而还。武艺怨门艺不已，密遣客刺门艺于〔洛阳〕天津桥南，不死；上命河南〔府〕搜捕贼党，尽杀之。
——《资治通鉴》卷二百一十三　唐纪二十九　开元二十一年正月。

（2）唐朝与突厥的关系

〔隋炀帝大业十三年（617年），太原留守李渊起兵于晋阳〕五月甲戌，遣刘文静使于突厥始毕可汗，令率兵相应①。八月癸巳，〔高祖兵〕至龙门，突厥始毕可汗遣康稍利率兵五百人、马二千匹，与刘文静会于麾下。

唐高祖武德二年（619年）四月辛亥，突厥始毕可汗死，〔颉利可汗立〕。七月，西突厥叶护可汗及高昌并遣使朝贡。

武德三年（620年）三月癸酉，西突厥叶护可汗高昌王曲伯雅遣使朝贡。

武德五年（622年）八月丙辰，突厥颉利可汗寇雁门。己未，进寇朔州。遣皇太子〔李建成〕及秦王〔李世民〕讨击，大败之。

武德六年（623年）七月，突厥颉利寇朔州，遣皇太子及秦王屯并州（治今山西太原）以备之。九月丙子，突厥退，皇太子班师。高开道引突厥寇幽州（治今北京）。

武德七年（624年）八月戊辰，突厥寇并州京师戒严。壬午，突厥退乙未，京师戒严。

武德八年（625年）六月甲子，突厥寇定州，命皇太子往幽州，秦王往并州，以备突厥②。八月，并州道总管张公谨与突厥战于太谷，王师败绩，中书令温彦博没

---

① 按：当时李渊与北方诸雄一样，向突厥称臣，以得到突厥的支持。《旧唐书·李靖传》：贞观四年李靖率唐军大破突厥颉利可汗，杀其妻隋义成公主，擒颉利可汗。"太宗初闻靖破颉利，大悦，谓侍臣曰：'朕闻主忧臣辱，主辱臣死。往者国家草创，太上皇（指李渊）以百姓故，称臣于突厥，朕未尝不痛心疾首，志灭匈奴，坐不安席，食不甘味。今者暂动偏师，无往不捷，单于款塞，耻其雪乎！'"又见陈寅恪：《论唐高祖称臣于突厥事》，载《寒柳堂集》。
② 《资治通鉴》：武德八年七月丁巳，命秦王出屯蒲州以备突厥。司马光：《资治通鉴考异》曰："《旧本纪》，八年六月，突厥寇定州，命皇太子往幽州，秦王往并州，以备突厥。《唐历》亦同。今据《实录》，七月秦王出蒲州，八月无太子往幽州、秦王往并州事。"

于贼。九月，突厥退。

武德九年（626年）正月丙寅，命州县修城隍，备突厥。

贞观八年（634年）三月甲戌，高祖宴西突厥使者于两仪殿……命颉利可汗起舞，又遣南越酋长冯智戴咏诗，既而笑曰："胡越一家，自古未之有也。"

——《旧唐书》卷一《高祖纪》。

武德九年（626年）八月甲戌，突厥颉利［可汗］、突利［可汗］寇泾州。乙亥，突厥进寇武功，京师戒严。己卯，突厥寇高陵。辛巳，行军总管尉迟敬德与突厥战于泾阳，大破之，斩首千余级。癸未，突厥颉利［可汗］至于渭水便桥之北，遣其酋帅执失思力入朝为觇，自张声势，太宗命囚之。亲出玄武门，驰六骑幸渭水上，与颉利隔津而语，责以负约。俄而众军继至，颉利［可汗］见军容既盛，又知思力就拘，由是大惧，遂请和，诏许焉。即日还宫。乙酉，又幸便桥与颉利［可汗］刑白马设盟，突厥引还①。

贞观三年（629年）十一月丙午，西突厥、高昌遣使朝贡。十二月戊辰，突利可汗来奔。是岁，户部奏言：中国人自塞外来归及突厥前后内附、开四夷为州县者，男女一百二十余万口。

——《旧唐书》卷二《太宗纪上》。

唐太宗贞观四年（630年）正月乙亥，定襄道行军总管李靖大破突厥。二月甲辰，李靖又破突厥于阴山（今内蒙古阴山、大青山），颉利可汗轻骑远遁。三月庚辰，大同道行军副总管张宝相生擒颉利可汗，献于京师。甲午，以俘颉利告于太庙。四月丁酉，御顺天门，军吏执颉利以献捷。自是西北诸蕃咸请上尊号为"天可汗"，于是降玺书册命其君长，则兼称之。

——《旧唐书》卷三《太宗纪下》。

贞观四年（630年）三月，定襄道行军总管李靖擒突厥颉利可汗以献……降者甚众……帝遂用中书令温彦博之计，于朔方之地自幽州（治今北京）至灵州（治今宁夏灵武西南）置顺、佑、化、长四州都督府，又分颉利之地六州，左置定襄都督府（今内蒙古二连浩特北），右置云中都督府（今内蒙古乌拉特中后联合旗北），以统其部众。其酋首至者皆拜为将军、中郎将等官，布列朝廷，五品以上百馀人，因而入居长安者数千家。

——《册府元龟》卷九百九十一《外臣部·备御四》。

---

① 按：唐高祖武德九年六月四日（庚申）李世民发动玄武门之变，杀太子李建成及齐王李元吉。八月癸亥（八月八日），逼高祖让位，即位为唐太宗。八月甲戌（十九日）突厥即入寇，此距玄武门事变仅40余日；癸未（二十八日），进逼长安渭水便桥，此距唐太宗即位仅20余日，可谓速矣。或太子建成前曾与突厥有约？

颉利纵欲肆凶，诛害善良，昵近小人，此主昏于上，可取一也。别部同罗、仆骨、回纥、延陀之属，皆自立君长，图为反噬，此众叛于下，可取二也。突利被疑，以轻骑免，拓设出讨，众败无余，欲谷丧师，无托足之地，此兵挫将败，可取三也。北方霜早，薏粮乏绝，可取四也。颉利疏突厥，亲诸胡，胡性翻覆，大军临之，内必生变，可取五也。华人在北者甚众，比闻屯聚，保据山险，王师之出，当有应者，可取六也。

——《全唐文》卷一百三十四　张公谨：《条突厥可取状》。

始毕可汗咄吉者，启民可汗子也。隋大业中嗣位，值天下大乱，中国人奔之者众。其族强盛，东自契丹、室韦，西尽吐谷浑、高昌诸国，皆臣属焉。控弦百馀万，北狄之盛未之有也，高视阴山，有轻中夏之志。

高祖起义太原，遣大将军府司马刘文静聘于始毕，引以为援。始毕遣其特勤康稍利等献马千匹，会于绛郡，又遣二千骑助军，从平京城。及高祖即位，前后赏赐，不可胜纪……武德二年二月，始毕可汗卒，其子什钵苾以年幼不堪嗣位，立为泥步设，使居东边，直幽州（治今北京）之北，立其弟俟利弗设，是为处罗可汗。处罗可汗嗣位，又以隋义成公主为妻。

武德三年六月，处罗可汗卒……遂立处罗之弟咄苾，是为颉利可汗。

颉利可汗者，启民可汗第三子也……武德三年，颉利又纳义成公主为妻以始毕之子什钵苾为突利可汗……颉利初嗣立，承父兄之资，兵马强盛，有凭凌中国之志。[唐高祖]以中原初定，不遑外略，每优容之，赐与不可胜计。颉利言辞悖傲，求请无厌。四年四月，颉利自率万余骑与马邑贼苑君璋将兵六千共攻雁门（今山西代县），定襄王李大恩击走之。

武德五年……颉利遣数万骑与刘黑闼合军，进围［李］大恩，王师败绩［李］大恩殁于阵，死者数千人。六月刘黑闼又引突厥万馀骑入抄河北，颉利复自率五万骑南侵，至于汾州（治今山西汾阳）……攻围并州，又分兵入汾、潞（治今山西长治）等州，掠男女五千馀口，闻太宗兵至蒲州（治今山西蒲州），乃引兵出塞。

武德七年八月，颉利、突利二可汗举国入寇，道自原州（治今甘肃固原），连营南上，太宗受诏北讨，齐王元吉隶焉……太宗因纵反间于突利，突利悦而归心焉，遂不欲战。其叔侄内离，颉利欲战不可……请和，许之。

武德九年七月，颉利自率十余万骑进寇武功（今陕西武功西北。按：武功在今西安西70公里左右），京师戒严。已卯，进寇高陵（今陕西高陵。按：高陵在今西安东北30公里左右），行军总管左武候大将军尉迟敬德与之战于泾阳（今陕西泾阳。按：泾阳在今西安西北30公里左右）大破之，获俟斤阿史德乌没啜，斩首千余级……太宗与侍中高士廉、中书令房玄龄、将军周范驰六骑幸渭水之上，与颉利隔津而语，责其负约，其酋帅大惊，皆下马罗拜……是日，颉利请和，诏许焉，车驾即日还宫。

乙酉，又幸城西，刑白马，与颉利同盟于便桥之上，颉利引兵而退①。

［唐太宗］贞观元年（627年）……其国大雪，平地数尺，羊马皆死，人大饥，乃惧我师出乘其弊引兵入朔州，扬言会猎实设备焉。

［贞观］二年（628年），突利遣使奏言与颉利有隙，奏请击之。

［贞观］三年（629年）十二月，突利可汗及郁射设、荫奈特勤等并率部来奔。

［贞观］四年（630年），李靖进屯恶阳岭，夜袭定襄（今内蒙古和林格尔西北），颉利惊扰……［李］靖乘间袭击，大破之，遂灭其国。颉利乘千里马，独骑奔于从侄沙钵罗部落。三月，行军副总管张宝相率众掩至沙钵罗营，生擒颉利可汗，送京师……［太宗］乃诏还其家口，馆于太仆……八年卒，诏其国人葬之，从其俗礼，焚尸于灞水之东。

突利可汗什钵苾者，始毕可汗之嫡子，颉利可汗之侄也……颉利可汗嗣位，以为突利可汗，牙（按：同衙，即突利可汗所居地）直幽州（治今北京）之北。突利在东边管奚、霫等数十部……贞观初，奚、霫等并来归附，颉利怒其失众……遂因而挞焉……贞观三年（629年），表请入朝……寻为颉利所攻……突利乃率其众来奔……四年（630年），授右卫大将军，封北平郡王，食邑封七百户以其下兵众置顺、佑等州，率部落还蕃……［贞观］五年（631年），征入朝，至并州，道病卒，年二十九。

颉利之败也，其部落或走薛延陀，或走西域，而来降者甚众。诏议安边之术……中书令温彦博请准汉建武时置降匈奴于五原塞下，全其部落，得为捍蔽，又不离其土俗，因而抚之，一则实空虚之地，二则示无猜之心……太宗遂用其计于朔方之地自幽州（治今北京）至灵州（治今宁夏灵武西南）置顺、佑、化、长四州都督府，又分颉利之地六州，左置定襄都督府（今内蒙古二连浩特北），右置云中都督府（今内蒙古乌拉特中后联合旗北），以统其部众。其酋首至者皆拜为将军、中郎将等官，布列朝廷，五品以上百餘人，因而入居长安者数千家。自［贞观十三年（639年），突利可汗弟］结社率之反也，太宗始患之。又上书者多云处突厥于中国，殊为非便，乃徙于［黄］河北，立右武候大将军、化州都督、怀化郡王思摩为乙弥泥孰俟利苾可汗，赐姓李氏，率所部建牙于［黄］河北。

思摩者，颉利族人也……薛延陀闻太宗遣思摩渡河北，虑其部落翻附碛北，预蓄轻骑，伺至而击之……时思摩下部众渡河者凡十万，胜兵四万人，思摩不能抚其众，皆不惬服。至十七年（643年），相率叛之，南渡河，请分处于胜（治今内蒙古托克托西南、黄河南岸）、夏（治今陕西白城子）二州之间，诏许之。思摩遂轻骑入朝，寻授右武卫将军，从征辽东，为流矢所中，太宗亲为吮血，其见顾遇如此。未幾，卒于京师。

---

① 此即李世民发动玄武门之变时事。

先是，[唐太宗]贞观中，突厥别部有彻鼻者，亦阿史那之族，代为小可汗，牙在金山（今阿尔泰山）之北。颉利可汗之败，北荒诸部将推为大可汗，遇薛延陀为可汗，车鼻不敢当，遂率所部归于薛延陀……[唐高宗]永徽元年（650年）[车鼻被唐军所灭]。

车鼻既破之后，突厥尽为封疆之臣，于是分置单于（今内蒙古和林格尔北）、瀚海（今蒙古哈尔和林北）二都护府……各以其首领为都督、刺史……自永徽以后，殆三十年，北鄙无事。

[唐高宗]调露元年（679年）单于管内突厥首领阿史德温傅、奉职二部落始相率反叛，立泥孰匐为可汗，二十四州（按：指单于都护府所领二十四州突厥，见《新唐书·突厥传上》）并叛应之。高宗遣鸿胪卿萧嗣业、右千牛将军李景嘉率众讨之，反为温傅所败，兵士死者万餘人。又诏礼部尚书裴行俭为定襄道行军大总管，率太仆少卿李思文、营州都督周道务等统众三十餘万，讨击温傅，大破之，泥孰匐为其下所杀，并擒奉职而还①。[唐高宗]永隆元年（680年），突厥又迎颉利从兄之子阿史那伏念于夏州，将渡河立为可汗，诸部落复响应从之。[高宗]又诏裴行俭率将军曹继叔、程务挺、李崇直、李文暕等讨之。伏念窘急，诣行俭降。行俭遂虏伏念诣京师，斩于东市。[唐高宗]永淳二年（683年），突厥阿史那骨咄禄复反叛。

骨咄禄者，颉利之疏属，亦姓阿史那氏……[唐高宗]永淳二年（683年），进寇蔚州（治今山西灵丘）……[唐睿宗]文明元年（684年）又寇蔚州……[武则天]垂拱二年（686年）骨咄禄又寇朔（治今山西朔县）、代（治今山西代县）等州……三年，骨咄禄及[阿史那]元珍又寇昌平（今北京昌平），诏左鹰扬卫大将军黑齿常之击却之……骨咄禄[武则天]天授中病卒。

默啜者，骨咄禄之弟也。骨咄禄死时其子尚幼，默啜遂篡其位，自立为可汗。

[武则天]万岁通天元年（696年），契丹首领李尽忠、孙万荣反叛，攻陷营州府（今辽宁朝阳）……默啜遂攻讨契丹，部众大溃，尽获其家口，默啜自此兵众鉴盛……[武则天]圣历元年（698年）率众十余万袭我静难及平狄、清夷（驻今河北旧怀来县城）等军，静难军使左玉钤卫将军慕容玄崱以兵五千人降之。俄进寇妫（治今河北旧怀来县城）、檀（治今北京密云）等州，[武]则天令司属卿武重规为天兵中道大总管，右武威卫将军沙吒忠义为天兵西道前军总管，幽州都督张仁亶（按：本名仁亶，后为睿宗讳改名仁愿）为天兵东道总管，率兵三十万击之。右羽林卫大将军阎敬容为天兵西道后军总管，统兵十五万以为后援，默啜又出恒岳道，寇蔚州（治今山西灵丘），陷飞狐县（今河北涞源），俄进攻定州（治今河北定州）杀刺史孙彦高，焚烧百姓庐舍，虏掠男女，无少长皆杀之。则天大怒，购斩默啜者封王，改默

---

① 《旧唐书·高宗纪》载：裴行俭首受命讨突厥在调露元年（679年）十一月，擒奉职在永隆元年（680年）三月，《突厥传上》将二事均并于调露元年一年，误。裴行俭再奉诏讨突厥伏念、温傅是在开耀元年正月，非永隆元年事，《突厥传上》再误。

啜号为斩啜。寻又围逼赵州（治今河北赵县）……［武］则天乃立庐陵王为皇太子，令充河北道行军大元帅，军未发而默啜尽抄掠赵、定等州男女八九万人，从五迴道（按：即古飞狐道，在河北易县至涞源之间，为太行山八陉之一）而去，所过残杀，不可胜纪……中宗即位，默啜又寇灵州鸣沙县……遂进寇原（治今甘肃固原）、会（今甘肃靖远）等州……仍命左屯卫大将军张仁亶摄右御史台大夫，充朔方道大总管以御之。［张］仁亶始于［黄］河外筑三受降城（按：大致即原云中都督府之地），绝其南寇之路。

初，默啜［中宗］景云中率兵西击娑葛，破灭之。契丹及奚自［武则天］神功之后，常受其征役，其地东西万餘里，控弦四十万，自颉利之后最为强盛，自恃兵威，虐用其众。默啜既老，部落渐多逃散。［玄宗］开元四年，默啜又北讨九姓拔曳固，［死之］。

——《旧唐书》卷一百九十四上《突厥上》。

［贞观］三年（629年）十一月，以行并州都督李勣为通汉道行军总管，兵部尚书李靖为定襄道行军总管，华州刺史柴绍为金河道行军总管，灵州大都督、任城王［李］道宗为大同道行军总管，检校幽州都督卫孝节为恒安道行军总管，兼管州都督薛万彻为畅武道行军总管，分道出师，以击突厥。是月，任城王［李］道宗击突厥于灵州，破之，俘男女数百口，杂畜万餘计。十二月，突利可汗及郁射设、荫奈特勤等并率部来奔。

——《册府元龟》卷九百八十五《外臣部·征讨四》。

［武则天］圣历元年（698年）八月，突厥默啜率众袭静难及平狄、清夷（驻今河北旧怀来县城）等军，静难军使将军慕容玄崱以兵五千人降之，贼军由是大振，俄又进寇妫（治今河北旧怀来县城）、檀（治今北京密云）等州，［唐］命司属卿、高平王［武］重规为天兵中道大总管，右武威卫将军沙吒忠义为天兵西道前军总管，幽州都督张仁亶（按：本名仁亶，后避睿宗讳改名仁愿）为天兵东道总管，率兵三十万以讨默啜。又令左羽林卫大将军（《旧唐书·突厥上》作"右羽林卫"）阎敬容为天兵西道后军总管，统兵十五万以为后。

——《册府元龟》卷九百八十六《外臣部·征讨五》。

突厥默啜可汗，［武］则天时攻定州（今河北定州）杀刺史孙彦高，焚烧百姓庐舍，虏掠男女，无少长皆杀之。［武］则天乃立庐陵王为皇太子，充河北道行军大元帅，军未发而默啜尽杀所掠赵、定等州男女八九万人，从五迴道（按：即古飞狐道，在河北易县至涞源之间，为太行山八陉之一）而去，所过残杀，不可胜纪。

——《册府元龟》卷九百九十七《外臣部·残忍》。

请准汉建武时置降匈奴于五原塞下，全其部落，得为捍蔽，又不离其土俗，因而抚之，一则实空虚之地，二则示无猜之心，若遣向河南，则乖物性，故非含育之道也。

——《全唐文》卷一百三十七　温彦博：《安置突厥议》。

突厥、铁勒皆上古所不能臣，陛下既得而臣之，请皆置之河北[①]，分立酋长，领其部落，则永永无患矣。

——《全唐文》卷一百四十八　颜师古：《安置突厥议》。

裴行俭，绛州闻喜人。

[唐高宗]调露元年（679年），突厥阿什德温傅反。单于管内二十四州并叛应之，众数十万……于是以行俭为定襄道行军大总管，率太仆少卿李思文、营州都督周道务等部兵十八万，并西军程务挺、东军李文暕等总三十餘万，连亘数千里，并受行俭节度。唐世出兵之盛，未之有也……[高宗永隆元年，公元680年]贼众于黑山（今内蒙古阴山西端）拒战，行俭频战皆捷，前后杀虏不可胜数。伪可汗泥孰匐为其下所杀，以其首来降；又擒其大首领奉职而还，余党走依狼山（今内蒙古阴山西部，黑山之东）。

行俭既回，阿史那伏念又伪称可汗，与温傅合势，鸠集余众。明年（开耀元年，公元681年），行俭复总诸军讨之，顿军于代州（治雁门，即今山西代县）之陉口，纵反间说伏念与温傅，令相猜贰。伏念恐惧，密送降款，仍请自效……少间，伏念果率其属缚温傅诣军门请罪，尽平突厥余党。

——《旧唐书》卷八十四《裴行俭传》。

[唐高宗]调露元年十一月甲辰，以行俭为定襄道行军大总管，将兵十八万，并西军检校丰州都督程务挺、东军幽州都督李文暕总三十餘万，以讨突厥，并受行俭节度。

永隆元年（680年）三月，行俭大破突厥于黑山（今内蒙古阴山西端），擒其酋长奉职；可汗泥孰匐为其下所杀，以其首来降。

开耀元年（681年）正月，裴行俭军既还，突厥阿史那伏念复自立为可汗，与阿史德温傅连兵为寇。癸巳，以行俭为定襄道大总管，以右武卫将军曹怀舜、幽州都督李文暕为副，将兵讨之。闰七月庚申，裴行俭军于代州之陉口（胡三省注：即雁门之陉岭口）多纵反间，又是阿史那伏念于阿史德温傅浸相猜贰……伏念遂执温傅，从间道诣行俭降……行俭尽平突厥余党，以伏念、温傅归京师。

---

① 非今河北，是指今黄河河套以北。河南意相同。

——《资治通鉴》卷二百二 唐纪十八 高宗调露元年十一月、永隆元年三月、开耀元年闰七月。

鸱鹗万路，凭陵燕赵之郊；狐兔千群，扰乱并幽之地。梁亶① 忝司金鼓，谬掌铜符，既典军容，兼知州务，理须击蛇作阵，列鹖为军，驱貔貅而扫蚩尤，纵熊罴而扑獯狁。山陵向背，握元女之灵符；日月虚空，操黄公之秘术。岂得拙于对寇，怯于用兵，拥坚甲以自防，坐重城而固守。不存邀截，故纵奔驰，脱翔鸟于高林，送游鱼于深水；无心捉搦鸥，挂网而还飞；有意宽疎鼠，入囊而重出。空执全城之语，虑贷纵敌之辜，宜据刑书，准条科结。

——《全唐文》卷一百七十三 张鹫：《兵部奏：默啜贼入赵定，却取幽州，居庸程出，都督梁亶牢城自守，不敢遮截，请付法依问。得款古之用兵，全军为上。[梁] 亶既全幽州城，不合有罪》。

张仁愿，华州下邽人也。本名仁亶，以音类睿宗讳改焉……[武则天] 万岁通天二年（697年）……擢仁愿为肃政台中丞、检校幽州都督。会突厥默啜入寇（按：此即圣历元年、公元698年事），攻陷赵、定，拥众迴至幽州，仁愿勒兵出城邀击之，流矢中手，贼亦引退。

——《旧唐书》卷九十三《张仁愿传》。

张仁愿，本名仁亶，以音类睿宗讳改焉。位至兵部尚书，致仕。

——《册府元龟》卷八百二十五《总录部·名字二》。

张仁愿为幽州检校都督。会突厥默啜入寇（按：此即圣历元年、公元698年事），攻陷赵、定，拥众迴至幽州，[张] 仁愿勒兵出城邀击之，流矢中手，贼亦引退。则天遣使劳问，赐以医药，累迁至并州大都督府长史。

——《册府元龟》卷四百二十九《将帅部·守边》。

……任季忝司武卫，谬典戎昭，既沾兰锜之班，须委韬钤之略。昔汉屯上谷，未遑中权；秦筑长城，惟闻下策，乃欲出塞杜贼，闭碉防胡，累之以石墙，灌之以铁汁，长兹贼气，沮我军容，生敌国之凶顽，示中州之怯懦。但飞狐险陉与天地而同开，度雁危峰共山河而并立，咽喉塞绝，血脉无以通流，溪谷横汗，川泽如何引气，上亏天道，下费人工，无益皇威，有同儿戏。

——《全唐文》卷一百七十三 张鹫：《一劳永逸无北狄之忧》。

---

① 郁贤皓：《唐刺史考·幽州》推测梁亶为武后时人，在张仁愿前。

穷沙逦迤，南北前重；绝漠萧条，东西万里，岂有钉橛遍地；断十角之人踪，铁桩插荒，刺三边之马迹。未逾数月，朽木先摧；不及周年，危根邃烂。费工庸于北塞，人力已殚；防寇贼于南庭，马蹄无损。此愚夫之浅计，非达士之宏图，未陈英将之规，却被夷人之笑。

——《全唐文》卷一百七十三　张鷟：《又请削橛于塞上数千里，钉以刺突厥马蹄，断贼北道》。

武延秀，[武]承嗣（武则天之兄子）第二子也。则天时，突厥默啜上言有女请和亲，制[武]延秀与阎知微俱往突厥，将亲迎默啜女为妻。既而默啜执[阎]知微，入寇赵、定（今河北邯郸、定州一带）等州，故[武]延秀久不得还。[唐中宗]神龙初，默啜更请通和，先令[武]延秀送款，始得归，封桓国公，又授左卫中郎将。

——《旧唐书》卷一百八十三《武延秀传》。

武延秀母本带方人，坐其家没入奚官，以姝惠，赐[武]承嗣，生[武]延秀。突厥默啜荐女和亲，后（按：即武则天）令[武]延秀纳之，诏右豹韬大将军阎知微、右武卫郎将杨鸾庄赍金币送至突厥所。知微等潜约默啜执[武]延秀进寇妫、檀（今河北怀来、北京延庆、密云一带），故[武]延秀不得归。神龙初，默啜请和，因[武]延秀送款，还，封柏国公，左卫中郎将。

——《新唐书》卷二百六《武延秀传》。

默啜以[武]则天圣历元年（698年）上言，有女请赐亲。[武]则天令淮阳王[武]延秀就纳之为妃，仍令右豹韬卫大将军阎知微摄春官尚书、右武卫郎将杨鸾庄摄司宾卿，大赍金帛送赴虏廷。[武]延秀行至突厥默啜南庭，阎知微、杨鸾庄潜有异志，密受默啜令骑兵数千围[武]延秀，拘之别所，乃伪号[阎]知微为可汗，与之率众袭伐静难及平狄、清夷（驻今河北旧怀来县城）等军。静难军使、将军慕容玄崱以兵五千人降之。贼军由是大振，俄又进寇妫（治今河北旧怀来县城）、檀（治今北京密云）等州。

——《册府元龟》卷九百九十八《外臣部·奸诈》。

（3）唐朝与契丹的关系

契丹，居潢水（今西拉木伦河）之南，黄龙（今辽宁朝阳）之北，鲜卑之故地……东与高丽邻，西与奚国接，南至营州（今辽宁朝阳），北至室韦。

[唐高祖]武德初，数朝边境。二年（619年），入寇平州（治今河北卢龙）。六年（623年），其君长咄罗遣使贡名马丰貂。[唐太宗]贞观二年（628年），其君摩

会率其部落来降……太宗伐高丽，至营州，会其君长及老人等，赐物各有差，授其蕃长窟哥为左武卫将军。二十二年（648年），窟哥等部咸请内属，乃置松漠都督府，以窟哥为左领军将军、兼松漠都督、无极县男，赐姓李氏。［唐高宗］显庆初，又拜窟哥为左监门大将军。其曾孙祜莫离，［武］则天时历左卫将军、兼弹汗州刺史，归顺郡王。

又契丹有别部酋帅孙敖曹，初仕隋为金紫光禄大夫。［唐高祖］武德四年（621年），与靺鞨酋长突地稽俱遣使内附，诏令于营州城傍安置，授云麾将军，行辽州总管。至曾［孙］万荣，［武则天］垂拱初累授右玉钤卫将军、归诚州刺史，封永乐县公。万岁通天中，万荣与其妹婿［契丹］松漠都督李尽忠，俱为营州都督赵［文］翙所欺侮，二人遂举兵杀［赵文］翙，据营州作乱。［李］尽忠即窟哥之裔，历位右武卫大将军、兼松漠都督。则天怒其叛乱，下诏改万荣名为［孙］万斩，尽忠为［李］尽灭。［李］尽灭寻自称无上可汗，以万斩为大将，前锋略地，所向皆下，旬日兵至数万，进逼檀州（今北京密云）。诏令右金吾大将军张玄遇、左鹰扬卫将军曹仁师、司农少卿麻仁节率兵讨之。与［孙］万斩战于西硖石谷，官军败绩，［张］玄遇、［麻］仁节并为贼所虏。又令夏官尚书王孝杰、左羽林将军苏宏晖领兵七万以继之。与［孙］万斩战于东硖石谷，孝杰在阵陷没，宏晖弃甲而遁。［孙］万斩乘胜率其众入幽州（治今北京），杀略人吏。清边道大总管、建安郡王武攸宜遣裨将讨之，不能克。又诏左金吾大将军、河内王武懿宗为大总管，御史大夫娄师德为副大总管，右武卫将军沙咤忠为前军总管，率兵三十万以讨之。俄而李尽灭死，［孙］万斩代领其众。［孙］万斩又遣别帅骆务整、何阿小为游军前锋，攻陷冀州，杀刺史陆宝积，屠官吏子女数千人。俄而奚及突厥之众掩袭其后，掠其幼弱。万斩弃其众，以轻骑数千人东走。前军副总管张九节率数百骑设伏以邀之。［孙］万斩穷蹙，乃将其家奴轻骑宵遁，至潞河（今潮白河）东，解鞍憩于林下，其奴斩之。张九节传其首于东都，自是其馀众遂降突厥。

［唐玄宗］开元三年（715年），其首领李失活以［突厥］默啜政衰，率种落内附。［李］失活即［李］尽忠之从父弟也。于是复置松漠都督府，封［李］失活为松漠郡王，拜左金吾卫大将军、兼松漠都督。其所统八部落，各因旧帅拜为刺史，又以将军薛泰督军以镇抚之。明年（716年），［李］失活入朝，封宗室外甥女杨氏为永乐公主以妻之。

［开元］六年（718年）［李］失活死……从父弟娑固代统其众，遣使册立，仍令袭其兄官爵。娑固大臣可突于①骁勇，颇得众心，娑固谋欲除之。可突于反攻娑固，娑固奔营州（今辽宁朝阳）。都督许钦澹令薛泰帅骁勇五百人，又征奚王李大辅②者及娑固合众以讨可突于。官军不利，娑固、大辅临阵皆为可突于所杀，生

---

① 《资治通鉴》玄宗开元八年记作"可突干"。
② 《资治通鉴》玄宗先天元年记作"李大酺"。

拘薛泰。营府震恐，许钦澹移军西入渝关。可突于立娑固从父弟郁于为主，俄又遣使请罪，上乃令册立郁于，令袭娑固官爵，仍赦可突于之罪。十年（722年），郁于入朝请婚。上又封从妹夫率更令慕容嘉宾女为燕郡公主以妻之，仍封郁于为松漠郡王，授左金吾卫员外大将军、兼静析军经略大使，赐物千段。郁于还蕃，可突于来朝，拜左羽林将军，从幸并州。

明年（723年）郁于病死，弟吐于①代统其众，袭兄官爵，复以燕郡公主为妻。吐于与可突于复相猜阻。十三年（725年），携公主来奔，便不敢还，改封辽阳郡王，因留宿卫。可突于立李尽忠弟［李］邵固②为主。其冬，车驾东巡，［李］邵固诣行在所，因从至岳下，拜左羽林军员外大将军、静析军经略大使，改封广化郡王，又封皇从外甥女陈氏为东华公主以妻之。

［李］邵固还蕃，又遣可突于入朝，贡方物，中书侍郎李元纮不礼焉，可突于怏怏而去……［开元］十八年（730年），可突于杀［李］邵固，率部落并胁奚众降于突厥，东华公主走投平卢军（今辽宁朝阳）。于是诏中书舍人裴宽、给事中薛侃等于京城及关内、河东、河南、河北分道募壮勇之士，以忠王［李］浚为河北道行军元帅以讨之，师竟不行。二十年（732年），诏礼部尚书信安王［李］祎为行军副大总管，领众与幽州长史赵含章出塞击破之，俘获甚众。可突于率其麾下远遁，奚众尽降，［李］祎乃班师。明年（733年），可突于又来抄掠。幽州长史薛楚玉（按：楚玉是薛讷之弟，薛仁贵之子。时为长史兼节度使）遣副将郭英杰、吴克勤、邬知义③、罗守忠率精骑万人，并领降奚之众追击之。军至渝关都山（今河北宽城满族自治县都山）之下，可突于领突厥兵以抗官军。奚众遂持两端，散走保险。官军大败，知义、守忠率麾下遁归，英杰、克勤没于阵，其下六千余人，尽为贼所杀。诏以张守珪为幽州长史、兼御史中丞以经略之。可突于渐为守珪所逼，遣使伪降。俄又回惑不定，引众渐向西北，将就突厥。守珪遣管记王悔等就部落招谕之。时（按：开元二十二年十二月）契丹衙官李过折与可突于分掌兵马，情不叶，［王］悔潜诱之，［李］过折夜勒兵斩可突于及其支党数十人。二十三年（735年）正月，传首东都。诏［李］过折为北平郡王，授特进，检校松漠都督，赐锦衣一副、银器十事、绢采三千四。其年，［李］过折为可突于余党泥礼所杀，并其诸子，唯一子剌干走投安东（今辽宁锦州）得免，拜左骁卫将军。

天宝十年（751年），安禄山诬其酋长欲叛，请举兵讨之。八月，以幽州（治今北京）、云中（治今山西大同）、平卢（治今辽宁朝阳）之众数万人，就潢水（今西拉木伦河）南契丹衙与之战，禄山大败而还，死者数千人。至十二年（753年），又降附。迄于［唐德宗］贞元，常间岁来修藩礼。

---

① 《资治通鉴》玄宗开元八年记作"吐干"。
② 《旧唐书·玄宗纪》记作"召固"。
③ 《旧唐书·张守珪传》记作"乌知义"。

贞元四年（788年），［契丹］与奚众寇我振武［军］，大掠人畜而去。九年、十年，复遣使来朝，大首领悔落拽何以下，各授官放还。十一年（795年），大首领热苏等二十五人来朝。自后至［唐宪宗］元和、［唐穆宗］长庆、［唐敬宗］宝历、［唐文宗］大和、开成时（806—840年）遣使来朝贡。［唐武宗］会昌二年（842年）九月，制："契丹新立王屈戍，可云麾将军，守右武卫将军员外置同正员。"幽州节度使张仲武上言："屈戍等云，契丹旧用回纥印，今恳请闻奏，乞国家赐印。"许之，以"奉国契丹之印"为文。

——《旧唐书》卷一百九十九下《契丹传》。

唐太宗贞观二年（628年）四月丙申，契丹内属。

贞观三年（629年）春正月辛亥，契丹渠帅来朝。

——《旧唐书》卷二《太宗纪上》。

贞观二十二年（648年）十一月庚子，契丹帅窟哥、奚帅可度者并率其部内属。以契丹部为松漠都督，以奚部为饶乐都督。

——《旧唐书》卷三《太宗纪下》。

［武则天］万岁通天元年（696年）五月，营州城傍契丹首领松漠都督李尽忠与其妻兄归诚州刺史孙万荣杀都督赵文翙，举兵反，攻陷营州（今辽宁朝阳）。尽忠自号可汗。乙丑，命鹰扬将军曹仁师、右金吾大将军张玄遇、右武威大将军李多祚、司农少卿麻仁节等二十八将讨之。七月，制改李尽忠为尽灭，孙万荣为万斩。八月，官军败绩，玄遇、仁节并为贼所虏。九月，命右武卫大将军、建安王［武］攸宜为大总管以讨契丹。庚申，李尽灭死，其党孙万斩代领其众。十月，孙万斩攻陷冀州（治今河北冀县），刺史陆宝积死之。十一月，又陷瀛州（治今河北河间）属县。

万岁通天二年（按：即神功元年，公元697年）二月，王孝杰、苏宏晖等率兵十八万与孙万斩战于硖石谷，王师败绩，孝杰没于阵，宏晖弃甲而遁。五月，命右金吾大将军河内王［武］懿宗为大总管，右肃政御史大夫娄师德为副大总管，右武威卫大将军沙咤忠义为前军总管，率兵二十万以讨孙万斩。六月，孙万斩为其家奴所杀，餘党大溃。九月，以契丹李尽灭等平，大赦天下，改元神功。冬十月，以前幽州都督狄仁杰为鸾台侍郎。

——《旧唐书》卷六《则天皇后纪》。

建安王［武］攸宜为清边道大总管，［武］则天万岁通天二年（697年）七月，［武］攸宜平契丹，凯旋，诣阙献俘。

——《册府元龟》卷四百三十四《将帅部·献捷一》。

万岁通天元年（696年）五月壬子，营州契丹松漠都督李尽忠、归诚州刺史孙万荣举兵反，攻陷营州（今辽宁朝阳）杀都督赵文翙。尽忠，万荣之妹夫也，皆居于营州城侧。文翙刚愎，契丹饥，不加赈给，视酋长如奴仆，故二人怨而反。乙丑，遣左鹰扬卫将军曹仁师、右金吾卫大将军张玄遇、左威卫大将军李多祚、司农少卿麻仁节等二十八将讨之。七月辛亥，以春官尚书梁王武三思为榆关（按：当为渝关）道安抚大使，姚璹副之，以备契丹。改李尽忠为李尽灭，孙万荣为孙万斩。

尽忠寻自称无上可汗，据营州，以万荣为前锋，略地，所向皆下，旬日，兵至数万，进围檀州（今北京密云），清边前军副总管张九节击却之。

八月丁酉，曹仁师、张玄遇、麻仁节与契丹战于硖石谷（在今河北卢龙附近），唐兵大败。先是契丹破营州，获唐俘数百，囚之地牢，闻唐兵将至，使守牢霄（按：人名）诒之曰："吾辈家属，饥寒不能自存，唯俟官军至即降耳。"既而契丹引出其俘，饲以糠粥，慰劳之曰："吾养汝则无食，杀汝又不忍，今纵汝去。"遂释之。俘至幽州（又称范阳，今北京）具言其状，诸军闻之，争欲先入。至黄麞谷（原按：在西硖石谷），虏又遣老弱迎降，故遗老牛瘦马于道侧。[曹]仁师等三军弃部卒，将骑兵先进。契丹设伏横击之，飞索以绹（音：踏）[张]玄遇、[麻]仁节，生获之，将卒死者填山谷，鲜有脱者。契丹得军印，诈为牒，令[张]玄遇等署之，牒总管燕匪石、宗怀昌等云："官军已破贼，若至营州，军将皆斩，兵不叙勋。"[燕]匪石等得牒，昼夜兼行，不遑寝食以赴之，士马疲弊；契丹伏兵于中道邀之，全军皆没。

九月，制："天下系囚及庶士家奴骁勇者，官偿其值，发以击契丹。"初令山东近边诸州置武骑团兵，以同州刺史建安王武攸宜为右武威卫大将军，充清边道行军大总管，以讨契丹。

右拾遗陈子昂为攸宜府参谋，上疏曰："恩制免天下罪人及募诸色奴充兵讨契丹，此乃捷急之计，非天子之兵。且比来刑狱久清，罪人全少，奴多怯懦，不惯征行，纵其募集，未足可用。况今天下忠臣义士，万分未用其一，契丹小孽，假命待诛，何劳免罪赎奴，损国大体！臣恐此策不可威示天下。"

十月辛卯，契丹李尽忠卒，孙万荣代领其众。突厥默啜乘间袭松漠，虏尽忠、万荣妻子而去。太后进拜默啜为颉跌利施大单于、立功报国可汗。

孙万荣收合余众，军势复振，遣别帅骆务整、何阿小为前锋，攻陷冀州（治今河北冀县），杀刺史陆宝积，屠吏民数千人；又攻瀛州（治今河北河间），河北震动。制：起彭泽令狄仁杰为魏州（今河北大名东北）刺史。

——《资治通鉴》卷二百五唐纪二十一则天后万岁通天元年。

曹仁师为左鹰扬卫将军。则天万岁通天元年（696年），契丹攻陷营州（今辽宁朝阳），令［曹仁师与右金吾卫将军张玄遇等讨之，战于硖石谷（在今河北卢龙附近），官军败绩，[张]玄遇、曹仁师并为贼所虏①。

——《册府元龟》卷四百四十四《将帅部·陷没》。

神功元年（697年）三月戊申，清边道总管王孝杰、苏宏晖等将兵十七万与孙万荣战于东硖石谷，唐兵大败，孝杰死之。

孝杰遇契丹，率精兵为前锋，力战。契丹引退，孝杰追之，行背悬崖；契丹回兵薄之，宏晖先遁，孝杰坠崖死，将士死亡殆尽。管记洛阳张说驰奏其事。太后赠孝杰官爵，遣使斩[苏]宏晖以徇；使者未至，[苏]宏晖立功得免。

武攸宜军渔阳（治今天津蓟县），闻孝杰等败没，军中震恐，不敢进。契丹乘胜寇幽州（治今北京）攻陷城邑，剽掠吏民，攸宜遣将击之，不克。

四月癸未，以右（当为"左"）金吾卫大将军武懿宗为神兵道行军大总管，与右豹韬卫将军何迦密将兵击契丹。

五月癸卯，又以娄师德为清边道副大总管，右武威卫将军沙吒忠义为前军总管，将兵二十万击契丹。

六月，武懿宗军至赵州（治今河北赵县），闻契丹将骆务整数千骑将至冀州，懿宗惧，欲南遁。或曰："虏无辎重，以抄掠为资，若按兵据守，势必离散，从而击之，可有大功。"懿宗不从，退据相州（治今河南安阳），委弃军资器杖甚众。契丹遂屠赵州。甲午，孙万荣为奴所杀。

[孙]万荣之破王孝杰也，于柳城（今辽宁朝阳）西北四百里依险筑城，留其老弱妇女，所获器杖资财，使妹夫乙冤羽守之，引精兵寇幽州。恐突厥默啜袭其后，遣五人至黑沙（按：默啜驻衙之地），语默啜曰："我已破王孝杰百万之众，唐人破胆，请与可汗乘胜共破幽州。"三人先至，默啜喜，赐以绯袍。二人后至，默啜怒其稽缓，将杀之，二人曰："请一言而死。"默啜问其故，二人以契丹之情告。默啜乃杀前三人而赐二人绯。使为向导，发兵取契丹新城（原注：即前所筑城），杀所获[唐]凉州都督许钦明以祭天；围新城三日，克之，尽俘以归。使乙冤羽驰报万荣。

时万荣方与唐兵相持，军中闻之，恼惧。奚人叛万荣，神兵道总管杨玄基击其前，奚兵击其后，获其将何阿小。万荣军大溃，帅轻骑数千东走。[唐]前军总管张九节遣兵邀之道，万荣穷蹙，与其奴逃之潞水东，息于林下，叹曰："今欲归唐，罪已大。归突厥亦死，归新罗亦死。将安之乎！"奴斩其首以降，枭之四方馆门。其馀众及奚、霫皆降于突厥。

辛卯，制：以契丹初平，命河内王武懿宗、娄师德及魏州刺史狄仁杰分道安抚河北。懿宗所至残酷，民有为契丹所胁从复来归者，懿宗皆以为反，生剖取其胆。

---

① 据《旧唐书·则天皇后纪》、《资治通鉴》万岁通天元年所记，被生俘者为张玄遇、麻仁节，曹仁师败死。

先是，何阿小嗜杀人，河北人为之语曰："惟此两何①，杀人最多。"

七月庚午，武攸宜自幽州凯旋。

闰十月甲寅，以幽州都督狄仁杰为鸾台侍郎②。

——《资治通鉴》卷二百六唐纪二十二则天后神功元年。

［武则天］万岁通天元年（696 年）五月，营州城傍契丹首领松漠都督李尽忠与归诚州刺史孙万荣杀都督赵文翙，举兵反，攻陷营州（今辽宁朝阳）。［唐］命鹰扬将军曹仁师、右金吾卫大将军张玄遇、右武卫大将军李多祚、司农少卿麻仁节等二十八将讨之。

七月，命春官尚书梁王［武］三思为榆（按："榆"当作渝）"关道安抚大使，纳言姚璹为副，以备契丹。制契丹首领李尽忠，名尽灭；孙万荣名为万斩。

八月，张玄遇、曹仁师、麻仁节与契丹［孙］万斩战于四硖石谷口（在今河北卢龙附近），官军败绩，［张］玄遇、［麻］仁节并为贼所虏。又令夏官尚书王孝杰、右羽林将军苏宏晖领兵七万以继之，［王］孝杰在阵陷没。［苏］宏晖弃甲宵遁。［孙］万斩乘胜率其众入幽州（治今北京）屠城剽邑，杀掠人吏。清边道大总管建安王［武］攸宜遣裨将讨之，不能克。［孙］万斩俄又引兵南与官军战，东兵遁，总管杨玄基率轻骑角其前，奚人出兵以掎其后，表里合击之，［孙］万斩大败，获其别将何阿小及军资器械不可胜数，［孙］万斩仅以身免。又收合余兵与奚战，奚兵四面攻之，大溃，［孙］万斩弃其众，以轻骑数千人东走。张九节率数百骑分为三队，设伏邀之。［孙］万斩穷蹙，乃将家奴轻骑宵遁，至潞河（今潮白河）东，困甚，憩于林下，解鞍，其奴因斩之。张九节传其首于东都，悬之四方馆门。

万岁通天三年（698 年）五月，命左金吾卫大将军河内王［武］懿宗为神兵道总管，右肃政御史娄师德为清边道副大总管，右武威卫将军沙吒忠义为清边中军前军总管，率兵二十万击契丹。俄而，李尽灭死。

——《册府元龟》卷九百八十六《外臣部·征讨五》。

初，契丹将李楷固，善用緧（音：踏）索及骑射、舞槊，每陷阵，如鹘入乌群，所向披靡。黄麞之战，张玄遇、麻仁杰皆为所緧（按：事见万岁通天元年八月）。又有骆务整者，亦为契丹将，屡败唐兵。及孙万荣死，二人皆来降。有司责其后至，奏请族之。狄仁杰曰："［李］楷固等并骁勇绝伦，能尽力于所事，必能尽力于我，

---

① 武懿宗封河内王，故称"两何"。
② 《资治通鉴》卷二百五载：万岁通天元年十月，以狄仁杰为魏州刺史。同书卷二百六载：神功元年六月辛卯，制魏州刺史狄仁杰安抚河北。然又载：同年闰十月甲寅，以幽州都督狄仁杰为鸾台侍郎。却未载狄仁杰何时由魏州刺史转幽州都督。《旧唐书·狄仁杰传》载：狄仁杰字怀英，并州太原人也……［武则天］万岁通天年，契丹陷冀州，河北震动，征仁杰为魏州刺史……俄转幽州都督。神功元年，入为鸾台侍郎。可知其为幽州都督当在神功元年六月安抚河北之际，闰十月调转侍郎，在州不过四个月而已。

若抚之以德，皆为我用矣。"奏请赦之。所亲皆止之，[狄]仁杰曰："苟利于国，岂为身谋！"[则天]太后用其言，赦之。又请与之官，太后以[李]楷固为左玉钤卫将军，[骆]务整为右武卫将军，使将兵击契丹餘党，悉平之①。

——《资治通鉴》卷二百六唐纪二十二则天后久视元年。

久视元年（700年）七月，献俘于含枢殿②。太后以[李]楷固为左玉钤卫大将军、燕国公，赐姓武氏。

长安四年（704年）八月庚申，以[唐]休璟兼幽营都督、安东都护。

——《资治通鉴》卷二百七唐纪二十三则天后久视元年。

[唐]休璟尤谙练边事，自碣石西踰四镇（即东自辽东，西至西域），绵亘万里，山川要害，皆能记之。[武则天]长安中（701—704年）……寻转太子右庶子，依旧知政事。以契丹入寇，复拜夏官尚书，兼检校幽、营等州都督，兼安东都护。

——《旧唐书》卷九十三《唐休璟传》。

武则天长安四年（704年）八月庚申，唐休璟兼幽、营二州都督、安东都护。

——《新唐书》卷四《则天皇后纪》。

李楷固为左钤卫将军，则天[后]久视元年（700年）[李]楷固及右武威卫将军骆务整讨契丹余众，擒之，献俘于含枢殿。则天[后]大悦。

——《册府元龟》卷四百三十四《将帅部·献捷一》。

臣某言：今月日得辽东都督高仇须等月日破逆贼契丹孙万斩等一十一阵露布，并捉得生口一百人送至军前事，三军庆快，不胜踊跃。臣闻天之所弃，虽暴必亡；人之共仇，在远弥戮。况凶羯遗丑，未及犬羊，固作孽以招诛，自辜恩而取灭……臣训励士马，今日克行，大军一临，凶寇必殄，献俘在即，拜阙有期，预喜承恩，思胜庆贺，无任抃快之至。

——《全唐文》卷二百九　陈子昂：《为建安王贺破贼表》。

臣某言：今月日臣等令中道前军总管王孝杰进军平州（今河北卢龙）。十九日行次渔阳（今天津蓟县）界，昼有白鼠入营，孝杰捕得笼送者。身如白雪，目似黄金，顿首跽伏，帖若无气，将士同见，皆谓贼降之征。臣微闻鼠者坎精，孽胡之象，穿

---

① 《册府元龟》卷七百一十四《官臣部·规讽三》所记与此同。
② 胡三省注云："李楷固献契丹之俘也。"

凿之道，凶贼之徒，固合穴处野居，宵行昼伏。今白日归命，素质伏辜，天亡之征兆实先露。自孝杰发后再有贼中信来，不谋同词，皆云［李］尽灭病死，亲离众溃，匪朝即夕……志鹼献俘，在期不远。

——《全唐文》卷二百九陈子昂：《奏白鼠表》。

……自契丹背恩，营州失守，前军丧律，榆（按，"榆"当作"渝"）关不开，幽、平鸟栖于重塾，戎羯虎食于四野，燕南诸城十仅存一，河朔之地人挟两端，由是豺狼入于牢穽，蜂虿出于怀袖。王①受服不宿，孤剑先驱，寇仇日深，甲兵未继。于时鸠合步骑不满三千，彼众我寡，兵怯房炽，且保关守塞，力犹不御，况土人弄兵，转相攻拔，外招夷狄，内据险隘，冀州既陷，势将不已，当决水之冲，承烈火之焰，逆风扑燎，摧岸塞河，韩、白见之知其难矣。王权以料敌，静而镇下，宣国恩以抚宁，晓愚俗以逆顺，督将吏以忠义，示士伍以严肃……沧瀛贝博响援增气，幽易恒定声威有立。而又分兵井陉，杜其西望，引军河槽，阻此上流……则王有大勋于是役也，而又诚以奉上，义以利人，至忠之状有三，为善之迹有五……

——《全唐文》卷二百二十四张说：《论神兵军大总管功状》。

［武］懿宗，则天伯父士逸之孙也……［则天］天授年，封士逸为蜀王，懿宗为河内郡王，历迁洛州长史、左金吾卫大将军。万岁通天年中，契丹贼帅孙万荣寇河北，命懿宗为大总管讨之。军次赵州，及闻贼将至冀州（今河北冀县），懿宗惧，便欲弃军而遁。人或谓曰："贼众极多，然其军无辎重，以抄掠为资，若按兵以守，势必离散，因而击之，可有大功也。"懿宗不听，遂退据相州（今河北临漳县境内），时人嗤其怯懦，由是贼众进屠赵州而去。寻又令懿宗安抚河北诸州。

先是，百姓有胁从贼众，后得归来者，懿宗以为同反，总杀之，仍生剔取其胆，后行刑，流血盈前，言笑自若。初，孙万荣别帅何阿小攻陷冀州，亦多屠害士女；至是，时人号懿宗与阿小为两何，为之语曰："唯此两何，杀人最多。"

——《旧唐书》卷一百八十三《外戚·武懿宗传》。

武懿宗，则天时与清边道副总管娄师德安抚河北诸州。［武］懿宗所至多残酷，人吏犯法者，必先剔取其胆，然后行刑。流血盈前，言笑自若。先是，［契丹］孙万荣别帅何阿小亦多屠害士女，是时人号［武］懿宗与何阿小为两何，或谓之语曰："惟此两何，杀人最多。"

---

① 《资治通鉴》卷二百六 则天后万岁通天元年："十月辛卯，契丹李尽忠卒，孙万荣代领其众……收合余众，军势复振，遣别帅骆务整、何阿小为游军前锋，攻陷冀州，杀刺史陆宝积，屠吏民数千人；又攻瀛州，河北震动。"则天后神功元年："四月癸未，以右（当为"左"）金吾卫大将军武懿宗为神兵道行军大总管，与右豹韬卫将军何迦密将兵击契丹。"据此，"王"指武懿宗而言。

——《册府元龟》卷四百四十八《将帅部·残酷》。

王求礼……则天朝为左拾遗,迁监察御史。……时契丹李尽忠反叛,其将孙万荣陷河北数州。河内王武懿宗拥兵讨之,畏懦不敢进。既而贼大掠而去,[武]懿宗条奏沧、瀛百姓为贼讹误者数百家,请诛之。[王]求礼执而劾之曰:"此讹误之人,比无良吏教习,城池又不完固,为贼驱逼,苟徇图全,岂素有背叛之心哉![武]懿宗拥强兵数十万,闻贼将至,走保城邑,罪当诛戮。今乃移祸于讹误之人,岂是为臣之道?请斩[武]懿宗以谢河北百姓。"[武]懿宗大惧,则天竟降制赦之。

契丹陷幽州,馈挽不给,左相豆卢钦望请辍京官两月俸料以助军,[王]求礼谓[豆卢]钦望曰:"公禄厚俸优,辍之可也。国家富有四海,足以储军国之用,何藉贫官薄俸。公此举岂宰相法耶?"……事遂不行。

——《旧唐书》卷一百一《王求礼传》。

王求礼为左拾遗,则天朝,[契丹]孙万荣寇陷河北数州,河内王[武]懿宗拥兵不敢进,比贼散,懿宗奏请族诛沧、瀛、等州百姓为讹误者。[王]求礼廷折之曰:"此百姓等素无良吏教习,城池又不完,因贼畏惧,苟且从之,今请[诛]杀,切将违背天道。而[武]懿宗拥强兵十余万,闻贼将至,辄退走保城池,罪当诛戮。今乃移祸于草泽讹误之人,以求自免,岂是为臣之道?请先斩[武]懿宗以谢河北官民百姓。"群官愕然,谓之切当,遂令魏州刺史狄仁杰充使安抚。

——《册府元龟》卷四百五十九《台省部·公正》。

武攸宜历同州刺史,[武则天]万岁通天初,为清边道行军大总管,讨契丹,后(按:指武则天)亲饯白马寺(在今洛阳),师无功还,拜左羽林大将军。

——《新唐书》卷二百六《武攸宜传》。

唐玄宗开元二年(714年)正月甲申,并州大都督府长史、兼检校左卫大将军薛讷同紫微黄门三品,仍总兵以讨奚、契丹。七月,薛讷与副将杜宾客、崔宣道等总兵六万自檀州道(按:今古北口道),遇贼于滦河,为贼所败。[薛]讷等屏甲遁归,减死,除名为庶人。

开元五年(717年)三月庚戌,于柳城(今辽宁辽阳)依旧置营州都督府。十一月己亥,契丹首领松漠王李失活来朝,以宗女为永乐公主以妻之。

开元六年(718年)夏五月,契丹松漠王李失活卒。

开元十年(722年)夏四月丁酉,封契丹首领松漠都督李郁于为松漠郡王。六月癸卯,以余姚县主女慕容氏为燕郡公主,出降奚首领饶乐郡王李鲁苏(按:误,当为契丹首领松漠郡王李郁于,见《旧唐书·契丹传》)。

开元十三年（725年）正月乙酉，以幽州都督府为大都督府。

开元十四年（726年）正月癸亥，改封契丹松漠王李召固为广化王……封宗室外甥女……为公主，各以妻之。三月壬寅，以国甥东华公主降于契丹李召固。

开元十八年（730年）五月，契丹衙官可突干杀其主李召固，率部落降于突厥，奚部落亦随西叛。奚王李鲁苏来奔，［契丹李］召固妻东华公主陈氏及鲁苏妻东光公主韦氏并奔投平卢军（按：平卢军驻辽宁朝阳）。制幽州长史赵含章率兵讨之。六月丙子，命单于大都护、忠王［李］浚为河北道行军元帅，御史大夫李朝隐、京兆尹裴伷先为副，率十八总管以讨契丹、奚等，事竟不行。闰六月甲申，分幽州置蓟州（治今天津蓟县）。

开元二十年（732年）三月，信安王［李］祎①与幽州长史赵含章大破奚、契丹于幽州之北山（按：今北京怀柔、密云山区）。

开元二十一年（733年）闰三月，幽州道副总管郭英杰等讨契丹，为所败于都山之下（今河北宽城满族自治县都山），［郭］英杰死之。

开元二十二年（734年）九月壬申，改饶乐都督府为奉诚都督府。十二月乙巳，幽州长史张守珪发兵讨契丹，斩其王屈烈及其大臣可突干于阵，传首东都（今洛阳），餘叛奚皆散走山谷②。立其酋长李过折为契丹王。

——《旧唐书》卷八《玄宗纪上》。

开元二十年（732年）三月，信安王［李］祎及幽州长史赵含章大破奚、契丹于幽州之北。敕曰：……宜令所司，择日发使告享诸陵庙。又命王浚亲统奚、契丹俘虏告庙。

——《册府元龟》卷十二《帝王部·告功》。

开元二十五年（737年）二月癸酉，张守珪破契丹余众于捺禄山（捺：音：奈、那、腻，《资治通鉴》作捺禄山），杀获甚众③。

开元二十七年（739年）六月甲戌，幽州节度使、兼御史大夫张守珪以贿贬为括州刺史。

——《旧唐书》卷九《玄宗纪下》。

薛讷，绛州万泉人也，左武卫大将军仁贵子也……其后突厥入寇河北，则天以［薛］讷将门，使摄左武威卫将军、安东道经略。临行，于同明殿召见与语，［薛］

---

① 信安王，《旧唐书》本传和玄宗纪皆作"祎（音：灰）"，《新唐书》、《资治通鉴》均作"祎（音：依）"。
② 二十二年十二月条并见于《册府元龟·外臣部·征讨五》。又，《旧唐书·契丹传》载："契丹衙官李过折与可突于（《资治通鉴》书"干"，新、旧《唐书》书"于"）分掌兵马，情不叶，悔潜诱之，［李］过折夜勒兵斩可突于及其支党数十人。"则可突于并非死于阵。
③ 《册府元龟》卷九百八十六《外臣部·征讨五》所记与此同。

讷因奏曰："丑虏凭凌，以庐陵为辞。今虽有制升储，外议犹恐未定[1]。若此命不易，则狂贼自然款伏。"则天深然其言。[武则天圣历元年，公元698年]寻拜幽州都督、兼安东都护；[睿宗太极元年，公元712年]转并州大都督府长史、兼检校左卫大将军。久当边镇之任，累有战功。

时[开元二年，公元714年]契丹及奚与突厥连和，屡为边患，[薛]讷建议请出师讨之。开元二年夏，诏与左监门将军杜宾客、定州刺史崔宣道等率众二万，出檀州道以讨契丹等。杜宾客以为时属炎暑，将士负戈甲，赍资粮，深入寇境，恐难为制胜。中书令姚元崇（即姚崇）亦以为然。[薛]讷独曰："夏月草茂，羔犊生息之际，不费粮储，亦可渐进。一举振国威灵，不可失也。"时议咸以为不便。玄宗方欲威服四夷，特令[薛]讷同紫微黄门三品，总兵击奚、契丹，议者乃息。六月，师至滦河，遇贼，时既蒸暑，诸将失计会，尽为契丹所覆。[薛]讷脱身走免，归罪于崔宣道及蕃将李思敬等八人，诏尽令斩之，特免杜宾客之罪。下制曰："并州大都督府长史、兼检校左卫大将军，和戎、大武等诸军州节度大使，同紫微黄门三品薛讷，总戎御边，建议为首。暗于料敌，轻于接战，张我王师，衄与虏境。观其畴昔，颇常输謇，每欲资忠报主，见义忘身。特缓严刑，俾期来效，宜赦其罪，所有官爵等并从除削。"

——《旧唐书》卷九十三《薛讷传》。

薛讷，大将军[薛]仁贵之子也。[武]则天时，突厥入寇河北，[武]则天以[薛]讷将门子，使摄左威卫将军、安东道经略。

——《册府元龟》卷三百七十三《将帅部·忠四》。

薛讷为幽州都督。睿宗太极元年为并州大都督府长史、和戎军大使。[薛]讷镇幽州二十余载，边人怀之，未尝深入，虏亦不敢犯[2]。

——《册府元龟》卷三百九十七《将帅部·怀抚》。

薛讷为并州大都督府长史、兼左卫大将军。玄宗开元二年（714年）契丹、奚、突厥等连和，屡为边患。[薛]讷建议，请出师讨之。诏与左监门将军杜宾客、定州刺史崔宣道等率众二万人，出檀州道（今古北口）以讨契丹。杜宾客及姚崇皆以为不可。[薛]讷建此议，时帝方欲威服四夷，特令[薛]讷同紫微黄门三品，议

---

[1] 唐中宗李显是高宗第七子，母为则天皇后。高宗永隆元年（680年）章怀太子李贤废，改立李显为太子。宏道元年十二月高宗死，遗诏皇太子柩前即帝位。皇太后武则天临朝称制，改元嗣圣，元年二月废中宗李显为庐陵王，幽于别所，后迁居均州、房陵。但在内外压力下，圣历元年武则天又不得不将李显召回东都，立为太子。薛讷所言即指此事。

[2] 《册府元龟》卷四百二十九《将帅部·守边》与此同。

者遂息。六月，师至滦河，尽为契丹所覆，脱身走免，归罪于崔宣道及蕃将李思敬等八人，诏皆斩之，特原［薛］讷罪，所有官爵并从除削。

——《册府元龟》卷四百四十三《将帅部·败衄三》。

薛讷为检校左卫大将军，玄宗开元二年（714年）诏与将军杜宾客、崔宣道率众讨契丹。六月，师至滦河，尽为契丹所覆，除削官爵。

——《册府元龟》卷四百三十二《将帅部·立后效》。

薛讷，玄宗初突厥屡为边患，［薛］讷建议请出师讨之。开元二年（714年）夏，诏与左监门将军杜宾客、定州刺史崔宣道等率众二万，出檀州道以讨契丹。杜宾客以为时属炎暑，将士负戈甲，赍资粮，深入寇境，恐难为制胜。中书令姚元崇（即姚崇）亦以为然。［薛］讷独曰："夏月草茂，羔犊生息之际，不费粮储，亦可渐进。一举振国威灵，不可失也。"时议咸以为不便。玄宗方欲威服四夷，特令［薛］讷同紫微黄门三品，总兵击契丹，议者乃息。六月，师至滦河，遇贼，时既蒸暑，诸将失计会，尽为契丹等所覆。［薛］讷脱身走免，归罪于崔宣道及蕃将李思敬等八人，诏尽令斩之，特免杜宾客之罪。下制曰："并州大都督府长史、兼检校左卫大将军，和戎、大武等诸军州节度大使，同紫微黄门三品薛讷，总戎御边，建议为首。暗于料敌，轻于接战，张我王师，衄之虏境。观其畴昔，颇常输罄，每欲资忠报主，见义忘身。特缓严刑，俾期来效，宜赦其罪，所有官爵等并从除削。"

——《册府元龟》卷四百五十二《将帅部·识闇》。

［李］道广，［武］则天时为汴州刺史。时突厥及契丹寇陷河北，兼发河南诸州兵募，百姓骚扰，道广宽猛折衷，称为善政，存心慰抚，汴州独不逃散。

——《旧唐书》卷九十八《李元纮传》附道广传。

姜师度，魏人也。明经举。［唐中宗］神龙初，累迁易州刺史、兼御史中丞，为河北道监察兼支度营田使。师度勤于为政，又有巧思，颇知沟洫之利。始于蓟门（今天津蓟县）之北，涨水为沟，以备奚、契丹之寇。又约魏武旧渠，傍海穿漕，号为平虏渠，以避海艰，粮运者至今利焉。

——《旧唐书》卷一百八十五下《姜师度传》。

［开元］十八年（730年）五月，［契丹］衙官可突于杀［李］邵固，率部落降于突厥，奚部落亦随而叛。奚王李鲁苏来奔，［李］邵固妻东光华公主陈氏及［李］鲁苏妻东光公主韦氏并奔投平卢军（今辽宁朝阳），制幽州长史赵含章率兵讨之。

——《册府元龟》卷九百八十六《外臣部·征讨五》。

开元二十年正月，信安王［李］祎率裴耀卿及幽州节度使赵含章分道击契丹，含章与虏遇，虏望风遁去。平卢先锋将乌承玼言于［赵］含章曰："二虏，剧贼也。前日遁去，非畏我，乃诱我也，宜按兵以观其变。"［赵］含章不从，与虏战于白山，果大败。［乌］承玼别引兵出其右，击虏，破之。己巳，［李］祎大破奚、契丹，俘斩甚众，可突干率麾下远遁，馀党潜窜山谷。

——《资治通鉴》卷二百一十三　唐纪二十九　玄宗开元二十年。

郭英杰官至左卫将军。［唐玄宗］开元二十一年（733年），幽州长史薛楚玉遣英杰及裨将吴克勤、乌知义、罗守忠等率精骑万人及降奚之众以讨契丹，屯兵于榆关（即渝关）之外；契丹首领可突干引突厥之众拒战于都山之下。官军不利，知义、守忠率麾下便道遁归。英杰与克勤逢贼力战，皆没于阵。其下精锐六千馀人仍与贼苦战，贼以英杰之首示之，竟不降，尽为贼所杀。

——《旧唐书》卷一百三《郭知运传》附英杰传。

郭英杰为幽州道副总管，开元二十一年（733年）讨契丹于都山（今河北宽城满族自治县都山），为贼所败，［郭］英杰死之。

——《册府元龟》卷四百二十五《将帅部·死事二》。

敕幽州老人师知礼等：比者林胡（指契丹）翻覆，荐岁不宁，戎马之乡，良亦深苦。而贼虏自叛，天实诱之，主将致诛，略无遗噍，实除边患，且减征徭。卿等忠义，因心远来陈贺，深所嘉尚，并宜坐食，各有赐物，食讫领取。

——《全唐文》卷二百八十四　张九龄：《敕宴幽州老人》。

张守珪，陕州河北人也……［开元］二十一年（733年），转幽州（治今北京）长史、兼御史中丞、营州都督、河北节度副大使，俄又加河北采访处置使。先是，契丹及奚连年为边患，契丹衙官可突干骁勇有谋略颇为夷人所伏。赵含章、薛楚玉等前后为幽州长史竟不能拒。及［张］守珪到官，频出击之，每战皆捷。契丹首领屈剌与可突干恐惧，遣使诈降（按：见下张九龄所拟敕文）。［张］守珪察知其伪，遣管记右卫骑曹王悔诣其部落谋之。［王］悔至屈剌帐，贼徒初无降意，乃移其营帐渐向西北，密遣使引突厥，将杀［王］悔以叛。会契丹别帅李过折与可突干争权不叶，［王］悔潜诱之，夜斩屈剌及可突干，尽诛其党，率余烬以降。［张］守珪因出师次于紫蒙川，大阅军实，宴赏将士，传屈剌、可突干等首于东都，枭于天津桥之南。诏封李过折为北平王，使统其众，寻为可突干余党所杀。［开元］二十三年

（735年）[张]守珪诣东都献捷……廷拜[张]守珪为辅国大将军、右羽林大将军、兼御史大夫，余官并如故。仍赐杂采一千匹及金银器物等，与二子官，仍诏于幽州立碑以纪功赏。

——《旧唐书》卷一百三《张守珪传》。

张守珪，[开元]二十一年（733年），[由瓜州都督]转幽州（治今北京）长史、兼御史中丞、营州都督、河北节度副大使，俄又加河北采访处置使。先是，契丹及奚连年为边患，及[张]守珪到官，频出击之，每战皆捷，斩契丹首领可突于首，传于东都。明年春，[张]守珪献捷，会籍田礼毕酺宴，玄宗赋诗以褒美之。拜[张]守珪为辅国大将军、右羽林大将军、兼御史大夫，仍赐杂采一千匹及金银器物等。

——《册府元龟》卷三百八十四《将帅部·褒异十》。

张守珪为幽州节度副大使，开元二十二年（734年）[张]守珪大破林胡，遣使献捷，择日告庙。二十八年（740年）八月二十日，敕幽州节度，奏破奚、契丹，宜择日告庙（原注：自后诸军献捷，必先告庙）。

——《册府元龟》卷四百三十四《将帅部·献捷一》。

开元二十二年（734年）六月，幽州节度副大使张守珪大破林胡，遣使献捷。敕曰：……宜择日告九庙。所司准式。

——《册府元龟》卷十二《帝王部·告功》。

右高力士宣：奉敕张守珪，所进送突厥生口，具问知委曲，故令刘思贤去者，臣等伏以为北房凶狡，诚亦难保其心。然陛下以恩泽怀柔，岁月已久，使彼豺武，顿改顽暴，以事观察，信然不虚。何者？昨李佺使回，房亦具云东下，中间或言难信，至今果如所说，即使输诚于国，未有他诈。且契丹等翻覆，或往或来，今其东讨，虽未禀命，在于夷狄亦不可责于常理。若因而屠之，亦便除患。陛下先有圣料，以为如此。臣等常窃志之，固非所及。今其来也，若契丹等偶胜，北房势衰，因而乘之，灭其大半，审料必取，始可决行，事若不然，而军将妄动，徒结大隙，亦以不信，为国生患，莫甚于此。臣伏以在边诸将，苟利一军，便即行之，以邀荣赏，不思远计，诚是大失。今刘思贤往，望将降书处分，守珪必为远图，无得妄动，防约诸将，使知圣心，纵房庭闻之，大张天泽，未审可否，仅录状奏闻。

——《全唐文》卷二百八十八 张九龄：《论东北军未可轻动状》。

右适高力士宣示：臣等张守珪奏：契丹及奚并自离贰，兼安禄山复有杀获，贼数将尽触绪猜携，边镇勒兵，伺隙而动，诛翦有日，廓清可期。此皆天威远临，逋逃自灭，臣等不胜庆跃之至。

——《全唐文》卷二百八十九　张九龄：《贺奚契丹并自离贰廓清有期状》。

敕契丹王据埒及衙官可突于、蜀活刺史郁捷等：顺道则吉，惟智能图，逆节即凶，岂愚所觉。如卿顷年背诞，实养祸胎，今而知之，亦犹未晚，因是转灾为福，因败而成，去百死之危，保万全之计；则昔者之去，何其悖也，今兹复来，又何智也。皆是卿素有筹略，本于忠诚，率先种人拔于死地，自尔之后，更有何忧！朕于诸蕃未尝负约，况于卿等更有旧恩，

闻卿此来，豁然慰意。一则兵革都息，二则君臣如初，百姓之间不失耕种；丰草美水，畜牧随之，更无外虞，且知上策。人生自奉，谁不求安，保此永年，一无他虑，在卿所见。何假朕言。部落初归，应须安置，可与守珪审定，务依蕃部所欲，想其沃饶之所，适彼寒暑之便，无令下人有所不惬也。冬末寒甚，卿与衙官、军吏、刺史以下及部落百姓并平安好，遣书指不多及。

——《全唐文》卷二百八十五　张九龄：《敕契丹王据埒可突于等书》。

右高力士宣示：张守珪所上逆贼契丹屈烈及可突于等首级。此等恶稔，丧败将及，故天诱其衷，既降又贰，而感义之士，恶其翻覆，背恩之贼，已就诛除，幽障廓清，华夷俱静，计其馀噍，永无动摇。陛下边任先择，圣谋独断，克秉成命，树此戎功，且知河朔无转输之劳，林胡为赋税之地。臣等忝在枢近，预闻远绩，捷书之至，喜倍恒情，谨奉状陈贺以闻，谨奏。

——《全唐文》卷二百八十九　张九龄：《贺诛奚（按：当为契丹）贼可突于状》。

时（按：开元二十二年十二月）契丹衙官李过折与可突于（一书"干"）分掌兵马，情不叶，［王］悔潜诱之，［李］过折夜勒兵斩可突于及其支党数十人。二十三年（735年）正月，传首东都。诏［李］过折为北平郡王，授特进，检校松漠都督，赐锦衣一副、银器十事、绢采三千匹。其年，［李］过折为可突于余党泥礼所杀，并其诸子，唯一子剌干走投安东（今辽宁锦州）得免，拜左骁卫将军。

——《旧唐书》卷一百九十九下《契丹传》。

敕契丹知兵马中郎李过折等：卿比在蕃中，已知才略，一此行事，十倍所闻，既立殊勋，又成大节，何其壮也。可突于狡算翻覆，人面兽心，事其酋长，不忠不义；处其种落，无信无思，专持两端，随事向背，而屈烈愚蔽，与之同恶，卿比观变，实为远图。诛元凶而存一蕃，行权宜而合正道，所全者大，所虑实深。今诸部帖然，皆卿之力也。且顷者，携叛又甚崎岖，羊马不保于孳生，田畴不安于耕种，寄命山谷，并力干戈，总由顽凶，致此劳苦。向若无卿此举，信彼所行，以疲弊之残人，当骁

雄之巨众，彼则朝夕奔命，此方岁月攻守，而众寡不敌，歼灭有期。赖卿先见之明，遽为转祸之计，以救万人之命，以成万代之名，岂度大功，真为上智。今将畴其井赋，异姓封王，以旌厥庸，且有后命。在彼初有变故，乍应惊扰，百姓既知，想当安帖。顷可与张守珪量事处置，务逐便宜。今既一家，爱同赤子，惟其所欲，随事抚存。春初尚寒，卿及衙官刺史县令已下并平安好，遣书指不多及。

——《全唐文》卷二百八十六　张九龄：《敕契丹知兵马中郎李过折书》。

开元二十三年（735年），契丹王[李]过折为其臣涅礼（按：又书泥礼）所杀……上（即玄宗）赦其罪，因以涅礼为松漠都督，且赐书责之曰："卿之蕃法多无义于君长，自昔如此，朕亦知之。然过折是卿之王，有恶辄杀之，为此王者，不亦难乎！但恐卿为王，后人亦尔。常不自保，谁愿作王！亦应防虑后事，岂得取快目前！"突厥寻引兵东侵奚、契丹，涅礼与奚王李归国击破之。

——《资治通鉴》卷二百一十四唐纪三十玄宗开元二十三年。

右今日刘思贤至，奉宣圣旨，垂示臣等破贼所由，兼见守珪表奏，具承契丹累捷。伏以圣武所加，制胜者无失；天威不抗，犯顺者自亡。突厥负众背恩，穷凶远袭，两蕃怀德，视死如归，三军奉国，从命如指，遂使一战便克。已闻杀伤无算，恸哭而奔，则知主将必死，且蛮夷相伐，我则不劳，疆场有虞，义亦奚失，固知无怨信于漠北，有大造于燕垂。此实独断神谋，事皆有预，万全之策，永静边隅，薄伐之师，匪劳中夏，凡在黎庶，孰不欣悦。臣等忝预枢近，倍百恒情，无任庆悦之至。

——《全唐文》卷二百八十九张九龄：《贺东北累捷状》。

敕契丹都督泥礼：往者屈烈、[可]突于凶恶，无心忧矜百姓，背叛于我，终日自防，丁壮不得耕耘，牛马不得生养。及依附突厥而课税又多，部落吁嗟，卿所见也。李过折因众人之愤，诛顽凶之徒，诸部酋豪相率归我，已令随事赏赐。亦云且得安宁，过折封王岂直赏功而已，亦为百姓众意，赖其抚恤，不知近日以来若为非理，亦闻杀害无罪，棒打又多，众情不安，遂致非命。然卿彼之蕃法，多无义于君长，自昔如此，朕亦知之。然是卿蕃王有恶，径杀为此，王者不亦难乎！但恐卿今为王，后人亦常不自保，谁愿作王？卿虽蕃人，是当土豪杰，亦须防虑后事，岂取快志目前？过折既亡，卿初知都督，百姓诸处分复得安宁以否？张守珪先拟往彼，亦即令便就处置，卿应有官赏即有处分。夏中甚热，卿及首领百姓并平安好。今赐卿锦衣一副并细腰带七事，至宜领取，遣书指不多及。

——《全唐文》卷二百八十五张九龄：《敕契丹都督泥礼书》。

敕幽州节度副大使、兼御史大夫张守珪：近有降人云，虏骑东下，其数稍众，固亦有以待之。仍闻两蕃亦有应接,当是妄语,终须审观,若保无他,便可信任也。至于兵马权略,决在一时,卿自审量,不可悬料。然虏骑驰突,难与争锋,会是乘其气衰,然后邀击一战,取灭或在此举。顷者泥礼自擅,虽以义责,而未有名位,恐其不安,卿可宣示朝旨,使知无他也。并便处置讫奏闻,朕当即有处分。比秋热,卿及将士以下并平安好。今令赵惠琮一一口具,遣书指不多及。

——《全唐文》卷二百八十五张九龄:《敕幽州节度张守珪书》。

敕松漠都督右金吾卫大将军泥礼:得张守珪表,知卿等破贼,且突厥此来也,其心毒害,又甚轻敌,人事之与神道,可得不有伤残。卿之忠诚加以义勇,以顺讨逆,自然必胜。朕所悬爵秩,惟赏有功,况卿赤心,复加戎捷。然贼自远投于死地,今其伤败,必更有谋,可须防之,重不可失。[平卢军使]乌知义在彼,宜临事筹之,若需邀截,亦与之计会。秋气渐凉,卿及衙官首领百姓并平安好,遣书指不多及。

——《全唐文》卷二百八十五张九龄:《敕松漠都督泥礼书》。

敕幽州节度副大使幽州长史、兼御史大夫张守珪:北虏猖狂,劳师远袭,朕已成料,知其破伤。得卿上言,果如前策。然契丹恃我,其心不携,以逸待劳,取之必也。既有克捷,当更防之,困兽犹斗,穷寇勿遏,丧败之余,其气不振,乘此不取,后悔难追。熟料万全,然后邀击,蕃汉相杂,使其莫辨,此亦便不可失,时不再来,临事指麾,在卿审断也。事今若此,得算已多,勿复恩恩致难于末路。卿比疝疾,今复何似,宜善将疗,不得自勤。秋凉,卿将士以下并平安好,遣书指不多及。

——《全唐书》卷二百八十五张九龄:《敕幽州节度使张守珪书》。

乌承玼字德润,张掖人。开元中与族兄[乌]承恩皆为平卢[军](驻营州,今辽宁朝阳)先锋,沈勇而决,号"辕门二龙"……[开元十八年]契丹可突于(或为"干")杀其王邵固降突厥,而奚亦乱,其王[李]鲁苏挈族属及邵固妻子自归。是岁,奚、契丹入寇,诏[乌]承玼击之,破于捺禄山。二十二年(按:当为二十年,见《旧唐书·玄宗纪》,《新唐书·玄宗纪》亦同),诏信安王[李]祎率幽州长史赵含章进讨,[乌]承玼请含章曰:"二虏固剧贼,前日战而北,非畏我,乃诱我也。公宜畜锐以折其谋。"[赵]含章不信,战白城,果大败。[乌]承玼独按队出其右,斩首万计,可突于奔北奚。

——《新唐书》卷一百三十六《李光弼传》附乌承玼传。

开元二十年正月,信安王[李]祎率裴耀卿及幽州节度使赵含章分道击契丹,含章与虏遇,虏望风遁去。平卢先锋将乌承玼言于[赵]含章曰:"二虏,剧贼也。前日遁去,非畏我,乃诱我也,宜按兵以观其变。"[赵]含章不从,与虏战于白山,果大败。[乌]承玼别引兵出其右,击虏,破之。己巳,[李]祎大破奚契丹,俘斩甚众,可突干率麾下远遁,余党潜窜山谷。奚酋李诗琐高(原按:琐高,奚族官职名)率五千余帐来降。[李]祎引兵还。赐李诗爵归义王,充归义州都督,徙其部落置幽州境内。

——《资治通鉴》卷二百一十三唐纪二十九玄宗开元二十年。

开元二十年正月,信以朔方节度等副大使、礼部尚书信安郡王[李]祎为河东、河北两道行军副大总管知节度事,率兵讨契丹。率户部侍郎裴耀卿等诸副将分道统兵出于范阳之北,大破两蕃之众(奚、契丹),擒其酋长,余党窜入山谷。

——《册府元龟》卷九百八十六《外臣部·征讨五》。

尚书讳承洽[①]字某。乌氏自……武德以来始以武功为名将家。开元中,尚书管平卢先锋军,属(按:当为"屡")破奚、契丹,从战捽禄,走可突于渤海上,至马都山。吏民逃徙失业。尚书领所部兵塞其道,堑原累石,绵四百里,深高皆三丈。寇不得进,民还其居,岁罢运钱三千万余。

——《全唐文》卷五百六十一韩愈:《乌氏庙碑铭》。

开元二十四年三月,张守珪使平卢讨击使、左骁卫将军安禄山讨奚、契丹叛者,禄山恃勇轻进,为虏所败。

——《资治通鉴》卷二百十四 唐纪三十 玄宗开元二十四年。

敕幽州节度副大使张守珪:顷者,慰抚降虏,每事优给,而终不知恩,惟图反噬,名虽为人,类实豺狼,今所叛亡,何苦如此。近者闻其家累多并为我所得,唯有丁壮挺身走险,树木既暗,弓矢亦全,以穷寇失家之心,乘深林必死之地,若冒此轻进,岂云料敌。安禄山勇而无谋,遂致失利,以衣甲资盗,挫我军威,论其轻敌,合加重罪,然即初闻勇鬬亦有诛杀,又寇戎未灭,军令从权,故不以一败弃之,将欲收其后效也;不行薄责又无所惩,宜且停旧官,令白衣将领[②]。卿更审量本状,亦任随事处之。所将阵亡之人及战伤之者并收瘗救疗,吊死问生,寇仇之来,岂其获已,言念于此,良深嗟悼。卿等各秉忠义,式遏方隅,躬冒险难,宁不知此。无以小失,致夺军气,数宜激励,以保功名。平卢军储,取能支久,若贼寇聚食,费耗更多,早宜处置,使得所也。今将金疮药寄至,可分疗将士,并数令巡问。春后渐热,卿及将士并平

---

① 《新唐书·乌承玼传》记载:"乌承玼字德润,张掖人。开元中与族兄[乌]承恩皆为平卢[军](驻营州,今辽宁朝阳)先锋,沈勇而决号'辕门二龙'。"司马光《资治通鉴考异》据此指出,乌承洽即乌承玼。
② 《安禄山事迹》卷上记载:"开元二十四年(736年),禄山为平卢将军,讨[奚]、契丹失利,守珪奏请斩之……玄宗惜其勇锐,但令免官,白衣展效。"此敕当即此时。

安好，遣书指不多及。

——《全唐文》卷二百八十五张九龄：《敕幽州节度张守珪书》。

穰苴出军，必诛庄贾；孙武行令，亦斩宫嫔，守珪军令若行，禄山不宜免死。
——《全唐文》卷二百八十七　张九龄：《张守珪奏裨将安禄山失利送戮京师批》。

敕张守珪、安禄山①：两番自昔辅车相依，奚既破伤，殆无遗噍；契丹孤弱，何能自全。复闻突厥征求，欲有逃避，传者纵其未实，此虏终已合然。藉卿运筹，徐以计取。况禄山义勇，武艺绝人，谋帅得贤，裨将复尔，以讨残蘖，势若摧枯，仗顺而行，何敌之有。今者又云遇贼，略有芟夷，乘其数穷，日向歼尽，其灼然有功效者，可具以状闻，会取实劳，以当优赏。赵堪（按：张守珪裨将）云，卿见部勒，欲以师行兵贵，从权以时。经略在卿，临事一以委之，效命输忠，成名立事，居今慕古，千载一时，卫、霍之俦，独何人也。边事烦总，无乃为劳。冬初薄寒，卿及禄山并诸将士以下并平安好，遣书指不多及。

——《全唐文》卷二百八十五张九龄：《敕幽州节度张守珪书》。

敕幽州节度副大使张守珪：昨史思明往，已有处分。赵堪适至，委曲知之。安禄山等轻我兵威，曾不审料，致今损失，宜其就诛。卿既行军，于法合尔，然此贼初叛，势尚未合，乘其虚弱，正可追擒，直为林暗山深，恃不存之地，万一兽骇，致损更多，以此思之，固须且守，伺其有隙，乘便剪除，如此筹宜，应是长策。且战者凶事，有胜有负，无以邂逅，遂致仓皇，使我骁勇，小有夺气。负罪者既其即戮，用命者亦宜升奖。彼之小丑，何足可除。所有奏入，即当处分，平卢以北，动静须知，得其委曲，随事防备。委卿在远，一一必由，但量宜行之，奏未晚也。

——《全唐文》卷二百八十五张九龄：《敕幽州节度张守珪书》。

敕平卢使乌知义：委卿重镇，安辑两蕃，动静须知，节制斯在，而二虏将叛，来往有谋，曾不是思，信其至此。又委安禄山，轻突挫我军威，不严其约，是事无预，一朝损失，虽悔何追。但以卿忠勤，复是耆旧，虽有过失，一切不论，实欲尽卿所长，收其后效，固须易虑，以补前阙。此贼既叛，意其劫攻，每事须防，无失便也。一一并赵堪口具。夏初渐热，卿及将士并平安好，遣书指不多及。

——《全唐文》卷二百八十五张九龄：《敕平卢使乌知义书》。

---

① 据《旧唐书·张守珪传》记载：开元二十一年（733年）至二十七年（739年）任幽州节度使。二十七年，坐牛仙童事左迁括州刺史。《安禄山事迹》上记载：安禄山开元二十四年（736年）始为平卢将军，二十八年（740年）为平卢军兵马使。然而，二十八年张守珪已经去职。故此敕文当在开元二十四年以后，二十七年以前，始能将张守珪、安禄山并称。

敕平卢诸军镇将士以下：两蕃残贼，余类仅存。朕尝怀抚柔，冀其迁善，而数年之内谋叛相仍，信是枭鸱，固非人也。顷者，所以列置军镇，递为唇齿，所虞在此，岂欲劳人。卿等委身边疆，为国展效，遇其反噬，得不讨除。近日安禄山无谋，率尔轻敌，驰突不顾，遂损师徒，择将不良，伤人已甚，事虽既往，义实疚怀。凡在平卢，其阵亡之人，并委张守珪差人吊祭，并勘实乡贯，具以状闻。悯彼伤魂，当有赠饰。兴焉吊惜，久不能忘，然此贼比来削弱已甚，挼绳系颈，人有其心。安禄山之败，缘轻敌太过，勿因此畏愒，致失后图，立功成名，荣贵斯在，各宜勉励，共除凶恶。夏初渐热，卿等并平安好，遣书指不多及。

——《全唐文》卷二百八十五张九龄：《敕平卢诸将士书》。

安禄山，营州柳城（今辽宁朝阳）杂种胡也。[唐玄宗天宝之世为平卢节度使、兼范阳节度使、河东节度使。]……即肥大不任战，前后十余度欺诱契丹，宴设酒中著莨菪子，预掘一坑，待其昏醉，斩首埋之，皆不觉死，每度数十人。天宝十一载（752年）八月①，禄山并率河东等军五六万，号十五万，以讨契丹。去平卢千余里，至土护真河（今老哈河），即北黄河也。又倍程三百里，奄至契丹牙帐。属久雨，弓箭皆涨湿，将士困极，奚又夹攻之，杀伤略尽。禄山被射，折其玉簪，以麾下奚小儿二十餘人走上山，坠坑中，其男庆绪等扶持之。会夜，解走，投平卢城（今辽宁朝阳）。

——《旧唐书》卷二百上《安禄山传》。

（4）唐朝与奚族的关系

奚国，盖匈奴之别种也，所居亦鲜卑故地，即东胡之界也，在京师东北四千餘里。东接契丹，西至突厥，南拒白狼河（今大凌河），北至霫国。自营州（今辽宁朝阳）西北饶乐水（今老哈河）以至其国。胜兵三万餘人，分为五部，每部置俟斤一人。风俗并于突厥，每随逐水草，以畜牧为业，迁徙无常……好与契丹战争。

[唐高祖]武德中，遣使朝贡。[唐太宗]贞观二十二年（648年），酋长可度者率其所部内属，乃置饶乐都督府，以可度者为右领军、兼饶乐都督，封楼烦县公，赐姓李氏。[唐高宗]显庆初（656年）又授右监门大将军。[武则天]万岁通天[元]年（695年），契丹叛后，奚众管属突厥，两国（按：指奚、契丹）常递为表里，号为"两蕃"。唐睿宗景云元年（710年），其首领李大辅遣使贡方物，睿宗嘉之，宴赐甚厚。

[唐睿宗]延和元年（712年），左羽林将军、检校幽州（治今北京）大都督孙俭（按：当为"佺"），率兵十二万以袭其部落，师次冷硎，前军左骁卫将军李楷落等

---

① 此事，《资治通鉴》、《旧唐书·契丹传》均载在天宝十年八月

与大辅会战，我师败绩。[孙]俭惧，不敢进救，遣使矫报大辅云："我奉敕来此招谕蕃将，李楷落等不受节度而辄用兵，请斩以谢。"[李]大辅曰："若奉敕招谕，有何国信物？"[孙]俭率军中缯帛万余段并袍带以与之。[李]大辅曰："将军可南还，无相惊扰。"[孙]俭军渐失部伍，[李]大辅乃率众逼之，由是大败，兵士死伤者数万。[孙]俭及副将周以悌为[李]大辅所擒，送于突厥默啜，并遇害。

[唐玄宗]开元三年（715年），[李]大辅遣其大臣粤苏梅落来请降，诏复立其地为饶乐州，封[李]大辅为饶乐郡王，仍拜左金吾员外大将军、饶乐州都督。[开元]五年（717年），[李]大辅与契丹首领松漠郡王李失活咸请于柳城依旧置营州都督府，上从之。敕太子詹事姜师度充使督工作，役八千餘人。其年，[李]大辅入朝，诏封从外甥女辛氏为固安公主以妻之，赐物一千五百匹，遣右领军将军李济持节送还蕃。

[开元]八年（720年），[李]大辅率兵救契丹，战死，其弟[李]鲁苏嗣立。[开元]十年（722年），入朝，诏令袭其兄饶乐郡王、右金吾员外大将军、兼保塞军经略大使，赐物一千段，仍以固安公主为妻。而公主与嫡母未和，递相论告，诏令离婚，复以成安公主之女韦氏为东光公主以妻之。[开元]十四年（726年），又改封[李]鲁苏为奉诚王，授右羽林军员外将军。[开元]十八年（730年），奚众为契丹衙官可突于（按：当为"干"）所胁，复叛降突厥。[李]鲁苏不能制，走投渝关，东光公主奔归平卢军。其秋，幽州（治今北京）长史赵含章发清夷军兵击奚，破之，斩首二百级。自是奚众稍稍归降。[开元]二十年（732年），信安王[李]祎奉诏讨叛奚。奚酋长李诗琐高（胡三省注：琐高，奚族官职名）等以其部落五千帐（按："帐"相当于"户"）来降。诏封李诗[琐高]为归义王兼特进、左羽林军大将军同正，仍充归义州都督，赐物十万段，移其部落于幽州界安置①。[唐玄宗]天宝五载（746年），又封其王娑固为昭信王，仍授饶乐都督。

自[唐代宗]大历后（766年），朝贡时至。[唐德宗]贞元四年（788年）七月，奚及室韦寇振武（驻东受降城，今内蒙古托克托南）。十一年（795年）四月，幽州（治今北京）奏[击]却奚六万餘众。元和元年（806年），其王饶乐府都督、袭归诚王梅落来朝，加检校司空，放还蕃。三年（808年），以奚首领索低为右武威卫将军同正充檀（治今北京密云）、蓟（治今天津蓟县）两州游弈兵马使仍赐姓李氏。八年（813年），遣使来朝。十一年（816年），遣使献名马。尔后每岁朝贡不绝，或岁中二三至。

故事，常以范阳节度使为押奚、契丹两蕃使。自[唐肃宗]至德之后，藩臣多擅封壤②，朝廷优容之，彼务自完，不生边事，故两蕃亦少为寇。其每岁朝贡，常各

---

① 《新唐书·地理志七下》载：归义州归德郡　[唐高宗]总章中以新罗户置，侨治良乡之广阳城（今北京房山广阳镇）。县一：归义。后废。开元中，信安王[李]祎降契丹李诗部落五千帐，以其众复置。

② 安史之乱始于唐玄宗天宝十四载（755年），平于唐代宗宝应二年（763年），历时7年有余。在平乱中，自肃宗至德元年（756年）以后中央政权削弱，军阀割据方隅，各行其是，形成藩镇割据局面，即所谓"多擅封壤"。

遣数百人至幽州，则选其酋渠三、五十人赴阙，引见于麟德殿，赐以金帛遣还，餘皆驻［幽州］而馆之，率以为常。

——《旧唐书》一百九十九下《奚传》。

［唐太宗］贞观二十二年（648年）十一月庚子，契丹帅窟哥、奚帅可度者并率其部内属。以契丹部为松漠都督（治今内蒙古巴林右旗南。古黄水，今西拉木伦河北岸），以奚部置饶乐都督（今内蒙古宁城附近）。

——《旧唐书》卷三《太宗纪下》。

［唐睿宗景云元年（710年）十月丁酉，以幽州镇守经略节度大使薛讷为左武卫大将军、兼幽州都督。节度使之名自［薛］讷始。

——《资治通鉴》卷二百十一唐纪二十六睿宗景云元年。

［唐］睿宗太极元年（712年）二月，幽州大都督薛讷镇幽州二十余年，吏民安之，未尝举兵出塞，虏亦不敢犯。与燕州刺史李璡有隙，璡毁之于刘幽求，幽求荐左羽林将军孙佺代之。

三月丁丑，以［孙］佺为幽州大都督，徙［薛］讷为并州长史。

五月辛巳，赦天下，改元延和。

六月庚申，幽州大都督孙佺与奚酋李大酺战于冷陉，全军覆没。

是时，［孙］佺帅左骁卫将军李楷洛，左威卫将军周以悌发兵二万、骑八千，分为三军，以袭奚、契丹。将军乌可利谏曰："道险而天热，悬军远袭，往必败。"［孙］佺曰："薛讷在边积年，竟不能为国家复营州（今辽宁朝阳）。今乘其无备，往必有功。"使楷洛将骑四千前驱，遇奚八千，楷洛战不利。［孙］佺怯懦，不敢救，引兵欲还，虏乘之，唐兵大败。［孙］佺阻山为方阵以自固，大酺使谓［孙］佺曰："朝廷既与我和亲，今大军何为而来？"［孙］佺曰："吾奉敕来招慰耳。楷洛步禀节度，辄与汝战，请斩以谢。"大酺曰："若然，国信安在？"［孙］佺悉敛军中帛，得万余段，并紫袍、金带、鱼袋以赠之。大酺曰："请将军南还，勿相惊扰。"将士惧，无复部伍，虏追击之，士卒皆溃。［孙］佺、［周］以悌为虏所擒，献于突厥，默啜皆杀之；［李］楷洛、［乌］可利脱归。

八月庚子，玄宗即位，尊睿宗为太上皇。甲辰，赦天下，改元［先天］。乙巳，于鄚州（今河北任丘市鄚州镇）北置渤海军，恒（今河北正定）、定州（今河北定州市）境置恒阳军，妫（今河北怀来东旧怀来县城）、蔚州（今山西灵丘）境置怀柔军，屯兵五万。

十一月乙酉，奚契丹二万骑寇渔阳，幽州都督宋璟闭城不出，虏大掠而归。甲午，以幽州都督宋璟为左军大总管，并州长史薛讷为中军大总管，朔方军大总管、兵部尚书郭元振为右军大总管。

——《资治通鉴》卷二百一十唐纪二十六玄宗先天元年。

睿宗延和元年（712年）六月庚申，幽州都督孙俭（按：误，当为"佺"）率左骁卫将军李楷洛、左威卫将军周以悌等，将兵三万，与奚首领李大辅（按：又作酺）战于硎山，为贼所败，俭〔当为"佺"〕没于阵。

——《旧唐书》卷七《睿宗纪》。

孙佺，〔睿宗〕延和初（712年，玄宗改年号先天），为羽林将军、幽州都督，率兵十二万讨奚李大酺（按：又书"辅"）……大败，死者数万。〔孙〕佺、〔副将〕周以悌同见获，送〔突厥〕默啜所杀之。

——《新唐书》卷一百六《孙处约传》附孙佺传。

孙佺为幽州都督，睿宗延和元年（712年）六月将兵二万、骑八千以袭〔奚、契丹〕。众师至冷陉，并没焉。〔孙〕佺为虏所擒，送于〔突厥〕默啜。副使、将军周以悌死之，将军李楷洛、乌可利、张真（又书"贞"）楷挺身以出。初，〔孙〕佺之将行也，乌可利谏曰："暑热道险，悬师远袭，举非其时，往而必败。"〔孙〕佺曰："薛讷在边积有年矣，竟不能复营州（今辽宁朝阳），使东北无事。今与公同心戮力，掩其不备，可以有功。道险暑热安能避乎！"于是遂行。命〔李〕楷洛将骑兵四千前军，遇贼八千骑，与战，〔李〕楷洛败。〔孙〕佺素怯懦，见贼至惊惧，率众欲还，又为贼所败。〔孙佺〕乃投恶山为营，列方阵而待之。虏谓〔孙〕佺曰："既以和亲，何得轻来袭我？"〔孙〕佺曰："吾来和亲尔。"虏曰："若和亲，国信物安在？"〔孙〕佺乃悉军资以与之。虏得而更战，军遂大败，至夜众馀七千。〔孙〕佺谓众曰："即兵南还。"于是兵皆散走。〔孙〕佺为虏所得。

——《册府元龟》卷四百四十四《将帅部·陷没》。

唐孙佺为幽州都督，睿宗延和元年（712年）将兵二万八千以袭奚。师至冷陉，并没焉。〔孙〕佺为虏所擒，送于〔突厥〕默啜。副使、将军周以悌死之，将军李楷洛、乌可利、张真（又书"贞"）楷挺身以出……〔孙〕佺败处，去塞千馀里。

——《册府元龟》卷四百四十六《将帅部·生事》。

〔唐玄宗〕开元二年（714年）正月甲申，并州大都督府长史、兼检校左卫大将军薛讷同紫微黄门三品，仍总兵以讨奚、契丹。七月，薛讷与副将杜宾客、崔宣道等总兵六万自檀州道（按：今密云古北口）遇贼于滦河，为贼所败。讷等屏甲遁归，减死，除名为庶人。

开元五年（717年）三月庚戌，于柳城依旧置营州都督府。丁巳，以辛景初［之］女封为固安县主，妻于奚首领饶乐郡王［李］大酺［安：即李大辅］。

开元十年（722年）夏四月丁酉，封奚首领饶乐都督李鲁苏为饶乐郡王。

开元十四年（726年）正月癸亥，改封……奚饶乐郡王李鲁苏为奉诚王，封宗室外甥女……为公主，各以妻之。

开元十八年（730年）五月，契丹衙官可突干杀其主李召固，率部落降于突厥，奚部落亦随西叛。奚王李鲁苏来奔，［契丹李］召固妻东华公主陈氏及鲁苏妻东光公主韦氏并奔投平卢军（按：平卢军驻辽宁朝阳）。制幽州长史赵含章率兵讨之。六月丙子，命单于大都护、忠王［李］浚为河北道行军元帅，御史大夫李朝隐、京兆尹裴伷先为副，率十八总管以讨契丹、奚等，事竟不行。闰六月甲申，分幽州置蓟州（治今天津蓟县）。

开元二十年（732年）三月，信安王［李］祎与幽州长史赵含章大破奚、契丹于幽州之北山（按：今北京怀柔、密云山区）。六月庚寅，幽州长史赵含章坐盗用库物，左监门员外将军杨元方受含章馈饷，并于朝堂决杖，流瀼州，皆赐死于路。

开元二十二年（734年）九月壬申，改［奚］饶乐都督府为奉诚都督府。

——《旧唐书》卷八《玄宗纪上》。

开元二年（714年）闰五月戊寅诏曰："……今外蕃侍子，久在京国，虽威惠之及，自远毕归，而羁旅之志，重迁斯在。宜命所司，勘会诸蕃充质宿卫子弟等，量放还国。契丹及奚，延通质子，并宜停追，前令还蕃首领等至幽州且住，交替者即旋去。朕欲以鸟兽咸若，华戎俱泰，来则纳其朝谒之礼，去则随其生育之心，推我至诚，崇彼大顺，含弘之施，德莫厚焉。"

——《册府元龟》卷九百九十六《外臣部·纳质》。

玄宗开元二年（714年）正月，初，营州都督治柳城（今辽宁朝阳）以镇抚奚、契丹，则天之世，都督赵文翙失政，奚、契丹攻陷之，是后寄治幽州东渔阳城（今天津蓟县）。或言："靺鞨、奚、霫大欲降唐，正以唐不建营州，无所依投，为［突厥］默啜所侵扰，顾且附之；若唐复建营州，则相帅归化矣。"并州长史、和戎、大武等军（原按：大武军在代州北，后改曰大同军）州节度大使薛讷信之，奏请击契丹，复置营州；上亦以冷陉之役，欲讨契丹。群臣姚崇等多谏。甲申，以［薛］讷同紫微黄门三品，将兵击契丹，群臣乃不敢言。

七月，薛讷与左监门卫将军杜宾客、定州刺史崔宣道等将兵六万，出檀州（今北京密云）击契丹。宾客以为"士卒盛夏负戈甲，贲资粮，深入寇境，难以成功。"［薛］讷曰："盛夏草肥，羔犊孳息，因粮于敌，正得天时，一举灭虏，不可失也。"行至滦水（今滦河）山峡中，契丹伏兵遮其前后，从山上击之，唐兵大败，死者什八九。［薛］讷与数十骑突围，得免，虏中嗤之，谓之"薛婆"。薛（按：当为"崔"）宣道将后军，闻［薛］讷败，亦走。［薛］讷归罪于宣道及胡将李思敬等八人，制悉斩之于幽州（今北京）。庚子，敕免［薛］讷死，削除其官爵；独赦杜宾客之罪。

十二月，是岁，置幽州节度、经略、镇守大使，领幽、易、平、檀、妫、燕六州。

——《资治通鉴》卷二百十一唐纪二十七玄宗开元二年。

初，契丹王李邵固遣使可突干入贡，同平章事李元纮不礼焉。左丞相张说谓人曰："奚、契丹必叛。可突干狡而狠，专其国政久矣，人心附之。今失其心，必不来矣。"［开元十八年（730年）］五月己酉，可突干弑邵固，帅其国人并胁奚众叛降突厥，奚王李鲁苏及其妻韦氏、邵固妻陈氏皆来奔。制幽州长史赵含章讨之，又命中书舍人裴宽、给事中薛侃等于关内、河东、河南、北分道募勇士。

六月丙子，以单于大都护忠王［李］浚令河北道行军元帅，以御史大夫李朝隐、京兆尹裴伷先副之，率十八总管以讨奚、契丹。命［李］浚与百官相见于光顺门。张说退，谓学士孙逖、韦述曰："吾尝观太宗画像，雅类忠王，此社稷之福也。"

［契丹］可突干寇平卢（今辽宁朝阳），先锋使张掖乌承玼（又书乌承洽）破之捺禄山。

——《资治通鉴》卷二百一十三唐纪二十九玄宗开元十八年。

开元二十九年（741年）七月，北州刺史王斛斯为幽州节度使；幽州节度副使安禄山为营州刺史，充平卢军节度副使，押两蕃（按：即契丹、奚）、渤海、黑水［靺鞨］四府经略使。

［唐玄宗］天宝四载（745年）九月，契丹及奚酋长各杀公主，举部落叛。

——《旧唐书》卷九《玄宗纪下》。

渔阳（按：在此系指范阳，今北京）我之巨镇也，慎选军佐，敷求国良。以王公能①，有命汝往，底其耕战之事，介于将吏之间，则已声籍天庭，气雄辽碣，鹰扬有日，马首欲东。自名卿大夫与时髦懿士，莫不激其节而重其迈，结轸连袂，携壶抱琴，留饮极于郊歧，望美延于朔裔者不可胜数。仲月喧矣，阳时贲若，植物之发芳香，行人之感义气，不曰群萃，岂怀安于鹿豕；不曰垂堂，已载驰于原隰。孰不知西笑之美，况伊岁华。东征之勤，兼彼戎旅，盖乐不遑，舍君人之所难；义不顾私，

---

① 唐朝自中期以后，长史兼节度使或都督，如张守珪开元二十一年（733年），转幽州（治今北京）长史、兼御史中丞、营州都督、河北节度副大使，俄又加河北采访处置使。考开元年间，幽州主官王姓者，一为开元八年王晙。《旧唐书·玄宗纪》开元八年九月以御史大夫王晙为兵部尚书兼幽州都督。一为开元二十九年王斛斯。《旧唐书·玄宗纪》开元二十九年七月，北州刺史王斛斯为幽州节度使。王晙仅为兼职，不曾亲往赴军，或王斛斯近是。然王斛斯任职在开元二十九年，张九龄卒于开元二十八年，或此序作于赴任前？

志士之为用。今之作者，闻而休之，各赋诗一章，以志其善。

——《全唐文》卷二百九十张九龄：《送幽州王长史赴军序》。

门下：左羽林大将军、兼范阳大都督府长史、充范阳节度经略支度营田副大使王斛斯，推诚励节，好勇能谋，政必有经，举无遗策，久镇幽朔，勤修训练，既摧凶以制胜，亦懋赏以酬庸，而环卫之职金吾尤重，宜承后命，以宠中权，可守左金吾卫大将军、兼范阳大都督府长史如故。

——《全唐文》卷三百九孙逖：《授王斛斯守左金吾卫大将军、兼范阳大都督府长史制》；《文苑英华》卷四百一①。

[唐德宗]贞元四年（788年）七月己未，奚、室韦寇振武军（驻东受降城，今内蒙古托克托南）。

贞元十一年四月丙寅，幽州刘济奏大破奚王啜刺等六万餘众。

——《旧唐书》卷十三《德宗纪下》。

[宪宗]元和元年（806年）二月乙丑，入朝奚王梅落（按：梅落，名也）可银青光禄大夫检校司空，封饶乐郡王，放还蕃。

元和五年（810年）六月戊寅，奚、回纥、室韦寇振武[军]。

——《旧唐书》卷十四《宪宗纪上》。

伏以深仁烛幽，远被无外，至德感物，矧兹有苗。顷者，奚寿斤放命不恭，执讯来献，而陛下设诚不疑，推致赤心，归于陬落，襁负而至，置之左右，射御不违，自非睿宗至诚被物，何以骤改骄节，卒为忠臣，变鸱枭于鸾凤，登反侧于仁寿。求诸前古，竹帛所不载；稽诸近事，耳目所未闻。臣等豫睹休异，则敢书于史册。

——《全唐文》卷二百九十六　裴光庭②：《贺幽州执奚寿斤表》。

开元十九年（731年）八月，幽州执叛奚寿斤来献。宰臣裴光庭等奏曰……帝曰："寿斤往因胁从，遂同逆命，俘虏而至，罪则难容，收其悔过之心，免其殊死之责，推诚待物，果获忠臣，此皆卿等辅翊之所致，岂朕薄德之能……"

——《册府元龟》卷三十七《帝王部·颂德》。

吴王[李]恪，[唐]太宗第三子也……有子四人：仁、玮、琨、璄……琨子

---

① 按：王斛斯转左金吾卫大将军，新、旧唐书不载。
② 裴光庭，武则天之世入官，累迁太常丞。玄宗开元十七年至二十七年历任中书侍郎、侍中、吏部尚书、宏文馆学士、光禄大夫。寿斤无考，抑或李诗琐高。

[李]祎。祎少有志尚，事母甚谨，抚弟[李]祗等以友爱称。[唐中宗]景龙四年（710年），为太子仆……[唐睿宗]景云元年（710年），复为德、蔡、衢等州刺史。[唐玄宗]开元后，累转蜀、濮等州刺史。政号清严，人吏畏而服之。渐见委任，入为光禄卿，迁将作大匠……[开元]十二年（724年），改封信安郡王。十五年（727年），[丁母忧]服除，拜左金吾卫大将军、朔方节度副大使、知节度事，兼摄御史大夫。寻迁礼部尚书，仍充朔方军节度使。

[开元]十九年（731年），契丹衙官可突干杀其王[李]邵固，率部落降于突厥①。玄宗遣忠王为河北道行军元帅以讨奚及契丹两蕃，以[李]祎为副。[忠]王既不行，[李]祎率户部侍郎裴耀卿等诸副将分道统兵出于范阳（今北京）之北，大破两蕃之众，擒其酋长，余党窜入山谷②。军还，[李]祎以功加开府仪同三司，兼关内支度、营田等使，兼采访处置使，仍与二子官。[李]祎既有勋绩，执政颇害其功，故其赏不厚，甚为当时所叹。

——《旧唐书》卷七十六《吴王恪传》附孙信安王祎传。

裴耀卿，赠户部尚书[裴]守真子也……[开元]二十年（732年），礼部尚书、信安王[李]祎受诏讨契丹，诏以[裴]耀卿为副。俄又令[裴]耀卿赍绢二十万匹分赐立功奚官，就部落以给之。[裴]耀卿谓人曰："夷虏贪残，见利忘义，今赍财帛，深入寇境，不可不为备也。"乃令先期而往，分道互进，一朝而给付并毕。时突厥及室韦果勒兵邀险，谋劫袭之，比至而[裴]耀卿已还。

——《旧唐书》卷九十八《裴耀卿传》。

奚及契丹尤近边鄙，侵轶是虞，式遏成劳。臣庶常情，欲其防御，所谓长策无出此者。陛下独断，宸襟高举，群议以为顿兵塞下，转粟边军，旷日持久，役无宁岁。若不因利乘便，一举遂平，使迁善者自新，为恶者就戮，事若不尔，无息我人。且命大军临之，凶徒必溃。不出此岁，当并成擒。臣等初奉圣谋，高深莫测，及闻凯捷，晷候不差，两蕃遗噍，莫不稽颡。缘边戍卒咸以返耕，卧鼓息烽诚自此始。斯皆陛下睿谋先定，神算非常，观变早于未萌，必取预于无象。臣伏以成功不宰，君人所以为量；有美不宣，臣子所以成罪。臣虽蒙瞽，安敢无言，既预闻始谋，又幸见成事，岂可使天功虚往，日用不知，竹帛相传，复记何事！请具状宣付史馆，垂示将来，仍许将吏等刊石立颂，以纪功德。臣耀卿等不胜区区抃跃之至。谨奉状以闻。谨奏。

——《全唐文》卷二百九十七裴耀卿：《贺平奚契丹表》。

---

① 《旧唐书·玄宗纪》载此事在开元十八年五月，非十九年事。
② 《旧唐书·玄宗纪》载此事在开元二十年三月。

张守珪，陕州河北人也……[开元]二十一年（733年），转幽州长史、兼御史中丞、营州都督、河北节度副大使，俄又加河北采访处置使。先是，契丹及奚连年为边患，契丹衙官可突干骁勇有谋略，颇为夷任所伏。赵含章、薛楚玉等前后为幽州长史竟不能拒。及守珪到官，频出击之，每战皆捷……尽诛其党……传屈剌、可突干等首于东都枭于天津桥之南。

[开元]二十六年（738年），守珪裨将赵堪、白真陀罗等假以守珪之命，逼平卢军使乌知义令率骑邀叛奚餘烬于潢水（按：又书黄水，今西拉木伦河）之北，将践其禾稼。知义初犹固辞，真陀罗又诈称诏命以迫之，知义不得已而行。及逢贼，初胜后败，守珪隐其败状而妄奏克获之功。事颇泄，上令谒者牛仙童往按之。守珪厚贿仙童，遂附会其事，但归罪于白真陀罗，逼令自缢而死。[开元]二十七年（739年），仙童事露伏法，守珪以旧功减罪，左迁括州刺史，到官无几，疽发背而死。

——《旧唐书》卷一百三《张守珪传》。

[裴宽]天宝初（742年），除陈留太守，兼采访使。寻而范阳节度李适之入为御史大夫，除[裴]宽范阳节度、兼河北采访使替之。其年，又加御史大夫，时北平军使乌承恩恃以蕃酋与中贵通，恣求货贿，[裴]宽以法按之。檀州刺史何僧献生口（按：即掠虏的奚、契丹百姓）数十人，[裴]宽悉命归之，故夷夏（按：指奚、契丹及汉族百姓）感悦。

——《旧唐书》卷一百《裴漼传》附裴宽传。

安禄山，营州杂种胡也，小名轧荦山……张守珪为范阳节度使，禄山盗羊奸发，追捕至，欲棒杀之。禄山大呼曰："大夫不欲灭奚、契丹两番耶？而杀壮士！"[张]守珪奇其言貌乃释之，留军前驱使。

——《安禄山事迹》卷上。

张守珪为幽州大都督、兼范阳节度使，安禄山盗羊事发，张守珪怒，追捕至，欲击杀之。[安]禄山大呼曰："大夫不欲灭奚、契丹两番耶？而杀壮士！"[张]守珪奇其言貌，壮其言，遂释之，令与两番将史思明捉生，[安]禄山素习山川井泉，尝以击贼，领麾下十数骑，出即生擒奚、契丹数十人。张守珪转奇之，每加兵令往，必倍擒贼而还。后为[张]守珪偏将，随征战，所向皆摧靡，[张]守珪遂养为己子。

——《册府元龟》卷四百二十二《将帅部·任能》。

敕幽州节度副大使、兼御史中丞张守珪①：渔阳（驻今天津蓟县）、平卢（驻今河北卢龙），东北重镇，匈奴断臂，山戎扼喉②，节度之权，莫不在此。朕所以雅仗才识，诚思远图，即膺此举，当成本志。今奚贼残破，固不足言；契丹余孽犹且为梗，将遂扫荡，悬赏须明。至如寇抄之来，边境常事，苟非大敌，不劳我师。顷者，偏小邀功，或亦附益其事，言而不实，示信何归？赏而有虚，叙劳何劝？适使贪嗜小利之辈，不思翦灭大举之策，则深谋重赏更待何人？而革弊成功当在卿耳。其有贼非大下因有擒馘灼然殊效者，可量事奏闻，其余微劳并任军中赏赐。冀能自勉，令有后图。若信其苟为，终若成事，而纲纪不立，夷狄笑人，以卿之明固在目击也。秋气已冷，卿及将吏以下并平安好，遣书指不多及。

——《全唐文》卷二百八十五张九龄：《敕幽州节度张守珪书》。

敕新来投降奚等：汝本小蕃，不自存立，顷年依我，稍得安全。而常持两端，遽即背叛，忘恩负义，岂是人心。今者闻汝复归，亦应知过，仍缘困蹙，未免嫌疑。汝若诚能洗心，永以寄命，便令处置汝等，当须一一听从，即舍往衍，更期来效，官赏诸事，皆如旧日③。各宜自勉，勿不知恩。比严寒，汝等部落百姓并平安好，遣书指不多及。

——《全唐文》卷二百八十五张九龄：《敕投降奚等书》。

敕李归国：近得守珪表称，奚衙官耨云辄构异谋，携间部落，兼藏突厥，仍欲图卿。知卿忠义一心，纠逖无隐，临危制命，果获罪人。此虽天诱其衷，亦是卿诚效克著。闻已诛翦，是自灭亡④。朕于诸蕃，含养过厚，忝预人类，亦合知恩，但百姓无识，易为惊扰。安危动静，处之在人，以卿才能，自应率伏念加威惠，勿使猜疑，既去乱群，当已宁帖，所设官赏，惟待有功，苟能尽节，何忧不赏？各宜勉励，以副朕怀。秋凉，卿及衙官以下并平安好，遣书指不多及。

——《全唐文》卷二百八十五张九龄：《敕奚都督李归国书》。

敕奚都督右金吾卫大将军归诚王李归国：朕比闻突厥欲灭卿两蕃，先敕［张］守珪严为防护，今闻［契丹］泥礼已破凶徒，仍虑其收合馀烬复来掩袭，卿可与泥

---

① 《旧唐书·张守珪传》记载："开元二十一年（733年）转幽州长史、兼御史中丞、营州都督、河北节度副大使。"《旧唐书·安禄山传》记载："开元二十年（732年），张守珪为幽州节度。"张九龄代玄宗所撰敕文即当在此时。
② 匈奴、山戎云云，系指突厥、契丹、奚族而言。
③ 开元十八年（730年）契丹可突干叛，胁奚众亦叛。开元二十年（732年），信安王李祎率裴耀卿赵含章大败可突干，奚乃稍稍来归。开元二十二年（734年），可突干被张守珪所杀。由于此敕之前有致张守珪敕书，后有致契丹可突干敕书，故此敕书当在开元二十一年（733年）。
④ 《资治通鉴》记载："开元二十三年（735年），是岁突厥寻引兵东侵奚、契丹，［契丹王］涅礼（又书泥里，见《旧唐书·契丹传》）与奚王李归国击破之。"此敕即应在此时。

礼相为腹背。但突厥不尽，后患终深。卿可伺其归师，乘其丧气，与诸将计会，逐要追袭，时不可失，宜自思之。秋深极冷，卿及衙官一下将士并平安好，遣书指不多及。

——《全唐文》卷二百八十五张九龄：《敕奚都督李归国书》。

敕乌知义：两蕃既已归我，突厥仍敢犯边，此其不顺，诚可残灭。适闻契丹及奚等并力合谋，同破凶丑，卿亦继进，相与成功。此之一捷，使其丧气。然鬭防困兽，诱备赢师，兵家之难，慎在终始，卿是宿将，当自明之，若见可则行，务须灵敏，固在临事，难用速言，必图万全，不可轻举。已敕守珪与卿计会，可须观衅裁之。秋凉，卿及将士以下并平安好，遣书指不多及。

——《全唐文》卷二百八十五张九龄：《敕平卢使乌知义书》。

敕幽州节度副大使张守珪：赵堪至，一一具知。以国家之威武，取败亡之残孽，泰山压卵，岂其难乎。顷者缘卿入朝，节度暂阙，二虏（指契丹、奚）相继叛亡，裨将无谋，轻兵遣袭，遂有输失，挫我锐气，此故犹细，彼祸更深①。卿可秣马训兵，候时而动，草衰木落其则不远，近者所征万人，不日即令进发。大集之后，诸道齐驱，蕞尔凶徒，何足歼尽。平卢信息，日夕往来，数与筹宜，首尾相应，令彼丑虏，飞走无归。事有预图，临时合变，想卿所悉，不烦具言。所有奏请，并已处分讫。夏末极热，卿及将士以下并平安好，遣书指不多及。

——《全唐文》卷二百八十五张九龄：《敕幽州节度张守珪书》。

敕幽州节度副大使张守珪、张奉高下：叛奚自取歼灭，此等恶积，天将绝种，故遽诱其衷，叛亡相继，及师徒追下，皆就诛夷，一二年间，凶党必尽。宜由卿指挥得所，动不失宜，明于兵权，暗合神道，故能至此也。安禄山、杨景晖渳雪前耻，亦云效命，锋镝之下，各致损伤，言念忠诚，岂妄加奖，已别有处分讫。将士阵亡，各须吊祭，应合赠饰，亦已状闻。聚兵馈粮，义不可久，秋深木落，规略自宜，机谋未预，何以除恶，永久为患，将若之何，委卿良图，用息边甲，彼军少马，已敕朔方，想卿早知之，宜差人受领。秋气渐冷，卿及将士以下并平安好，遣书指不多及。

——《全唐文》卷二百八十五张九龄：《敕幽州节度张守珪书》。

臣等今月二十五日于易州所奏事，陛下顾谓臣曰：朝夕之间，诸军当有捷书至。臣等愚浅，莫测天心。不逾数日，张守珪果奏副将安禄山于檀州界（今北京密云）

---

① 此当即开元二十六年（738年）赵堪、白真陀罗假称张守珪之令，逼迫平卢军使乌知义袭扰奚族，反为所败事。

破奚贼，擒生斩级，并获牛马，计至数千，定期不差于晷刻，指事有同于符契。圣惟广运神以知来，微妙之言，自成于系象；元通之术，不假于蓍龟，精义难名，前古未有。臣等何幸，亲睹明征，惊喜之诚，抃跃交集，伏望宣示朝野，兼付史官，式昭德音，永用垂范，无任喜庆之至，谨奉表陈贺以闻。

——《全唐文》卷三百十一孙逖：《为宰相贺檀州界破奚贼表》。

开元二十一年（733年）闰三月癸酉①，幽州道副总管郭英杰与契丹战于都山（今河北宽城满族自治县都山），败死。时节度使薛楚玉遣［郭］英杰将精骑一万及降奚击契丹，屯于渝关之外。可突干引突厥之众来合战，奚持两端，散走保险；唐兵不利，［郭］英杰战死。余众六千余人犹力战不已，虏以英杰首示之，竟不降，尽为虏所杀。楚玉，［薛］讷之弟也。

——《资治通鉴》卷二百一十三唐纪二十九　玄宗开元二十一年。

开元二十四年三月，［幽州节度］张守珪使平卢讨击使、左骁卫将军安禄山讨奚、契丹叛者，禄山恃勇轻进，为虏所败。夏四月辛亥，守珪奏请斩之……上（即玄宗）惜其才，敕令免官，以白衣将领。

又有史窣干者，与禄山同里闬，先后一日生……尝负官债亡入奚中，为奚游奕所得，欲杀之；窣干绐曰："我，唐之和亲使也，汝杀我，祸且及汝国。"游奕信之，送诣牙帐②。窣干见奚王长揖不拜③，奚王④虽怒，而畏唐，不敢杀，以客礼馆之。

使百人随窣干入朝。窣干谓奚王曰："王遣人虽多，观其才皆不足以见天子。闻王有良将琐高者（按：琐高，奚族官职名），何不使之入朝！"奚王即命琐高与牙下三百人随窣干入朝。窣干将至平卢，先使人谓军使裴休子曰："奚使琐高与精锐俱来，声云入朝，实欲袭军城，宜谨为之备，先事图之。"［裴］休子乃具军容出迎，至馆，悉坑杀其从兵，执琐高送幽州。张守珪以窣干为有功，奏为果毅，累迁将军。后入奏事，上与语，悦之，赐名思明（按：即史思明）。

——《资治通鉴》卷二百一十四唐纪三十　玄宗开元二十四年。

敕平卢节度营州都督乌知义：突厥去岁东侵，已大不利，志在报复，行必再来。契丹及奚一心归我，不有将护岂云王略。顷有没蕃人出云，其见拟东行。蕃汉诸军须有严备，远加斥候，动静须知，纵有凶徒，亦即无虑。委卿在远，实谓得人，朕

---

① 《旧唐书·奚传》中，开元二十一年（733年）至天宝年间奚族史事阙载甚多，今以《资治通鉴》所记补之。以下同。
② 牙帐，又书衙帐，即酋长、可汗居住的地方。
③ 古代，拱手于胸前为礼叫做"揖"；拱手自上而下叫做"长揖"。跪地，双手在前，以头至手，叫做"拜"。
④ 此奚王不书姓名，或即前述之李归国。开元二十四年（736年）史思明诈为和亲使者，杀害奚族琐高以下数百人，此后归国即不见载，及天宝四载（745年）再见，则奚王已为李延宠也。

固无忧,一任量事。渤海黑水[靺鞨]近复归国,亦委卿节度,想所知之。春初尚寒,卿将士以下并平安好。今令白真陀罗往,亦赐卿衣一副,至宜领取,遣书指不多及。

——《全唐书》卷二百八十五张九龄:《敕平卢使乌知义书》。

开元二十七年(739年),幽州将赵堪、白真陀罗矫节度使张守珪之命,使平卢军使乌知义击叛奚餘党于横水①之北;知义不从,白真陀罗矫称制指以迫之。知义不得已出师,与虏遇,先胜后败;守珪隐其败状,以克获闻。

事颇泄……守珪坐贬括州刺史。

——《资治通鉴》卷二百一十四唐纪三十玄宗开元二十七年。

开元二十八年(740年)秋七月甲戌,幽州奏破奚、契丹。

——《资治通鉴》卷二百一十四 唐纪三十 玄宗开元二十八年。

开元二十八年(740年)八月,幽州节度使(按:此时张守珪已经去职,以御史大夫李适之兼之)奏破奚、契丹。敕曰:……宜择日告庙。

——《册府元龟》卷十二《帝王部·告功》。

唐玄宗天宝四载(745年)三月壬申,上(即玄宗)以外孙独孤氏为静乐公主,嫁契丹王李怀节;甥杨氏为宜芳公主,嫁奚王李延宠。九月,安禄山与以边功市宠,数侵掠奚、契丹;奚、契丹各杀公主以叛,禄山讨破之。

——《资治通鉴》卷二百一十五 唐纪三十一 玄宗天宝四年。

[唐玄宗]天宝四载(745年),奚、契丹各杀公主举部落以叛。[安]禄山方邀两蕃肆其侵掠,奚等始贰于我。

——《安禄山事迹》上。

天宝九载(750年)十月,安禄山屡诱奚、契丹,为设[宴]会,饮以莨菪酒②,醉而坑之,动[辄]数千人,函其酋长之首以献,前后数四。至是请入朝,上命有司先为起第于昭应……辛未,禄山献奚俘八千人,上命考课之日书上上考。

——《资治通鉴》卷二百一十六 唐纪三十二 玄宗天宝九载。

天宝十载(751年)八月,安禄山将三道③兵六万以讨契丹,以奚骑二千为向导。

---

① 横水当为潢水之误。潢水又书黄水,即今西拉木伦河。
② 莨菪,植物,有剧毒,以之浸酒,即为毒酒。
③ 胡三省注云:"幽州、平卢、河东三道。"

过平卢千餘里，至土护真水（今老哈河），遇雨。禄山引兵昼夜兼行三百餘里，至契丹牙帐，契丹大骇。时久雨，弓弩筋胶皆弛，大将何思德言于禄山曰："吾兵虽多，远来疲弊，实不可用，不如按甲息兵以临之，不过三日，虏必降。"禄山怒，欲斩之，思德请前驱效死。思德貌类禄山，虏争击，杀之，以为已得禄山，勇气倍增。奚复叛，与契丹合，夹击唐兵，杀伤殆尽。射禄山，中鞍，折冠簪，失履，独与麾下二十骑走；会夜，追骑解，得入师州（按：在辽宁朝阳附近）。归罪于左贤王哥解①、河东兵马使鱼承仙而斩之。

平卢兵马使史思明惧，逃入山谷近二旬，收散卒，得七百人。平卢守将史定方将精兵二千救禄山，契丹乃引去，禄山得免。至平卢，麾下皆亡，不知所出。史思明出见禄山，禄山喜，起，执其手曰："吾得汝，复何忧！"思明退，谓人曰："倘使早出，已与哥解并斩矣。"

——《资治通鉴》卷二百一十六　唐纪三十二　玄宗天宝十载。

天宝十三载（754年）二月己丑，安禄山奏："臣所部将士讨奚、契丹、九姓、同罗等，勋效甚多，乞不拘常格，超资加赏，仍好写告身付臣军授之。"于是除将军者五百餘人，中郎将者二千餘人。禄山欲反，故先以此收众心也。夏四月癸巳，安禄山奏击奚破之，虏其王李日越。

——《资治通鉴》卷二百一十七　唐纪三十三　玄宗天宝十三载。

天宝十四载（755年）夏四月，安禄山奏破雷、契丹。十一月甲子，禄山发所部兵及同罗、奚、契丹、室韦凡十五万众，号二十万，反于范阳（治今北京）甲戌，禄山至博陵（今河北定州）南……使其将安忠志将精兵军土门（今河北获鹿西南），忠志，奚人，禄山养为假子（按：即义子）；又以张献诚摄博陵太守，献诚，[张]守珪之子也。

——《资治通鉴》卷二百一十七　唐纪三十三　玄宗天宝十四载。

安禄山为范阳节度使。天宝十四载（755年），[安]禄山奏，破奚五千骑，并破契丹勃朱蜀活等部落贼等，除戮之外，应获生口驼马牛羊甲仗共一百三十三万。

——《册府元龟》卷四百三十四《将帅部·献捷一》。

王忠嗣，太原祁人也，家于华州之郑县……开元二十九年（741年），代韦光乘为朔方节度使，仍加权知河东节度使事。

天宝元年（742年），兼灵州都督。是岁北伐，与奚怒皆战于桑乾河，三败之，

---

① 胡三省注云："哥解盖自突厥来降者。"

大虏其众，耀武漠北，高会而旋①……明年（743年），又再破怒皆及突厥之众。自是塞外晏然，虏不敢入。

——《旧唐书》卷一百三《王忠嗣传》。

文宗太和四年（830年）四月，幽州节度使李载义上言：今月三日，发兵入奚界，杀奚贼五千馀人，生擒刺史、县令、大将首领等二百七十三人。

宣宗大中元年（847年）春，幽州大破奚众。

——《册府元龟》卷九百八十七《外臣部·征讨六》。

（5）唐朝与高丽的关系

唐高祖武德七年（624年）正月己酉，封高丽王高武为辽东郡王，百济王（今朝鲜半岛南方的西半部地区）扶余璋为带方郡王，新罗王（今朝鲜半岛南方的东半部地区）金真平为乐浪郡王。

——《旧唐书》卷一《高祖纪》。

唐太宗贞观五年（631年）八月甲辰，遣使毁高丽所立京观，收隋人骸骨，祭而葬之。

贞观十四年（640年）十二月乙卯，高丽世子②相权（按：姓名）来朝。

贞观十六年（642年）是岁，高丽大臣盖苏文弑其君高武，而立[高]武兄子[高]藏为王。贞观十八年（644年）十一月庚子，命太子詹事、英国公李勣为辽东道行军总管，出柳城（今辽宁朝阳），礼部尚书、江夏郡王道宗副之；刑部尚书、郧国公张亮为平壤道行军总管，以舟师出莱州（今山东蓬莱），左领军常何、泸州都督左难当副之。发天下甲士，招募十万，并趣平壤，以伐高丽。

十九年（645年）春二月庚戌，上（按：指唐太宗）亲统六军发洛阳。乙卯，诏皇太子留定州监国。三月壬辰，发定州（今河北定州），以司徒、太子太师、兼检校侍中、赵国公长孙无忌，中书令岑文本、杨师道从。夏四月癸卯，誓师于幽州城南（今北京），因大飨六军以遣之。丁未，中书令岑文本卒于师。癸亥，辽东道行

---

① 司马光：《资治通鉴考异》曰："新、旧唐书《忠嗣传》皆曰：'是岁，忠嗣北伐，与奚怒皆战于桑乾河，三败之，大虏其众。'又曰：'明年（743年），又再破怒皆及突厥之众。自是塞外晏然。'按：朔方（治灵州，今宁夏灵武西南）不与奚相接，不知所云奚怒皆何也。今阙。"编者按：王忠嗣虽为朔方节度使，但仍权知河东节度使（治太原，今山西太原南）事。其明言战于桑乾河，则当为河东节度使辖区事。唐桑乾河始于山西宁武北，经今朔县东、应县西、阳原南及河北涿鹿、怀来，东南至今北京。王忠嗣自太原北伐，而与奚怒皆战于桑乾河，当是山西境内的桑乾河段。突厥与奚、契丹时战时和，契丹、奚部落亦有从突厥者，故王忠嗣在河东破奚怒皆及突厥之众，亦不为怪。

② 以高丽为藩属，故高丽王之子称世子。

军大总管、英国公李勣攻盖牟城（今辽宁抚顺），破之。五月丁丑，车驾渡辽。甲申，上亲率铁骑与李勣会围辽东城（今辽宁辽阳），因烈风发火弩，斯须城上屋及楼皆尽，麾战士令登，乃拔之。六月丙辰，师至安市城（今辽宁鞍山）。丁巳，高丽别将高延寿、高惠真帅兵十五万来援安市，以拒王师。李勣率兵奋击，上自高峰引军临之，高丽大溃，杀获不可胜纪。延寿等以其众降，因名所幸山为驻跸山，刻石记功焉。赐天下大酺二日。秋七月，李勣进军攻安市城，至九月不克，乃班师。冬十月丙辰，入临渝关（今河北抚宁境内），皇太子自定州迎谒。戊午，次汉武台，刻石以记功德。十一月辛未，幸幽州。癸酉，大飨，还师。十二月戊申，幸并州（今山西太原）。二十年（646年）春正月，上在并州。三月己巳，车驾至京师（长安，今西安）。

——《旧唐书》卷三《太宗纪下》。

高丽者，出自扶余之别种也。其国都于平壤城，即汉乐浪之故地……东渡海至于新罗，西北渡辽水至于营州（今辽宁朝阳），南渡海至于百济，北至靺鞨……其王高建武，即前王高元异母弟也。武德二年（619年），遣使来朝。四年（621年），又遣使朝贡。高祖感隋末战士多陷其地，五年（622年），赐［高］建武书曰："……方今六合宁晏，四海清平，玉帛既通，道路无壅。方申辑睦，永敦聘好，各保疆场，岂非盛美。但隋氏季年，连兵构难，攻战之所，各失其民。遂使骨肉乖离，室家分析，多历年岁，怨旷不申。今二国通和，义无阻异，在此所有高丽人等，已令追括，寻即遣送；彼处有此国人者，王可放还，务尽抚育之方，共弘仁恕之道。"于是［高］建武悉括华人，以礼宾送，前后至者万数，高祖大喜。

［武德］七年（624年），遣前刑部尚书沈叔安往册［高］建武为上柱国、辽东郡王、高丽王。

［唐太宗］贞观二年（628年），破突厥颉利可汗，［高］建武遣使奉贺，并上封域图。五年（631年）诏遣广州都督府司马长孙师往收瘗隋时战亡骸骨，毁高丽所立京观。［高］建武惧伐其国，乃筑长城，东北自扶余城，西南至海，千有余里。十四年（640年），遣其太子桓权来朝，并贡方物，太宗优劳甚至。十六年（642年），西部大人盖苏文摄职有犯，诸大臣与［高］建武欲诛之。事泄，苏文乃悉招部兵……杀［高］建武，立［高］建武弟大阳子［高］藏为王。自立为莫离支，犹中国兵部尚书兼中书令职也。

太宗闻建武死，为之举哀……十七年（643年），封其嗣王藏为辽东郡王、高丽王……十九年（645年），命刑部尚书张亮为平壤道行军大总管，领将军常何等率江、淮、岭、峡劲卒四万，战船五百艘，自莱州（今山东蓬莱）泛海趋平壤；又以特进英国公李勣为辽东道行军大总管，礼部尚书江夏王道宗为副，领将军张士贵等率步骑六万趋辽东；两军合势，太宗亲御六军以会之。

夏四月，李勣军渡辽，进攻盖牟城（今辽宁抚顺），拔之，获生口二万，以其城置盖州。五月，张亮副将程名振攻沙卑城（今辽宁金县）①，拔之，虏其男女八千口。是日，李勣进军于辽东城（今辽宁辽阳）……以其城为辽州。初，帝自定州命每数十里置一烽，属于辽城，与太子约，克辽东，当举烽。是日，帝命举烽，传入塞。

师次白崖城（今辽宁辽阳东北），命攻之……乃悉降……以其城置岩州。

车驾进次安市城北（今辽宁鞍山），列营进兵以攻之……不能克。

太宗以辽东仓储无几，士卒寒冻，乃诏班师……初，攻陷辽东城，其中抗拒王师，应没为奴婢者一万四千人，并遣先集幽州（治今北京），将分赏将士。太宗悯其父母妻子一朝分散，令有司准其直，以布帛赎之，赦为百姓。其众欢呼之声，三日不息。

二十年（646年），高丽遣使来谢罪。

二十二年（648年），又遣右武卫将军薛万彻等往青丘道伐之，万彻渡海入鸭绿水，进破其泊灼城，俘获甚众。太宗又命江南造大船，遣陕州刺史孙伏伽召募勇敢之士，莱州刺史李道裕运粮及器械，贮于乌胡岛，将欲大举以伐高丽。未行而帝崩。

——《旧唐书》卷一百九十九上《高丽传》。

贞观十九年（645年）六月，帝亲征高丽，次安市城（今辽宁鞍山）。高丽别将高延寿等帅兵十五万以拒王师。大总管李世勣（一书李勣）率兵奋击，帝自高峰引军临之，杀获不可胜纪。[高]延寿等以其众降，因名所幸山为驻跸山，刻石记功焉。

——《册府元龟》卷十二《帝王部·告功》。

……高丽者，历代逋诛，莫能讨伐。陛下责其逆乱，弑主虐人，亲总六军，问罪辽碣，未经旬日即拔辽东，前后虏获数十万计，分配诸州，无处不满，雪往代之宿耻，掩崤陵之枯骨，比功较德，万倍前王，此圣王之所自知，微臣安敢备说……《周易》曰："知进而不知退，知存而不知亡，知得而不知丧。"又曰："知进退存亡不失其正者，惟圣人乎。"由此言之，进有退之意，存有亡之机，得有丧之理。老臣所以为陛下惜者，盖此谓也。老子曰："知足不辱，知止不殆。"臣谓陛下威名功德亦可足矣，拓地开疆亦可止矣。彼高丽者，边鄙贱类，不足待以仁义，不可责以常礼，古来以鱼鳖蓄之，宜从阔略。若必欲绝其种类，深恐兽穷则搏，且陛下每决一死囚，必令三覆五奏，进素食停音乐者，盖以人命所重，感动圣慈也；况今兵士之徒无一罪戾，无故驱之于行阵之间，委之于锋刃之下，使肝脑涂地，魂魄无归，令其老父孤儿寡妻慈母望辒车而掩泣，抱枯骨以摧心，足以变动阴阳，感伤和气，实天下之冤痛也。且兵者凶器，战者危事，不得已而用之。向使高丽违失臣节而陛下诛之可也，侵扰百姓而陛下灭之可也，久长为中国患而陛下除之可也，有一于此，虽日杀万夫不足为愧。今无此三条坐烦中国，内为旧主雪耻，外为新罗报仇，岂非

---

① 卑沙城，《旧唐书》纪传均作沙卑城，《资治通鉴》均作卑沙城。

所存者小，所损者大，愿陛下遵皇祖老子止足之戒，以保万代巍巍之名，发霈然之恩，降宽大之诏，顺阳春以布泽，许高丽以自新，焚凌波之船，罢应募之众，自然华夷庆赖，远肃迩安。

——《全唐文》卷一百三十七　房元龄：《谏伐高丽表》。

贞观十八年（644年）上将征高丽，秋七月辛卯，敕将作大监阎立德等诣洪、饶、江三州，造船四百艘以载军粮。甲午，下诏遣营州都督张俭等帅幽、营二都督兵及契丹、奚、靺鞨先击辽东以观其势。以太常卿韦挺为馈运使，以民部侍郎崔仁师副之，自河北诸州皆受［韦］挺节度，听以便宜从事。又命太仆少卿萧锐运河南诸州粮入海。

十一月，张俭等值辽水涨，久不得济，上以为畏懦，诏［张］俭诣洛阳。至，具陈山川险易，水草美恶；上悦。甲午，以刑部尚书张亮为平壤道行军大总管，帅江、淮、岭、峡兵四万，长安、洛阳募士三千，战舰五百艘，自莱州（今山东蓬莱）泛海趋平壤；又以太子詹事、左卫率李世勣（按：即李勣。武德初赐姓"李"，高宗中改单名"勣"）为辽东道行军大总管，率步骑六万及兰、河二州降胡趣辽东，两军合势并进。庚子，诸军大集于幽州（治今北京），遣行军总管姜行本、少府少监丘行淹先督众工造梯冲于安萝山。时远近勇士应募及献攻城器械者不可胜数，上皆亲加损益，取其便易。又手诏谕天下，以"高丽盖苏文弑主虐民，情何可忍！今欲巡幸幽、蓟，问罪辽、碣，所过营顿，无为劳费。"且言："昔隋炀帝残暴其下，高丽王仁爱其民，以思乱之军击安和之众，故不能成功。今略言必胜之道有五：一曰以大击小，二曰以顺讨逆，三曰一治乘乱，四曰以逸待劳，五曰以悦当怨，何忧不克！布告元元，勿为疑惧！"于是凡顿舍供费之具，减者太半。十二月甲寅，诏诸军及新罗、百济、奚、契丹分道击高丽。

——《资治通鉴》卷一百九十七　唐纪十三　太宗贞观十八年。

贞观十九年（645年）春正月，韦挺坐不先视漕渠，运米六百余艘至卢思台侧①，浅塞不能进，械送洛阳；丁酉，除名，以将作少监李道裕代之。崔仁师亦坐免官。二月庚戌，上自将诸军发洛阳，以特进萧瑀为洛阳宫留守。乙卯，诏曰："朕发定州后，宜令皇太子监国。"开府仪同三司致仕尉迟敬德上言："陛下亲征辽东，太子在定州，长安、洛阳心腹空虚，恐有玄感之变。且边隅小夷，不足以勤万乘，愿遣偏师征之，指日可殄。"上不从。以敬德为左一马军总管，使从行。癸亥，上至邺（今河北临漳县邺镇），自为文祭魏太祖（按：曹操）。是月，李世勣军至幽州（治今北京）。三月丁丑，车驾至定州（今河北定州）。丁亥，上谓侍臣曰："辽东本中国之地，隋氏

---

① 一说在今河北宁河县南芦台镇。

四出师而不能得①；朕今东征，欲为中国报子弟之仇②，高丽雪君父之耻耳③。且方隅大定，惟此未平，故及朕之未老，用士大夫馀力以取之。"壬辰，车驾发定州，亲佩弓矢，手结雨衣于鞍后。

李世勣军发柳城（今辽宁朝阳），多张形势，若出怀远镇者，而潜师北趣甬道，出高丽不意。夏四月戊戌朔，世勣自通定（今辽宁沈阳）济辽水，至玄菟（今辽宁新宾县西）。高丽大骇，城邑皆闭门自守。壬寅，辽东道副大总管江夏王［李］道宗将兵数千至新城（今辽宁抚顺北），折冲都尉曹三良引十余骑直压城门，城中惊扰，无敢出者。营州都督张俭将胡兵为前锋，进渡辽水，趋建安城（今辽宁盖县），破高丽兵，斩首数千级。丁未，车驾发幽州（治今北京）。壬子，李世勣、江夏王［李］道宗攻高丽盖牟城（今辽宁抚顺）。丁巳，车驾至北平（今河北卢龙）。癸亥，李世勣等拔盖牟城，获二万餘口，粮十餘万石。

张亮率舟师自东莱渡海，袭卑沙城（按：今辽宁大连东北）……五月己巳，拔之，获男女八千口。分遣总管丘孝忠等耀兵于鸭绿水（今鸭绿江）。

李世勣进至辽东城下（今辽宁辽阳）。庚午，车驾至辽泽，泥淖二百余里，人马不可通，将作大匠阎立德布土作桥，军不留行。壬申，渡泽东……丁丑，车驾渡辽水，撤桥，以坚士卒之心，军至马首山（按：在辽阳附近）……李世勣攻辽东城，昼夜不息，旬有二日……遂克之，所杀万餘人，得胜兵万餘人，男女四万口，以其城为辽州。

——《资治通鉴》卷一百九十七　唐纪十三　太宗贞观十九年。

贞观十九年（645年）六月丁酉，李世勣攻白岩城（按：即白崖，今辽宁辽阳东北）④，［降之］……己亥，以盖牟城（今辽宁抚顺）为盖州。丁未，车驾发辽水。丙辰，至安市城（今辽宁鞍山），进兵攻之。丁巳，高丽北部耨萨⑤［高］延寿、［高］惠真帅高丽、靺鞨兵十五万救安市……九月，上以辽左（按：即辽东）早寒，草枯水冻，士马难久留，且粮食将尽，癸未，敕班师。先拔辽、盖二州户口渡辽，乃耀兵于安市城下而旋。乙巳，至辽东。丙戌，渡辽水。辽泽泥潦，车马不通，命长孙无忌将万人，剪草填道，水深处以车为梁，上自系薪于马鞍以助役。冬十月丙申朔，上至蒲沟驻马，督填道诸军渡渤错水⑥，暴风雪，士卒沾湿多死者，敕燃火于道以待之。

凡征高丽，拔玄菟（治今辽宁新宾县西）、横山、盖牟（今辽宁抚顺）、磨米、

---

① 胡三省注云："隋文帝开皇十八年伐高丽，炀帝大业八年、九年、十年三伐高丽。"
② 胡三省注云："言中国之人，其父兄死于高丽，今伐之，是为其子弟报父兄之仇。"
③ 胡三省注云："言盖苏文弑其主，而其臣子不能讨，耻莫大焉，今讨其罪，是为高丽雪耻。"
④ 按：白岩城，《旧唐书》纪传作"白崖"，《资治通鉴》作白岩。《旧唐书·高丽传》云：以白崖城为岩州，此或《资治通鉴》致误之由，当以《旧唐书》所记为是。
⑤ 胡三省注云："盖其酋长之称也。"
⑥ 胡三省注云："蒲沟、渤错水，皆在辽泽中。"

辽东（今辽宁辽阳）、白岩（按：即白崖，今辽宁辽阳东北）、卑沙（即沙卑，今辽宁金县）、麦谷、银山、后黄十城，徙辽（治辽东城，今辽宁辽阳）、盖（治盖牟城，今辽宁抚顺）、岩（治白崖城，今辽宁辽阳东北）三州户口入中国者七万人。新城（今辽宁抚顺北）、建安（今辽宁盖县）、驻跸（山名，在安市城即今鞍山附近）三大战，斩首四万餘级，战士死者几二千人，战马死者十［之］七、八。上以不能成功，深悔之，叹曰："魏征若在，不使我有是行也！"丙午，至营州。诏辽东战亡士卒骸骨并集柳城东南，命有司设太牢，上自作文以祭之，临哭尽哀。丙辰，上闻太子奉迎将至，从飞骑三千人驰入临渝关（今河北抚宁境内），道逢太子。诸军所房高丽民万四千口，先集幽州（治今北京），将以赏军士，上悯其父子夫妇离散，命有司平其值，悉以钱布赎为民，欢呼之声，三日不息。十一月辛未，车驾至幽州，高丽民迎于城东，拜舞呼号，宛转于地，尘埃弥望。

——《资治通鉴》卷一百九十八 唐纪十四 太宗贞观十九年。

贞观十九年（645年）十月，班师，诏初攻辽东城，其中抗拒王师，应没为奴婢一万四千口，并遣先集幽州（治今北京），将分赏将士。帝念其父母妻子一朝分散，情甚哀之，因命有司平准其直，以布及钱赎为编户焉。其众欢叫之声三日不息。及至幽州，夷俘并列于城东，拜道称谢，舞跃擗地，婉转尘埃。从行者悯之为洒泪。

初，帝之渡辽也，［高丽］莫离支遣加尸城七百人戍盖牟城。李勣尽房之，其人并随军请自效，帝谓之曰："非不欲尔之力，尔家在加尸，尔为吾战，彼将戮矣。破一家之妻子，求一人之力用，吾不忍也。"戊戌，帝悉令廪食而放还。咸曰，高丽小人不知所以报天子德也。

——《册府元龟》卷四十二《帝王部·仁慈》。

李勣，曹州离狐人也。隋末，徙居滑州之卫南。本姓徐氏，名世勣，［高宗］永徽中，以犯太宗讳，单名勣焉。

［唐太宗贞观］十八年（644年），太宗将亲征高丽，授［李］勣辽东道行军大总管，攻破盖牟（今辽宁抚顺）、辽东（今辽宁辽阳）、白崖（今辽宁辽阳东北）等数城，又从太宗摧殄驻跸（山名，在今辽宁鞍山附近）阵，以功封一子为郡公。

——《旧唐书》卷六十七《李勣传》。

尉迟敬德，朔州善阳人……及太宗将征高丽，［尉迟］敬德奏言："车驾若自往辽左，皇太子又在定州，东、西二京，府库所在，虽有镇守，终是空虚。辽东路遥，恐有玄感之变。且边隅小国，不足亲劳万乘，伏请委之良将，自可应时摧灭。"太宗不纳，令以本官行太常卿，为左一马军总管，从破高丽于驻跸山（在安市城即今鞍山附近）。军还，依旧致仕。

——《旧唐书》卷六十八《尉迟敬德传》。

程名振……太宗将征辽东，召［程］名振问以经略之事……即日拜右骁卫将军，授平壤道行军总管。前后攻沙卑城（今辽宁金县），破独山阵，皆以少击众，称为名将。
——《旧唐书》卷八十三《程务挺传》附名振传。

江夏王［李］道宗（按：唐高祖从父子。其兄道玄，封淮阳王）……［唐高祖］武德元年（618年）封略阳郡公……五年（622年）遂封为任城王……［唐太宗］贞观十二年（638年），迁礼部尚书，改封江夏王……及大军讨高丽，令［李］道宗与李勣为前锋，济辽水，克盖牟城（今辽宁抚顺）。逢贼兵大至……［李］道宗乃与壮士数十骑直冲贼阵，左右出入，［李］勣因合击，大破之……又筑土山攻安市城（今辽宁鞍山），土山崩，［李］道宗失于部署，为贼所据。归罪于果毅傅伏爱，斩之。［李］道宗跣行诣旗下请罪……［唐太宗］舍而不问。……［高宗］永徽四年（653年），房遗爱伏诛，长孙无忌、褚遂良素与［李］道宗不协，上言［李］道宗与［房］遗爱交接，配流象州，道病卒。
——《旧唐书》卷六十《江夏王道宗传》。

韦待价为左千牛备身，及江夏王［李］道宗得罪，［韦］待价即［李］道宗之婿也，缘坐左迁卢龙府果毅。
——《册府元龟》卷九百二十五《总录部·谴累》。

张亮，郑州荥阳人也……太宗将伐高丽，［张］亮频谏不纳，因请自行。以［张］亮为沧海道行军大总管，管率舟师。自东莱渡海，袭沙卑城，破之，俘男女数千口。进兵顿于建安城下（今辽宁盖县），营垒未固，士卒多樵牧。贼众掩至，军中惶骇。［张］亮素怯懦，无计策，但据胡床，直视而无所言，将士见之，翻以［张］亮为有胆气。其副总管张金树等乃鸣鼓令士众击贼，破之。太宗知其无将帅才而不之责。
——《旧唐书》卷六十九《张亮传》。

张亮为检校定州别驾，［李］勣数荐［张］亮于太宗，房玄龄亦言之，于是引为车骑将军，渐蒙顾遇，委以心膂。
——《册府元龟》卷四百六十八《台省部·荐举》。

韦挺，雍州万年人……［贞观］十九年（645年），将有事于辽东，择人运粮，［中书令马］周又奏［韦］挺才堪粗使，太宗从之。［韦］挺以父在隋为营州总管，有经略高丽遗文，因此奏之。太宗甚悦，谓［韦］挺曰："幽州以北辽水二千余里，无州县，军行资粮无所取给，卿宜为此使。但得军用不乏，功不细矣。"以人部侍郎崔仁师为副使，任自择文武官四品十人为子使，以幽（治今北京）、易（治今河北易县）、平（治今河北卢龙）三州骁勇二百人，官马二百匹为从。诏河北诸州皆取[韦]挺节度，许以便宜行事。太宗亲解貂裘及中厩马二匹赐之。

[韦]挺至幽州，令燕州司马王安德巡渠通塞。先出幽州库物，市木造船，运米而进。自桑乾河下至卢思台，去幽州八百里，逢王安德还曰："自此之外，漕渠壅塞。"[韦]挺以北方寒雪，不可更进，遂下米于台侧权贮之，待开岁发春，方事转运，度大兵至，军粮必足，仍驰以闻。太宗不悦，诏[韦]挺曰："兵尚拙速，不贵工迟。朕欲十九年春大举，今言二十年运漕，甚无谓也。"乃遣繁畤令韦怀质往挺所支度军粮，检复渠水。怀质还奏曰："[韦]挺不先视漕渠，辄集工匠造船，运米既下。至卢思台，方知渠闭，欲进不得，还复水涸，乃便贮之，无达平夷之日。又挺在幽州，日致饮会，实乖至公。陛下明年出师，以臣度之，恐未符圣策。"太宗大怒，令将作少监李道裕代之，仍令治书侍御史唐临驰传械[韦]挺赴洛阳，依议除名，仍令白衣散从。及前军破盖牟城，诏[韦]挺统兵镇盖牟城（今辽宁抚顺），示渐用也。[韦]挺城守去大军悬远，与高丽新城（今辽宁抚顺北）邻接，日夜战斗，鼓噪之声不绝。[韦]挺不堪其忧，且不平于失职（按：指被除名，失去职务），素与术士公孙常善，乃与[公孙]常以叙所怀。会[公孙]常以他事被拘，自缢而死，索其囊中，得[韦]挺书，论城中违蹙，兼有叹怅之辞。太宗以[韦]挺怨望，谪为象州刺史。岁余卒，年五十八。

——《旧唐书》卷七十七《韦挺传》。

（唐）韦挺，贞观中为太常卿。时太宗伐辽东，令[韦]挺先运粮，河北诸州以便宜从事。帝亲解貂裘及内厩马二匹赐之。

——《册府元龟》卷四百八十三《邦计部·褒宠》。

太宗贞观十七年（643年），时征辽东，先遣太常卿韦挺于河北诸州征军粮，贮于营州。又令太仆少卿萧锐于河南道诸州转粮入海。至十八年（644年）八月，[萧]锐奏称：海中古大人城（今山东长岛列岛），西去黄县（今山东黄县）二十三里，北至高丽四百七十里，地多甜水，山岛接连，贮纳军粮，此为尤便。诏从之。于是自河南道运转米粮，水陆相继，渡海军粮皆贮此。

——《册府元龟》卷四百九十八《邦计部·漕运》。

（唐）韦挺为太常卿。太宗将伐辽东，令[韦]挺先运军粮，河北诸州取[韦]挺节度。[韦]挺立职清显，无他才术，徒以关中旧望，时见优宠，性自矜尚，颇以傲物致讥。行至幽州，但置酒高宴，又不先检河路。遽出库物造船六百余艘，役召百姓，贞观十八年（644年）秋，运米自桑乾河下至卢思台，去幽州八百里，方知运漕壅塞，乃大征夫役，以广渠道。［韦］挺既失支度，方怀忧惧，昼夜驱迫，棰楚乱加，官人百姓莫不愁苦，船米竟不得进，便属雪寒，遂下米于台侧，驰传以闻。太宗不悦，诏［韦］挺曰："兵尚拙速，不贵工迟。朕欲十九年（645年）春大举，今谓粮米未发，甚无谓也。"会太宗遣使往［韦］挺所检覆路渠。使人回，具陈其状，并言必欲十九年出师，恐米无济军之理。太宗大怒，令将作少匠李道裕代［韦］挺，发使械［韦］挺赴洛阳，除名，仍遣从军。

——《册府元龟》卷五百一十一《邦计部·旷败》。

韦挺为太常卿，父［韦］冲在隋尝为营州总管，有经略高丽遗文。会太宗将伐辽东，［韦］挺以闻奏，太宗甚悦，遂令［韦］挺先运军粮，河北诸州皆取［韦］挺节度，仍许以便宜行事。帝亲解貂裘及内厩马二匹赐之。群公祖道，朝野以为荣。

——《册府元龟》卷七十八《帝王部·委任二》。

阎立德，雍州万年人……贞观初，历迁将作少匠，封太安县男。高祖崩①，［阎］立德以营山陵功，擢为将作大匠……十八年（644年），从征高丽，及师至辽泽，东西二百馀里泥淖，人马不通，［阎］立德填道造桥，兵无留碍，太宗甚悦。

——《旧唐书》卷七十七《阎立德传》。

李大亮（按：李道裕之兄），雍州泾阳人……［贞观］十八年（644年）太宗幸洛阳②，令大亮副司空玄龄居中③。寻遇疾，太宗亲为调药，驰驿赐之。临终上表，请停辽东之役，又言京师宗庙所在，愿深以关中为意。

——《旧唐书》卷六十二《李大亮传》。

褚遂良……［贞观十七年（643年）］，时唐太宗欲亲征高丽……遂良对曰："……今陛下将兴师辽东，臣意荧惑。何者？陛下神武，不比前代人君，兵既渡辽，指期克捷，万一差跌，无以示威远方，若再发忿兵，则为难测。"太宗深然之。［后］从［李］勣之言，经划渡辽之师。褚遂良以太宗锐意三韩，惧其遗悔，翌日上书曰："……臣近于坐下，伏奉口敕，布语臣下，云自欲伐辽。臣数夜思量，不达其理……臣旁求史籍，迄乎近代，为人之主，无自伐辽，人臣往征，则有之矣……陛下昔翦平寇逆，大有爪牙，年齿未衰，犹堪任用，匪唯陛下之所使，亦何行而不克……方今太子新立，年实幼小，自余藩屏，陛下所知。今一旦弃金汤之全，渡辽海之外，臣忽三思，

---

① 《旧唐书·高祖纪》记载，唐高祖李渊卒于太宗贞观九年（635年）五月。
② 贞观十八年唐太宗从长安往洛阳，即前去征高丽。
③ 即留守长安。

烦愁并集。"太宗不纳。十八年（644年），拜黄门侍郎，参综朝政。

遂良前后谏奏及陈便宜书数十上，多见采纳。

——《旧唐书》卷八十《褚遂良传》。

陛下兵机神算，人莫能知……今闻陛下将伐高丽，意皆荧惑。然陛下神武，英声不比周、隋之主，兵若渡辽，事须克捷，万一差跌，无以示威远方，必更发怒再动兵众，若至于此，安危难测。

——《全唐文》卷一百四十九　褚遂良：《谏讨高丽书》。

臣闻有国家者譬诸身，两京等于腹心，四境方乎手足，他方绝域若在身外。臣近于坐下，伏奉口敕，布诰臣下，云自欲伐辽。臣数夜思量，不达其理……臣旁求史籍，迄乎近代，为人之主，无自伐辽者，人臣往征，则有之矣……陛下昔翦平寇逆，大有爪牙，年齿未衰，犹堪任用，匪惟陛下之所使，亦何行而不克。方今太子新立，年实幼小，自余藩屏，陛下所知。今一旦弃金汤之全，渡辽海之外，臣忽三思，烦愁并集。大鱼依于巨海，神龙据于川泉，此谓人君不可轻而远也。且如长辽之左，或遇霖雨滂沱，水潦腾波，平地数尺。夫带方、玄菟滨海，途深难测，非万乘所宜行践。

——《全唐文》卷一百四十九　褚遂良：《谏亲征高丽书》。

唐高宗永徽六年（655年）三月，营州都督程名振破高丽于贵端水。

唐高宗显庆三年（658年）六月，程名振攻高丽。

显庆四年（659年）三月，以左骁卫大将军、郕国公契苾何力往辽东经略。

五年（660年）三月辛亥，发神丘道军伐百济。八月庚辰，苏定方等讨平百济，面缚其王扶余义慈。国分五部，郡三十七，城二百，户七十六万，以其地分置熊津等五都督府。曲赦神丘、嵎夷道总管以下，赐天下大酺三日。

唐高宗龙朔元年（661年）夏五月丙申，命左骁卫大将军、凉国公契苾何力为辽东道大总管，左武卫大将军、邢国公苏定方为平壤道大总管，兵部尚书、同中书门下三品、乐安县公任雅相为浿江道（今大同江）大总管，以伐高丽。

二年（662年）三月，苏定方破高丽于苇岛，又进攻平壤城，不克而还。

——《旧唐书》卷四《高宗纪上》。

……彼高丽者遐荒小丑，潜藏山海之间，得其人不足以彰圣化，弃其地不足以损天威，何至乎疲中国之人，倾府库之实，使男子不得耕耘、女子不得蚕织。陛下为人父母，不垂恻隐之心，倾府库有限之资，贪其无用之地。设令高丽既灭，即不得不发兵镇守，少发兵威不足，多发则人心不安，是乃疲于转戍，万姓无聊生也。

万姓怨则天下败矣，天下既败，陛下何以自安，故臣以为征之，不如不征；灭之，不如不灭。

——《全唐文》卷一百五十八　李君球：《谏高宗将伐高丽疏》。

唐高宗乾封元年（666年）六月壬寅，高丽莫离支（按：高丽官衔名）盖苏文死。其子［泉］男生继其父位，为其弟［泉］男建所逐，使其子献诚诣阙请降，诏左骁卫大将军契苾何力率兵以应接之。冬十月己酉，命司空、英国公［李］勣为辽东道行军大总管，以伐高丽。

三年（668年）春正月壬子，以右相刘仁轨为为辽东道副大总管。二月戊午，辽东道破薛贺水五万人，阵斩首五千馀级，获生口（按：指俘虏）三万馀人，器械牛马不可胜计。

丙寅①，下诏大赦，改元总章元年。

总章元年（668年）九月癸巳，司空、英国公［李］勣破高丽，拔平壤城，擒其王高藏及其大臣［泉］男建等以归。境内尽降，其城一百七十，户六十九万七千，以其地为安东都督府，分置四十二州。

二年（669年）五月庚子，移高丽户二万八千二百，车一千八百乘，牛三千三百头，马二千九百匹，驼六十头，将入内地，莱、营二州般次发遣，量配于江、淮以南及山南、并、凉以西诸州空闲处安置。

——《旧唐书》卷五《高宗纪下》。

［唐高宗］乾封元年（666年），［高丽王］高藏遣其子入朝，陪位于太山之下。其年，［泉］盖苏文死，其子［泉］男生代为莫离支，与其弟［泉］男建、［泉］男产不睦，各树朋党，以相攻击。［泉］男生为二弟所逐，走据国内城死守，其子［泉］献诚诣阙求哀。诏令左骁卫大将军契苾何力率兵应接之。［泉］男生脱身来奔，诏授特进、辽东大都督、兼平壤道安抚大使，封玄菟郡公。十一月，命司空、英国公李勣为辽东道行军大总管，率裨将郭待封等以讨高丽。二年（667年）二月，［李］勣渡辽至新城……城中窘迫，数有降者，自此所向克捷。高藏及［泉］男建遣太大兄［泉］男产将首领九十八人，持帛幡出降，且请入朝，［李］勣以礼延接。［泉］男建犹闭门固守。总章元年（668年）九月，［李］勣又移营于平壤城南，［泉］男建频遣兵出战，皆大败。［泉］男建下捉兵总管僧信诚密遣人诣军中，许开城门为内应。经五日，信诚果开门，［李］勣从兵入，登城鼓噪，烧城门楼，四面火起，［泉］男建窘急自刺，不死。十一月，拔平壤城，虏高藏、［泉］男建等……乃分其地置都督

---

① 《旧唐书·高宗纪下》云：三年二月丙寅，改元总章；《资治通鉴》记于乾封三年三月庚寅，大赦，改元，两书所记相差30余日。《新唐书·高宗纪》与《资治通鉴》同。《资治通鉴》胡三省注云："以将作明堂改元。是年三月方改元。"

府九、州四十二、县一百，又置安东都护府以统之。擢其酋渠有功者授都督、刺史及县令，与华人参理百姓。乃遣左武卫将军薛仁贵总兵镇之，其后颇有逃散。

——《旧唐书》卷一百九十九上《高丽传》。

唐高宗永徽六年（655年）高丽与百济、靺鞨连兵，侵新罗北境，取三十三城；新罗王春秋遣使求援。二月乙丑，遣营州都督程名振、左卫中郎将苏定方发兵击高丽。夏五月壬午，名振等渡辽水，高丽见其兵少，开门渡贵端水逆击①，名振等奋击，大破之，杀获千馀人，焚其外郭及村落而还。

——《资治通鉴》卷一百九十九　唐纪十五　高宗永徽六年。

唐高宗显庆三年（658年）六月，营州都督、兼东夷都护程名振、右领军中郎将薛仁贵将兵攻高丽之赤烽镇，拔之，斩首四百馀级，捕虏百馀人。高丽遣其大将豆方娄率众三万拒之，名振以契丹逆击，大破之，斩首二千五百级。

——《资治通鉴》卷二百　唐纪十六　高宗显庆三年。

显庆四年（659年）十一月，右领军中郎将薛仁贵等与高丽将温沙门战于横山，破之。

——《资治通鉴》卷二百　唐纪十六　高宗显庆四年。

显庆五年（660年）三月，百济恃高丽之援，数侵新罗；新罗王春秋上表求救。辛亥，以左武卫大将军苏定方为神丘道行军大总管，帅左骁卫将军刘伯英等水陆十万以伐百济。以春秋为嵎夷道行军总管，将新罗之众，与之合势。八月，苏定方引兵自成山济海，百济据熊津江口以拒之……定方水陆俱进，直趣其都城……于是〔百济王〕义慈、〔太子〕隆及诸城主皆降。百济故有五部，分统三十七郡、二百城、七十六万户，诏以其地置熊津等五都督府，以其酋长为都督、刺史。十二月壬午，以左骁卫大将军契苾何力为浿江道行军大总管，左武卫大将军苏定方为辽东道行军大总管，左骁卫将军刘伯英为平壤道行军大总管，蒲州刺史程名振为镂方道总管，将分道击高丽。青州刺史刘仁轨坐督海运覆船，以白衣从军自效②。

——《资治通鉴》卷二百　唐纪十六　高宗显庆五年。

唐高宗龙朔元年（661年）夏四月庚辰，以任雅相为浿江道行军总管，契苾何力为辽东道行军总管，苏定方为平壤道行军总管，与萧嗣业及诸胡兵凡三十五军，

---

① 胡三省注云：据《旧唐书·程名振传》，贵端水当在新城（今辽宁抚顺北）西南。
② 即褫夺功名官职后，以平民身份随军效劳。司马光：《资治通鉴考异》云："《旧唐书·刘仁轨传》云：'监统水军征辽，以后期坐免官。'按：仁轨从军乃在百济，非征辽也。今从张鷟《朝野佥载》。"

水陆分道并进。上（按：指高宗）欲自将大军继之；癸巳，皇后抗表谏亲征高丽；从之。秋七月甲戌，苏定方破高丽于浿江（今大同江），屡战皆捷，遂围平壤城。

高丽盖苏文遣其子男生以精兵数万守鸭绿水，诸军不得渡。契苾何力至，值冰大合，何力引众乘冰渡水，鼓噪而进，高丽大溃，追奔数十里，斩首三万级，馀众悉降，男生仅以身免。会有诏班师，乃还。

——《资治通鉴》卷二百　唐纪十六　高宗龙朔元年。

龙朔二年（662年）二月甲戌，浿江道大总管任雅相薨于军。戊寅，左骁卫将军、白州刺史、沃沮道总管庞孝泰与高丽战于蛇水之上，军败，与其子十三人皆战死。苏定方围平壤久不下，会大雪，解围而还。

——《资治通鉴》卷二百　唐纪十六　高宗龙朔二年。

龙朔二年（662年）十二月戊申，诏以方讨高丽、百济，河北之民，劳于征役，其封泰山、幸东都并停。

——《资治通鉴》卷二百一　唐纪十七　高宗龙朔二年。

龙朔三年（663年）秋八月戊申，上以海东累岁用兵，百姓困于征调，士卒战溺死者甚众，诏罢三十六州所造船，遣司元太常伯窦德玄等分诣十道，问人疾苦，黜陟官吏。

——《资治通鉴》卷二百一　唐纪十七　高宗龙朔三年。

唐高宗乾封元年（666年）五月，高丽盖苏文卒，长子男生代为莫离支，［兄弟猜疑］，弟男建自为莫离支，发兵讨之。男生走保他城，使其子献诚诣阙求救。六月壬寅，以右骁卫大将军契苾何力为辽东道安抚大使，将兵救之；以献诚为右武卫将军，使为向导。又以右金吾卫将军庞同善、营州都督高侃为行军总管，同讨高丽。九月，庞同善大破高丽兵，泉男生率众与同善合。诏以男生为特进、辽东大都督、兼平壤道安抚大使，封玄菟郡公。冬十二月己酉，以李勣为辽东道行军大总管，以司列少常伯安陆（按：郝氏籍贯为安陆）郝处俊副之，以击高丽。庞同善、契苾何力并为辽东道行军副大总管、兼安抚大使如故；其水陆诸军总管并运粮使窦义积、独孤卿云、郭待封等，并受［李］勣处分。河北诸州租赋悉诣辽东军用。

——《资治通鉴》卷二百一　唐纪十七　高宗乾封元年。

乾封二年（667年）九月辛未，李勣拔高丽之新城（今辽宁抚顺北），使契苾何力守之。

郭待封以水军自别道趣平壤，勣遣别将冯师本载粮杖以资之。师本船破，失期，待封军中饥窘,欲作书与绩,恐为虏所得,知其虚实,乃作离合诗以与绩。勣怒曰:"军事方急,何以诗为?必斩之!"行军管记、通事舍人元万顷为释其义,勣乃更遣粮杖赴之。

万顷作《檄高丽文》曰:"不知守鸭绿之险。"泉男建报曰:"谨闻命矣!"即移师据鸭绿津,唐兵不得渡。上闻之,流万顷于岭南。

——《资治通鉴》卷二百一　唐纪十七　高宗乾封二年。

唐高宗总章元年（668年）正月壬子,以右相刘仁轨为辽东道副大使。二月侍御史贾言忠奉使自辽东还,上问以军事,言忠对曰:"高丽必平。"上曰:"卿何以知之?"对曰:"隋炀帝东征而不克者,人心离怨故也;先帝（按:指唐太宗）东征而不克者,高丽未有衅也。今高藏微弱,权臣擅命,盖苏文死,男建兄弟内相攻夺,男生倾心内附,为我向导,彼之情伪,靡不知之。以陛下明圣,国家富强,将士尽力,以乘高丽之乱,其势必克,不俟再举矣。且高丽连年饥谨……人心危骇,其亡可翘足而待也。"九月癸巳,李勣拔平壤。[李]勣即克鸭绿栅,高丽发兵拒战,[李]勣等奋击,大破之,追奔二百余里……契苾何力先引兵至平壤城下,[李]勣军继之,围平壤月余,高丽王藏遣泉男产率首领九十八人,持白幡诣[李]勣降,[李]勣以礼接之……高丽悉平。十二月,分高丽五部、百七十六城、六十九万餘户,为九都督府,四十二州,百县,置安东都护府于平壤以统之,擢其酋帅有功者为都督、刺史、县令,与华人参理。以右威卫大将军薛仁贵检校安东都护,总兵二万以镇抚之。

时有敕,征辽军士逃亡,限内不首及首而更逃者,身斩,妻子籍没。太子上表,以为:"如此之比,其数至多……伏愿逃亡之家,免其配没。"从之。

——《资治通鉴》卷二百一　唐纪十七　高宗总章元年。

总章二年（669年）夏四月,高丽之民多离叛者,敕徙高丽户三万八千二百于江、淮之南,及山南、京西诸州空旷之地,留其贫弱者,使守安东。

——《资治通鉴》卷二百一　唐纪十七　高宗总章二年。

总章元年（668年）十月,司空李勣破高丽国,虏其王,下城百七十、户六十九万七千二百,配江淮以南、山南、京西。

——《册府元龟》卷四百八十六《邦计部·户籍》。

高宗咸亨元年（670年）夏四月,高丽酋长剑牟岑反,立高藏外孙安舜为主。以左监门大将军高侃为东州道行军总管,发兵讨之。安舜杀牟岑,奔新罗。

——《资治通鉴》卷二百一　唐纪十七　高宗咸亨元年。

咸亨二年（671年）秋七月乙未朔，高侃破高丽余众于安市城（今辽宁鞍山）。

——《资治通鉴》卷二百二　唐纪十八　高宗咸亨二年。

咸亨三年（672年）十二月，高侃与高丽余众战于白水山，破之。新罗遣兵救高丽，侃击破之。

——《资治通鉴》卷二百二　唐纪十八　高宗咸亨三年。

咸亨四年（673年）闰五月，燕然道总管、右领军大将军李谨行大破高丽叛者于瓠芦河①之西，俘获数千人，遇众皆奔新罗……［李］谨行，靺鞨人突地稽之子也，武力绝人，为众夷所惮。

——《资治通鉴》卷二百二　唐纪十八　高宗咸亨四年。

唐高宗上元二年（675年）二月，刘仁轨大破新罗之众于七重城；又使靺鞨浮海，略新罗之南境，斩获甚众。仁轨引兵还。诏以李谨行为安东镇抚大使，屯新罗之买肖城以经略之，三战皆捷，新罗乃遣使入贡，且谢罪；上赦之，复新罗王法敏官爵。

——《资治通鉴》卷二百二　唐纪十八　高宗上元二年年。

唐高宗仪凤元年（676年）二月甲戌,徙安东都护府于辽东故城（今辽宁辽阳)②

——《资治通鉴》卷二百二　唐纪十八　高宗仪凤元年。

仪凤二年（677年),初,［麟德二年,公元665年］刘仁轨引兵自［百济］熊津还,［百济王］扶余隆畏新罗之逼，不敢留，寻亦还朝。二月丁巳,以工部尚书［原高丽王］高藏为辽东州都督，封朝鲜王，遣归辽东，安辑高丽余众；高丽先在诸州者，皆遣与藏俱归。又以司农卿［原百济王］扶余隆为熊津都督，封带方王，亦遣归安辑百济余众，仍移安东都护府于新城（今辽宁抚顺北）以统之③。时百济荒残，命［扶余］隆居高丽之境。藏至辽东，谋叛，潜与靺鞨通；召还，徙邛州而死，散徙其人于河南、陇右诸州，贫者留安东城傍。高丽旧城没于新罗，余众散入靺鞨及突厥，［扶余］隆亦竟不敢还故地，高氏、扶余氏遂亡。

——《资治通鉴》卷二百二　唐纪十八　高宗仪凤二年。

韦［弘］机,雍州万年人……［唐高宗］显庆中为檀州（今北京密云）刺史……

---

① 胡三省注云："余按《唐书·刘仁轨传》，此瓠芦河当在高丽南界，新罗七重城之北。"
② 司马光：《资治通鉴考异》云："《实录》，咸亨元年，杨昉、高侃讨安舜，始拔安东都护府，自平壤城移于辽东州（按：即辽东城）。仪凤元年二月甲戌，以高丽余众反叛，移安东都护府于辽东城。盖咸亨元年言移府者，终言之也；仪凤元年言高丽反者，本其所以移也。"
③ 胡三省注云："去年春，移安东都护府于辽东故城，今又移于新城。"

会契苾何力东讨高丽（按：此为高宗总章元年，公元668年事），军众至檀州①，而滦河泛涨，师不能进，供其资粮数日不乏。

——《旧唐书》卷一百八十五上《韦机传》。

程名振……［唐高宗］永徽六年（655年），累除营州都督、兼东夷都护。又率兵破高丽于贵端水，焚其新城，杀获甚众。

——《旧唐书》卷八十三《程务挺传》附程名振传。

契苾何力，其先铁勒别部之酋长也……［唐高宗］显庆二年（657年），迁左骁卫大将军，累封郕国公，兼检校鸿胪卿。

［高宗］龙朔元年（661年），又为辽东道行军大总管。九月，次于鸭绿水，其地即高丽之险阻，莫离支（官衔名）男生以精兵数万守之，众莫能济。何力始至，会层冰大合，趣即渡兵，鼓噪而进，贼遂大溃，追奔数十里，斩首三万级，余众尽降，男生仅以身免。会有诏班师，乃还②。

［高宗］乾封元年（666年），又为辽东道行军大总管、兼安抚大使。高丽有众十五万，屯于辽水（今辽河），又引靺鞨数万据南苏城。何力奋击，皆大破之，斩首万余级，乘胜而进，凡拔七城。乃回军会英国公李勣于鸭绿水，共攻辱夷、大行二城，破之。［李］勣顿军于鸭绿栅，何力引蕃汉兵五十万先临平壤。［李］勣仍继至，共拔平壤城，执男建，虏其王还……仪凤二年（677年）卒。

——《旧唐书》卷一百九《契苾何力传》。

苏定方，冀州武邑人也……［高宗］显庆五年（660年）从幸太原，制授熊津道大总管，帅师讨百济。定方自成山济海，至熊津江口……百济悉平，分其地为六州。

——《旧唐书》卷八十三《苏定方传》。

李勣……［高宗］乾封元年（666年），高丽莫离支男生为其弟男建所逐，保于国内城，遣其子献诚诣阙乞师。总章元年（668年），命勣为辽东道行军［大］总管③，率兵二万略地至鸭绿水。贼遣其弟［男产］来拒战，勣纵兵击败之，追奔二百里，至于平壤城。男建闭门不敢出，贼中诸城骇惧，多拔人众遁走，降款者相继。勣又引兵围平壤城，辽东道副大总管刘仁轨、郝处俊、将军薛仁贵并会于平壤，掎角围之。

---

① 唐军自今北京密云东征高丽，自然是出古北口，东经承德、滦平、平泉，然后至今辽宁朝阳即营州柳城郡。这条古道在辽、金之世是北宋、南宋使者经常往来的道路。

② 见《资治通鉴》"高宗龙朔二年"记载：其年二月，苏定方以久围平壤不下，天又下雪，遂解围班师。此即契苾何力于大胜之际奉诏回军之由也。

③ 《资治通鉴》"唐高宗乾封元年"记载，李勣为辽东道行军大总管。且本传又云以刘仁轨、郝处俊为副大总管，则李勣必是大总管，并非总管。

经月馀，克其城，虏其王高藏及男建、男产，裂其诸城，并为州县，振旅而还。

——《旧唐书》卷六十七《李勣传》。

刘仁轨，汴州尉氏人也……显庆四年（659年）出为青州刺史。五年（660年），高宗征辽，令［刘］仁轨监统水军，以后期坐免，特令以白衣随军自效。时苏定方既平百济，留郎将刘仁愿于百济府城镇守，［百济复叛］，诏［刘］仁轨检校带方刺史……以救［刘］仁愿……［刘］仁轨乃与［刘］仁愿合军休息。时苏定方奉诏伐高丽，进围平壤，不克而还……诏右威卫将军孙仁师率兵浮海以为援……于是百济馀烬悉平，孙仁师与刘仁愿振旅而还，诏留［刘］仁轨勒兵镇守……［高宗］麟德二年（65年），封泰山，［刘］仁轨领新罗及百济、耽罗、倭四国酋长赴会……乾封三年（668年），为熊津道安抚大使、兼浿江道总管①，副司空李勣 讨平高丽。总章二年（669年），军回，以疾辞职……咸亨五年（674年），为鸡林道大总管，东伐新罗。［刘］仁轨率兵径渡瓠芦河，破其北方大镇七重城。

——《旧唐书》卷八十四《刘仁轨传》。

郝处俊，安州安陆人也……［高宗］乾封二年（667年），改为司列少常伯。属高丽反叛，诏司空李勣为浿江道大总管②，以［郝］处俊为副。

——《旧唐书》卷八十四《郝处俊传》。

薛仁贵，绛州龙门人。［唐太宗］贞观末，太宗亲征辽东，仁贵谒将军张士贵应募，请从行。至安地，有郎将刘君昂为贼所围甚急，仁贵往救之，跃马径前，手斩贼将……遂知名。

［唐高宗］显庆二年（657年），诏仁贵副程名振于辽东经略，破高丽于贵端城，斩首三千级。明年（658年），又与梁建方、契苾何力于辽东共高丽大将温沙门战于横山。

［唐高宗］乾封初，高丽大将泉男生率众内附，高宗遣将军庞同善、高侃等迎接之……诏仁贵统兵为后援。同善等至新城，夜为贼所袭。仁贵领骁勇赴救，斩首数百级。同善等又进至金山，为贼所败，高丽乘胜而进。仁贵横击之，贼众大败，斩首五万馀级，遂拔其南苏、木底、苍岩等三城，始与男生相会……仁贵乘胜领二千人进攻扶馀城……杀获万馀人，遂拔扶馀城。扶馀川四十余城，乘风震慑，一时送款。仁贵便并海略地，与李勣大会军于平壤城③。高丽既降，诏仁贵率兵二万人于刘仁轨于平壤留守，仍授右威卫大将军，封平阳郡公，兼检校安东都护。移理新城（今辽

---

① 据《旧唐书·李勣传》，当是辽东道，并非浿江道。
② 据《旧唐书·李勣传》，当是辽东道，并非浿江道。
③ 此为高宗总章元年（668年）事

宁抚顺北）。

[唐高宗]咸亨中，寻而高丽众相率复叛，诏起仁贵为鸡林道总管以经略之①。

——《旧唐书》卷八十三《薛仁贵传》。

狄仁杰字怀英，并州太原人也……[武则天]万岁通天年，契丹陷冀州，河北震动，征[狄]仁杰为魏州刺史……俄转幽州都督。神功元年，入为鸾台侍郎……[狄]仁杰又请废安东[都护府]，复高氏为君长，停江南之转输，慰河北之劳弊，数年之后，可以安人富国。事虽不行，识者是之。

——《旧唐书》卷八十九《狄仁杰传》。

今以海中分为两运，风波飘荡，没溺至多，准兵计粮，犹苦不足，且得其地不足以耕织，得其人不足以赋税。臣请罢薛讷，废安东镇。三韩君长，高氏为其主，臣愿陛下存继绝存亡之义，复其故地，此之美名高于尧、舜远矣。

——《全唐文》卷一百六十九　狄仁杰：《请拔安东表》。

（6）唐朝与回鹘（回纥）的关系

唐宪宗元和五年（810年）六月戊寅，奚、回纥、室韦寇振武（驻东受降城，今内蒙古托克托南）。

——《旧唐书》卷十四《宪宗纪上》。

唐穆宗长庆二年（822年）闰十月戊子朔，入回纥使金吾大将军胡证、副使光禄卿李宪、婚礼使卫尉卿李锐、副使宗正少卿李子鸿等，送太和公主自蕃中回。

——《旧唐书》卷十六《穆宗纪》。

唐文宗大和七年（833年）夏四月辛酉，九姓回纥可汗卒。甲申，以右金吾卫将军唐弘实使回纥，册九姓回纥爱登里罗汩没施合句录毗伽彰信可汗。

——《旧唐书》卷十七下《文宗纪下》。

唐武宗会昌元年（841年）八月，回鹘（按：即回纥）乌介可汗遣使告难，言本国

---

① 据《资治通鉴》高宗咸亨元年至四年，破高丽反叛者为东州道总管高侃及燕然道总管李谨行。又据《旧唐书·高宗纪》咸亨五年二月，遣刘仁轨为鸡林道大总管，以讨新罗；并见于《旧唐书·刘仁轨传》。唐征高丽是以水陆并进，步骑是循辽东道出柳城郡，渡鸭绿水；水师是循平壤道，泛海到达平壤附近海岸。鸡林道是攻讨新罗的进军路线，《旧唐书·薛仁贵传》叙云高丽反叛，以仁贵为鸡林道总管亦不合情理。或将刘仁轨事误记为薛仁贵。

为黠戛（音：夹）斯所攻，故可汗死，今部人推为可汗。缘本国破散，今奉太和公主南投大国。时乌介至塞上，大首领嗢没斯与赤心宰相相攻，杀赤心，率其部下数千帐近西城。天德防御使田牟以闻。乌介又令其相颉干迦斯上表，借天德城以安公主，仍乞粮储牛羊供给。诏金吾大将军王会、宗正少卿李偡往其牙宣慰，令放公主入朝，赈粟二万石。十一月，太和公主遣使入朝，言乌介自称可汗，乞行策命，缘初至漠南，乞降使宣慰，从之。

会昌二年（842年）三月，遣使册回纥乌介可汗……时回纥在天德，命［振武、麟、胜节度使刘］沔以太原之师讨之。五月，天德军使田牟奏：回纥大将嗢没斯与多览将军将吏二千六百人请降，遣中人赍诏慰劳之。六月，回纥降将嗢没斯将吏二千六百餘人至京师。制以嗢没斯检校工部尚书，充归义军使，封怀化郡王，仍赐姓名曰李思忠；以回纥宰相爱耶勿为归义军副使、检校右散骑常侍，赐姓名曰李弘顺。八月，回纥乌介可汗过天德，过把头烽北，俘掠云、朔北川，诏刘沔出师雁门诸关。回纥首领屈武降幽州（治今北京），授左武卫将军同正……乃征发许、蔡、汴、滑六镇之师，以太原节度使刘沔为回纥南面招讨使；以张仲武为幽州、卢龙节度使、检校工部尚书，封兰陵郡王，充回纥东面招讨使；以李思忠为河西党项都将，回纥西南面招讨使；皆会军于太原……太原奏回纥移帐近南四十里，索叛将嗢没斯，昨至横水俘虏，兼公主上表言食尽，乞赐牛羊事。

会昌三年（843年）二月，太原刘沔奏："昨率诸道之师至大同军，遣［前锋］石雄袭回鹘牙帐，［石］雄大败回鹘于杀胡山，乌介可汗被创而走。已迎得太和公主至云州。"以麟州刺史天德行营副使石雄为银青光禄大夫、检校左散骑常侍、丰州刺史、御史大夫，充丰州西城、中城都防御、本管押蕃落等使。刘沔检校尚书左仆射，张仲武检校尚书右仆射，余如故。黠嘎斯①使注吾合素入朝，献名马二匹，言可汗已破回鹘，迎得太和公主归国，差人送公主入朝，愁回鹘残众夺之于路。帝遂遣中使送注吾合素往太原迎公主。时乌介可汗中箭，走投黑车子②，诏黠戛斯出兵攻之。三月，太和公主至京师。

——《旧唐书》卷十八上《武宗纪》。

回纥，其先匈奴之裔也，在后魏时，号为铁勒……［唐太宗］贞观中……太宗为置六府七州，府置都督，州置刺史，府州皆置长史、司马以下官主之。以回纥为瀚海府……［唐高宗］永徽六年（655年），回鹘（既回纥）遣兵随萧嗣业讨高丽……［唐玄宗］开元中，回鹘渐盛,［助唐平安史之乱］……恣行残忍……纵掠坊市……［唐宪宗］元和四年（809年）……遣使改为回鹘，义取回旋轻捷如鹘也……唐穆宗即

---

① 黠嘎斯本铁勒部之一，本受回纥压迫，及回纥势衰，则于唐文宗开成五年（840年）灭之，并踞有漠北之地。
② 即黑车子室韦，在今内蒙古锡林郭勒盟境内。

位（820年），逾年（821年）乃封第十妹为太和公主，将出降……十一月，振武军（驻东受降城，今内蒙古托克托南）节度张惟清奏："准诏发兵三千赴蔚州（今山西灵丘），数内已发一千讫，余二千人，待太和公主出界即发遣。"［长庆］二年（822年）三月，裴度招讨幽、镇之乱①，回鹘请以兵从［裴］度讨伐。朝议以［唐代宗］宝应初回纥收复两京②，恃功骄恣难制，咸以为不可，遂命止回纥令归。会其已上丰州北界，不从止。诏发缯帛七万匹赐之，方还。

初，黠戛斯破回鹘，得太和公主。黠戛斯自称李陵之后，与国同姓，遂令达干十人送公主至塞上。［回鹘乌介可汗］遇黠戛斯使，达干等并被杀，太和公主劫归乌介可汗，乃质公主同行，南渡大碛，至天德［军］界（今内蒙古乌梁素海东南），奏请天德城与太和公主居。有回鹘相赤心者，与连位相姓仆固者，与特勤（回鹘官衔名）那颉啜拥部众，不宾乌介。赤心欲犯塞，乌介遣其属嗢没斯先布诚于天德军使田牟……戮赤心于可汗帐下并仆固二人。那颉［啜］战胜，全占赤心下七千帐，东瞰振武、大同，据室韦、黑沙、榆林，东南入幽州雄武军（今天津蓟县北）西北界。幽州节度使张仲武遣弟仲至率兵大破那颉［啜］之众，全收七千帐，杀戮收擒老小近九万人。那颉［啜］中箭，透驼群潜脱，乌介获而杀之。

乌介诸部犹称十万众，驻牙大同军北闾门山，时［唐武宗］会昌二年（842年）秋，频劫东陕以北，天德、振武、云朔，比罹俘戮。诏诸道兵悉至防捍，以河东节度使刘沔充南面招控回鹘使；以幽州节度使张仲武充东面招控回鹘使。二年（842年）冬、三年（843年）春，回鹘特勤庞俱遮、阿敦宁二部，回鹘公主密羯可敦一部，外相诸落固阿跌一部，及牙帐大将曹磨你等七部，共三万众，相次降于幽州（治今北京），诏配诸道。

会昌三年（843年），回鹘尚书仆固绎到幽州，约以太和公主归幽州，乌介去幽州界八十里下营，其亲信骨肉及摩尼（按：僧人）志净等四人已先入振武军（驻东受降城，今内蒙古托克托南）。是夜，河东刘沔率兵奄至乌介营，乌介惊走东北约四百里外，依和解室韦下营，不及将太和公主同走。丰州刺史石雄兵遇太和公主帐，因迎归国。乌介部至［唐宣宗］大中元年（847年）诣幽州降，留者漂流饿冻，众十万，所存只三千以下。乌介嫁妹于室韦，托附之。为回鹘相美权者逸隐啜逼诸回鹘杀乌介于金山，以其弟特勤遏捻为可汗，复有众五千以上，其食用粮羊皆取给于奚王硕舍朗。

大中元年（847年）春，张仲武大破奚众，其回鹘无所取给，日有耗散。至二年（848年）春，唯存名王贵臣五百人以下，依室韦。张仲武因贺正室韦经过幽州，仲武却令还蕃，遣送遏捻等来向幽州。遏捻等惧，是夜与妻葛禄、子特勤毒斯等九

---

① 指唐穆宗长庆元年（821年）朱克融、王廷凑之乱。
② 指唐朝借助回纥兵平定安史之乱，收复长安、洛阳。

骑西走，余众奔之不及，回鹘诸相达官老幼大哭。室韦分回鹘余众为七分，七姓室韦各占一分。

——《旧唐书》卷一百九十五《回纥传》。

会昌二年（842年）八月，回纥[乌]介可汗过天德，至把头烽北，俘掠云、朔、北川，诏刘沔出师守雁门诸关。回鹘首领屈武降幽州（治今北京），授左武卫将军同正……乃征发许、蔡、汴、滑六镇之师，以太原节度使刘沔为回纥南面招讨使；以张仲武为幽州、卢龙节度使、检校工部尚书，封兰陵郡王，充回纥东面招讨使；以李思忠为河西党项都将，回纥西南面招讨使，皆会军于太原

十月丁卯，……赐并州刘沔、幽州张仲武密诏曰："自回鹘本国残破，寄命北边，朕以其艰难之时曾有勋力，平宁之后继有姻亲，义在怀柔，情深兼爱，以既转粟赈救，降使抚循，示信推恩……"时回鹘可汗、宰相相次上表，请国家借兵十万，助其收复故地，入借天德一城，与公主居止；及再请米糒羊马，朝廷皆拒而不许。自是，可汗或近振武保大栅，或入朔州把头峰，来往不常，情计难测。寻突入太原部落，掠牛羊人口，转战至云州城门，刺史张献节婴城自守。议者以回鹘常质公主以行，深入汉界，至是密诏诸将，遣邀夺公主及擒致可汗，故有是诏……又授张仲武东面招抚回鹘使，制曰："兵者所以明德除害也，举德于外则福生于内，朕每念戎事，务安生灵，既示远图，亦恢长算。回鹘可汗寄托塞上，未归虏廷，近者遣使蓟门，恳陈诚款……幽州卢龙军节度副大使知节度事、观察、处置、押奚、契丹两蕃、经略卢龙军等使，银青光禄大夫、检校工部尚书、兼幽州大都督府长史、兼御史大夫、兰陵郡王、食邑三千户张仲武，风云感契，凫藻协诚，自升将坛，首翦狂房，戈铤亟闻，芟扫牛马……望影揣情，已深致虏之术……命可检校兵部尚书，兼充东面招抚回鹘使。其当道行营兵马使及契丹、室韦等并自指挥，余如故。"

——《册府元龟》卷九百九十四《外臣部·备御七》。

六、安禄山、史思明以幽州（治今北京）为据地的叛乱

（1）安禄山和史思明

唐玄宗开元二十九年（741年）七月乙卯，幽州节度副使安禄山为营州刺史，充平卢军节度副使，押两蕃、渤海、黑水四府经略使。

唐玄宗天宝元年（742年）二月庚子，平卢节度使安禄山进阶骠骑大将军。

天宝七载（748年）六月，范阳节度使安禄山赐实封及铁券。

天宝九载（750年）五月乙卯，安禄山进封东平郡王。节度使封王，自此始也。

天宝十载（751年）二月丁巳，安禄山兼云中太守、河东节度使。

天宝十三载（754年）正月己亥，安禄山献俘于行在，帝引见于禁中，赏赐钜万。乙巳，加安禄山尚书左仆射，赐实封千户，奴婢十房，庄、宅各一区；又加闲厩、五坊、宫苑、陇右群牧都使，以武部侍郎吉温为副。

——《旧唐书》卷九《玄宗纪下》。

［唐玄宗］开元二十四年（736年），［安］禄山为平卢将军，讨契丹失利，［张］守珪奏请斩之……竟不诛。

二十八年（740年）为平卢军兵马使。

二十九年（741年）三月九日，加特进。时御史中丞张利贞为河北采访使，至平卢（今辽宁朝阳）。禄山谄佞，善伺人情，曲事利贞，复以金帛遗其左右。利贞归朝，盛称禄山之美，遂授营州都督，充平卢军节度使，知左厢兵马使，度支、营田、水利、陆运使副，押两蕃、渤海、黑水四府经略使，顺化州刺史。

唐玄宗天宝元年（742年）正月六日，分平卢别为节度，以禄山为左羽林大将军，员外置同正员、兼柳城郡太守，持节充平卢军摄御史，管内采访处置等使。

三载（744年）三月，授范阳长史（治今北京），充范阳节度、河北采访使，平卢节度，余如故。

五载（746年），吏部尚书席建侯为河北黜陟使，表荐禄山公直、无私、严整、奉法。

六载（747年）正月二十四日，加兼御史大夫。右相李林甫素与禄山交通，复屡言于玄宗，由是特加宠遇。

七载（748年）六月，赐实封三百户，并赐铁券，封柳城郡开国公。诏曰："……骠骑大将军、兼羽林大将军，员外置同正员兼御史大夫，范阳郡大都督府长史，柳城郡太守，持节范阳节度、经略、度支、营田副大使知节度、兼平卢节度使，度支、营田、陆运，押两蕃、渤海、黑水四府经略处置及平卢、河北转运并管内采访等使，上柱国柳城县开国伯安禄山……可柳城郡开国公，仍赐实封三百户，并赐铁券，余如故。"……寻进封禄山东平郡王。

九载（750年）八月二日，又加河北道采访处置等使。

十载（751年）正月，［安禄山］又为河东节度使（治太原），二月二日，遂加云中太守、兼充河东节度采访使，余如故。

禄山母、祖母皆赐国夫人，男庆宗、庆绪、庆恩、庆和、庆余、庆则、庆光、庆喜、庆佑、庆□等一十一男，皆是玄宗赐名。庆宗为卫尉少卿，庆绪为鸿胪少卿、兼广阳郡太守，庆宗加秘书少监，又尚荣义郡主，改太仆卿。禄山恃此，日增骄恣。

尝以向时不拜肃宗（按：玄宗长子李豫，时为太子）之嫌，虑玄宗年高，国中事变，遂包藏祸心，将生逆节。乃于范阳（治今北京）筑雄武城，外示御寇，内贮兵器，养同罗及降奚、契丹曳落河（原注：蕃人健儿为曳落河）八千余人为假子（按：即义子），及家僮教弓矢者百余人，以推恩信，厚其所给，皆感激竭诚，一以当百。

十一载（752年）十月十七日，[安]禄山遣其男范阳节度副使、鸿胪卿同正、兼广阳太守[安]庆绪献奚、契丹及同罗、阿不思等生口三千人，金、银、锦、罽、驼、奚车布于阙下……玄宗大悦，授庆绪特进、卫尉卿，张乐以会将士。

——《安禄山事迹》卷上。

十三载（754年）正月四日，禄山入觐于行在，乃见于禁中，赐锦采缯宝钜万……超授[禄山部下]将军者五百馀人，中郎将者三千馀人。禄山归范阳，玄宗御望春亭送别，脱御服以赐之，禄山受之，惊惧不敢言……既至范阳（今北京），忧不自安，始决计称兵向阙。自是，或言禄山反者，玄宗缚送禄山，以是道路相目，无敢言者。

——《安禄山事迹》卷中。

安禄山，营州柳城（今辽宁朝阳）杂种胡人也。本无姓氏，名轧荦山。母阿史德氏，亦突厥巫师，以卜为业。突厥呼鬬战为轧荦山，遂以名之。少孤，随母在突厥中，将军安波至[之]兄延偃妻其母。[唐玄宗]开元初，与将军安道买男俱逃出突厥中。道买次男贞节为岚州别驾，收获之。年十馀岁，以与其兄及延偃相携而出，感愧之，约与思顺等并为兄弟，冒姓为安。及长，解六蕃语，为互市牙郎。二十年，张守珪为幽州节度，[安]禄山盗羊事觉，守珪剥坐，欲棒杀之，大呼曰："大夫不欲灭两蕃耶？何为打杀禄山！"守珪见其肥白，壮其言而释之。令与乡人史思明同捉生，行必克获，拔为偏将。常嫌其肥，以守珪威风素高，畏惧不敢饱食。以骁勇闻，遂养为子。

二十八年，为平卢兵马使。性巧黠，人多誉之。授营州都督、平卢军使。厚贿往来者，乞为好言，玄宗益信向之。天宝元年，以平卢为节度，以[安]禄山摄中丞为使。入朝奏事，玄宗益宠之。三载，代裴宽为范阳节度，河北采访、平卢军等使如故。

十载（751年）入朝，又求为河东节度，因拜之。男十一人：长子[安]庆宗，太仆卿；少子[安]庆绪，鸿胪卿。[安]庆宗又尚郡主。

[安]禄山阴有逆谋，于范阳（治今北京）北筑雄武城，外示御寇，内贮兵器，积谷为保守之计，战马万五千匹，牛羊称是。兼三道节度（按：平卢、范阳、河东），进奏无不允。引张通儒、李庭坚、平洌、李史鱼、独孤问俗在幕下，高尚掌书记，刘骆谷留西京（长安，今西安）为耳目，安守忠、李归仁、蔡希德、牛庭玠、向润客、崔乾佑、尹子奇、何千年、武令珣、能元皓、田承嗣、田乾真，皆拔于行间。每月

进奉生口、驼马、鹰犬不绝，人无聊矣。即肥大不任战，前后十餘度欺诱契丹，宴设酒中著莨菪子，预掘一坑，待其昏醉，斩首埋之，皆不觉死，每度数十人。十一载（752年）八月，[安]禄山并率河东等军五六万，号十五万，以讨契丹。去平卢千余里，至土护真河（今老哈河），即北黄河也。又倍程三百里，奄至契丹牙帐。属久雨，弓箭皆涨湿，将士困极，奚又夹攻之，杀伤略尽。[安]禄山被射，折其玉簪，以麾下奚小儿二十余人走上山，坠坑中，其男[安]庆绪等扶持之。会夜，解走，投平卢城（今辽宁朝阳）。

杨国忠屡奏[安]禄山必反。十二载（753年），玄宗使中官辅璆琳觇之，得其贿赂，盛言其忠。国忠又云："召必不至"，洎召之而至。十三载（754年）正月，谒于华清宫，因涕泣言："臣蕃人，不识字，陛下擢臣不次，被杨国忠欲得杀臣。"玄宗益亲厚之，遂以为左仆射，却回……三月一日，归范阳，疾行出关，日行三四百里，至范阳（治今北京）。人言反者，玄宗必大怒，缚送与之。十四载（755年），玄宗又召之，托疾不至。赐其子婚，令就观礼，又辞。

十一月，反于范阳（治今北京），矫称奉恩命以兵讨杨国忠。以诸蕃马步十五万，夜半行，平明食，日六十里。以高尚、严庄为谋主，孙孝哲、高邈、何千年为腹心……十二月，渡河至陈留郡……至荥阳……入东京（今洛阳）。

十五年（256年）正月，贼窃号燕国，立年圣武。

至德二年（757年）正月[被严庄及家奴李猪儿所杀]，[严]庄即宣言于外，言[安]禄山传位于晋王[安]庆绪，尊[安]禄山为太上皇。[安]庆绪纵乐饮酒无度，呼[严]庄为兄，事之大小必咨之。

[安]庆绪，[安]禄山之第二子也。母康氏，[安]禄山糟糠之妻。[安]庆绪善骑射，[安]禄山偏爱之。未二十，拜为鸿胪卿、兼广阳太守……严庄、高尚立为伪主。[安]庆绪素懦弱，言词无序，庄恐众不伏，不令见人。

二月，肃宗南幸凤翔郡，始知[安]禄山死，使仆固怀恩使于回纥，结婚请兵讨逆……八月，回纥三千骑至。九月，广平王领蕃汉之众收西京（长安，今西安）……十月，安庆绪率其余众奔河北，保邺郡（今河北临漳县邺镇）。

乾元元年（758年）九月，肃宗遣郭子仪等九节度使率步骑二十万攻之，以鱼朝恩为军容使……[安庆绪]求救于史思明，言禅让之礼。[乾元二年（759年）正月]，史思明伪称燕王，立年号……引众来救。三月六日，[郭]子仪等战败，遂解围而南……思明领其众营于邺县（今河北临漳县邺镇）南……[安]庆绪以三百骑诣思明。思明引入，令三军擐甲执兵待之……[将庆绪]并其四弟及高尚、孙孝哲、崔乾佑，皆缢杀之。

[安]禄山父子僭逆三年而灭。

——《旧唐书》卷二百上《安禄山传》。

安禄山解六蕃语，为玄宗［互市］牙郎。

——《册府元龟》卷九百九十六《外臣部·鞮译》。

史思明，本名窣干，营州宁夷州突厥杂种胡人也……与安禄山同乡里，先禄山一日生……及长，相善，俱以骁勇闻。初事特进乌知义，每令骑觇贼，必生擒以归。又解六蕃语，与禄山同为互市郎。张守珪为幽州节度，奏为折冲。天宝初，频立战功，至将军，知平卢事……迁大将军、北平太守。十一载（752年），禄山奏授平卢节度都知兵马使。

十四载（755年），安禄山反，命［史］思明讨饶阳等诸郡，陷之……初，禄山以贾循为范阳留后，谋归顺，为副留守向润客（一书"容"）所杀，以［史］思明代之。又以征战在外，令向润客代其任。

［史］思明将帅颇精锐，皆平卢战士，南拔常山（今河北正定西南）、赵郡（今河北赵县）……河北尽陷……会回纥二千骑奄至范阳，范阳闭门二日，然后向太原……［至德］二年正月，［史］思明以蔡希德合范阳、上党（按：潞州治上党，今山西长治）兵马十万，围［唐太尉］李光弼于太原。［李］光弼使为地道，至贼阵前。骁贼方戏弄城中人，地道中人出擒之，敌以为神，呼为"地藏菩萨"。［史］思明留十月，会安禄山死，［安］庆绪令归范阳，［蔡］希德留百餘日，皆不能拔而归。自禄山陷两京，常以骆驼运两京御府珍宝于范阳（今北京），不知纪极。由是恣其逆谋，［史］思明转骄，不用［安］庆绪之命。安庆绪为王师所败，投邺郡（今河北临漳县邺镇）。其下蕃汉兵三万人，初不知所从，［史］思明击杀三千人，然后降之。

［至德二年，公元757年］庆绪使阿史那承庆、安守忠征兵于［史］思明，且欲图之。判官耿仁智，忠谋之士，谓［史］思明曰："大夫崇重，人不敢言，仁智请一言而死。"［史］思明曰："试言之。"对曰："大夫久事禄山，禄山兵权若此，谁敢不服。如大夫比者，逼于凶威耳，固亦无罪。今闻孝感皇帝（按：指唐肃宗）聪明勇智，有少康、周宣之略。大夫发使输诚，必开怀见纳，此转祸为福之上策也。"［史］思明曰："善。"承庆等以五千骑至范阳，［史］思明悉众介胄以逆之，众且数万，去之一里，使谓之曰："相公及王远至，将士等不胜喜悦。此皆边兵怯懦，颇惧相公之来。莫敢进也。请弛弓以安之。"从之。［史］思明遂以承庆、守忠入内廷，饮乐之。别令诸将于其所分收其甲仗。其诸郡兵皆给粮，恣归之，欲留者分隶诸营。遂拘承庆，斩守忠、李立节之首以徇。［唐太尉］李光弼使衙官敬俛招之，遂令衙官窦子昂奉表，以所管兵众八万人及以伪河东节度高秀岩来降。肃宗大悦，封［史思明］归义王、范阳长史、御史大夫、河北节度使，朝义已下并为列卿，秀岩［为］云中太守，以其男如岳等七人为大官。使内侍李思敬、将军乌承恩宣慰使，令讨残贼。

明年，改元乾封元年（758年）。四月，肃宗使乌承恩为副使，候伺其过而杀之。初，［乌］承恩父［乌］知义为节度，［史］思明常事知义，亦有开奖之恩。以此李光弼冀其无疑，因谋杀之。〔乌〕承恩至范阳（今北京），数漏其情，夜取妇人衣衣之，诣诸将家，以翻动之意谕之。诸将以白〔史〕思明，甚惧，无以为验。有顷，〔乌〕承恩与〔李〕思敬从上京来，宣恩命毕，将归私第。〔史〕思明留〔乌〕承恩且于馆中，明当有所议。已令帏其所寝之床，伏二人于其下。〔乌〕承恩有小男（按：即小儿子），先留范阳，〔史〕思明令省其父。夜后，私与其子曰："吾受命除此逆，明便授吾节度矣。"床下二人叫呼而出，以告〔史〕思明。〔史〕思明令执之，搜其衣囊，得朝廷所与阿史那承庆铁券及光弼与承恩之牒，云："承庆事了，即付铁券；不了，不可付之。"又得簿书数百纸，皆载先所从反军将名。〔史〕思明语之曰："我何负于汝而至是耶？"〔乌〕承恩称："死罪，此太尉光弼之谋也。"〔史〕思明集军将官吏百姓，西向大哭曰："臣以十三州之地、十万众之兵降国家，赤心不负陛下，何至杀臣！"因搒杀〔乌〕承恩父子，囚李思敬，遣使表其事。朝廷又遣中使慰谕云："国家与光弼无此事，乃承恩所为，杀之善也。"

又有使从京至，执三司议罪人状。〔史〕思明曰："陈希烈已下，皆重臣，上皇弃之幸蜀，既收复天下，此辈当慰劳之。今尚见杀，况我本从禄山反乎？"诸将皆云："乌承恩之前事，情状可知，光弼尚在，忧不细也。大夫何不取诸将状以诛光弼，以谢河北百姓。主上若不惜光弼，为大夫诛之，大夫乃安；不然，为患未已。"〔史〕思明曰："公等言是。"乃令耿仁智、张不矜修表，"请诛光弼以谢河北。若不从臣请，臣则自领兵往太原诛光弼"。〔张〕不矜初以表示〔史〕思明，及封入函，耿仁智尽削去之。写表者密告〔史〕思明，思明大怒，执二人于庭曰："汝等何得负我！"命斩之。仁智事思明颇久，意欲活之，却令召入，谓之曰："我任使汝向三十年，今日之事，我不负汝。"仁智大呼曰："人固有一死，须存忠节。今大夫纳邪说，为反逆之计，纵延旬月，不如早死，请速加斧钺。"思明大怒，乱捶杀之，脑流于地。

（乾元元年，公元758年）十月，郭子仪领九节度使围相州（治今河南安阳），安庆绪偷道求救于〔史〕思明，〔史〕思明惧军威之盛，不敢进。十二月，萧华以魏州（今河北大名东北）归顺，诏遣崔光远替之。〔史〕思明击而拔其城，光远脱身南渡。〔史〕思明于魏州杀三万人，平地流血数日，即乾元二年（759年）正月一日也。〔史〕思明于魏州北设坛，僭称为大圣燕王，以周贽为行军司马。三月，引众救相州，官军败而引退。〔史〕思明召庆绪等杀之，并有其众。四月，僭称大号，以周贽为相，以范阳（今北京）为燕京。

上元二年（761年）〔史朝义与思明部将合谋，擒史〕思明至柳泉驿，缢杀之①。朝义便僭伪位。

〔史〕朝义，〔史〕思明孽子（即庶子）也。宽厚，人附之。使人往范阳（今北京），杀伪太子〔史〕朝英等。伪留守张通儒觉之，战于城中，数日，死者数千人，始斩之。

---

① 《安禄山事迹》卷下记载："唐代宗宝应元年（762年），葬史思明于良乡东北岗。"

时洛阳四面数百里，人相食，州县为墟。诸节度使皆［安］禄山旧将，与［史］思明等夷，朝义征召不至。宝应元年（762年）十月，遣元帅雍王领河东、朔方诸节度、回纥兵马赴陕……二十九日与［史］朝义战于邙山之下，逆贼败绩，走渡河，斩首万六千，生擒四千六百，降三万二千人，器械不可胜数。朝义走投汴州（今河南开封），汴州伪将张献诚（按：张守珪之子）拒之，乃渡河北投幽州（今北京）。二年（763年）正月，贼伪范阳节度李怀仙于莫州（今河北任丘市鄚州镇）生擒之，送款来降，枭首于阙下。又以伪官以城降者恒州刺史、成德军节度张忠志为礼部尚书，余如故；赵州刺史卢淑、定州程元胜、徐州刘如伶、相州节度薛嵩、幽州李怀仙、郑州田承嗣并加封爵，领旧职。

［史］思明乾元二年（759年）僭号，至［史］朝义宝应元年（762年）灭，凡四年。

——《旧唐书》卷二百上《史思明传》。

史思明，本名窣干，玄宗改之为思明，后为平卢节度都知兵马使。
——《册府元龟》卷八百二十五《总录部·名字二》。

高尚，玄宗天宝末为安禄山平卢掌书记，出入卧内，［安］禄山甚信用之。［安］禄山肥疾苦睡，［高］尚执笔在旁，通宵不寐，由是益亲信。［高尚］遂与严庄等共解图谶，因其疑惧，劝其谋反。［安］禄山累表［高尚］至屯田员外郎。及随［安］禄山寇陷东京，伪授中书侍郎，伪赦书、制、敕，尽［高］尚为之，毁黩本朝，所不忍闻，皆由［高］尚曲说其事也。

——《册府元龟》卷七百三十《幕府部·邪谋》。

甄济字孟成，安禄山表荐充范阳掌书记。天宝末，［甄］济察［安］禄山有异志，谋以智免。卫县令齐玘诚信可托，乃求使至县，具以诚告。［县］令弟［齐］澄密求羊血以为备，至夜，伪呕血，疾不能支，遂舁归。及［安］禄山反，使伪节度使蔡希德领行戮者李挞等二人封刀来召，察［甄］济诈不起即就戮之。［甄］济以左手书云："去不得。"李挞持刀向前，［甄］济引首以待。［蔡］希德嘘唏叹之，李挞退，以实［病］报［安］禄山。后，安庆绪亦使人至县，强舁至东郡安国观。经月余，代宗收东都，［甄］济起诣军门上谒，乃送上都。肃宗馆之于三司，令受伪官瞻望，以愧其心。

——《册府元龟》卷七百五十九《总录部·忠二》。

甄济为安禄山范阳掌书记，察［安］禄山有异图，乃伪呕血，遂舁归。及［安］禄山反，使伪节度使蔡希德领行戮者李挞等二人封刀来召，察其诈不起即就戮之。

［甄］济以左手书云："去不得。"李揿将刀而前，［甄］济引首以待。［蔡］希德嘘唏嗟叹，李揿等退，以实病报。

——《册府元龟》卷七百六十三《总录部·忠烈》。

吉温为户部郎中，性便僻，巧事权要，知安禄山承恩，厚结之。时［安］禄山入奏，骤言［吉］温之能。玄宗天宝十载（751年），［安］禄山加河东节度，因奏［吉］温为河东节度副使，知留守、兼铸钱事，赐紫金鱼袋①。及杨国忠入相，［杨］国忠素与［吉］温善，征为御史中丞，充京畿、关内采访处置使，制到，［吉］温诣范阳（治今北京）与［安］禄山别。［安］禄山甚厚之，遣男［安］庆绪亲执［吉］温马辔送出驿。及［吉］温至朝廷，动静必报［安］禄山②。十三岁（754年），［安］禄山拜左仆射、充闲厩使。［安禄山］又奏［吉］温武部侍郎、兼御史中丞③。杨国忠与安禄山嫌隙已成，［吉］温既［转］厚于［安］禄山，［杨］国忠遂忌之。其冬，河东太守韦陟坐赃罹罪，托［吉］温结欢于［安］禄山求免。诏付中书门下，与法官对鞫之，［吉］温遂伏罪。

——《册府元龟》卷四百八十二《台省部·明附》。

（2）叛乱的爆发

唐玄宗天宝十四载（755年）五月，禄山遣副将何千年奏表陈事，请以蕃将三十二人以代汉将。遣中使袁思艺宣付中书门下，即日进划，便写告身付千年。宰相杨国忠、韦见素相谓曰："流言禄山畜不臣之心，今又请蕃将以代汉将，其反明矣。"乃请见陈事，既见未对，玄宗先告曰："卿等疑禄山反。"国忠等遽走阶下，垂涕具陈禄山反状，国忠以禄山表留于上前而出。俄又令袁思艺宣旨："此一度姑容之，朕徐为图耳。"国忠等乃奉诏。及国忠见，无不恳论其事，国忠曰："臣划得一计，可镇其难，伏望以禄山带左仆射平章事，追赴朝廷，以贾循为范阳节度使，吕知诲为平卢节度使，杨光翙为河东节度使。"上许草制，未行。上潜遣中使辅璆琳送柑子于范阳，私候其状。璆琳受贿而还，固称无他，其制遂寝。

六月，玄宗使黜陟使分行郡县，给事中裴士淹恐惧，不敢归，禄山乃见之（原按：禄山自归范阳，逆状渐露，惧朝廷诛之，使者将至则称疾不迎，严介士于前后，成备，而后见之。士淹之至也，亦如之，领武士引入，无复人臣之礼，士淹宣旨而退）。

---

① 《旧唐书·酷吏下·吉温传》载："十载，［安］禄山加河东节度，因奏［吉］温为河东节度副使，并知节度营田及管采访监察留后事。其载，又加雁门太守，仍知安边郡铸钱事，赐紫金鱼袋。"
② 《旧唐书·酷吏下·吉温传》载："杨国忠入相，素与［吉］温交通，追入为御史中丞，仍充京畿、关内采访处置使。［吉］温于范阳辞，［安］禄山令累路馆驿作白紬帐以候之，又令男［安］庆绪出界送，挽马出驿数十步。及至西京（今西安），朝廷动静，辄报［安］禄山，信宿而达。"
③ 《旧唐书·酷吏下·吉温传》载："因奏［吉］温武部侍郎、兼御史中丞，充闲厩、苑内、营田、五坊等副使。"

七月，禄山又请献马三千匹，鞍辔百副，每匹牵马夫二人，令蕃将二十二人，部送载物长行，车三百乘，每乘夫三人。河南尹达奚珣奏："禄山所进鞍马不少，又自将兵来，复与甲杖库同行，臣所未会，伏望特敕，禄山所进马，官给人夫，不烦本军远劳。将健所进车马，令待至冬即先后遥远，计堕矣。"玄宗稍悟，乃遣中侍冯承威赍玺书，召禄山曰："与卿修得一汤（按：即沐浴之所），故令召卿至，十月朕御于华清宫。"兼宣如达奚珣之策。禄山闻命曰："马不进，亦得十月灼然入京。"承威复命，奏泣曰："臣几不得生还，禄山闻臣宣先奏旨，踞床上不起，但云圣人安稳。遽令左右送臣于别馆，居数日，然后得免难。"

十一月九日，禄山起兵反，以同罗、契丹、室韦曳落河，兼范阳、平卢、河东、幽、蓟之众，号为父子军，马步相兼十万，鼓行而西，以诛杨国忠为名。唯与孔目官严庄、掌书记高尚、蕃将阿史那承庆、庆绪同谋，幕府僚属偏裨更无一人知其端倪者。其年八月后，慰谕兵士，磨砺戈矛，稍甚于常，识者窃怪。至是，禄山勒诸将出，谓众曰："奉事官胡逸自京回，奉密旨，遣禄山将随手兵入朝来，以平祸乱耳。诸公勿怪。"翌日，至城北，辞其祖考坟墓，遂发，以节度使贾循为留后。蓟县耆寿李克谏禄山，以举兵无名必败。禄山特收人望，使严庄报之曰："苟利国家，专之可也。利主宁邦，正在今日，何惮之乎？"百姓等议曰："百年老公未尝见范阳兵马南向者。"人人相与忧惧。先令将军何千年领壮士数千人，诈称献捷，以车千乘，包藏器械。先俟于河阳桥。以掌书记屯田员外高尚、孔目官太仆丞严庄专居左右以划筹。所至郡县无兵御捍，皆开门延敌，长史走匿，或被擒杀，或自缢路傍，而降者不可胜计（原按：禄山专制河朔以来，七年餘，蕴蓄奸谋，潜行恩惠，东至靺鞨，北及匈奴，其中契丹委任尤重，一国之柄，十得二三，行军用兵皆在掌握。蕃人归降者以恩煦之，不服者以劲兵讨之，生得者皆释而待，赐以衣资，赏以妻妾。前后节度使招怀夷狄，皆重译告谕夷夏之意，因人而传，往往不孚。禄山悉解九夷之语，躬自抚慰，曲宣威惠，夷人朝为俘囚，暮为战士，莫不乐输死节，而况幽蓟之士乎？及狼顾负恩，其所由来者渐矣）。

十二月，陷洛阳。

——《安禄山事迹》卷中。

唐玄宗天宝十五载（756年）正月乙卯朔，禄山遣东都耆老缁黄劝进，遂伪即帝位，国曰大燕，自称雄武皇帝，改元曰圣武元年，置丞相以下官，封其子庆绪为王，以达奚珣为侍中，张通儒为尚书，其余文武悉备署之。以范阳（今北京）为东都，复其百姓终身，署其城（按：指唐幽州城，今北京）东隅私第为潜龙宫（原按：其第本造为同罗馆，前后十餘院，门观宏壮，闬闳幽深，土木之瑰奇，黝垩之雕饰，僭拟宫室。禄山表请以一千万买之，奏敕赐之，至是号焉）。

伪节度留后贾循、右虞候程超谋以范阳归顺，为禄山伪度支副向润客所觉，潜令送赦书，使韩朝阳告之。庚寅，朝阳自洛阳致禄山意旨，将毕，命入别馆。循不虞朝阳之害己，与朝阳款曲行礼，朝阳引之密语，抽佩刀斩之。遂宣伪诏，数［贾］循罪逆并斩［程］超，并传首东郡，戮及妻子。以平卢持节吕知诲为留后，亦为本军所杀，又加向润客右散骑常侍，代之。杀皇支范阳府掾李戒等四人，没其妻子。

五月，奚、契丹两蕃数出北山口（今密云古北口）至于范阳（治今北京），俘劫牛马子女，止城下累日，城中唯留后赢兵数千，不敌，润客等计无所出，遂以乐人戴竿索者为矫捷可用，授兵（按：指武器）出战。至城北清水河大败，为奚、羯所戮，唯三数人伏草莽间获免（原按：其乐人本玄宗所赐，皆非人间之伎，转相教习，得五百余人。或一人肩符首戴□，二十四人戴竿，长百余尺，至于竿杪，人腾掷如猿狖、飞鸟之势，竟为奇绝，累日不惮，观者汗流目眩。于是，此辈歼矣。虏未至前月余日，童谣云："旧来夸戴竿，今日不堪看，但看五日（恐当为'月'）里，清水河边见。"契丹初闻莫悟，至是而应之。）

六月十六日癸卯，玄宗幸蜀。十七日，［安禄山］陷西京（长安）

［唐肃宗］至德二年（757年）正月五日，［安庆绪与严庄等］遂相与谋杀禄山。

禄山以天宝十四年（755年）乙未十一月反，至至德二年（757年）丁酉正月被杀，僭窃三年，年五十五。

——《安禄山事迹》卷下。

唐玄宗天宝十四载（755年）十一月丙寅，范阳节度使安禄山率蕃、汉之兵十余万，自幽州南向诣阙，以诛杨国忠为名，先杀太原尹杨光翙于博陵郡。壬申，闻于行在所。癸酉，以郭子仪为灵武太守、朔方节度使（治今宁夏灵武西南）。封常清自安西（治今新疆库车）入奏，至行在。甲戌，以封常清为范阳、平卢节度使、兼御史大夫，令募兵三万以御逆胡。戊寅，还京。以羽林大将军王承业为太原尹，以卫尉卿张介然为陈留太守、河南节度采访使，以金吾将军程千里为潞州长史，并令讨贼。甲申，以京兆牧、荣王［李］琬为元帅，令高仙芝副之，于京城召募，号曰天武军，其众十万。丙戌，高仙芝等进军，上御勤政楼送之。

十二月丙申，封常清与贼战于成皋罂子谷，官军败绩，常清奔于陕郡。丁酉，禄山陷东京（今洛阳），杀留守李憕、中丞卢奕、判官蒋清。时高仙芝镇陕郡，弃城西保潼关。辛丑，诏皇太子统兵东讨。丙午，斩封常清、高仙芝于潼关，以哥舒翰为太子先锋兵马元帅，领河、陇兵募守潼关以据之。

天宝十五载（即肃宗至德元载，公元756年）正月庚申，以李光弼为云中太守、河东节度使（治太原）。

二月丙戌，李光弼、郭子仪将兵东出井陉，与贼将史思明战，大破之，进取郡县十余。丙辰，诛工部尚书安思顺。

三月壬午朔，以河东节度使李光弼为御史大夫、范阳节度使。

六月庚寅，其日，李光弼与贼将史思明战于常山东［之］嘉山，大破之，斩获数万计。辛卯，哥舒翰至潼关，为其帐下火拔归仁以左右数十骑执之降贼，关门不守，京师（指长安）大骇，河东、华阴、上洛等郡皆委城而走。甲午，［玄宗］将谋幸蜀（按：指四川），乃下诏亲征……丁酉，将发马嵬驿……及行，百姓遮路乞留皇太子（按：指李亨），愿戮力破贼，收复京城，因留太子。

七月丁卯，诏以皇太子讳充天下兵马元帅，都统朔方、河东、河北、平卢等节度兵马，收复两京①。

——《旧唐书》卷九《玄宗纪下》。

封常清为右金吾大将军，天宝末，安禄山叛，以［封］常清为范阳节度，俾募兵东讨［安］禄山。

——《册府元龟》卷四百五十《将帅部·谴让》。

唐肃宗至德元年（756 年）八月壬午，朔方节度使郭子仪、范阳节度使李光弼破贼于常山郡之嘉山。上以治兵收京城，诏子仪等旋师，子仪、光弼率所统步骑五万至自河北。诏以子仪为兵部尚书，依前灵州长史；光弼为户部尚书、兼太原尹、北京（即太原）留守；同中书门下平章事（按：即宰相）……是日上皇（指玄宗）至成都，大赦。癸巳，上（指肃宗）所奉表始达成都。丁酉，上皇逊位称诰，遣左相韦见素、文部尚书房琯、门下侍郎崔涣等奉册书赴灵武。

至德二载（757 年）四月戊寅朔，以郭子仪为司空、兼副元帅，统诸节度；李光弼为司徒。

五月甲子，郭子仪以失律让司空，许之。

九月癸卯，广平王［李俶，改名豫，后即位为代宗］（肃宗长子）收西京（长安）。

十月壬戌，广平王入东京（洛阳）。

十二月丙午，上皇（指玄宗）至自蜀……上（指肃宗）请归东宫（按：即归还帝位），上皇遣高力士再三慰譬而止。己丑，贼将伪范阳节度使史思明以其兵众八万之籍，与伪河东节度使高秀岩并表送降。庚午，制："人臣之节，有死无二；为国之体，叛而必诛……达奚珣等或受任台辅，位及人臣；或累叶宠荣，姻联戚里；或历践台阁，或职通中外……［却］受任于枭獍之间，咨谋于豺虺之辈，静言此情，何可放宥。达奚珣（按：原唐河南尹，后先降禄山）等一十八人，并宜处斩；陈希烈等七人，并赐自尽；前大理卿张均等特宜免死，配流合浦郡。"

---

① 按：在此前三天，皇太子已经即位于灵武，是为肃宗。见《旧唐书·肃宗纪》："七月辛酉，上（指皇太子李亨，即位为肃宗）至灵武……是月甲子，上即位于灵武（今宁夏灵武西南）。"

至德三载（758年）二月丁未，改至德三载为为乾元元年。

五月壬午，诏："近缘狂寇乱常，诸道分置节度，盖总管内征发、文牒往来，仍加采访［使一职］，转滋烦扰。其诸道先置采访、黜陟二使宜停。"

八月甲辰，朔方节度使郭子仪、河东节度使李光弼、关内节度使王思礼来朝，加子仪中书令，光弼侍中，思礼兵部尚书，餘如故。

九月庚寅，大举讨安庆绪于相州（今河南安阳）。命朔方节度郭子仪、河东节度李光弼、关内潞州节度使王思礼、淮西襄阳节度鲁炅、兴平节度李奂、滑濮节度许叔冀、平卢兵马使董秦、北庭行营节度使李嗣业、郑蔡节度使季广琛等九节度使之师，步骑二十万，以［太监］开府鱼朝恩为观军容使。

十二月，时王师围相州，庆绪食尽，求于史思明率众来援。

唐肃宗乾元二年（759年）三月壬申，相州行营郭子仪等与贼史思明战，王师不利，九节度兵溃，子仪断河阳桥，以余众保东京（洛阳）。

四月乙巳，史思明僭号于魏州（今河北大名东北）。

五月丁亥，以平卢军节度都兵马使董秦为濮州刺史。

七月辛巳，制以赵王系为天下兵马元帅，司空、兼侍中李光弼为副。

八月丙辰，副元帅李光弼兼幽州大都督府长史、河北节度等使。

九月庚寅，逆胡史思明陷洛阳。

肃宗乾元三年（760年）正月辛巳，李光弼进位太尉、兼中书令，余如故。

闰四月己卯，改乾元为上元。

唐肃宗上元二年（761年）正月乙卯，平卢军兵马使田神功生擒刘展，扬、润（今江苏扬州、镇江）平。

二月戊寅，李光弼率河阳之军五万，与史思明之众战于北邙，官军败绩。

三月戊戌，史思明为其子朝义所杀。李光弼以失律让太尉、中书令，许之，授侍中、河中尹、晋、绛等州节度观察使。

五月乙未，李光弼来朝，进位太尉、兼侍中，充河南副元帅，都统河南、淮南、山南东道五道行营节度，镇临淮。

——《旧唐书》卷十《肃宗纪》。

史思明叛逆，将为其下所杀。其夜，［史］思明梦而觉，据案惆怅。［史］思明好伶人，寝食常置左右，以其残忍，皆怨之。及此，问其故，［史］思明曰："吾见梦，向水中沙土上有群鹿，吾逐鹿，及渡水而至，沙上鹿死水尽。"言毕如厕。伶人相谓曰："鹿者，禄也；水者，命也；胡禄与命俱尽矣。"是夕，［史］思明为［史］朝义所杀。

——《册府元龟》卷八百九十三《总录部·梦征二》。

代宗宝应元年（762年）十月壬申，王师次洛阳北郊。甲戌，战于横水，贼大败,俘斩六万计。史朝义奔冀州(今河北冀县)。乙亥,雍王(即代宗长子李适,即位为德宗)奏收东京(洛阳)、河阳、汴、郑、滑、相、魏等州。丁酉,伪恒州节度使张忠志以赵、定、深、恒、易五州归顺,以忠志检校礼部尚书、恒州刺史,充成德军节度使,赐姓名曰李宝臣。于是河北州郡悉平。贼范阳尹李怀仙斩史朝义首来献,请降。

——《旧唐书》卷十一《代宗纪》。

[唐玄宗天宝十四载,公元755年],安禄山专制三道,阴蓄异志,殆将十年,以上待之厚,欲俟上晏驾然后作乱。会杨国忠与禄山不相悦,屡言禄山且反,上不听;国忠数以事激之,欲其速反以取信于上。禄山由是决意遽反,独与孔目官太仆严庄、掌书记屯田员外郎高尚、将军阿史那承庆密谋,自余将佐莫之知,但怪其自八月以来,屡飨士卒,秣马厉兵而已。会有奏事官自京师还,禄山伪为敕书,悉召诸将示之曰:"有密旨,令禄山将兵入朝讨杨国忠,诸君宜即从军。"众愕然相顾,莫敢异言。十一月甲子,禄山发所部兵及同罗、奚、契丹、室韦凡十五万众,号二十万,反于范阳(治今北京)。命范阳节度副使贾循守范阳(治今北京),平卢节度副使吕知诲守平卢(今辽宁朝阳),别将高秀岩守大同(今山西朔县东);诸将皆引兵夜发。

诘朝,禄山出蓟城(今北京)南,大阅誓众,以讨杨国忠为名,榜军中曰:"有异议扇动军人者,斩及三族!"于是引兵而南……禄山至藁城,常山(今河北正定西南)太守颜杲卿力不能拒,与长史袁履谦往迎之。禄山则赐杲卿金紫,质其子弟,使仍守常山;又使其将李钦凑将兵数千守井陉口(今河北井陉),以备西来诸军(按:指唐太原诸军)。杲卿归,途中指衣谓履谦曰:"何为着此?"履谦悟其意,乃阴与杲卿谋起兵讨禄山……[颜杲卿从弟、唐平原郡(今山东陵县)太守]颜真卿招募勇士,旬日至万余人,谕以举兵讨安禄山,继以涕泣,士皆感愤。[河北清池、盐山、清河、饶阳、河间、博平诸郡]共推真卿为盟主,军事皆禀焉……颜杲卿将起兵……又遣人语太原尹王承业,密与相应。会颜真卿自平原(今山东陵县)遣杲卿甥卢逖潜告杲卿,欲连兵断禄山归路,以缓其西入之谋。时禄山遣其金吾将军高邈诣幽州(治今北京)征兵,未还,杲卿以禄山命召李钦凑,使帅众诣郡受槁赍;[十二月]丙午,薄暮,钦凑至,杲卿使袁履谦、冯虔等携酒食妓乐往劳之,并其党皆大醉,乃断钦凑首,收其甲兵,尽缚其党,明日,斩之,悉散井陉之众。有顷,高邈自幽州还,且至藁城,杲卿使冯虔往擒之……于是河北诸郡响应,凡十七郡(按:唐河北计24郡)皆归朝廷,兵合二十馀万;其附禄山者,唯范阳(治今北京)、卢龙(治今河北卢龙)、密云(治今北京密云)、渔阳(治今天津蓟县)、汲(治今河南汲县)、邺(今河北临漳县邺镇)六郡而已。

[颜]杲卿又密使人入范阳(治今北京)招贾循,郏城人马燧说[贾]循曰:"禄

山负恩悖逆，虽得洛阳，终归夷灭。公若诛诸将之不从命者，以范阳归国，倾其根柢，此不世之功也。"循然之，犹豫不时发。别将牛润容知之，以告禄山，禄山使其党韩朝阳召循。[韩]朝阳至范阳，引[贾]循屏语，使壮士缢杀之，灭其族；以别将牛廷玠知范阳军事。

——《资治通鉴》卷二百一十七　唐纪三十三　玄宗天宝十四载。

颜真卿为平原太守，时安禄山逆节颇著，[颜]真卿以霖雨为托，修城浚池，阴科丁壮、储廪实，乃阳会文士，泛舟外池，饮酒赋诗。或谮于[安]禄山，密侦之，以为书生不足虞。无几，[安]禄山反，河朔尽陷，独平原城守具备。

——《册府元龟》卷六百九十六《牧守部·修武备》。

安禄山反，俾光禄卿贾循守范阳。[马]燧说[贾]循曰："禄山负恩首乱，虽陷洛城，必当夷灭。公盍建不代之功，诛其逆将向润客、牛廷玠，拔其根柢，[安]禄山西不能入关，则坐而受擒，天下可定也。"[贾]循虽善之，计不时决，事泄，[安]禄山果遣韩朝阳来召[贾]循。[韩]朝阳至范阳，与[贾]循语，阴伏壮士以弓弦缢杀之。[马]燧脱身走西山，隐者徐遇匿之。逾月，间行归平原[郡]。平原[郡]不受（按：时平原郡太守为颜杲卿，故疑马燧而不纳），复走魏郡。

——《旧唐书》卷一百三十四《马燧传》。

马燧，沉勇多智谋，尤善兵法。安禄山反，俾光禄卿贾循守范阳（治今北京），[马]燧说[贾]循曰："禄山负恩首乱，虽陷洛城，必当夷灭。公盍建不代之功，诛其逆将向润客、牛廷玠，拔其根柢，[安]禄山西不能入关，则坐而受擒，天下可定也。"[贾]循虽善之，计不时决，事泄，[安]禄山果遣韩朝阳来召[贾]循。[韩]朝阳至范阳，与[贾]循语，阴伏壮士以弓弦缢杀之。

——《册府元龟》卷八百九十一《总录部·游说六》。

马燧，沉勇多智谋。安禄山反，俾[光禄卿贾循守范阳（今北京）]，[马]燧谓[贾]循曰："安禄山负恩，何不建不代之功？"事泄，[安]禄山遣人以弓弦缢杀[贾]循。[马]燧脱身走西山，隐者徐遇匿之。逾月，间行归平原[郡]。平原[郡]不受，复走魏郡。后至司徒侍中。

——《册府元龟》卷九百四十九《总录部·逃难二》。

[唐肃宗至德元载，公元756年]春正月乙卯朔，禄山自称大燕皇帝，改元圣武，以达奚珣为侍中，张通儒为中书令。

颜杲卿使其子［颜］泉明、贾深、翟万德献李钦凑首及何千年、高邈于京师。张通幽泣而请曰："通幽兄（指张通儒）陷贼，乞与泉明偕行，以救宗族。"［颜］杲卿哀而许之。至太原，［张］通幽欲自托于王承业，乃教之留泉明等，更其表，多自为功，短毁［颜］杲卿，别遣使献之……［史思明陷常山］，执颜杲卿及袁履谦等送洛阳……杲卿至洛阳，禄山数之曰："汝自范阳户曹，我奏汝为判官，不数年超至太守，何负于汝而反邪？"杲卿瞋目骂曰："汝本营州牧羊羯奴，天子擢汝为三道节度使，恩幸无比，何负于汝而反？我世为唐臣，禄位皆唐有，虽为汝所奏，岂从汝反耶？我为国讨贼，恨不斩汝，何谓反也？臊羯狗，何不速杀我！"禄山大怒，并袁履谦等缚于中桥之柱而剐之。

史思明、李立节、蔡希德既克常山（今河北正定西南），引兵击诸郡之不从者，所过残灭，于是邺、广平、钜鹿、赵、上谷、博陵、文安、魏、信都等郡复为贼守。

上命郭子仪罢围云中（今山西大同），还朔方，益发兵进取东京；选良将一人分兵先出井陉，定河北。子仪荐李光弼，癸亥，以光弼为河东节度使，分朔方兵万人与之。

二月丙戌，加李光弼魏郡太守、河北道采访使。

三月壬午，以河东节度使李光弼为范阳长史、河北节度使。

李光弼与史思明相守四十余日，思明绝常山（今河北正定西南）粮道。城中乏草，马食荐藉。光弼以车五百乘之石邑（今河北石家庄）取草，将车者皆衣甲，弩手千人卫之，为方阵而行，贼不能夺……郭子仪引兵自井陉出，夏四月壬辰至常山（今河北正定西南），与光弼合，蕃汉步骑共十餘万。甲午，子仪、光弼与史思明等战于九门城（今河北藁城九门）南，思明大败。

安禄山使平卢节度使吕知诲诱安东副大都护马灵詧，杀之。平卢游弈使武陟刘客奴、先锋使董勤及安东将王玄志同谋讨诛［吕］知诲，遣使蹈海与颜真卿相闻，请取范阳以自效。真卿遣判官贾载赍粮及战士衣助之。真卿时惟一子颇，才十餘岁，使诣［刘］客奴为质。朝廷闻之，以［刘］客奴为平卢节度使，赐名正臣（按：即刘正臣）；玄志为安东副大都护，董秦为平卢兵马使。

——《资治通鉴》卷二百一十七　唐纪三十三　肃宗至德元载。

刘正臣本名客奴。天宝末，为平卢军游奕使，时节度使吕知诲受安禄山逆命，［刘］客奴典诸将袭杀之，驰以奏闻。十五载（756年）四月，授［刘］客奴柳城郡太守、平卢军节度、支度营田、陆运、押两番、渤海、黑水四府经略及平卢军使，仍赐名正臣。

——《册府元龟》卷八百二十五《总录部·名字二》。

刘全谅，怀州武陟人也。父［刘］客奴，由征行家于幽州之昌平。少有武艺，从平卢军。开元中，有室韦首领段普恪，恃骁勇，数苦边；节度使薛楚玉以［刘］客奴有胆气，令抗［段］普恪。［刘］客奴单骑袭之，斩首以献，自白身授左骁卫将军，充游奕使，自是数有战功。性忠谨，为军人所信。天宝末，安禄山反，诏以安西节度使封常清为范阳节度，以平卢节度副使吕知诲为平卢节度，以太原尹王承业为河东节度。［安］禄山既僭位于东都（今洛阳），遣腹心韩朝阳等招诱［吕］知诲，［吕］知诲遂受逆命，诱杀安东副都护、保定军使马灵詧。［安］禄山遂署［吕］知诲为平卢节度使。［刘］客奴与平卢诸将同议，取［吕］知诲杀之，仍遣与安东将军王玄志遥相应援，驰以奏闻。十五载（756年）四月，授［刘］客奴柳城郡太守、摄御史大夫、平卢节度支度营田陆运、押两蕃渤海黑水四府、经略及平卢军使，仍赐名正臣（按：即刘正臣）。又以王玄志为安东副大都护、摄御史中丞、保定军及营田使。［刘］正臣仍领兵平卢来袭范阳，未至，为逆贼将史思明等大败之。［刘］正臣奔归，为王玄志所鸩而卒。

——《旧唐书》卷一百四十十五《刘全谅传》。

刘客奴，幽州昌平人，为平卢军游奕使，其性忠谨，为军人所信。天宝末，范阳、平卢、河东等三节度使安禄山反，诏以安西节度使封常清为范阳节度、以平卢节度副使吕知诲为平卢节度、以太原尹王承业为河东节度。安禄山既僭位于东都（今洛阳），遣腹心韩朝阳等招诱［吕］知诲，［吕］知诲遂受逆命，诱杀安东副使（误，当为"都"）护、保定军使马灵登（误，《资治通鉴》、《旧唐书·刘全谅传》为詧）以自立。［安］禄山遂伪署［吕］知诲为平卢节度使。［刘］客奴与平卢诸将同谋，袭杀［吕］知诲，仍遣使与安东将军王立志，遥相应援，驰以奏闻。

——《册府元龟》卷三百七十三《将帅部·忠四》。

［肃宗至德元载］五月，郭子仪、李光弼还常山（今河北正定西南），史思明收散卒数万踵其后。子仪选骁骑更挑战，三日，至行唐，贼疲，乃退。子仪乘之，又败之于沙河。蔡希德至洛阳，安禄山复使将步骑二万人北就［史］思明，又使牛廷玠发范阳等郡兵万馀人助［史］思明，合五万馀人，而同罗曳洛河①居五分之一。子仪至恒阳，思明随至，子仪深沟高垒以待之；贼来则守，去则追之，昼则耀兵，夜斫其营，贼不得休息。数日，子仪、光弼议曰："贼倦矣，可以出战。"［六月］②

---

① 《旧唐书·北狄·铁勒》载，同罗为铁勒十五部之一。曳洛河，北方少数民族语，健儿的意思。
又《资治通鉴考异》曰："《河洛春秋》云：'五月，蔡希德从东都见安禄山，禄山又与马步二万人，至邢州，取尧山、招庆，射赵州东界，效曲、鼓、鹿城间，渡涛池水，入无极，至定州。牛介（按：即牛廷玠）从幽州占归、檀、幽、易，兼大同、纥、蠟共万余人，帖思明。思明军既壮，共五万余人；其中精骑万人，悉是同罗曳洛河，精于驰突。'"

② 《资治通鉴考异》曰："《实录》云'六月壬午'，按《长历》，六月癸未朔，壬午，五月二十九日也。《汾阳家传》、《旧唐书·安禄山传》亦云'六月，战嘉山'。《河洛春秋》云：'六月二十五日，光弼破贼于嘉山。'今从《实录》而改月。"

壬午，战于嘉山，大破之，斩首四万级，捕虏千余人。思明坠马，露髻跣足步走，至暮，杖折枪归营，奔于博陵；光弼就围之，军声大振。于是河北十余郡皆杀贼守将而降。渔阳路（按：在此即指范阳，今北京）再绝①，贼往来者皆轻骑窃过，多为官军所获，将士家在渔阳者无不摇心……禄山议弃洛阳，走归范阳，计未决。[时，潼关失守，玄宗自长安西奔蜀地剑南，安禄山遂入长安。七月，皇太子即位于灵武，是为肃宗，改元至载，尊玄宗为太上皇。]

河北诸郡犹为唐守，常山太守王佣欲降贼，诸将怒，因击球，纵马践杀之。时信都（今河北冀县）太守乌承恩麾下有朔方兵三千人，诸将遣使者宗仙运帅父老诣信都，迎承恩镇常山。承恩辞以无诏命，仙运说承恩曰："常山地控燕、蓟，路通河、洛，有井陉之险，足以扼其咽喉。顷属车驾南迁，李大夫（按：指李光弼）收军退守晋阳，王太守（按：指王佣）权统后军，欲举城降贼，众心不从，身首异处。大将军兵精气肃，远近莫敌，若以家国为念，移据常山，与大夫首尾相应，则洪勋盛烈，孰与为比。若疑而不行，又不设备，常山既陷，信都岂能独全！"……承恩竟疑不决。

八月壬午朔，以郭子仪为武部尚书、灵武长史，以李光弼为户部尚书、北都（太原）留守，并同平章事（按：即宰相），余如故。

九月壬子，史思明围赵郡（今河北赵县），丙辰，拔之；又围常山（今河北正定西南），旬日，城陷，杀数千人。

——《资治通鉴》卷二百一十八　唐纪三十四　肃宗至德元载。

唐肃宗至德元载（756年）十月，[史思明先后陷河间、景城、乐安、平原、清河、博平、信都、饶阳]。禄山初以卒三千人授思明，使定河北，至是，河北皆下。

十二月，上（按：指肃宗）问李泌："今敌强如此，何时可定？"对曰："臣观贼所获子女金帛，皆输范阳（今北京），此岂有雄居四海之志邪！今独虏将或为之用，中国之人惟高尚等数人，自余皆胁从耳。以臣料之，不过二年，天下无寇矣。"上曰："何故？"对曰："贼之骁将，不过史思明、安守忠、田乾真、张忠志、阿史那承庆等数人而已。今若令李光弼自太原出井陉，郭子仪自冯翊入河东，则思明、忠志不敢离范阳、常山。守忠、乾真不敢离长安，是以两军系其四将也，从禄山者独承庆耳。愿敕子仪勿取华阴，使两京之道常通，陛下所征之兵军于扶风，与子仪、光弼互出击之，彼救首则击其尾，救尾则击其首，使贼往来数千里，疲于奔命，我常以逸待劳，贼至则避其锋，去则乘其弊，不攻城，不遏路。来春复命建宁（按：指建宁

---

① 胡三省注云："渔阳，即谓范阳（今北京）也。范阳郡，幽州。其后又分置蓟州渔阳郡，二郡始各有分界。然范阳节度尽统幽、易、平、檀、妫、燕等州，贼之根本实在范阳也。唐人于此时多以范阳、渔阳通言之，白居易诗所谓"渔阳鼙鼓动地来"，是以范阳为渔阳也。前此颜杲卿以常山反正，渔阳路绝矣；杲卿败而复通。今郭、李破史思明，故[曰]再绝。"

王李俶）为范阳节度大使，并塞北出，与光弼南北掎角以取范阳①，覆其巢穴。贼退则无所归，留则不获安，然后大军四合而攻之，必成擒矣②。"上悦。

至德二载（757年）正月［安禄山被部将严庄及家奴李猪儿所杀，拥立其子安庆绪］，庆绪性昏懦，言辞无序，［严］庄恐众不服，不令见人。庆绪日纵酒为乐，兄事庄，以为御史大夫、冯翊王，事无大小，皆取决焉；厚加诸将官爵以悦其心。

史思明自博陵，蔡希德自太行，高秀岩自大同，牛廷介自范阳，引兵共十万，寇［唐太尉李光弼于］太原……月餘不下……会安禄山死，［安］庆绪使［史］思明归范阳，留蔡希德等围太原。

初，平卢节度使刘正臣（按：原名刘客奴，赐名正臣）自范阳败归，安东都护王玄志鸩杀之。禄山以其党徐归道为平卢节度使，［王］玄志复与平卢将侯希逸袭杀之；又遣兵马使董秦将兵以苇筏渡海，与大将田神功击平原、乐安，下之。防河招讨使李铣承制以［董］秦为平原太守。

二月，［太原］李光弼将敢死士出击蔡希德，大破之，斩首七万餘级；［蔡］希德遁去。

安庆绪以史思明为范阳节度使，兼领恒阳（今河北正定）军事，封妫川王；以牛廷介领安阳军事；张忠志为常山（今河北正定西南）太守、兼团练使，镇井陉（按：即土门，今河北获鹿西南）；餘各令归旧任，募兵以御官军。先是安禄山得两京（长安、洛阳），珍货悉输范阳（今北京）。思明拥强兵，据富资，益骄横，浸不用庆绪之命；庆绪不能制。

——《资治通鉴》卷二百一十九　唐纪三十五　肃宗至德二载。

至德二载九月癸卯，大军入西京（按：长安）。十月庚申夜，［安］庆绪帅其党自［洛阳］苑门出，走河北；杀所获唐将哥舒翰、程千里等三十餘人而去。许远死于偃师。壬戌，广平王［李］俶入东京（按：洛阳）。安庆绪走保邺郡（今河北临漳县邺镇），改邺郡为安成府，改元天成；从骑不过三百，步卒不过千人，诸将阿史那承庆等散投常山（今河北正定西南）、赵郡（今河北赵县）、范阳（今北京）。旬日间，蔡希德自上党，田承嗣自颍川，武令珣自南阳，各帅所部兵归之。又召募河北诸郡人，众至六万，军声复振。

十二月，安庆绪之北走也，其大将北平王李归仁及精兵曳洛河、同罗、六州胡数万人皆溃归范阳（今北京），所过俘掠，人物无遗。史思明厚为之备，且遣使逆招之范阳境，曳洛河、六州胡皆降。同罗不从，思明纵兵击之，同罗大败，悉夺其

---

① 胡三省注云："李泌欲使建宁［王］自灵、夏并丰、胜、云、朔之塞（按：今宁夏灵武西北、陕西白城子、内蒙古五原、托克托及山西大同、阳高、天镇一线），直捣妫（今河北怀来东旧怀来县城）、檀（治今北京密云），攻范阳（今北京）之北；光弼自太原取恒、定（今河北正定、定州），以攻范阳之南。"

② 胡三省注云："使肃宗用［李］泌策，史思明岂能再为关、洛之患乎！"

所掠，餘众走归其国。

庆绪忌思明之强，遣阿史那承庆、安守忠往征兵，因密图之。[范阳节度]判官耿仁智说思明曰："大夫崇重，人莫敢言，仁智愿一言而死。"思明曰："何也？"仁智曰："大夫所以尽力于安氏者，迫于凶威耳。今唐室中兴，天子仁圣，大夫诚帅所部归之，此转祸为福之计也。"裨将乌承玼（按：又云乌承洽，见韩愈《乌氏庙碑铭》，载《全唐文》）亦说思明曰："今唐室再造（按：指肃宗即位），庆绪叶上露耳。大夫奈何与之俱亡！若归款朝廷，以自湔洗，易如反掌耳。"思明以为然。

承庆、守忠以五千劲骑自随，至范阳（今北京），思明悉众数万逆迎之，相距一里所，使人谓承庆等曰："相公及王远至，将士不胜其喜，然边兵怯懦，惧相公之众，不敢进，愿弛弓以安之。"承庆等从之。思明引承庆入内厅乐饮，别遣人收其甲兵，诸郡兵皆给粮纵遣之，愿留者厚赐，分隶诸营。明日，囚承庆等，遣其将窦子昂奉表以所部十三郡及兵八万来降①，并帅其河东节度使高秀岩亦以所部来降。乙丑，子昂至京师②。上大喜，以思明为归义王、范阳节度使③，子七人皆除显官。遣内侍李思敬与乌承恩往宣慰，使将所部兵讨[安]庆绪。

先是，庆绪以张忠志为常山太守，思明召忠志还范阳，以其将薛萼摄恒州刺史（按：驻今河北正定），开井陉路，招赵郡太守（按：驻今河北赵县）陆济，降之；命其子[史]朝义将兵五千人摄冀州刺史（按：驻今河北冀县），以其将令狐彰为博州刺史（按：驻今山东聊城东北）。乌承恩所至宣布诏旨，沧（治今河北沧县旧州）、瀛（治今河北河间）、安④、深（治今河北深县西）、德（治今山东陵县）、棣（治今山东惠民西南）等州皆降，河北率为唐有矣。

——《资治通鉴》卷二百二十　唐纪三十六　肃宗至德二载。

唐肃宗乾元元年（758年）五月，赠故常山太守颜杲卿太子太保，谥曰忠节，以其子威明为太仆丞。杲卿之死也，杨国忠用张通幽之谮，竟无褒赠。上在凤翔，颜真卿为御史大夫，泣诉于上，上（指肃宗）乃出通幽为普安太守，具奏于上皇（指玄宗），上皇杖杀通幽。杲卿子泉明为王承业所留，因寓居寿阳，为史思明所虏，裹

---

① 胡三省注云："十三郡，范阳（今北京）、北平（今河北卢龙）、妫川（今北京延庆）、密云（今北京密云）、渔阳（今天津蓟县）、柳城（今辽宁朝阳）、文安（今河北文安）、河间（今河北河间）、上谷（今河北易县）、博陵（今河北定州）、勃海（今山东阳信）、饶阳（今河北饶阳）、常山（今河北正定西南）。"
② 胡三省注云："《资治通鉴考异》曰：《河洛春秋》：'乾元元年四月，乌承恩受命入幽州，陈祸福，思明乃有表。'今从《实录》。《实录》曰：'明日，遂拘承庆，斩守忠之首以徇。'《旧唐书·史思明传》亦曰：'遂拘承庆，斩守忠、李立节之首以徇。'《新唐书·乌承玼传》曰：'思明斩承庆。'按：《实录》，明年二月，承庆、守忠遣人赍表状归顺。《旧唐书·郭子仪传》，明年七月，破贼河上，擒安守忠。然则此际未死也。盖二人既被拘，则降于思明，复为之用耳。"
③ 胡三省注云："《资治通鉴考异》曰：《河洛春秋》及《旧唐书·史思明传》皆云：'河北节度使'。按安禄山为范阳节度使兼河北采访使，思明盖袭禄山旧官耳。今从《实录》。"
④ 胡三省注云："唐无安州在河北，或者安、史以莫州文安郡为安州欤？"

以牛革，送于范阳（今北京），会安庆绪初立，有赦，得免。思明降，乃得归，求其父尸于东京（今洛阳），得之，遂与袁履谦尸棺敛以归。杲卿姊妹女及泉明之子皆流落河北，真卿时为蒲州刺史，使泉明往求之，泉明号泣求访，哀感路人，久乃得之……及父时将吏袁履谦等妻子流落者，皆与之归，凡五十餘家，三百餘口，均减资粮，一如亲戚。

六月，初，史思明以列将事平卢军使乌知义，知义善待之。［乌］知义子［乌］承恩为信都太守，以郡降思明，思明思旧恩而全之。及安庆绪败，承恩劝思明降唐。李光弼以思明终当叛乱，而承恩为思明所亲信，阴使图之；又劝上以承恩为范阳节度副使，赐阿史那承庆铁券，令共图思明，上从之。

［乌］承恩多以私财募部曲，又数衣妇人服诣诸将营说诱之，诸将以白思明，思明疑未察。会承恩入京师，上使内侍李思敬与之俱至范阳（今北京）宣慰。承恩既宣旨，思明留承恩馆于府中，帷其床，伏二人于床下。［乌］承恩少子在范阳，思明使省其父。夜中，承恩密谓其子曰："吾受命除此逆胡，当以吾为节度使。"二人于床下大呼而出。思明乃执承恩，索其装囊，得铁券及光弼牒，牒云："承恩事成则付铁券；不然，不可付也。"又得簿书数百纸，皆先从思明反者将士名①。思明责之曰："我何负汝而为此！"承恩谢曰："死罪，此皆李光弼之谋也。"思明乃集将佐吏民，西向大哭曰："臣以十三万众降朝廷，何负陛下，而欲杀臣！"遂榜杀承恩父子②，连坐者二百余人。［乌］承恩弟［乌］承玼走免。思明囚思敬，表上其状。上遣中使慰谕思明曰："此非朝廷与光弼之意，皆［乌］承恩所为，杀之甚善。"

会三司议陷贼官罪状至范阳，思明谓诸将曰："陈希烈辈皆朝廷大臣，上皇自弃之幸蜀，今犹不免死，况吾属本从安禄山反乎！"诸将请思明表求诛光弼，思明从之，命判官耿仁智与其僚张不矜为表云："陛下不为臣诛光弼，臣当自引兵就太原诛之。"不矜草表以示思明，及将入函，仁智悉削去之。写表者以白思明，思明命执二人斩之。仁智事思明久，思明怜，欲活之，复召入，谓曰："我任使汝垂三十年，今日非我负汝。"仁智大呼曰："人生会有一死，得尽忠义，死之善者也。今从大夫反，不过延岁月，岂若速死之愈乎！"思明怒，乱挝之，脑流于地。

乌承玼奔太原，李光弼表为昌化郡王，充石岭军使。

九月，安庆绪之初至邺（今河北临漳县邺镇）也，虽支党离析，犹据七郡六十余城，③甲兵资粮丰备。庆绪不亲政事，专以缮台沼楼船，酣饮为事。其大臣高尚、张通儒等争权不叶，无复纲纪。蔡希德有才略，部兵精锐，而性刚，好直言，［张］

---

① 胡三省注云："乌承恩持铁券入不测之虏，使阿史那承庆之事不成，承恩其能奉铁券以还天子乎！使思明果授首，则宜宥其同恶，而先籍其姓名，果能悉诛之乎！余谓李光弼之明智必不为此。盖思明因承恩言，伪为此牒，抗名以罪状光弼；又伪为簿书，籍将士姓名以激怒之，使与己同反而无他志。"

② 《资治通鉴考异》曰："《唐历》、《旧唐书·史思明传》皆云四月杀承恩。今据《河洛春秋》，四月［乌］承恩］始为节度副使，六月死。"

③ 胡三省注云："汲、邺、赵、魏、平原、清河、博平，凡七郡。"

通儒潜而杀之；麾下数千人皆逃散，诸将怨怒不为用。[安庆绪]以崔乾祐为天下兵马使，总中外兵。乾祐愎戾好杀，士卒不附。

十月，郭子仪引兵自杏园（在今河南汲县附近）济河，东至获嘉，破安太清，斩首四千级，捕虏五百人。太清走保卫州（今河南汲县），子仪进围之；丙午，遣使告捷……[安]庆绪悉举邺中之众七万救卫州……大败。[子仪]获其弟庆和，杀之。遂拔卫州。庆绪走，子仪等追之至邺（今河北临漳县邺镇），[唐军]许叔冀、董秦、王思礼及河东兵马使薛兼训皆引兵继至。庆绪收余兵拒战于愁思岗（在邺城西），又败。前后斩首三万级，捕虏千人。庆绪乃入城固守，子仪等围之。庆绪窘急，遣薛嵩求救于史思明，且请以位让之。思明发范阳兵十三万欲救邺（今河北临漳县邺镇），观望未敢进，先遣李归仁将步骑一万军于滏阳（今河北磁县），遥为庆绪张势。

十二月，平卢节度使（治今河北卢龙）王玄志薨，上遣中使往抚将士，且就察看军中所欲立者，授以旌旗。高丽人李怀玉为裨将，杀玄志之子，推侯希逸为平卢军使。希逸之母，怀玉姑也，故怀玉立之。① 朝廷因以希逸为节度副使。节度使由军士废立自此始。

——《资治通鉴》卷二百二十　唐纪三十六　肃宗乾元元年。

唐肃宗乾元二年（759 年）春正月己巳朔，史思明筑坛于魏州（今河北大名东北）城北，自称大圣燕王；以周挚② 为行军司马。

二月，[朔方节度使]郭子仪等九节度使③ 围邺城（今河北临漳县邺镇），筑垒再重，穿堑三重，壅漳水灌之……安庆绪监守以待史思明，食尽，一鼠值钱四千……思明乃自魏州（今河北大名东北）引兵趣邺（今河北临漳县邺镇），使诸将去城各五十里为营，每营击鼓三百面，遥胁之。

三月壬申，官军步骑六十万阵于安阳河北，思明自将精兵五万敌之，诸军望之，以为游军，未介意。思明直前奋击，李光弼、王思礼、许叔冀、鲁炅先与之战，杀伤相半；鲁炅中流矢。郭子仪承其后，未及布阵，大风忽起，吹沙拔木，天地昼晦，咫尺不相辨，两军大惊，官军溃而南，贼溃而北，弃甲辎重委积于路。

史思明审知官军溃去，自沙河（按：县名，在邺城西北200余里）收整士众，还屯邺城南。安庆绪收子仪营中粮，得六七万石，与孙孝哲、崔乾祐谋闭门更拒思明。

---

① 胡三省注云："立侯希逸者李怀玉，而逐侯希逸者亦李怀玉也。怀玉后赐名正己。"
② 《资治通鉴考异》曰："《河洛春秋》作'周万至'，《邠志》作'周至'，《旧唐书·史思明传》作'周贽'。今从《实录》。"
③ 按：《旧唐书·肃宗纪》："乾元元年（758 年）九月庚寅，大举讨安庆绪于相州（今河南安阳）。命朔方节度郭子仪、河东节度李光弼、关内潞州节度使王思礼、淮西襄阳节度鲁炅、兴平节度李奂、滑濮节度许叔冀、平卢兵马使董秦、北庭行营节度使李嗣业、郑蔡节度使季广琛等九节度使之师，步骑二十万，以[太监]开府鱼朝恩为观军容使。"则唐军号称六十万，实则只二十万也。

诸将曰："今日岂可复背史王乎！"思明不与庆绪相闻，又不南追官军，但日中于军中飨士。张通儒、高尚等言于庆绪曰："史王远来，臣等皆应迎谢。"……庆绪以三百骑诣思明营，思明令军士擐甲执兵以待之，引庆绪及诸弟入至庭下。庆绪再拜稽首曰："臣不克荷负，弃失两都，久陷重围，不意大王以太上皇之故，远垂救援，使臣应死复生，摩顶至踵，无以报德。"思明忽震怒曰："弃失两都，亦复何言。尔为人子，杀父夺其位，天地所不容。吾为太上皇讨贼，岂受尔佞媚乎！"即命左右牵出，并其四弟及高尚、孙孝哲、崔乾祐皆杀之；张通儒、李庭望等悉授以官。思明勒兵入邺城（今河北临漳县邺镇），收其士马，以府库赏将士，庆绪先所有州县及兵皆归于思明。遣安太清将兵五千取怀州（今河南沁阳，即相州西南），因留镇之。思明欲遂西略，虑根本未固，乃留其子［史］朝义守相州（今河南安阳），引兵还范阳。

夏四月，九节度使之溃于相州也，鲁炅所部兵剽掠尤甚，闻郭子仪退屯河上，李光弼还太原，［鲁］炅惭惧，饮药而死。

史思明自称大燕皇帝，改元顺天①，立其妻辛氏为皇后，子朝义为怀王，以周挚为相，李归仁为将，改范阳为燕京（今北京），诸州为郡。

八月壬戌，以李光弼为幽州长史、河北节度等使②。

九月，史思明使其子朝清守范阳，命诸郡太守各将兵三千从己向河南，分为四道，使其将令狐彰将兵五千自黎阳济河取滑州（今河南滑县东），思明自濮阳（今河南濮阳南），史朝义自白皋，周挚自胡良济河（原按：胡良、白皋皆河津济渡之要，在滑州西北岸），会于汴州（今河南开封）。

［史］思明至汴州，［唐汴滑节度使许］叔冀与战，不胜，遂与濮州刺史董秦及其将梁浦、刘从谏、田神功等降之。思明以叔冀为中书令，与其将李详守汴州；厚待董秦，收其妻子置长芦为质；使其将南德信与梁浦、刘从谏、田神功等数十人徇江、淮。神功，南宫人也，思明以为平卢兵马使。顷之，神功袭［南］德信，斩之。从谏脱身走。神功将其众来降……思明乘胜西攻郑州……庚寅，思明入洛阳，城空，无所得，畏光弼掎其后，不敢入宫，退屯白马寺南，筑月城于河阳南（今河南孟县西南，时在黄河南洛阳一侧）以拒光弼。［史思明屡攻河阳未果，败退］。

① 胡三省注云："《河洛春秋》曰：'上元三年（762年）春三月，思明怀西侵之谋，虑北地之变，乃令子朝义留守相城（今河南安阳），自领士马归范阳，因僭号后燕，改元顺天。'按《实录》，此年正月一日，思明称燕王，立年号。《实录》、《旧唐书·史思明传》皆不载所改年名。《纪年通谱》，此年即思明顺天元年。柳璨《正闰位历》，思明有顺天、应天二号。按《蓟门纪乱》：'思明既杀乌承恩，不称国家正朔，亦不受庆绪指麾，境内但称某月而已。乾元二年（759年）四月癸酉，思明僭位于范阳，建元顺天，国号大燕，立妻辛氏为皇后，次子朝兴为皇太子，长子朝义为怀王。六月，于开元寺造塔，改寺名为顺天。上元二年（761年）正月癸卯，思明大赦，改元应天。'《实录》云：'正月，立年号。'《河洛春秋》云：'上元三年（762年）僭号。'《蓟门纪乱》云：'立朝兴为太子。'按思明欲立少子为太子，左右泄其谋，故朝义弑之。《纪乱》云于时已立为太子，误也。按《长历》四月丁酉朔，无癸酉。"

② 胡三省注云：使之收复河北及幽燕也。

唐肃宗上元元年（760年）闰四月己卯，是日，史思明入东京（洛阳）①。

——《资治通鉴》卷二百三十七　唐纪三十七　肃宗乾元二年—上元元年。

（3）叛乱集团在幽州（治今北京）的内讧及败亡

唐肃宗上元二年（761年）春正月癸卯，史思明改元应天。

二月，史思明猜忍好杀，群下小不如意，动至族诛，人不自保。朝义，其长子也，常从思明将兵，颇谦谨，爱士卒，将士多附之，无宠于思明。思明爱少子朝清，使守范阳，常欲杀朝义，立朝清为太子，左右颇泄其谋。思明既破李光弼［洛阳邙山］，欲乘胜西入关，使朝义为先锋，自北道袭陕城，思明自南道将大兵继之。

三月……朝义数进兵，皆为陕兵所败。思明退屯永宁，以朝义为怯，曰："终不足成吾事。"欲按军法斩朝义及诸将。戊戌，命朝义筑三隅城②，欲贮军粮，期一日毕。朝义筑毕，未泥，思明至，诟怒之，命左右立马监泥，期须而毕。思明又曰："俟克陕州，终斩此贼。"朝义忧惧，不知所为……其部将骆悦、蔡文景说朝义曰："悦等与王，死无日矣！自古有废立，请召曹将军谋之。"朝义俛首不应。悦等曰："王苟不许，悦等今归李氏，王亦不全矣。"朝义泣曰："诸君善为之，勿惊圣人（指史思明）！"［骆悦、曹将军等是夕杀史思明左右，擒史思明］，送思明于柳泉驿，囚之，还，报朝义曰："事成矣。"……朝义引军还，［周］挚、［许］叔冀来迎，悦等劝朝义执［周］挚，杀之。军至柳泉，悦等恐众心未壹，遂缢杀思明，以毡裹其尸，骆驼负归洛阳。

朝义即皇帝位，改元显圣。密使人至范阳（今北京），敕散骑常侍张通儒等杀朝清及朝清母辛氏并不附己者数十人。其党自相攻击，战城中数月，死者数千人，范阳乃定。朝义以其将李怀仙为范阳尹、燕京留守③。时洛阳四面数百里，州、县皆为丘墟，而朝义所部节度使皆安禄山旧将，与思明等夷，朝义召之，多不至，略相羁縻而已，不能得其用。

五月戊戌，平卢节度使侯希逸击史朝义范阳兵，破之。

建丑月（十二月），平卢节度使侯希逸与范阳相攻连年，救援既绝，又为奚所侵，

---

① 《资治通鉴考异》曰："按去年九月，思明已入东京。《实录》至此复云尔者，盖当时城空，李光弼在河阳，思明还屯白马寺，不入宫阙，今始移军入其城耳。"

② 胡三省注云：《新唐书·史思明传》作"三角城"，盖一角依山，只筑其三角也。

③ 《资治通鉴考异》曰：《实录》："朝义既杀思明，密遣使驰至范阳（今北京），杀伪太子朝英及伪皇后辛氏并不附己者数十人，伪范阳留守张通儒知有变，遂引兵战于城中。数日，战不利，死者数千人，通儒被斩于乱兵中。"《蓟门纪乱》曰："思明既有数十州之地，年余，朝兴遂为皇太子。朝兴，辛氏之长男，特为思明所爱，嗜酒好色，凶狞顽戾，招集幽蓟恶少与其年齿相类者百人为左右，皆弯弓利剑，饰以丹臒、珠宝，带佩印，雕镂金银，控弦挥刃，常如见敌，以南行大将子统之。每与其党饮宴，酒酣，爇燎其须发，或以铜弹丸击之，以颐颡为的。血流至地，无楚痛之色，则赏卮酒；少似嚬蹙，乃鞭之，从胫至踵，或至数千，困绝将殂，方舍之。候稍愈，复鞭之，有杖六七千不死者。姬妾皆思明所掠良家

（接上页）子，有不称命，则杀之。亦有以汤镬死者，既火盛汤沸，令壮士抱而投之，初宛转叫呼，须臾骨肉糜烂。旁人皆毛竖股栗，朝兴笑临而观之，以所策球杖于镬中撞击之，颜色自若。上元二年（761年）三月甲寅，使使告捷，云王师（指唐军）败绩于洛北，斩首万余级，勒其六宫及朝兴，备车马，为赴洛之计。贼庭之党相庆，踊跃叫唤，声振天地十余日。又宦者二人传思明伪敕云：收兵陕、虢，以朝兴为周京留守，仍勒驰驿速发，并辛氏以下续行。朝兴大喜。其宦者，朝义伪遣之，人莫知也。时朝义已杀思明，僭位，潜勒伪左散骑常侍张通儒、户部尚书康孝忠与朝兴衙将高鞠仁、高如震等谋诛朝兴。其日，朝兴速召工匠与其母、妻造宝钿鞍勒，搜索库藏，修乘骑之具，并命左右各备行装，唯数十人侍卫。思明留骏马百余匹在其厩中，朝兴出入驰骤，每日则于桑乾河饮之。通儒将入，潜令康孝忠从数十人持兵诣伙处，驰取其马，闭于城南毗沙门神之院。通儒与鞠仁领兵十余人入其日华门，伪皇城留守刘象昌逢之，惊问其故。通儒顾左右斩之。俄而朝兴腹心卫鸣鹤又问，亦斩之。子城扰乱。朝兴惶怖，犹能摄甲持兵，与亲信二三十人出拒，奔走于厩中取马。马尽矣，唯病马一匹，朝兴乘而策之，不前，遂出战。通儒立白旗招朝兴之党，降者舍罪，复官爵。恶少等虽沐朝兴之锡赉，亦怨其无道鞭捶，降者大半。朝兴犹从十余人接战，弓矢所发，无不中者，中者皆应弦没羽。通儒军披靡，所伤者数十百人，退出子城外。人不知甲兵之故，皆惶恐潜匿。通儒于城门拒战良久，日已云暮，朝兴众寡不敌，走匿城上之逍遥楼，遂失其所。通儒兵入禁中，劫掠金帛，思明、朝兴妻衣服皆尽。夜半，蕃将曹闵之于楼上擒获之。朝兴曰：'我兄弟六七人，朝兴一身，斩之何益！'高如云（按：疑误，当为"震"）对曰：'以殿下残酷，人各有怨心。'朝兴曰：'乞放此一度，后更不敢。'执者皆笑。又谓闵之曰：'此腰带三十两黄金新造，谨奉将军。'闵之曰：'殿下但死，腰带闵之自解取。'左右益笑。缢以弓弦，断其首，函送洛阳。伪侍中向闰客特受思明委托，朝兴亦甚敬惮，至是惶怖，走入私第，不自安，匍匐待罪。通儒领之，勒驰驿赴洛。通儒收朝兴党羽，悉诛之。思明骁将辛万年特有宠于朝兴，又与鞠仁、如震等友善，为兄弟。当诛朝兴之党也，通儒有意于万年。及令行刑，遂忘之。至是，敕鞠仁、如震斩万年首送。鞠仁置酒与万年同饮，谓曰：'张尚书令杀弟，故相报。'万年稽首，但乞快死。鞠仁抗声曰：'只可兄弟取通儒，终不肯杀弟。'于是如震、万年领其部曲百余人入子城，斩通儒于子城南廊下，城中扰乱，又杀其素不快者军将数人，共推伪中书令阿史那那承庆为留守，函通儒等首，使万年送洛阳，诬其欲以蓟城（今北京）归顺。朝义闻之，使使令向闰客所在却回为留守。鞠仁、如震等各从数百人被甲巡城，城中人心弥惧。承庆为留守一两日，又不自安，递相疑阻，于是领蕃兵数十骑出子城，至如震宅门，立令屈将军暂要相见。如震不虞有难，驰至马前，承庆斩之，应声而殒。承庆入东军，与伪尚书康孝忠招集蕃、羯。鞠仁闻如震遇害，惊而且怒，统麾下军讨之，相逢于宴设楼下。接战，自午及酉，鞠仁兵皆城旁少年，骁勇劲捷，驰射如飞；承庆兵虽多，不敌，大败，杀伤其众，积尸成丘。承庆、孝忠出城收散卒，东保潞县（今北京通州东，河北三河城子村），又南掠属县，野营月余，径诣洛阳自陈其事，城中蕃军家口尽逾城相继而去。鞠仁令城中，杀降者皆重赏。于是羯胡俱殚，小儿皆抛于空中，以戈承之，高鼻类胡而滥死者甚众。时鞠仁在城中最尊，使使奏朝义以承庆等反。向闰客行至贝州（今河北清河西北），承朝义命回，将至，众官迎之；鞠仁严兵不出，闰客甚惧，戒其子弟从者无带兵器，从数人而入。鞠仁待之于日华门，闰客见之，下马执手相慰，鞠仁亦抗礼还营。闰客但专守子城端坐，余不敢辄有所问。奏承庆等使回，朝义以鞠仁为燕京都知兵马使。五月甲戌，朝义以伪太常卿李怀仙为御史大夫、范阳节度使；燕州颇有兵马，故委腹心，鞠仁闻之，意不快。无何，怀仙至，从羸马数千，自蓟城南门入。鞠仁不出，迎之于日华门。怀仙至，卑身行礼，立谈，约为兄弟，结盟相固，期同保燕邦以奖其主。鞠仁意少解。怀仙以蓟县（今北京）为节度院，虽任节制，鞠仁兵五千余人皆不受命。十数日，怀仙待之弥厚，每衔，皆降阶交接，鞠仁亦不为之屈。既而怀仙命缯军士，中宴，鞠仁疑有变，兵皆惊走，还营披甲。怀仙忧惧无计，遂囚其牙将朱希彩，责以惊军中之罪。其夜，鞠仁将袭怀仙，遇大雨，迟疑未决，彻明，遂止，单骑至节度门。怀仙已潜备壮士待之。鞠仁趋入，怀仙亦不改常礼，与坐良久，乃问惊军之罪，门已关，顾左右拉杀之，立舍希彩。自暮春至夏中，两月间，城中相攻杀凡四五，死者数千，战阘皆在坊市间巷间。但两敌相向，不入人家剽劫一物，盖家家自有军人之故，又百姓至于妇人小童，皆闲弓矢，以此无虞。六月丙申，宣思明遗诏，发丧，将相百僚缟素，哭于其听政楼前，卑幼相视而笑，笑声与哭声参半焉。朝义又追向闰客赴洛阳，加怀仙燕京留守。"《河洛春秋》："初，朝义令人以书与向贡（按：当即向闰客）并阿史那王（按：即阿史那承庆）杀朝清。朝清既受父命，常有君临之心，唯以球猎为务，车下勇敢之士仅三千人，每日教习，然其残酷颇有父风，而加淫乱，幽州士庶，无不吁嗟。向贡、高久仁（按：当即高鞠仁）等既见将之书，又闻思明已死，因说朝清曰：'昨有密旨，令大王主器承祧，其事尤重。今敌国犹在，上人未讫，倘更移恩于人，诚恐自贻窘迫。'朝清然之。是日，顾左右，各令辞诀，便自饰装。高久仁、高如震等及其备，率壮士数百人潜入子城门，阿史那王、向贡等共率三百人继至。朝清时在卧内，仆妾侍侧，忽闻兵士，问是何人。门人曰：'三军叛。'乃擐甲登楼，责让向贡等。高如震乃于楼下佯战，朝清援弓射之，凡毙数人。阿乃悉举其军二万余人袭［幽州节度使］李怀仙，破之，因引兵而南。

唐肃宗宝应元年（762年）建寅月（正月）戊申，平卢节度使侯希逸于青州北渡河而会田神功、能元皓于兖州（今山东兖州）。

五月甲申，以平卢节度使侯希逸为平卢、青、淄等六州（青、淄、齐、新、沂、密、海六州）节度使，由是青州节度有平卢之号。

十月，史朝义闻官军将至，谋于诸将。阿史那承庆曰："唐若独与汉兵来，宜悉众与战；若与回纥俱来，其锋不可当，宜退守河阳（今河南孟县西南，时在黄河南洛阳一侧）以避之。"朝义不从。壬申，官军至洛阳北郊，分兵取怀州（今河南沁阳）；癸酉，拔之。乙亥，官军阵于横水（胡三省注：在洛阳北郊）。贼众数万，立栅自固，［唐将仆固］怀恩阵于西原以当之。遣骁骑及回纥并南山出栅东北，表里合击，大破之。朝义悉其精兵十万救之，阵于昭觉寺，官军骤击之，杀伤甚众，而贼阵不动；［唐监军宦官］鱼朝恩遣射生五百人力战，贼虽多死者，阵亦如初。镇西节度使马璘曰："事急矣。"遂单骑奋击，夺贼两牌（胡三省注：即盾），突入万众中。贼左右披靡，大军乘之而入，贼众大败；转战于石榴园、老君庙，贼又败；人马相蹂践，填尚书谷，斩首六万级，捕虏二万人，朝义将轻骑数百东走。怀恩进克东京（洛阳）及河阳城（今河南孟县西南，时在黄河南洛阳一侧），获其中书令许书冀、王伷等，承制释之。怀恩留回纥可汗营于河阳，使其子右厢兵马使玚及朔方兵马使高辅成帅步骑万余乘胜逐朝义，至郑州，再战皆捷。朝义至汴州（今河南开封），其陈留节度使张献诚闭门拒之，朝义奔濮州（今山东鄄城北旧城），献诚开门出降。

十一月，朝义自濮州北渡［黄］河，怀恩进攻滑州（今河南滑县），拔之，追败朝义于卫州（今河南汲县）。［史］朝义睢阳节度使田承嗣等将兵四万余人与［史］朝义合，复来拒战；仆固玚击破之，长驱至昌乐（今河南南乐）东。朝义帅魏州（今河北大名东北）兵来战，又败走。于是［史朝义］邺郡节度使薛嵩以相、卫、洺、邢四州降于陈郑、泽潞节度使李抱玉，恒阳节度使张忠志以赵、恒、深、定、易五州降于河东节度使辛云京。［薛］嵩，楚玉（薛讷之弟）之子也。抱玉

（接上页）史那军佯北，朝清下楼，向贡等令人擒杀之。向贡摄知军事，经四十日，阿史那又杀向贡，阿史那自称长史，三日后，斩高久仁，以其首枭之，杀朝清故也。高如震还，固守，与阿史那相持。城中分两军，经五日，以燕州街为界，各自御备，递相捉搦，不得往来。阿史那从经略军领诸蕃部落及汉兵三万，至宴设楼前与如震会战。如震不利，乃使轻兵二千于子城东出，直至经略军街，腹背而击之，并招汉军万余人。阿史那军败，走于武清县界野营。后朝义招之，尽归东都（洛阳），应是胡面，不择少长，尽诛之。于是朝义伪授李怀仙幽州节度。高如震旅拒之中，承阿史那遁逸之后，野行草次，人各持兵，糇粮刍荛，非戢不应。朝义令兵士悉为商贾，白衣先行，至幽州，尽被捉为团练。怀仙方自统五千余骑直叩蓟门（按：即幽州城，今北京的代称）。高如震方欲出师以抗命，虑其卒叛，因出迎之。怀仙实内图之，且外示宽宥，大行诱募，咸舍厥怨，于是士众帖然，竞皆欣载。乃大赏设，经三日，因众前怯，乃斩高如震，幽州遂平。"《旧唐书·史思明传》亦云：'朝义令人杀伪太子朝英'，《新唐书·史思明传》作'朝清'。今从《河洛春秋》及《新唐书·史思明传》，余从《蓟门纪乱》。

等已进军入其营，按其部伍，嵩等皆受代；居无何，仆固怀恩皆令复位。由是抱玉、云京疑怀恩有二心，各表言之，朝廷密为之备；怀恩亦上疏自理，上（指唐代宗）慰勉之。辛巳，制："东京及河南、北受伪官者，一切不问。"丁酉，以张忠志为成德军节度使，统恒、赵、深、定、易五州，赐姓李，名宝臣。初，辛云京引兵将出井陉，常山裨将王武俊说宝臣曰："今河东兵精锐，出境远鬪，不可敌也。且吾以寡当众，以曲遇直，战则必离，守则必溃，公其图之。"宝臣乃撤守备，举五州来降。及复为节度使，以武俊之策为善，擢为先锋兵马使。武俊，本契丹也，初名没诺干①。

史朝义走贝州（今河北清河西北），与其大将薛忠义等两节度使合，仆固场追之至临清。朝义自衡水引兵三万还攻之，[仆固]场设伏击走之。回纥又至，官军益振，遂逐之；大战于下博（今河北深县东南）东南，贼大败，积尸拥流而下；朝义奔莫州（今河北任丘市鄚州镇）。怀恩都知兵马使薛兼训、兵马使郝庭玉与田神功、辛云京会于下博，进围朝义于莫州，青淄节度使侯希逸继至。

——《资治通鉴》卷二百十二　唐纪三十八　肃宗上元二年—宝应元年。

唐代宗广德元年（763年）正月，史朝义屡出战，皆败，田承嗣说朝义，令往幽州（治今北京）发兵，还救莫州，承嗣自请留守莫州。朝义从之，选精骑五千自北门犯围而出。朝义既去，承嗣即以城降，送朝义母、妻、子于官军。于是仆固场、侯希逸、薛兼训等帅众三万追之，及于归义（今河北容城东北），与战，朝义败走。

时[史]朝义范阳节度使李怀仙已因中使骆奉仙请降，遣兵马使李抱忠将兵三千镇范阳县（今河北涿州），朝义至范阳，不得入。官军将至，朝义遣人谕抱忠以大军留莫州（今河北任丘市鄚州镇），轻骑来发兵救援之意，因责以君臣之义，抱忠对曰："天不祚燕，唐室复兴，今既归唐矣。岂可更为反复，独不愧三军耶！大丈夫耻以诡计相图，愿早择去就以谋自全。且田承嗣必已叛矣，不然，官军何以得至此！"朝义大惧，曰："吾朝来未食，独不能以一餐相饷乎！"抱忠乃令人设食于城东。于是范阳人在朝义麾下者，并拜辞而去，朝义涕泣而已，独与胡骑数百既食而去。东奔广阳（今北京密云燕落）②，广阳不受；欲北入奚、契丹，至温泉栅（今河北唐山陡河水库东北），李怀仙遣兵追及之；朝义穷蹙，缢于林中，怀仙取其首以献。

① 胡三省注云："为王武俊夷张氏、得成德[军]张本。"
② 胡三省注云：檀州（今北京密云）燕乐县，后魏（即北魏）置广阳郡，后齐（即北齐）废郡，而旧郡名犹存。

仆固怀恩与诸军皆还。甲辰，朝义首至京师①。

——《资治通鉴》卷二百二十二　唐纪三十八　代宗广德元年。

仆固怀恩，代宗初为朔方节度使。[仆固]怀恩上言，幽州平，河北州县尽平，史朝义为乱兵所戮，传首上都。

——《册府元龟》卷四百三十四《将帅部·献捷一》。

七、北京地区唐后期的藩镇割据

（1）藩镇的形成

唐代宗宝应元年（762年）王师平史朝义，其将薛嵩、田承嗣、李宝臣等先受

---

① 《资治通鉴考异》曰：《河洛春秋》曰："朝义东投广阳郡，不受。北取潞县、渔阳，拟投两蕃（指奚、契丹）。至榆关（今河北抚宁榆关），李怀仙使使招回，却至渔阳过，从潞县至幽州城东阿婆门外，于巫间神庙中，兄弟同被绞缢而死，乃授首与骆奉仙。经一日，诸军方知，归莫州城下。"《旧唐书·仆固怀恩传》曰："宝应二年（763年）三月，朝义至平州石城县温泉栅（今河北唐山陡河水库东北），穷蹙，走入长林自缢，怀仙使妻弟徐有济传其首以献。"《史朝义传》："二年（763年）正月，李怀仙于莫州生擒之，送款来降枭首至阙下。"《实录》："宝应元年（762年）十一月己亥，仆固怀恩上言：幽州平，河北州县尽平，史朝义为乱兵所戮，传首上都。"《旧唐书·代宗本纪》："宝应二年（763年）十月，河北州县悉平，李怀仙以幽州（治今北京）降，田承嗣以魏州（治河北大名东北）降。"沈既济《建中实录》："[宝应]二年（763年）正月，贼将李怀仙擒朝义以降，山东平。"《唐历》："正月甲辰，李怀仙擒史朝义，枭首，献至阙下，尽以所管来降。"《年代记》："宝应元年（762年）十二月（误，当为十一月）己亥，仆固怀恩上言：'史朝义为乱兵所杀，传首上都。'[宝应]二年（763年）正月甲申，朝义枭首至阙。"《新唐书·代宗本纪》："广德元年（763年）正月甲申，朝义自杀，其将李怀仙以幽州降。"按诸军围朝义于莫州，已在去年（762年）十一月末，而《河洛春秋》云围城四十日。《旧唐书·仆固怀恩传》亦云攻守月余日。然则朝义之死，必在今年（763年）正月明矣。诸书皆云朝义此年正月被杀，而《实录》在元年（762年）十一月，《旧唐书·代宗纪》因之，又脱"十一月"字。《怀恩传》误以正月为三月。甲申，正月十；甲辰，三十日也。《新唐书·代宗本纪》盖据《年代记》，但《年代记》元年冬十一月己亥朝义死，亦与《实录》同。若正月被杀，不应十日首级已至长安。疑甲申自杀，甲辰传首至阙。《新唐书·代宗本纪》只用《年代记》甲申至阙为自杀日，未知何所据。今从《唐历》，以甲申传首至京师。《安禄山事迹》卷下：[唐肃宗上元二年（761年）]朝义僭逆自立，号显圣。朝义，思明之孽子也，既杀思明，复使张通儒诛[在蓟城]朝兴等。以通儒为燕京（治今北京）留守，寻为高鞠仁所杀。又与蕃将阿思那（即阿史那）承庆相害，承庆不敢而奔潞县（今北京通州东，河北三河城子村）。鞠仁令城中杀胡者重赏，于是羯胡尽殪，小儿掷于空中，以戈承之，高鼻类胡而滥死者甚众。[史朝义]以鞠仁为燕京兵马使。五月，以伪太常卿李怀仙为御史大夫、范阳节度使，复袭鞠仁。衙门自春至夏，相杀者凡四五。加怀仙兵部尚书、陇西郡王。宝应元年（762年），葬思明于良乡东北岗。是月，王师（指唐军）克复洛阳。朝义败走渡河，保魏州（今河北大名东北）。河北相继归顺，朝义又加怀仙侍中，走莫州（今河北任即市鄭州镇），疑怀仙，不入前城，取道北走，将投奚。十二月，李怀仙以范阳（治今北京）归顺，诱杀朝义于城东。函其首，使骑将徐济驰献于阙下，朝廷嘉之，拜怀仙太傅、检校侍中兼兵部尚书，封武都（当为武威）郡王，仍为幽州节度使，蓟门遂宁。思明以乾元二年己亥（759年）三月杀安庆绪僭王，至史朝义宝应元年（762年）为李怀仙所杀，首尾四年。

伪命，分领州郡凡数十。时朝廷厌兵，遂各因其旧任真授焉……既而递相胶固，联结姻好，职贡不入，法令不加，率以为常。仍置其子为副大使，身死继立，则以三军之请闻，亦有为其大将所杀而自立者。自艰难以后，迄于贞元（按：自代宗至德宗贞元年间），朝廷多务优容，每闻其擅袭，因继而授之，以故六十馀年，两河号为反侧之俗。

——《册府元龟》卷二十《帝王部·功业二》。

唐代宗广德元年（763年）闰正月癸亥，以史朝义降将薛嵩为相、卫、邢、洺、贝、磁六州节度使，田承嗣为魏、博、德、沧、瀛五州都防禦使，李怀仙仍故地为幽州、卢龙节度使。时河北诸州皆已降，嵩等迎仆固怀恩，拜于马首，乞行间自效；怀恩亦恐贼平宠衰，故奏留嵩等及李宝臣（即原成德军节度使张忠志，赐姓李，见宝应元年十一月）分帅河北，自为党援。朝廷亦厌苦兵革，苟冀无事，因而授之①。

五月丁卯，制分河北诸州：以幽、莫、妫、檀、平、蓟为幽州管；恒、定、赵、深、易为成德军管；相、贝、邢、洺为相州管；魏、博、德为魏州管；沧、棣、冀、瀛为青淄管；怀、卫、河阳为泽潞管。

——《资治通鉴》卷二百十二　唐纪三十八　代宗广德元年。

唐代宗广德二年（764年）正月，魏博节度使田承嗣奏名所管曰天雄军，从之。

五月，郭子仪以安、史昔据洛阳，故诸道置节度使以制其冲要；今大盗已平，而所在聚兵，耗蠹百姓，表请罢之，仍自河中（治今山西永济县）为始②。六月，子仪复请罢关内副元帅，不许。

唐代宗永泰元年（765年）五月，平卢节度使侯希逸镇淄青，好游畋，营塔寺，军州苦之。兵马使李怀玉得众心，希逸忌之，因事解其军职。希逸与巫宿于城外，军士闭门不纳，奉怀玉为帅。希逸奔滑州，上表待罪，诏赦之，召还京师，七月壬辰，以郑王［李］邈（按：代宗之子）为平卢、淄青节度大使，以怀玉知留后，赐名正己（按：即李正己）。时成德节度使（按：即前书成德军）李宝臣，魏博节度使田承嗣，相卫节度使薛嵩，卢龙节度使李怀仙，收安、史余党，各拥劲卒数万，治兵完城，自署文武将吏，不供贡赋，与山南东道节度使梁崇义及正己皆结为婚姻，互相表里。朝廷专事姑息，不能复制，虽名藩臣，羁縻而已。

——《资治通鉴》卷二百二十三　唐纪三十九　代宗广德二年—永泰元年。

---

① 胡三省注云：河北藩镇，自此强傲不可制矣。
② 胡三省注云：郭子仪时镇河中，表先罢河中节度使以示诸镇，君子惜其有安国家尊朝廷之心而时君不能尽用之也。

（2）北京地区唐后期镇帅的变局

唐代宗宝应元年（762年）十月，贼范阳尹李怀仙斩史朝义首来献，请降。

宝应二年（763年）闰正月戊申，以……李怀仙检校兵部尚书、兼侍中、武威郡王、幽州节度使。

——《旧唐书》卷十一《代宗纪》。

唐代宗大历三年（768年）六月壬辰，幽州节度使、检校侍中、幽州大都督府长史李怀仙为麾下兵马使朱希彩所杀。

闰六月庚申，宰臣充河南副元帅王缙兼幽州节度使。丁卯，以幽州节度副使、试太常卿朱希彩知幽州留后。

七月乙亥，王缙赴镇州（按：即成德军，驻镇州今河北正定）。

八月庚午，河东节度使、检校左仆射、太原尹、同中书门下平章事辛云京卒。门下侍郎、同中书门下平章事、兼幽州长史、持节、河南副元帅、都统河南淮西山南东道诸节度行营、兼幽州卢龙等军节度使、太微宫使、弘文馆大学士、兼东都留守、齐国公王缙兼太原尹、北都留守（按：北都即太原），充河东军节度，余官并如故。

十一月丁亥，幽州留后朱希彩为幽州长史，充幽州卢龙节度使。

大历五年（770年）四月丁未，封幽州节度使朱希彩为高密郡王。

——《旧唐书》卷十一《代宗纪》。

李怀仙，柳城胡人也。世事契丹，降将，守营州（今辽宁朝阳）。禄山之叛，怀仙以裨将从陷河、洛。安庆绪败，又事史思明。善骑射，有智数。朝义时，伪授为燕京（治今北京）留守、范阳尹。［唐代宗］宝应元年（762年），元帅雍王［李适］统回纥诸兵收东都（今洛阳），朝义渡河北走，［雍王］乃令副元帅仆固怀恩率兵追之。时群凶瓦解，国威方振，贼党闻怀恩至，望风纳款。朝义以余孽数千奔范阳，［李］怀仙诱而擒之，斩首来献。属怀恩私欲树党以固兵权，乃保荐［李］怀仙可用；代宗复授幽州大都督府长史、检校侍中、幽州卢龙等军节度使，与贼将薛嵩、田承嗣、张忠志（按：降唐后赐名李宝臣）等分河朔而帅之。既而［仆固］怀恩叛逆（按：广德二年，764年事），西蕃入寇朝廷多故，［李］怀仙等四将各招合遗孽，治兵缮邑，部下各数万劲兵，文武将吏，擅自署置，贡赋不入于朝廷，虽称藩臣，实非王臣也。朝廷初集，故务怀安，以是不能制。［李］怀仙大历三年（768年）为其麾下兵马使朱希彩所杀。

［朱］希彩自称留后。恒州节度使张忠志（按：即李宝臣）以［李］怀仙世旧，无辜覆族，遣将率众讨之，为［朱］希彩所败。朝廷不获已，因之，以河南副元帅、黄门侍郎、同平章事王缙为幽州节度使，授［朱］希彩御史中丞，充幽州节度副使，

权知军州事。诏［王］缙赴镇，［朱］希彩闻［王］缙之来，搜选卒伍，大陈戎备以逆之。［王］缙晏然建旌旗，而［朱］希彩迎谒甚恭。［王］缙知终不可制，劳军旬日而还。寻加［朱］希彩御史大夫充幽州节度留后。十二月，加［朱］希彩幽州大都督府长史、幽州卢龙军节度使。五年（770年），封高密郡王。既得位，暴横自恣，无礼于朝廷。七年（772年），孔目官李瑗因人之怒，伺隙斩之，军人立其兵马使朱泚为留后。

——《旧唐书》卷一百四十三《李怀仙传》附朱希彩传。

朱希彩，大历三年（768年）为幽州节度使。为政苛酷，人不堪命，［大历七年（772年）七月］竟为孔目官李瑗（一书"李怀瑗"）所杀。

——《册府元龟》卷四百四十八《将帅部·残酷》。

唐代宗大历三年（768年）六月壬辰，幽州兵马使朱希彩、经略副使昌平朱泚、泚弟［朱］滔共杀节度使李怀仙，［朱］希彩自称留后。闰月，成德军节度使李宝臣遣将将兵讨［朱］希彩，为［朱］希彩所败；朝廷不得已因之。庚申，以王缙领卢龙节度使；丁卯，以［朱］希彩领幽州留后。

七月乙亥，王缙如幽州，朱希彩盛兵严备以逆之。［王］缙晏然而行，［朱］希彩迎谒甚恭。［王］缙度终不可制，劳军，旬馀日而还。

十一月丁亥，以幽州留后朱希彩为节度使。

大历五年（770年）三月，元载即诛［宦官］鱼朝恩，上宠任益厚，［元］载遂志气骄溢……政以贿成，僭侈无度……［元］载有丈人（按：指父辈长者）自宣州来，从［元］载求官，［元］载度其人不足任事，但赠河北一书而遣之。丈人不悦，行至幽州（今北京），私发书视之，书无一言，惟署名而已。丈人大怒，不得已试谒院僚（按：节度使院僚属），［节度］判官闻有［元］载书，大惊，立白节度使，遣大校以箱受书，馆之上舍，留宴数日，辞去，赠绢千匹。其威权动人如此。

大历七年（772年）七月，卢龙节度使朱希彩既得位，悖慢朝廷，残虐将吏；孔目官李怀瑗（一书李瑗）因众怒，伺间杀之。众未知所从；经略副使朱泚营于城北，其弟［朱］滔将牙内兵，遣使百余人于众中大言曰："节度使非朱副使不可。"众皆从之。［朱］泚遂权知留后，遣使言状。

——《资治通鉴》卷二百二十四 唐纪四十 代宗大历三年—七年。

唐代宗大历七年（772年）十月辛未，以权知幽州卢龙节度留后朱泚检校左散骑常侍，充幽州卢龙节度使。

大历八年（773年）二月丁卯，幽州节度使朱泚加检校户部尚书，封怀宁郡王。

八月辛未，幽州节度使朱泚［之］弟朱滔率五千骑来朝，请河西防秋（按：即防吐蕃秋犯)。诏千骑迓(音：亚，读第四声，迎接的意思)于国门，许自皇城南面出开远门(按：长安西北门)，赴泾州(唐泾原节度使驻地，今甘肃泾川北)行营。

大历九年(774年)五月丙寅，幽州节度使朱泚遣弟[朱]滔奉表请自入朝，兼自率五千骑防秋，许之，诏所司筑第待之。

九月庚子，幽州节度使朱泚来朝。

大历十年(775年)正月乙未，朱泚抗表乞留京师，西征吐蕃，请以弟[朱]滔权为幽州留后，许之。

九月戊午，幽州节度使朱泚镇奉天(今陕西乾县)。

大历十一年(776年)八月丙寅，幽州节度使朱泚加同中书门下平章事。

大历十二年(777年)十二月庚子，以幽州节度使朱泚兼陇右节度副大使(驻今青海乐都)，权知河西、泽潞行营兵马事。

大历十三年(778年)正月戊辰，朱泚徙封遂宁郡王。

——《旧唐书》卷十一《代宗纪》。

大历十二年(777年)秋，诏幽州卢龙节度使朱泚如奉天行营，以备西戎。

——《册府元龟》卷九百九十二《外臣部·备御五》。

唐德宗大历十四年(779年)六月己未，扬州每年贡端午日江心所铸镜，幽州贡麝香，皆罢之。

建中三年(782年)正月丙寅，幽州节度使朱滔、[易州刺史]张孝忠破李惟岳之兵于束鹿。

闰正月甲辰，成德军兵马使王武俊杀李惟岳，传首京师。

二月戊午，加朱滔检校司徒，以张孝忠检校兵部尚书、易定沧三州节度使。以检校太子宾客王武俊检校秘书监、恒州刺史、恒冀都团练观察使。

四月壬戌，封朱滔为通义郡王。朱滔、王武俊与[魏博]田悦(按：田承嗣侄)合从而叛。

七月庚子，朱滔、王武俊、田悦之众亦屯于魏桥东南(在今河北大名东北)，与官军隔河对垒。

十一月，是月，朱滔、田悦、王武俊于魏县军垒各相推奖，僭称王号。[朱]滔称大冀王，武俊称赵王，[田]悦称魏王。又劝李纳称齐王。僭署官名如国初亲王行台之制。丁丑，李希烈自称天下兵马都元帅、太尉、建兴王，与朱滔等四盗胶固为逆。

建中四年(783年)十月[泾原兵乱，陷长安，德宗避走奉天]。乱兵既剽京城，屯于白华，乃于晋昌里迎朱泚为帅，称太尉，居含元殿。癸巳，[朱]泚贼三面攻城，[元帅都虞候]浑瑊力战御之，方退。贼自丁未攻城，至己巳二十馀日，矢石不绝。

十一月，贼由是攻城愈急……朱泚据乾陵作乐，下瞰城中，词多侮慢。戊子，朔方节度使李怀光遣兵马使张韶奉表，言大军将至……癸巳，贼解围而去。

德宗兴元元年（784年）二月，王武俊孝顺，加中书门下平章事、兼幽州节度使，令讨朱滔。

五月丙子，［昭义军节度使，即泽潞节度使，驻潞州（今山西长治）］李抱真、王武俊破朱滔于经城（今河北威县经镇）东南，斩首三万级，擒伪相朱良祐、李俊以献。朱滔遁归幽州。

九月乙亥，王武俊加检校司徒，李抱真检校司空，并赏实封五百户，赏破朱滔之功也。

德宗贞元元年（785年）六月辛卯，幽州朱滔卒。

——《旧唐书》卷十二《德宗纪上》。

邵真为成德军节度判官。［邵］真尝为李宝臣掌文翰，深所信任。［李］宝臣死，其子［李］惟岳擅领父众，［淄青］李正己、［魏博］田悦欲其同反，各通使于［李］惟岳。［邵］真泣而谏曰：……［以为李正己、田悦均不可靠，各有所图，应归顺朝廷］田悦闻其谋，使使谓［李］惟岳曰："邵真惑乱军政，必速杀之。不然，吾且自讨其罪矣。"［李］惟岳遂杀之。德宗建中二年，赠［邵］真户部尚书，与一子五品正员官。

——《册府元龟》卷七百五十九《总录部·忠二》。

王武俊为成德军节度兵马使，德宗建中三年（782年）闰正月，［王］武俊杀贼李惟岳，传首京师。

——《册府元龟》卷四百三十四《将帅部·献捷一》。

王武俊为成德军节度使，检校司徒、平章事。遭家艰，贞元五年（789年）四月，起复右金吾上将军，余如故。

——《册府元龟》卷八百六十二《总录部·起复》。

张孝忠，初事［镇州节度使］李宝臣为易州刺史，后［李］宝臣疑忌宿将，乃举易州归顺。［李］宝臣死，其子［李］惟岳叛，［张］孝忠乃与［幽州］朱滔谋攻［李］惟岳，遂与［朱］滔合师，大破［李］惟岳于束鹿，［李］惟岳遂归晋州……月余，王武俊斩［李］惟岳以献，皆如孝忠之言。

——《册府元龟》卷四百二十八《将帅部·料敌》。

王武俊为成德军节度，兴元初（784年），朱滔围贝州，[王]武俊与泽潞节度使李抱真合军于贝丘。[李]抱真为方阵，[王]武俊用奇兵。朱滔空营合战，[王]武俊不释甲而驰之，[朱]滔望风奔溃，自相蹂践，死者十四五，收其辎重器甲马牛不可胜算。

——《册府元龟》卷三百九十六《将帅部·勇敢三》。

朱泚，幽州昌平人。曾祖[朱]利，赞善大夫，赠礼部尚书。祖[朱]思明，太子洗马，赠太子太师。父[朱]怀珪，天宝初，事范阳节度使裴宽为衙前将，授折冲将军。及安禄山、史思明叛，累为管兵将。宝应中，李怀仙归顺，奏为蓟州刺史、平卢军留后、柳城军使。大历元年（766年）卒，累赠左仆射。祖、父之赠，皆以[朱]泚故也。

[朱]泚以父资从军，幼壮伟，腰带十围，骑射武艺亦不出人。外若宽和，中颇残忍。然轻财好施，每征战所得赏物，辄分与麾下将士，以是为众所推，故得济其凶谋。初隶李怀仙为部将，改经略副使。朱希彩既杀李怀仙，自为节度，以[朱]泚宗姓，甚委信之。[朱]希彩为政苛酷，人不堪命。大历七年（772年）秋，[朱]希彩为其下所杀，仓卒之际，未有所从。[朱]泚营在城北，弟[朱]滔，主衙内兵，亦得众心。[朱]滔变诈多端，遣使百余人于众中大言曰："节度使非城北朱副使莫可。"众既无从，因共推[朱]泚，[朱]泚遂权留后，遣使奉表京师。十月，拜检校左散骑常侍、兼御史中丞、幽州、卢龙节度等使。

八年（773年）三月，迁幽州卢龙等使、幽州长史、兼御史大夫。其年，[朱]泚上表令弟[朱]滔率兵二千五百人赴京西防秋（按：指长安西部地区，以防吐蕃），代宗嘉之，手诏褒美。

九年（774年），就加检校户部尚书，赐实封百户。幽州及河北诸镇，自[唐玄宗]天宝末便为逆乱之地，李怀仙、朱希彩与连境三节度，名虽向顺，未尝朝谒。至是[朱]泚率先上表，请自领步骑三千人入觐，诏修甲第以待之。九月，[朱]泚至京师，代宗御内殿引见，赐御马两匹、战马十匹、金银锦采甚厚，又以器物十床、马四十匹、绢二万匹、衣一千七百袭赐其将士，宴犒之盛，近时未有。[朱]泚又上表，请留京师，从之。因授其弟[朱]滔兼御史大夫、幽州节度留后。……[唐德宗]建中四年（783年）十月，泾原兵反，銮驾幸奉天，[乱兵拥朱泚为主，入居宣政殿]，僭即伪位，自称大秦皇帝，号应天元年……仍以其兄子[朱]遂为太子，遥拜弟滔为冀王、太尉、尚书令，寻又号皇太弟……明年（784年）正月一日，泚改伪国号曰汉，称天皇元年……[四月，朱泚累为唐军所败，退出长安，复被部下所杀]……唯不获朱遂，传为野人所杀，或云与[朱]泚[之]婿伪金吾将军马悦潜走党项部落，数月得达幽州。

——《旧唐书》卷二百下《朱泚传》。

朱泚为卢龙节度使，留京师。建中四年（783年）七月，泾原兵反，迎[朱]泚为主，[朱]泚自号其宅曰潜龙宫，悉移内库珍货瑰宝以实之。识者曰："《易》称'潜龙勿用'，此败徵也。"未几，百姓剽夺其珍货，[朱]泚不能禁止，寻而[朱]泚败。

——《册府元龟》卷九百五十一《总录部·咎征二》。

朱滔，贼[朱]泚之弟也。平州刺史朱希彩为幽州节度，以滔同姓，甚爱之，常令将腹心亲兵。及[朱]泚为节度使，遂使[朱]滔将劲兵三千赴京（按：指长安），请率先诸军备塞。自[安]禄山反后，山东（按：指今河北中南部地区）、范阳（今北京）外虽示顺，实皆倔强不庭。[朱]泚首效臣节，代宗喜甚，命[朱]滔勒兵东入长安通化门（按：长安东北门），西出开远门（按：长安西北门），出师劳还，未有兵还王城者（按：两门之间大道位于皇城门前，相当于今北京长安街），今而许之，盖示优异。召[朱]滔对于三殿，代宗临轩劳问，既而曰："卿才孰与泚多？"[朱]滔曰："各有短长。统御士众，方略明辨，臣不及泚；臣年二十八，获谒龙颜，泚长臣五岁，未朝凤阁，此不及臣。"代宗愈喜。

大历九年（774年），[朱]泚朝觐，因乞留西征吐蕃。以[朱]滔试殿中监，权知幽州卢龙节度留后、兼御史大夫。及[魏博节度使]田承嗣反，[朱滔]与[成德节度使]李宝臣、[淄清节度使]李正己①等解磁州（今河北磁县）围。[唐德宗]建中二年（781年），[李]宝臣死，其子[李]惟岳谋袭父位。[朱]滔与成德军节度使张孝忠征之，大破惟岳于束鹿……以功加检校司徒，为幽州卢龙军节度使，以德、棣二州隶焉。朝廷以康日知为深、赵二州团练使，[李宝臣旧将]王武俊为恒、冀二州团练使。[朱]滔怒失深州，武俊怒失宝臣故地，[朱]滔构武俊同己反……三年（782年）十一月，[朱]滔僭称大冀王，伪署百官，与李纳（按：李正己子）、田悦（按：田承嗣侄）、王武俊并称王②，南结李希烈。兴元初（784年），田悦、王武俊以[朱]泚据京师，[朱]滔兵强盛，首尾相应，田悦常谓武俊曰："朱滔心险，不可提防。"遂相率归顺。

泚既僭号，立[朱]滔为皇太弟，仍令以重贿招诱回纥，南攻魏、贝，即西入关。兴元元年（784年）正月，[朱]滔驱率燕、蓟之众及回纥杂虏号五万，次南河，攻围贝州。三月，田绪（按：田承嗣子）杀田悦（按：田承嗣侄），魏州（今河北大名东北）乱。[朱]滔令大将马寔分兵逼魏州，营于王莽河。德宗在山南，虑二凶兵合，遣使授王武俊平章事，令与李抱真叶力击[朱]滔……[朱滔大败]，以残众千人奔德州（今山东陵县），委弃戈甲山积。[朱]滔至瀛州，杀骑将蔡雄、杨布，以其前

---

① 魏博驻魏州，今河北大名东北；成德军驻镇州，今河北正定；淄青驻青州，今山东益都。
② 王武俊，成德军李宝臣旧部，代宗大历十年（775年）先说李宝臣叛唐，德宗建中二年（781年）李宝臣死，武俊杀其子降唐，复与朱滔、李纳、田悦三镇联合叛唐，自称赵王。

锋先败；又杀阴阳人尹少伯，以其言举兵必胜故也。

六月，李晟收京城，朱泚、姚令言死。[朱]滔还幽州，为[王]武俊所攻，仅不能军，上章待罪……贞元元年（785年），寻卒于位，时年四十，赠司徒。

——《旧唐书》卷一百四十三《朱滔传》。

朱滔为幽州留后，[唐德宗]建中初，成德军[节度使李]宝臣死，其子[李]惟岳谋袭父位。[朱]滔与成德军节度使张孝忠①征之，大破[李]惟岳于束鹿。[朱]滔命偏将守束鹿，进围深州。[李]惟岳乃统万余众及田悦援兵围束鹿。[李]惟岳将王武俊以骑三千，方阵横进，[朱]滔绘狻猊像，使猛士百人蒙之，鼓噪奋驰，贼马惊乱，遂击，大破之，[李]惟岳焚营而遁。

——《册府元龟》卷三百六十七《将帅部·机略七》。

郑云达，德宗朝朱滔表为从事，授监察御史。后[朱]滔发兵助田悦为逆，[郑]云达谕之不从，遂弃妻子，驰长安。由是检校祠部员外郎，授谏议大夫，赐以金紫，厚披赏赉。

——《册府元龟》卷七百五十九《总录部·忠二》。

张孝忠，本奚之种类。曾祖靖、祖逊，代乙失活部落酋长。父谧，[唐玄宗]开元中以众归国，授鸿胪卿同正，以[张]孝忠贵，赠户部尚书。[张]孝忠以勇闻于燕、赵。时号张阿劳、王没诺干，二人齐名。阿劳，[张]孝忠本字；没诺干，王武俊本字……天宝末，以善射授内供奉。安禄山奏为偏将，破九姓突厥，先登陷阵，以功授果毅折冲。[安]禄山、[史]思明继陷河洛，[张]孝忠皆为其前锋。史朝义败，入李宝臣帐下。[唐肃宗]上元中，奏授左领军郎将，累加左吾卫将军同正、试殿中监，仍赐名孝忠（按：即张孝忠），历飞狐、高阳二军使。[成德军节度使]李宝臣以[张]孝忠谨重骁勇，甚委信之，以妻妹昧谷氏妻焉，仍悉以易州（今河北易县）诸镇兵马令其统制。前后居城镇十余年，甚著威惠。

……及[李]宝臣与朱滔战于瓦桥（今河北雄县），常虑[朱]滔来攻，故以[张]孝忠为易州刺史，选精骑七千配焉，使扞幽州。奏授太子宾客、兼御史中丞。

……

无几，[李]宝臣死，其子[李]惟岳阻兵不受征，朝廷诏幽州节度使[朱]滔讨之。[朱]滔以[张]孝忠宿将善战，有精兵八千在易州，虑军兴则扰其后，乃遣判官蔡雄说[张]孝忠曰："[李]惟岳小子骄贵，不达人事，辄拒朝命。[朱]滔奉命伐罪，使君何用助逆，不自求多福耶！今昭义、河东攻破[魏博节度使]田悦，

---

① 张孝忠原为成德节度使李宝臣之易州刺史，降唐后，与朱滔共破束鹿，加封成德军使。

淮宁李仆射收下襄阳，梁崇义投井而卒，临汉江而诛者五千馀人，即河南军计日北首，赵、魏灭亡可见也。使君诚能去逆效顺，必受重用，有先归国之功矣。"［张］孝忠然之，乃遣衙官随［蔡］雄报［朱］滔，又遣易州录事参军董稹入朝。［唐］德宗嘉之，授［张］孝忠检校工部尚书、恒州刺史、兼御史大夫，充成德军节度使，便令与［朱］滔合兵攻［李］惟岳，仍赐实封二百户。……随合兵破［李］惟岳之师于束鹿，［李］惟岳遁归恒州（后改镇州，今河北正定）……月馀，［成德将］王武俊果斩［李］惟岳首以献，如［张］孝忠所料。后定州刺史杨政义以州降，［张］孝忠遂有易、定之地。时既诛［李］惟岳，分四州各置观察使，［王］武俊得恒州，康日知得深、赵二州，［张］孝忠得易州。以成德军额在恒州，［张］孝忠既降［杨］政义，朝廷乃于定州置义武军，以［张］孝忠检校兵部尚书，为义武军节度、易、定、沧等州观察等使。

——《旧唐书》卷一百四十一《张孝忠传》。

张孝忠为飞狐、高阳二军使。成德军节度使李宝臣以［张］孝忠谨直骁勇，以其妻妹谷氏妻焉，仍令悉统易州（今河北易县）诸镇，前后十年，威惠甚著。

——《册府元龟》卷八百五十三《总录部·姻好》。

张孝忠，奚种也。猛毅魁渠，长六尺余，性宽裕，事亲［至孝］。［张］孝忠后为易、定节度使。

——《册府元龟》卷八百八十三《总录部·形貌》。

张孝忠，［唐］肃宗上元中为［镇州节度使］李宝臣易州刺史，及［李］宝臣死，其子［李］惟岳阻兵不受征，朝［廷］诏幽州节度使朱滔讨之。［朱］滔以［张］孝忠宿将，虑军兴则扰其境，遣判官蔡雄说［张］孝忠，［张］孝忠然之，与［朱］滔合兵攻［李］惟岳，后王武俊斩［李］惟岳首以献，定州刺史杨正义（按：《旧唐书》本传作"政义"）以州降，遂有易、定之地。时既诛［李］惟岳，分四州各置观察使，［王］武俊得镇州（按：时称恒州），康日知得深、赵二州，［张］孝忠得易州。以成德军额在镇州，［张］孝忠既降［杨］正义，朝廷乃于定州置义武军，以［张］孝忠检校工部尚书，为义武军节度、易、定、沧、等州观察等使。及朱滔、田悦等相扇及逆，竞以利啖邀之为乱。［张］孝忠孤军四面受敌，修浚壕垒，感励士卒，竞不为群凶荧惑。

——《册府元龟》卷三百七十三《将帅部·忠四》。

李宝臣为成德军节度使，与［幽州］朱滔战于瓦桥（今河北雄县），常虑［朱］滔来攻，故乃以飞狐城、高阳军使张孝忠为易州刺史，选精卒七千配焉，前后十年，威惠甚著。

——《册府元龟》卷四百二十二《将帅部·任能》。

程日华，定州安喜人，本单名华。父［程］元皓，事安禄山为帐下将，从陷两京，颇称勇力，史思明时为定州刺史。［程日］华少事本军，为张孝忠牙将。

初，李宝臣授恒州节度，吞削藩邻，有恒、冀、深、赵、易、定、沧、德等八州。［李］宝臣既卒，［子李］惟岳拒朝命，以图继袭。［李］宝臣部将张孝忠以定州归国，授成德军节度使，令与朱滔讨［李］惟岳。及［李］惟岳诛，朝廷以恒、冀授王武俊，深、赵授康日知，易、定、沧授张孝忠，分为三帅，时［李］惟岳将李固烈守沧州，［张］孝忠令［程日］华诣［李］固烈交郡。［李］固烈将归真定（按：即恒州治所，今河北正定），悉取沧州（今河北沧县旧州）府藏，累乘而还。军人怒，杀［李］固烈，皆夺其财，相与诣［程日］华曰："李使君贪鄙而死，军州请押牙权领。"不获已，从之。［张］孝忠因授［程日］华知沧州事。

未几，朱滔合［王］武俊谋叛，沧、定往来艰阻，二盗遂欲取沧州（今河北沧县旧州），多遣人游说，又加兵攻围，［程日］华俱不听从，乘城自固。久之，录事参军李宇为［程日］华谋曰："使君受围累年，张尚书不能致援，论功献捷，须至中山（即定州），所谓劳而无功者也。请为足下至京师，自以一州为使。"［程日］华即遣之。［李］宇入阙，备陈［程日］华当二盗之间，疲于矢石。德宗深嘉之，拜［程日］华御史中丞、沧州刺史。复置横海军，以［程日］华为使。寻加工部尚书、御史大夫，赐名日华（按：即程日华），仍岁给［张孝忠］义武军粮饷数万（按：恐张孝忠怨也）。自是别为一使，［张］孝忠唯有易、定二州而已。

……［德宗］贞元四年（788年）卒，赠兵部尚书。

子［程］怀直。

［程］怀直习河朔事，父卒，自知留后事。朝廷嘉父之忠，起复授检校工部尚书、兼御史大夫，升横海军节度，以［程］怀直为留后……累加至尚书右仆射。五年（789年），起复正授节度观察使。［程］怀直荒于畋猎，数日方还，不恤军政，军士不胜寒馁。其帐下将、从兄［程］怀信因众怒闭门不内，［程］怀直因来朝觐，贞元九年（793年）也。德宗优容之，依前检校右仆射、兼龙武统军……既而［程］怀信死，［程］怀直子［程］执恭知留后事，乃遣［程］怀直归沧州（今河北沧县旧州）。十六年（800年）卒。

［程］执恭代袭父位，朝廷因而授之。［宪宗］元和六年（811年）入朝，宪宗礼遇遣之，加尚书左仆射。尝梦沧州衙门楼阁悉帖"权"字，遂奏请改名"权"。十三年（818年），淮西贼平，藩方惕息，［程］权以父子世袭如三镇事例，心不自安，乃请入朝。十三年，至京师，表辞戎帅，因命华州刺史郑权代之……十四年（819年）一月卒。

——《旧唐书》卷一百四十三《程日华传》。

程日华，少为易、定［节度使］张孝忠牙将，［张］孝忠令知沧州事。幽州朱滔合镇、冀王武俊谋叛。二盗迭欲取沧州（今河北沧县旧州），多遣人游说，又加兵攻围，［程］日华俱不听从，乘城自固。久之，德宗深嘉之，拜［程］日华沧州刺史。

——《册府元龟》卷三百七十四《将帅部·忠五》。

程日华为横海军使（即沧州节度使），检校工部尚书兼沧州刺史，贞元二年卒（误，当为四年，见《旧唐书》本传）。其子兵马使、试殿中监［程］怀直自知留后事。朝廷嘉［其］父之忠，起复授权知沧州刺史、横海军事，寻授节度使。［程］怀直荒于畋猎，数日方还。其从兄［程］怀信因众怒闭门不内，［程］怀直因来朝觐，除龙武统军。［程］怀信代为横海军节度、支度营田、沧景观察留后，十三年（797年）九月正授节度使，二十一年（805年）七月卒①，以其子、副使兼御史中丞、大夫［程］执恭②起复为左骁卫将军、沧州刺史、横海军节度使。

——《册府元龟》卷四百三十六《将帅部·继袭》。

程怀直为横海军节度使。程怀直出畋，宿于野数日，不恤军士，军士颇冻馁。大将程怀信，［程］怀直从父兄也，因众怒遂闭门不纳，［程］怀直奔赴阙。

——《册府元龟》卷四百三十七《将帅部·失士心》。

［唐德宗］兴元元年（784年）正月，诏［张孝忠］以本官同平章事。沧州本隶成德军（驻镇州，今河北正定），既移隶义武（驻定州），其刺史李固烈者，［李］惟岳妻兄也，请还恒州（后改镇州）。是岁，［张］孝忠遣牙将程华（后赐名"日华"）往沧州交检府藏。［李］固烈辎车数十乘上路，沧州军士呼曰："士皆菜色，刺史不垂赈恤，乃捆载而归，官物不可得也！"杀［李］固烈而剽之。程华闻乱，由窦而遁，将士追之，谓曰："［李］固烈贪暴，已诛之矣，押牙且知州务。"［张］孝忠即令摄刺史事。及朱滔、王武俊称伪国，［程］华与［张］孝忠阻绝，不能相援。［程］华婴城拒贼，一州获全，朝廷嘉之，乃拜［程］华沧州刺史、御史中丞，充横海军使，仍改名日华，令每岁以沧州税钱十二万贯供［定州张孝忠］义武军。

——《旧唐书》卷一百四十一《张孝忠传》。

［张孝忠子］张茂昭，本名升云……贞元七年（791年）［张］孝忠卒，德宗以邕王［李］谞（按：德宗子）为义武军节度大使、易定观察使；以［张］升云为定州刺史，起复左金吾卫大将军，充节度、观察留后（按：皇子李谞只是名誉上领节度使

---

① 程怀直在怀信死后于十六年卒，怀信当卒于此前，不应二十一年卒。
② 执恭乃怀直之子，非程怀信子。

等职,实际掌其事者为留后,唐自设节度使以来皆如此),仍赐名茂昭。九年(793年)正月,授节度使,累迁检校仆射、司空……[唐宪宗]元和二年(807年)又请入觐,五上章恳切,宪宗许之。冬十月,至京师,留数月,诏令归镇。[张]茂昭愿奉朝请于阙下,不许,加太子太保,复令还镇。

四年(809年)[成德军节度使,驻恒州,今河北正定]王承宗叛,诏河东、河中、振武三镇之师,合义武军(即定州节度使),为恒州(后改称镇州)北道招讨……[张]茂昭亲擐甲胄,为诸军前锋,累献戎捷,几覆[王]承宗,乃诏班师,加检校太尉,兼太子太傅。

自安、史之乱,两河藩帅多阻命自固,父死子代;唯[张]茂昭表请举族还朝,邻道累遣游客间说,[张]茂昭志意坚决,拜表求代者数四。上乃命左庶子任简迪为其行军司马,乘驿赴之。以两郡之簿书、管钥、符印付[任]简迪,遣其妻季氏、男[张]克让、克恭等先就路,将行,戒之曰:"吾使尔曹侍亲出易[州]者,庶后之子孙不为风俗所染,则吾无恨矣。"时[元和]五年(810年)冬也……六年二月,疽发于首,卒,时年五十。

——《旧唐书》卷一百四十一《张孝忠传》附子茂昭传。

张茂昭本名升云,[张]孝忠之子也。贞元七年为定州刺史,充北平军使。是岁,[张]孝忠卒于位,诏[张]升云起复左卫大将军同正员,充义武军节度使,赐名茂昭。

——《册府元龟》卷八百二十五《总录部·名字二》。

张茂昭为武宁节度使①。自[安]禄山之乱,两河继为阻命之地。[张]茂昭表请举族归阙,遣其妻李氏及男[张]克让、克恭等先焉,将行,戒之曰:"尔曹将侍亲出易、定,后之子孙勿为风俗所染,吾无恨矣。"

——《册府元龟》卷八百一十七《总录部·训子二》。

张茂昭为义武军节度使……自[安]禄山之乱,两河继为沮命之地。[张]茂昭表请举族归阙……邻封游说者万端,而其志坚决,累上疏求代。帝许之,命左庶子任简迪为其行军司马,乘马(误,当为驿)赴之。即以三郡②之簿书、管钥、符印全付[任]简迪,遣其妻李氏(误,当为季氏)及男[张]克让、克恭等先焉,将代,戒之曰:"尔曹将侍亲出易、定,后之子孙不为风俗所染,吾无恨矣。"时五年(810年)冬也。

---

① 当为义武节度使,驻定州,即易、定节度使。武宁节度使驻徐州,与此无涉。
② 按:义武军节度使领易、定二州,故无三郡之说,此误。《旧唐书》本传云"两郡",是。

——《册府元龟》卷三百七十四《将帅部·忠四》。

［唐宪宗］元和五年（810年），张茂昭献所管易、定二州，举族归阙。
——《册府元龟》卷二十《帝王部·功业二》。

张茂昭为义武节度使。宪宗元和四年（809年）［成德军］王承宗叛，［张］茂昭使长男［张］克让渡水刀沟（按：误，当为木刀沟①，见《旧唐书》本传），南与贼合战，屡捷。［张］茂昭亲披介胄，当贼前锋者数次，累献戎捷，几覆［王］承宗，会朝廷赦［王］承宗，诏班师。
——《册府元龟》卷三百九十六《将帅部·勇敢三》。

张孝忠为义武军节度、易、定、沧等州观察使。子［张］升云以父荫官累至检校工部尚书。贞元七年（791年）［张］孝忠卒，德宗以邕王［李］諴（按：德宗子）为义武军节度使，以［张］升云为定州刺史，充节度、观察留后（按：皇子李諴只是名誉上领节度使等职，实际掌其事者为留后，唐自设节度使以来皆如此），赐名茂昭。九年（793年）正授节度使。
——《册府元龟》卷四百三十六《将帅部·继袭》。

张茂昭，［义武军节度使］张孝忠之子。贞元中为定州刺史，充北平军使。是岁，张孝忠卒于位，诏［张］茂昭起复左卫大将军，同正员，充义武军节度使，累迁仆射、司空。又丁母谷氏丧，贞元十二年（796年）四月，起复左金吾卫大将军，余如故。
——《册府元龟》卷八百六十二《总录部·起复》。

唐代宗大历七年（772年）十月辛未，以［朱］泚为检校左常侍，幽州、卢龙节度使。

大历八年（773年）八月辛未，幽州节度使朱泚遣弟［朱］滔将五千精骑诣泾州防秋（按：防吐蕃）。自安禄山反，幽州兵未尝为用，［朱］滔至，上大喜，劳赐甚厚。
——《资治通鉴》卷二百二十四　唐纪四十　代宗大历七年—八年。

唐代宗大历九年（774年）六月，卢龙节度使朱泚遣弟［朱］滔奉表请入朝，且请自将步骑五千防秋；上许之，仍为先筑大第于京师以待之。

七月，朱泚入朝，至蔚州，有疾，诸将请还，俟间而行。［朱］泚曰："死则舆

---

① 木刀沟，今名依旧。发源于河北新乐，经无极、深泽东入磁河，复东入大沙河。

尸而前!"诸将不敢复言。

九月庚子,至京师,士民观之如堵。辛丑,宴[朱]泚及将士于延英殿,犒赏之盛,近时未有。甲辰,命郭子仪、李抱玉、马璘、朱泚分统诸道防秋之兵。

大历十年(775年)正月乙巳,朱泚表请留阙下,以弟[朱]滔知幽州、卢龙留后,许之。

四月乙未,仍命河东、成德、幽州、淄青、淮西、永平、汴宋、河阳、泽潞诸道发兵前临魏博[田承嗣]。时朱滔方恭顺,与[成德节度使李]宝臣及河东节度使薛兼训攻其北,[淄清节度使李]正己与淮西节度使李忠臣等攻其南。

五月,田承嗣以诸道兵四合,部将多叛而惧,八月,遣使奉表,请束身归朝。

九月[李]宝臣与朱滔攻沧州(今河北沧县旧州),[田]承嗣从父弟[田]庭玠守之;宝臣不能克。戊午,命卢龙节度使朱泚出镇奉天行营(今陕西乾县)。

十月,[田]承嗣知范阳[是李]宝臣乡里,心常欲之①,因刻石作谶(按:音衬,预测吉凶的隐语)云:"二帝同功势万全,将田为侣入幽燕。"密令瘗(按:音易,埋的意思)宝臣境内,使望气者言彼有王气,宝臣掘而得之。又令客说之曰:"公与朱滔共取沧州,得之,则地归国,非公所有。公能舍承嗣之罪,请以沧州归公,仍愿从公取范阳(治今北京)以自效。公以精骑前驱,承嗣以步卒继之,蔑不克矣。"宝臣喜,谓事合符谶,遂与承嗣通谋,密图范阳,承嗣亦陈兵境上。

宝臣谓[朱]滔使者曰:"闻朱公仪貌如神,愿得画像观之。"[朱]滔与之。宝臣置于射堂,与诸将共观之,曰:"真神人也。"[朱]滔军于瓦桥(今河北雄县),[李]宝臣选精骑二千,通夜驰三百里袭之,戒曰:"取貌如射堂者。"时两军方睦,[朱]滔不虞变,狼狈出战而败,会衣他服得免。宝臣欲乘胜取范阳,[朱]滔使雄武军使昌平刘怦守留府。宝臣知有备,不敢进。

[田]承嗣闻幽、恒(按:成德节度使驻镇州,又称恒州,今河北正定)交兵,即引军南还,使谓宝臣曰:"河内有警,不暇从公,石上谶文,吾戏为之耳!"宝臣惭怒而退。宝臣既与朱滔有隙,以张孝忠为易州刺史,使将精骑七千以备之。

大历十一年(776年)八月丙寅,加卢龙节度使朱泚同平章事②。

大历十二年(777年)十二月丙戌,朱泚自泾州(唐泾原节度使驻地,今甘肃泾川北)还京师。庚子,以朱泚兼陇右节度使(驻今青海乐都),知河西、泽潞行营。

大历十四年(779年)六月庚戌,以朱泚为凤翔尹。

——《资治通鉴》卷二百二十五 唐纪四十一 代宗大历九年—十四年。

田廷玠(《资治通鉴》作"庭玠",田承嗣之从弟)为沧州刺史,充横海军使。

---

① 胡三省注云:"宝臣本范阳内属奚,范阳将张琐高畜为假子,因冒其姓,归唐,又赐姓李。"
② 《资治通鉴考异》曰:"《实录》闰八月己亥,遣朱泚如奉天行营。按:去年已云[朱]泚出镇奉天行营;至此,又云;明年九月,又云。盖[朱]泚每年往奉天防秋,至春还京师。但《实录》不载其入朝。"

时田承嗣与淄青李正己、镇州李宝臣不协，[田]承嗣既为[田]廷玠守沧州，而[李]宝臣、朱滔连兵攻击，欲兼其土宇。[田]廷玠婴城固守，连年受敌，兵尽食竭，人易子而食，卒无叛者，卒能保全城守[①]。

——《旧唐书》卷一百四十一《田弘正传》

唐德宗建中元年（780年）八月，加卢龙、陇右、泾原节度使朱泚兼中书令，卢龙、陇右节度使如故。

建中二年（781年）正月戊辰，成德节度使李宝臣薨。宝臣欲以军府传其子行军司马[李]惟岳，以其年少闇弱，预诛诸将之难制者深州刺史张献诚等，至有十余人同日死者。宝臣召易州刺史张孝忠，孝忠不往，使其弟[张]孝节召之。[张]孝忠使[张]孝节谓宝臣曰："诸将何罪，连颈受戮！孝忠惧死，不敢往，亦不敢叛，正如公不入朝之意耳。"……兵马使王武俊，位卑而有勇，故宝臣特亲爱之……故[张]孝忠、[王]武俊独全。

——《资治通鉴》卷二百二十六 唐纪四十二 德宗建中元年—二年。

张孝忠，德宗贞元中事[镇州节度使]李宝臣为易州刺史，后[李]宝臣疑忌，杀大将李宪诚等四五人，使[其弟张孝节]召，[张]孝曰："将无状，连颈受戮。孝忠惧死，不敢往亦不敢叛，犹公之不觐于朝，虑祸而已，无他志也。"[张]孝节泣曰："兄之不行，吾归死矣。"[张]孝忠曰："偕则并死，吾留若无患也。"及归，果安。[张]孝忠后为横海军节度使。

——《册府元龟》卷七百九十《总录部·知机》。

唐德宗建中二年（781年），七月癸未，诏幽州留后朱滔讨[李]惟岳（按：李宝臣之子，时求袭亡父节度使位，朝廷不允）。

八月，范阳节度使朱滔将讨李惟岳，军于莫州（今河北任丘市鄚州镇）；[成德将]张孝忠将精兵八千守易州（今河北易县），[朱]滔遣判官蔡雄说孝忠曰："惟岳乳臭儿，敢拒朝命；今昭义、河东军已破[魏博节度使]田悦，淮宁李仆射克襄阳，计河南诸军朝夕北向，恒、魏之亡，可伫立而须也。使君诚能首举易州以归朝廷，则破惟岳之功自使君始，此转祸为福之策也。"孝忠然之，遣衙官程华诣[朱]滔，遣录事参军董穡奉表诣阙，[朱]滔又上表荐之；上悦。

九月辛酉，以[张]孝忠为成德节度使。命[李]惟岳护丧归朝，惟岳不从。孝忠德[朱]滔，为子茂和娶[朱]滔女，深相结。

十一月己巳，诏削李惟岳官爵；募所部降者，赦而赏之。

---

① 《册府元龟》卷四百《将帅部·固守二》与此同。

建中三年（782年）正月，兵马使王武俊为左右所构，惟岳疑之，惜其才，未忍除也。束鹿之战，使武俊为前锋，私自谋曰："我破朱滔，则惟岳军势大振，归，杀我必矣。"故战不甚力而败。

朱滔欲乘胜攻恒州（按：后改镇州，今河北正定），张孝忠引军西北，军于义丰（故祁州，今河北安国，在正定西北）。[朱]滔大惊，[张]孝忠将佐皆怪之，[张]孝忠曰："恒州宿将尚多，未易可轻。迫之则并力死斗，缓之则自相图。诸君第观之，吾军义丰，坐待惟岳之殄灭耳。且朱司徒言大而识浅，可与共始，难与共终也！"于是朱滔亦屯束鹿，不敢进。

[李]惟岳将康日知以赵州归国，[李]惟岳益疑王武俊，武俊甚惧。[遂与步军使卫常宁反，杀李惟岳，传首京师]。深州刺史杨荣国，惟岳姊夫也，降于朱滔；[朱]滔使复其位。

二月甲子，以张孝忠为易、定、沧三州节度使，成德军兵马使王武俊杀李惟岳，传首京师，康日知为深、赵都团练观察使，以德、棣二州隶朱滔，令还镇。[朱]滔固请深州，不许，由是怨望，留屯深州。[王]武俊素轻张孝忠……而孝忠为节度使，己与康日知俱为都团练使，又失赵、定二州，亦不悦。又诏以粮三千石给朱滔，马五百匹给马燧。武俊以为朝廷不欲使[恒州]故人为节度使，魏博既下必取恒、冀，故分其粮马以弱之，疑，未肯奉诏。

[魏博]田悦闻之，遣判官王侑、许士则间道至深州，说朱滔曰："……今上之志欲扫清河朔，不使藩镇承袭，将悉以文臣代武臣，魏亡，则燕、赵为之此矣；若魏存，则燕、赵无患……"又许以贝州赂[朱]滔。[朱]滔素有异志，闻之大喜，即遣王侑归报魏州，使将士知有外援，各自坚。又遣判官王郅与许士则俱诣恒州，说王武俊曰："大夫出万死之计，诛逆首，拔乱根，康日知不出赵州，岂得与大夫同日论功！而朝廷褒赏略同，谁不为大夫愤邑者！今又闻有诏支粮马与邻道，朝廷之意，盖以大夫善战，恐为后患，先欲贫弱军府，俟平魏之日，使马仆射（按：指马燧，时攻魏州）北首，朱司徒（按：指朱滔自己）南向，共相灭耳。朱司徒亦不敢自保，使郅等效愚计，欲与大夫共救田尚书而存之。大夫自留粮马以供军；朱司徒不欲以深州与康日知，愿以与大夫，请早定刺史以守之。三镇连兵（胡三省注：范阳、恒冀、魏博）若耳目手足之相救，则他日永无患矣。"武俊亦喜，许诺，即遣判官王巨源使于[朱]滔，且令知深州事，相与刻日举兵南向。[朱]滔又遣人说张孝忠，孝忠不从。

四月，上遣中使发卢龙[朱]滔、恒冀[王武俊]、易定[张孝忠]兵万人诣魏州讨田悦（按：田承嗣侄）。王武俊不受诏，执使者送朱滔，[朱]滔言于众曰："将士有功者，吾奏求官勋，皆不遂；今欲与诸君敕装共趋魏州，击破马燧（按：即救田悦）以取温饱，何如？"皆不应。三问，乃曰："幽州之人，自安、史之反，从而南者无人得还，今其遗人痛入骨髓。况太尉、司徒皆受国宠荣（胡三省注：太尉，谓[朱]滔兄[朱]泚），将士亦各蒙官勋，诚且愿保目前，不敢复有侥幸。"[朱]

滔默然而罢。乃诛大将数十人，厚抚循其士卒。

［深州］康日知闻其谋，以告马燧，［马］燧以闻。上以魏州未下，王武俊复叛，力未能制［朱］滔，壬戌，赐［朱］滔爵通义郡王，冀以安之。［朱］滔反谋益甚，分兵营于赵州（今河北赵县）以逼康日知，以深州授王巨源，武俊以其子［王］士真为恒、冀、深三州留后，将兵围赵州。

涿州刺史刘怦闻［朱］滔欲救田悦，以书谏之曰："今昌平故里（今北京昌平旧县村），朝廷改为太尉乡、司徒里，此亦丈夫不朽之名也。但以忠顺自持，则事无不济。窃思近日务大乐战，不顾成败而家灭身屠者，安、史是也。怦忝密亲，默而无告，是负重知。惟司徒图之，无贻后悔。"［朱］滔虽不用其言，亦嘉其尽忠，卒无疑贰。

［朱］滔将起兵，恐张孝忠为后患，复遣牙官蔡雄往说之。孝忠曰："昔者司徒发幽州，遣人语孝忠曰：'李惟岳负恩为逆'，谓孝忠归国即为忠臣。孝忠性直，用司徒之教。今既为忠臣矣，不复助逆也。且孝忠与武俊皆出夷落（胡三省注：张孝忠本奚族乞活种，王武俊出契丹怒皆部），深知其心最喜翻覆。司徒勿忘鄙言，他日必相念矣。"雄复欲以巧辞说之，孝忠怒，欲执送京师；雄惧，逃归。［朱］滔乃使刘怦将兵屯要害以备之。孝忠完城砺兵，独居强寇之间，莫之能屈。

［朱］滔将步骑二万五千发深州，至束鹿；诘旦将行，吹角未毕，士卒忽大乱，喧噪曰："天子令司徒归幽州，奈何违敕南救田悦！"［朱］滔大惧，走入驿后堂避匿。蔡雄与兵马使宗顼等矫为士卒曰："汝辈勿喧，听司徒传令。"众稍止。雄又曰："司徒将发范阳，恩旨令得李惟岳州县即有之，司徒以幽州少丝纩，故与汝曹竭力血战以取深州，冀得其丝纩以宽汝曹赋率，不意国家无信，复以深州与康日知。又，朝廷以汝曹有功，赐绢人十匹，至魏州西境，尽为马仆射所夺。司徒但处范阳，富贵足矣；今兹南行，乃为汝曹，非自为也。汝曹不欲南行，任自归北，何用喧悖，乖失军礼！"众闻言，不知所为，乃曰："敕使何得不为军士守护赏物！"遂入敕使院，擘裂杀之。又呼曰："虽知司徒此行为士卒，终不如且奉诏归镇。"雄曰："然则汝曹各还部伍，诘朝复往深州，休息数日，相与归镇耳。"众然后定。［朱］滔即引军还深州，密令诸将访察唱率为乱者，得二百余人，悉斩之，余众股栗，乃复引军而南，众莫敢前怯，进，取宁晋，留屯以待王武俊。武俊将步骑五千取元氏，东趋宁晋。

卢龙军节度行军司马蔡廷玉恶判官郑云逵，奏贬莫州参军。［郑］云逵妻，朱滔之女也，［朱］滔复奏为掌书记。［郑］云逵深构廷玉于［朱］滔，廷玉又与检校大理少卿朱体微言于［朱］泚曰："［朱］滔在幽镇，事多专擅，其性非长者，不可以兵权付之。"［朱］滔知之，大怒，数与［朱］泚书，请杀二人者，［朱］泚不从；由是兄弟颇有隙。及［朱］滔拒命，上欲归罪于［蔡］廷玉等以悦［朱］滔，甲子，贬［蔡］廷玉柳州司户，［朱］体微万州南浦尉。

朱滔遣人以蜡书置髻中遗朱泚，欲与同反；马燧获之，并使者送长安，［朱］泚不之知。上驿召［朱］泚于凤翔，至，以蜡书并使者示之，［朱］泚惶恐顿首请罪。上曰："相去千里，初不同谋，非卿之罪也。"因留之长安私第，赐名园、腴田、锦采、金银甚厚，以安其意；幽州卢龙节度、太尉、中书令并如故。

上以幽州兵在凤翔，思得重臣代之。戊寅，以［中书侍郎］张镒兼凤翔尹、陇右节度等使。

五月，朱滔、王武俊自宁晋南救魏州，辛卯，诏朔方节度使李怀光将朔方及神策步骑万五千人东讨［魏州］田悦，且拒［朱］滔等。［朱］滔行至宗城（今河北威县东30里），掌书记郑云逵、参谋田景仙弃［朱］滔来降。

辛亥，置义武军节度于定州，以易、定、沧三州隶之（胡三省注：以命张孝忠）。

朱滔、王武俊军至魏州，田悦具牛酒出迎，魏人欢呼动地。［朱］滔营于惬山，是日李怀光军亦至，［河东节度使］马燧等盛军容迎之（按：时奉命围魏州李纳）。［朱］滔以为袭己，遽出阵；怀光勇而无谋，欲乘其营垒未就击之。［马］燧请且休将士，观衅而动，怀光曰："彼营垒既立，将为后患，此时不可失也。"遂击［朱］滔于惬山之西，杀步卒千餘人，［朱］滔军崩沮；怀光按辔观之，有喜色。士卒争入［朱］滔营取宝货，王武俊引二千骑横冲怀光军，军分为二；［朱］滔引兵继之，官军大败，蹙入永济渠溺死者不可胜数，人相蹈藉，其积如山，水为之不流，马燧等各收军保垒。是夕，滔等堰永济渠入王莽故河，绝官军粮道及归路，明日，水深三尺余。马燧惧，遣使卑辞谢［朱］滔，求与诸节度归本道，奏天子，请以河北事委五郎［胡三省注：朱滔行第五，故称之为五郎］处之。［朱］滔欲许之，王武俊以为不可；［朱］滔不从。

七月，［马］燧与诸军涉水而西，退保魏县以拒［朱］滔，［朱］滔乃谢武俊，武俊由是恨［朱］滔。后数日，［朱］滔等亦引兵营魏县东南，与官军隔水相拒。

［淄青］李纳求救于［朱］滔等，［朱］滔遣魏博兵马使信都承庆将兵助之。

［唐］神策行营招讨使李晟请以所将兵北解赵州之围，与［易、定、沧三州节度使］张孝忠分势图范阳，上许之。

十一月，田悦德朱滔之救，与王武俊议举［朱］滔为主，称臣事之，［朱］滔不可，曰："惬山之捷，皆大夫二兄［按：指王武俊］之力，滔何敢独居尊位！"于是幽州判官李子千、恒冀判官郑濡等共议："请与恽州李大夫（按：指淄青李纳）为四国，俱称王而不改年号……"［朱］滔等皆以为然。［朱］滔乃自称冀王，田悦称魏王，王武俊称赵王，仍请李纳称齐王。是日，［朱］滔等筑坛于军中，告天而受之。［朱］滔为盟主，称孤；［王］武俊、［田］悦、［李］纳称寡人。所居堂曰殿，处分曰令，群下上书曰笺。妻曰妃，长子曰世子。

十二月丁丑，李希烈自称天下都元帅、太尉、建兴王①。时朱滔等与官军相拒累月，

---

① 李希烈，淮宁节度使，建中三年（782年）奉命讨李纳，却与朱滔、李纳、田悦等相结，反叛，后与朱泚相继称帝，史称四王二帝之乱。

官军有度支馈粮，诸道益兵，而［朱］滔与王武俊孤军深入，专仰给于田悦，客主日益困敝。闻［淮西节度使］李希烈军势甚盛，颇怨望，乃相与谋遣使诣许州，劝［李］希烈称帝，［李］希烈由是自称天下都元帅。

——《资治通鉴》卷二百二十七　唐纪四十三　德宗建中三年。

　　蔡廷玉，幽州昌平人。事安禄山，未有闻。与朱泚同里闬，少相狎近。［朱］泚为幽州节度使，奏署幕府。

　　［蔡］廷玉有沉略，善与人交，内外爱附。［朱］泚多所叩咨，数遣至京师。当是时，幽州兵最强，财雄，士骄悍，日思吞并，不知有上下礼法。［蔡］廷玉间语［朱］泚曰："古未有不臣而能推福于子孙者，公南连赵、魏，北奰房，兵多地险，然非永安计，一日赵、魏反噬，公乃沸鼎鱼耳。不如奉天子，划多难，可勒勋鼎彝，若何？"［朱］泚善之……又劝归贡赋助天子经费，献牛马系道……因劝［朱］泚入朝，［朱］泚将听，诸校怒，缚［蔡］廷玉辱之，［蔡］廷玉无桡辞，［朱］泚不忍杀，因岁余出之，谓曰："而亦悔乎？"［蔡］廷玉曰："导公为逆即悔，勉公以义何悔为？"复絷满岁，问曰："能省过否？不尔，且死。"对曰："不杀我，公得名。杀我，吾得名。"［朱］泚不能屈，待如初。

　　又有朱体微者，亦［朱］泚腹心。［蔡］廷玉每有建白，［朱］体微辄左右之，故［朱］泚愈信，桀傲稍革。［蔡］廷玉遂蔵朝事。［朱］泚乃奏涿州为永泰军，蓟州静塞军，瀛州清夷军，莫州唐兴军，置团练使，以支郡隶属，卢龙军乃削。而［朱］泚内畏弟［朱］滔偪己，［朱］滔亦劝［朱］泚入朝，乃以军属［朱］滔。［蔡］廷玉、［朱］体微共白［朱］泚："公入朝为功臣首，后务至重，须诚信者乃可付。［朱］滔虽大弟，多变不情，如假以兵，是嫁之祸也。"［朱］泚不听。二人随［朱］泚到朝，德宗为太子时，知［蔡］廷玉名，及见，礼眷殊渥。［朱］泚统幽州行营为泾原凤翔节度使，诏［蔡］廷玉以大理少卿为司马，［朱］体微为要籍。

　　［朱］滔有请于［朱］泚，或不顺，［蔡］廷玉必折之，俾循故法。［朱］滔已破田悦，浸傲肆自用。左右有恶［蔡］廷玉者，妄云："素毁［朱］滔，欲四分燕（按：指幽州节度使辖地），［蔡］廷玉倡之，［朱］体微和之。"［朱］滔表二人离间骨肉，请杀于有司。亦遗［朱］泚书云云。［朱］泚恚［朱］滔夺其军，不从。会［朱］滔以幽州叛（按：建中三年事），帝示［朱］滔表，而［朱］泚亦白发其书（按：即朱滔所遗书），乃归罪于二人。贬［蔡］廷玉柳州司户参军、［朱］体微南浦尉以慰［朱］滔。［朱］使谍伺诸朝，曰："上若不杀［蔡］廷玉，当谪去，得东出洛，我且缚至麾下支解之。"将行，帝劳［蔡］廷玉曰："尔故行，为国受屈，岁中当还。"［蔡］廷玉至蓝田驿（今陕西蓝田），人白左巡使郑詹："商於（今河南淅川）道险，

不可往。"[郑]詹追使趋潼关（今陕西潼关）①。[蔡]廷玉告子[蔡]少诚、少良曰："我为天子不血刃下幽十一城，欲裂其壤，使不得桀，而败于将成，天助逆邪？今吏使我出东都[洛阳]，此殆[朱]滔计，吾不可以辱国。"比至灵宝（今河南灵宝），自投于河……李晟平朱泚（按：此兴元元年事），[蔡]少诚等适终丧，[李]晟表丐追赠[蔡]廷玉，并官二子。而帝方招来[朱]滔，寝其奏，遂已。

——《新唐书》卷一百九十三《忠义下·蔡廷玉传》。

郝（按：误，当为"蔡"）廷玉为幽州节度司马，建中三年四月甲子，贬柳州司户；要籍检校大理少卿（按：此处误，大理少卿系蔡廷玉官职。朱体微官"要籍"，见《新唐书·蔡廷玉传》）朱体微，万州南浦尉。[蔡]廷玉与朱泚同乡里，少友善，初为小校，事安禄山。[朱]泚为节度使，累授军司马，军府之政，动以咨之。[蔡]廷玉亦有吏能，师人悦之。[朱]泚判官郑云逵，尝忤[蔡]廷玉，[蔡]廷玉白[朱]泚，黜为莫州录事参军。[郑]云逵与朱滔善，复奏为判官，因深构[蔡]廷玉于[朱]滔。[朱]滔为[朱]泚留后事，有请于[朱]泚，[蔡]廷玉又辄隳之（按："毁坏"意）。[朱]体微亦蒙[朱]泚亲信，与[蔡]廷玉密，尝从容言于[朱]泚曰："[朱]滔非长者也，不可以兵权付之。"[朱]滔窃知之，后[朱]滔南讨有功，[郑]云逵数激其怒，乃抗表称[蔡]廷玉、[朱]体微离间骨肉，又累遗书于[朱]泚，言[蔡]廷玉、[朱]体微罪恶，请杀之。[朱]泚不听。及[朱]滔反叛，帝乃召[朱]泚，示[朱]滔请杀二人表，[朱]泚亦上其书，故归罪于[蔡]廷玉等，以悦[朱]滔。[朱]滔终叛逆。

——《册府元龟》卷九百二十《总录部·雠怨二》。

[康]日知少事[成德军节度使]李惟岳，累擢赵州刺史。[李]惟岳叛，[康]日知与别驾李濯及部将百人啐牲血共盟，固州自归（按：归于朝廷）。[李]惟岳怒，遣先锋兵马使王武俊攻之，[康]日知使客谢[王]武俊曰："贼屠甚，安足共安危哉？……"又给为台检示曰："使者赍诏喻中丞（指王武俊），中丞奈何负天子，从小儿跳梁哉？"[王]武俊悟，引兵还，斩[李]惟岳以献②。德宗美其谋，擢为深、赵观察使，赐实封户二百。

会[王]武俊拒命，遣将张钟葵攻赵州，[康]日知破之，上俘京师。[德宗]兴元元年（784年）[赦王武俊]以深、赵益成德[军]（即王武俊），徙[康]日知奉承军节度使，又徙晋绛，加累检校尚书左仆射，封会稽王。贞元初卒。

---

① 按：蓝田、商於一线在长安东南。蔡廷玉本欲自长安趋东南，盘桓于河南一带。朱滔欲杀蔡廷玉，故使人通过左巡使郑詹强迫蔡廷玉东出洛阳。东出洛阳，北则入河北，东则入山东。时朱滔，与成德王武俊、魏博田悦同叛，正占据以上各地，蔡廷玉无异于自投罗网，故在半途至灵宝自投于河。
② 《册府元龟·牧守部·智略》所记与此同。

——《新唐书》卷一百四十八《康日知传》。

李惟岳为成德军节度使，疑[兵马使]王武俊。[王]武俊谓[李]惟岳曰："先相公（指惟岳父李宝臣）委任武俊以遗大夫（指李惟岳），兼有理命。今披肝胆为大夫者武俊耳。又[王]士真（武俊长子）即大夫妹婿，保无异志。今势危急，若不坦怀待之，更如康日知，即大事去矣。"[李]惟岳曰："我待武俊自厚，不独先公遗旨。"由是无疑，后终为[王]武俊所杀。

——《册府元龟》卷四百五十二《将帅部·识闇》。

[唐代宗]大历十四年（779年）六月，[以马燧]检校工部尚书、太原尹、北都留守、河东节度留后，寻为节度使。

……

[唐德宗]建中三年（782年）[李惟岳反]，时[成德军兵马使]王武俊已杀李惟岳，传首京师，授[王]武俊恒、冀观察都防禦使；时[王]武俊同列张孝忠已为易、定节度使，[王]武俊独为防禦使，又割赵、深二州为一镇，以康日知为观察使，甚为怨望，且素轻[张]孝忠，耻名在下。时朱滔讨李惟岳，拔深州，求隶幽州不得，亦怨望。由是[朱]滔、[王]武俊同谋救[田]悦（按：建中二年魏博田悦反）。[田]悦恃燕、赵之援，又出兵二万背城而阵，[马]燧复与诸军击破之……十一月，三盗（指朱滔、王武俊、田悦）于魏县军中递相推奖王号：朱滔称冀王，田悦称魏王，王武俊称赵王；又遣使于李纳，[李]纳称齐王。四道共推淮西李希烈为天下兵马元帅、太尉、建兴王，皆伪署官号……而五盗合从，图倾社稷，两河鼎沸，寇盗横行……

——《旧唐书》卷一百三十四《马燧传》。

建中三年（782年）[马]燧讨田悦于山东，是岁旱，京师括率商户，人心甚摇。凤翔留镇幽州兵（按：即原朱泚所率防秋军也，时朱泚因朱滔与田悦等同谋，被废在京师），多离散入南山为盗。殿中丞李云端与其党袁封、单超俊、李诚信、冀信等与[马]畅善，因饮食聚会，言时事将危；[马]畅乃遣家人温靖与父书，具陈利害，可班师还镇。[马]燧怒，执[温]靖具奏其状，令兄[马]炫执[马]畅请罪。德宗以[马]燧方讨贼，不竟其事，诛[李]云端等十一人，敕[马]炫就第杖[马]畅三十，上于是罢括率之令。

——《旧唐书》卷一百三十四《马燧传》附子畅传。

德宗建中三年（782年）北平王马燧讨田悦于山东，时岁旱，京师括率，人心甚摇。凤翔留镇幽州兵，多离散入西山为盗……帝于是罢括率之令。

——《册府元龟》卷四十五《帝王部·权略》。

马燧为河东节度、魏博招讨，使讨［魏博］田悦。建中三年前，殿中丞李云端与其党袁封、单超俊、李诚信、冀信等以京师苦旱，乃又借商户钱，人心大扰，乃扇飞语云，凤翔留镇幽州兵多逃南山为群盗①，以摇人心，将作乱。［李］云端等与［马］燧子［马］畅善，乃令其党温靖赍［马］畅书与［马］燧陈厉害，令旋师。［马］燧执［温］靖奏其状，令兄［马］炫引［马］畅请罪。帝以［马］畅大臣子，方委［马］燧以靖难，不竟其事，敕［马］炫就第杖三十。逮捕［李］云端鞫于禁中，十一人皆处死。

——《册府元龟》卷三百七十三《将帅部·忠四》。

李晟……［唐德宗］建中二年魏博田悦反（按：误，田悦反在三年），将兵围临洺、邢州，诏以［李］晟为神策军先锋、都知兵马使，救临洺。寻加兼御史中丞。三年正月，复以诸道兵击败［田］悦兵于洹水，遂进攻魏州，以功加左散骑常侍，实封百户。无几，兼魏府左司马。及王武俊攻赵州，［李］晟乃献状，请解赵州之围，欲引兵趋定州（按：合张孝忠也），与张孝忠合势，欲图范阳（按：时朱滔与王武俊联盟，此围魏救赵之计）。德宗壮之，加［李］晟御史大夫。［建中四年，泾原节度使姚令言兵叛于京师］，德宗［出］在奉天，诏［李］晟赴难。［李］晟引军逾飞狐，师次代州（今山西代县），诏加［李］晟检校工部尚书、神策军行营节度使，实封二百户。

——《册府元龟》卷三百八十五《将帅部·褒异十一》。

李晟为神策［军］先锋、都知兵马使、兼魏府左司马时，王武俊攻赵州，［李］晟献状，请解赵州之围，次引兵趋定州与张孝忠合势，欲围范阳（按：时朱滔与王武俊联盟，此围魏救赵之计）。德宗壮之，俾禁军将领莫仁擢、赵光锐、杜秀泚皆隶焉。［李］晟自魏州引军而北，径趋赵州，［王］武俊闻之，解兵而去。

——《册府元龟》卷三八十九《将帅部·请行》。

唐德宗建中四年（783年）正月，朱滔、王武俊、田悦、李纳各遣使诣希烈，上表称臣，劝进。

五月，李晟谋取涿、莫二州，以绝幽、魏往来之路，与［易、定、沧三州节度使］张孝忠之子［张］升云围朱滔所署易州刺史郑景济于清苑，累月不下。［朱］滔以其司武尚书马寔为留后，将步骑万余守魏营，自将步骑万五千救清苑。李晟军大败，退保易州。［朱］滔还军瀛州，张升云奔满城。会李晟病甚，引军还保定州。

---

① 按：《旧唐书·马燧传》附子畅传云：凤翔幽州兵入南山为群盗，而《册府元龟》却云此系李云端等飞语摇动人心之言，颇有歧异。

王武俊以［朱］滔既破李晟，留屯瀛州，未还魏桥，遣其给事中宋端促之。端见［朱］滔，言颇不逊，［朱］滔怒，使谓武俊曰："滔以热疾，暂未南还，大王二兄遽有云云。滔以救魏博之故，叛君弃兄，如脱屣耳。二兄必相疑，惟二兄所为！"端还报，武俊自辨于马寔，寔以状白［朱］滔，言："赵王知宋端无礼于大王，深加责让，实无他志。"武俊亦遣承令官郑和随寔使者见［朱］滔，谢之。［朱］滔乃悦，相待如初。然武俊以是益恨［朱］滔矣。

十月，泾原节度使姚令言将兵五千至京师，［救被李希烈所围之襄城］，军士冒雨，寒甚，多携子弟而来，冀得厚赐遗其家，既至，一无所赐。［遂反，围皇城］，上乃与王贵妃、韦淑妃、太子、诸王、唐安公主自苑北门出，王贵妃以传国宝系衣中以从；后宫诸王、公主不及从者什七八。

［京兆尹］姜公辅叩马言曰："朱泚尝为泾帅，坐弟［朱］滔之故，废处京师，心常怏怏。臣谓陛下既不能推心待之，则不如杀之，毋遗后患。今乱兵若奉为主，则难制矣。请召使从行。"上仓猝不暇用其言，曰："无及矣！"遂行。［幸奉天］。

贼入宫，登含元殿，大呼曰："天子已出，宜人自求富贵！"遂谨噪，争入府库，运金帛，极力而止。小民因之，亦入宫盗库物，通夕不已。其不能入者剽夺于路。诸坊居民各相帅自守。姚令言与乱兵谋曰："今众无主，不能持久，朱太尉闲居私第，请相与奉之。"众许诺。乃遣数百骑迎［朱］泚于晋昌里第。夜半，［朱］泚按辔列炬，传呼入宫，居含元殿，设警严，自称权知六军……壬子，［凤翔营将李楚琳杀节度使张镒］，楚琳自为节度使降于朱泚；陇州刺史郝通奔于楚琳。朱泚自白华殿入宣政殿，自称大秦皇帝，改元应天。

朱泚遣使遗朱滔书，称："三秦之地，指日克平；大河之北，委卿除殄，当与卿会于洛阳。"［朱］滔得书，宣示军府，移牒诸道，以自夸大。

幽州兵救襄城者（按：即原朱泚统领防秋之兵）闻［朱］泚反，突入潼关，归［朱］泚于奉天（按：时朱泚正率军攻奉天），普润戍卒亦归之，有众数万。

先是，武俊召回纥兵，使绝［朔方节度使］李怀光等粮道，怀光已西去，而回纥达干将回纥千人、杂虏二千人适至幽州北境。朱滔因说之，欲与俱诣河南取东都［洛阳］，应接朱泚，许以河南子女赂之。［朱］滔娶回纥女为侧室，回纥谓之朱郎，且利其俘掠，许之。

……时［王］武俊已与［朱］滔有隙……遂与［李］抱真及马燧相结，约为兄弟；然犹外事［朱］滔，礼甚谨，与田悦各遣使见［朱］滔于河间，贺朱泚称尊号，且请马燧之兵共攻康日知于赵州（今河北赵县）。

初，朱泚镇凤翔，遣其将牛云光将幽州兵五百人戍陇州，以陇右营田判官韦皋领陇右留后。及郝通奔凤翔，牛云光诈疾，欲俟韦皋至，伏兵执之以应泚，事泄，率其众奔泚，至汧阳（今陕西千阳）遇泚遣中使苏玉赍诏书加韦皋中丞，玉说［牛］云光曰："韦皋书生也，君不如与我俱之陇州，皋幸而受命吾人也；不受命，君以兵诛之,如取孤豚耳!"[牛]云光从之。[均被韦皋所诛]。

——《资治通鉴》卷二百二十八 唐纪四十四 德宗建中四年。

唐德宗建中四年(783年)十一月,[朱]泚攻[奉天]城益急,穿堑环之。泚移帐于乾陵,下视城中,动静皆见之,时遣使环城,招诱士民,笑其不识天命。

神策河北行营节度使李晟疾愈,闻上幸奉天,帅众将奔命。[易、定、沧三州节度使]张孝忠迫于朱滔、王武俊,倚[李]晟为援,不欲[李]晟行,数沮止之。[李]晟乃留其子[李]凭使娶张孝忠女为妇,又解玉带赂孝忠亲信,使说之,[张]孝忠乃听[李]晟西归,遣大将杨荣国将锐兵六百与[李]晟俱。[李]晟引军出飞狐道,昼夜兼行,至代州(今山西代县)。丁丑,加[李]晟神策行营节度使。

朱泚攻围奉天经月,[朔方李怀光、李晟、马燧、骆元光等来救],泚党所据惟长安而已。

李怀光自蒲城引兵趋泾阳……癸巳,怀光败泚兵于澧泉。泚闻之惧,引兵遁归长安。众以为怀光复三日不至,则[奉天]城不守矣。

李怀光顿兵不进,数上表暴扬卢杞等罪恶;众论喧腾,亦咎杞等。上不得已,十二月壬戌,贬杞为新州司马。

上在奉天,使人说田悦、王武俊、李纳,赦其罪,厚赂以官爵;[田]悦等皆密归款,而犹未敢绝朱滔,各称王如故。[朱]滔使其虎牙将军王郅说[田]悦曰:"日者八郎(按:指田悦)有急,[朱]滔与赵王(按:指王武俊)不敢爱其死,竭力赴救,幸而解围(按:指三年五月救魏州事)今太尉三兄(按:指朱泚)受命关中,滔欲与回纥共往助之,愿八郎治兵,与滔渡河共取大梁(今河南开封)。"[田]悦心不欲行而未忍绝[朱]滔,乃许之。[朱]滔复遣其内使舍人李管见[田]悦,审其可否。[田]悦犹豫不决,密召扈崿议之。司武侍郎许士则曰:"朱滔昔事李怀仙为牙将,与兄泚及朱希彩共杀怀仙而立希彩。希彩所以宠信其兄弟至矣,[朱]滔又与判官李子瑗谋杀希彩而立泚。泚既为帅,[朱]滔乃劝泚入朝而自为留后,虽貌似忠勤,实夺其权也。平生与之同谋共功如李子瑗之徒,负杀之者二十余人。今又与泚东西相应,使[朱]滔得志,泚亦不为所容,况同盟乎![朱]滔为人如此,大王何得其肺腑而信之耶!彼引幽陵、回纥十万之兵屯于郊坰,大王出迎,则成擒矣。彼因大王,兼魏国(按:指魏博)之兵,南向渡河,与关中相应,天下谁能当之!大王于时悔之无及矣。为大王计,不若佯许偕行而阴为之备,厚加迎劳,至则托以他故,遣将分兵而随之。如此,大王外不失报德之名,而内无仓猝之忧矣。"扈崿等皆以为然。王武俊闻李管适魏,遣其司刑员外郎田秀驰见[田]悦曰:"武俊向以宰相处事失宜,恐祸及身,又八郎困于重围,故与[朱]滔合兵救之。今天子方在隐忧,以德绥我,我曹何得不悔过而归之邪!舍九叶天子不事而事[朱]滔乎!……八郎慎勿与之俱南……"[田]悦意遂决,乃绐之曰:"从行,必如前约。"丁卯,[朱]滔将范阳步骑五万人，私从者复万餘人，回纥三千人，发河间而南，辎重首尾四十里。

庚午，李希烈陷大梁。

唐德宗兴元元年（784年）正月癸酉朔，赦天下，改元，制曰："……李希烈、田悦、王武俊、李纳等，咸以勋旧，各守藩维，朕抚御乖方，致其疑惧，皆由上失其道而下罹其灾，朕实不君，人则何罪！宜并所管将吏等一切待之如初。朱滔虽缘朱泚连坐，路远必不同谋，念其旧勋，务在弘贷，如能孝顺，亦与惟新。朱泚反易天常，盗窃名器，暴犯陵寝，所不忍言，获罪祖宗，朕不敢赦……"

赦下，四方人心大悦。

朱泚更国号曰汉，自号汉元天皇，改元天皇。

王武俊、田悦、李纳见赦令，皆去王号，上表谢罪。惟李希烈自恃兵强财富，遂谋称帝……国号大楚，改元武成。

朱滔引兵入赵境，王武俊大具犒享；入魏境，田悦供承倍丰，使者迎候，相望于道。丁丑，[朱]滔至永济，遣王郅见[田]悦，约会馆陶，偕行渡河。[田]悦见郅曰："悦固愿从五兄南行，昨日将出军，将士勒兵不听悦出，曰：'国兵新破，战守逾年，资储竭矣。今将士不免冻馁，何以全军远征！大王日自抚循，犹不能安；若舍城邑而去，朝出，暮必有变！'悦之志非敢有贰也，如将士何！已令孟佑备骑五千，从五兄供刍牧之役。"因遣其司礼侍郎裴抗等往谢滔。[朱]滔闻之，大怒曰："田悦逆贼，向在重围，命如丝髪，使我叛君弃兄，发兵昼夜赴之，幸而得存。许我贝州（今河北清河西北），我辞不取；尊我为天子，我辞不受。今乃负恩，误我远来，饰词不出！"即日，遣马寔攻宗城（今河北威县东30里）、经城（今河北威县经镇），杨荣国攻冠氏（今山东冠县），皆拔之；又纵回纥掠馆陶顿幄幂、器皿、车、牛以去。[田]悦闭城自守。壬午，[朱]滔遣裴抗等还，分兵置吏守平恩（今山东丘县西南）、永济（今山东临清市西南）。

朱滔引兵围贝州，引水环之，刺史邢曹俊婴城拒守；纵范阳及回纥兵大掠诸县，又拔武城（今山东武城西）、通德（治今山东陵县）、棣（治今山东惠民县东南）二州，使给军食；遣马寔将步骑五千屯冠氏以逼魏州（今河北大名东北）。

辛卯，以王武俊为恒、冀、深、赵节度使。壬辰，加李抱真、张孝忠并同章事。丙申，加田悦检校左仆射

——《资治通鉴》卷二百二十九　唐纪四十五　德宗建中四年—兴元元年。

［昭宗大顺元年，左仆射韦昭度就李克用遣使诉冤云］："然犹［德宗时］王承宗拥兵镇冀，诏范希朝讨之，仍岁无功，卒成赦宥；而又朱滔以幽州之众，结田悦、李纳、王武俊之强，遣马燧等征之不克，旋又宽之。"

——《册府元龟》卷四百七十四《台省部·奏议五》。

李晟为神策军兵马使，讨朱滔于范阳。德宗居奉天，诏［李］晟赴难。［李］晟闻命西向而哭，趣军将行。时义武军间于朱滔、王武俊，倚［李］晟为重，不欲［李］晟去，数为计以沮止［李］晟军。……义武军有大将，［节度使］张孝忠甚信之，因谒于［李］晟，［李］晟乃解玉带以遗之，因曰："吾欲西行，愿以为别。"因陈赴难之意。受带者果德［李］晟，乃谏［张］孝忠勿止［李］晟。［李］晟得引军逾飞狐，师次代州（今山西代县），诏加［李］晟检校工部尚书、神策军行营节度使。

——《册府元龟》卷三百七十四《将帅部·忠五》。

张孝忠为易、定节度使时，［幽州］朱滔侵逼，诏神策行营兵马使李晟、中官窦文场以众援之。［张］孝忠与［李］晟戮力同心，竟全易、定二州。

——《册府元龟》卷四百一十四《将帅部·赴援》。

唐德宗兴元元年（784年）二月，李怀光既胁朝廷逐卢杞等，内不自安，遂有异志……密与朱泚通谋。辛酉，加王武俊同平章事兼幽州、卢龙节度使（胡三省云：欲使之讨朱滔也）。

丙寅，上将幸梁州（今陕西汉中市）……怀光又宣言："吾今与朱泚连和，车驾（按：指德宗）且当远避。"丁卯，怀光遣其将赵升鸾入奉天，约其夕使别将达奚小俊烧乾陵（按：在奉天城外），令升鸾为内应以惊胁乘舆。升鸾诣［元帅都虞候］浑瑊自言，瑊遽以闻，且请决幸梁州。

兵马使田绪，［田］承嗣之子也……三月壬申朔，［田绪杀田悦］。朱滔闻［田］悦死，喜曰："［田］悦负恩，天假手于［田］绪也。"即遣其执宪大夫郑景济等将步骑五千助马寔，合兵万二千人攻魏州［田绪］。寔军王莽河，纵骑兵及回纥四出剽掠。［朱］滔别遣人说［田］绪，许以本道节度使。［田］绪方危急，遣随军侯臧诣贝州（今河北清河西北）送款于［朱］滔，［朱］滔喜，遣臧还报，使亟定盟约。时［田］绪部署城内已定，李抱真、王武俊又遣使诣［田］绪，许以赴援，如［田］悦存日之约。［田］绪召将佐议之，幕僚曾穆、卢南史曰："用兵虽尚威武，亦本仁义，然后有功。今幽陵之兵恣行杀掠，白骨蔽野，虽先仆射背德（按：指田悦背朱滔），其民何罪！今虽盛强，其亡可跂立而待也。况昭义（按：指李抱真，驻山西长治）、恒冀（按：指王武俊，驻河北正定）方相与攻之，奈何以目前之急欲从人为反逆乎！不若归命朝廷，天子方蒙尘在外，闻魏博使至必喜，官爵旋踵而至矣。"［田］绪从之，遣使奉表诣行在，城守以俟命。

四月，灵武守将宁景璇为李怀光治第，别将李如暹曰："李太尉逐天子，而景璇为之治第，是亦反也。"攻而杀之。庚戌，以魏博兵马使田绪为魏博节度使。丙寅，加平卢节度使李纳同平章事。

朱滔攻贝州（今河北清河西北）百余日，马寔攻魏州亦逾四旬，皆不能下。贾林复为〔昭义节度使〕李抱真（按：驻今山西长治）说王武俊曰："朱滔志吞贝、魏，复值田悦被害，倘旬日不救，则魏博皆为〔朱〕滔有矣。魏博既下，则〔义武节度使〕张孝忠必为之臣。〔朱〕滔连三道之兵，益以回纥，进临常山（按：即今河北正定，成德节度使王武俊驻地），明公欲保宗族，得乎！常山不守，则昭义退保西山（按：指今太行山东河北赵县、邢台一线），河朔尽入于〔朱〕滔矣。不若乘贝、魏未下，与昭义合兵救之；〔朱〕滔既破亡，则关中丧气（按：指朱泚），朱泚不日枭夷，鸾舆反正，诸将之功，孰有居明公之右者哉！"武俊悦，从之。

——《资治通鉴》卷二百三十 唐纪四十六 德宗兴元元年。

唐德宗兴元元年（784年）五月乙亥，〔昭义〕李抱真、〔成德〕王武俊距贝州三十里而军。朱滔闻两军将至，急召马寔，〔马〕寔昼夜兼行赴之。或谓〔朱〕滔曰："武俊善野战，不可当其锋，宜徙营稍前逼之，使回纥绝其粮道。我坐食德、棣之饟（胡三省云：粮运曰饟。音：运），依营而阵，利则进攻，否则入保，待其饥疲，然后可制也。"〔朱〕滔疑未决。会马寔军至，〔朱〕滔命明日出战。寔言："军士冒暑困惫，请休息数日乃战。"

常侍杨布、将军蔡雄引回纥达干见〔朱〕滔，达干曰："回纥在国与邻国战，常以五百骑破邻国数千骑，如扫叶耳。今受大王金帛、牛酒前后无算，思为大王立效，此其时矣。明日，愿大王驻马高丘，观回纥为大王鞟武俊之骑，使匹马不返。"布、雄曰："大王英略盖世，举燕、蓟全军，将扫河南，清关中，今见小敌犹豫不击，失远近之望，将何以成霸业乎！达干请战是也。"〔朱〕滔喜，遂决意出战。

丙子旦，武俊遣其兵马使赵琳将五百骑伏于桑林（胡三省云：在经城西南），抱真列方阵于后，武俊引骑兵居前，自当回纥。回纥纵兵冲之，武俊使其骑控马避之。回纥突出其后，将还，武俊乃纵兵击之，赵琳自林中出横击之，回纥败走。武俊急追之，〔朱〕滔骑兵亦走，自践其步阵，步骑皆东奔，〔朱〕滔不能制，遂走趋其营，抱真、武俊合兵追击之。时〔朱〕滔引三万人出战，死者万馀人，逃溃者亦万馀人，〔朱〕滔才与数千人入营坚守。会日暮，昏雾，两军不能进，抱真军其营之西北，武俊军其东北。〔朱〕滔夜焚营，引兵出南门，趋德州（今山东陵县）遁去，委弃所掠资财山积；两军以雾，不能追也。

〔朱〕滔杀杨布、蔡雄而归幽州，心既内惭，又恐范阳留守刘怦因败图己。〔刘〕怦悉发留守兵夹道二十里，具仪仗，迎之入府，相对悲喜，时人多之。

王武俊既破朱滔，还恒州（今河北正定），表让幽州卢龙节度使，上许之。

六月，朱泚将奔吐蕃，其众随道散亡，比至泾州，才百馀骑。田希鉴闭城拒之，泚谓之曰："汝之节，吾所授也（胡三省云：上年四月朱泚以田希鉴为泾原节度使）奈何临危相负！"使焚其门；希鉴取节投火中曰："还汝节！"泚众皆哭。泾卒遂杀姚令言，诣希鉴降。泚独与范阳亲兵及宗族、宾客北趋驿马关；宁州刺史夏侯英拒之。

至彭原西城屯，其将梁庭芬射泚坠坑中，韩旻等斩之，诣泾州降。

——《资治通鉴》卷二百三十一唐纪四十七德宗兴元元年。

李晟为神策军使，德宗兴元元年（784年）五月，［朱泚之乱］。德宗在梁州，贼朱泚为［李］晟等所败，走泾州……甲辰，幽州健将韩旻、梁庭芳（应为"芬"）、朱惟礼等于宁州彭原县西斩逆贼朱泚，传首来献。

——《册府元龟》卷四百三十四《将帅部·献捷一》。

元和十年（815年）六月辛丑，镇州节度使（按：即成德军节度使，驻今河北正定）王承宗遣盗夜伏于［长安］靖安坊，刺宰相武元衡，死之。

十一月，诏发镇武兵二千，会义武军（按：即义武军节度使，驻今河北易县）以讨王承宗。

元和十一年（816年）正月己巳，以中书侍郎、平章事张弘靖检校吏部尚书、兼太原尹、北都留守、河东节度使。癸未，削夺王承宗在身官爵……令河东、河北道诸镇加兵进讨。

二月，以内库绢四万匹赏幽、魏将士。

——《旧唐书》卷十五《宪宗纪下》。

浑镐，［浑］瑊第二子。元和中，诸道出师讨王承宗，属义武军节度使任迪简病不能军，以［浑］镐藉父［浑瑊］威名，足以镇定［州］，乃以［浑］镐简校左散骑常侍，充义武军节度副使。九月六日①，加检校工部尚书，代［任］迪简为节度使……镇、定相去九十里，元和十一年冬，［浑］镐率全师压贼境而军，距贼垒三十里。［浑］镐谋虑不周，但耀兵锋，无所控制，贼乃分兵潜入定州界焚烧驱掠。［浑］镐怒，进攻贼垒，交锋而败，师徒殆丧其半，馀众还定州，乱不可遏，朝廷乃除陈楚代之。［陈］出闻乱，驰入定州。［浑］镐为乱兵所劫，以致裸露。［陈］楚既整戢，于乱兵处率敛衣服还［浑］镐，方得归朝，坐贬韶州刺史。

——《旧唐书》卷一百三十四《浑瑊传》附子镐传。

浑镐，宪宗元和中为义武军节度，讨王承宗。镇、定二州相去九十里，［浑］镐驱全师讨贼，骤胜，分压镇州北路而壁焉。［浑］镐之和门去［王］承宗之牙三十馀里，鼓角相闻。贼徒恟恐而［浑］镐计虑不周，但耀其军锋。贼得分众潜入［浑］镐地，烧其城邑，屠掠居人。［浑］镐军事迁延内顾，会中使督［浑］镐追贼，乃

---

① 按：《旧唐书·宪宗纪下》载："元和九年六月庚辰，以义武军节度副使浑镐检校工部尚书，兼定州大都督府长史，充义武军节度使、易定观察使、北平军等使。"故此误。

复出战，三合而大败。

——《册府元龟》卷四百四十五《将帅部·无谋》。

刘怦，幽州昌平人也。父贡，尝为广边大斗军使。[刘]怦即朱滔姑之子，积军功为雄武军使，广屯田，节用，以办理称。稍迁涿州刺史。居数年，朱滔将兵讨田承嗣，奏署[刘]怦领留府事，以宽缓得众心。时李宝臣为田承嗣间说，与之通谋。[田]承嗣又以沧州与[李]宝臣，乃以兵劫朱滔于瓦桥关（今河北雄县），[朱]滔脱身走，[李宝臣]乘胜欲袭取幽州。[刘]怦设方略镇抚，[李]宝臣不敢进，以功加御史中丞。

宝臣死，子惟岳拒朝命，德宗令[朱]滔与张孝忠同力讨之。及惟岳平，[朱]滔怨朝廷违约不与深州，含怒不已。会王武俊亦怨割地深、赵，相谋叛，欲救田悦。[刘]怦时知幽州留后事，遣人赍书谓[朱]滔曰："司徒位崇太尉，尊居宰相，恩宠冠藩臣之右，荣誉极矣。今昌平故里，朝廷改为太尉乡、司徒里，此亦大夫不朽之名也。但以忠顺自持，则事无不济。窃思近日务大乐战，不顾成败，而家灭身屠者，安、史是也。暴乱易亡，今复何有？怦忝密亲，世荷恩遇，默而无告，是负重知。惟司徒图之，无贻后悔也。"[朱]滔虽不用其言，亦嘉其尽言，卒无疑贰。凡出征伐，必以[刘]怦总留后事。及僭承大冀王，伪署[刘]怦为右仆射、范阳留守。及[朱]泚据京邑，召[朱]滔南河，至贝州，挫败而还，兵甲尽丧。[刘]怦闻[朱]滔之将至，悉搜范阳兵甲，夹道排列二十余里，以迎[朱]滔归于府第，人皆嘉[刘]怦忠义。

贞元元年（785年）[朱]滔卒，三军推[刘]怦权抚军府事，[刘]怦为众所服，卒有其地。朝廷因授[刘]怦幽州大都督府长史、兼御史大夫、幽州卢龙节度副大使、知节度事、管内营田观察、押奚、契丹、经略卢龙军使。居位三月，以贞元元年（785年）九月卒，年五十九，废朝三日，赠兵部尚书，赐布帛有差。子[刘]济继为幽州节度使。

[刘]济，[刘]怦之长子……累历本管州县牧宰。及[刘]怦为节度使，以[刘]济兼御史中丞，充行军司马。[刘]怦卒，军人习河朔旧事，请[刘]济代父为帅，朝廷故务便安，因而从之。累加至检校兵部尚书。

贞元五年（789年），迁左仆射，充幽州节度使。时乌桓、鲜卑数寇边，[刘]济率军击走之，深入千余里，虏获不可胜纪，东北晏然。贞元中，朝廷优容藩镇方甚，两河擅自继袭者，尤骄蹇不奉法。惟[刘]济最务恭顺，朝献相继，德宗亦以恩礼接之。寻加同中书门下平章事。顺宗即位，再迁检校司徒。元和初，加兼侍中。及[元和四年]诏讨[成德节度使]王承宗，诸军未进，[刘]济独率先前军击破之，生擒三百余人，斩首千余级，献逆将于阙，优诏褒之……明年（元和五年，公元810年）春，将大军次瀛州，累攻乐寿、博陆、安平等县，前后大献俘获。赏功颇厚，仍与子孙六品官者凡四人。未几有疾，会赦承宗，录功拜兼中书令。[刘]济在镇二十余年，虽输忠款，竟不入觐。又谋杀其弟［刘］澭，［刘］澭归国为信臣。及［刘］济疾，次子［刘］总与［刘］济亲吏唐弘实通谋鸩杀济，数日，乃发丧。时年五十四岁，诏赠太师，废朝三日，赙礼有加，谥曰壮武。

弟［刘］源，贞元十六年（800年）八月，为检校工部尚书、兼左武卫将军。初为涿州刺史，不受兄教令，［刘］济奏之，贬莫州参军，复不受诏。［刘］济帅师至涿州，［刘］源出兵拒之，未合而自溃。［刘］济擒［刘］源至幽州，上言请令入觐，故授官以征之。

［刘］澭，［刘］济之异母弟也。喜读书，工武艺，轻财爱士，得人死力。事朱滔，常陈逆顺之理。后［刘］怦为卢龙军节度使，病将卒，［刘］澭在父侧，即以父命召兄［刘］济自莫州（今河北任丘市鄚州镇）至，竟得授节度使。［刘］济常感激［刘］澭奉己，［刘］澭为瀛州（今河北河间）刺史，亦许以［刘］澭代己任，其后［刘］济乃以其子为副大使。［刘］澭既怒［刘］济，遂请以所部西捍陇塞，拔其所部兵一千五百人、男女万馀口直趋京师，在道无一人犯令者。德宗宠遇，特授秦州刺史，以普润县为理所……［宪宗］元和二年（807年）十二月卒。

［刘］总，［刘］济之第二子也，性阴贼险谲。元和五年（810年），［刘］济奉诏讨王承宗，使长子［刘］绲假为副使，领留务。时［刘］总为瀛州刺史，［刘］济署为行营都兵马使，屯军饶阳，师久无功。［刘］总潜伺其隙，与判官张玘、孔目官成国宝及帐内小将为谋，使诈自京至，曰："朝廷以相公逗留不进，除副大使为节度使矣。"明日，又使人曰："副大使旌旗已到太原。"又使人走而呼曰："旌旗过代州。"举军惊恐。［刘］济惊惶愤怒，不知所为，因杀主兵大将数十人及与［刘］绲素厚者，乃追［刘］绲，以张玘兄皋代知留务。［刘］济自朝至日昃不食，渴索饮，［刘］总因置毒而进之。［刘］济死，［刘］绲行至涿州，［刘］总矫以父命杖杀之，［刘］总遂领军务。朝廷不知其事，因授以斧钺，累迁至检校司空。

及［元和十一年］王承宗再拒命，［刘］总遣兵取贼武强县，遂驻军持两端，以利朝廷供馈赏赐。是时［淮西彰义节度使］吴元济尚存，［成德节度使］王承宗跋扈，易、定（今河北易县、定州）孤危，宪宗暂务姑息，加［刘］总同中书门下平章事。及元济就擒，［淄青节度使］李师道枭首，［成德节度使］王承宗忧死，［魏博节度使］田弘正入镇州，［刘］总既无党援，怀惧，每谋自安之计。初，［刘］总弑逆后，每见父兄为祟，甚惨惧，乃于官署后置数百僧，厚给衣食，令昼夜乞恩谢罪。每公退，则憩于道场，若入他室则凶愓不敢寐。晚年恐悸尤甚，故请落发为僧，冀以脱祸，乃以判官张皋为留后①。总以落髪，上表归朝，穆宗授天平军节度使，既闻落髪，乃赐紫，号大觉师。［刘］总行至易州界，暴卒。辍朝五日，赠太尉，择日备礼册命，

---

① 《资治通鉴考异》："《新唐书·刘总传》：'总以节付张皋。皋，张玘之兄，为涿州刺史，总之妻父也。'按《实录》：'幽州留后张玘奏：总以剃髪为僧，不知所在。'然则不以节付皋也。"

赙绢布一千五百段、米粟五百石。

先是元和初，［成德节度使］王承宗阻兵，［刘］总父［刘］济备陈征伐之术，请身先之。及军出，累拔城邑，旋属被病，不克成功。［刘］总既继父，愿述先志，且欲尽更河朔旧风。［穆宗］长庆初，累疏求入觐，兼请分割所理之地，然后归朝。其意欲以幽、涿、营为一道，请［张］弘靖理之；瀛、莫为一道，请卢士玫理之；平、蓟、妫、檀为一道，请薛平理之。仍籍军中宿将尽荐于阙下，因望朝廷升奖，使幽蓟之人皆有希羡爵禄之意。及疏上，穆宗且欲速得范阳，宰臣崔植、杜元颖又不为久大经略，但欲重［张］弘靖所授，而未能省其使局，惟瀛、莫两州许置观察使，其它郡县悉命［张］弘靖统之。时总所荐将校，又俱在京师旅舍中，久而不问。如朱克融辈，仅置假衣乞食，日诣中书求官，不胜其困。及除［张］弘靖，又命悉还本军。［朱］克融辈虽得复归皆深怀缺望，其后果为叛乱。

［刘］总既以土地归国，授其弟约及男等一十一人，领郡符加命服者五人，升朝班佐宿卫者六人。

——《旧唐书》卷一百四十三《刘怦传》附子济、滩，济子总传。

德宗贞元元年（785年）七月壬子，以前涿州刺史、兼御史中丞刘怦为幽州长史、御史大夫、幽州卢龙节度副大使、兼知节度、管理度支营田观察、押奚契丹经略卢龙等军使。

九月己亥，幽州节度刘怦病，请以子济权知军州事，从之。庚申，幽州节度使刘怦卒。辛巳，以权知幽州卢龙军府事刘济为幽州长史、兼御史大夫、幽州卢龙节度观察、押奚契丹两蕃等使。

——《旧唐书》卷十二《德宗纪上》。

贞元十一年（795年）四月丙寅，幽州刘济奏大破奚王啜剌等六万余众。

——《旧唐书》卷十三《德宗纪下》。

唐宪宗元和五年（810年）七月丁未，幽州刘济加中书令。乙卯，幽州节度使刘济为其子［刘］总鸩死。

九月壬戌，以瀛州刺史刘总起复受幽州长史，充幽州卢龙军节度使。

——《旧唐书》卷十四《宪宗纪上》。

唐穆宗长庆元年（821年）二月己卯，幽州节度使刘总奏请去位落发为僧。又请分割幽州所管郡县为三道，请支三军赏设钱一百万贯。

三月辛亥，命给事中韦弘庆充幽州宣慰使，左拾遗狄兼谟副之。癸丑，以幽州卢龙军节度副大使、知节度事、押奚契丹两蕃经略等使、检校司空、同中书门下平章事、楚国公刘总检校司徒、兼侍中、天平军节度使、郓曹濮等州观察等使。以宣武军节度使、检校右仆射、同中书门下平章事张弘靖为检校司空、同平章事、兼幽州大都督府长史，充幽州卢龙等军节度使。从刘总所奏故也。乙卯，以权知京兆尹卢士玫为瀛州刺史，充瀛莫等州都团练观察使，从刘总奏析置也。丁巳，制："刘总已极上台，仍移重镇，兄弟子侄，各授官荣，大将宾僚，亦宜超擢。幽州百姓给复一年，赐三军赏设钱一百万贯。令宣慰使薛存庆与弘靖计会支给。"甲子，刘总请以私第为佛寺，仍遣中使赐寺额曰报恩。幽州奏刘总坚请为僧，又赐以僧衣，赐号大觉。［刘］总是夜遁去，幽州人不知所之。

四月庚午，易定［节度使］奏刘总已为僧，三月二十七日卒于当道界，赠太尉。

七月甲寅，幽州监军使奏："今月十日军乱，囚节度使张弘靖别馆，害判官韦雍、张宗元、崔仲卿、郑塤。军人取朱滔子［朱］洄为留后。"丁巳，贬张弘靖为太子宾客分司。己未，再贬弘靖为吉州刺史。朱洄自以年老，令军人立其子［朱］克融为留后。初，刘总归朝，籍其军中素难制者送归阙廷，克融在籍中。宰相崔植、杜元颖素不知兵，心无远虑，谓两河无虞，不复祸乱矣，遂奏刘总所籍大将并勒还幽州，故克融为乱，复失河北矣。

——《旧唐书》卷十六《穆宗纪》。

刘怦为涿州刺史，居数年，［幽州节度使］朱滔将兵讨田承嗣，奏署［刘］怦领留府，宽缓得众心。时李宝臣为田承嗣间说，与之通谋。［田］承嗣又以沧州与［李］宝臣，乃以兵劫朱滔于瓦桥（今河北雄县），［朱］滔脱身走，［李宝臣］乘胜欲袭取幽州。［刘］怦设方略镇抚，［李］宝臣不敢进，以功加御史中丞。

——《册府元龟》卷六百九十一《牧守部·智略》。

刘怦为幽州节度使，长子刘济以兼御史中丞充行军司马。贞元元年（785年）［刘］怦卒，军人习河朔旧事，请［刘］济代父为帅。德宗从之，累加检校兵部尚书。

——《册府元龟》卷四百三十六《将帅部·继袭》。

刘济为幽州节度使，两河擅自继袭者，尤骄蹇不奉命。惟［刘］济最务恭顺，朝献相继。［唐宪宗］元和四年（809年），诏讨［成德节度使］王承宗，诸军未进，［刘］济独率先以前军击破之，生擒三百馀人，斩首千馀级，献逆将于阙，优诏褒之。又为诗四韵上献，以表忠愤之志。

——《册府元龟》卷三百七十四《将帅部·忠五》。

刘济，宪宗元和初为幽州节度使，［元和四年］诏讨［成德节度使］王承宗，诸军未进，［刘］济独率先前军击破之，献逆将于阙，优诏褒之。明年春（元和五年，公元810年),［将］大军以瀛州前后大献俘获。赏功颇厚,仍录功拜兼中书令。

——《册府元龟》卷三百八十五《将帅部·褒异十一》。

刘济镇幽州节度,元和五年（810年）正月,讨镇州王承宗,［刘］济奏下晓阳县,并献俘获;六月,又奏收安平县。

——《册府元龟》卷四百三十四《将帅部·献捷一》。

刘济为幽州节度使,乌桓、鲜卑数寇边,［刘］济率师击走之,深入千馀里,虏获不可胜纪,东北晏然。

——《册府元龟》卷四百二十九《将帅部·守边》。

刘济为范阳节度使,少异常童。居室焚,人皆惊救,而［刘］济从容出户,众甚异之。

——《册府元龟》卷八百五十《总录部·器量》。

刘济为幽州节度使,丁家艰①。［德宗］贞元四年（788年）八月,起复左卫上将军,余如故。

——《册府元龟》卷八百六十二《总录部·起复》。

刘灉,幽州节度使［刘］怦之次子。［刘］怦卒,子［刘］济代,表［异母弟刘］灉为瀛州（今河北河间）刺史。无何,怒兄［刘］济,乃请以所部西捍陇塞,拔瀛州兵一千五百及男女万馀口,直趣京师,部武齐整,无一人犯令者。

——《册府元龟》卷三百八十五《将帅部·褒异十二》。

刘总（刘济之子）,元和中为幽州节度使。［刘］总累代据有燕、蓟,军中食其恩,而未尝承朝廷命。［唐穆宗］长庆元年（821年）［刘］总以幽州归朝,为兵士遮留,

---

① 贞元元年（785年）刘济父、幽州节度使刘怦卒,《旧唐书·德宗纪》载:"贞元元年九月己亥,幽州节度刘怦病,请以子济权知军州事,从之。庚申,幽州节度使刘怦卒。辛巳,以权知幽州卢龙军府事刘济为幽州长史、兼御史大夫、幽州卢龙节度观察、押奚契丹两蕃等使。"不云刘济幽州节度使衔。然同书《刘怦传》载:"贞元元年（785年）［朱］滔卒,三军推［刘］怦权抚军府事……朝廷因授［刘］怦幽州大都督府长史、兼御史大夫、幽州卢龙节度副大使、知节度事、管内营田观察、押奚、契丹、经略卢龙军使。居位三月,以贞元元年（785年）九月卒……子［刘］济继为幽州节度使。"又可知刘济于贞元元年实际已为节度使。《德宗纪》贞元元年九月辛巳诏中似遗漏"幽州卢龙节度副大使、知节度事"一语。否则,刘怦于元年卒,刘济于四年八月继为节度使,已是守制三年,又何起复之有?《资治通鉴·唐纪四十七、四十八》载:"贞元元年六月,［幽州节度使］朱滔病死,将士奉前涿州刺史刘怦知军事。七月壬辰,以刘怦为幽州、卢龙节度使。八月,卢龙节度使刘怦疾病,九月己亥,诏以其子行军司马［刘］济权知节度事;［刘］怦寻薨。"此则叙之甚明,并可知《册府元龟》贞元四年八月,当为元年八月之误。据此,"起复"一说亦可通矣。

[刘] 总杀其首谋十馀辈，夜委兵符于监军判官，从间道去，迟明，军中方觉。

——《册府元龟》卷三百七十四《将帅部·忠五》。

刘总为幽州节度使，频献表章，请出家为僧。分割当管土地，又以张弘靖尝节制河东，以和易为理。河东与幽州接壤，素闻其风。河朔之人久苦暴虐，[刘] 总思有以宽济之，遂举 [张] 弘靖自代，诏从之。

——《册府元龟》卷四百一十三《将帅部·荐贤》。

穆宗即位初，幽州卢龙军节度使刘总频献表章，请分割当管土地及进征马，以明忠恳。朝廷自宰臣公卿以下，皆疑其诈，帝独推诚纳之。

——《册府元龟》卷五十七《帝王部·英断》。

穆宗长庆元年（821年），刘总为幽州节度，频献表章，请分割当管土地及进征马，以明忠恳。朝廷自宰臣公卿以下，皆疑其诈，帝独推诚纳之。[刘] 总思有以宽济，乃举张弘靖自代。

——《册府元龟》卷九十九《帝王部·推诚》。

刘总为幽州节度使，穆宗长庆初，奏请以私第为佛寺，又奏请为僧。诏授侍中、天平军节度使。[刘] 总因乞出家，朝廷以缁服就赐之，锡（同"赐"）名大觉。

——《册府元龟》卷九百二十七《总录部·佞佛》。

刘总为幽州节度使，穆宗长庆初刘总奏请以私第为佛寺，遣中官焦先晟以寺额曰报恩就赐之。又奏请为僧，诏授侍中、天平军节度。[刘] 总因乞出家，朝廷以缁服就赐之，赐名大觉。亦以郓师斧钺、侍中印绶授之，唯所趋向。而 [刘] 总竟从释氏。幽州上言，[刘] 总剃发为僧，不知在所。竟卒于易州。

——《册府元龟》卷八百二十一《总录部·崇释教》。

刘总为幽州节度使，入朝，请析瀛莫二州为观察 [使]，用权知京兆尹事卢士玫为帅。朝廷从之。[刘] 总娶涿州刺史张皋女。[张] 皋与 [卢] 士玫有内外之属（按：即所谓卢士玫系刘总妻族之亲也，见《资治通鉴》），故 [刘] 总以 [卢] 士玫上请，因而用之，非选众任能也。

——《册府元龟》卷四百四十七《将帅部·徇私》。

刘总为幽州、卢龙节度使，丁母忧。[宪宗] 元和八年（813年）左金吾卫大将军员外置，馀如故。

——《册府元龟》卷八百六十二《总录部·起复》。

[唐宪宗]元和十年（815年）十二月，[成德节度使]王承宗纵兵四掠，幽、沧、定三镇苦之，争上表请讨[王]承宗。

元和十一年（816年）正月己巳，幽州节度使刘总奏败[王承宗]成德兵，拔武强，斩首千餘级。二月己未，刘总破成德兵，斩首千餘级。三月己卯，幽州节度使刘总围乐寿。四月乙卯，刘总奏破成德兵于深州，斩首二千五百级。十一月丙寅，加幽州节度使刘总同平章事。

——《资治通鉴》卷二百三十九 唐纪五十五 宪宗元和十年—十一年。

唐宪宗元和十二年（817年）五月，六镇讨[成德节度使]王承宗者兵十餘万，回环数千里，既无统帅，又相去远，期约难一，由是历二年无功，千里馈运，牛驴死者什四五。刘总既得武强，引兵出境才五里（按：指出武强境），留屯不进，月给度支钱十五万缗。李逢吉及朝士多言："宜并力先取淮西[吴元济]，俟淮西平，乘其胜势，回取恒冀如拾芥耳！"上忧郁，久乃从之。丙子，罢河北行营，各使还镇。

元和十三年（818年）四月[淮西、成德军镇州平]，幽州大将谭忠说刘总曰："自元和以来，刘辟、李锜、田季安、卢从史、吴元济，阻兵凭险，自以为深根固蒂，天下莫能危也。然顾盼之间，身死家覆，皆不自知，此非人力所能及，殆天诛也。况今天子神圣威武，苦身焦思，缩衣节食，以养战士，此志岂须臾忘天下哉！今国兵骎骎北来，赵人已献城十二（按：指成德献德、棣二州十一县，以及景州东光县），忠深为公忧之。"[刘]总泣且拜曰："闻先生言，吾心定矣。"遂专意归朝廷。

——《资治通鉴》卷二百四十 唐纪五十六 宪宗元和十三年。

穆宗长庆元年（821年）二月，卢龙节度使刘总既杀其父兄（按：事在元和五年，公元810年），心常自疑，数见父兄为祟；常于府舍饭僧数百，使昼夜为佛事，每视事退则处其中，或处他室，则惊悸不敢寐。晚年，恐惧尤甚；亦见河南、北皆从化，己卯，奏乞弃官为僧；仍乞赐钱百万缗以赏将士。三月癸丑，以刘总兼侍中，充天平节度使；以宣武节度使张弘靖为卢龙节度使。丁巳，诏刘总兄弟子侄皆除官，大将僚佐亦宜超擢，百姓给复一年，军士赐钱一百万缗。戊午，刘总奏恳乞为僧，且以其私第为佛寺；诏赐[刘]总名大觉，寺名报恩，遣中使以紫僧服及天平节钺、侍中告身并赐之，惟其所择。

诏未至，[刘]总已削髮为僧，将士欲遮留之，[刘]总杀其唱帅者十餘人，夜，以印节授留后张玘，遁去；及明，军中始知之。[张]玘奏[刘]总不知所在；癸亥，卒于定州之境。

初，刘总奏分所属为三道：以幽、涿、营为一道，请除张弘靖为节度使；平、蓟、妫、檀为一道，请除平卢节度使薛平为节度使；瀛、莫为一道，请除权知京兆尹卢士玫为观察使①。

[张]弘靖先在河东（今山西），以宽简得众，总与之邻，闻其风望，以燕人桀骜日久，故举弘靖自代以安辑之。[薛]平，[薛]嵩②之子，知河朔风俗，而尽诚于国，故举之。士玫，则[刘]总妻族之亲也。

[刘]总又尽择麾下伉健难制者都兵马使朱克融等送京师，乞加奖拔，使燕人有慕羡朝廷禄位之志。又献征马万五千匹，然后削发委去。克融，朱滔之子也。

是时上方酣宴，不留意天下之务，崔植、杜元颖无远略，不知安危大体，苟欲崇重[张]弘靖，惟割瀛、莫二州，以士玫领之，自余皆统于弘靖。朱克融等久羁旅京师，至假丐衣食，日诣中书求官，植、元颖不之省。及除弘靖幽州，勒克融辈归本军驱使，克融辈皆愤怨。

——《资治通鉴》卷二百四十一 唐纪五十七 穆宗长庆元年。

薛平为平卢军节度使，敬宗宝历元年（825年）五月，加检校左仆射，兼户部尚书；不逾月，复检校司空。初，[宪宗]元和十四年（819年）诛李师道，分其地为三镇，其一淄、青、齐、登莱五州，[薛]平领之。及[穆宗]长庆元年（821年）幽镇叛（指朱克融之乱），杜叔良统横海全军（治沧州）讨伐不胜，棣州（今山东惠民东南）为贼所窘，朝廷乃委[薛]平以偏师援棣州。

——《册府元龟》卷三百九十三《将帅部·威名二》。

薛平为平卢军节度使，穆宗长庆元年（821年）幽镇叛（指朱克融之乱），棣州（今山东惠民东南）为贼所窘，[薛]平即遣将李叔佐以兵五百救之。

——《册府元龟》卷四百二十三《将帅部·讨逆》。

张弘靖，字符理，雅厚信直……[宪宗元和十一年，公元816年]检校吏部尚书、同中书门下平章事，充太原节度使（按：又称河东节度使）……[穆宗长庆元年，公元821年]俄以刘总累求归阙，且请[宣武节度使]张弘靖代己，制加检校司空平章事，充幽州卢龙等军节度使。

[张]弘靖之入幽州（今北京）也，蓟人无老幼男女皆夹道而观焉。河朔军帅冒寒暑，多与士卒同，无张盖安舆之别。弘靖久富贵又不知风土，入燕之时，肩舆于

---

① 胡三省注云："《释名》曰：'幽州在北，幽昧之地，故曰幽，西南至涿州一百二十里。营州，以营室分为名。'幽、涿接境。营州治柳城（今辽宁朝阳），道里绝远。刘总奏为一道，必有说。平州（治今河北卢龙）西至蓟州（今天津蓟县）二百里。蓟州西北至檀州（今北京密云）二百八十七里。檀州西至妫州（今河北怀来东旧怀来县城）二百五十里。瀛州北至莫州（今河北任邱市鄚州镇）二百一十里。"
② 胡三省注云："薛嵩从史思明为将，代宗初来降。"

三军之中，蓟人颇骇之。弘靖以禄山、思明之乱始自幽州，欲于事初尽革其俗，乃发禄山墓，毁其棺柩，人尤失望。从事有韦雍、张宗厚数辈，复轻肆嗜酒，常夜饮醉归，烛火满街，前后呵斥，蓟人所不习之事。又雍等诟责吏卒，多以反虏名之，谓军士曰："今天下无事，汝辈挽得两石力弓，不如识一丁字。"军中以意气自负，深恨之。刘总归朝，以钱一百万贯赐军士，弘靖留二十万贯充军府杂用。蓟人不胜其愤，遂相率以叛，囚弘靖于蓟门馆，执韦雍、张宗厚辈数人，皆杀之。续有张彻者，自远使回，军人以其无过，不欲加害，将引置馆中。［张］彻不识其心，遂索弘靖所在，大骂军人，亦为乱兵所杀。明日，吏卒稍稍自悔，悉诣馆，请弘靖为帅，愿改心事之。凡三请，弘靖卒不对。军人乃相谓曰："相公无言，是不赦吾曹必矣，军中岂可一日无帅！"遂取朱洄为兵马留后。朝廷既除［朱］洄子［朱］克融为幽州节度使，乃贬［张］弘靖为抚州刺史。未几，迁太子宾客、少保、少师。长庆四年（824年）六月卒，年六十五。

初，［刘］总以平、蓟、妫、檀请薛平，于分裂之中尤为上策，而朝廷不能行之，竟致后患，人到于今惜之。

——《旧唐书》卷一百二十九《张延赏传》附子弘靖传。

张弘靖代刘总卢龙军节度使。［张］弘靖之入幽州（今北京）也，蓟人无老幼男女皆夹道而观焉。河朔军帅冒寒暑，多与士卒同，无张盖安舆之别。［张］弘靖久富贵又不知风土，入郡之时，遂肩舆于三军之中，蓟人颇骇之。［张］弘靖又以［安］禄山、［史］思明之乱始自幽州，欲于事初尽革其俗，乃发［安］禄山墓，毁其棺柩，人尤失望。从事有韦雍、张宗厚数辈，复轻肆嗜酒，常夜饮醉归，烛火满街，前后呵斥，蓟人所不习之事。又［韦］雍等诟责吏卒，多以反虏名之。蓟人不胜其愤，遂相率以叛，迁［张］弘靖于蓟门馆，执韦雍、张宗厚辈数人，皆杀之。

——《册府元龟》卷四百三十七《将帅部·失士心》。

张弘靖为宣武节度使（按：弘靖在宪宗时初为河东节度使，后转宣武节度使）。俄以刘总累求归阙，且请［宣武节度使］张弘靖代己，制加检校司空平章事，充卢龙军节度使。

［张］弘靖之入幽州（今北京）也，蓟人无老幼男女皆夹道而观焉。河朔军帅冒寒暑，多与士卒同，无张盖安舆之别。［张］弘靖久富贵又不知风土，入燕之时，遂肩舆于三军之中，蓟人颇骇之。［张］弘靖又以［安］禄山、［史］思明之乱始自幽州，欲于事初尽革其俗，乃发［安］禄山墓，毁其棺柩，人尤失望。从事有韦雍、张宗厚数辈，复轻肆嗜酒，常夜饮醉归，烛火满街，前后呵叱，蓟人所不习之事。又［韦］雍等诟责吏卒，多以反虏名之，蓟人不胜其愤，遂相率以叛，迁［张］弘靖于蓟门馆，执韦雍、张宗厚辈数人，皆杀之。续有张彻者，自远使回，军人以其无过，不欲加

害,将迁置馆中。[张]彻不知其心,谓亦不免,遂索[张]弘靖所在,大骂军人,亦为乱兵所杀。明日,吏卒稍稍自悔,悉诣馆,请[张]弘靖为帅,愿改心事之。凡三请,[张]弘靖卒不对。军人乃相谓曰:"相公无言,是不赦吾曹必矣,军中岂可一日无帅!"遂取朱洄为兵马留后。朝廷既除[朱]洄子[朱]克融为幽州节度使,乃贬[张]弘靖为抚州刺史。

——《册府元龟》卷四百五十二《将帅部·识闇》。

[穆宗长庆元年(821年)六月]先是,河北节度使皆亲冒寒暑,与士卒均劳逸.及弘靖至,雍容娇贵,肩舆于万众之中,燕人讶之。弘靖庄默自尊,涉旬乃一出坐决事,宾客将吏罕得闻其言,情意不接,政事多委之幕僚。而所辟判官韦雍辈多年少轻薄之士,嗜酒豪纵,出入传呼甚盛,或夜归烛火满街,皆燕人所不习也。诏以钱百万缗赐将士,弘靖留其二十万缗充军府杂用,雍辈复裁刻军士粮赐,绳之以法,数以反虏诟责吏卒,谓军士曰:"今天下太平,汝曹能挽两石弓,不若识一丁字!"由是军中人人怨怒。

——《资治通鉴》卷二百四十一 唐纪五十七 穆宗长庆元年。

穆宗长庆元年(821年)七月甲辰,韦雍出,逢小将策马冲其前导,雍命曳下,欲于街中杖之。河朔军士不惯受杖,不服[①]。雍以白弘靖,弘靖命军虞候系治之。是夕,士卒连营呼噪作乱,将校不能制,遂入府舍,掠弘靖财货、妇女,囚弘靖于蓟门馆(按:胡三省注:幽州驿馆也),杀幕僚韦雍、张宗元(一作"宗厚")、崔仲卿、郑塤、都虞候刘操、押牙张抱元。明日,军士稍稍自悔,悉诣馆谢弘靖,请改心事之,凡三请,弘靖不应,军士乃相谓曰:"相公无言,是不赦吾曹。军中岂可一日无帅!"乃相与迎旧将朱洄,奉为留后。[朱]洄,[朱]克融之父也,时以疾废卧家,自辞老病,请使[朱]克融为之;众从之。众以判官张彻长者,不杀。彻骂曰:"汝何敢反,行且族灭!"众共杀之。

——《资治通鉴》卷二百四十二 唐纪五十八 穆宗长庆元年。

唐穆宗长庆元年(821年)七月庚申,[朱克融为乱,囚张弘靖]以昭义军节度使刘悟检校司空、兼幽州大都督府长史,充幽州卢龙军副大使、知节度事。

八月己巳,镇州(按:即成德军,驻今河北正定)监军宋惟澄奏:七月二十八日夜军乱,节度使田弘正并家属将佐三百餘口并遇害。军人推牙将王廷凑为留后。辛未,敕公卿大臣至中书议幽、镇(按:朱克融、王庭凑)讨伐之谋。辛巳,冀州(今

---

① 胡三省注云:"韦雍欲以刘公绰治京兆之体治幽燕,然公绰行之可肃清辇毂,韦雍行之则召祸兴戎,所居之地不同也。"

河北冀县）刺史吴晔潜为幽州兵所逐。瀛州（今河北河间）兵乱，囚观察使卢士玫。瀛州寻为幽州兵所据。

九月壬子，幽州贼（朱克融）掠易州涞水、遂城、满城。

十月丙寅，以河东节度使裴度充镇州四面行营都招讨使。丁丑，裴度奏，自将兵取故关路进讨。朱克融寇蔚州（今河北蔚县）①。戊寅，王庭凑兵寇贝州（今河北清河西北）。

十一月甲午朔，裴度奏破贼于会星镇。朱克融兵大寇定州（今河北定州），节度使陈楚出师拒战，破贼二万。

十二月定州陈楚（按：即义武节度使，又称易定节度使）破朱克融贼二万于望都。乙酉，以幽州都知兵马使朱克融检校右散骑常侍，充幽州卢龙军节度使，其拘囚张弘靖、杀害府僚之罪，一切释放。时朝议以克融能保全〔张〕弘靖，王庭凑杀害〔田〕弘正，可赦燕而诛赵，故有是诏。

——《旧唐书》卷十六《穆宗纪》。

柳公绰为山南东道节度使，有道士献丹药，试之有验。问所从来，曰："炼此丹于蓟门，时朱克融方叛。"〔柳〕公绰遽谓之曰："惜哉！至道来于贼臣之境，虽验何益！"乃沉之于江。

——《册府元龟》卷八百八《总录部·嫉恶》。

周僧达继母即独孤铉之女弟也。〔独孤〕铉长庆初为田弘正镇州从事，及王庭凑作乱，从事皆遇害，〔独孤〕铉时奉使邻境，故得免死。其母及血属，悉为〔王〕庭凑所囚。初，〔周〕僧达母因随亲至镇州，亦为〔王〕庭凑所囚。〔独孤〕铉闻军乱，惧不敢入，留于境上。〔周〕僧达时在京，闻乱奔赴镇州，谒〔王〕庭凑谕以逆顺之理。〔王〕庭凑虽不能纳，感其忠孝之心。遂许〔周〕僧达迎其亲以归。当时朝议奖〔周〕僧达之行，授渭南县尉；贬〔独孤〕铉为硖州司户。自此〔独孤〕铉为士所鄙。

——《册府元龟》卷七百五十六《总录部·孝六》。

长庆二年（822年）二月甲子，以前吉州刺史张弘靖为抚州刺史。弘靖初贬官，尚在幽州，拘留半岁，克融授节，始得还，故有是命。

三月，朱克融、王廷凑合兵攻深州，不解。裴度与书谕之，克融还镇，廷凑攻城亦缓。

——《旧唐书》卷十六《穆宗纪》。

---

① 蔚州，唐天宝前治今山西灵丘，天宝后移置今河北蔚县，北宋相沿不改。

李逊为忠武军节度使，长庆元年（821年）秋，幽镇继乱，[李]逊首请身先讨贼，不许，但许以兵一万会于行营。[李]逊奉诏即日发兵，故先诸军而至，由是进位检校吏部尚书。

——《册府元龟》卷三百八十九《将帅部·请行》。

唐敬宗长庆四年（824年）六月癸卯，太保张弘靖卒。

九月戊午，加朱克融检校司空。

宝历二年（826年）四月戊戌朔，横海军节度使（驻沧州）李全略卒。五月庚辰，幽州军乱，杀其帅朱克融及男[朱]延龄，军人立其第二子[朱]延嗣为留后。

——《旧唐书》卷十七上《敬宗纪》。

朱克融，贼[朱]泚之从孙也。祖[朱]滔，父[朱]泂。克融少为幽州军校，事节度使刘总。总将归朝，虑其有变，籍军中素有异志者，荐之阙下，时克融亦在籍中。宰相崔植、杜元颖不知兵，且无远略，谓两河无虞，遂奏勒归镇。[穆宗]长庆初，幽州军乱，囚其帅张弘靖。时[朱]泂废疾于家，军中素服其谋略，至是众欲立之，[朱]泂自以老且病，推克融统军务焉。朝廷寻加检校左散骑常侍。授以符节。

[敬宗]宝历二年（826年），[朝廷]遣使送方镇及三军时服，克融怒所赐疏弱，执中使以闻。上（按：指敬宗）特优容，别命中使宣谕，仍改赐衣物，流其使杨文端等。先是克融执中使，奏称："窃闻陛下欲幸东都（今洛阳），请将兵马并丁匠五千人，修理宫阙，迎候车驾。"又上言无衣，拟于朝廷请三十万端匹，以备一岁所费，不然则三军不安。天子怒其悖慢，取宰臣裴度谋，优容之，语见别卷。克融官至检校司空、吴兴郡王。其年五月，本州军乱，杀之，子延龄亦遇害。次子延嗣窃立，寻为大将李载义所杀。

——《旧唐书》卷一百八十《朱克融传》。

唐穆宗长庆元年（821年）七月甲寅，幽州监军奏军乱；丁巳，贬张弘靖为宾客、分司；己未，再贬吉州刺史。庚申，以昭义节度使刘悟为卢龙节度使。[刘]悟以朱克融方强，奏请"且授克融节钺，徐图之。"乃复以[刘]悟为昭义节度使。

八月辛未，瀛、莫将士家属多在幽州，壬申，莫州（今河北任丘市鄚州镇）都虞候张良佐潜引朱克融兵入城，刺史吴晖不知所在。丙子，瀛州（今河北河间）军乱，执观察使卢士玫及监军僚佐送幽州，囚于客馆。癸巳，[成德军]王廷凑引幽州兵围深州。

九月，壬子，朱克融焚掠易州、涞水、遂城、满城。

十月丙寅，以裴度为镇州四面行营都招讨使。左领军大将军杜叔良，以善事权幸得进；时幽、镇兵势方盛，诸道兵未敢进，上欲功速成，宦官荐叔良，以为深州诸道行营节度使，以牛元翼为成德节度使。丁丑，朱克融遣兵寇蔚州。己卯，易州刺史柳公济败幽州兵于白石岭，杀千馀人。

十二月丁丑，义武节度使陈楚奏败朱克融兵于望都（今河北望都）、北平（今河北完县），斩获万馀人。自宪宗征发四方，国用已虚，上（按：指穆宗）即位，赏赐左右及宿卫诸军无节，及幽、镇用兵久无功，府藏空竭，势不能支。执政乃议："王廷凑杀田弘正而朱克融全张弘靖，罪有轻重，请赦克融，专讨廷凑。"上从之。乙酉，以朱克融为平卢节度使〔胡三省注：平卢当作卢龙〕。

长庆二年（822年）正月丁酉，幽州兵陷弓高（今河北泊头市交河镇东）……又围下博（今河北深县东南）。中书舍人白居易上言，以为："自幽、镇逆命，朝廷征诸道兵计十七八万，四面攻围，已逾半年，王师无功，贼势尤盛。弓高既陷，粮道不通，下博、深州，饥穷日急。盖由节将太众，其心不齐，莫肯率先，递相顾望。又，朝廷赏罚，近日不行，未立功者或已升官，已败衄者不闻得罪；既无惩劝，以至迁延，若不改张，必无所望。请令李光颜将诸道劲兵约三四万从东速进，开弓高粮路，解深州重围，与〔牛〕元翼合势（按：牛元翼时被围于深州）。令裴度将太原全军兼招讨旧职，西面压境，观衅而动。若乘虚得便，即令同力翦除；若战胜贼穷，亦许受降纳款。如此，则夹攻以分其力，招谕以动其心，必未及诛夷，自生变故。又请诏光颜选诸道兵精锐者留之，其余不可用者悉遣归本道，自守疆土。盖兵多而不精，岂唯虚费衣粮，兼恐扰败军阵故也。今既只留东、西二帅（按：裴度在西，李光颜在东），请各置都监一人，诸道监军一时停罢。如此，则众齐令一，必有成功。又，朝廷本用〔魏博节度使〕田布，令报父仇，今领全师出界，供给度之，数月以来都不进讨，非田布固欲如此，亦有其由。闻魏博一军，屡经优赏，兵骄将富，莫肯为用。况其军一月之费，计实钱二十八万缗，若更迁延，将何供给？此尤宜早令退军者也。若两道（按：指横海和河东两道兵马）只共留兵六万，所费无多，既易支持，自然丰足。今事宜日急，其间变故远不可知。苟兵数不抽，军费不减，食既不足，众何以安！不安之中何事不有！"疏奏，不省。己亥，度支馈沧州粮车六百乘，至下博，尽为〔王廷凑〕成德军所掠。时诸军匮乏，供军院所运衣粮，往往不得至院①，在途为诸军邀夺，其悬军深入者，皆冻馁无所得。

初，田布从其父〔田〕弘正在魏。善视牙将史宪诚，屡称荐，至右职；及为〔魏博〕节度使，遂寄以腹心，以为先锋兵马使，军中精锐，悉以委之。〔史〕宪诚之先，奚人也，世为魏将；魏与幽、镇本相表里，及幽、镇叛，魏人固摇心。〔田〕布以魏兵讨镇，军于南宫，上屡遣中使督战，而将士骄惰，无斗志，又属大雪，度支馈运不继。〔田〕布发〔魏博〕六州租赋以供军，将士不悦，曰："故事，军出境，皆给朝廷。今尚书（指

---

① 胡三省注云："此时供军院置于行营者，谓之北供军院；度支自南供军院运以给之。"此即指自南供军院所运军粮，经常被劫而不得到北供军院。

田布）刮六州肌肉以奉军，虽尚书瘠已肥国，六州之人何罪乎！"［史］宪诚阴蓄异志，因众心不悦，离心鼓扇之……癸卯，［田布］刺心而死，［史］宪诚闻［田］布已死，乃谕其众，遵河北故事。众悦，拥［史］宪诚还魏［州］，奉为留后。己酉，以［史］宪诚为魏博节度使。［史］宪诚虽喜得旌钺，外奉朝廷，然内实与幽、镇连接。

王廷凑围牛元翼于深州，官军三面救之（按：裴度河东军临其西，李光颜以横海诸军临其东，陈楚以易、定军临其北），皆以乏粮不能进，虽李光颜亦闭壁自守而已。军士自采薪刍，日给不过陈米一勺。深州围益急，朝廷不得已，二月甲子，以［王］廷凑为成德节度使，军中将士官爵皆复其旧。

二月，朱克融既得旌节，乃出张弘靖及卢士玫。癸未，王廷凑虽受旌节，不解深州之围……裴度亦与幽、镇书，责以大义；朱克融即解围去，王廷凑虽引兵少退，犹守之不去。

三月丙午，加朱克融、王廷凑检校工部尚书。上闻其解深州之围，故褒之，然廷凑之兵实犹在深州城下……未几，牛元翼将十骑突围出，深州大将臧平等举城降，廷凑责其久监守，杀［臧］平等将吏百八十余人。

五月戊午，幽州节度使朱克融进马万匹，羊十万口，而表云先请其直充犒赏。

——《资治通鉴》卷二百四十二　唐纪五十八　穆宗长庆元年—二年。

张平叔为鸿胪卿判度支……长庆二年（822年）除户部侍郎，职如旧……初，幽、镇行营诸军，以出境，仰给度支者十五余万人。魏博、沧景之师皆压贼境而垒……计司所给，自南、北置供军院。其布帛衣粟往往不至供军院，遽为诸军强见驱夺，悬师前鬬者反无以支给，其馈饷主吏由此得罪者前后相次。

——《册府元龟》卷五百一十一《邦计部·诬谲》。

唐敬宗宝历二年（826年）三月，横海节度使李全略[①]薨；其子副大使［李］同捷擅领留后，重贿邻道，以求承继。

五月，幽州军乱，杀朱克融及其子延龄，军中立其少子［朱］延嗣主军务。

八月，朱延嗣既得幽州，虐用其人；都兵马使李载义与弟衙内兵马使［李］载宁共杀［朱］延嗣，并屠其家三百余人。［李］载义权知留后，九月，数延嗣罪以闻。［李］载义，［唐太宗长子］承乾[②]之后也。

——《资治通鉴》卷二百四十三　唐纪五十九　敬宗宝历二年。

---

① 《资治通鉴》卷一百四十二唐纪五十八穆宗长庆二年（822年）："二月丙子，赐横海节度使王日简姓名为李全略。"
② 《旧唐书》卷七十六《恒山王承乾传》：李承乾，唐太宗长子。贞观元年（627年）太宗即位，以承乾为皇太子，十七年（643年）以罪废，十九年（645年）卒。

王日简，[穆宗]长庆初为镇州小将。[节度使]王承宗没，军情不安，自拔归朝，授代州刺史。及长庆初，镇州军乱，害田弘正（长庆元年七月事），穆宗为之旰食，以[王]日简尝为镇州将，召问其计。[王]日简遂于御前极言利害，兼愿有以自效，因授德州刺史，经略其事。明年，擢拜横海军节度使，赐姓李氏，名全略，以崇树之。

——《册府元龟》卷八百二十五《总录部·名字二》。

[唐敬宗宝历二年，公元826年]幽州朱克融执留赐春衣使杨文端，奏称衣段疏薄；又奏今岁三军春衣不足，拟于度支请给一季春衣，约三十万端匹；又请助丁匠五千修东都。上忧其不逊，问宰臣曰："克融所奏，如何处分？我欲遣一重臣往宣慰，便索春衣使，可乎？"[裴]度对曰："克融家本凶族，无故又行凌悖，必将灭亡，陛下不足为虑。譬如一豺虎，于山林间自吼自跃，但不以为事，则自无能为。此贼只敢于巢穴中无礼，动即不得。今亦不须遣使宣慰，亦不要索所留敕使，但更缓旬日以来，与一诏云：'闻中官到彼稍失去就，待到，我当有处分。所赐春衣，有司制造不谨，我甚要知之，已令科处。'所请丁匠五千人及兵马赴东都，固是虚语。臣料贼中，必出不得。今欲直挫其奸意，即报云：'卿所请丁匠五千修宫阙，可速遣来，已敕魏博等道，令所在排比供拟。'料得此诏，必章惶失计。若未能如此，犹示含容，则报云：'东都宫阙，所要修葺，事在有司，不假卿遣丁匠远来。又所言三军春衣，自是本道常事。比来朝廷或有事赐与，皆缘征发，须是优恩，若寻常则无此例。我固不惜三二十万段匹，只是事体不可独与范阳。卿宜知悉。'只如此处分即得，陛下更不要介意。"上从之，遂进诏草，至皆如[裴]度所料。不旬日，幽州杀朱克融并其二子。

——《旧唐书》卷一百七十《裴度传》。

[唐宪宗元和]十五年（820年）十月，镇州（驻今河北正定）王承宗卒，穆宗以[原魏博节度使]田弘正检校司徒、兼中书令、镇州大都督府长史，充成德军节度、镇冀深赵观察等使（按：驻今河北正定）。[田]弘正以新与镇人战伐，有父兄之怨，乃以魏兵二千为卫从。十一月二十六日至镇州，时赐镇州三军赏钱一百万贯，不时至，军中喧腾以为言。[田]弘正亲自抚喻，人情稍安，仍表请留魏兵为纪纲之仆，以持众心，其粮赐请于有司。时度支使崔倰不知大体，固阻其请，凡四上表不报。明年（穆宗长庆元年，公元821年）七月，归[士]卒于魏州，是月二十八日夜[镇州]军乱，[田]弘正并家属、参佐、将吏等三百余口并遇害，穆宗闻之震悼，册赠太尉，赗赙加等。[田]弘正孝友慈惠，骨肉之恩甚厚。兄弟子侄在两都（长安、洛阳）者数十人，竞为崇饰，日费约二十万，魏、镇州之财，皆辇属于道。河北将卒心不平之，故不能尽变其俗，竟以此致乱。

——《旧唐书》卷一百四十一《田弘正传》。

田兴元和八年（813年）为魏博节度使，赐名弘正。

——《册府元龟》卷八百二十五《总录部·名字二》。

田弘正自魏博节度移统镇冀，其子［田］希文为河阳三城怀州节度使，父子同日拜命，皆领节制。

——《册府元龟》卷七百八十二《总录部·荣遇》。

［王］士真，［镇州王］武俊长子……［唐德宗］贞元十七年（801年），［王］武俊卒，起复授左金吾卫大将军同正、恒州大都督府长史，充成德军节度、恒冀深赵德棣等州观察使，寻检校尚书左仆射……佐父立功，备历艰苦，得位之后，恬然守善，虽自补属吏，赋不上供，然岁贡货财，名为进奉者，亦数十万，比幽、魏二镇，最为承顺……［唐宪宗］元和四年（809年）卒。

［王］承宗，［王］士真长子……元和四年（809年）三月，［王］士真卒，三军推为留后，朝廷伺其变，累月不问。［王］承宗惧，累上表陈谢。至八月，上令京兆少尹裴武往宣谕，［王］承宗奉诏甚恭，且曰："三军见迫，不候朝旨，今请割德、棣二州上献，以表丹恳。"由是起复云麾将军、左金吾卫大将军同正、检校工部尚书、镇州大都督府长史、御史大夫、成德军节度、镇冀深赵等州观察等使……［元和］十五年（820年）十一月卒。子［王］知感、知信［元和十二年十月王承宗遣使于魏博田弘正求救，被送于京师客舍安置］在朝。

［王］承元，［王］士真第二子，［王承宗之弟］……元和十五年（820年）冬，［王］承宗卒，密不发丧，大将谋取帅于旁郡。时参谋崔燧密与握兵者谋，乃以祖母凉国夫人之命，告亲兵及诸将，使拜［王］承元……［王］承元密疏请帅，天子嘉之，授银青光禄大夫、检校工部尚书、兼滑州刺史、义成军节度、郑滑观察等使。邻镇以两河近事讽之，［王］承元不听，诸将亦悔。及起居舍人柏耆赍诏宣谕滑州之命，兵士或拜或泣……［王］承元出镇州，时年十八……［朝廷以魏博田弘正为成德军节度］……俄而［镇州］王廷凑杀田弘正据镇州叛。

——《旧唐书》卷一百四十二《王武俊传》附子士真，孙承宗、承元传。

王士则，镇州王承宗之叔父也。元和四年（809年）［王］士则以［王］承宗拒命，率从事刘栖楚及骑士，驰京师，［上］召见劳问之。

——《册府元龟》卷七百五十九《总录部·忠二》。

李全略，本姓王，名日简，为镇州小将。节度使王承宗没，军情不安，自拔归朝，授代州刺史。

——《册府元龟》卷七百五十九《总录部·忠二》。

王武俊为成德军节度使，长子［王］士贞（当为"真"）以检校工部尚书为副使。贞元十七年（801年），［王］武俊卒，［王］士贞充成德军节度、镇冀深赵德棣等州观察等使，长子［王］承宗以御史大夫为副大使。元和四年（809年），［王］士真卒，三军推［王］承宗为留后，请割德、棣二州上献，乃授成德军节度使。

——《册府元龟》卷四百三十六《将帅部·继袭》。

王武俊形体魁伟，长六尺馀，性宽裕，后至成德军节度使。

——《册府元龟》卷八百八十三《总录部·形貌》。

王承元，成德军节度使［王］承宗之弟……［元和］十五年（820年），［王］承宗卒，未发丧，大将谋取帅于旁郡。时参谋崔燧密与握兵者谋，乃以祖母凉国夫人之命，告亲兵及诸将，使拜［王］承元……［王承元］密疏请帅，诏授检校工部尚书、郑滑州节度、观察使。邻境或以两河近事讽之，［王］承元不听，诸将亦悔。及起居舍人柏耆赍诏至，宣朝廷之命，兵士或拜或泣……［王］承元出镇州，时年十八。

——《册府元龟》卷三百七十四《将帅部·忠五》。

王廷凑（按：《旧五代史·王镕传》、《资治通鉴》作"庭凑"）……祖父世为王氏（按：指王武俊）骑将。

［王］廷凑沉勇寡言，雄猜有断，为王承元衙内兵马使。初［王］承元上禀朝旨，田弘正帅成德军，国家赏钱一百万贯，度支辇运不时至，军情不悦。［王］廷凑每执其细故，激怒众心。会弘正以魏兵二千为衙队，左右有备不能间。［穆宗］长庆元年（821年）六月，魏军还镇。七月二十八日夜，［王］廷凑乃结衙兵噪于府署，迟明，尽诛［田］弘正与将吏、家族三百馀人。［王］廷凑自称留后、知兵马使，将吏逼监军宋惟澄上章请授廷凑节钺。穆宗怒，下诏征邻道兵，仍以河东节度使裴度充幽、镇两道招抚使，仍以［田］弘正子泾原节度使［田］布代李愬为魏博节度使（按：即田弘正原职），令率魏军进讨。又以［原成德节度使王］承宗故将深州刺史牛元翼为成德军节度使，下诏购诛［王］廷凑。是月，镇州（按：即成德军）大将王位等谋杀［王］廷凑事泄，坐死者二千馀人。

时［幽州］朱克融囚张弘靖，［镇州王］廷凑杀［田］弘正，合从构逆，谋拒王命。两镇并力讨除虑难应接，诏朝臣议其可否。东川节度使王涯献状曰："幽、镇两州，悖乱天纪……如闻范阳肇乱，出自一时，事非宿谋，迹亦可验；镇州构祸，殊匪偶然，扇诸属城，以兵拒境。如此则幽蓟之众，可示宽刑；镇冀之戎，可资先讨……臣又闻用兵若斗，先扼其喉。今瀛莫、易定，两贼之咽喉也。诚宜假之威柄，戍以重兵，俾其死生不相知，间谍无所入；而以大军先进冀、赵，次临井陉，此一举万全之势也。"

于是命易、定节度使闭境以抗［朱］克融，诸军三面进讨。初，沧、德［节度使］乌重胤独当一面，［乌］重胤宿将，知不可进，颇迟留，乃以杜叔良代［乌］重胤。［杜］叔良有中官（按：即宦官）之援，朝辞日，大言云："贼不足破。"时［王］廷凑合幽蓟之兵围深州，梯冲云合，牛元翼婴城据守。十一月，杜叔良为贼所败，众皆陷没，仅以身免，乃以德州王日简代之。裴度率众屯承天军，诸将挫败，深州危急，乃以凤翔节度使李光颜为忠武节度使、兼深冀节度，救深州，仍以中官杨永和监［李］光颜军。

国家自宪宗诛除群盗，帑藏虚竭，穆宗即位，赏赐过当，及幽、镇共起，征发百端，财力殚竭。时诸镇兵十五万馀，才出其境，便仰给度支，置南北供军院。既深入贼境，辇运艰阻，刍薪不继，诸军多分番樵采。俄而度支转运车六百乘，尽为［王］廷凑邀而虏之，兵食益困。贼围深州数重，虽光颜之善将，亦无以施其方略。其供军院布帛衣赐，往往不得至院，在途为诸军强夺，而悬军深闘者，率无支给。复又每军遣内官一人监军，悉选骁健者自卫，羸懦者即战，以是屡多奔北。而廷凑、克融之众，不过万余，而抗官军十五万者，良以统制不一，玩寇邀利故也。宰相崔佑甫不晓兵家，胶柱于常态，以致复失河朔。既而无如之何，遂议休兵而赦廷凑。

［长庆］二年（822年）二月，诏赦［王］廷凑，仍授检校右散骑常侍、镇州大都督府长史、成德军节度、镇冀深赵等州观察等使，以牛元翼为山南东道节度使。遣兵部侍郎韩愈至镇州宣慰，又遣中使衔命入深州，监［牛］元翼赴镇。［王］廷凑虽受命，而深州之围不解。招抚使裴度与幽、镇书，以大义责之，朱克融解围而去，［王］廷凑亦退舍。朝廷欲其禀命，并加［朱］克融检校工部尚书。三月，牛元翼率十馀骑突围出深州赴阙，深州将校臧平以城降，［王］廷凑责其固守，杀将吏一百八十馀人。五月，遣中使杨再昌至镇州，取牛元翼家族及田弘正骸骨，［王］廷凑曰："弘正骸骨，不知所在；元翼家族，请至秋发遣。"俄而［牛］元翼卒，［王］廷凑乃尽屠其家，其酷毒如此。自获赦宥，遂与朱克融、史宪诚①连衡相应，谋拒朝廷。

——《旧唐书》卷一百四十二《王廷凑传》。

王庭凑（一书"王廷凑"）为镇州节度使。穆宗长庆四年（824年）二月②，故山南东道节度使牛元翼家属尽为［镇州节度使］王庭凑所害。初，［牛］元翼之出深州也，［王］庭凑挚留其家，及［牛元翼］节度汉南，数遣使厚赂出之，［王］庭凑竟不许。至是，知［牛］元翼卒，尽杀之。

——《册府元龟》卷四百四十八《将帅部·残酷》。

---

① 长庆二年（822年）魏博节度使田布自杀军乱，史宪诚乘机为帅，阴与幽州朱克融、镇州王廷凑相结自固。
② 《资治通鉴》卷二百四十三记此事在三月甲子。

［穆宗］长庆元年（821年）幽、镇复乱，［李］愬（李晟之子，时为魏博节度使）闻之，素服以令三军曰："魏人所以富庶而能通知圣化者，由田公（按：田弘正）故也。天子以其仁而爱人，使理镇、冀。且田公出于魏，抚师七年，一旦镇人不道（按：镇州王庭凑杀田弘正，自为节度使），敢兹残害，以魏为无人也。若父兄子弟食田公恩者，其何以报？"众皆恸哭。又以玉带、宝剑与牛元翼，遣使谓之曰："吾先人尝以此剑立大勋，吾又以此剑平蔡寇，今镇人叛逆，公以此剑翦之。"［牛］元翼承命感激，乃以剑及带令于军中，报之曰："愿以众从，竭其死力。"方有制置，会疾作，不能治军。人违纪律，功遂无成。

——《旧唐书》卷一百三十三《李晟传》附子愬传。

李愬，西平王［李］晟之子也，为魏博节度使。穆宗长庆元年（821年）幽、镇复乱，［李］愬以玉带、宝剑与深州刺史牛元翼，遣使谓之曰："吾先人尝以此剑立大勋，吾又以此剑平蔡寇，今镇人叛逆，公以此翦之。"［牛］元翼承命感激，乃以剑及带令于军中，报之曰："愿以众从，竭其死力。"

——《册府元龟》卷九百五十五《总录部·赠遗》。

牛元翼，本赵人，代为镇州将校。王承宗叛命之际，［牛］元翼尝为谋主，数将兵窘王师。后王庭凑杀田弘正，朝廷以［牛］元翼本与王庭凑等列，遂用为节度。时［牛］元翼在深州为［王］庭凑所围转急，后与数骑突围而出，诏以为襄州节度使。［王］庭凑于后庭鸩杀深州将士，其中大将十六人，判官一人，本与［牛］元翼同休戚，一旦被杀，［牛］元翼悲咤慷慨而卒。

——《册府元龟》卷三百七十四《将帅部·忠五》。

牛元翼为深州刺史时，王庭凑与幽州朱克融兵共围深州，梯冲云合，［牛］元翼婴城据守。初，以沧德节度乌重胤独当一面，［乌重］胤既宿将，知不可进，颇迟留，乃以杜叔良代之。贼围深州数重，朝议赦［王］庭凑，以［牛］元翼为山南节度使，遣兵部侍郎韩愈宣谕［王］庭凑，又遣中使入深州取［牛］元翼。［王］庭凑虽受命，而深州之围不解。招抚使裴度与［王］庭凑、［朱］克融书，以大义责之，［朱］克融遂解围而去，［王］庭凑亦退舍。［牛］元翼率十余骑，突围而去。

——《册府元龟》卷四百《将帅部·固守二》。

唐敬宗宝历二年（826年）九月戊寅，幽州监军奏：都知兵马使李再义与弟［李］再宁同杀朱延嗣并其家属三百余人，推［李］再义为留后。

十月乙亥，以幽州牙前都知兵马使李再义检校户部尚书，充卢龙军节度副大使、知节度事，仍赐名载义（按：即李载义）。

——《旧唐书》卷十七上《敬宗纪》。

唐文宗大和元年（827年）三月壬午，幽州李载义奏故张弘靖判官家属凡一百九十人，并送赴阙。五月丙子，以天平军节度使、守司徒、同中书门下平章事乌重胤为横海节度使；以前摄横海军节副使、检校国子祭酒、侍御史李同捷（按：沧州节度使李全略之子）检校左散骑常侍，兼兖州刺史，充兖海沂密等州节度使。七月癸亥，李同捷除兖海，不受诏，结幽镇谋叛。八月庚子，诏削夺李同捷在身官爵，复以张茂宗为兖海沂密节度使。十一月丙申，天平、横海等军节度使、守司徒、同中书门下平章事乌重胤卒。庚辰，以保义军节度使、晋慈等州观察处置等使李寰为横海军节度使。

大和二年（828年）五月，［镇州］王廷凑出兵侵邻藩，欲挠王师以援［李］同捷，昭义［节度使］刘从谏请出军讨之。六月甲辰，诏宰臣集三署四品以上常参官，议讨王廷凑可否。九月丁亥，以新除横海军节度使李寰为夏州节度使。甲午，诏削夺王廷凑在身官爵，临道接界随便进讨。以前夏州节度使傅良弼为横海军节度使。十一月乙酉，以右金吾卫大将军李祐为横海军节度使，新除傅良弼赴镇，卒于陕州故也。

大和三年（829年）三月，易、定节度使刘公济卒。五月甲申，柏耆斩李同捷于将陵（今山东陵县北），沧景平，李祐入沧州（今河北沧县旧州）。丁亥，御兴安楼，受沧州所献。李祐送李同捷母、妻及男［李］元达等赴阙，诏并宥之，令于湖南安置。贬沧德宣慰使、谏议大夫柏耆循州司户，宣慰判官、殿中侍御史沈亚之虔州南康尉，以擅入沧州取李同捷，诸镇所怒，奏论之也。丙申，横海军节度使李祐卒。丁酉，以前义武军节度使（即易定节度使）傅毅为沧州刺史、横海军节度使。

——《旧唐书》卷十七上《文宗纪上》。

李全略者，本姓王，名日简，为镇州小将，事王武俊。［宪宗］元和中，节度使王承宗没，军情不安，自拔归朝，授代州刺史。及［穆宗］长庆初，镇州军乱，害田弘正（长庆元年七月事），穆宗为之旰食，以［王］日简尝为镇州将，召问其计。［王］日简遂于御前极言利害，兼愿有以自效，因授德州刺史，经略其事。明年（822年），擢拜横海军节度使，赐姓李氏，名全略，以崇树之……［敬宗］宝历二年（826年）四月卒。

子［李］同捷，初为副大使，居丧，擅领留后事，仍重赂邻藩以求缵袭，朝廷知其所为，经年不问……文宗即位，［李］同捷冀易世之后，稍行恩贷，即令母弟［李］同志、同巽入朝，令掌书记崔长奉表，备达恳诚，请从朝旨。诏授［李］同捷检校左散骑常侍、兖州刺史、兖海节度使，以天平军节度使乌重胤为沧州节度使以代之。诏下，［李］同捷托以三军乞留，拒命。乃命乌重胤率郓、齐兵加讨。又诏徐帅王智兴、滑帅李听、平卢康志睦、魏博史宪诚、易定张璠、幽州李载义等四面进攻。

［李］同捷世行奸诈，自以尝在成德军为将校，燕、赵之师（按：指幽州、镇州、易定之师），可结为城社，乃以玉帛子女赂河北三镇，以求旄钺。［幽州］李载义初受朝命，坚于效顺，乃囚［李］同捷侄及所赂玉帛子女四十七人表献。又表朝廷加［李］载义、［镇州］王廷凑司徒，以悦其心事。［王］廷凑本蓄狼心，欲吞横海（即沧州），乃出兵于境以赴［李］同捷。

［王］智兴师次棣州，诏曰："……其［李］同捷在身官爵，并宜削夺，令诸军进讨。"俄而乌重胤卒，授神策节度使李寰代［乌］重胤出师，无功召还，乃加王智兴平章事，充行营招抚使。史宪诚遣大将亓志沼与子［史］唐帅兵二万五千攻德州。大和二年（828年）九月，［王］智兴收棣州，因割隶淄青。时诸军在野，朝廷特置供军粮料使，日费寖多。两河诸帅每有小捷，虚张俘级，以邀赏赉，实欲困朝廷而缓贼也，缯帛征马，赐之无算。

［李］同捷既窘，王廷凑援之不及，乃令人诱亓志沼，俾倒戈攻［史］宪诚，许以代为魏博节度，［亓］志沼信其言而叛。［史］宪诚告难，诏李听以诸道兵攻之。［亓］志沼败，奔于镇州。李寰赴阙，又以李祐代为横海节度使。三年（829年）三月，诏谏议大夫柏耆军前慰抚。四月，李祐收德州。［李］同捷乞降于［李］祐，［李］祐疑其诈，柏耆请以骑兵三百入沧州，［李］祐从之。［柏］耆径入沧州，取［李］同捷与其家属赴京师。其月二十六日，至德州界，谍言［王］廷凑兵来劫篡，［柏］耆乃斩［李］同捷首，传而献捷，百僚称贺。［李］同捷母孙、妻崔、儿［李］元达等既献，诏悉宥之，配于湖南安置。

——《旧唐书》卷一百四十三《李全略传》附李同捷传。

李同志，［李］同捷之弟也，［李］同捷据沧景拒命，不赴兖海，反状寖闻，诏［李］同志、同巽委御史台差人防守；前沧州节度掌书记崔从长（按：《旧唐书·李同捷传》作崔长）宜配常州①安置；进奏官黄测等七人并禁锢身份，配羊阆等州。其弟及将佐在城者凡十人兼节级罪之，续诏贬［李］同巽金州汉阳县尉②、［李］同志金州参军，并驰驿发遣③。

——《册府元龟》卷九百二十五《总录部·遗累》。

大和五年（831年）正月庚申，幽州军乱，逐其帅李载义，立后院副兵马使杨

---

① 按：《新唐书·李同捷传》云流商州。
② 汉阳属沔州在今湖北汉阳东，金州在陕西安康。
③ 按：《新唐书·李同捷传》云：文宗"赦同捷母并妻息，徙湖南……同巽等以异母贷死，得随母流所云。"此言李同巽是李同捷异母弟，故贷死；《旧唐书·李同捷传》云李同志系李同捷同母弟，且新、旧唐书和《资治通鉴》均不述其下落。则《册府元龟》此条可以为据也。

志诚为留后。

二月壬辰，以卢龙军节度使、守太保、同平章事李载义守太保、同中书门下平章事。时载义失守入朝，赐第于永宁里，给赐优厚。

——《旧唐书》卷十七下《文宗纪下》。

李载义字方彀，常山愍王之后。代以武力称，继为幽州属郡守。载义少孤，与乡曲之不令者游。有勇力，善挽强角觚。刘济为幽州节度使，见而伟之，致于亲军，从征伐。以功迁衙前都知兵马使，检校光禄大夫、兼监察御史。[敬宗]宝历中，幽师杀朱克融。其子延嗣窃袭父位，不遵朝旨，虐用其人，载义遂杀之，数其罪以闻。敬宗嘉之，拜检校户部尚书、兼御史大夫，封武威郡王，充幽州卢龙等军节度副大使，知节度事。

未几，[沧州]李同捷①据沧、景以邀父爵。[李]载义上表，请讨[李]同捷以自效。上嘉其诚恳，特加检校右仆射。累破贼军，以功加司空，进阶金紫。[文宗]大和三年（829年），平沧景，策勋加平章事，仍赐实封三百户。四年（830年），奚寇边，以兵击走之，仍虏其名王，就加太保。五年（831年）春，为其部下杨志诚所逐，因入觐。上以[李]载义有平沧、景之功，又能恭顺朝旨，册拜太保、同平章事……七年（833年），迁北都（今山西太原）留守、兼太原尹，充河东节度观察处置等使。寻加开府仪同三司。丁母忧，起复骠骑大将军，余如故。

载义晚年骄恣，惨暴一方。以杨志诚复为部下所逐，过太原，[李]载义躬自殴击，遂欲杀之，赖从事救解以免。然而擅杀志诚之妻孥及将卒。朝廷录其功，屈法不问。

——《旧唐书》卷一百八十《李载义传》。

李载义，字方彀。方彀之字，文宗所制也。位至侍中。

——《册府元龟》卷八百二十五《总录部·名字二》。

李载义，以武力称，继为幽州属郡守。[李]载义少孤，与乡曲之不令者游，有勇力，善挽强[弓]角觚。刘济为幽州节度使，见而伟之，置于亲军，每从征伐。

——《册府元龟》卷八百四十五《总录部·膂力》

李载义为幽州卢龙军节度副大使。文宗太和（即大和）三年，命中使以白玉带就幽州赐之，示殊恩也。五年，[李]载义入觐，帝以[李]载义有平沧、景之功，册拜太保、同中书门下平章事。仍诏中使以米面粟豆油盐共一千石、钱二千贯、绫

---

① 李同捷是横海节度使李全略之子，为节度副使。敬宗宝历二年（826年）李全略死，李同捷自称留后，重贿邻近幽州、镇州节度使李廷凑、王廷凑，并遣弟入朝、令部属上表请命，谋继为横海节度使。文宗太和初任其为兖海节度使，李同捷拒命遂叛。

绢二千匹、柴四十车、草一万束，就［洛阳李载义宅］永宁里宣赐，又令尚食日给十人生料。翌日，又命以良马并鞍就第以锡，下及宾佐将吏，无不广沾恩锡。

——《册府元龟》卷三百八十五《将帅部·褒异十一》。

李载义，［唐穆宗］长庆中为幽州裨将。时节度使朱克融死，其子［朱］延嗣窃袭父位，不遵朝旨，虐用其人，［李］载义遂杀［朱］延嗣，数其罪以上闻。敬宗嘉之，拜检校户部尚书、封武威郡王，充幽州卢龙等军节度、观察等使。

未幾，［沧州］李同捷据沧、景以邀袭父爵。［李］载义上表，请讨［李］同捷以自效。帝嘉其诚恳，特加检校右仆射。累破贼军，以功加司空。又奏故节度使张弘靖宾吏、家属凡一百九十人，今并送赴京阙。初，［张］弘靖立节范阳（今北京），及军乱被拘，其副介以下多见戕害，妻女辈从而拘系。既而朱克融强邀符节，复留之不遣，至［李］载义去逆孝顺，尽归其孥，至于臧获下辈，一无所留。

——《册府元龟》卷三百七十四《将帅部·忠五》。

李载义为幽州卢龙等军节度、观察等使，李同捷据沧、景以邀袭父爵。［李］载义上表，讨［李］同捷以自效。帝嘉其诚恳，特加检校右仆射。累破贼军，以功加司空。

——《册府元龟》卷三百八十九《将帅部·请行》。

李载义为河东节度使，以杨志诚之逐己，后［杨］志诚复为部下所逐，过太原（按：河东节度使驻太原），［李］载义躬自殴击，遂欲杀之，赖从事救解以免。然而擅杀［杨］志诚之妻孥、将卒。朝廷录其功，屈法不问。

——《册府元龟》卷四百四十八《将帅部·报私怨》。

［文宗］大和初，［横海节度使］沧州（今河北沧县旧州）李全略死，其子［李］同捷欲效河朔事，求代父任。文宗授以充海节度使（治今山东兖州），［李］同捷不奉诏，据郡构逆，以珍玩器币妓女子弟投款于［王］廷凑及幽州李载义。时［李］载义初代克融，输诚效顺，尽送［李］同捷所遣赴阙，诏征幽、魏、徐、兖之师进讨。［王］廷凑出兵扰魏北境，以援［李］同捷……三年（829年）六月，诛李同捷。寻又［魏博镇］何进滔杀史宪诚，据魏州（今河北大名东北）。朝廷厌兵，诛之不果，遂授［何］进滔魏博节度。八月，［王］廷凑遣使请罪，朝廷因而赦之，依前检校司徒、成德军节度使。

镇冀自李宝臣以来，虽［李］惟岳、［王］承宗继叛，而犹亲邻畏法，期自新之路；而凶毒好乱，无君不仁，未如［王］廷凑之甚也……八年（834年）十一月卒，册赠太尉，累赠至太师。

——《旧唐书》卷一百四十二《王廷凑传》。

唐文宗太和（按：即大和）元年（827年）二月乙巳，[横海节度副使]李同捷擅据沧景，朝廷经岁不问。[李]同捷冀易世之后或加恩贷，三月壬戌朔，遣掌书记崔从长奉表与其弟[李]同志、[李]同巽俱入见，请遵朝旨。

五月丙子，以天平节度使乌重胤为横海节度使（驻今河北沧县旧州）。以前横海节度副使李同捷为兖海节度使（按：驻今山东兖州）。朝廷犹虑河南、北节度使构扇[李]同捷使拒命，乃加魏博[节度使]史宪诚（驻今河北大名东北）同平章事。丁丑，加卢龙[节度使]李载义（驻今北京）、平卢[节度使]康志睦（按：驻今山东益都）、成德[节度使]王庭凑（按：驻今河北正定）检校官。

七月，李同捷托为将士所留，不受诏。乙酉，武宁节度使王智兴（按：驻今江苏徐州）奏请将本军三万人，自备五月粮以讨[李]同捷，许之。

八月庚子，削[李]同捷官爵，命乌重胤、王智兴、康志睦、史宪诚、李载义与义成节度使李听（按：驻今山东定陶西）、义武节度使张璠（按：驻今河北定州）各帅本军讨之。

[李]同捷遣子弟以珍玩、女妓赂河北诸镇。戊午，李载义执其侄，并所赂献之。史宪诚与李全略（按：李同捷父）为婚姻，及[李]同捷叛，密以粮助之。裴度不知其所为，谓[史]宪诚无二心。[史]宪诚遣亲吏至中书请事，韦处厚谓曰："晋公（指裴度，其时封晋国公）于上前以百口（即全家性命）保尔史主（即史宪诚）；处厚则不然，但仰俟所为，自有朝典耳！"[史]宪诚惧，不敢复与[李]同捷通。王庭凑为[李]同捷求节钺不获，乃助之为乱，出兵境上以扰魏师。

十月，天平、横海节度使乌重胤击[李]同捷，屡破之。十一月丙寅，[乌]重胤薨。庚辰，以保义军节度使李寰为横海军节度使，从王智兴请也。

二年（828年）闰三月丙戌朔，史宪诚奏遣其子副大使[史]唐、都知兵马使亓（音：齐）志绍①将兵二万五千趣德州（今山东陵县）讨李同捷。时[史]宪诚欲助[李]同捷，[史]唐泣谏，且请发兵讨之；[史]宪诚不能违。

九月丁亥，王智兴奏拔棣州（今山东惠民东南）。李寰自晋州引兵赴镇，不戢士卒，所过残暴，至则拥兵不进，但坐索供馈。庚寅，以[李]寰为夏绥节度使。甲午，诏削夺王庭凑官爵，命诸军四面讨之。

十月，魏博（即史宪诚部）败横海军于平原，遂拔之。

十一月癸未朔，易定节度使柳公济奏攻[李]同捷坚固寨②，拔之；又破其兵于寨东。时河南、北诸军讨[李]同捷久未成功，每有小胜，则虚张首虏以邀厚赏，朝廷竭力奉之，江、淮为耗弊。傅良弼至陕而薨。乙酉，以左金吾大将军李祐为横

---

① 胡三省注云："《资治通鉴考异》曰：'《实录》或作亓志沼，或作开（音：坚或千）志沼，或作开志绍，《旧唐书·文宗纪》作开志绍，《新唐书·文宗纪》及本传作亓志沼，今从之。'据《资治通鉴考异》'绍'当作'沼'。"
② 胡三省注云："李同捷筑寨于沧州西，以抗官军，以坚固为名。"

海节度使。

十二月壬申，李同捷军势日蹙，王庭凑不能救，乃遣人说魏博大将亓志绍（一作"沼"）使杀史宪诚父子取魏博；[亓]志绍（一作"沼"）遂作乱，引所部兵还逼魏州。丁丑，命谏议大夫柏耆宣慰魏博，且发义成、河阳兵以讨[亓]志绍（一作"沼"）。辛巳，诏义成节度使李听率沧州行营诸军以讨[亓]志绍（一作"沼"）。

——《资治通鉴》卷二百四十三　唐纪五十九　文宗太和元年——二年。

太和三年（829年）正月，义成行营兵三千人……中道溃叛；横海节度使李祐讨诛之。李听、史唐合兵击亓志绍，破之；[亓]志绍将其众五千奔镇州。李载义奏攻沧州长芦（今河北沧州），拔之。甲辰，昭义奏亓志绍餘众万五千人诣本道降，置之洺州。二月，横海军节度使李祐率诸道行营兵击李同捷，破之，进攻德州（今山东将陵）。[魏博]史宪诚闻沧景将平而惧，其子[史]唐劝之入朝。丙寅，[史]宪诚使[史]唐奉表入朝，且请以所管听命。

四月戊辰，李载义奏攻沧州（今河北沧县旧州），破其罗城。李祐拔德州，城中将卒三千奔镇州。李同捷与[李]祐书请降，[李]祐并奏其书，谏议大夫柏耆受诏宣慰行营，好张大声势以威制诸将，诸将已恶之矣；及李同捷请降于[李]祐，[李]祐遣大将万洪代守沧州；[柏]耆疑[李]同捷之诈，自将数百骑驰入沧州，以事诛[万]洪，取[李]同捷及其家属诣京师。乙亥，至将陵（今山东陵县北），或言[镇州]王庭凑欲以奇兵篡[李]同捷，乃斩[李]同捷，传首，沧景悉平。

——《资治通鉴》卷二百四十四　唐纪六十　文宗太和三年。

乌重胤为郓州节度（按：天平军驻郓州，郓州节度即天平军节度），文宗太和元年（827年）九月，奏破沧州李同捷贼众二千餘人；十月，又奏破贼三千餘人，斩首五百人。

——《册府元龟》卷四百三十四《将帅部·献捷一》。

李载义为幽州节度，太和元年（827年）十月，奏破沧州贼六千人，戮杀一千五百人，生擒一百五十人，即时召其奏事官，对于麟德殿，赐锦采银器。二年（828年）十月壬午，又奏于长芦县破贼二万，生擒四百三十人。三年（829年）正月，又奏攻破沧州长芦县，杀戮五千餘人，生擒七百五十五人，内二百八十五人是镇州贼。其县已差兵固守；二月，奏于木刀沟①南镇破贼二万人，[献]图一轴。

——《册府元龟》卷四百三十四《将帅部·献捷一》。

---

① 木刀沟，今名依旧。发源于河北新乐，经无极、深泽东入磁河，复东入大沙河。

王智兴镇徐州（即武宁节度使）……文宗太和二年（828年）三月，［王］智兴奏于棣州（今山东惠民东南）界破贼五百馀人，烧却棣州三面城门。九月，［王］智兴奏于黄河北阳信县破沧州贼（指李同捷），收得盐船五只，盐三万石。

——《册府元龟》卷四百三十四《将帅部·献捷一》。

康志睦为淄青节度使（又称平卢节度使，驻今山东益都）。太和元年（827年）十一月，［康］志睦奏破沧州贼兵千馀人，获贼粮盐船一十五只。

——《册府元龟》卷四百三十四《将帅部·献捷一》。

史宪诚为魏博节度使。太和二年（828年）七月，［史］宪诚上言：大破沧州贼于平原县（今山东平原县）北，杀戮一千馀人，生擒大将三十二人。八月，奏于棣州平原县北（按：此误，平原属德州）北破沧州贼二万馀人，杀戮三千馀人。九月，奏于长河县破贼栅一所。十月，奏于平原县破沧州贼一万三千馀人，杀戮三千五百人；又奏于平原县北破贼二万馀人；又奏收德州平原县（今山东平原）。

——《册府元龟》卷四百三十四《将帅部·献捷一》。

柳公济为易、定节度使。太和二年（828年）八月壬戌，［柳］公济于新乐县界破镇州王庭凑贼众二万人，杀戮三千人。宰臣奏表陈贺。九月，［柳］公济又奏于镇州博野县破贼四千五百馀人，烧除却村栅一十五所。十月壬午，［柳］公济奏于行唐县破贼三千馀人，十一月，［柳］公济奏云：十月二十日自领兵士下贼坚固砦，又于砦东与贼交战，大破贼众五万馀人，杀戮三万人。

——《册府元龟》卷四百三十四《将帅部·献捷一》。

刘从谏为昭义军节度使（驻今山西长治）。太和二年（828年）八月乙卯，［刘］从谏奏于临城县破镇州贼（指王庭凑）二千馀人；癸未，奏于赵州昭庆县南，破镇州贼二千馀人，杀戮一千馀人。

——《册府元龟》卷四百三十四《将帅部·献捷一》。

李祐①镇沧州。太和三年（829年），［李］祐自领兵马及行营诸军，再收德州平原县（今山东平原），破贼三千馀人……三月，又奏破沧州贼二万人，杀戮三千人；四月庚戌，又连破二万馀人，杀戮一千五百人；丙子，又奏破德州（今山东陵县）城，城内将卒三千馀人走投镇州（今河北正定）；又奏得李同捷书求降，并以书上闻。五月己卯朔，宰臣称贺于紫宸殿，下德州（今山东陵县）故也。又奏李同

---

① 李祐原为泾原节度使，太和三年以讨李同捷，改迁沧景德节度使。

捷母阿孙、妻阿崔、男［李］元达并差人押送上都。

——《册府元龟》卷四百三十四《将帅部·献捷一》。

李祐太和三年（829年）自泾原节度使，除德州刺史、充景沧节度使，仍赐名有裕。

——《册府元龟》卷八百二十五《总录部·名字二》。

张璠为易、定节度使。易、定两州，土地最狭，［张］璠在镇甚得士卒心，兵乘整齐，常为幽镇［李载义］所忌。

——《册府元龟》卷四百一十二《将帅部·得士心》。

崔弘礼为郓州节度使。太和三年（829年）五月庚辰，［崔］弘礼奏宣慰使柏耆领当道及幽州兵马入沧州，当时取得李同捷出沧州讫；丙戌，沧州递进宣慰使柏耆表二封并露布一卷；丁亥，左右军各出马步七百五十人，起长乐驿，防押李同捷首，至兴安楼前直仗。宰相率百僚叙立于楼前。［李］同捷自违命及就诛，劳问罪之师凡三岁焉。

——《册府元龟》卷四百三十四《将帅部·献捷一》。

［唐文宗］大和三年（829年）三月乙巳，以太原兵马使傅毅为义武军节度使（按：即易定节度使），义武军不受命，都知兵马使张璠自称节度使。戊申，以［张］璠为义武军节度使。

……

［唐文宗］开成三年（838年）十月乙酉，义武军节度使张璠卒，其子［张］元益自称留后。

——《新唐书》卷八《文宗纪》。

［唐文宗］开成三年（838年）九月辛未，易、定节度使张璠卒。壬申，以易州刺史李仲迁为定州刺史，充义武军节度使（按：即易定节度使）。

——《旧唐书》卷十七下《文宗纪下》。

唐文宗开成三年（838年）十月，易、定军乱，不纳新除节度使李仲迁，请立故节度使张璠之子［张］元益为留后。宰臣议欲征讨，帝曰："易、定两州地狭人贫，军资半在度支，急之则无所不为，缓之则必生变，卿不须更言，第令谨守封境。"曾不逾月，军中果有异议，但以不便李仲迁为辞。帝亦曲法从人，遂罢［李］仲迁，而以［张］元益为代州刺史，果至。不戮一人，以定一方，乃神武不杀之功也。

——《册府元龟》卷四十五《帝王部·谋略》。

［唐文宗］大和三年（829年）三月壬辰，易、定节度使（按：即义武军节度使）柳公济卒。

五月甲申，柏耆斩李同捷于将陵（今山东陵县北）。丁酉，以前义武军节度使（即易定节度使）傅毅为沧州刺史、横海军节度使。

——《旧唐书》卷十七上《文宗纪上》。

王智兴为武宁军节度使。太和初，李同捷据沧、德叛，［王］智兴上章，请躬率士卒讨贼，从之。乃出全师三万，自备五月粮饷，朝廷嘉之。

——《册府元龟》卷三百八十九《将帅部·请行》。

高瑀为忠武军节度使，太和六年（按：误，当为元年）二月①，［高］瑀奏请出全军讨沧州。

——《册府元龟》卷三百八十九《将帅部·请行》。

刘从谏为昭义节度使（治今山西长治），太和二年五月，［刘］从谏奏请出全军讨镇州［王廷凑］（按：时王廷凑援李同捷也）。

——《册府元龟》卷三百八十九《将帅部·请行》。

李听（按：李晟之子，李愬之弟），［穆宗］长庆四年（824年）七月，转滑州刺史、义成军节度使。［文宗］大和二年（828年）讨李同捷，时魏博行营将亓志沼（一作"绍"）潜结沧、镇（即李同捷、王庭凑），擅回戈攻其帅［魏博节度使］史宪诚。诏［李］听率师援之，大破其叛卒，［亓］志沼奔镇州，为王庭凑所杀。

——《旧唐书》卷一百三十三《李晟传》附听传。

李听为滑州节度使。文宗大和三年（829年）讨沧州李同捷。魏博行营都将亓志沼（一作"绍"）潜结沧、镇（即李同捷、王庭凑），回军攻魏博节度使史宪诚，［史宪诚］以急上闻，诏［李］听以兵援之，遂大破［亓］志沼，［亓］志沼奔镇州，［李］听遂凯旋。

——《册府元龟》卷四百一十四《将帅部·赴援》。

---

① 按：《旧唐书·文宗纪》：太和元年四月庚申，以高瑀充忠武军节度使；太和六年三月辛酉，移镇徐州，充武宁军节度使。《资治通鉴》亦同。

殷侑，陈郡人……[唐敬宗]宝历元年（825年），检校右散骑常侍、洪州刺史，转江西观察使……文宗初即位，沧州李同捷叛，而[镇州]王廷凑助逆，[朝廷]愈加兵镇州……[殷]侑以[王]廷凑再乱河朔，方徇招怀，虽附凶徒，未甚彰显，宜且含容，专讨[李]同捷……文宗虽不纳，深所嘉之。

沧、景[李同捷]平，以[殷]侑为沧州行军司马，大和四年（830年），加检校工部尚书、沧、齐、德观察使。时大兵之后，满目荆榛，遗骸蔽野，寂无人烟。[殷]侑不以妻子之官，始至，空城而已。[殷]侑攻苦食淡，与士卒同劳苦。周岁之后，流民襁负而归。[殷]侑上表请借耕牛三万，以给流民，乃诏度支赐绫绢五万匹，买牛以给之。数年之后，户口滋饶，仓廪盈积，人皆忘亡。

——《旧唐书》卷一百六十五《殷侑传》。

殷侑为义昌军节度使（按：原横海节度使，治沧州）、沧齐德等州观察处置等使。沧州经战伐伤痍之后，[殷]侑初至，赤地千里，遗骸满于原野，复无人烟。[殷]侑不以妻孥之官，始至，就空城，悉力以视事，攻苦食淡，与士卒略同。周岁之后，驯致垦葺。诏加减校吏部尚书，奖其抚绥有方，勤俭不懈也。

——《册府元龟》卷三百九十八《将帅部·抚士卒》。

殷侑为沧景节度、观察使，与士卒之下者同甘苦，故沧人大悦，上请立碑。

——《册府元龟》卷四百一十二《将帅部·得士心》。

乌重胤，历河阳、沧景节度使，自为长帅，能与下同甘苦，所至立功。

——《册府元龟》卷三百九十八《将帅部·抚士卒》。

乌重胤官至横海军节度使（按：即沧、德节度使，又称沧、景节度使），善待僚佐，体分周密，曲尽礼敬，故当时名士皆愿依焉。

——《册府元龟》卷四百一十三《将帅部·礼贤》。

太和三年（829年）正月，义成行营兵三千人……中道溃叛；横海节度使李祐讨诛之。李听、史唐合兵击亓志绍，破之；[亓]志绍（一作"绍"）将其众五千奔镇州。李载义奏攻沧州长芦（今河北沧州），拔之。甲辰，昭义奏亓志绍（一作"绍"）余众万五千人诣本道降，置之洺州。二月，横海军节度使李祐率诸道行营兵李同捷，破之，进攻德州（今山东将陵）。[魏博]史宪诚闻沧景将平而惧，其子[史]唐劝之入朝。丙寅，[史]宪诚使[史]唐奉表入朝，且请以所管听命。

四月戊辰，李载义奏攻沧州（今河北沧县旧州），破其罗城。李祐拔德州城中将卒三千奔镇州。李同捷与[李]祐书请降，[李]祐并奏其书，谏议大夫柏耆受诏宣慰行营，好张大声势以威制诸将，诸将已恶之矣；及李同捷请降于［李］祐，［李］祐遣大将万洪代守沧州；［柏］耆疑［李］同捷之诈，自将数百骑驰入沧州，以事诛［万］洪，取［李］同捷及其家属诣京师。乙亥，至将陵（今山东陵县北），或言［镇州］王庭凑欲以奇兵篡［李］同捷，乃斩［李］同捷，传首，沧景悉平。

五月庚寅，加李载义同平章事。诸道兵攻李同捷，三年，仅能下之，而柏耆径入城，取为己功，诸将疾之，争上表论列。辛卯，贬［柏］耆为循州司户。

六月丙辰，诏："镇州四面诸道行营各归本道休息，但务保境，勿相往来；惟［王］庭凑孝顺，为达章表，余皆勿受。"癸酉，赐［柏］耆自尽。

七月，河北久用兵，馈运不给，朝廷厌苦之。

八月，沧州承丧乱之余，骸骨蔽地，城空野旷，户口存者什无三四。癸丑，以卫尉卿殷侑为齐、德、沧、景节度使。［殷］侑至镇，与士卒同甘苦，招抚百姓，劝之耕桑，流散者稍稍复业。先是，本军三万人皆仰给度支，［殷］侑至一年，租税自能赡其半；二年，请悉罢度支给赐；三年之后，户口滋殖，仓廪充盈。王廷凑因邻道微露请服之意；壬申，赦［王］廷凑及将士，复其官爵。

太和四年（830年）三月，奚寇幽州，四月丁未，卢龙节度使李载义击破之；辛酉，擒其王茹羯以献。

太和五年（831年）正月庚申，卢龙监军奏李载义与敕使宴于球场后院，副兵马使杨志诚与其徒呼噪作乱，载义与其子正元奔易州（今河北易县）；志诚又杀莫州刺史张庆初。上召宰相谋之，牛僧儒曰："范阳自安、史以来，非国所有，刘总黜献其地，朝廷费钱八十万缗而无丝毫所获。今日志诚得之，犹前日载义得之也；因而抚之，使捍北狄，不必计其逆顺。"上从之。载义从易州赴京师，上以载义有平沧景之功，且事朝廷恭顺；二月壬辰，以［李］载义为太保，同平章事如故。以杨志诚为卢龙留后。

四月己丑，以李载义为山南西道节度使，杨志诚为幽州节度使。

——《资治通鉴》卷二百四十四　唐纪六十　文宗太和三年——五年。

沈亚之为柏耆沧德宣慰使判官。［柏］耆率数百骑入沧州，取节度使李同捷赴京。诸将害［柏］耆邀功，争上表论列，［柏］耆贬循州司户，［沈］亚之贬虔州南康尉。

——《册府元龟》卷七百三十《幕府部·连累》。

唐文宗太和五年（831年）四月己丑，以李载义为山南西道节度，依前守太保、同平章事，代温造；以［温］造为兵部侍郎。以幽州卢龙节度留后杨志诚检校工部尚书，为幽州卢龙节度使。

大和七年（833年）六月乙巳，以山南西道节度使李载义为太原尹、北都留守、河东节度使，依前守太保、同平章事。

大和八年（834年）九月辛巳，幽州节度使杨志诚、监军李怀仵悉为三军所逐，立其部将史元忠为留后。

十一月己卯，幽州杨志诚被逐入朝，下御史台讯鞫。志诚在幽州，被服皆为龙凤，乃流之岭外，至商州杀之。

——《旧唐书》卷十七下《文宗纪下》。

杨志诚，大和五年（831年）为幽州后院副兵马使，事李载义。时朝廷赐［李］载义德政碑文，载义延中使击鞠，［杨］志诚亦与焉，遂于鞠场叫呼谋乱，［李］载义奔于易州，［杨］志诚乃为本道马步都知兵马使。文宗闻之惊，急召宰臣。时牛僧儒先至，上谓曰："幽州今日之事可奈何？"僧儒曰："此不足烦圣虑，臣被召急趋气促，容臣稍缓息以对。"上良久曰："卿以为不足忧，何也？"僧儒对曰："陛下以范阳（按：即幽州，今北京）得失系国家休戚耶？且自安、史之后，范阳非国家所有。前时刘总向化，以土地归阙，朝廷约用钱八十万贯，而未尝得范阳尺布斗粟上供天府，则今日［杨］志诚之得，犹前日［李］载义之得也。陛下但因而抚之，亦事之易也。且范阳国家所赖者，以其北捍突厥，不令南寇。今若假［杨］志诚节钺，惜其土地，必自为力。则爪牙之用，固不计于逆顺。臣固曰不足烦圣虑。"上大喜曰："如卿之言，吾洗然矣。"寻以嘉王［李］运遥领节度，以［杨］志诚为节度观察留后，检校左散骑常侍、兼幽州司马。寻改检校工部尚书、节度副大使，知节度事。

七年（833年），转检校吏部尚书。诏下，［幽州］进奏官徐迪诣中书白宰相曰："军中不识朝廷体位，只知自尚书改仆射为迁，何知工部转吏部为美？且军士盛饰以待新恩，一旦复为尚书，军中必惭。今中使往彼，其势恐不得出。"及使至，其傔（音：欠。随从）奔还，奏曰："杨志诚怒不得仆射，三军亦有怨言。春衣使魏宝义、兼他使焦奉鸾、尹士恭，并为［杨］志诚执留矣。"［杨］志诚遣将王文颖谢恩，并让官，复赐官告批答，文颖不受而归。朝廷纳裴度言，务以含垢，下诏谕之，因再遣使加尚书右仆射。

八年（834年），为三军所逐，而更立史元忠。［史］元忠进志诚所造衮龙衣二副及被服鞍鞯，皆绣饰鸾凤日月之形，或为王字。［文宗以其僭越有不臣之心］，因付御史台按问，流岭南。行至商州，杀之。

初，［史］元忠既逐［杨］志诚，诏以通王［李］淳遥领节度，授［史］元忠左散骑常侍、幽州大都督府左司马、知府事，充节度留后。明年（835年），转检校工部尚书、节度副大使，知节度事。后为偏将陈行泰所杀。

——《旧唐书》卷一百八十《杨志诚传》。

唐文宗太和七年（833年）二月癸亥，加卢龙节度使、检校工部尚书杨志诚检校吏部尚书。进奏官徐迪①诣宰相言："军中不识朝廷之制，唯知尚书改仆射为迁，不知工部改吏部为美，敕使往，恐不得出。"②辞气甚慢，宰相不以为意。

三月壬辰，杨志诚怒不得仆射，留官告使魏宝义并春衣使焦奉鸾、送奚契丹使尹士恭；③甲午，遣牙将王文颖来谢恩并让官。丙申，复以告身并批答赐之④，文颖不受而去。

六月乙巳，以山南西道节度使李载义为河东节度使（按：驻今山西太原）

八月壬寅，加幽州节度使杨志诚检校右仆射，仍别遣使慰谕之。杜牧愤河朔三镇（按：幽、魏博、成德三镇）之桀骜，而朝廷议者专事姑息，乃作书，名曰：《罪言》，大略以为："国家自天宝盗起，河北百餘城不得寸尺，人望之若回鹘、吐蕃，无敢窥者。齐、梁、蔡（按：即李正己、李灵曜、李希烈）被其风流，因亦为寇。未尝五年间不战，焦焦然七十餘年矣。今上策莫如先自治，中策莫如取魏；最下策为浪战，不计地势，不审攻守是也。"……又作《战论》，以为："河北视天下，犹珠玑也；天下视河北，犹四支也。河北气俗浑厚，果于战耕，加以土息健马，便于驰敌，是以出则胜，处则饶，不窥天下之产，自可封殖；亦犹大农之家，不待珠玑然后以为富也。国家无河北，则精甲、锐卒、利刀、良弓、健马无有也，［兵穷财尽］天下四支尽解。"

——《资治通鉴》卷二百四十四　唐纪六十　文宗太和七年。

唐文宗太和九年（835年）二月甲辰，以幽州留后史元忠为卢龙节度使。

——《旧唐书》卷十七下《文宗纪下》。

唐文宗太和八年（834年）十月辛巳，幽州军乱，逐节度使杨志诚及监军李怀仵，推兵马使史元忠主留务。

杨志诚过太原，李载义自殴击，欲杀之，幕僚谏救得免，杀其妻子及从行将卒；朝廷以载义有功，不问。载义母兄葬幽州，志诚发取其财。载义奏乞取志诚心以祭母，不许。

十一月，史元忠献杨志诚所造衮衣及诸僭物。丁卯，流［杨］志诚于岭南，道杀之。

十二月癸未，以史元忠为卢龙留后。

---

① 胡三省注云："徐迪，卢龙进奏官也。宋白曰：代宗大历十二年（777年）正月，敕诸道先置上都留后便宜，并改充诸道都知进奏官。"
② 胡三省注云："晋、宋以来，以吏部尚书为大尚书，诸部尚书莫敢比焉。唐诸藩进奏官岂不知之。徐迪敢诣宰相出是言者，直以下凌上替，无所忌惮耳。敕使不得出，言必将拘留之也。"
③ 胡三省注云："唐中世以后，凡藩镇加官，率遣中使奉命，谓之官告使。焦奉鸾以赐春衣，尹士恭以送两蕃使者，同时至幽州，故皆为所留。"
④ 胡三省注云："自唐以来，凡让官者（按：即不接受朝廷所加的官衔，一般是谦虚，但也有的是出于不满意，例如杨志诚。），皆有批答不允。"

太和九年（835年）三月丙辰，以史元忠为卢龙节度使。

——《资治通鉴》卷二百四十五　唐纪六十一　文宗太和八年—九年。

开成二年（837年）十二月，幽州节度使史元忠奏，当管八州，准门下牒追刺史右鱼各一只，臣勘自天宝末年频有兵戈，并多失坠，伏乞各赐新铜鱼。可之①。

——《册府元龟》卷六十一《帝王部·立制度二》。

[文宗]开成三年（838年），初，灵武节度使王晏平自盗赃七千余缗，上以其父[王]智兴有功，免死，长流康州。[王]晏平密请于魏、镇、幽三节度使②，使上表雪己；上不得已，六月壬寅，改永州司户。

——《资治通鉴》卷二百四十六　唐纪六十二　文宗开成三年。

韦温为给事中，[唐文宗]开成三年（838年）六月诏以康州流人王晏平为永州司户参军、员外置同正员。[王]晏平为灵武节度使，去任日取征马四百餘匹，及借兵器千余事，遂隐没，妄为申破。台司推勘，狱壮悉具，计赃七千餘贯……以[王]晏平父[王]智兴尝有战功，故特免死从流。未至流所，魏博、镇州、幽州三节度使有表请雪，遂除抚州司马。[韦]温与薛廷光、卢弘宣等封敕，改授永州司户。[韦]温等又封还，文宗命中人宣谕，[韦]温等制命始行。（原注：时晏平在缲麻之中，未至流所，广以金帛交接中外，既免死，旋又除官，复假三镇之势以迫朝廷，而执事者但务姑息。洵此不守法理，时论深惜之）

——《册府元龟》卷四百六十九《台省部·封驳》。

唐宣宗大中三年（849年）五月，幽州节度使、检校司徒、平章事张仲武卒，三军以其子[张]直方知留后事。

十一月，幽州军乱，逐其留后张直方，军人推其衙将周琳为留后。

——《旧唐书》卷十八下《宣宗纪》。

唐武宗会昌元年（841年）九月癸巳，卢龙军乱，杀节度使史元忠，推陈行泰

---

① 门下，指唐朝中央机构三省之一的门下省。门下省职掌封驳制诏章表。刺史右，指刺史以上的官员。鱼即指鱼袋，不同级别官员官服上的佩物。唐太宗李世民贞观年间为官员们颁发证明身份的"鱼符"。鱼符是用木头或金属制而成。五品以上的官员备有盛放鱼符的袋，称为"鱼袋"，后演变为"章服制度"。唐高宗永徽二年（651年）始，中央五品以上官员随身配鱼符，"明贵贱，应征召"，其制左二、右一，太子用玉，亲王用金，百官用铜，题姓名于其上，并以袋盛之，即所谓鱼袋。咸亨三年（672年）定规三品以上穿紫衣者用金饰鱼袋，五品以上穿绯衣者用银饰鱼袋，六品以下绿袍，无鱼袋。武则天垂拱年间规定，地方上的都督、刺史也准照京官例佩带鱼袋。

② 胡三省注云："魏帅，何进滔；镇帅，王元逵；幽帅，史元忠。"

主留务。

闰九月，卢龙军复乱，杀陈行泰，立牙将张绛。

初，陈行泰逐史元忠，遣监军傔（按：傔，侍从。即监军的侍从）以军中大将表来求节钺。［宰相］李德裕曰："河朔事态，臣所熟谙。比来朝廷遣使赐诏常太速，故军情遂固。若置之数月不问，必自生变。今请留监军傔，勿遣使以观之。"既而军中果杀行泰，立张绛，复求节钺，朝廷亦不问。会雄武军使张仲武（按：驻今天津蓟县东北）起兵击［张］绛，且遣军吏吴仲奉表诣京师，称绛惨虐，请以本军讨之。

十月，仲舒至京师。诏宰相问状，仲舒言："［陈］行泰、［张］绛皆游客，故人心不附。［张］仲武幽州旧将（胡三省注：仲武，范阳旧将张光朝之子），性忠义，通书，习戎事，人心向之。向者张绛初杀［陈］行泰，召［张］仲武，欲与留务让之，牙中一二百人不可；［张］仲武行至昌平，［张］绛复却之。今计［张］仲武才发雄武，军中已逐［张］绛矣。"李德裕问："雄武士卒几何？"对曰："军士八百，外有土团五百人。"德裕曰："兵少，何以立功？"对曰："在得人心。苟人心不从，兵三万何益？"德裕又问："万一不克，如何？"对曰："幽州粮食皆在妫州（今河北怀来东旧怀来县城）及北边七镇①，万一未能入，则据居庸关，绝其粮道，幽州自困矣。"

德裕奏："［陈］行泰、［张］绛②皆使大将上表，胁朝廷，邀节钺，故不可与。今仲武先自发兵为朝廷讨乱，与之则似有名。"乃以［张］仲武知卢龙留后。仲武遂克幽州。

——《资治通鉴》卷二百四十六　唐纪六十二　武宗会昌元年。

张仲武，范阳人也。少业左氏春秋，掷笔为蓟北雄武军使。［武宗］会昌初，［幽州］陈行泰杀节度使史元忠，权主留后。俄而行泰又为次将张绛所杀，令三军上表，请降节符。时［张］仲武遣军吏吴仲舒请以本军伐叛。上遣宰臣询其事，仲舒曰："绛与行泰皆是游客，主军人心不附。［张］仲武是军中旧将张光朝之子，年五十余，兼晓儒书，老于戎事，性报忠义，愿归心阙廷。"李德裕因奏："陈行泰、张绛皆令大将上奏，邀求节钺，所以必不可与。今［张］仲武上表布诚，先陈密款，因而拔用，即似有名。"许之，乃授兵马留后，诏抚王［李］纮遥领节度。寻改［张］仲武节度副大使、知节度事、检校工部尚书、幽州大都督府长史、兼御史大夫、兰陵郡王。俄而回鹘扰边。

---

① 胡三省注云："檀州有大王、北来、保要、鹿固、赤城、邀虏、石子觚七镇。"
② 《旧唐书·武宗纪》："会昌元年（841年）十月，幽州雄武军使张绛遣军吏吴仲舒入朝，言行泰惨虐，不可处将帅之任，请以［雄武］镇军加讨，许之。十月，诛行泰，遂以绛知兵马使。二年（842年）正月，以雄武军使张绛检校左散骑常侍，兼幽州左司马，知两使留后，仍赐名张仲武。"此误，系把张绛与张仲武混为一人。

时回鹘有特勤那颉啜拥赤心宰相一族七千帐，东逼渔阳（今北京密云一带）。[张]仲武遣其弟[张]仲至与裨将游奉寰、王如清等，率锐兵三万人大破之。前后收其侯王贵族千馀人，降三万人，获牛马、骆驼、旗纛、罽幕不可胜计。遣从事李周瞳、牙门将国从玘相次献捷。诏加检校兵部尚书，兼东面招抚回鹘使。先是，奚、契丹皆有回鹘[所遣]监护使，督以岁贡，且为汉谍。至是，遣裨将石公绪等谕意两部，凡戮八百馀人。又回鹘初遣宣门将军等四十七人，诡词结欢，潜伺边隙。[张]仲武使密赂其下，尽得阴谋，且欲驰入五原（今陕西定边），驱掠杂虏。遂逗留其使，缓彼师期。人马病死，竟不遣之。回鹘乌介可汗既败，不敢近边，乃依康居求活，尽徙余种，寄托黑车子①。[张]仲武由是威加北狄，表请于蓟北立纪圣功铭，敕李德裕为之文，其铭曰："大和之初，赤气宵兴；[文宗]开成之末，彤云暮凝。异鸟南来，胡灭之征，北夷飙扫，其国土崩。逼迫迁徙，震我边鄙，长蛇去穴，奔鲸失水。上都蓟门，兵连千里，曾不畏天，犹为骄子。丐我边谷，邀我上师，假我一城，建彼幡旗。'归计强汉'，郅支嫚辞，狼顾朔野，伏莽见赢。雁门之北，羌戎杂处，溅溅群羊，茫茫大卤。纵其枭骑，惊我牧圉，暴若豺狼，疾如风雨。皇赫斯怒，羽檄征兵，谋而泉默，断乃霆声。沉机变化，动合神明，沙漠之外，虏无隐情。渔阳突骑，燕歌壮气，赳赳元戎，眈眈虎视。金鼓誓众，乾旄蔽地，爰命其弟，属之大事。翩翩飞将，董我三军，禀兄之制，代帅之勤。威略火烈，胡马星分，戈回白日，剑薄浮云。天街之北，旄头已落，绝辔之野，蚩尤未缚。俾我元侯，恢弘远略，终取单于，系之徽索。阴山寝锋，亭徼弢弓，万里昆夷，九译而通。蛮夷既同，天子之功，儒臣篆美，刊石垂鸿。"

[张]仲武历官至司徒、中书门下平章事。[宣宗]大中年卒。

子[张]直方，以幽州节度副使袭父位。动多不法，虑为将卒所图，[大中]三年（849年）冬，托以游猎，奔赴阙庭，寻授金吾将军。[张]直方性率暴，行豪夺之事，以罪累贬柳州司马。十一年（857年），迁右骁卫将军，分司东都。[懿宗]咸通中，位至羽林统军。[僖宗]中和岁，贼[黄]巢犯阙，公卿恃其豪，多隐藏于第。[张]直方纳招亡命，谋欲劫[黄]巢。或有告者，由是以兵围而害之。

——《旧唐书》卷一百八十《张仲武传》附直方传

唐武宗会昌元年（841年）九月，幽州军乱，逐其帅史元忠，推牙将陈行泰为留后。三军上章请符节，朝旨未许。

十月，幽州雄武军使张绛（按：误。应是张仲武）遣军吏吴仲舒入朝，言[陈]行泰惨虐（按：此处应是张绛。张绛于闰九月复杀陈行泰，故张仲武遣吴仲舒入朝，请伐之。此事以《资治通鉴》及《旧唐书·张仲武传》所记为是），不可处将帅之任，

---

① 即黑车子室韦，在今内蒙古锡林郭勒盟境内。

请以镇军加讨，许之。

十月，诛行泰（按：当为张绛），遂以［张］绛（按：当为张仲武）知兵马使。

会昌二年（842年）正月丙申朔，以抚王纮为开府仪同三司、幽州大都督府长史，充幽州卢龙节度大使。以雄武军使张绛（按：当为张仲武）检校左散骑常侍、兼幽州左司马、知两使留后，仍赐名仲武（按：大误，张绛、张仲武系两人）。

八月，回纥首领屈武降幽州……以太原节度使刘沔为回纥南面招讨使；以张仲武为幽州卢龙节度使、检校工部尚书，封兰陵王，充回纥东面招讨使；以李思忠为河西党项都将，回纥西南面招讨使；皆会军于太原。

——《旧唐书》卷十八上《武宗纪》。

张仲武为幽州雄武军使，武宗会昌元年（841年），幽州偏将陈行泰权主留后，三军表请符节，朝廷未允。至是次将张绛杀［陈］行泰，三军复上表请［张］绛符节。张仲武遣军吏吴仲舒上表，从雄武领兵请伐叛党，帝允之。

——《册府元龟》卷四百二十三《将帅部·讨逆》。

唐武宗会昌二年（842年）正月，以张仲武为卢龙节度使。

五月，［回鹘特勤］那颉啜帅起众自振武、大同。东引室韦、黑沙，南趋雄武军（今天津蓟县东北），窥幽州。卢龙节度使张仲武遣其弟仲至将兵三万迎击，大破之，斩首捕虏不可胜计，悉收降其七千帐，分配诸道。那颉啜走，乌介可汗获而杀之。

九月，以［河东节度使］刘沔兼招抚回鹘使，如须驱逐，其诸道行营兵权令指挥；以张仲武为东面招抚回鹘使，其当道行营兵及奚、契丹、室韦等并自指挥。以李思忠为河西党项都将回鹘西南面招讨使，皆会军于太原。令［刘］沔屯雁门关。

初，奚、契丹羁属回鹘，各有监使，岁督其贡赋，且诇（音：兄，读第四声，侦察的意思）唐事。张仲武遣牙将石公绪统二部，尽杀回鹘监使等八百余人。仲武破那颉啜，得室韦酋长妻子，室韦以金帛羊马赎之，仲武不受，曰："但杀监使则归之！"癸卯，诏河东、幽州、振武、天德各出大兵，移营稍前，以迫回鹘。

十一月，［河东］刘沔、［幽州］张仲武固称盛寒未可进兵，请待岁首。

——《资治通鉴》卷二百四十六 唐纪六十二 武宗会昌二年。

唐武宗会昌三年（843年）正月，回鹘乌介可汗帅众侵逼振武军（驻东受降城，今内蒙古托克托南），刘沔遣麟州刺史石雄、都知兵马使王逢率沙陀朱邪赤心三部及契苾、拓跋（按：即党项部落）三千骑袭其牙帐……庚子，大破回鹘于杀胡山，可汗被疮，与数百骑遁去，［石］雄迎太和公主①以归……丙午，刘沔捷奏至。

---

① 唐穆宗长庆元年（821年）封第十妹为太和公主，出降回鹘，至此始得归国，历经23年。

庚戌，乌介可汗走保黑车子族（按：即实韦之一种），其溃兵多诣幽州降。

三月，[河东节度使]刘沔奏："归义军回鹘三千馀人及酋长四十三人准诏分隶诸道，皆大呼，连营潭沱河，不肯从命，已尽诛之。回鹘降幽州者前后三万馀人，皆散隶诸道。"

七月，上遣刑部侍郎兼御史中丞李回宣慰河北三镇，令幽州乘秋早平回鹘，镇、魏早平泽、潞①。

十月，初，刘沔破回鹘，得太和公主，张仲武疾之，由是有隙；上使李回至幽州和解之，[张]仲武意终不平。朝廷恐其以私憾败事，辛未，徙[刘]沔为义成节度使（驻滑州），以前荆南节度使李石为河东节度使。

——《资治通鉴》卷二百四十七　唐纪六十三　武宗会昌三年。

刘沔为振武军节度使……会回纥部饥，乌介可汗奉太和公主至漠南求食，移[刘]沔河东节度使，诏与幽州张仲武协力招抚，竟破虏寇，迎公主还宫，以功进位检校司空。

——《册府元龟》卷三百八十五《将帅部·褒异十一》。

刘沔为太原节度使（即河东节度使），讨回纥。初，[刘]沔以精兵六千留镇横水栅，以备残虏，自迎太和公主还宫后，太原功最为先。幽州张仲武亦降灭回鹘（即回纥）赤心宰相、王子、将军等数万人，继受诏追击乌介可汗，恃其兵与[刘]沔不和。朝廷知之，曾遣御史中丞李回，因和解，[张]仲武终不平之。帝方委[张]仲武北受残虏，乃移刘沔滑州（即义成节度使），以李石为太原节度使代之。

——《册府元龟》卷四百五十六《将帅部·不和》。

张仲武为幽州节度，大破回鹘乌介可汗，由是威加北狄。

——《册府元龟》卷三百七十三《将帅部·威名二》。

唐武宗会昌四年（844年）八月，自用兵以来，河北三镇每遣使者至京师，[宰相]李德裕常面谕之曰："河朔兵力虽强，不能自立，须借朝廷官爵威命以安军情。归语汝[节度]使：与其使大将邀宣慰敕使以求官爵，何如自奋忠义，立功立事，结知名主，使恩出朝廷，不亦荣乎！且以耳目所及者言之，李载义在幽州，为国家尽忠平沧景，及为军中所逐，不失作节度使，後镇太原，位至宰相。杨志诚遣大将遮敕使马求官，及为军中所逐，朝廷竟不赦其罪。此二人祸福足以观矣。"德裕复以

---

① 唐昭义节度使统泽潞，驻于今山西长治。会昌三年（843年）节度使刘从谏死，大将郭谊等密不发丧，拥刘从谏的侄子刘稹为留后，武宗发兵讨之。

其言白上，上曰："要当如此明告之。"由是三镇不敢有异志。

九月，李德裕奏："据幽州奏事官言：诇知回鹘上下离心，可汗欲之安西，其部落言亲戚皆在唐，不如归唐；又与室韦已相失，计其不日来降，或自相残灭。望遣识事中使（按：指有办事能力者出使）赐仲武诏，谕以镇、魏已平昭义，惟回鹘未灭，仲武犹带北面招讨使，宜早思立功。"

会昌五年（845年）七月，上恶僧尼耗蠹天下，欲去之，道士赵归真等复劝之；乃先毁山野招提、兰若（按：皆指寺庙），上都、东都（今西安、洛阳）两街各留二寺，每寺留僧三十人；天下节度、观察使治所及［长安附近］同、华、商、［洛阳附近］汝州各留一寺，分为三等：上等留僧二十人，中等留十人，下等五人①。余僧及尼并大秦穆护、祆僧皆勒归俗。寺非应留者，立期令所在毁撤，仍遣御史分道督之。财货田产并没官，寺材以葺公廨驿舍，铜像、钟磬以铸钱。

八月壬午，诏陈释教之弊，宣告内外……百官奉表称贺。寻又诏东都只留僧二十人，诸道留二十人者减其半，留十人者减三人，留五人者更不留。

五台（今山西五台）僧多亡奔幽州。李德裕召进奏官谓曰："汝趣白本使（按：指张仲武）五台僧为将必不如幽州将，为卒必不如幽州卒，何为虚取容纳之名，染于人口！独不见近日刘从谏招募无算闲人，竟有何益！"张仲武乃封二刀付居庸关曰："有游僧入境则斩之。"

唐宣宗大中元年（847年）二月，加卢龙节度使张仲武同平章事，赏其破回鹘也。

五月，幽州节度使张仲武大破诸奚。

大中二年（848年）正月，回鹘遏捻可汗仰给于奚王施舍朗；及张仲武大破奚众，回鹘无所得食，日益耗散，至是，所存贵人以下不满五百人，依于室韦。使者入贺正②，过幽州，张仲武使归取遏捻等；遏捻闻之，夜与妻葛禄、子特勒毒斯等九骑西走，余众追之不及，相与大哭。室韦分回鹘馀众为七，七姓共分之；居三日，黠戛（一作"戞"）斯③遣其相阿播帅诸胡兵号七万来取回鹘，大破室韦，悉受回鹘余众归碛北。

大中三年（849年）四月癸巳，卢龙奏：节度使张仲武薨，军中立其子节度押牙［张］直方。戊戌，以张直方为卢龙留后。

六月戊申，以张直方为卢龙节度使。

闰十一月，卢龙节度使张直方，暴忍，喜游猎。军中将作乱，直方知之，托言出猎，

---

① 《资治通鉴考异》曰："《实录》：中书门下奏：'奉敕诸道所留僧尼数宜令更商量，分为三等：上至二十人，中至十人，下至五人。今据天下诸道共五十处四十六道，合配三等：镇州、魏博……幽州……望每道许留僧二十人。'"

② 按：此处胡三省注云："此回鹘使者。"然而，回鹘此时已依室韦，岂有复遣使唐之理，且回鹘使者又有何力量能擒使其首领，疑此处使者当是室韦使者才对。张仲武令室韦使者归语其主将依附其下的回鹘首领押解幽州。《旧唐书·回纥传》云："大中元年（847年）春，张仲武大破奚众，其回鹘无所取给，日有耗散。至二年（848年）春，唯存名王贵臣五百人以下，依室韦。张仲武因贺正室韦经过幽州，仲武却令还蕃，遣送遏捻等来向幽州。"已经明言系室韦赴唐贺正使。

③ 黠嘎斯是铁勒一部，本受回纥压迫，及回纥势衰，则于唐文宗开成五年（840年）灭之，并踞有漠北之地。

遂举族逃归京师；军中推牙将周琳为留后①。

——《资治通鉴》卷二百四十八　唐纪六十四　宣宗大中三年。

宣宗大中四年（850年）九月，幽州节度使周琳卒，军人立其牙将张允伸为留后。

——《旧唐书》卷十八下《宣宗纪》。

唐懿宗咸通四年（863年）十一月，就加幽州张允伸检校司徒。

咸通七年（866年）三月，就加幽州张允伸兼太保、平章事，进封燕国公。

咸通九年（868年）正月幽州节度使张允伸就加检校太傅。

咸通十二年（871年）正月幽州节度使张允伸病，请以子［张］简会为节度副大使、权知兵马事，诏从之。

咸通十三年（872年）正月，幽州卢龙等军节度使、检校司徒、同平章事、幽州大都督府长史、上柱国、燕国公、食邑三千户张允伸卒，赠太尉，谥曰忠烈。允伸镇幽州二十三年。

——《旧唐书》卷十九上《懿宗纪上》。

张允伸字逢昌，范阳人也。曾祖［张］秀，檀州刺史。祖［张］岩，纳降军使。父［张］朝掖，赠太尉。允伸世仕幽州军门，累职至押衙，兼马步都知兵马使。大中四年（850年），戎帅周琳寝疾，表允伸为留后，朝廷可其奏，加右散骑常侍。其年冬，诏赐旌旗，迁检校工部尚书。［唐懿宗］咸通九年（868年），累加至光禄大夫、检校司徒、兼太傅、同中书门下平章事、燕国公。十年（869年）徐人作乱②，请以弟允皋领兵伐叛，懿宗不允。进助军米五十万石，盐二万石，诏嘉之，赐以锦采、玉带、金银器等。冬，又加特进，兼侍中。十二年（871年）以风恚拜章请就医药，诏许之。以子［张］简会检校工部尚书，充节度副大使。十三年（872年），允伸再上表进纳所赐旌旗。朝命未至，其年正月二十五日卒，年八十八。册赠太尉，谥曰忠烈。

允伸领镇凡二十三年，克勤克俭，比岁丰登。边鄙无虞，军民用乂。至今谈者美之。有子十四人。

［张］简真，幽府左司马，先［张］允伸卒。［张］简寿，右领军卫大将军。余或升朝籍，或为刺史、郡佐。

——《旧唐书》卷一百八十《张允伸传》。

---

① 《旧唐书·宣宗纪》："三年十一月，幽州军乱，逐其留后张直行，军人推其衙将周琳为留后。四年九月，周琳卒，军人立其牙将张允伸为留后。"《旧唐书·张允伸传》亦同。但《新唐书》与《实录》中却均不见周琳名。《资治通鉴考异》以为当依《旧唐书》，兹同之。

② 指咸通九年（868年）庞勋之乱。十年（869年）懿宗遣诸道兵攻徐州。

张允伸为范阳节度使凡二十三年，克勤克俭，比岁丰登，边鄙无虞，军民用乂，至今谈者美之。

——《册府元龟》卷四百二十九《将帅部·守边》。

唐宣宗大中四年（850年）十一月，以卢龙留后张允伸为节度使。

唐宣宗大中十三年（859年）八月宣宗崩，丙申，懿宗即位。九月，加魏博节度使何弘敬兼中书令，幽州节度使张允伸同平章事。

——《资治通鉴》卷二百四十九　唐纪六十五　宣宗大中四年—十三年。

唐懿宗咸通十一年（870年）六月，加幽州节度使张允伸兼侍中。

十三年（872年）正月，幽州节度使张允伸得风疾，请委军政就医；许之，以其子〔张〕简会知留后。疾甚，遣使上表纳旌旗；丙申，薨。允伸镇幽州二十三年，勤俭恭谨，边鄙无警，上下安之。

——《资治通鉴》卷二百五十二　唐纪六十八　懿宗咸通十一年—十三年。

张允伸为卢龙军节度使，大众十三年（872年）卒，〔张〕允伸领镇凡二十三年。子〔张〕简会以节度副大使、检校工部尚书权主留后事。

——《册府元龟》卷四百三十六《将帅部·继袭》。

唐懿宗咸通十三年（872年）二月，幽州牙将张公素夺留后张简会军政，自称留后。

十二月，以振武节度使（驻东受降城，今内蒙古托克托南）李国昌（按：沙陀李克用之父）为检校右仆射、云州刺史（按：驻山西大同）、大同军防禦使。国昌恃功颇横，专杀长史，朝廷不能平，乃移镇云中。

咸通十四年（873年）正月，国昌不奉诏。乃诏太原节度使崔彦昭、幽州节度使张公素帅师讨之。

——《旧唐书》卷十九上《懿宗纪上》。

唐懿宗咸通十三年（872年）二月，平州刺史（治今河北卢龙）张公素，素有威望，为幽人所服。张允伸薨，公素帅州兵来奔丧。张简会惧，三月，奔京师，以为诸卫将军。

——《资治通鉴》卷二百五十二　唐纪六十八　懿宗咸通十三年。

张公素，范阳人。咸通中，为幽州军校，事张允伸，累迁至平州刺史。允伸卒，子〔张〕简会权主留后事，公素领本郡兵赴焉。三军素畏公素威望，简会知力不能制，即时出奔，遂立为帅。朝廷寻授旌旗，累加至中书门下平章事。无几，李茂勋夺其位，公素归阙，贬复州司户参军。

——《旧唐书》卷一百八十《张公素传》。

唐懿宗咸通十三年（872年）四月，以张公素为平卢留后（按：误，当是卢龙留后）。

六月，以卢龙留后张公素为节度使。

咸通十四年（873年），加成德节度使王景崇（驻今河北正定）中书令，魏博节度使韩君雄（驻今河北大名东北）、卢龙节度使张公素（驻今北京）、天平节度使高骈（驻今山东东平北）并同章事。

唐僖宗乾符二年（875年）六月，卢龙节度使张公素，性暴戾，不为军士所附。大将李茂勋，本回鹘阿布思之族，回鹘败，降于张仲武；仲武使戍边，屡有功，赐姓名。纳降军（胡三省云：在幽州丁零川）使陈贡言者，幽之宿将，为军士所信服，〔李〕茂勋潜杀〔陈〕贡言，举兵向蓟（今北京）；〔张〕公素出战而败，奔京师。〔李〕茂勋入城，众乃知非〔陈〕贡言也，不得已，推而立之，朝廷因以为留后。

——《资治通鉴》卷二百五十二　唐纪六十八　懿宗咸通十三年—僖宗乾符二年。

唐僖宗乾符四年（877年）五月，幽州节度使李茂勋上表乞致仕，以其男〔李〕可举权知兵马事。制：以寿王〔李〕杰为开府仪同三司、幽州经略卢龙等军节度、观察、押奚契丹等使；以幽州节度副使、权知兵马事李可举检校左散骑常侍、幽州大都督府左司马，充幽州兵马留后。制：以幽州卢龙节度使、检校工部尚书李茂勋守尚书、左仆射致仕①。

六月，幽州留后李可举请以本军讨沙陀〔李国昌、李克用父子等〕三部落，从之。

十月，诏昭义节度使李钧、幽州李可举、吐浑（按：即吐谷浑）赫连铎〔与〕白义诚、沙陀安庆〔与〕薛葛部落合兵讨李国昌父子于蔚州（今河北蔚县）。

唐僖宗广明元年（880年）六月，代北行营招讨使李琢、幽州节度使李可举、吐浑首领赫连铎等军讨李克用于云州（治今山西大同）。时〔李〕克用领其大将军傅文达守蔚州（今河北蔚县），高文集守朔州（今山西朔县）。吐浑赫连铎遣人说高文集令归国，文集与沙陀首领李友金、萨葛都督米海万、安庆都督史敬存以前蔚州归款于李琢。时〔李〕克用率众禦燕军于雄武军（今天津蓟县东北）。

七月，沙陀三部落李友金等开门迎大军，克用闻之，亟来赴援，为李可举之兵追击，大败于药儿岭（胡三省注：在雄武军西）。李琢、赫连铎又击败于蔚州（今河

---

① 按：寿王李杰（后为昭宗，改名晔）之开府仪同三司、幽州经略卢龙等军节度、观察、押奚契丹等使，其实均为虚衔，实权在副使李可举手中。另外，《资治通鉴·僖宗纪》及《新唐书·僖宗纪》均记此事在乾符三年（876年）三月，且云五月李可举为节度使。与《旧唐书·僖宗纪》有一年之差。

北蔚县），降［傅］文达，李克用部下皆溃，独与国昌及诸兄弟北入鞑靼部。乃以吐浑都督赫连铎为云州刺史、大同军防御使，吐浑白义诚为蔚州刺史，萨葛米海万为朔州刺史，加［幽州节度使］李可举检校司徒、同平章事。

唐僖宗光启元年（885年）六月丙辰，定州王处存（义武节度使，驻定州，今河北定州）奏："幽州节度使李可举、镇州节度使王镕（按：成德军节度使，驻镇州即今河北正定）各令大将率领兵士侵攻当道，臣并已杀退。"时李可举乘天子播越，中原大乱，以河朔三镇（按：幽、镇、魏博），休戚事同，惟易、定二郡为朝廷所有，乃同议攻［王］处存以分其地。会燕将李全忠有夺帅之志，军情相疑。［李］全忠方围易州（今河北易县），［王］处存出奇骑以击之，燕军大败。是月，全忠收合残众攻幽州，李可举举室登楼自焚而死，［李］全忠自称留后。沧州军乱，逐其帅杨全玫，立衙将卢彦威为留后。

——《旧唐书》卷十九下《僖宗纪》。

昭宗圣穆景文孝皇帝讳晔，懿宗第七子……以咸通八年二月二十二日生于东内。十三年四月封寿王，名杰。乾符四年，授开府仪同三司、幽州大都督、幽州卢龙等军节度、押奚契丹、管内观察处置等使。帝于僖宗，母弟也，尤相亲睦①。

——《旧唐书》卷二十上《昭宗纪》。

李可举，本回鹘阿布思之族也。张仲武破回鹘，可举父［李］茂勋与本部侯王降焉。茂勋善骑射，性沉毅，仲武器之。常遣拓边，以功封郡王，赐姓名。［懿宗］咸通末，纳降军使陈贡言者。幽之宿将，人所信服。茂勋密谋劫而杀之，声言贡言举兵。张公素以兵逆击不利，公素走，茂勋入城，军民方知非贡言也。既有其众，遂推而立之，朝廷即降符节。无几，以疾告老，授右仆射致仕，表［李］可举自节度副使、幽州左司马加右散骑常侍，为节度留后。［僖宗］中和中，累官至检校太尉。

中和末，以太原李克用（按：李克用后来复归降为河东节度使，故云，当时尚不据有太原）兵势方盛，与定州王处存（按：义武军节度使，驻定州，今河北定州）密相缔结。［李］可举虑其窥伺山东，终为己患，遂遣使构云中赫连铎（按：驻今大同）乘其背，则与镇州（按：即成德节度使，驻今河北正定）合谋举兵，兼言易、定是燕、赵之余，云得其地则正其疆理而分之。时［李］可举遣将［军］李全忠攻易州。有次将刘仁恭者，多权术，攻之弥月不下，乃穴地道以入其城。既下易州，士卒稍骄。王处存引轻军三千，以羊皮蒙之，夜伏于城外，仍别于间道以骑士伺之。燕军望见，谓之群羊，争趋焉。处存乘其无部武，一击大败之，寻复其城。全忠遁归，惧可举罪之，收其余众，反攻幽州。可举危急，收集其族，登楼自燔而死。

---

① 《册府元龟·帝王部·继统三》所记与此同。

——《旧唐书》卷一百八十《李可举传》。

唐僖宗乾符二年（875年）八月，李茂勋为卢龙节度使。

乾符三年（876年）三月，卢龙节度使李茂勋请以其子幽州左司马［李］可举知留后，自求致仕。诏茂勋以左仆射致仕，以可举为卢龙留后。

五月，以卢龙留后李可举为节度使。

——《资治通鉴》卷二百五十二　唐纪六十八　僖宗乾符二年—三年。

唐僖宗乾符五年（878年），朝廷以李克用据云中（今山西大同），四月，以前大同军防御使卢简方为振武节度使，以振武节度使李国昌（按：李克用之父）为大同节度使，以为［李］克用必无以拒也。［沙陀］李国昌欲父子并据两镇（按：大同、振武两镇），得大同制书（按：即大同节度使任状），毁之，杀监军，不受代，与［其子］李克用合兵陷遮虏军，进击宁武及岢岚军（按：在大同东南、西南部）卢简方赴振武，至岚州（今山西岚县北）而薨。

十月，诏昭义节度使李钧、幽州节度使李可举与吐谷浑酋长赫连铎、白义诚、沙陀酋长安庆、萨葛酋长米海万，合兵讨李国昌父子于蔚州（今河北蔚县）。

唐僖宗广明元年（880年）六月庚子，［蔚、朔等州招讨都统、行营节度使］李琢奏沙陀二千来降。［李］琢时将兵万人屯代州（今山西代县），与卢龙节度使李可举、吐谷浑都督赫连铎共讨沙陀（按：即李克用父子）。李克用遣大将高文集守朔州（今山西朔县），自将其众拒可举于雄武军（（今天津蓟县东北））。［赫连］铎遣人说［高］文集归国，［高］文集执李克用将傅文达，与沙陀酋长李友金、萨葛都督米海万、安庆都督史敬存皆降于［李］琢，开门迎官军。［李］友金，［李］克用之族父也。

七月，李克用自雄武军（今天津蓟县东北）引兵还击高文集于朔州，李可举遣行军司马韩玄绍邀之于药儿岭（胡三省注：在雄武军西），大破之，杀七千余人，李尽忠、程怀信皆死（胡三省注：二人皆与李克用起兵于朔、蔚）；又败之于雄武军之境，杀万人。李琢、赫连铎进攻蔚州（今河北蔚县），李国昌战败，部众皆溃，独与［李］克用及宗族北入鞑靼①。诏以［赫连］铎为云州刺史、大同军防御使；吐谷浑白义成为蔚州刺史；萨葛米海万为朔州刺史；加李可举兼侍中。

——《资治通鉴》卷二百五十三　唐纪六十九　僖宗乾符五年—广明元年。

---

① 胡三省注引宋白曰："鞑靼者，本东北方之夷，盖靺鞨之部也。［德宗］贞元、［宪宗］元和之后，奚、契丹渐盛，多为攻劫，部众分散，或投属契丹，或依于渤海，渐流徙于阴山，其俗语讹，因谓之鞑靼。唐［懿宗］咸通末，有首领每相温、于越相部，帐于漠南，随草畜牧。李克用为吐谷浑所困，尝往依焉，鞑靼善待之。及授雁门节度使，二相温率族帐以从克用，收复长安，逐黄巢于河南，皆从战有功，由是俾牙于云、代之间，恣其畜牧。"

唐僖宗中和二年（882年）十月，李克用虽累上表请降，而据忻、代州，数侵掠并、汾，争楼烦监。义武节度使王处存（（按：驻定州，今河北定州市））与[李]克用世为婚姻，诏[王]处存谕[李]克用："若诚心款附，宜且归朔州俟朝命；若暴横如故，当与河东、大同军共讨之。"

中和三年（883年）七月，以李克用为河东节度使。

八月甲辰，李克用至晋阳（今山西太原），诏以前振武节度使李国昌（克用之父）为代北节度使，镇代州。

——《资治通鉴》卷二百五十五　唐纪七十一　僖宗中和三年。

唐僖宗光启元年（885年）二月卢龙节度使李可举、成德节度使王镕（按：驻镇州，今河北正定）恶李克用之强，而义武节度使王处存（驻定州，今河北定州）与[李]克用亲善，为侄娶[李]克用女。又，河北诸镇，惟义武尚属朝廷，可举等恐其窥伺山东（按：指恒山以东，今河北中部地区），终为己患，乃相与谋曰："易、定（按：指今河北易县、定州，均是王处存之地），[乃]燕、赵之余也。"约共灭[王]处存而分其地；又说云中节度使赫连铎使攻[李]克用之背。可举遣其将李全忠将兵六万攻易州，[王]镕遣将攻无极（今河北无极县）。[王]处存告急于[李]克用，[李]克用遣其将康君立等将兵救之。

五月，卢龙兵攻易州，裨将刘仁恭穴地入城，遂克之。仁恭，深州人也。李克用自将救无极，败成德兵；成德兵退保新城（今河北高碑店市新城东南，白沟河西），克用复进击，大破之，拔新城，成德兵走，追至九门（今河北藁城九门），斩首万余级。卢龙兵既得易州（今河北易县），骄怠，王处存夜遣卒三千蒙羊皮造城下，卢龙兵以为羊也，争出掠之，处存奋击，大破之，复取易州，李全忠走。

李全忠既丧师，恐获罪，收馀众还袭幽州；六月，李可举窘急，举族登楼自焚死，全忠自为留后。

七月，以李全忠为卢龙留后。沧州军乱，逐节度使杨全玫①，立牙将卢彦威为留后，全玫奔幽州。以保銮都将曹诚为义昌节度使（按：即原横海节度使，驻沧州），以彦威为德州刺史。

光启二年（886年）八月，卢龙节度使李全忠薨，以其子[李]匡威为留后。

——《资治通鉴》卷二百五十六　唐纪七十二　僖宗光启元年—二年。

光启二年（误，当为元年。见《旧唐书·僖宗纪》）三月，幽州李可举、镇州王景略（今河北正定）连兵寇定州。

---

① 沧州、景州又云沧景镇，原称横海军，后改称齐沧德节度使、沧景节度使、义昌军节度使。昭宗乾宁五年（898年）并入幽州。

节度使王处存求援于帝（李克用），帝遣大将康君立、安老老、薛可敦啜率兵赴之。五月，镇人攻无极（今河北无极县），帝亲领兵救之，镇人退保新城（今河北高碑店市新城东南，白沟河西）武皇攻之，斩首万馀级，获马千匹。王处存亦败燕军于易州。

——《册府元龟》卷七《帝王部·创业三》。

王镕，镇州节度。光启初，进表荐幽州权兵马留后李全忠曰："臣准幽州状报，当道以李全忠权知节度兵马留后事。伏以天步初迴，神京乍复，凡诸藩镇，咸务谧宁。况幽州地控北蕃，界临东海，土俗素称其雄勇，人情须自于绥怀。留后李全忠夙习武经，颇彰公器，军郡既闻其爱戴，辕营必议于叶和，苟将付以元戎，诚谓雅服众望。臣累令侦察，靡不端详，事系安危，理难缄默。伏惟皇帝陛下早迴天鉴，速注阳光，便委兵权，俯徇人欲。则岂独遐陬士卒，便获其慰安；实亦邻壤生灵，免虞其骚动。关于久远，合具奏陈。"

——《册府元龟》卷八百二十八《总录部·论荐》。

唐僖宗光启二年（886年）八月，幽州节度使李全忠卒，三军立其子〔李〕匡威为留后。

——《旧唐书》卷十九下《僖宗纪》。

李全忠，光启初为卢龙军节度使，寻卒。子〔匡〕威自袭父位，称留后。

——《册府元龟》卷四百三十六《将帅部·继袭》。

李康威（误，当为"匡威"）少好勇，不拘小节，自布素中以饮博为事，渔阳士子多忌之。曾一日与诸游侠辈，钓于桑干赤栏桥之侧，自以酒祷曰："吾若有幽州节度分，则获一大鱼。"俄有饵钓者，随守持之，得鲤鱼三尺余，人甚异焉。后果镇幽州。

——《册府元龟》卷八百一十五《总录部·诚感》。

光启中，吐浑赫连铎寇云中，武皇（即李克用）使〔安〕元信拒之，〔安〕元信兵败于居庸关。武皇性严急，〔安〕元信不敢还，遂奔定州，王处存待之甚厚，用为突骑都校。〔唐昭宗〕乾宁中，〔王〕处存子〔王〕郜嗣位。时梁军（即后梁朱温）攻河朔三镇，奔命不暇，梁将张存敬军奄至城下，既无宿备，〔王〕郜惧，挈其族奔太原，〔安〕元信从之，武皇待之如初，用为铁林军使。

——《旧五代史》卷六十一《唐书·安元信传》。

安元信初仕后唐为武皇太原骑将。唐〔僖宗〕光启末，燕帅李威（按：应为李匡威）与吐谷浑酋长赫连铎入寇大同。武皇遣［安］元信拒之，以众寡不侔，为流矢所中，兵败居庸关，惧武皇法峻，南奔中山（即定州），中山连帅王帅王处存喜而纳之，用为突骑都校，奏授检校工部尚书。［昭宗］乾宁末，［王］处存卒，子［王］郜嗣，为梁人（即后梁）所攻，归太原（即李克用），与［安］元信偕行，武皇待之如旧，授［安］元信铁林军使……［后］以功奏加检校尚书左仆射。

——《册府元龟》卷四百三十二《将帅部·立后效》。

后唐安元信，字子元，代北人，幼事太祖（即武皇李克用）。唐光启中，幽州军与吐谷浑赫连铎合，从寇太原，颇为忧患。太祖征吐谷浑，平之，遂入居庸关。［安］元信时为前锋，遇幽州军少，斗之不胜。太祖性严急，［安］元信不敢还，遂奔定州。定帅王处存待之甚厚，用为突骑都校。

——《册府元龟》卷四百三十八《将帅部·奔亡》。

安元信，字子言，代北人。［安］元信以将家子，便骑射，幼事武皇从平巢、蔡。唐僖宗光启中，吐［谷］浑赫连铎寇云州，武皇使［安］元信拒之。［安元］信兵败于居庸关，太祖性严急，［安］元信不敢还，遂奔定州。定帅王处存待之甚厚，用为突骑都校。［唐］昭宗乾宁中，［王］处存卒，子［王］郜嗣。时梁军（即后梁朱温）攻河朔三镇，奔命不暇，梁将张存敬军奄至城下，既无宿备，［王］郜惧，挈其族奔太原，［安］元信从之，武皇待之如初，用为铁林军使。

——《册府元龟》卷三百四十七《将帅部·佐命八》。

唐昭宗大顺元年（890年）四月丙辰朔，李克用遣大将安金俊率师攻云州。赫连铎求援于幽州，李匡威出兵援之，战于蔚州，太原军（按：即河东李克用）大败，燕军执安金俊，献之于朝。李匡威、赫连铎、朱全忠（按：朱全忠素与河东为敌，时为宣武节度使驻汴州今河南开封）等上表：请因沙陀［李克用］败亡，臣与河北三镇及臣所镇汴、滑、河阳之兵平定太原，愿朝廷命重臣一人都总戎事。昭宗以太原于艰难时立兴复大功（按：指李克用灭黄巢起义军），心疑其事，下两省、御史台、尚书省四品以上官议。惟党［朱］全忠者言其可伐，不可者十之七……论奏不已，天子俛俛从之。

五月，制：特进、中书侍郎、兵部尚书、同平章事、集贤殿大学士、上柱国、河间郡开国伯、食邑七百户张浚为太原四面行营兵马都统，京兆尹孙揆副之。以华州节度使韩建为北面行营招讨都虞候、供军等使；以宣武节度使朱全忠为太原东南面招讨使；成德军节度使王镕为太原东面招讨使；幽州节度使李匡威为太原北面招讨使，云州防禦使赫连铎副之。

九月甲申，幽州云州蕃汉兵三万攻雁门（今山西代县），太原守将李存信、薛阿檀击败之。汴将葛从周弃上党（潞州治上党，今山西长治），[太原将]康君立入据之，[李]克用以[康]君立为泽潞兵马留后。

十一月癸丑朔，太原将邢州刺史李存孝自恃擒[唐昭义节度使]孙揆功，合为昭义帅（按：驻潞州即今山西代县），怨李克用授康君立。存孝自晋州（今山西临汾）率行营兵归邢州（今河北邢台），据城上表归朝，仍致书与张浚、王镕求援。

十二月壬午朔，张浚、韩建拔晋（今山西临汾）、绛（今山西新绛）遁去，李存信收晋、绛，大掠河中四郡……太原军屯晋州，李克用遣[被俘]中使韩归范还朝，因上表诉怨……左仆射韦昭等议曰：今汴（指朱全忠）、魏（指魏博节度使罗弘信，但其并未参加此役）犹艰，幽（指李匡威）、定（指王处存）方困，纵遣之调发，岂能集事！虚行号令，徒招寇仇……其克用在身官爵，并请却还，仍以前编入属籍。从之。

大顺二年（891年）二月辛巳，李克用复检校太师、中书令、太原尹、北都留守、河东节度观察处置等使。

六月，[镇州]王镕出军援[邢州]李存孝，克用大举讨镇州。

七月，太原军出井陉，屯于常山镇（今河北正定西南），大掠镇、赵、深诸郡。幽州节度使李匡威自率步骑三万援王镕。

八月，[李]克用班师。

十一月，朱全忠上表，请移时溥节镇（按：时溥驻徐州，朱全忠谋取其地）。是月，[朱全忠]汴军陷[时溥]宿州，乃授[时]溥太子太师。[时]溥将刘知俊降汴军。镇州王镕、幽州李匡威复谋攻定州以分其地，[定州]王处存求援于太原[李克用]。

唐昭宗景福元年（892年）二月庚寅，太原、易定之兵（按：李克用、王处存之兵）合势攻镇州（即王镕），王镕复告难于幽州，李匡威率步骑三万赴之。时太原之众，军于常山镇；易定之众，军坚固镇（按：坚固镇即坚固寨，在沧州西），燕赵之卒分拒之。

三月，[李]克用、[王]处存敛军而退。

七月，燕、赵之卒合势援邢州[李存孝]，太原大将李存信率军拒于尧山（在今河北邢台附近），王镕大败而还。

景福二年（893年）二月庚午朔，太原李克用以兵攻镇州，师出井陉，王镕惧，再求救于幽州。甲申，李匡威复来赴援，太原之军还[攻]邢州。

三月，幽州节度使李匡威弟[李]匡筹据幽州，自称留后，以符追行营兵，兵皆还幽州。匡威既无归路，遣判官李贞抱（按：《通鉴》作"抱真"）入奏，请朝觐。王镕感匡威援助之惠，乃筑第于恒州（按：即镇州，今河北正定），迎匡威处之。

六月乙卯，幽州节度使李匡威谋害王镕而夺其帅，恒州（后改名镇州）三军攻匡威，杀之。

唐昭宗乾宁元年（894年）六月壬辰，李克用攻陷云州（今山西大同），执大同防禦使赫连铎，以其牙将薛志勤守云中。

十月，李克用以太原之众进攻幽州。

十二月，幽州节度使李匡筹溃围而遁。[李]克用陷幽州，以李匡威故将刘仁恭为幽州兵马留后。是月，李匡筹南奔赴阙，至景城（今河北沧州西），为沧州节度使卢彦威所杀。

——《旧唐书》卷二十上《昭宗纪》。

大顺元年（890年）三月①，帝[李克用]攻云州（今山西大同），拔其东城，赫连铎求援于燕，燕帅李匡威将兵三万以赴之，战于城下，燕军大败②。[李]匡威、赫连铎及汴帅[朱全忠]协谋连上表，请加兵于帝。六月，以宰相张浚为招讨使，京兆尹孙揆为副；华州韩建为行营都虞候；以汴帅[朱全忠]为河东东面招讨使；李匡威为河东北面招讨使，赫连铎为副。

大顺二年（891年）四月，帝[李克用]大举兵讨赫连铎于云州（今山西大同）。七月，平之（按：李克用遂据云州）。邢州节度使李存孝以镇州王镕托付汴人（指朱全忠），谋乱河朔，北连燕寇（指李匡威），请乘云、代之捷，平定燕、赵。帝然之。八月，大蒐于晋阳（今山西太原）……九月，蒐于邢州。十月，李存孝董前军攻临城（今河北临城）。镇人五万营于临城西北龙尾冈。帝令李存审质以众军攻之，镇人大败，杀获万计，拔临城，进攻元氏（今河北元氏）。幽州李匡威以步骑五万营于高邑（今河北高邑）以援镇州。帝分兵大掠，旋军邢州（今河北邢台）。

景福元年（892年）正月，镇州王镕恃燕人之援，率兵十余万攻邢州之尧山（在今河北邢台附近），帝遣李存信、李嗣勋、李存审将兵援之，大破燕、赵（即幽州、镇州）之众，斩首三万，收其军实。八月，赫连铎诱幽州李匡威之众八万寇天成军（在河北蔚县东北），遂攻云州，营于州北，连亘数里，帝潜军入于云州，诘旦出骑军以击，斩获数万，[李]匡威等烧营而遁。

乾宁元年（894年）十二月，帝攻妫州。壬子，燕军复合入居庸关拒战，帝命精骑以疲之，令步将李存审（即符存审）由他道击之，自午至晡，燕军复败。李匡筹③挈其族弃城而遁，将之沧州，随行辎重、臧获、妓妾甚众。沧帅卢彦威（按：即原横海节度使，时改义昌军，驻沧州）利其货，以兵攻[李]匡筹于景城（今河北沧州西），杀之，尽虏其众。丙辰，[李克用]进军幽州，其守城大将请降。帝令李存审与刘仁恭入城抚劳。

[唐哀帝]天祐三年（906年）九月，[李克用]遣周德威、李嗣昭合燕军[刘仁恭]三万以攻泽、潞。十二月，潞州节度使丁会开门迎降。

---

① 《旧唐书·昭宗纪》载在四月，《资治通鉴·唐纪七十四》载在二月。
② 《旧唐书·昭宗纪》载李克用河东兵大败。《资治通鉴·唐纪七十四》载河东兵退。
③ 李匡威之弟，景福二年李匡威出兵援镇州王镕，夺节度使位。

——《册府元龟》卷七《帝王部·创业三》。

李全忠,范阳人。[僖宗]广明中,为棣州司马。有芦生于室,一尺三节,心恶之,谓别驾张建曰:"吾室生芦,无乃怪欤?"建曰:"芦,茅类,得泽而滋,公家有茅土之庆,殆天意乎!其生三节,必传节钺者三人。公勉树功名,无忘斯言。"全忠秩满还乡里,事节度使李可举为牙将。时可举兵锋方盛,欲与镇人(按:指成德节度使王镕,因驻镇州,今河北正定,故称镇人)分易、定(按:均为义武节度使王处存辖境),遣[李]全忠将兵攻之,为定州兵(王处存驻定州,故曰定州兵)大败于易水。全忠惧,率其余众掩攻幽州。可举死,三军推全忠为留后,朝廷因以节钺授之,光启元年(885年)春也。

[李]全忠卒,子匡威自袭父位,称留后。匡威素称豪爽,属遇乱离,缮甲燕蓟,有吞四海之志。赫连铎据云中,屡引匡威与河东争云、代,交兵积年。[昭宗]景福初(892年),镇州王镕诱河东将李存孝,[李]克用怒,加兵讨之。时[王]镕童幼,求援于燕,匡威亲率军应之。二年(893年)春,河东复出师井陉,[王]镕再乞师,匡威来援。匡威弟匡筹,妻张氏有国色。师将发,家人会别,匡威酒酣,留张氏报之。匡筹私怀忿怒,匡威军至博野,匡筹乃据城自为节度。匡威部下闻之,亡归者半。匡威退无归路,将入觐京师。时匡威留于深州,遣判官李抱贞(按:通鉴作"真")奏章以闻。属京师大乱之后,闻匡威来朝,市人震恐,咸曰:"金头王来谋社稷",士庶有亡窜山谷者。匡威其实不行,欲入镇州,示无留意。[王]镕以匡威再来援己,致其失师,遣使迎归府第,父事之。匡威为[王]镕城郛缮甲,指陈方略,视[王]镕如子。每阴谋骤施,以悦人心。镇之三军,素忠于王氏,恶其所为。会[王]镕过匡威第慰忌辰,匡威缟衣裹甲,伏兵劫[王]镕入牙城。[王]镕兵逆战,燔东偏门,军士呼噪登屋,矢下如雨。[王]镕仆[人]墨君和乱中扶[王]镕登屋免难,而斩匡威以徇。

是岁,匡筹出师攻镇[州]之乐寿、武强以报耻。[李]匡威部曲刘仁恭归于河东[李克用]。乾宁元年(894年)冬,河东听[刘]仁恭之谋,出师进讨。二月,败燕军于居庸,[李]匡筹挈其族遁去,将赴京师。至景城(今河北沧州西,献县交河镇东北),为沧州节度使卢彦威所杀,掠其辎重、妓妾。[李]匡筹妻张氏产于路,不能进,刘仁恭获之,献于李克用,后立为夫人,嬖宠专房。李氏父子三叶,十年而亡。

——《旧唐书》卷一百八十《李全忠传》附匡威、匡筹传。

[唐昭宗景福二年(893年)]李存信,[后唐]武皇时为蕃汉马步军都校。武皇命邢洺节度使李存孝侵镇、赵之南鄙,又令[李]存信及李存审率师出井陉以会之,并军至临城柏乡。[幽州]李匡威至,且议旋师,而[李]存信与[李]存孝不叶,因构于武皇,言[李]存孝望风退衄,无心击贼,恐其有私盟也。[李]存孝知之,

自恃战功，郁郁不平，因致书通王镕，又归款于汴。

——《册府元龟》卷九百三十三《总录部·诬构二》。

季贞抱（误，当为"李抱贞"），昭宗时为幽州李匡威幕客。［李］匡威以军乱故推其弟［李］匡俦为留后。镇州王镕以［李］匡威失国，因请税驾于常山北郭海子园，托以亲弋，既造之，［李］匡威随逼以兵仗，同诣理所，乃入自子城东偏门内，有［王］镕之亲骑营中之卒，忽掩其外关，复于缺垣中有一人识是王镕，遽挟于马上，肩之而去。［李］匡威格斗移时，与贞抱俱死焉。而此时之谋，皆出于［季］贞抱也。

——《册府元龟》卷七百三十《幕府部·邪谋》。

唐昭宗大顺元年（890年）二月，李克用将兵攻云州（今山西大同）防禦使赫连铎，克其东城。［赫连］铎求救于卢龙节度使李匡威，［李］匡威将兵三万赴之。丙子，河东万胜军使申信叛降［赫连］铎。会幽州军至，［李］克用引还。九月，李匡威攻［李克用之］蔚州，虏其刺史邢善益，赫连铎引吐蕃、黠嘎斯众数万攻遮虏军，杀其军使刘胡子。［李］克用遣其将李存信击之，不胜；更命李嗣源为［李］存信之副，遂破之。［李］克用以大军继其后，［李］匡威、［赫连］铎皆败走，获［李］匡威之子武州刺史［李］仁宗及［赫连］铎之婿，俘斩万计。

大顺二年（891年）四月，李克用大举击赫连铎，败其兵于河上，进围云州（今山西大同）。

七月，李克用急攻云州^①，赫连铎食尽，奔吐谷浑部，既而归幽州。［李］克用表大将石善友为大同防禦使。

十月，李克用攻王镕，大破镇［州］兵于龙尾冈，斩获万计，遂拔临城，攻元氏、柏乡（按：均河北今县）；李匡威引幽州兵救之。克用大掠而还，军于邢州（今河北邢台）。

——《资治通鉴》卷二百五十八　唐纪七十四　昭宗大顺二年。

唐昭宗景福元年（892年）正月，王镕（按：原成德节度使后改称镇州节度使，驻镇州，今河北正定）、李匡威（按：幽州节度使，驻今北京）合兵十余万攻尧山（在今河北邢台附近），李克用遣其将李嗣勋击之，大破幽、镇兵，斩获三万。

三月，李克用、王处存合兵攻王镕，癸丑，拔天长镇（今河北井陉天长镇）。戊午，［王］镕与战于新市（今河北正定新城铺），大破之，杀获三万餘人；辛酉，克用退屯栾城。诏和解河东（即李克用）及镇（即王镕）、定（即王处存）、幽（即李匡威）

---

a 《资治通鉴考异》云："《旧唐书·昭宗本纪》、《实录》皆云：'克用率兵出井陉，屯常山，大掠深、赵。卢龙李匡威自率步骑万余援王镕。'按《唐太祖纪年录》：是时李克用方攻赫连铎，既平云州，乃讨王镕。《实录》盖因《旧唐书·昭宗本纪》之误。"

四镇。

四月，李匡威出兵侵［李克用之］云、代，壬寅，李克用始引兵还。

八月，李克用北巡至天宁军（按：在山西代县西）闻李匡威、赫连铎将兵八万寇云州（今山西大同），遣其将李君庆发兵于晋阳（今山西太原）。克用潜入新城（今山西山阴东北金沙滩侧），伏兵于神堆（今山西山阴东北金沙滩）擒吐谷浑逻骑三百；匡威等大惊。丙申，君庆以大军至，克用迁入云州。丁酉，出击匡威等，大破之。己亥，匡威等烧营而遁；追至天成军（在河北蔚县东北），斩获不可胜计。

九月，初，邢、洺、磁州留后李存孝，与李存信俱为李克用假子（按：即义子），不相睦。［李］存信有宠于克用，［李］存孝在邢州，欲立大功以胜之，乃建议取镇、冀；［李］存信从中沮之，不时听许。及王镕围尧山（在今河北邢台附近），［李］存孝救之，不克。［李］克用以［李］存信为蕃、汉马步都指挥使，与［李］存孝共击之，二人互相猜忌，逗留不进；［李］克用更遣李嗣勋等击破之。［李］存信还，谮［李］存孝无心击贼，疑与之有私约。［李］存孝闻之，自以有功于［李］克用，而信任顾不及［李］存信，愤怒，且惧及祸，乃潜结王镕及朱全忠①，上表以三州自归于朝廷。

景福二年（893年）二月，李克用引兵围邢州［攻叛将李存孝］，王镕遣牙将王藏海致书解之。［李］克用怒，斩［王］藏海，进兵击［王］镕，败镇［州］兵于平山（今河北平山）。辛巳，攻天长（今河北井陉天长镇），旬日不下。［王］镕出兵三万救之，克用逆战于叱日岭下，大破之，斩首万余级，余众溃去。［李克用所部］河东军无食，脯其尸而啖之。

李克用进下井陉（今河北井陉），李存孝将兵救王镕，遂入镇州（今河北正定），与［王］镕计事。王镕又乞师于朱全忠，全忠方与时溥②相攻，不能救……甲午，李匡威引兵救［王］镕，败［李克用］河东兵于元氏，克用引还邢州。［王］镕犒匡威于藁城，辇金帛二十万以酬之。

李匡威之救王镕也，将发幽州，家人会别。弟匡筹之妻美，匡威醉而淫之。三月，匡威自镇州还，至博野，匡筹据军府自称留后，以符追行营兵。匡威众溃归，但与亲近留深州，进退无所之，遣判官李抱真（一书"贞"）入奏，请归京师。京师屡更大乱，闻匡威来，坊市大恐，曰："金头王来图社稷。"士民或窜匿于山谷。王镕德其以己故致失地，迎归镇州，为筑第，父事之。

四月，李匡威在镇州，为王镕完城堑，缮甲兵，视之如子。匡威以［王］镕年少，

---

① 原名朱温，唐抹黄巢起义军将领，中和二年（882年）叛降唐河中节度使王重荣，三年（883年）为宣武节度使驻汴梁（今河南开封），先与李克用联合，镇压了黄巢起义，再又吞并中原诸藩镇，控制昭宗，进爵梁王，独揽朝政。天祐元年（904年）强迫昭宗迁到东都洛阳，数月后杀之，立辉王李祚为皇太子，改名李柷，即位为唐哀帝。天祐四年（907年）废哀帝自立为帝，国号梁，建元开平，改名朱晃，是为后梁太祖，都汴梁，以洛阳为西都。从此终结唐朝，开启五代时期。

② 时溥，初为武宁军节度使驻徐州，后镇压黄巢起义，中和四年（885年）为徐州行营兵马都统，景福元年（892年）为感化节度使，与朱全忠连年征战于江苏、安徽地区六年之久，后兵败举族自杀。

且乐真定（今河北正定）土风，潜谋夺之。李抱真自京师还，为之画策，阴以恩施悦其将士。王氏在镇［州］久，镇［州］人爱之，不徇匡威。匡威忌日（按：父母去世之日），［王］镕就第吊之，匡威素服中甲，伏兵劫之，［王］镕趋抱匡威曰："镕为晋人（按：指李克用）所困，几亡矣，赖公以有今日；公欲得四州（按：王镕领镇、冀、深、赵四州），此固镕之愿也，不若与公共归府，以位让公，则将士莫之拒矣。"匡威以为然，与［王］镕骈马，陈兵入府。会大风雷雨，屋瓦皆震，匡威入东偏门，镇［州］之亲军闭之①，有屠者墨君和自缺垣跃出，拳殴匡威甲士，挟［王］镕于马上，负之登屋。镇人既得［王］镕，攻匡威，杀之，并其族党。［王］镕时年十七，体疏瘦，为君和所挟，颈痛头偏者累日。李匡筹奏［王］镕杀其兄，请举兵复冤，诏不许。

幽州将刘仁恭将兵戍蔚州（今河北蔚县），过期未代，士卒思归。会李匡筹立，戍卒奉仁恭为帅，还攻幽州，至居庸关，为［幽州］府兵所败。仁恭奔河东（今山西），李克用厚待之。

六月，李匡筹出兵攻王镕之乐寿、武强，以报杀匡威之耻。

唐昭宗乾宁元年（894年）六月，李克用大破吐谷浑，杀赫连铎，擒白义诚。

十月，刘仁恭数因盖寓献策于李克用，愿得兵万人取幽州。［李］克用方攻邢州［李存孝］，分兵数千，欲纳仁恭于幽州，不克。李匡筹益骄，数侵河东之境。克用怒，十一月，大举兵攻匡筹，拔武州（今河北宣化），进围新州（今河北涿鹿）。

十二月，李匡筹遣大将将步骑数万救新州，李克用选精兵逆战于段庄（按：在新州东南），大破之，斩首万余级，生擒将校三百人，以练絷（音：撤，捆绑的意思）之，狥于城下。是夕，新州降。辛亥，进攻妫州（今河北怀来东旧怀来县城）。壬子，匡筹复发兵出居庸关，克用使精骑当其前以疲之，遣步将李存审（即符存审）自他道出其背夹击之，幽州兵大败，杀获万计。甲寅，李匡筹挈其族奔沧州，义昌节度使卢彦威（按：即原横海节度使，驻沧州）利其辎重、妓妾，遣兵攻之景城（今河北沧州西），杀之，尽俘其众。丙辰，克用进军幽州，其大将请降。匡筹素暗懦，初据军府，兄匡威闻之，谓诸将曰："兄失弟得，不出吾家，亦复何恨！但惜匡筹才短，不能保守，得及二年，幸矣。"

——《资治通鉴》卷二百五十九　唐纪七十五　昭宗景福元年—乾宁元年。

唐昭宗乾宁二年（895年）正月辛酉，幽州军民数万以麾盖歌鼓迎李克用入府舍；克用命李存审、刘仁恭将兵略定巡属②。

---

① 胡三省注云："此镇州牙城之东偏门也。"
② 胡三省注曰："幽（治今北京）、涿（治今河北涿州）、瀛（治今河北河间）、莫（治今河北任丘鄚州）、妫（今河北怀来东旧怀来县城）、檀（今北京密云）、蓟（今天津蓟县）、顺（今北京顺义）、营（今辽宁朝阳）、平（今河北卢龙）、新（今河北涿鹿）、武（今河北宣化）等州，皆卢龙巡属也。"

二月，李克用表刘仁恭为卢龙留后，留兵戍之；壬子，还晋阳。

妫州人高思继兄弟，有武干，为燕人所服，克用皆以为都将，分掌幽州兵；部下士卒皆山北之豪也①，仁恭惮之。久之，河东兵戍幽州者暴横，思继兄弟以法裁之，所诛杀者甚多。克用怒，以让仁恭，仁恭诉称高氏兄弟所为，克用俱杀之。仁恭欲收燕人心，复引其诸子置帐下，厚抚之。

八月，以护国留后王珂、卢龙留后刘仁恭各为本镇节度使。

十月，义武节度使（按：驻今河北定州）王处存薨，军中推其子节度副使［王］郜为留后。

——《资治通鉴》卷二百六十　唐纪七十六　昭宗乾宁二年。

高思继，幽州人。昆仲三人俱英豪有武干，声驰朔塞。

——《册府元龟》卷八百四十八《总录部·任侠》。

唐僖宗中和二年（882年）十二月［镇冀节度使］王景崇卒②，子［王］镕，时年十岁，三军推为留后，朝廷因授旄钺，检校工部尚书。时天子蒙尘，九州鼎沸，河东节度使李克用虎视山东，方谋吞据，［王］镕以重赂结纳，以修和好。晋军讨［昭义军节度使］孟方立于邢州（今河北邢台），镕常奉以刍粮。及方立平，晋将李存孝侵［王］镕南部，镕求援于幽州，幽帅率众三万赴之，存孝退去。唐昭宗景福元年（892年），［王］镕乘存孝有间于其帅［李克用］，乃出兵攻尧山（在今河北邢台附近）。晋帅［李克用］遣大将李存质来援，大败镇人（即王镕）于尧山，死者万计。晋人乘胜至赵州（今河北赵县），镕复求援于燕。二年（893年），匡威率众数万来援。会邢州节度使李存孝背其帅［李克用］据城自固，存孝单骑入镇州，与［王］镕面相盟约。俄而李克用自率全师攻存孝，时匡威离镇（按：指离开幽州藩镇）后，其弟匡筹夺据其位，匡威退无归路。［王］镕感其援助之恩，乃迎入府城，筑第以居之，事之如父，匡威亦尽心裨益，军中之事，皆为训练。是年五月，［王］镕过匡威第，［匡威］阴遣部下伏甲劫镕；镕抱持之，镕曰："公诚止人勿仓促！吾为晋人所困，赖公获济，犹吾父也，军政请公帅之。"即并辔归府署，镇军拒之，竟杀匡威。晋人知匡威死，克用自率师至城下，［王］镕出练二十万犒劳，修好而退。

及汴宋节度使（即宣武节度使，驻大梁，今河南开封）朱全忠领郓、青三镇，兵强天下，遣将葛从周、张存敬寇陷邢、洺二州，乘胜北掠燕、赵。俄而［朱］全

---

① 胡三省注曰："妫、檀诸州皆在幽州山北，亦谓之山后。"
② 《新唐书·藩镇镇冀·王廷凑传》附景崇传云：中和三年死。《资治通鉴》卷二百五十五云：中和三年正月，成德节度使常山忠穆王王景崇薨。但《旧唐书·僖宗纪》云：中和二年十二月庚戌，成德军节度、镇冀深赵观察处置等使、开府仪同三司、检校太尉、中书令、上柱国、常山郡王、食邑六千户王景崇卒，赠太傅，谥曰忠穆。遗表请以子镕缵继戎事，遂以镕为兵马留后。当从《旧唐书》本纪。

忠率亲兵薄于城下，[王]镕仓卒无备……出牛酒货币以犒[汴]军，仍以[王]镕子[王]昭祚及牙将梁公儒、李弘规子各一人，从[王]昭祚入质于大梁（今河南开封），全忠以女妻[王]昭祚。

及[朱]全忠僭号（指朱全忠于公元907年废唐哀帝，建梁朝，史称后梁），天下无主，[王]镕不获已，行其正朔。[王]镕累迁至开府仪同三司，守太师、中书令，仍赐"敦睦保定大功臣"、上柱国、赵王，食邑一万五千户，食实封一千户，袭食实封二百五十户。伪梁加尚书令，及唐室中兴（指河东节度使李克用自称唐朝之绪，仍奉唐朝正朔，史称后唐），[王]镕去伪尚书令之号。[后唐]天祐七年（911年），母魏国太夫人何氏卒，起复本官。十八年（922年）为其大将王德明（原名张文礼）所杀，至于赤族。

——《旧唐书》卷一百四十二《王廷凑传》附镕传。

贾馥，故镇州节度使王镕判官，家聚书三千卷，[贾]馥手自勘校。

——《册府元龟》卷八百一十一《总录部·聚书》。

王镕，其先回鹘部人也。远祖没诺干，唐[肃宗]至德中，事镇州节度使王武俊为骑将。[王]武俊嘉其勇幹，畜为假子，号王五哥，其后子孙以王为氏。四代祖[王]庭凑，事镇帅王承宗为牙将。[唐穆宗]长庆初，[王]承宗卒，穆宗命田弘正为成德军节度使（即镇州节度使）。既而镇人杀[田]弘正，推[王]庭凑为留后，朝廷不能制，因以旄钺授之。[王]庭凑卒，子[王]元逵尚[唐]代宗女寿安公主。[王]元逵卒，子[王]绍鼎立。[王]绍鼎卒，子[王]景崇立。皆世袭镇州节度使，并前史有传。[王]景崇位至太尉、中书令，封常山王，[唐僖宗]中和二年（882年）卒。

[王]镕即[王]景崇之子也，年十岁，三军推袭父位。[唐昭宗]大顺中，武皇（即唐河东节度使李克用，驻太原，后唐追谥武皇帝）将李存孝既平邢、洺，因献谋于武皇，欲兼并镇、定，乃连年出师以扰镇之属邑。[王]镕苦之，遣使求救于幽州[节度使李匡威]。自是燕帅李匡威频岁出军，以为[王]镕援。时匡威兵势方盛，以[王]镕冲弱，将有窥图之志。

[唐昭宗]景福二年（893年）春，[李]匡威率精骑数万，再来赴援，会匡威弟[李]匡俦（一书筹）夺据兄位，匡威退无归路，[王]镕乃延入府第，馆于宝寿佛寺①。[王]镕以匡威因已而失国，又感其援助之力，事之如父。五月，[王]镕谒匡威于其馆，匡威阴遣部下伏甲劫[王]镕，抱持之。[王]镕曰："公戒部下勿造次。吾国为晋人所侵，垂将覆灭，赖公济援之力，幸而获存。今日之事，本所甘心。"即并辔归府舍，[王]镕军拒之，竟杀[李]匡威。[王]镕本疏瘦，时年始十七，当

---

① 《旧五代史考异》："欧阳史作馆于梅子园。"

与匡威并辔之时,雷雨骤作,屋瓦皆飞。有一人于缺垣中望见[王]镕,[王]镕就之,遽挟于马上,肩之而去。翌日,[王]镕但觉项痛头偏,该因为有力者所挟,不胜其苦故也。既而访之,则曰墨君和,乃鼓刀之士也①,遂厚赏之。

[王]镕既失燕军之援,会武皇出师以逼真定(镇州治真定,今河北正定),[王]镕遣使谢罪,出绢二十万匹,及具牛酒犒军,自始于[王]镕修好如初。洎梁祖(即宣武节度使朱温)兼有山东,虎视天下,[王]镕卑辞厚礼,以通和好。[唐昭宗]光化三年(900年)秋,梁祖将吞河朔,乃亲征镇、定,纵其军燔镇之关城。[王]镕谓宾佐曰:"事急矣,谋其所向。"判官周式者,有口辩,出见梁祖。梁祖盛怒,逆谓[周]式曰:"王令公(指王镕)朋附并汾(指太原李存勖),违盟爽信,敝赋业已及此,期于无舍!"[周]式曰:"公为唐室之桓、文,当以礼义而成霸业,反欲穷兵黩武,天下其谓公何!"梁祖喜,引[周]式袂而慰之曰:"前言戏之耳。"即送牛酒以犒军。[周]式请[王]镕子[王]昭祚及大将梁公儒、李弘规子各一人往质于汴(今河南开封)。梁祖以女妻昭祚。及梁祖称帝,[王]镕不得已行其正朔。

其后梁祖常虑河朔悠久难制,会[魏博节度使]罗绍威卒(后梁开平四年,公元910年),因欲除移镇、定。先遣亲军三千,分据[王]镕深、冀二郡,以镇守为名。又遣大将王景仁、李思安率师七万,营于柏乡。[王]镕遣使告急[后唐]庄宗(即李存勖),庄宗命周德威帅兵应之,[王]镕复奉唐朝正朔,称天祐七年(910年)②。及破梁军于高邑,我军(指镇、晋二军)大振,自是[王]镕遣大将王德明(本名张文礼)率三十七都从庄宗征伐,收燕降魏,皆预其功,然[王]镕未尝亲军远出。八年(911年)七月,[王]镕至承天军,与庄宗合宴同盟,奉觞献寿,以申感慨。庄宗以[王]镕父友,曲加敬异,为之声歌,[王]镕亦报之,谓庄宗为四十六舅。中饮,庄宗抽佩刀断衿为盟,许女妻[王]镕子[王]昭诲,因兹坚附于庄宗矣。

[王]镕自幼聪悟,然仁而不武,征伐出于下,特以作藩数世,专制四州(按:镇、定、冀、深),高屏尘务,不亲军政,多以阉人(即太监)秉权,出纳决断,悉听

---

① 《旧五代史考异》:"《影库本粘签》:'墨君和,原本作君私。考《资治通鉴》及《北梦琐言》诸书俱作君和,今改正。'"《太平广记》引《刘氏耳目记》云:真定墨君和,幼名三旺。眉目稜岸,肌肤若铁,年十五六,赵王[王]镕初即位,曾见之,悦而问曰:'此中何得昆仑儿也?'问其姓,与形质相应,即呼为墨昆仑,因以皂衣赐之。是时,常山县屡为并州中军侵掠,赵之将卒疲于战敌,告急于燕王,李匡威师五万来救。并人攻陷数城,燕王闻之,躬领五万骑,径与晋师战于元氏,晋师败绩。……燕王归国,比及境上,为其弟匡俦所拒,赵人以其有德于我,遂营东圃以居之。燕王自以失国,又见赵王之幼,乃图之,遂伏甲伺赵王,旦至,即使擒之。赵王请曰:'某承先代基构,主此山河,每被邻寇侵渔,困于守备,赖大王武略,每挫戎锋,获承宗祧,实资恩力。故惟幼懦,素有卑诚,望不匆匆,可伸交让。愿与大王同衙署,即军府必不违拒。'燕王以为然,遂与赵王并辔而进。俄有大风并黑云起于城上,大雨雷电,至东角门内,有勇夫袒臂旁来,拳殴燕之介士,即挟赵王逾垣而走,遂得归公府。问其姓名,君和恐难记,但且言:'砚中之物。'王心志之。左右军士既见主免难,遂逐燕王。燕王退走于东圃,赵人围而杀之。赵王既免燕王之难,召墨生以千金赏之,兼赐上第一区,良田万亩,仍恕其十死,奏授光禄大夫。"又按:鼓刀之士,屠夫也。

② 按:镇州依违于后唐、后梁之间,此时复倚后唐,故奉其正朔。

其所为。皆雕靡第舍，崇饰园池，植奇花异木，递相夸尚。人士皆褒衣博带，高车大盖，以事嬉游，藩府之中，当时为盛。[王]镕宴安既久，惑于左道，专求长生之要，常聚缁黄（即道士），合炼仙丹，或讲说佛经，亲受符箓。西山多佛寺，又有王母观，[王]镕增置馆宇，雕饰土木。道士王若讷者，诱[王]镕登山临水，访求仙迹，每一出，数月方归，百姓劳弊。王母观石路既峻，不通舆马，每登行，命仆妾数十人维锦绣牵持而上。有阉人石希蒙者，奸宠用事，为[王]镕所嬖，恒与之卧起。

[后唐]天祐八年（911年）冬十二月①，[王]镕自西山迴，宿于鹘营庄，将归府第，[石]希蒙劝之他所。宦者李弘规谓[王]镕曰："方今晋王（指李存勖）亲当矢石，栉沐风雨，（指王镕）殚供军之租赋，为不急之游盘，世道未夷，人心多梗，久虚府第，远出游从，如乐祸之徒，翻然起变，拒门不纳，则王欲何归！"[王]镕惧，促归。[石]希蒙谮[李]弘归专作威福，多蓄猜防，[王]镕由是复无归志。[李]弘归闻之怒，使亲事偏将苏汉衡率兵擐甲遽至[王]镕前，抽戈露刃谓[王]镕曰："军人在外已久，愿从王归。"[李]弘规进曰："石希蒙说王游从，劳弊士庶，又结构阴邪，将为大逆。臣已侦视，情状不虚，请王杀之，以除祸本。"[王]镕不听。[李]弘规因命军士聚噪，斩[石]希蒙首抵于前。[王]镕大恐，遂归。是日，[王镕]令其子昭祚与张文礼以兵围李弘规及行军司马李蔼宅，并族诛之，诖误者数十家。又杀苏汉衡，收部下偏将下狱，穷其反状，亲军皆恐，复不时给赐，众益惧。[张]文礼因其反侧，密谕之曰："王此夕将坑尔曹，宜自图之。"众皆掩泣相谓曰："王待我如是，我等焉能效劳。"是夜，亲军十余人，自子城西门踰垣而入，[王]镕方焚香受箓，军士二人突入，断其首，袖之而出，遂焚其府第，烟焰亘天，兵士大乱。[王]镕姬妾数百，皆赴水投火而死。军校有张友顺者，率军人至张文礼之第，请为留后，遂尽杀王氏之族。[王]镕于[唐]昭宗朝赐号敦睦保定久大功臣，位至成德军节度使、守太师、中书令、赵王，[后梁]梁祖（即朱全忠）加尚书令。初，[王]镕之遇害，不获其尸，及[后唐]庄宗（即李存勖）攻下镇州（治真定，今河北正定），[王]镕之旧人于所焚府第灰间方得[王]镕之残骸。庄宗命幕客致祭，葬于王氏故茔。

[王]镕长子昭祚，乱之翌日，张文礼索之，斩于军门。

——《旧五代史》卷五十四《唐书·王镕传》。

李鏻尝为镇州王镕判官，善饮茶，呼吃茶郎中。

——《册府元龟》卷九百二十八《总录部·嗜好》。

---

① 《资治通鉴》记此事于后唐天祐十七年（后梁均王贞明六年，公元920年）十二月。《旧五代史·唐书·庄宗纪》记此事于天祐十八年（后梁均王龙德元年，公元921年）二月。则王镕自西山回城事在十七年（920）十二月，被杀在十八年（921）二月。《传》误。

王镕唐末为成德军节度（即镇州节度），宴安既久，惑于左道，专求长生之要，常聚缁黄（即道士），炼仙丹，或讲说佛经，亲受符箓。西山多佛寺，又有王母观，[王]镕增置馆宇，雕饰土木。道士王若讷者，诱[王]镕登山临水，访求仙迹，每一出，数月方归，百姓劳弊。王母观石路既峻，不通舆马，每登行，命仆妾数十人维锦绣牵持而上。

——《册府元龟》卷九百二十八《总录部·好丹术》。

李震，湖南人。镇州王镕为张文礼所害，[王]镕次子[王]昭诲当[王]镕被祸之夕，为军人携出府第，置之地穴十馀日，乃髡其髪，披以僧衣，属[李]震南还，军士即以[王]昭诲托于[李]震。[李]震置之于茶褚（褚：口袋）中，既至湖湘，乃令依南岳寺僧习业，岁给其费。[王]昭诲年长思归，[李]震即赉送而还。时[王]镕故将符习为汴州节度使，会[王]昭诲来，既表其事，令赴阙，明宗赐衣一袭，令脱僧服。顷之，特授朝议大夫、检校考功郎中、司农少卿，赐金紫。符习因以女妻之。

——《册府元龟》卷八百四《总录部·义四》。

王昭诲（按：王镕之子）为司农少卿。[明宗]长兴二年七月乙巳，御史台奏："[王]昭诲自寒食请假，归镇州洒扫，已满百日，准例停官。"敕旨："王昭诲方念继绝，特授殊恩，久别丘园，许归祭奠，虽违假限，宜示优弘，不停见（按：通"现"）任。"①

——《册府元龟》卷九百六《总录部·假告》。

王镕为镇州节度使，幽州李匡威援赴于镇。[王]镕谒[李]匡威于其馆，[李]匡威阴遣部下壮甲劫[王]镕。抱持之。[王]镕曰："公戒部下勿造次，吾国为晋人所侵，垂将覆灭，赖公济援之力，幸而获存。今日之事，本所甘心。"即并辔归府舍。[王]镕军拒之，遂杀[李]匡威。[王]镕本疏瘦，时年始十七，当[李]匡威并辔之时，雷雨骤作，屋瓦皆飞。有一人于缺垣中望见[王]镕，识之，遽挟于马上，肩之而去。翌日，[王]镕但觉头痛偏，乃因有力者所挟，不胜其苦故也。及访之，则曰墨君和，乃鼓力（按：误，当为"刀"）之士也，遂厚赏之。

——《册府元龟》卷三百九十八《将帅部·冥助》。

墨君和，镇州鼓刀（按：屠夫）之士也。镇州王镕初袭父位为节度。[王]镕为

---

① 按：时官员有疾或有事，准假均以百日为限，过限不归或不能视事者则停官。事假或请假十五日，只准假七日。准假与否、假期长短，一般视该官地位所定，位高权重为朝廷随时咨政之人，请假尤难。

晋人所侵，求救于幽州［节度使李匡威］。［李］匡威出军为［王］镕援。时［李］匡威兵势方盛，以［王］镕冲弱，有窥图之志。

［唐昭宗景福二年（893年）］李匡威再来赴援，为弟［李］匡俦（一书筹）夺据其位，退无归路，［王］镕乃馆［李］匡威于宝寿佛寺。［王］镕以［李］匡威因己而失国，又感其援助之力，事之如父。［王］镕谒［李］匡威于其馆，［李］匡威阴遣部下伏甲劫［王］镕。抱持之。即并辔归府舍，［王］镕军拒之，竟杀［李］匡威。［王］镕本疏瘦，时年始十七，当与［李］匡威并辔之时，雷雨骤作，屋瓦皆飞。有一人于缺垣中望见［王］镕，识之，遽挟于马上，肩之而去。翌日，［王］镕但觉项痛头偏，该因为有力者所挟，不胜其苦故也。既而访之，则［墨君］和也，遂厚赏之。

——《册府元龟》卷八百七十一《总录部·救患二》。

王廷凑为成德军节度使，子［王］元逵为镇州右司马、兼都兵马使。太和八年（834年）十一月［王］廷凑卒，三军推［王］元逵主军事，请命于朝，乃起复检校工部尚书，充成德军节度使，子［王］少鼎位节度副使、镇州左司马知府事。大中十一年（857年）二月元逵卒，授［王］绍鼎起复检校工部尚书，充成德军节度使。其年七月［王绍鼎］卒，子［王］景崇为嫡，时年幼。宣宗诏以王讷为成德军节度使，以［王］绍鼎弟……绍懿为御史中丞，充成德军节度、观察留后，寻正授节度使。岁余卒……诏授［王景崇］检校右散骑常侍，充成德军节度、观察留后，寻正授节度使。［唐僖宗］中和二年（882年）卒，子［王］镕始十岁，三军推为留后，行军司马。

——《册府元龟》卷四百三十六《将帅部·继袭》。

张文礼者，狡狯人也，［王］镕惑爱之，以为子，号王德明。［王］镕已死，［张］文礼自为留后。［后唐］庄宗初纳之，后知其通于梁（即后梁朱全忠）也，遣赵故将（按：即原镇州将军）符习与阎宝击之。［张］文礼家鬼夜哭，野河水变为血，游鱼皆死，［张］文礼惧，病疽卒。［其］子［张］处瑾秘丧拒守，击败［符］习等。［后唐］以李嗣昭代之，嗣昭中流矢卒，以李存进代之，存进辄复战殁，乃以符存审为招讨使，遂破之。执［张］文礼妻及子［张］处瑾、处球、处琪等，折足归于晋（即太原）。赵人请而醢之，磔［张］文礼尸于市（按：以其害王镕也）。

——《新五代史》卷三十九《杂传·王镕传》。

张文礼者，燕人也。初为刘仁恭裨将，性凶险，多奸谋，辞气庸下，与人交言，僻于不逊，自少及长，专蓄异谋。及从刘守文之沧州，委为偏师。［刘］守文省父燕、蓟，据城为乱，及败，奔于［镇州节度使］王镕。察［王］镕不亲政事，遂曲事当权者，以求衔达。每对［王］镕自言有将才，孙、吴、韩、白，莫己若也。［王］镕赏其言，给遗甚厚，因录为义勇，赐姓［王］，名德明，由是每令将兵。自柏乡战胜之后（后唐天祐八年，公元911年），常从［后唐］庄宗行营。素不知书，亦无方略，唯于懦兵之中姜菲上将，言甲不知进退，言乙不识军机，以此军人推为良将。

……在镇州既久，见其政荒人僻，常蓄异图，酒酣之后，对左右每泄恶言，闻者莫不寒心。唯王镕略无猜间，渐为腹心，乃以符习代其行营，以［张］文礼为防城使，自此专伺间隙。及［天祐十八年（921年）二月，王］镕杀李弘规，委政于其子［王］昭祚。［王］昭祚性偪戾，未识人间情伪，素养名持重，坐作贵人，既事权在手，朝夕欲代其父，向来附势之徒，无不族灭。

……［张］文礼因其离心，密以奸辞激之曰："令公命我尽坑尔曹，我念尔十余年荷戈随我，为家为国，我若不即杀汝，则得罪于令公，我若不言，又负尔辈。"众军皆泣。是夜作乱，杀王镕父子，举族灰灭，唯留王昭祚妻朱氏（朱氏即朱全忠女）通梁人（即后梁），寻间道告于梁曰："王氏丧于乱军，普宁公主无恙。"［张］文礼狗贼帅张友顺所请，因为留后，于潭城视事。以事上闻，兼要节旄，寻亦奉牋劝进，［后唐］庄宗故示含容，乃可其请。

……［张文礼］……南通朱氏，北接契丹，往往擒获其使，庄宗遣人送还，［张］文礼由是愈恐。是岁（天祐十八年，公元921年）八月，庄宗遣阎宝、史建瑭及赵将符习（按：即原镇州将，因王镕被杀而投太原）等率王镕本军进讨。师兴，［张］文礼病疽腹，及闻史建瑭攻下赵州，惊悸而卒。其子［张］处瑾、处球密不发丧，军府内外，皆不知之。

［天祐］十九年（922年）三月，阎宝为［张］处瑾所败，庄宗以李嗣昭代之。四月，［李］嗣昭为流矢所中，寻卒于师，命李存进继之。［李］存进亦以战殁，乃以符存审为北面招讨使，攻镇州（今河北正定）。是时，［张］处瑾危蹙日甚，昭义军节度使判官任寰驰至城下，谕以祸福，［张］处瑾登城陴以诚告，乃遣牙将张彭送款于行台。俄而李存审（即符存审，归李克用后赐姓李，见符存审本传）师至城下。是夜，赵将（即镇州将）李再丰之子［李］冲投绁以接王师，故诸军登城，迟明毕入，获［张］处瑾、处球、处琪，并其母及同恶人等，皆折足送行台，镇人请醢而食之。又发［张］文礼之尸，磔之于市①。

——《旧五代史》卷六十二《唐书·张文礼传》。

张文礼初为镇州大将，从［后唐］庄宗行营（按：时镇州节度使王镕借助后唐庇护，故遣军随庄宗征战），素不知书，亦无兵家方略，唯于懦卒中姜菲上将，自言甲不知进退，乙不识军机，以此军人推为良将。

① 《册府元龟·总录部·祸败》所载与此同。

——《册府元龟》卷九百五十四《总录部·虚名》。

张文礼为镇州牙将，害其帅王镕而自为留后。未幾，举家咸见鬼物，昏冥之后，或歌或哭。又野河色变如血，游鱼多死，浮于水上。识者知其必败，寻而疽发背死。

——《册府元龟》卷九百五十一《总录部·咎征二》。

王镕为镇州节度使，令其子［王］昭祚与张文礼以兵围李弘规及行军司马李蔼宅，并族诛之，诖误者数十家。又杀苏汉衡，收部下偏将下狱，穷其反状，亲军大恐。时诸军皆有给赐，唯亲军不时与之，众心益惧。［张］文礼因其反侧，密谕之曰："王此夕将坑尔曹，宜自图之。"众皆掩泣相谓曰："王待我如是，我等焉能效忠。"是夜，亲军十余人，自子城西门踰垣而入，［王］镕方焚香受箓，军士二人突入，断其首，袖之而出，遂焚其府第，烟焰亘天，兵士大乱。［王］镕姬妾数百，皆赴水投火而死。军校有张友顺者，率军人至张文礼之第，请为留后，遂尽杀王氏之族。

——《册府元龟》卷九百四十二《总录部·祸败》。

张文礼，初镇州大将也，自燕归于［镇州节度使］王镕。察［王］镕不亲政事，遂曲事当权者，以求衔达。每对［王］镕自言有将才，孙、吴、韩、白，莫己匹也。［王］镕赏其言，大悦，为小校，给遗甚厚，与姓为义男，改名德明，自是调发兵马，每将军令。

——《册府元龟》卷九百三十八《总录部·奸佞二》。

张文礼为镇州大将，既杀王镕，请旌节于朝廷。［后唐］庄宗曰："［张］文礼之罪期于不赦，适当斩首以谢冤魂，辄敢邀予旌节。"宾友贺曰："王氏之冤实在，［张］文礼方事之殷，且须含垢，不欲与人生事，但假之以告命，徐为后图。"帝不得已而从之。

——《册府元龟》卷四百三十九《将帅部·要君》。

张文礼者，镇州之大将，大为赵王王镕依任。［张］文礼见［王］镕之政荒僻，常蓄异图，酒酣之后，对左右每恶言，闻者莫不寒心。唯［王］镕待之如初，略无猜间。及献言者，渐为腹心，乃以符习代其行营，以［张］文礼为防城使，自此专其间隙。及［天祐十八年（921年）二月，王］镕杀李弘规，委政于其子［王］昭祚。［王］昭祚性偏戾，未识人间情伪，素养名持重，坐作贵人，既事权在手，朝夕欲代其父，向来附势之徒，无不族灭……［张］文礼因其离心，密以奸词激之曰："令公命我尽坑尔曹，我念尔曹十余年荷戈随我，为国为家，不忍一朝并膏锋刃。我若不即杀汝，则得罪于令公；我若不言，又负尔辈。事既如斯。其将奈何？"众军感泣。是夜作乱，杀王镕父子，举族灰灭，唯留王昭祚妻朱氏（朱氏即朱全忠女）以通梁人（即后梁），寻间道告曰："王氏丧于乱军，普宁公主无恙。"［张］文礼狗贼帅张友顺所请，因为留后，于潭城视事。以事上闻，兼要节旄，亦奉牋劝进，上含容之，可其请。

［张］文礼比厮役小人，偶居重任，行步动息皆不自安，出则千余人露刃相随，贼杀不辜，莫可胜载。自度罪逆难容，尚虑王师问罪，奸心百变，或陈情梁汴，托援契丹，多修绢书，藏于蜡弹，塞上烽铺，黄河渡口，往往擒获其使。庄宗遣人送还，［张文礼］由是愈切惭恐。先是，［张］文礼腹上患疽，医药无效，闻史建瑭下赵州，惊悸而卒。其子［张］处瑾秘丧，军府内外，皆不之知。每日于寝室前问安如生。［张］处瑾与其腹心韩正时参决大事，同谋奸恶。

——《册府元龟》卷九百四十三《总录部·不谊》。

［天祐］十九年（922年），庄宗亲征张文礼于镇州。冬，契丹三十万奄至，［李］嗣昭从庄宗击之，敌骑围之数重，良不解。［李］嗣昭号泣赴之，引三百骑横击重围，驰突出没数十合，契丹退，翼庄宗而还。是时，阎宝为镇人所败，退保赵州（今河北赵县），庄宗命［李］嗣昭代［阎］宝攻真定（按：镇州治真定，今河北正定）。七月二十四日，王处球（即张处球，文礼之子）之兵出至九门（今河北藁城九门），［李］嗣昭设伏于故营，贼至，发伏兵击之殆尽，餘三人匿于墙墟间，［李］嗣昭环马而射之，为贼矢中脑，［李］嗣昭箙中矢尽，拔贼矢于脑射贼，一发而殪之。［李］嗣昭日暮还营，所伤血流不止，是夜卒。

——《旧五代史》卷五十二《唐书·李嗣昭传》。

张遵诲，魏州人也。父为宗城令，罗绍威杀牙军之岁（按：天祐三年，公元906年），为梁军所害。［张］遵诲奔太原，武皇以为牙门将。［后唐］庄宗定山东，［张］遵诲以典客从，历幽、镇二府马步都虞候①。

——《旧五代史》卷六十一《唐书·张遵诲传》。

史臣曰："大都偶国，乱之本也。故古先哲王立国，公侯之封，不过千乘，所以强干弱枝，防其悖慢。彼幽州者，列九围之一，地方千里而遥，其民刚强，厥田沃壤。远则慕田光、荆卿之义，近则染禄山、思明之风。二百余年，自相崇树，虽朝廷有时命帅，而土人多务逐君。习苦忘非，尾大不掉，非一朝一夕之故也。若李载义、张仲武、张允伸因利乘便，获领旌旗，以仁守之，恭顺朝旨，亦足多也。如朱克融、

---

① 《影库本粘籤》："幽、镇，原本作'幽、鏣'，"

杨志诚、史元忠、张公素、李可举、李全忠，以不仁得之，靡更向志。或寻为篡夺，或仅传子孙，咸非令终，盖其宜也。"

——《旧唐书》卷一百八十 卷末。

王处存京兆万年县胜业里人……[唐僖宗]乾符六年（879年）十月，检校刑部尚书、义武军节度使（按：驻定州，今河北定州）。

……

初，幽、镇两藩（指李匡威、王镕），兵甲强盛，易、定（即义武军）于其间，疲于侵寇。及匡威得志骄盈，恒欲兼并之，[王处存]赖与太原（即李克用）姻好，每为之援。处存亦睦邻以礼，优抚军民，折节下士，人多归之，以至抗衡列镇。累加侍中、检校太尉。[唐昭宗]乾宁二年（895年）九月卒，年六十五，赠太子太师，谥曰忠肃。

三军以河朔旧事，推其子副大使[王]郜为留后，朝廷从而命之，授以旌钺，寻加检校司空、同平章事，累至太保。[唐昭宗]光化三年（900年）七月，汴将（宣武节度使朱全忠部下）张存敬进寇幽州，旋入祁沟（今河北涿州西南）。[王]郜遣马步都将王处直（处存之弟，即王郜之叔）将兵拒之，为存敬所败，退营沙河（今河北沙河）。汴人进击，营于怀德驿（今河北定州怀德营），[王]处直之众奔挠，城中大恐。十月，[王]郜委城携族奔于太原[投李克用]，太原累表授检校太尉。[唐昭宗]天复初（901年）卒于晋阳（今山西太原）。

……

王处直，字允明，[王]处存母弟也。初为定州后院军都知兵马使。汴人入寇，处直拒战不利而退，三军大噪，推处直为帅。及[王]郜出奔，乃权留后事。汴将张存敬攻城，梯冲云合，处直登城呼曰："敝邑于朝廷未尝不忠，于藩邻未尝失礼，不虞君之涉吾地，何也？"朱温（朱全忠，原名朱温）遣人报之曰："何以附太原而弱邻道？"处直报曰："吾兄与太原同时立勋王室（按：指王处存与李克用同灭黄巢事），地又亲邻，修好往来，常道也。请从此改图。"[朱]温许之。仍归罪于孔目吏梁问，出绢十万匹，牛酒以犒汴军，[张]存敬修盟而退。[朱]温因表授旌钺，检校左仆射。[唐哀帝]天祐元年（905年），加太保，封太原王。后仕伪梁（即朱全忠，907年灭唐建立梁朝，史称后梁），授北平王，检校太尉。不数岁，复[仕]于[后唐]庄宗（即李克用之子李存勖，建唐，史称后唐）。后十餘年，为其子[王]都废归私第，寻卒，年六十一。

——《旧唐书》卷一百八十二《王处存传》。

王处厚（误，当为"存"）为义武军节度使（即易定节度使），[昭宗]乾宁二年（895年）九月卒。三军以河朔旧事，推其子副大使[王]郜为留后，朝廷从而命之，授以旄钺。［昭宗］光化三年（900年）［王］郜奔太原（按：受后梁之逼也），三军推［王］处存母弟［王］处直为留后，汴师（梁太祖朱全忠）表授旄钺。

——《册府元龟》卷四百三十六《将帅部·继袭》。

［王］都为人狡佞多谋，［王］处直以为节度副使。［镇州］张文礼弑［节度使］王镕，［后唐］庄宗（即李存勖）发兵讨文礼，［王］处直与左右谋曰："镇［州］，定［州］之蔽也，文礼虽有罪，然镇［州］亡定［州］不独存。"乃遣人请庄宗毋发兵，庄宗取所获文礼与［后］梁蜡书示处直曰："文礼负我，师不可止。"处直有孽子（即庶子）［王］郁，当［王］郜之亡于晋也，［王］郁亦奔焉，晋王以女妻之，为新州防御使。［王］处直见庄宗必讨［张］文礼，益自疑，乃阴与［王］郁交通，使［王］郁北招契丹入塞以牵晋兵，且许招［王］郁为嗣，［王］都闻之不说（同"悦"）。而定人皆言契丹不可招，恐自贻患，处直不听。［王］郁自奔晋，常恐处直不容，因此大喜，以为乘其隙可取之，乃以厚赂诱契丹阿保机（即辽太祖）。阿保机举国入寇，定人皆不欲契丹之举，小吏和昭训劝［王］都举事，［王］都因执处直，囚之西宅，自为留后，凡王氏子孙及处直将校杀戮殆尽。明年（922年）正月朔旦，［王］都拜处直于西宅，处直奋起揕其胸而呼曰："逆贼！吾何负尔？"然左右无兵，遂欲啮其鼻，［王］都掣袖而走，处直遂见杀。

——《新唐书》卷三十九《王处直传》。

王处直为定州节度使。［王］处直为人精简，好求吏理，虽地处一隅，介于大国，招怀抚纳，甚得人和。

——《册府元龟》卷三百九十七《将帅部·怀抚》。

王处直为定州节度使，尝自颂功业，为德政碑，建楼于牙城内。

——《册府元龟》卷九百五十一《总录部·叙征二》。

王处存，京兆万年人。世籍神策军，家胜业里，为天下高资……处存自右军镇使历检校刑部尚书、定州制置使，累迁义武节度使（驻定州，今河北定州）……素善［太原］李克用，又故姻好。

［王］处存临事通便宜，有大将风。幽、镇兵悍马强，其地势也，而易、定介于其间，侵轶岁至。及李匡威得志，谋并取之。处存善修邻欢，内抚民有恩，痛折节下贤，协穆太原［李克用］以自助，远近同心。岁时讲兵，与诸镇抗，无能侵轧者。累加侍中、检校太尉。卒，廿六十五，赠太子太师，谥曰忠肃。

三军迹河朔旧事，推子［王］郜由副使为留后，昭宗从之。累拜节度使，加检校司空、同中书门下平章事，又进太保。

［唐昭宗］光化三年（900年），［宣武节度使］朱全忠使张存敬攻幽州（今北京），以瓦桥（今河北雄县）泞潦，道祁沟关（今河北涿州西南）。［王］部方与［幽州］刘守光厚，乃畀叔［王］处直兵挠其尾，令骑将甄琼章次义丰（今河北安国南），而［张］存敬游弈骑已至，且战且引十余里，执［甄］琼章。而氏叔琮下深泽（今河北深泽），执［王部］大将马少安，围祁州（今河北安国西南），屠之，斩刺史杨约，休兵十日。［王］处直壁沙河（今河北沙河），［张］存敬军［沙］河北，挑战，［王］处直不出，涉河乃战，［王］处直大败，亡大将十五，士死者数万。［张］存敬收械甲以赋战士，而焚其馀，遂围定州（今河北定州）。［王］部斩亲吏梁汶，移书［张］存敬，且请盟。俄而外郭陷，［王］部以其族奔太原，使［王］处直主留后。全忠亦至，处直辞曰："弊邑事上未尝不忠，事邻未尝不礼，弗虞君之见攻也。"［朱］全忠责何故事李克用，答曰："太原藉兄弟之旧，修好往来，常道也。君苟为罪，请改图。"全忠许之。处直以从孙为质。上所持节，即献绢三十万，具牛酒犒师。存敬取成而还。全忠表处直为节度留后、检校尚书左仆射。

［王］部至太原，［李］克用表为检校太尉，卒。

处直字允明，［唐昭宗］天复初（901年）为太原郡王。

——《新唐书》卷一百八十六《王处存传》。

八、唐代蓟城（今北京）的城市

（1）方位四至

蓟城，《郡国志》云："蓟城南北九里，东西七里，开十门。［前燕］慕容儁铸铜为马，因名铜马门。"

——《太平寰宇记》卷六十九《幽州》。

---

① 祁沟又书岐沟。《辽史·南京道》"涿州"条下云："有祁沟河。"《资治通鉴》后梁纪三 太祖乾化二年（912年）正月丙戌，三镇兵进攻燕祁沟关，下之。胡三省注云："祁沟关在涿州南，易州拒马河之北。自关而西至易州六十里。拒马河东至新城县四十里。"顾祖禹：《读史方舆纪要》卷十一《北直二》涿州：岐沟，州西南四十里，亦曰奇沟，又为祁沟。唐末设关于此。晋王［李］存勖天祐十年（914年），遣周德威出飞狐攻燕，与镇、定兵会于易水，进攻祁沟关，下之，遂围涿州，守将以城降。胡氏曰："关在易州拒马河之北。自关而西至易州六十里。拒马河东至新城县四十里。"严耕望：《唐代交通图考》篇四五"太行东麓南北走廊驿道"云："易州东北四十二里至涞水县。由东北约四十八里至范阳县（今涿县），中经祁沟关，即宋初岐沟关（今岐沟店），［宋］曹彬北伐大败处。"

东垣：任紫宸墓志并盖：唐宪宗元和三年（808年）十月十九日"葬于幽州城东北七里餘"。楷书，冯霄撰。

1951年出土于北京东城区东单御河桥。

桑氏墓志：唐宪宗元和八年（813年）十一月十七日"葬于幽州城东北五里燕夏〔乡〕海王村"。楷书，孙□□文并书。

1951年出土于北京东城区东单御河桥。

姚子昂墓志并盖：唐德宗建中二年（781年）正月二十二日"葬于幽州城东南六里燕台乡"。楷书，无撰书人。

1956年出土于北京永定门外安乐林。

——《市文物局资料信息中心藏北京地区出土墓志拓片目录》，载《北京文博》1996年第1期。

唐武宗会昌六年（846年）九月，采师伦书：《重藏舍利记》："舍利本大隋仁寿四年（604年）甲子岁幽州刺史陈国公窦抗于智泉寺创木浮屠五级，安舍利于其下，即子城东门东百餘步，大衢之北面也。"

——《日下旧闻考》卷六十《城市·外城·西城二》。

尉使君寺，北魏元象元年幽州刺史尉长命造，后改为智泉寺，则天武后时改为大云寺，〔玄宗〕开元中改龙兴寺。在悯忠寺（今法源寺）前，隋造塔藏舍利处。

——《日下旧闻考》卷六十《城市·外城·西城二》引《春明梦余录》。

大延寿寺在旧城悯忠阁之东。起自东魏元象幽州刺史尉长命为大云，后为智泉。

——《日下旧闻考》卷六十《城市·外城·西城二》引《元一统志》。

唐昭宗景福元年《重藏舍利记》："大燕城内，地东南隅。有悯忠寺，门临康衢。"

——《日下旧闻考》卷六十《城市·外城·西城二》。

京师二月淘沟，秽气触人，烂面胡同（今北京宣武区烂漫胡同），深广各二丈，开时不通车马。此地在悯忠寺（今法源寺）东，唐碑称寺在燕城东南隅，疑为幽州节度使城之故壕也。

——赵吉士：《寄园寄所记》卷下"天时"。

烂面胡同：

按：唐采师伦书：《重藏舍利记》称：智泉寺在子城东门东百余步，大衢之北。智泉寺即大云寺，今已废。据《春明梦余录》言，在悯忠寺前，此地有唐时故壕，说亦近是。
——朱一新：《京师坊巷志稿》卷下。

西垣：唐宣宗大中九年（855年）肖公夫人侯氏墓志："殡于幽州幽都县西三里仵原"。

1974年出土于北京广安门外甘石桥北北京钢厂院内西南隅。

《旧唐书》卷三十九《地理志二》：幽州（今北京）幽都县管郭下西界，与蓟分理。[唐德宗]建中二年（781年），取罗城内废燕州廨署，置幽都县，在府北一里。

今北京广安门外莲花河在甘石桥径直向南流去，似即为唐幽州城西城垣之故壕。
——鲁琪：《唐幽州城考》，载《北京史论文集》第2集。

李定墓志并盖：唐玄宗天宝十年八月十日"葬于[范阳]郡（今北京）西北十五里"。行书，无撰书人。

1966年出土于北京海淀区八里庄京密运河工地。

卢公妻赵氏墓志并盖：唐僖宗文德元年（888年）十一月九日"葬于府城西北十里樊村"。楷书，张铃撰。

1959年出土于北京海淀区紫竹院三虎桥。
——《市文物局资料信息中心藏北京地区出土墓志拓片目录》，载《北京文博》1996年第1期。

北垣：仵钦墓志并盖：唐高宗咸亨元年（670年）十一月三日"迁柩放城东北五里之平原"。行楷，无撰书人。

1949年前出土于北京今西城区二龙路教育部大院。

周元长墓志：唐文宗开成三年（838年）四月十三日"葬于蓟城东北七里龙道之古原"。楷书，李掖撰并书。

1955年出土于北京西城区旃檀寺西街。
——《市文物局资料信息中心藏北京地区出土墓志拓片目录》，载《北京文博》1996年第1期。

唐任希墓志：唐德宗贞元六年（790年）"安厝于府城北五里燕夏之原"。

1972年出土于北京西城区羊肉胡同西口。
——鲁琪：《唐幽州城考》，载《北京史论文集》第2集。

濮阳卞氏墓志铭：康熙辛酉（1681年），西安门内有中官治宅掘地，误发古墓……志文曰："贞元十年（794年），岁次己卯，七月癸卯朔，夫人寝疾，卒于幽州蓟县蓟北坊。以其年权窆于幽州幽都东北五里礼贤乡之平原"。是今之西安门去唐幽州城东北五里而遥矣。

——《日下旧闻考》卷三十七《京城总纪》。

陆日岘妻王氏墓志：唐宪宗元和元年（806年）"葬于蓟北归仁乡刘村之原"。
楷书，刘曾书。
出土于北京阜成门外以南铁旗杆庙附近。

——鲁琪：《唐幽州城考》，载《北京史论文集》第 2 集。

（2）布局和街坊

子城：庐江王［李］瑗，高祖［李渊］从父子也……武德元年（618年）历信州总管，封庐江王。九年（626年）累迁幽州（治今北京）大都督。朝廷以［李］瑗懦懁，非边将才，遣右领军将军王君廓助典兵事。［王］君廓故尝为盗，勇力绝人，［李］瑗依仗之，许结婚姻，以布心腹。［武德九年（626年）玄武门之变，秦王李世民篡位，李瑗在幽州举兵反］，［王］君廓领其麾下登城（按；即幽州蓟城）西面，［李］瑗未之觉。［王］君廓自领千馀人先往狱中出敦礼，［李］瑗始知之，遽领数百人披甲，才出至门外，与［王］君廓相遇……［王］君廓擒［李］瑗，缢杀之，年四十一，传首京师，绝其属籍。

——《旧唐书》卷六十《庐江王瑗传》。

上元二年（761年）三月甲寅……朝义已杀思明，僭位，潜勒伪左散骑常侍张通儒、户部尚书康孝忠与朝兴衙将高鞫仁、高如震等谋诛朝兴……子城扰乱。朝兴惶怖。

如震、万年领其部曲百馀人入子城，斩通儒于子城南廊下。

鞫仁、如震等各从数百人被甲巡城，城中人心弥惧。承庆为留守一两日，又不自安，递相疑阻，于是领蕃兵数十骑出子城，至如震宅门，立令屈将军暂要相见。如震不虞有难，驰至马前，承庆斩之，应声而殒。

向闰客行至贝州（今河北清河西北），承朝义命回，将至，众官迎之；鞫仁严兵不出，闰客甚惧，戒其子弟从者无带兵器，从数人而入。鞫仁待之于日华门,闰客见之，下马执手相慰，鞫仁亦抗礼还营。闰客但专守子城端坐，余不敢辄有所问。

——《资治通鉴》卷二百十二 唐肃宗上元二年三月 《资治通鉴考异》引平致美：《蓟门纪乱》。

《河洛春秋》："初，朝义令人以书与向贡（按：当即向闰客）并阿史那王（按：

即阿史那承庆）杀朝清。

　　高久仁、高如震等及其无备，率壮士数百人潜入子城门，阿史那王、向贡等共率三百人继至。朝清时在卧内，仆妾侍侧，忽闻兵士，问是何人。门人曰：'三军叛。'乃擐甲登楼，责让向贡等。高如震乃于楼下佯战，朝清援弓射之，凡毙数人。阿史那军佯北，朝清下楼，向贡等令人擒杀之。向贡摄知军事，经四十日，阿史那又杀向贡，阿史那自称长史，三日后，斩高久仁，以其首枭之，杀朝清故也。高如震还，固守，与阿史那相持。城中分两军，经五日，以燕州街为界，各自禦备，递相捉搦，不得往来。阿史那从经略军领诸蕃部落及汉兵三万，至宴设楼前与如震会战。如震不利，乃使轻兵二千于子城东出，直至经略军南街，腹背而击之，并招汉军万余人。

　　　　——《资治通鉴》卷二百十二　唐肃宗上元二年三月　《资治通鉴考异》
　　　　　　引《河洛春秋》。

　　唐武宗会昌六年（846年）九月，采师伦书：《重藏舍利记》："舍利本大隋仁寿四年（604年）甲子岁幽州刺史陈国公窦抗于智泉寺①创木浮屠五级，安舍利于其下，即子城东门东百余步，大衢之北面也。"

　　　　——《日下旧闻考》卷六十《城市·外城·西城二》。

　　明年，即元年己亥（按：唐肃宗乾元二年，公元759年）正月一日也，[史]思明于魏州（今河北大名东北）自立为燕王，年号顺天。引兵救相州（今河北临漳县境），官军败绩，九节度使引退，思明顿兵于合河口，[安]庆绪兄弟至，皆杀之，并其众，回至蓟城（今北京）。集僚属夸衒克捷，自为天假智略，人亦以为然。乃立宗庙社稷，谥祖考为皇帝，以妻辛氏为皇后，次子朝兴为皇太子，长子朝义为怀王，诸子皆为王。以礼招魂葬[安]禄山……以范阳为燕京，命洛阳为周京，长安为秦京，[于范阳子城]置日华等门，署衙门楼为听政楼，节度厅为紫微殿。又令其妻为亲蚕之礼于蓟城东郊，以官属妻为命妇，燕羯之地不闻此礼，看者填街塞路。燕蓟间军士都不识京官名品，见称黄门侍郎者，曰："黄门何得有髭须？"皆此类也。其年八月，又总兵南来。九月，又收大梁（今河南开封），陷我洛阳，东洛佛事皆送幽州，以旧宅为龙兴寺，而崇饰之。

　　　　——《安禄山事迹》卷下。

　　子城、罗城之称，始见于南北朝史迹。北朝如定州（今河北定州）、寿春（今安徽寿春）、长安（今陕西西安），有子城罗城之设。

---

① 《春明梦余录》卷六十六《寺庙》："后魏尉使君寺：建于元象元年戊午，幽州刺史尉长命造，后改为智泉寺。武则天时改为大云寺。开元中改为龙兴寺。在悯忠寺（今北京法源寺）前，隋造塔藏舍利处。"

《魏书》卷四十六《杨播传》附杨侃传：[梁武帝]萧衍豫州刺史裴邃治合肥城，规相掩袭……邃后竟袭寿春，入罗城而退。

《魏书》卷四十六《杨播传》附杨津传：孝昌初……贼帅鲜于修礼起于博陵，定州危急，遂回师南赴……其后，贼攻州城东面，已入罗城，刺史闭小城东门，城中骚扰，不敢出战……[杨]津以城内北人虽是恶党，然掌握中物，未忍便杀，但收入子城防禁而已。

《资治通鉴》卷一百五十八梁纪十四武帝大同四年：东魏都督赵青雀、雍州民于伏德等遂反，据长安子城……长安大城民相帅以拒青雀，日与之战。

南朝亦有子城、罗城之称。

唐代建都长安、洛阳，宫城以皇居所在，讳言子城，而外城仍称罗城或罗郭。日本平安京（今京都）仿长安之制，虽无外郭，而犹有罗城门之名。

唐代各州则有子城、罗城之设，见诸史籍，其例甚多，如：

《资治通鉴》卷二百四十　唐纪五十六　宪宗元和十二年：鄂岳观察使李道古引兵出穆陵关，甲申，攻申州（今河南信阳），克其外郭，进攻子城。

《资治通鉴》卷二百四十一　唐纪五十七　宪宗元和十四年：[刘悟攻李师道于郓城（今山东郓城）]，比至，子城门已洞开，惟牙城据守（胡三省注：凡大城谓之罗城，小城谓之子城，又有第三重城以卫节度使居宅，谓之牙城）。

《资治通鉴》卷二百四十　唐纪五十六　宪宗元和十二年：李愬将攻吴房（今河北遂平）……遂往，克其外城，斩首千馀级，馀众保子城，不敢出。

《资治通鉴》卷二百五十一　唐纪六十七　懿宗咸通九年：贼（指庞勋）至城下……不移时，克罗城。[徐州刺史]崔彦曾退保子城。

唐宋州军子城虽已不存，因其重要性而为治史者所必知：子城聚一州精华，军资、甲仗、钱帛、粮食、图书文献档案，皆蓄于此。子城为一州政治核心，政府、廨舍、监狱皆设其间，子城鼓角楼司城市生活行止之节；建筑壮丽，为全城观瞻所系。

——郭湖生：《子城制度》，载《东方学报》第57册，日本京都大学人文科学研究所1985年。

街坊：路振[宋真宗大中祥符初（1008年）奉使契丹（按：即辽朝，时以幽州为南京），至幽州城南亭……城中凡二十六坊，坊有门楼，大署其阁，有罽宾、肃慎、卢龙等坊，并唐时旧坊名也。居民棊布，巷端直。

——《宋朝事实类苑》卷七十七《安边御寇·契丹》。

卢龙坊：姚子昂墓志并盖：夫人康氏……建中元年（780年）十月廿八日终于卢龙坊。

——鲁琪：《唐幽州城考》，载《北京史论文集》第2集；《市文物局资料信息中心藏北京地区出土墓志拓片目录》，载《北京文博》1996 年第 1 期。

要氏夫人墓志：唐僖宗文德元年（888 年）殁于卢龙坊私第。楷书，无撰书人。1958 年出土于北京海淀区温泉白家疃。

——鲁琪：《唐幽州城考》，载《北京史论文集》第 2 集；《市文物局资料信息中心藏北京地区出土墓志拓片目录》，载《北京文博》1996 年第 1 期。

肃慎坊：陆日岘妻王氏墓志：唐宪宗元和九年（814 年）四月廿六日遘疾，终于肃慎坊私第①。

唐陈立行墓志：唐宣宗大中十一年（857 年）四月甲戌，没于府城之肃慎里私第。李俭撰，于全益楷书。

清乾隆后出土于北京城外。

——鲁琪：《唐幽州城考》，载《北京史论文集》第 2 集；《市文物局资料信息中心藏北京地区出土墓志拓片目录》，载《北京文博》1996 年第 1 期；《光绪顺天府志》卷一百二十八《金石志二·历代上》；《八琼室金石补正》卷七十五《故幽州大都督府兵曹参军陈君墓志铭并序》。

花严坊：周夫人墓志并盖：唐宪宗元和三年（808 年）七月五日终于花严坊私第。楷书，无撰书人。

1970 年出土于北京广安门外马连道商场门前。

——鲁琪：《唐幽州城考》，载《北京史论文集》第 2 集；《市文物局资料信息中心藏北京地区出土墓志拓片目录》，载《北京文博》1996 年第 1 期。

辽西坊：唐姚季仙墓志：以唐懿宗咸通四年（863 年）三月廿二日卒于辽西坊私第。

1972 年出土于北京阜成门外甘家口。

——鲁琪：《唐幽州城考》，载《北京史论文集》第 2 集。

铜马坊：唐郎氏夫人墓志：唐宣宗大中元年 847 年十一月而遘疾焉，十二月十日终于铜马坊私第。

——罗振玉：《京畿冢墓遗文》卷下。

---

① 按：此为陆氏夫妻合葬墓的墓志。其妻王氏先逝，以元和元年（806 年）葬。陆氏后逝于元和九年（814 年）葬于刘村之原，再后于唐宣宗大中十二年（858 年）迁其妻王氏合葬于刘村。

蓟北坊：濮阳卞氏墓志铭：康熙辛酉（1681年），西安门内有中官治宅掘地，误发古墓……志文曰："贞元十年（794年），岁次己卯，七月癸卯朔，夫人寝疾，卒于幽州蓟县蓟北坊。

——《日下旧闻考》卷三十七《京城总纪》。

大唐幽州蓟县界蓟北坊檀州街西店弟子刘师弘、何惟颇、侯存纳、贾师克等造大般若石经两条……唐懿宗咸通二年（861年）造。

——《房山石经题记汇编》，书目文献出版社1987年，第174页。

燕都坊：桑氏墓志：唐宪宗元和八年（813年）冬十月二十九日考终命于燕都坊之私第。

1951年出土于北京东城区东单御河桥。

——鲁琪：《唐幽州城考》，载《北京史论文集》第2集；《市文物局资料信息中心藏北京地区出土墓志拓片目录》，载《北京文博》1996年第1期。

唐蔡氏夫人墓志：唐武宗会昌六年（846年）十月三十日属纩于幽州蓟县燕都坊之私第。

1976年出土于北京地安门西大街北海中学楼前。

——鲁琪：《唐幽州城考》，载《北京史论文集》第2集。

军都坊：唐王晟与夫人张氏合祔墓志：唐懿宗咸通十一年（870年）庚寅岁夏六月二日属纩于蓟县军都坊之私第。

行书，许舟撰。

清道光十一年（1831年）出土于北京西直门外。

——鲁琪：《唐幽州城考》，载《北京史论文集》第2集；《市文物局资料信息中心藏北京地区出土墓志拓片目录》，载《北京文博》1996年第1期；《光绪顺天府志》卷一百二十八《金石志二·历代上》。

招圣里（坊）：唐崔载墓志：唐宪宗元和十四年（819年）五月二十三日遘疾，终于幽州蓟县招圣里之私第。

楷书，成表徽撰。

清乾隆三十八年（1773年）出土北京西城区旃檀寺西。

——鲁琪：《唐幽州城考》，载《北京史论文集》第2集；《市文物局资料信息中心藏北京地区出土墓志拓片目录》，载《北京文博》1996年第1期。

归仁里（坊）：唐任希墓志：唐德宗贞元己巳岁（五年，公元789年）十二月二十日奄化于蓟县归仁里之私第。

1972年出土于北京西城区羊肉胡同西口。

——鲁琪：《唐幽州城考》，载《北京史论文集》第2集。

东通阓里（坊）：唐乐邦穗墓志：唐僖宗中和二年（882年）终于蓟县界东通阓里之私第。

1949年出土于北京石景山庞村。

——鲁琪：《唐幽州城考》，载《北京史论文集》第2集。

劝利坊：唐清河张氏墓志：唐懿宗咸通四年（863年）正月二十日寝疾，至五月二十四日殁于幽都县界劝利坊私第。

——罗振玉：《京畿冢墓遗文》卷下。

时和里（坊）：唐南阳郡张氏墓志：唐宣宗大中二年戊辰岁（848年）在五月三日，谢于幽都县界时和里之私第。

——鲁琪：《唐幽州城考》，载《北京史论文集》第2集。

遵化里（坊）：唐故夫人郑氏墓志：以唐德宗贞元二年（786年）己巳终于幽都县遵化里之私第。

1972年4月出土于北京房山区焦庄。

——鲁琪：《唐幽州城考》，载《北京史论文集》第2集。

善化寺，在旧城（按：元朝在今址筑大都城，西南的辽金旧城址即唐幽州城叫旧城，又叫南城）。有唐僖宗中和三年（883年）九月……兴禅寺上座僧文贞撰述唐幽州善化院故禅尼大德实行录，其略曰：[禅尼]大德以唐宣宗大中十二年（858年）春来燕……侍中张公崇敬，别卜禅居于遵化坊吉地，开辟梵宇，俨似莲宫，奏请赐额为善化。

——《元一统志》卷一《古迹》。

平朔里（坊）：唐高行晖墓志并盖：唐代宗大历元季（766年）七月二十九日终于幽州平朔里之私第。

1965年出土于北京朝阳区高碑店。

——鲁琪：《唐幽州城考》，载《北京史论文集》第2集；《市文物局资料信息中心藏北京地区出土墓志拓片目录》，载《北京文博》1996年第1期。

侯元知墓志：唐宪宗元和二年（807年）二月二十八日属纩幽都县平朔坊之私第。楷书，路愈述。

1969年出土于北京西直门南城墙。

——鲁琪：《唐幽州城考》，载《北京史论文集》第2集；《市文物局资料信息中心藏北京地区出土墓志拓片目录》，载《北京文博》1996年第1期。

归化里（坊）：周元长墓志：唐文宗开成三年（838年）终于幽都县归化里。楷书，李掖撰并书。

1955年出土于北京西城区旃檀寺西街。

唐常俊墓志：唐代宗大历十四年（779年）逝于辽西县① 归化里之私第。楷书，康济撰并书。

民国初年出土于北京西直门外。

——鲁琪：《唐幽州城考》，载《北京史论文集》第2集；《市文物局资料信息中心藏北京地区出土墓志拓片目录》，载《北京文博》1996年第1期。

九、北京隋、唐的寺院

（1）智泉寺、悯忠寺

后魏（按：即北魏）尉使君寺，建于[东魏孝静帝]元象元年戊午（538年），幽州刺史尉长命造，后改为智泉寺。[唐]武则天时改为大云寺。[唐玄宗]开元中改为龙兴寺。在悯忠寺（今北京法源寺）前，隋造塔藏舍利处。

隋舍利塔，建于[隋文帝]仁寿二年壬戌（602年）正月初。文帝为太子时，有梵僧以释迦佛舍利遗之，至登极，敕天下大州建舍利塔。时幽州节制（按：当时

---

① 《旧唐书·地理志二》幽州条记云：唐德宗建中二年（781年）取幽州罗城内废燕州廨署，置幽都县。同书燕州条复云：唐燕州本是隋辽西郡，原寄治于营州（今辽宁朝阳）后改为燕州总管府，领辽西、泸河、怀远三县。武德六年（623年）南迁，寄治于幽州城内（今北京）。唐玄宗开元二十五年（737年）移治于幽州城北桃花谷。又云：辽西县，州所治也。因此，所谓辽西县，原与燕州廨署均在一处，开元二十五年（737年）从幽州罗城内迁出后，建中二年（781年）置幽都县。唐代宗大历十四年（779年）时辽西县虽已迁出，但幽都县尚未设立，所以仍旧使用旧称为辽西县，实则即后来的幽都县，在蓟城内外西侧。

② 智泉寺今无考，但应在今法源寺紧邻。

为幽州总管）窦抗造五层木塔，扃舍利于其下。至唐文宗太和八年（834年）塔灾。宣宗大中丙寅（按：大中只有丙子、戊寅年，无丙寅），得石函于故基下，移置于悯忠寺多宝塔下。僖宗中和壬寅（二年，公元882年），又灾，延烧悯忠寺，楼台俱焚。昭宗景福壬子（元年，公元892年），迁舍利于阁内。

——《春明梦余录》卷六十六《寺庙》。

《隋国立佛舍利塔诏》：朕归依三宝，重兴圣教，思与四海之内一切人民俱发菩提，共修福业，使当今见在，爰及来世，永作善因，同登妙果。宜请沙门三十人谙解法相兼堪宣导者，各将侍者二人并散官各一人、熏陆香一百二十斤、马五匹，分道送舍利往前见诸州起塔①。其未注寺者，就有山水寺所起塔，依前山。旧无山者，于当州内建立其塔，所司造样送往当州。僧多者三百六十人，其次二百四十人，其次一百二十人。若僧少者，尽见僧。为朕、皇后、太子［杨］广、诸王子孙等及内外官人、一切民庶幽显生灵，各七日行道并忏悔。起行道日打刹，莫问同州异州，任人布施，钱限止十文以下，不得过十文。所施之钱，以供营塔。若少，不充役正丁及用库物。率土诸州僧尼普为舍利设斋，限十月十五日午时，同下入石函。总管、刺史以下，县尉以上，自非军机停常务七日，专检校行道及打刹等事，务尽诚敬副朕意焉。主者施行。

仁寿元年（601年）六月十三日内史令、豫章王、臣［杨］暕宣。

——《广弘明集》卷十七《佛德篇》。

仁寿元年（601年）六月，颁舍利于诸州。

——《册府元龟》卷五十一《帝王部·崇释氏一》。

《庆舍利感应表》并答 隋安德王雄百官等

臣雄等言：……去夏六月，爰发诏旨，延请沙门奉送舍利于三十州，以十月十五日同时起塔……仁寿二年（602年）正月二十三日，复分布五十一州建立灵塔，令总管、刺史以下，县尉以上，废常务七日，请僧行道教化打刹，施钱十文，一如前式。期用四月八日午时，合国化内同下舍利，封入石函。所感瑞应者别录如左：恒州、瀛州、黎州、观州、魏州、秦州、兖州、曹州、晋州、杞州、徐州、邓州、安州、赵州、豫州、利州、明州、卫州、洺州、毛州、冀州、宋州、怀州、汴

---

① 隋文帝所指定诸州寺为：雍州仙游寺、岐州凤泉寺、泾州大兴国寺、秦州静念寺、华州思觉寺、同州大兴国寺、蒲州栖岩寺、并州无量寿寺、定州恒岳寺、相州大慈寺、郑州定觉寺、嵩州嵩岳寺、亳州开寂寺、汝州兴世寺、泰州岱岳寺、青州胜福寺、牟州巨神山寺、隋州智门寺、襄州大兴国寺、扬州西寺、蒋州栖霞寺、吴州会稽山寺、苏州虎丘山寺、衡州衡岳寺、桂州缘化寺、番州灵鹫山寺、交州禅众寺、益州法聚寺、廓州连云岳寺、瓜州崇教寺。

州、洛州、幽州、许州、荆州、济州、楚州、莒州、营州、杭州、潭州、潞州、洪州、德州、郑州、江州、兰州、慈州、廉州、雍州、泉州、莱州、寿州、显州、梁州、贝州、循州、沧州、齐州、信州、陕州……幽州表云：三月二十六日于弘业寺（传说是今北京广安门外天宁寺）①安置舍利石函，始磨两面，以水洗之，明如水镜，内外相通，紫光焰起，其石班驳，又类玛瑙，润泽炫耀，光似琉璃；至四月一日起斋行道，至三日亥时舍利前焚香供养，灯光照庭，众星夜朗，有素光舒卷在佛舆之上；至八日舍利入函，自旦及辰，函石现文仿佛像有菩萨，光彩纷藻，又似众仙，其间鸟兽林木诸状，不惑者众，实难详审，其有文理，照显分明，今画图奉进。

——《广弘明集》卷十七《佛德篇》。

唐肃宗至德二载（757年）《悯忠寺宝塔颂》

范阳郡悯忠寺　御史大夫史思明奉为大唐光天大圣文武孝感皇帝敬无垢净光宝塔颂

范阳府功曹参军兼节度掌书记张不矜撰

承奉郎守经略军胄曹参军苏灵芝书

惟唐绍统兮岁作噩，天宅幽都兮镇戎索。彼命启于禅虞，继凤举而龙跃。驭闾阎而朝南面，服日月而升宝殿。在璇衡以正乾坤，握金镜兮临宇县。东宅四水，西都八川。天应景福，亿万斯年。神祇胼胝而丕佑，风化洋溢而昭宣。凝心姑射，既迈黄轩之理；端思真境，高抚洪崖之肩。迥出三界，超居四禅。我御史大夫忠而孝，愍而贤，裨我唐祚，崇斯福田。昔在棘城，结愿已修于宝塔；属兹板荡，除恶务静于幽燕。开拓郡县，驰突戈铤，咸荷威力，扫逆靖边。树兹幢相，游刃忘筌。割净资以檀舍，施珍俸于慈缘。爰居爰处，载询载度，薙金界于祇园，择伽蓝之胜托。征郢匠，稽朴斲，具钩绳，备丹䁋。才生明而畚锸攸萃，月贞明而陶旊斯作。暨峻砌而崛起堂皇，聚桢干而上干寥廓。尔其庀徒有节，力工维时。隐金槌以雷动，走瓴甋以星驰。椓之登登，斗拱磊落以扶卫。筑之阁阁，甍甓䰞罗而缉熙。骈密石以疏趾，齐玉珰以镇陲。斑闲布白，九隅八维，风伯雨师叩灵坛而请命；雷公电女，

---

① 耶律楚材：《湛然居士文集》卷八《燕京崇寿禅院故圆通大师朗公碑铭》："师讳祖朗，姓李氏，蓟州渔阳人。九岁出家，礼燕京大圣安寺圆通国师为师。［金世宗］大定十三年，京（按：指金中都，今北京）西弘业寺受具。至二十一年改弘业寺为大万安禅寺，有司承制，师充知事。"《长安客话》卷三《郊坰杂记·天宁寺塔院》："按：《神州塔传》：隋仁寿间幽州弘业寺建塔藏舍利即此。唐开元间，改额天王寺。元末兵燹荡尽。我文皇在潜邸（按：指洪武时明成祖朱棣为燕王驻北平），命所可重修。姚广孝退自庆寿，曾居焉。宣德间敕今名。"《帝京景物略》卷三《城南内外·天宁寺》："释迦舍利珠，八斛四斗。其三之一，住人间也。阿育王置塔八万四千，东震旦得塔十九，其粒不可得计也。康僧会恩佛，七日得七。昙荣恩之，自三粒至三百粒。隋文帝遇阿罗汉，授舍利一裹，与法师昙迁数之，数多数少莫能定。乃七宝函，致雍、岐等三十州，州各一塔。天宁寺塔，其一也……塔前一幢，隋开皇中立。书体遒美，杨升庵云：最似欧、褚笔法。寺在唐开元名天王寺，［明］正统始名天宁。或曰：京师古幽州也，隋所建塔藏舍利者，幽之弘业也。幽今无弘业，天宁之先，又不为弘业，意者志佚也。志佚之，安知弘业不为天宁也。"

拥仙座以忘疲。熠如聚雁，赫若奔螭。岌嶪天假，髣像神资。千甍枊比以攒构，万塔陵竞而护持，观其扛重肩披藻井。鸿蒙异状，口窣咤灵影，霞矫云蔚，阳舒阴静，游三界而须臾，视一劫而俄顷。示大方便，开大法境，闻偈而刀轮折锋，承风而火穽收猛。巍若蜃楼之孤秀，皎类扶桑之映迥。莲花吐日，攒太华之三峰；香炉抱云，蠡庐岩之一顶。若乃八部经行，万方委辂。离火宅，启梡喻。鱼贯争上，雁行齐赴。隨穹崇，陟迴护。嗜真如者抟级，聚武而局行；慕释猷者阤虚，悉倅而徐步。攀棼橑以失视，援井干以增惧。龙象翕赫，扶樽枦而畜威；鬼神睢盱，扪赪壁以舍怒。将以经启万祀，永代作固。置咒于梵刹之中，释网于毗耶之路。启招提之胜果，祛樊笼之缁蠹。行善者技痒而争趋，为恶者震栗而忧怖。逗塔影者洽背而魂悚，闻铃者叩顶而心注。是用敬我天威，保我唐祚。彼幢相之邀福，苟无疆之率裕也。客有叩虚幕府，忝掾神州。愧三语之默对，归八解之禅流。岢然宝塔，永赞鸿猷。护鹅珠以守戒，持鸽珍以精修。刻字金版，垂芳朔幽。云行雨施，自公乃侯。永锡难老，厥德允修。恭察视之严命，敢不拜扬王休。

至德二载十一月十五日建。

——《金石萃编》卷九十一《唐五十一·悯忠寺宝塔颂》；《日下旧闻考》卷六十《城市·外城西城二》。

苏灵芝行书宝塔颂，今在京师悯忠寺。碑称御史大夫史思明奉为大唐光天大圣文武孝感皇帝记，至德二载（757年）十二月，贼将伪范阳节度使史思明以其兵众八万与伪河东节度使高秀岩并表送降。三载正月，上皇御宣政殿，册皇帝尊号曰光天文武大圣孝感皇帝。二月，大赦天下，改至德三载为乾元元年（758年）。今此碑建于二载十一月，而已称尊号，又以大圣移在文武之上，与史不合。后至燕谛观此碑，前行"大唐光天大圣文武孝感皇帝"及中间"唐"字"史思明"字，类磨去重刻者，石皆凹；而首行悯忠寺上原只二字，今改"范阳郡"三字。盖思明复叛之后磨去之。及思明诛，此地归唐，后人重刻者也。此碑书丹于石，故以左为前。

——《金石文字记》转引自《日下旧闻考》卷六十《城市·外城西城二》。

朱彝尊原按：是碑陷文甚多，改刻者不特《金石文字记》所云十八字而已。内如"唐绍统"三字，"宅幽都"三字，"命启与禅虞"及下文"继"共六字，"东宅四水西部八川"八字，"唐祚"二字，"除恶务尽"四字，皆凿去重刻者。考思明之降，在至德二载十二月。至明年正月肃宗始加尊号，二月乃赦天下，改元。碑既建于二载十一月，不应预书尊号。又思明初附，肃宗授以归义王，若碑建于降后，宜大书王爵，不应只称御史大夫。然则是碑之建，盖在思明未降唐之先矣。禄山僭称范阳为东都，范阳郡三字其必东都二字也。文中犯唐字其出必为燕字也。安庆绪僭袭，赐思明姓名为安荣国。史思明三字，其初必安荣国也。大唐一行，其初必禄山父子伪号。而其余陷文皆谀伪逆之辞而改刻者也。碑文以左为前，金石文字记谓书丹于石之故。疑从禄山俗尚，未可定也。当日思明降而复叛，既诛之后，唐人见其碑，踣之唯恐不力，安有反勒其名于石者？此又事之所必无者也。

——《日下旧闻考》卷六十《城市·外城西城二》。

唐武宗会昌六年（846年）采师伦书《重藏舍利记》：舍利本大隋仁寿四年甲子岁（604年）幽州刺史、陈国公窦抗于智泉寺创木浮屠五级，安舍利于其下，即子城东门东百余步大衢之北面也。原寺后魏元象元年戊午岁（538年）幽州刺史尉长命造，遂号尉使君寺，后改为智泉寺。至大唐则天时改为大云寺，开元中又改为龙兴寺。[唐文宗]太和甲寅岁（八年，公元834年）八月二十日夜，忽风雨暴至，灾火延寺，浮屠灵庙，飒为烟烬。洎会昌乙丑岁（五年，公元845年），大法沦坠（按：指唐武宗会昌灭佛），佛寺废毁，时节制司空清河张公（按：指节度使张仲武）准敕于封管八州内寺留一所，僧限十人。越明年（846年）有旨再崇释教，僧添二十，置胜果寺，度尼三十人。秋八月二十一日，因板筑，于废寺火烧浮屠下得石函宝瓶舍利六粒，及异香玉环银扣等物。伏遇司空固护释门，殷诚修敬，仍送悯忠寺供养，俾士庶瞻礼。至九月二十八日藏于多宝塔下。会昌六年（846年）九月。

朱彝尊原按：是碑建自唐会昌六年，文称舍利旧藏智泉寺，寺经始于元魏幽州刺史尉长命，故又号尉使君寺……其曰节制司空清河张公，则仲武也。当武宗诏毁佛寺，地分三等，幽州居上，许留僧二十人，寻又诏诸道留二十人者减其半。故碑云敕于封管八州内寺留一所，僧限十人。至是年（按：指会昌六年）宣宗即位，遂弛其禁。先是，智泉寺已毁，遂以舍利归悯忠寺焉……

[乾隆时]臣等谨按：采师伦所书《重藏舍利记》今无考。

——《日下旧闻考》卷六十《城市·外城西城二》。

唐昭宗景福元年（892年）《重藏舍利记》：
□街内殿讲论兼应制大德沙门南叙述，僧知常书。

兹舍利者，昔隋文帝潜龙日，有梵僧自印土至，授舍利一瓶，曰："此释迦佛遗形耳，檀越可为主。"洎登宝位，年号开皇。至廿年改仁寿。至仁寿二年壬戌（602年）正月，敕天下大州一百处[建]舍利塔。时幽州节制窦抗创造五层大木塔，饰以金碧，扃舍利于其下。至大唐文宗皇帝大和八年甲寅（834年），经二百卅三年，天火焚塔。迄后五六年间，武皇乃[废]释教。至宣宗初登宝位岁在丙寅（846年）敕修废蓝，将兴畚□，得石函于故基下。时旌麾清河公（按：指节度使张仲武）晓示人天尊□令供施，迁藏于悯忠寺多宝塔下，复经卅三载，[唐僖宗]中和[二]年岁在壬寅（882年），又值火灾，延悯忠寺，楼台俱烬。旋遇燕□淘汰空侣，不期年,陇西令公大王(按:指节度使李可举。李可举本回鹘阿布思部,故称陇西令公)大庇生灵,巨崇像设,舍己俸禄,造观音阁,横贯妙丽,逾于旧贯。寺僧复严陈力化,导塑观音像,当景福壬子(892年)佥欲迁舍利于阁内,乃陈辞上渎,请发封壤,上许之。即是年六月,徒侣云萃,各竭其诚,尘埃曜灵,香垒人手,未淹食顷,俄逢巨函,缝印香泥,记镌贞石,由是撤其盖,发其缄,舍利光芒,异香郁裂,寻录状捧金函诣子东门上献旌幢。中权后营皆澡[身]沐心,通宵瞻礼,重叠儴施,复还本寺,显示城隍道俗□。黄金瓶如䵂麦(按:大麦)量,内藏一粒,仁寿舍利也;二粒在塔□内;又二粒在小金盒子内;又九十粒如银粟状,在琉璃瓶内;玉环二发七综,金铜棺椁,异香钗钏等。今又有两粒舍利,光彩甚莹,在银结绦琉璃瓶内,即故临坛大德明鉴平昔随身供养,临终授弟子栖忍,今同收函内。矧夫睥日久殁,遗形尚留,为福人天,坚固不坏,幸遇王臣信重正法,兴隆同于宝坊,载礼金骨,而今而后,何年更逢!匪独人心浇漓,抑亦时侵末法,重闷于此观音像前,谷变陵摧,犹凭刊石记曰:大燕城内(今北京),地东南隅,有悯忠寺,门临康衢,中有宝阁,横云巢虚,阁有巨像,观音圣躯。当像之前,缄于舍利,外石函封,内金函閟,填以异香,杂以珍器,用记岁月,景福壬子(892年)。

葬舍利 僧复严

景福元年(892年)十二月十八日记 僧守因 镌。

寺众僧等:

□□□浚 念诵大德义盦 律大德公弁 律大德宏绍 僧宗楚 僧鸿彻 僧行信

僧行约 僧师泰 僧元之 僧元爽 僧思贤 [僧] 师教 僧庆宾 僧公信 僧可诚 僧□涉

上座僧般裕都维那僧师诫。

《金石文字记》云:舍利塔一燔于[唐文宗]大和八年(834年),一烬于[唐僖宗]中和二年(882年),至是(景福元年)僧严葬舍利于悯忠寺观音像前。碑中所云陇西令公大王者,李匡威也。匡威欲迁舍利于阁内,至拜疏于朝,请发封壤,诏可而后行。当时崇重法宝如是。

《曝书亭集》云:右唐景福元年(892年)僧复严葬舍利于悯忠寺。是岁李克用、王处存合兵攻王镕,李匡威救之……碑称欲迁舍利于阁内,乃陈辞上渎,请发封壤,上许之。盖匡威方恃燕蓟劲旅,有雄天下意,宜有请无不许者。

《潜研堂金石文跋尾》云:碑云陇西令公大王者,朱锡鬯(即朱彝尊)以为李匡威。以余考之,匡威之立在光启二年八月,岁在丙午,而碑称中和二年,岁在壬寅,值火灾,延悯忠寺楼阁俱烬。又云,不期年陇西令公大王舍俸造观音阁。则造阁之时匡威尚未建节,所云陇西令公者当是李可举耳。

——《金石萃编》卷一百十八《唐七十八·悯忠寺重藏舍利记》。

悯忠寺者，悯战亡将卒，以蜡封骼胔为无所知，复借资冥冥，慰其死忠魂魄也。唐史称，贞观十八年（644年），太宗以张亮、李世勣为行军大总管，诏亲战高丽。十九年（645年）七月，攻安市不下，诏班师。十月，帝还至营州，诏战亡士卒遗骸集柳城，帝自为文祭之，临哭尽哀。抵幽州，复作佛寺，以资冥福，赐名悯忠寺。有高阁著闻，故志称悯忠阁也。谚云："悯忠寺阁，去天一握。"自贞观至今，九百八十七年，寺非复旧。高阁者，其址竟无，只三断碑，砌今殿壁间。一碑上半断裂，可读者，其下段字，有净光宝塔颂，有［唐肃宗］至德二载（757年）十月十五日建，有参军张不矜撰、参军苏灵芝书。苏灵芝者，李北海自镌名也。文书石，不书丹，故从左读。有御史大夫史思明名。夫然，寺尝塔矣。一碑下半断裂，可读者，其上段字，有燕京大悯忠寺观音地宫舍利函记，有金大安十年（按：误，当为辽大安十年，公元1094年）沙门善制撰。一碑也全，而剥其字殆尽，不可读。其年月处又剥，字惟有重藏舍利函记，采师伦书，则塔且舍利矣。寺经我明正统七年（1442年）重修，改额"崇福"，有翰林院侍诏陈赟碑。［明］万历三十五年（1607年）又修，有谕德公鼐碑。至万历四十六年（1618年），镇江大会和尚，开律堂寺中，依式说戒，受者数百人，注菩萨忏，未竟而公卒。于斯时，寺几可复兴之，而中废，注未竟者，亦不复传。其在今无阁、无塔、无舍利，寺直仅存。然而，战亡将卒，其悯之及其身后且千年，无如贞观东征将卒者。

——《帝京景物略》卷三《城南内外·悯忠寺》。

（2）云居寺和石刻经卷

幽州沙门释智菀，精练有学识。隋［炀帝］大业中，发心造石经藏之，以备法灭。既而于幽州北山（今房山西南白带山），凿岩为石室，即磨四壁，而以写经，又取方石，别更磨写，藏诸室内。每一室满，即以石塞门，用铁锢之。时隋炀帝幸涿郡（今北京），内史侍郎萧瑀，皇后之同母弟也，性笃信佛法，以其事白［皇］后。后施绢千匹及余钱物，以助成之。瑀亦施绢五百匹。朝野闻之，争共舍施，故［智］菀得遂其功。菀尝以役匠既多，道路奔凑，欲于岩前造木佛堂，并食堂寝屋，而念木瓦难办，恐分费经物，故未能起作。一夜暴雨，雷电震山，明旦既晴，乃见山下有大松柏数千株，为水所漂流积道次。山东少材木，松柏尤稀，道俗惊骇，不知来处。推寻踪迹，逐自西山，崩岸倒木，飘送来此。于是远近叹服，谓为神助。菀乃使匠择取其木，余皆分与邑里。邑里喜悦，而共助造堂宇，顷之毕成，皆如其志焉。菀所造石经已满七室，以［唐太宗］贞观十三年（639年）卒，弟子犹继其功。

唐临注：殿中丞相玄奖、大理丞采宣明等皆为临说云耳。临以十九年从车驾幽州，问乡人亦同云耳,而以军事不得之①。

——唐临:《冥报记》卷上《隋释智苑》,中华书局1992年标点本。

唐玄宗开元二十八年(740年)王守泰:《记石浮屠后》

大唐开元十八年(730年)金仙长公主为奏圣上,赐大唐新旧译经四千余卷,充幽府范阳县(今河北涿州)为石经本。又奏,范阳县东南五十里上垡村、赵襄子淀中麦田庄并果园一所及环山林麓,东接房南岭,南逼他山,西止白带山口,北限大山分水界,并永充供给山门所用。又委禅师元法岁岁通转一切经,上延宝历,永福慈王,下引怀生,同攀觉树。粤开元廿八年庚辰岁朱明八日,前莫州吏部常选王守泰记山顶石浮屠后

送经京崇福寺沙门智升

检校送经临坛大德沙门秀璋

都检校禅师沙门元法

同前系

独树村(今北京房山区独树村)磨碑寺

东至道南至河西至河北至山四至分明,永泰无穷

《金石文字记》:[碑]今在房山县,记金仙公主奏赐译经四千余卷并范阳县东南五十里上垡村、赵襄子淀中麦田庄并果园一所及环山林麓。

按:前云开元十八年(730年)金仙长公主为奏圣上云云。《唐书·公主传》:睿宗第九女金仙长公主始封西城县主,景云初进封,太极元年(712年)与玉真公主皆为道士,以方士史崇元为师。当开元时,公主既为道士,未尝进封长公主。此称长公主,后又有御书神道碑,亦称长公主。盖皆以玄宗之妹而尊称也。疆域之分四至八到,始见于《元和郡县志》,继见于《太平寰宇记》。后之撰地志者皆因之。此以寺记而后列东西南北云四至分明,后人田宅署券亦同此式,盖仿于此也。刻记之所碑无山寺主名,但云石浮屠后;又云环山林麓,西至白带山口,而文前云赐大唐新旧译经四千余卷为石经本。考《畿辅通志·山川》卷内有石经山在房山县西南五十里,引《隋图经》云:智泉寺僧[静]琬见白带山有石室,遂发心书经十二部,刊石为碑;又引《逃虚子集》云:石经贮于岩洞者七,穴地者二。洞以石门闭之,穴以浮屠(即塔)镇之;又引《帝京景物略》云:房山县西南有山曰白带山,生芯题草,又曰芯题山,藏石经者千年,故曰石经山。北齐南岳慧思大师发愿刻石藏,座下静琬承师嘱,自隋大业迄唐贞观,大涅盘经成,其夜山吼,生香树三十余本。六月,

---

① 原注:《涵芬楼秘籍》本误释"玄奘"为"玄契",岑仲勉:《唐唐临冥报记之复原》(载《历史语言研究所集刊》第十七本)所据的是秘籍本,说:"'玄契',《法苑珠林》两本正作'玄奘',《旧唐书》卷一百九十九上及神龙间《平真客碑》同。唯《法苑珠林》讹'里'为'李',贞观十七年官司农丞。采宣明官至给事中、刑部侍郎,见《姓纂》六。"

水浮大木千株至山下，构云居寺焉。唐金仙公主修之。山上雷音洞高丈余，四壁刻经；又《仙释》卷内载：静琬访求名胜，至白带山，见峰峦灵秀，遂采石造十二部石经，因构云居寺。明皇（按：即唐玄宗）第八妹金仙公主增修之；又《寺观》卷内载：云居寺在房山县石经山下，寺有唐开元十年（722年）石浮屠铭，二十八年（740年）山顶石浮屠后记，今并存。南麓即西天寺，塔下有石经窟，其后则香树林。据此知此碑在房山县石经山云居寺也。金仙公主本睿宗第九女而云明皇第八妹者，安兴昭怀公主早薨不在数内也。碑云奏赐译经充幽州范阳县为石经本者，今之房山县在唐时为良乡县，属幽州。而碑云幽州范阳县即今之涿州（今河北涿州），隋时为涿县，属涿郡（按：即汉、唐时代的幽州，今北京）。唐武德七年改范阳县为涿州治。良乡（今北京房山）、范阳两县接壤，想当开元时白带山在范阳［县］境，而范阳［县］又属幽州，唐志所未晰也。

——《金石萃编》卷八十三《唐四十二·记浮屠后》；
《日下旧闻考》卷一百三十一《京畿·房山县二》。

唐宪宗元和四年（809年）刘济：《涿鹿山石经堂记》

我唐十有一叶，皇帝继明昭宣，光披四海，神人以和。逮今己丑岁（809年），凡五祀矣。方隅守臣，乐其修明，天地大德，罔知攸报。济封内山川有涿鹿山石经者，始自北齐，至隋沙门静琬，睹层封云迹，因发愿造十二部石经。至国朝贞观五年（631年）涅盘经成。其夜山吼三声，生香树三十余本。其年六月，瀑水浮大木数千株于山下，遂构成云居寺焉。既而玄宗开元圣文神武皇帝第八妹金仙长公主特加崇饰，遐迩之人增之如蚁术焉。有为之功，莫此而大。济遂以俸钱为圣上刻造大般若经，以今年四月功就，亲与道俗斋会石经峰下。餰等香积而法云霭空，会同华严而花雨满地。金篆玉版，灿如龙宫。神光曜日，宇宙金色。于是一口作念，万人齐力，岩壑动，鸾凤翔，或推之，或挽之，以跻于上方，缄于石室。必使刦火烧而弥固，桑田变而不易。或资圣寿，寿愿比于崇山；缄于石经，经愿延于沙界。鸿祚景福，圣寿无疆。幕府众君子同称赞之。时元和四年四月八日记

唐文宗太和九年《何筹律大德道行碑略》

大德讳真性，涿郡范阳人（今河北涿州）。元和中廉察使相国彭城刘公慕其高行，亟请临坛。暨太和九祀，方伯司徒史公之领戎也，益倾南望之诚，兼陈北巷之敬。奇香异药，上服命衣，使命往来，难可称计。以其年季秋示寂于本寺东院，上足仲说、恒智、鉴真、惠增、志千、文展、宝定等七人，感师之教，焚棺于碧岫之阳，起塔于清流之左，议刻贞岷，记其盛德。俄属先朝大兴沙汰（按：指唐武宗会昌灭佛），寺皆毁废，僧遁林岩，泊佛法重兴（按：指宣宗即位，更兴佛法），屡更星岁，七人之内，惟宝定存，乃与寺主僧弘信再议崇立焉。

朱彝尊按：碑称廉察使相国彭城刘公者，节度使刘济也。其曰方伯司徒史公者，留后史元忠也。

——《日下旧闻考》卷一百三十一《京畿·房山县二》引《吉金贞石志》。

石经山在房山县西南五十里。隋大业中，法师静琬居此，募工凿石，愿刻佛经一藏。至唐贞观中，仅了大涅盘经，而琬化去。其徒相继，至女真（按：指金朝）得中原始卒业。贮洞者七，贮穴者二。洞则键以石门，穴则镇以浮屠。［明初］洪武间，上遣高僧道衍（原注：即姚广孝）来观。

石经山峰峦秀拔，俨若天竺，因谓之小西天。寺在云表，仅通鸟道，曰云居寺。迤南三里有石级，长里许，级尽，东折为雷音殿（又称雷音洞）。四壁镌梵语，悉隋唐人所书。复有洞七，即知苑（按：又记作静琬）藏石刻处也。

石经山有五台，登南台下视，诸峰罗列，如群弟子侍立。东瞻沧海，渺在天际，西望三关，太行出没云气间，真胜览也。其四台亦远近相望，皆在小西天绝顶云。

从南台而下，山麓间有寺曰西峪寺（按：即云居寺）。寺东溪水，阔可五丈，水声潺潺，若风雨骤至者，五台僧皆穴处，游人不可留，多憩此寺。

——《长安客话》卷五《畿辅杂记》"石经山"；"小西天"；"西峪寺"。

（一）

云居寺在河北省房山县（今属北京）西五十多里的白带山（涿鹿山）中，是隋唐以来历代河北地区的佛教胜地，其中的石刻佛经是很重要的文物。

云居寺创始于沙门静琬，唐人记载，贞观时暴水浮下大木数千株，因构筑云居寺①。开元、天宝前后，由于静琬弟子几代的经营，云居寺是十分兴盛的。五代以后，历经兵火，辽、金、元都曾重加修整②。明代虽没有大的工程，但清初康熙时又重事修建③。直到七七事变，日寇侵入中国，1940年前后，完全被炮火所破坏，除北塔孤立而外，其余建筑物现已全被毁掉了。

云居寺在石经山的西沟中，因此也叫西峪寺。东沟三岔村东北，辽、金也曾建寺，叫做东峪寺（今已无遗址可寻）。山南正中，通今天的下庄村，沟中也有寺，辽、金以来叫做中峪寺（下庄西北半里有很多残石幢，俗呼罗汉堂，不知是否为中峪寺遗址？）④。今所存者，仅西峪寺遗址一处，中峪、东峪两寺，什么都看不到了。

（二）

云居寺有几千块古代的佛经刻石。据文献和石经的记载，自隋大业中静琬开始

---

① 《大正藏》卷五十一《史传部》唐临：《冥报记》。
② 王正：《重修云居寺一千人邑会之碑》，元沙门雪洞法祯：《大都房山县小西天云居禅寺藏经之记》。
③ 康熙三十七年：《重修范阳白带山云居寺记》。
④ 艺风堂金石文字目：《辽金元石幢题记》。

刻经,唐贞观十三年死,三十年中所造经已满七室①。其后门人道公、仪公、暹公(惠暹)、法公(玄法)五代,都相继刻经②。玄宗时曾颁赐佛经四千余卷。派智升送来,作石经底本③,同时其他助资造石经人的刻石也很多④。辽代续刻石经,完成四大部。[辽]道宗时又造石经四千多片,于天庆七年(1117年)埋在云居寺石塔底下⑤。金[朝]沙门见嵩又续造石经⑥。天眷三年(1140年)又造石经二十六种,埋在云居寺地下⑦。元[朝]至正元年(1341年)高丽僧人慧月、达牧等曾补刻石经⑧。到明、清两代,也有少许的佛经刻出⑨。

这些石经完全藏在云居寺东峰石经山的九个洞内,和埋在云居寺的地下。

石景山也叫做"小西天",山腰部凿上下两层石窟,下层有两窟,上层有七窟,除第五窟(雷音洞)石经嵌砌壁上外,其余各窟[石经版]完全堆满室内。每窟都不下几百块,大小不一,有的长2.18公尺、宽54公分;有的长1.52公尺、宽69公分。除雷音洞无石门外,其余各洞俱有石门固封着。但以石门上部窗棂多被破坏,所以有些石经被打破,扔在洞外。

这九个藏经洞中,最早的是雷音洞——第五洞,洞内有四石柱,柱上刻千佛,[洞]四壁嵌以石经。北壁"法华经"三十八块,其中十块被揭下。南壁三十八块,其中"温室洗浴众僧经"一块,有"元和四年郑十一娘"题名的已遗失。"弥勒上生经"和"胜鬘狮子吼经"中的一块,为元代补刻。西壁只"维摩诘经"中的四块被揭下。揭下的石经,有的破坏,有的堆置门的正中。这批嵌在壁上的小块石经,就是静琬和尚最早的刻品。

由堆积在各洞上层的石经来看,第四、第七、第八、第九四个洞内有:"佛说恒水流树经"、"大般若波罗蜜多经"、"未生怨"、"四愿经"、"弥勒下生成佛经"、"金刚般若波罗蜜多经"、"摩诃般若波罗蜜经"、"佛说阿难四事经"、"菩萨璎珞经"等,这些佛经都是唐以前译出的。题记:第四洞有"范阳行官京兆善化府别将上柱国曹日就",第七洞有"乾符六年八月杜庆仪等人"和"张孝端为父母敬造经像碑",第八洞

---

① 《大正藏》卷五十一《史传部》唐临:《冥报记》。
② (辽)清宁四年赵遵仁:《涿州白带山云居寺东峰续镌四大部经记》。
③ 开元二十八年王守泰题记(原按:在石经山顶九层塔后面)。
④ 初唐如垂拱元年庞德相造《金刚般若经记》碑、武周时宋小儿造《金刚经碑》;开元以后,如《幽州卢龙节度使检校司空门中书门下平章事张允伸》刻《大般若波罗蜜多经》。刘济《石堂记》所记的刻《大般若经》。《石经山访碑记》所记咸通十五年所刻《大般若经》助刻经男女姓名等条。
⑤ 石经山上(辽)清宁四年赵遵仁:《涿州白带山云居寺东峰续镌四大部经记》,天庆八年志才:《大辽涿州涿鹿山云居寺续秘藏石经塔记》。
⑥ 第三窟内"大乘瑜珈金刚性海曼殊室利千臂千钵大教王经":末刻"施主燕京圆福寺故大卿大师孙沙门见嵩为法界先亡疾得成佛。校勘门资比丘智慧大金国天会十四年岁次丙辰三月戊辰朔二十七日甲午酉时续办",又有"入道沙门见嵩续造石经之记"。
⑦ 金天眷三年"镌葬藏经总经题字号目录"刻石(原按:以前在南塔中,今已不见)。
⑧ 贾志道:《重修华严堂经本记》和雷音洞内"弥勒上生经"、"盛鬘经"补刻石的题记。
⑨ 雷音洞北小窟内(第六窟)有明天启三年吴洞庭、葛一龙的刻经和云居寺内康熙时所刻的四种石经。

有"幽州卢龙节度使检校司空同中书门下平章事张允伸"等题名。根据刻经的年月，以及从题名人的官名和石经字体来看，也是唐代所刻。第一、第二、第三、第六四个洞有"大宝积经善住意天子会"、"陀罗尼集经"、"千手千眼观世音菩萨广大圆满无碍大悲心陀罗尼经"、"六度集经"、"不空羂索神变真言经"、"下乘大集地藏十轮经"、"大集经月藏分"、"宝号陀罗尼相品"、"大方等大集日藏分经升须弥山顶品"、"□□大楞伽经集一切法品"、"大乘瑜伽金刚性海曼殊室利千臂千钵大教王经"、"大方广狮子吼经"、"谤佛经"等。题记：第三洞有大金国天会十四年"施主燕京圆福寺故大卿大师孙沙门见嵩为法界先亡疾得成佛"题名。第六洞有明天启三年的刻经题名。从石经字体和题记的年代来看，应当是辽、金、明各代所刻的。

从以上的调查，我们推想下层一、二两洞，可能是辽、金时代开凿的。上层七个洞，除第三洞上层堆有金人刻经和"见嵩续造石经记"，第六洞有金刻"大教王经"和明人刻经等，为后人所送入者外，以全部石经来看，这七个洞可能是隋、唐时所开凿的。石经大体完整，仅有少数打破。此外第七洞门外还有唐朝议郎、行范阳县令、平舆县开国子袁敬造"金刚般若波罗蜜经"和武周时宋小儿（女）造的"佛说金刚般若波罗蜜经"二碑。云居寺废墟中有康熙时所刻的"金刚经"、"药师琉璃如来本愿功德经"和已经残断的"愣严经"、"普门品"等。

（三）

云居寺古代的建筑和雕刻在抗战时期破坏得很厉害，明清以来的寺院建筑和雕塑，完全烧掉了。辽代建筑的南塔也拆毁了。南塔旁天庆八年"续秘藏石经塔记"的石塔，只剩塔身的一段。北塔虽未拆毁，但塔身拆下了许多砖。在北塔外围的四角处，有唐太极元年（712年）易州石亭府左果毅田起义、景云二年（711年）幽州都督府法曹参军王璪、开元十年（722年）易州新安府折冲都尉李文安和开元十五年（727年）郑玄泰等人所造的四个小方塔，可惜塔顶完全毁掉。塔内佛像和供养人像，是盛唐以前的精美雕刻品，但很多像的头部也被打掉了。云居寺北半里多唐初的"琬公塔"，和西北山上的辽砖塔（俗呼老虎塔），虽尚没倒塌，但须加以保固。其它如寺东，半截埋在土中的唐咸通八年（867年）"云居寺律大德神道碑铭"的碑，和寺北倒在地下，辽应历乙丑（965年）"重修云居寺千人邑会之碑"，都应加以适当保护。石经山顶上，开元二十八年"王守泰后记"的九层方形石塔和有乾宁五年（898年）题记的单层石塔的塔顶，也都被毁掉了。石室前武周时宋小儿造像的头部被打掉了。元至正元年（1341年）"重修华严堂本记"碑，倒在地下，打破了上角。至于六面形伎乐人浮雕和装饰花纹浮雕的唐、辽、金、元时代的石经幢座，由云居寺到下庄村，到处都可以看到。

此外如北郑村的辽［朝］砖塔，天开村与孤山口之间的元［朝］砖塔，上方山十方院辽大安五年（1089年）、金大定二十年（1180年）的和尚寿塔、接待庵金大定二十三年（1183年）、华严洞正隆三年（1158年）十方院贞元三年（1155年）的残石幢、兜率寺舍利殿旁的辽、金残碑、藏经楼的明刻南藏的大部、北藏的全部，以及许多明刻佛经，都是值得好好保护和整理的。云梯庵中明代最精美的夹纻道教像，韩继村香光寺的明代泥塑和佛传壁画，也都是精美的作品。天开寺里唐代立体石雕的和尚像，也是很突出的艺术品。

（四）

云居寺、石经山所保存的几千块石经，是我国的重要文物，应当很好地保护起来。其它唐、辽、金、元、明的建筑物和雕刻品、石经和明刻大藏经等，都要加强保护。同时在房山县西一带，到处都可以看到隋唐以后的建筑、雕刻等艺术品，甚至有景教的遗迹，希望有关部门予以重视，进行一次调查，并防止不要再有继续破坏的事件发生。

——阎文如：《房山云居寺》，《文物参考资料》1955年第9期。

位于北京房山区的石经山和云居寺是隋唐时期的佛教胜地，以石刻佛经而著名。

鉴于北魏北周统治者曾经毁佛，大量佛经被毁，幽州智泉寺僧智苑（又称静琬）秉承其师傅北齐南岳惠思大师的遗志，"以备法灭"，勒石刻经。

隋大业中静琬在幽州西山麓凿岩为室，磨四壁以写经，又取方石镌刻，藏于室内。每一室满，即"以石塞门，熔铁固之"。刻经得到朝野支持，从隋大业至唐贞观共刻三十多年，静琬本人主持刻造的经板约100多块。历经隋、唐、辽、金、元、明六代，一千多年共刻经1100多种，3500余卷，15000余石，并有碑刻与题记6800余条。分藏在石经山九个山洞和云居寺藏经塔下的地宫中。静琬主持刻造的石经现藏在雷音洞（华严堂）内。石经镌刻精细，举世无双，是研究古代佛教、经济、文化、书法的珍贵资料，被誉为"国之重宝"。而石经山这座文化宝库，也有"北京敦煌"之称。80年代又在雷音洞内发现隋、明舍利函和佛舍利，具有珍贵的艺术和史料价值。

石经山上雷音洞是一个不规则方形的藏经洞，每边长约10米，洞内有四根八棱形石柱，每面双行镂刻佛像共1056尊，为隋代珍刻。洞的四壁镶嵌静琬早期镌刻的经板146片。1981年该洞内发现一石穴，隋舍利函置于穴内。

1981年11月在雷音洞佛座后边5厘米处发现一块方石，在方石下面的地穴中发现舍利函。石函共五层：最外层汉白玉质函（明代），刻铭文262字，记载明万历二十年在石经山发现三颗佛舍利的情况；第二层为青石函（隋代），盖上刻"大隋大业十二年岁次丙子四月丁巳朔八月甲子于此函内安置佛舍利三粒愿住持永劫"36字铭文；第三层为汉白玉石函（明代）；第四层为镀金银函（隋代），四周线刻青龙、白虎、朱雀、玄武四神图案，其内有木质彩绘香珠一颗，珍珠八粒；第五层为白玉制成（明代），做工精巧玲珑，边长12厘米、高17厘米，函内装有两粒乳白色佛舍利和两粒珍珠。明万历［发现］时为三粒舍利，万历帝母慈圣太后将舍利迎入宫内供奉，三日后送回原处。当我们清理函内遗物时发现舍利缺一粒，推测是太后以两粒珍珠偷换一粒舍利。雷音洞舍利函的发现，引起佛教界关注，认为这是"国之重宝"外，又增加了一件重宝。

——齐心主编：《图说北京史》，北京燕山出版社1999年 第130页。

房山县（今北京房山区）西南四十里，有山好着白云，腰其半麓，曰白带山。所生芯题草，他山实无，曰芯题山。藏石经者，千年矣，始曰石经山，至今也，亦曰小西天云。北齐南岳慧思大师虑东土藏教有毁灭时，发愿刻石藏，閟封岩壑中，以度人劫。［南］岳［慧思大师］坐下静琬法师，承师付嘱，自隋大业［年中］，迄唐贞观，大涅盘经成。其夜山为三吼，为生香树三十余。六月水涨，为浮大木千梃，至山下，构云居寺焉。唐玄宗第八妹金仙公主修之，我［明初］洪武二十六年（1393年）又修之，正统九年（1444年）又修之。山上有雷音洞，高丈有余，纵横于高有倍，上幔覆。壁四刻经，柱四刻像。前石有扉，维以开闭。几案瓶炉皆石。石台有栏，横与堂亘。堂左洞二，右洞三，堂下洞二，皆［藏］经。唐迄，代有续刻，经目列石幢。人传洞之初穿，火龙也。今石壁凹凸处，犹烧痕矣……俓洞之南，旋旋登登。山五顶，号之曰五台。金仙公主各自石小塔以峰之。东台壁上，掌印四，号之曰文殊印也。别峰冠石，后广前锐，出于空虚，号之曰曝经台。山下左右，东峪寺、西峪寺。西峪寺后，香树林，香树生处也。梦堂庵，唐梦堂师居处也。林後，琬公塔也。［明］万历壬辰（二十年，公元1592年），达观和尚睹像设衰颓，石板残蚀，拊幢号痛，率僧芟除。是夜，为来风电，光照岩壑。翌日启洞，拜经石，石下有穴，藏石函一尺，上刻"大隋大业十二年（616年），岁次丙子，四月丁卯朔，八月甲子，于此石函内，安置佛舍利三粒，愿住持永劫"三十六字。发视际，异香发于函，盖石、银、金函三发，而得小瓶，舍利现矣。状黍粒，色紫红。师悲恋礼赞，闻于慈圣太后，迎入供养，函瓶以玉，外函覆之，安置故处。僧憨山，撰雷音洞舍利记，刻之石。按：《法苑珠林》："白色，骨舍利。黑色，发舍利。赤色，肉舍利。"兹三粒者，其肉色也。山古碑多于林木，著者二隋碑：一仁寿元年王臣［杨］睐碑，一仁寿元年王邵碑。五唐碑：一开元十年梁高望碑，一开元十五年王大悦碑，一元和四年刘济碑，一景云二年甯思道碑，一太极元年王利贞碑。二辽碑：一清宁四年赵遵仁碑，一天庆八年沙门志才碑。二元碑：一至元元年贾志道碑，一至元二年释法积碑。山半有庵，曰半山庵。庵上半里，蹄迹宛于石，号之曰果老驴迹，或碑实之。

——《帝京景物略》卷八《畿辅名迹·石经山》。

详夫释氏大慈，能仁广运，一挥慧剑，则结岳峰摧。暂驾宝船，则流海波息；若丰牛步坦，香象登津，福祉凤昭，解行先备，非功德修净，其有于此乎。浮图主石亭府果毅田公者，孝乎惟孝，忠为令德，秉武腰文，游仁践义，富润石室，货积铜山，保性里闬，荣足知止，尊崇法门，福求无上，奉为七代先亡见存太夫人合家大小敬造石浮图七级，释迦像二，菩萨神王等一铺。尔其索宝幽谷，获㻁（音：演）崇重岩，异济北之神期，匪河西之马瑞，㰅（音：需）焉构迥，不日而成。状雀离之从天，犹多宝之涌地，虹檐雾举，宝铎风吟，睟容如在，神仪严若，炅朝日以舒鉴，烁幽宵以放光……与慧日而长悬，同定水之无竭，赞叹功德而述颂云：惟佛与佛，法所皆空，能仁富智，广度多功，有清信士，产积丰崇，檀波罗蜜，琬琰雕奢，轮高擢露，铎迥吟风，睟穆如在，与天地终，福沾一切，于何不隆。

和州历阳丞 王利贞文，弟燕州大云寺僧智崇，妹明度寺尼护念，弟义冲陪戎副尉上柱国，弟义隆昭武校尉上柱国雍州兴国府右果毅都尉，合家供养。

——《全唐文》卷二百八十二 王利贞：《易州石亭府左果毅都尉蓟县田义起石浮图颂》[①]；《日下旧闻考》卷一百三十一《京畿·房山县二》。

梁高望：《易州新安府折冲李公石浮屠之铭》

夫至道潜运，不言而化成；大象孕灵，不宰之功遂。斯则神元妙赜，虽日用而莫知，况耳目不该，岂视听之能识？于是清信士易州新安府折冲都尉李文安，游心正觉，妙达苦空，只劳生之有涯，设津梁于彼岸，迺与范阳县（今河北涿州）西云居寺为亡妻河东郡君薛氏敬造石浮图一所。旁求琬琰，荆岫为之献琛；远招良工，班输以之逞巧。盘螭隐伏，与云峰而相交；灵凤将翔，共阳乌而接翼，飞空七级，状多宝之移来；腾空四迥，疑众仙之涌出。兼以山含万象，地蕴灵奇。莲沼澄光，似猴池之浴日；松枝引籁，若祇树之吟风。众妙难名，约敷厥美。冀同拂石，万结兹山。铭曰：丽哉弘璧，出以昆山，磨砻不日，神仪婉然，亭亭净域，峩峩给园，光浮十界，色照三天，众妙功德，莫惟斯重，镂凤旁矫，雕龙上耸。买地有巢，福田无种，利益潜通，存殁偕奉。易州府遂城县书助教梁高望书，开元十年四月八日。

——《日下旧闻考》卷一百三十一《京畿·房山县二》引《易州志》；《全唐文》卷三百五。

王大悦：《石浮图铭序略》[②]

建浮屠于门右者，郑氏字元泰，范阳人。木易烬灭，土亦尘散。石之永瞻，惟其有恒。繄法之坚，念兹无替。铭曰：高塔峩峩，示延遐瞩，多生攘攘，动善群触。兹设兹利，无碍无疆，其福丰衍，其资广长。彼石惟坚，我性亦定，永永不灭，视

---

① 《全唐文》注：王利贞，唐睿宗时官和州历阳丞。《日下旧闻考》引《吉金贞石志》：王利贞文，太极元年四月立。

② 《燕都游览志》云：寺门右石浮屠铭，太原王大悦撰并书，立于开元十五年二月。

以知正。

——《日下旧闻考》卷一百三十一《京畿·房山二》引《吉金贞石志》。

（3）北京隋、唐的其他寺观

阜成门以北三里许为正义坊。坊北数武有十方禅院，相传为北留庵。[明]万历初，有大力者夺之。于时五台陆公捐资首倡归其值，堂其址。奋筑之余，得残碑尺许，有贞观年月及北留寺记等字，然后知其为唐寺也。

（清）于敏中等按：十方禅院在西直门小街，土人亦呼弥勒庵。唐残碑无考。

——《日下旧闻考》卷五十二《城市·内城西城三》引《燕都游览志》。

火神庙在北安门（即地安门）湖滨，金碧琉璃，照映涟漪间，西与药王庙相并。
（清）于敏中等按：火神庙即唐火德真君庙，在北安门万宁桥北（原海子桥，今地安门桥），路西，湖（今什刹海）之西南为西药王庙，乾隆二十四年重修。

——《日下旧闻考》卷五十四《城市·内城北城》引《燕都游览志》。

北城日中坊火德真君庙，唐贞观中址，元至正六年修也。我[明]万历三十三年改增碧瓦重阁焉。

——《帝京景物略》卷一《城北内外·火神庙》。

唐火神庙在皇城北，贞观中建。元至正六年重修。[明]万历三十三年始增碧瓦。后有水亭，可望北湖（今什刹海）。

——《天府广记》卷三十八《寺庙》。

（清）于敏中等按：孙承泽《天府广记》云：火德真君庙，唐贞观中间。《帝京景物略》原文亦云唐贞观中址，元至正六年修。朱彝尊[《日下旧闻》]节录省文，遂讹作至正年建耳。今增正。

——《日下旧闻考》卷五十四《城市·内城北城》。

佑圣寺在龙华寺之后，有嘉禾张文宪碑，称寺系唐咸通年建，[明]嘉靖三十九年重修。

（清）于敏中等按：佑圣寺在德胜门大街路北，张文宪碑今存寺中。稍东为寿明寺，有弘治四年及正德八年重修碑。

——《日下旧闻考》卷五十四《城市·内城北城》引《渌水亭杂识》。

归义寺（旧址在今白云观北）在旧城时和坊（按：指旧金中都城而言，在今北京广安门内外），内有大唐再修归义寺碑，幽州节度掌书记荣禄大夫检校太子洗马、兼侍御史上柱国张冉撰。略曰：归义金刹，肇自天宝岁，迫以安氏乱常，金陵史氏归顺，特诏封归义郡王，兼总幽燕节制，始置此寺，肇以归义为额。大中十年庚子九月立石。

（清）于敏中等按：归义寺，朱彝尊所引诸书俱以为辽刹，考《析津志》所载，则寺实建于唐。辽时石幢久沦土中，本朝乾隆三十九年土人于菜圃掘得之，记凡二篇，今其幢移置善果寺内。

——《日下旧闻考》卷五十九《城市·外城西城一》引《析津志》。

宣南坊（在右安门以东，宣武门大街以南）白马寺，隋刹也。殿后尊胜陀罗尼幢上刻仁寿四年正月上旬造。寺重建于[明]洪熙元年，正统八年赐额。有翰林学士南昌张元祯、工部尚书值文渊阁嘉禾张文宪二碑。其东有僧塔，塔前有古碑，已为侵占者所毁矣。

（清）于敏中等按：白马寺今已圮，其地犹名白马寺坑，明张元祯、张文宪二碑尚树于土阜上。隋时石幢、僧塔、古碑俱无考。

——《日下旧闻考》卷六十《城市·外城西城二》引《析津日记》。

大悲阁在旧城之中，建自有唐，至辽开泰重修。[辽]圣宗遇雨，飞驾来临，改寺圣恩，而阁隶焉。金皇统九载，即其地而新之。元朝至元壬午春重修，中奉大夫总判翰林国史集贤院领会同馆道教事安藏撰记，二十年四月立石。

——《日下旧闻考》卷六十《城市·外城西城二》引《元一统志》。

圣恩寺即大悲阁，后又方石周礜八角塔。

（清）于敏中等按：圣恩寺在斜街口（即北京宣武区下斜街附近）。考《元一统志》、《析津志》，凡载昊天、悯忠、圣安等寺，俱云在旧城，而此寺亦曰旧城，则今之圣恩寺当即唐时故址无疑。惟寺无碑碣可考，大悲阁、八角塔亦俱无存。

——《日下旧闻考》卷六十《城市·外城西城二》引《析津志》。

宝应寺，相传唐刹也，今仅存[明]万历壬寅年所立一碑。

（清）于敏中等按：宝应寺在教子胡同之西南，地名燕角（今北京宣武区南线阁）。明万历中碑乃翰林院编修顾秉谦撰，今尚存。其寺为唐刹否，则无可考矣。

——《日下旧闻考》卷六十《外城西城二》引《行国录》。

元至正初,以唐贞观元年(627年)所建佛寺旧址建寺[①],赐额崇效。明天顺间重修。嘉靖辛亥,掌丁字库内官监太监李朗于寺中央建藏经阁。有都人夏子开、高明、区大相二碑。阁东北有台,台后有僧塔三,环植枣树千株。以地僻,游人罕有至者。

(清)于敏中等按:崇效寺在白纸坊。明嘉靖中云阳府知府夏子开碑,万历中翰林院检讨区大相碑俱存。谓寺创于唐贞观元年者,只据碑文所载,他书不可考也。藏经阁,嘉靖时建于寺之中央,万历时移建于后,今尚存。阁东北之台已圮,仅存其址。僧塔三,今有六。枣树千株,今数株而已。二明碑之外尚有一万缘碑,明隆庆五年作……中镌人名盈万有奇。本朝诗人如王世祯、朱彝尊辈俱有题咏在焉。

——《日下旧闻考》卷六十《城市·外城西城二》引《析津日记》。

石镫庵旧名吉祥,[明]万历丙午,西吴僧真程自云栖来,葺之而居。发古甃下,得石幢一,式如灯台,旁镌般若心经一部,唐[代宗]广德二年(764年)少府裴监施,朝请郎赵偘书。适黄仪部汝亨过其地,以庵甫治而灯适出,遂手书额,自是称石镫庵焉。

——《帝京景物略》卷四《西城内·石镫庵》。

唐吉祥寺,在城西南隅,[明]万历丙午重修,改名石镫庵。盖修时于地掘得石镫,上刻唐人所书心经。

——《春明梦余录》卷六十六《寺庙》。

石镫庵在承恩寺之右,迨王恭厂火变,庵亦灰烬矣。
(清)于敏中等按:石镫庵在今猪尾胡同(按:今北京西城区南闹市口街东侧)。《燕都游览志》已云化为灰烬,则今之石镫庵乃后人重建,非其旧矣。今寺中有石香炉一,云即旧传石镫,然炉上并无镌刻心经,其非旧物可知。盖后人因镫无存遂指炉以附会耳。

——《日下旧闻考》卷四十九《城市·内城南城》引《燕都游览志》。

晋阳庵,出宣武门二里许,内有古铜观音像三尺余,下有款识云大唐贞观十四年(640年)尉迟敬德监造。黎秘书民表隶书古佛庵三字极工,后移置稽山会馆。

——《日下旧闻考》卷六十一《城市·外城北城》引《燕都游览志》。

---

① 《光绪顺天府志·京师志十六·寺观一》:崇效寺,唐刹也,在白纸坊。唐刘济舍宅为寺,地在唐城之内。元至正初重葺(原注:见明碑)。但《日下旧闻考·城市·外城西城二》载明嘉靖四十二年夏子开《重修崇效寺碑略》云:"神京之宣武关外,古刹一区,创自贞观元年,宋元末因罹兵火,日就倾颓。至正初为好善者重葺。"史书虽记载刘济有舍宅为寺事,但他是唐后期德宗、宪宗时人,距贞观甚远,因此《光绪顺天府志》所记有误。

都中之古像二：优阗王造旃檀像，自周，二千六百一十年至今。尉迟敬德造观音像，自唐贞观，一千一十二年至今。观音古铜身，三尺，不以髹塑，不以金涂饰，妙像慈颜端若，而丈夫概具，磊磊然也。下刻大唐贞观十四年，尉迟敬德监造字。旧供宣武门外晋阳庵，庵废，内侍朱移像受水塘，创古佛庵供之。庵今又废，像复移置稽山会馆也。尝考会馆之设于都中，古未有也，始，嘉〔靖〕、隆〔庆〕间。

——《帝京景物略》卷四《西城内·稽山会馆唐大士像》。

晋阳庵在宣武门外，有古铜大士像，高三尺余，妙相慈颜，具丈夫概，下有款式云大唐贞观十四年（640年）尉迟敬德监造。后移受水塘古佛庵。庵坏，移稽山会馆。今浙绍会馆，即前稽山会馆，内有眼药庵，供铜大士一尊，并铸莲花宝座，左右列善财、龙女，亦皆铜像，据僧云是伊师自他处移供于此。然细验法身，并无尉迟款识字样，而铜质古润，法相端严，的是旧物。

——《京城古迹考》"晋阳庵"。

（清）于敏中等按：晋阳庵在潘家河沿南口，稽山会馆在虎坊桥东，今皆属北城。至馆中铜观世音像，谛审之，未睹唐代款识。或系后人更换，抑或本属相沿附会之说，朱彝尊原书（按：指《日下旧闻》）未暇深辨耳。

——《日下旧闻考》卷六十一《城市·外城北城》。

从卢沟桥西北行三十里为灰厂，出灰厂渐入山，两壁夹径，不止百折，行者前后不相见，径尽始见山门。有高阁在山中央，可望百里。浑河一带，晶晶槛楯件。阁后有轩庋岩上，折而右即戒坛。坛在殿内，甃石为之。中有高座，为每年说戒之地，周迴皆列戒神。四月八日，游僧毕集听戒，闻彼殊不戒，岂尽吞针者耶！

坛创自隋、唐间，我国朝（指明朝）重建，东向可眺神州。高视香山倍之，其佳丽视碧云〔寺〕，而规制则碧云〔寺〕所不及也。辽、金时所植松今尚在，围抱可四五人，高不三丈，荫布一庭，枝干径二尺。虬枝离奇，可坐可卧。游人每登其上为巢饮云。

——《长安客话》卷四《郊坰杂记·戒坛》。

戒坛……出阜成门四十里，渡浑河（今永定河），山肋叠，径尾岐，辨已。又西四十里，过永庆庵，盘盘一里而寺，唐武德中之慧聚寺也。〔明〕正统中，易万寿名，敕如幻律师说戒，坛于此。

——《帝京景物略》卷七《西山下·戒坛》。

（明）高拱：《重修万寿禅寺碑略》：马鞍山有万寿禅寺着，旧名慧聚，唐武德五年（622年）建也。时有智舟禅师，隐迹于此，以戒行称。辽清宁间，有僧法均同马鸣、龙树，咸称普贤大士，建戒坛一座，四方僧众登以受戒，至今因之。宣德间修葺，又建塔四、碑四，而请如幻大士名道孚者主其教。历岁既久，寺复倾圮，发资重建，经始于嘉靖庚戌季春，至丙辰仲夏告竣。

（清）于敏中等按：戒坛在马鞍山万寿寺内。寺在唐曰慧聚，辽咸雍间僧法均始辟戒坛。明正统间改寺名万寿。

——《日下旧闻考》卷一百五《郊坰·西十五》。

晋嘉福寺，唐改龙泉寺，即今潭柘寺也。寺两鸱尾自潭中涌出，奇伟之甚。昔谓有柘千万章，今亡矣。僧新种者，存其名耳。燕谚谓：先有潭柘，后有幽州。此寺之最古者。

——《春明梦余录》卷六十六《寺庙》。

谚曰：先有潭柘，后有幽州。夫潭先柘，柘先寺，寺奚遽幽州论先，潭柘则先焉矣。潭柘而寺之，寺莫先焉矣……今佛殿基，故潭也。华严师时潭龙日听法，苦不得师貌，山神教龙，师嗔则着相，则天龙鬼神得见之。乃伪泼饭藉践，师乃怒，龙乃见师，作礼具言，许施其宅。一夕，大风雨，潭则平地，两鸱吻涌出，今殿角鸱业，寺自是不潭矣。佛殿左壁之画祖，三圣殿左侧之石佛，大士殿中之拜砖，旁之立像。画祖者，水墨画华严祖也，坐芭蕉竹下，骑老龙，画蕉若雨，竹若烟，龙若雾，出其甲，祖若定未出。石佛者，白石唐佛也，有黄连树生石座，横过两座，根菌纷虬，使相愈苦辛然者。拜砖，元妙严公主持观音文，礼大士，拜痕入砖欲穿也。额、手、足五体皆印，岁久砖坏，两足痕存。[明]万历壬辰，孝定太后匣取入览，后遂匣藏之……寺碑七：金碑二：[章宗]明昌五年，僧重玉诗；[世宗]大定十三年，杨节度记。元碑二：[顺帝]至正八年，葛天麟记；至正某年，危素记。明碑三：正统某年，胡濙记；弘治十年，谢迁记；万历中，紫柏送龙子归潭文也。寺，晋、梁、唐、宋，代有尊宿，而唐华严为著。

——《帝京景物略》卷七《西山下·潭柘寺》。

（清）于敏中等按：潭柘寺，本朝康熙年间圣祖赐名岫云禅寺……寺旧有金、元碑，今皆无存。明碑三……本朝碑二……距寺半里许有塔园，僧塔五，[为金大定、泰和年间物]。

——《日下旧闻考》卷一百五《郊坰·西十五》。

唐淤泥寺，即今鹫峰寺。鹫峰者，唐僧之号也，见唐人石刻心经中。寺在内城西隅，中又旃檀瑞相。

——《春明梦余录》卷六十六《寺庙》。

淤泥禅寺心经今在京师城内西南隅鹫峰寺,正书,其末曰大唐贞观二十二年(648年)三月吉日建立,碑曰宫官张功谨、敬德监造。今山东、河北寺院多云创自敬德,或谓是尉迟敬德。考许敬宗所作敬德神道碑及本传,并无镇幽州事,亦不当列于宫官之下也。

——《日下旧闻考》卷五十《城市·内城西城一》引《金石文字记》。

城隍庙之南,齐檐小构者,鹫峰寺。以旃檀像应化集此,缁素瞻礼无虚日,寺遂以名。像高五尺许,寒暑晨昏不一色,大抵近沉碧。万历中,慈圣太后始傅以金。相传为旃檀香木,似木耳,扣之磬然者石,濡者土,坚者金,轻者髹漆,柔可受爪者乃木。

——《帝京景物略》卷四《西城内·鹫峰寺》。

（清）于敏中等按：鹫峰寺一名卧佛寺,以寺有卧佛得名。旃檀佛像,本朝康熙四年奉敕移奉弘仁寺,别一铜范如来像还供本寺……所传唐时心经石幢,今现在庭内,字殊恶劣,绝不类唐人书。且考贞观止于二十三年,幢上误刻作三十二年,又将三字改做二字。以唐人书唐时年份,何至谬误若此？其为后人伪托无疑。乾隆二十六年御制重修鹫峰寺碑文辩证甚详。足以正往昔流传之误矣。

——《日下旧闻考》卷五十《城市·内城西城一》。

五代瑞云寺,李克用建,今改百家寺,在百花山。

——《春明梦余录》卷六十六《寺庙》。

瑞云寺,古刹也,在观音山菩萨顶下。

寺建于隋唐间,兴废屡经,遂为名刹。俗称百家寺。元至正辛未末重修。

——《光绪顺天府志》卷十七《京师志十七·寺观二》。

古有佑圣教寺者,今通州学宫也。宫墙外片地,故塔存焉。塔级十三,高二百八十尺,围百四尺,中空,供燃灯古佛。塔今剥尽,所存肤寸,则金碧琉璃也。今人自谓日文巧已,然此古塔,工花纹,妍色泽,后世实莫及。佛,石佛也,石面亦剥尽,复存其坯未装时。塔有碣,楷书,续续字间存,周某号几年……此北朝后周宇文氏也……塔别存石一方,唐贞观某年尉迟敬德修。又一方,元大德某年笃烈图述再修。

——《帝京景物略》卷八《畿辅名迹·燃灯佛塔》。

［通州］城西北隅有佑胜教寺，内建浮图十三层，高二百八十尺，下作莲花台座，高百二十尺。周围百四尺，虚其中以祀佛。考断碑，创于唐贞观七年，塔顶有铁矢一，相传金将杨升彦所射，迄今犹存。

　　（清）于敏中等按：佑胜教寺在［通州］城西北隅，寺内燃灯佛塔及莲花台座、铁矢俱在，断碑无考。

——《日下旧闻考》卷一百九《京畿·通州二》。

　　昭圣寺在［昌平］州西北。

　　唐乾符六年建。明正统十三年奉敕重修。寺有广大圆满大悲心陀罗尼幢一，开元中三藏沙门不空奉诏译，刘诏书。又州东北有圣寿教寺，亦乾符六年建。

——《日下旧闻考》卷一百三十五《京畿·昌平州二》；《光绪顺天府志》
　　卷二十五《地理志七·寺观·昌平》。

　　龙泉寺在［昌平］芹城村龙潭之上。

　　寺唐天佑中造。芹城有龙潭，大逾九亩，寺名所由起也。舍利宝塔，亦同时所造。

——《光绪顺天府志》卷二十五《地理志七·寺观·昌平》。

　　龙兴寺在［密云］县治北，寺相传为唐鄂国公尉迟敬德所造。金大安中，元大德中，屡次修治。明成化十七年，总兵王荣重修。嘉靖元年又修。俗名锥塔寺，有明翰林院编修赵昂碑记。

　　清修寺，在渤海寨，亦云唐鄂国公建。

——《光绪顺天府志》卷二十五《地理志七·寺观·密云》。

　　开元寺在［顺义］县东隅，又名龙兴寺，俗称东大寺，唐初建。［唐］大历五年，试太子洗马郑宣力撰碑。金节使刚忠王公子明死节于此。

——《日下旧闻考》卷一百三十八《京畿·顺义县》；《光绪顺天府志》
　　卷二十五《地理志七·寺观·顺义》。

　　资福寺在［怀柔］县北红螺山，原称大明寺，创建鱼塘。环寺诸峰，如龙如凤，嘉林蓊郁，微径幽邃，白云青磵，琼绝尘嚣，是宜有道者之隐于此焉……金［世宗］大定间，世宗遣使请佛觉禅师于真定之洪济，以镇兹山。［元朝］至元仁宗时，诏云山禅师主大圣安寺……至正中，云山从圣安归老于此……国朝康熙二年，圣驾临幸，设御座于山亭。亭下有竹甚茂，上命内侍计其数，凡六百余竿云。今竹已芟夷几尽矣……有元至正十六年樊从义大明寺碑。

——《光绪顺天府志》卷二十五《地理志七·寺观·怀柔》。

红螺山路有资福寺，古之大明寺也。创与金皇统初年，距县一十五里。

红螺山大明寺碑，元昭文馆大学士太使院使领司天监事樊从义撰文，宣文阁监书博士兼经筵译文官王与书，称寺创于唐。

——《日下旧闻考》卷一百三十九《京畿·怀柔》。

韩姑寨，俗呼韩继村，有香光寺。寺有唐宝积禅师塔，塔后为大悲阁，[明]万历二十二年赐藏经贮焉。

曾朝节：《敕建香光寺碑略》："大都（今北京）之西百余里，房山之界，有山名荼罗顶……南下为伏龙冈，冈前万家聚落，村曰韩姑。村之北有古刹基，俗呼为少师园。据残碑乃唐宝积禅师所建，香光佛刹也。寺东有宝积遗塔，讹称为多宝佛塔（按：'文革'中已毁）"

——《日下旧闻考》卷一百三十《京畿·房山县一》引《北游记方》、《房山县志》。

香光寺在[房山]西韩姑寨（今房山区韩继村），寺为唐宝积禅师所建，右即宝积遗塔。明永乐间，赐姚广孝为别业，久而荒废。万历二十二年，御马监张其重修，并赐藏经贮焉。先是，万历壬辰，翊坤宫管事菩萨戒弟子于景科女，常梦游上界宝寺，题曰香光佛刹也。适使于女传旨于御马监张其，遍燕山饭僧，因嘱所梦寺名，当识之。过五年，至丁酉秋，又奉命适小西天上方寺等处饭僧。一夕，抵韩吉村店宿，行经路北，见破瓦颓垣，古寺基也……因披寻古迹，获断碑于荒草间，始知大唐所造香光佛刹也。遂归报，因而重修之。

——《光绪顺天府志》卷二十七《地理志七·寺观·房山》。

大防山（按：即今大房山）在[良乡]县西北三十五里，山下有石穴水。《水经注》云：圣水东南流经大防岭下，又有小防山亦与大防相近。《隋图经》云：防山上有仙人玉堂。孔水出大防山，其水冬暖夏冷，出美鱼。

——《太平寰宇记》卷六十九《河北道十八·幽州》。

龙泉寺在孔水洞。

孔水洞，[房山]县北二十里，在磁家务南，又名万佛堂（今北京房山区西北万佛堂），亦邑人祈雨处。《隋图经》云：防山上有仙人玉堂。《大清一统志》曰：房山下有圣水（今大石河）泉，西南伏龙穴，一名城峪。《水经注》云：大防岭山下有石穴，东北洞开，高广四五丈，入穴转更崇深，耆旧传，昔有沙门释惠弥者，好穷物隐，尝篝火寻之。傍水入穴三里有馀。穴为二，一穴殊小，西北初，不知趣旨；一穴西南出，入水经五六日方还，又不测深远。其水夏冷冬温，春秋有白鱼出穴，数日而返，人有采捕食者，美逾常味，盖亦丙穴佳鱼之流类也。唐胡詹记云：孔水洞在大房山东北，有人篝火探之，行五六日莫究其源，但见仙鼠昼飞，赪鳞时现。《燕山丛录》曰：房山东北悬崖间，石窦如门，中有积水……金泰和中，又桃花流出，其瓣径二寸，俗呼为孔水洞。《北游纪方》曰：云蒙山直上皆石壁，下有水涌出为孔水洞，俗名水帘洞。旧有龙泉寺，唐大历中建。今四壁刻画佛像，更名万佛堂，丑恶甚矣。《养恬斋笔记》曰：旧志言闻丝竹音、浮桃花瓣等说，纷纷装点，其水实温泉……余按：仙人玉堂石穴即今孔水洞，圣水泉亦即此洞泉水，其下至琉璃河，古名圣水，当即因此。

——民国《房山县志》卷三《古迹》、《坛庙寺观》。

孔水洞上万佛堂的创建是在公元 712—756 年之间，正当唐玄宗时代。元大德元年《重建龙泉大历禅寺碑》残存文字记有："吾闻幽燕之胜概者房山也。排青献翠，泄碧堆蓝，耸五岳之高标，夺三山之秀气，□□……（缺 22 字）深不可测也。唐玄宗时天雨不节，民祷，于是莫不征应耳。其间潜蛟宿蜃，控鲤蟠□□……（缺 22 字）风，湛湛秋波，沉半江之桂月。清冷滑甘可引为曲折之渠；次供饮食、澣濯、灌畦之□□……（缺 22 字），诸佛圣集之乡也。由是唐幽州卢龙节度使颖国公朱公，家邻圣所，里接仙乡，势□□（缺 22 字）水之前创造伽蓝殿一所，廊庑雄壮，殿宇峥嵘，复诣洞水之上造玉石文殊普贤万□□……（缺 22 字）含生于沙界，奏赐大历之名。"

明正德十一年《重修大历万佛龙泉寺碑记》："都城西百里许有山名水帘洞，有水曰龙泉，大历比丘尼号溪老人创建也，唐玄宗时卢龙节度使颖国公捐地倾资，而此尼构殿宇廊庑，□石为佛像而饰以黄金……"

根据上述两碑的记载，万佛堂是在唐玄宗时代，由幽州卢龙节度使颖国公朱希彩捐地倾资，比丘尼号溪老人所建，初名"大历"。

唐代以后，据元明碑碣所记，此寺自辽迄元，"屡遭兵燹"、"修废不一，成毁无常"。现存孔水洞上的"大历万佛龙泉宝殿"是明万历年间所建。

孔水洞原是一个喀斯特自然洞穴。洞之前倚山势筑砖石墩台，中辟券洞，深 20 米，内通孔水洞。洞内有泉，泉水从券洞流出，其声隆隆，清澈见底……

孔水洞墩台之上为万佛堂，是一座无梁殿式的建筑。通体砖石结构，歇山顶，灰筒瓦，挑大脊吻兽。后坡因山石坍落砸毁部分后檐，叠涩出檐，檐下影作檐椽、飞子。正面明间辟券门，门上装置横石额，阴刻楷书"大历古迹万佛龙泉宝殿"，旁落"大明万历己丑春吉日重建"十一个小字款。次间各辟半圆形石券窗，透雕网形纹石窗扇。殿内券顶，三壁满布浮雕"文殊普贤万菩萨法会图"，由嵌于壁上的三十一块长方形汉白玉石组成。三壁展开通长 23.80 米、高 2.47 米。中间部分雕一本尊释迦如来坐佛，神态肃穆、螺髻、袒胸、宽袍大袖。右手平举伸掌，左手自然放置腿上，双腿下垂，赤足，脚下置二夜叉与摩尼珠。释迦如来的两侧，分雕骑狮骑象的文殊菩萨和普贤菩萨，均戴宝冠，披缨络飘带，二者前后有供养菩萨、天王、神人和鬼众簇拥，长幡飞扬，云浪翻滚，背后衬托着苍茫的海水，有力地突出了"万菩萨法会图"的主题。释迦如来坐佛之上，另嵌一石，雕护法转轮王神像，背生双翼，裸体、系缨络，满腿鳞纹，手捧日月，足踏二龙女。从用石的质色和护法转轮王四周衬托的双线云朵来看，这块雕刻似为后来补配。

主题浮雕之外，三壁分层次满雕万菩萨、供养人、侍佛者等，有的合掌拱手、有的献花荐宝，形态不一。冠者、髻者、垂照髻者，万头攒攒，填满山川云气之间，其中以西南壁伎乐天人一组浮雕最为精美。天人持种种乐器，如排版、排箫、箜篌、琵琶、瑟等，作弹奏之姿，形态自如，肌肉丰满。又如西南壁第十五块中部山川云气之中雕刻了一组供养菩萨，戴宝冠，有的双手合掌，有的手捧圆盒，有的前顾后盼，其面额丰圆、姿态优美，表现了唐代雕刻艺术的水平。又如北山墙第30块雕一支颐菩萨，头戴华鬘冠，圆形头光，右手置腿上，左手托住下颊，腕上戴手镯，显得闲静、文雅。在南墙的第三块边沿，有一段残存的发愿文："连天□□□□

　　□□□□杉榆与祈福

祐君亲　唐大历五年三月八日。"

这一段残发愿文，可能是在明代重修万佛堂时被凿毁，全文虽残，但纪年仍在，为研究"万菩萨法会图"的刻造年代提供了可靠的根据，即在唐大历五年以前。

明以前，万佛堂内的"文殊普贤万菩萨法会图"的浮雕，可能是采取三壁排列的形式。但这些浮雕在明万历重修之后，刻石的排列顺序已非原状。因此有的刻石内容不相衔接，可见在万历重修时原石已残缺不全。至于明以前万佛堂的建筑形制，现已不可知。

此次调查，为了弄清孔水洞深处是否还有古代雕刻的遗迹，我们还乘小船通过离水面仅有20厘米高的洞口进入，再穿过长约2米的低矮洞口后，顿时一个高大的岩洞展现在眼前，给人以豁然开朗的感觉。该洞高约数丈，宽约20米，北壁有能容一人出入的小洞，与大洞相通。洞内水面平静，寒气逼人，时有湿气凝成的水珠滴落在水面上，形成回音，发出有节奏的音响，古代传说的洞内有"人语丝竹"之声，想来就是指的这种现象。划船环视一周，未发现任何佛像与龛洞遗迹，而是一个自然的喀斯特溶洞。但在返回穿出洞口时，与孔水洞券洞的尽头石壁上发现两个雕有佛像的小龛，在两个小龛之下凹进的岩壁上还发现了隋大业十年的刻经和金大定二十年的题记。由于多年水滴侵蚀，刻经、题记和雕像的线条模糊，局部残损。左龛内雕一佛二菩萨，龛左右雕骑牛大自在天二，龛楣呈拱形，高1.05米，底宽0.65米，龛左右雕八愣形棱柱，柱中腰雕饰仰覆莲。中间坐佛面型长圆，高肉髻，颈部稍长，结跏趺座，座正面中部雕宝瓶，下有三蹲卧石狮，佛旁二菩萨立像，下承莲花座，着宽袍大袖。骑牛大自在天立像，身材修长，手持一物。右龛内雕一菩萨，保持较完整。菩萨脸部丰满，左臂下垂，手搭至左膝上，由臂肘部上曲，手指残断。头戴华鬘冠、宝缯下垂至肩后，头后有楣拱形圆光，刻火焰纹，身后有火焰纹组成的背光。左小腿盘曲而坐，依稀可见雕刻的衣纹，左腿自然下垂，坐在勇猛跏趺座上，该座下部雕覆莲纹台基，其上作成束腰，正面影刻持曲颈琵琶乐人一，束腰之上叠涩三层。菩萨像全身肌肤丰实，比例均称。

龛下凹进的岩壁为隋大业十年刻经。在刻经右侧 0.15 米漫漶处又有：

"山陵北垂□

大房古刹全

佛殿应用针线

大定庚子廿年……

礼部尚书、驸马都尉乌林答□题

婿 曹河西完颜□

疙疸侍行 题记（共四十三字）"

关于刻经上部两龛造像年代，左龛佛像面部浑圆，颈部稍长，与北京海淀区车儿营北魏太和造像相似，而与唐代的丰圆面庞相比较，则有所不同。又龛内外布局，座前石狮作立蹲状，具有北齐到隋唐开元、天宝以前石窟雕刻的特征。右龛则为晚唐的作品。

万佛堂孔水洞附近还有古塔两座……一为辽道宗咸雍六年以前……一为金、元之际。

——北京市文物管理处：《北京万佛堂孔水洞调查》，《文物》1977 年第 11 期。

天开寺在六聘山，寺创于汉。自唐以来，屡历兵烬。始复荒废。元［世祖］至元十年，僧普应修建

曰天开者，以寺前山谷，天然开朗也。

——《光绪顺天府志》卷二十五《地理志七·寺观》。

白云观，元太极宫故墟[①]。出西便门，下上古陧间一里，麦青青几门槛者，观也。中塑白皙皴皴无须眉者，长春丘真人像也。

——《帝京景物略》卷三《城南内外·白云观》。

［白云观］，元时太极宫即此，内有丘真人蜕迹。真人名处机，字通密，登州人。家世为金编氓，年十九，从终南重阳祖师游。金世宗召至中都（今北京），讲道于长春松岛浮玉亭，后还终南。元太祖即位（按：成吉思汗），遣近臣刘仲禄安车蒲轮，聘至雪山之阳，设二帐于黄幄东，以便顾问。大略节欲保躬，天道好生恶杀，治尚无为清净之理。太祖大悦，请作醮事……时壬午岁也（成吉思汗十七年，公元 1222 年）也。癸未（1223 年），乞还燕，居太极宫。丁亥（1227 年）易宫额曰长春，从真人号也。

---

① 金为太极宫，元为长春宫。

其年六月，太液池竭，北口山摧，真人曰："吾将与之俱乎！"留颂而逝。世祖至元己巳（按：忽必烈至元六年，公元1269年）诏赠长春演道教主真人。我太宗、仁宗（按：指明太宗、仁宗）尝为之新其堂宇，驾屡幸焉。

——《长安客话》卷三《郊坰杂记·白云观》。

[金章宗]承安元年（1196年）九月丁丑朔，幸天长观。

二年七月壬寅朔，幸天长观，建普天大醮，禁屠宰七日，无奏刑，百司权停决罚。

——《金史》卷十《章宗纪二》。

[金章宗]泰和元年（1201年）三月壬申，幸天长观。

三年（1203年）十二月己酉，赐天长观额为太极宫。

——《金史》卷十一《章宗纪三》。

天长观，在南城归义寺南。内有唐碑三。燕京古道观，惟此一也。

——缪荃孙辑：永乐大典本《顺天府志》卷八《观》引《析津志》。

广福宫、长春宫本俗号五祖庵是也。大元敕神仙符命，金印。武宗登极，下仪曹铸金印，两以数计者一百二十有奇。红绶驼纽，事汉篆为国书，加大真人之号。文宗于至顺初元之七月就上都（今内蒙古多伦），敕大臣趣行旧典，依前再铸黄金符命，较之于昔，制度亦大，而重数有加焉。又有传教玉印。

——缪荃孙辑：永乐大典本《顺天府志》卷七《宫》引《析津志》。

天长观，在旧城昊天寺之东会仙坊内。有大唐再修天长观碑，节度衙推刘九霄撰记。其略曰："天长观，开元圣文神武至道皇帝斋心敬造，以兴玄元大圣祖，建置年深，倾危日久。伏遇太保相国张公秉权台极，每归真而祈福，察此观宇久废，遂差使押衙兼监察御史张书建董部匠作，功逾万计。大唐咸通七年四月道士李知仁重模。"金明昌三年，冲和大师提点十方大天长观事孙明道重建。又按：重修碑铭，国朝（按：指元朝）元贞二年（1296年）翰林学士承旨王鹗所撰。其略曰："燕京之会仙坊，有观曰天长，其来旧矣。肇基于唐之开元，复[修]于咸通七年。及辽摧圮，金大定初增修。泰和壬戌正月望日焚毁殆尽，贞祐南迁，止餘石像。观额为风雨所剥，委荆榛有年。圣代龙兴，玄风大振。长春（指长春真人邱处机）应聘还（按：指邱处机应召西游后归燕京事），命盘山栖云子王志谨主领兴建，垂二十年，建正殿五间……凡旧址之存者，罔不毕具，永为圣朝万世祈福之地，顾不伟欤！"

——《永乐大典》卷四千六百五十一《顺天府》引《元一统志》。

长春宫，在旧城。长春演道主教真人邱神仙处机以全真设教，此初基也。旧名太极宫，国朝（按：指元朝）改曰长春。［元成宗］元贞之始年（1295年）秋九月七日皇帝御香殿，守司徒阿剌浑撒里、集贤大学士孛兰肸奏言大长春宫未有碑，晓之词臣，俾刻金石。制曰可。翰林学士姚燧撰，翰林侍读学士高凝书，元贞二年夏五月冲虚体净凝真大师提点长春宫事李志元立石，遂为天下伟观。按旧记：金章宗所建，泰和中有瑞应碑，时宫名犹太极也。国朝（按：指元朝）至元三年九月履道弘玄大师提点长春宫事王志久立碑，颂长春宫大醮灵应事。有曰：我太祖皇帝（按：指成吉思汗）受天命，起北方，威灵所披，凡汉唐所不能羁縻者，悉服而臣之。意若曰：戡乱以武，武不可渎，渎则厉民，非天意也。乃思以道济物，祈天承命。闻东莱长春子邱处机道行精至，遣侍臣刘仲禄驰传征之。长春雅有救世志，被命即起，与其徒十八人俱至。朝夕访问，所对皆敬天爱民、去忍止杀、慈孝清静之言。岁甲申（成吉思汗十九年，公元1224年）诏往燕京（今北京）之太极宫。丁亥（1227年）有旨改号其宫曰长春宫。凡道门事一听长春处置，仍赐虎符以尊显之。海内承风，洞天福地起道场，全真之教大行……又增虚皇坛、白云观、道纪斋……［元世祖忽必烈］至元初春三月作周天大醮于其宫……记文乃翰林侍读学士兼太常卿徐世隆撰，参知政事商挺书。

——《永乐大典》卷四千六百五十四引《元一统志》。

（唐）刘九霄《再修天长观碑略》："天长观，开元圣文神武至道皇帝斋心敬道，以奉元元大圣祖。建置年深，倾圮日久。伏遇太保相国张公，秉权台极，每归真而祈福，察此观宇久废，遂差使押衙兼监察御史张书建董部匠作，功逾万计。"

（元）王鹗《重修天长观碑略》："燕京之会仙坊有观曰天长，其来旧矣。肇基于唐之开元，复于咸通七年，及辽摧圮。金大定初增修，泰和壬戌正月望日，焚毁殆尽。贞佑南迁，止余石像，观额为风雨所剥，委荆棘者有年。圣代龙兴，元风大振，长春应聘，还命盘山栖云子王志谨主领兴建，垂二十年。建正殿五间，装石像于其中，方丈庐室舍馆厨库焕然一新。凡旧址存者罔不毕具，永为圣朝万世祈福之地，顾不伟哉。"

——《日下旧闻考》卷九十四《郊坰·西四》引《元一统志》。

（元）陈时可《白云观处顺堂会葬记》："长春宗师既逝，嗣其道者尹公，乃易其宫之东甲第为观，号曰白云①。明年四月，除地建址，凡四旬堂成，榜之曰处顺。既祥，奉骨以葬，求余为记，以会葬者之名氏刻于石之阴。"

---

① 《元一统志》将天长观、长春宫分为两条，但《元一统志》已明言长春宫即原太极宫，而《金史·章宗纪三》又明言太极宫是天长观所改，则长春宫即天长观无疑。或谓《元一统志》有误，《永乐大典》复据《元一统志》将天长观、长春宫分列于四千六百五十一和四千六百五十四两卷，则更为谬乱。清人缪荃孙录《永乐大典》时复将《析津志》的记载剖裂，分注于天长观、长春宫下，则由一而二也。然据陈时可《白云观处顺堂会葬记》天长观、长春宫实在今白云观西侧。

——《日下旧闻考》卷九十四《郊垧·西四》引《甘水仙源录》。

白云观，唐天长观旧址，在西便门外一里许。

观旧为唐天长观，金明昌三年重建，泰和三年改为太极宫。元太祖丁亥，改为长春宫，为元长春真人邱处机藏蜕所也。其弟子尹志平建观为宫之东墟，号曰白云〔观〕。明洪武二十七年，太宗（按：指明成祖朱棣）潜邸时重修。国朝（按：指清朝）乾隆二十一年重修。

原按：凡长春宫，自元以上所有碑文，如一统志所载，唐刘九霄天长观碑及元重修天长观碑，与长春成道本行碑，长春弟子各道行碑，久已不存。

——《光绪顺天府志》卷十七《京师志十七·寺观二》。

十、唐代有关幽州（治今北京）的诗歌

（1）卢照邻诗

《送幽州陈参军赴任寄呈乡曲父老》
蓟北三千里，关西二十年。冯唐犹在汉，乐毅不归燕。人同黄鹤远，乡共白云连。郭隗池台处，昭王尊酒前。故人当已老，旧壑几成田。红颜如昨日，衰鬓似秋天。西蜀桥应毁，东周石尚全。灞池水犹绿，榆关月早圆。塞云初上雁，庭树欲销蝉。送君之旧国，挥泪独潸然。

——《全唐诗》上册，上海古籍出版社1986年影印版　第136页。

（2）陈子昂诗

《感遇诗三十八首》
朔风吹海树，萧条边已秋。亭上谁家子，哀哀明月楼。自言幽燕客，结发事远游。赤丸杀公吏，白刃（一作"日"）报私仇。避仇至海上，被役此边州。故乡三千里，辽水复悠悠。每愤胡兵入，常为汉国羞。何知七十战，白首未封侯。

《蓟丘览古赠卢居士藏用七首》并序
丁酉岁（武则天万岁通天二年，公元697年）吾北征，出自蓟门，历览燕之旧都。

其城池霸业，迹已芜没久矣。乃慨然仰叹，忆昔乐生、邹子，群贤之游盛矣。因登蓟丘，作七诗以志之。寄终南卢居士，亦有轩辕之遗迹也。

《轩辕台》
北登蓟丘望，求古轩辕台。应龙已不见，牧马空黄埃。尚想广成子，遗迹白云隈。

《燕昭王》
南登碣石坂（一作"馆"），遥望黄金台。丘陵尽乔木，昭王安在哉。霸图怅已矣，驱马复归来。

《乐生》
王道已沦昧，战国竞贪兵。乐生何感激，仗义下齐城。雄图竟中夭，遗叹寄阿衡。

《燕太子》
秦王日无道，太子怨亦深。一闻田光义，匕首赠千金。其事虽不立，千载为伤心。

《田光先生》
自古皆有死，徇（一作"循"）义良独稀。奈何燕太（一作"丹"）子，尚使田生疑。伏剑诚已矣，感我涕沾衣。

《邹衍》
大运沦三代，天人罕有窥。邹子何寥廓，漫说九瀛垂。兴亡已千载，今也则无推（一作"为"）。

《郭隗》
逢时独为贵，历代非无才。隗君亦何幸，遂起黄金台。□□□□□，□□□□□。

——《全唐诗》上册，上海古籍出版社1986年影印版　第212页。

《登蓟丘楼送贾兵曹入都》
东山宿昔意，北征非我心。孤负平生愿，感涕下沾襟。暮登蓟楼上，永望燕山岑。辽海方漫漫，胡沙飞且深。峨眉渺如梦，仙子讵由寻。击剑起叹息，白日忽西沉。闻君洛阳使，因子寄南音。

——《全唐诗》上册，上海古籍出版社1986年影印版　第213页。

《登幽州台歌》
前不见古人，后不见来者。念天地之悠悠，独怆然而涕下。

——《全唐诗》上册，上海古籍出版社 1986 年影印版　第 214 页。

《登蓟城西北楼送崔著作融入都》并序

　　仆尝倦游，伤别久矣，况登楼远国，衔酒故人，愤胡孽之侵边，从王师之出塞，元戎按甲，方刘鲜卑之垒；天子赐书，且有君相之召。而崔侯佩剑，即谒承明；群公负戈，方绝大漠。燕山北望，辽海东浮，云台与碣馆天殊，亭帐共衣冠地隔；抚剑何道，长谣增叹，以身许国，我则当仁，论道匡君子思报主。仲冬寒苦，幽朔初平，苍茫天兵之气，冥灭戎云之色。白羽一挥（一作"指"），可扫九都；赤墀九重，伫观献凯，心期我愿斯遂；君恩共有，策勋饮至，方同廊庙之欢。偃武櫜弓，借尔文儒之首，蓟丘故事，可以赠言，同赋登蓟楼送崔子云耳。

蓟楼望燕国，负剑喜兹登。清规子方奏，单戟我无能。仲冬边风急，云汉复霜凌（一作"稜"）。慷慨竟何道，西南恨失朋。

——《全唐诗》上册，上海古籍出版社 1986 年影印版　第 215 页。

（3）张说（音：悦）诗

《送李侍郎迥秀、薛长史季昶同赋得水字》
汉郡接胡庭，幽并对烽垒。旌旗按部曲，文武惟卿士。薛公善筹画，李相威边鄙。中冀分两河，长城各万里。藉马黄花塞（今山西山阴东北），蒐兵白狼水（今辽宁大凌河）。胜敌在安人，为君汗青史。

——《全唐诗》上册，上海古籍出版社 1986 年影印版　第 219 页。

《巡边在河北作》
抚剑空余勇，弯弧遂无力。老去事如何，据鞍长叹息。故交索将尽，后进稀相识。独怜半死心，尚有寒松直。

——《全唐诗》上册，上海古籍出版社 1986 年影印版　第 220 页。

《巡边在河北作》
去年六月西河西，今年六月北河北。沙场碛路何为耳，重气轻生知许国。人生在世能几时，壮年征战髪如丝。会待安边报明主，作颂封山也未迟。

——《全唐诗》上册，上海古籍出版社 1986 年影印版　第 222 页。

《幽州夜饮》
凉风吹夜雨，萧瑟动寒林。正有高堂宴，能忘迟暮心。军中宜剑舞，塞上重笳音。不作边城将，谁知恩遇深。

《送任御史江南发粮以赈河北百姓》
河朔人无岁，荆南义廪开。将兴泛舟役，必仗济川才。夜月临江浦，春云历楚台。调饥坐相望，绣服几时回。

《送李问政河北简兵》
斗酒贻朋爱，踌蹰出御沟。依然四牡别，更想八龙游。密亲事燕冀，连年迩寇仇。因君阅河朔，垂泪语幽州。
——《全唐诗》上册，上海古籍出版社1986年影印版　第224页。

《幽州别阴长河行先》
惠好交情重（一作："会爱交千里"），辛勤世事多。荆南久为别，蓟北远来过。寄目云中鸟，留欢酒上歌。影移春复间，迟暮两如何。
——《全唐诗》上册，上海古籍出版社1986年影印版　第225页。

《幽州新岁作》
去岁荆南梅似雪，今年蓟北雪如梅。共知人事何常定，且喜年华去复来。边镇戍歌连夜动，京城燎火彻明开。遥遥西向长安日，愿上南山寿一杯。
——《全唐诗》上册，上海古籍出版社1986年影印版　第226页。

《送赵二尚书彦昭北伐》
虏地河冰合，边城备此时。兵连紫塞路，将举白云司。提剑荣中贵（一作："赏"），衔珠盛出师。日华光（一作："鲜"）组练，风色艳（一作："焰"）旌旗。投笔尊前起，横戈马上辞。梅花吹别引，杨柳赋归诗。
——《全唐诗》上册，上海古籍出版社1986年影印版　第229页。

《元朝》[①]
今岁元日（一作："元日今岁"）乐，不谢往（一作："去"）年春。知向来心到，谁为昨夜人。
——《全唐诗》上册，上海古籍出版社1986年影印版　第230页。

《破阵乐词二首》
汉兵出顿金微，照日光明铁衣。百里火幡焰焰，千行云骑霏霏。蹙踏辽河自竭，鼓噪燕山可飞。正属四方朝贺，端知万舞皇威。

---

① 又题《幽州元日》。

少年胆气凌云，共许骁骑出群。匹马城西挑战，单刀蓟北从军。一鼓鲜卑送款，五饵单于解纷。誓欲成名报国，羞将开阁论勋。

——《全唐诗》上册，上海古籍出版社 1986 年影印版　第 231 页。

（4）卢藏用诗

《宋主簿鸣皋梦赵六，予未及报而陈子云亡，今追为此诗，答宋兼贻平昔游旧》
暮川罕停波，朝云无留色。故人琴与诗，可存不可识。识心尚可亲，琴诗非故人。鸣皋初梦赵，蜀国已悲陈。感化伤沦灭，魂交惜未申。冥期失幽报，兹理复今晨。前嗟成后泣，已矣将何及。旧感与新悲，虚怀酬昔时。赵侯鸿宝气，独赋青云姿。群有含妙识，众象悬清机。雄谈尽物变，精义解人颐。在阴既独善，幽跃自为疑。跂彼千里足，伤哉一尉欺。陈生富清理，卓荦兼文史。思缥巫山云，调逸岷江水。铿锵哀忠义，感激怀知己。负剑登蓟门，孤游入燕市。浩歌去京国，归守西山趾。幽居探元化，立言见千祀。埋没经济情，良图竟云已。坐忆平生游，十载怀嵩丘。题书满古壁，采药遍岩幽。子微化金鼎，偓佺不可求。荣哉宋与陆，名宦美中州。存亡一瞑阻，歧路方悠悠。自予事山海，及兹人世改。传闻当世荣，皆入古人名。无复平原赋，空余邻笛声。泣对西州使，悲访北邙茔。新坟蔓宿草，旧阙毁残铭。为君成此曲，因言寄友生。默语无穷事，凋伤共此情。

——《全唐诗》上册，上海古籍出版社 1986 年影印版　第 236 页。

（5）卢从愿诗

《奉和圣制送张说巡边》
上将发文昌，中军静朔方。占星引旌节，择日拜坛场。礼乐临轩送，威声出塞扬。安边俟帷幄，制胜在岩廊。作鼓将军气，投醪壮士肠。戒途遵六月，离赠动三光。槐路清梅暑，蘅皋起麦凉。时文仰雄伯，耀武震遐荒。衽席知无战，兵戈示不忘。伫闻歌枤杜，凯入系名王。

——《全唐诗》上册，上海古籍出版社 1986 年影印版　第 264 页。

（6）祖咏诗

《望蓟门》
燕台一望客心惊，箫鼓喧喧汉将营。万里寒光生积雪，三边曙色动危旌。沙场烽火连胡月，海畔云山拥蓟城。少小虽非投笔吏，论功还欲请长缨。

——《全唐诗》上册，上海古籍出版社1986年影印版　第306页。

（7）孟浩然诗

《同张将蓟门观灯》

异俗非乡俗，新年改故年。蓟门看火树，疑是烛龙然。

——《全唐诗》上册，上海古籍出版社1986年影印版　第379页

（8）李白诗

《古风》

燕昭延郭隗，遂筑黄金台，剧辛方赵至，邹衍复齐来。奈何青云士，弃我如尘埃。珠玉买歌笑，糟糠养贤才。方知黄鹤举，千里独裴回。

——《全唐诗》上册，上海古籍出版社1986年影印版　第381页。

《北风行》

烛龙栖寒门，光耀犹旦开。日月照之何不及此，唯有北风号怒天上来。燕山雪花大如席，片片吹落轩辕台。幽州思妇十二月，停歌罢笑双峨摧。倚门望行人，念君长城苦寒良可哀。别时提剑救边去，遗此虎纹金鞞靫。中有一双白羽箭，蜘蛛结网生尘埃。箭空在，人今战死不复回。不忍见此物，焚之已成灰。黄河捧土尚可塞，北风雨雪恨难裁。

——《全唐诗》上册，上海古籍出版社1986年影印版　第385页。

《幽州胡马客歌》

幽州胡马客，绿眼虎皮冠。笑拂两支箭，万人不可感。弯弓若转月，白雁落云端。双双掉鞭行，游猎向楼兰。出门不顾后，报国死何难。天骄五单于，狼戾好凶残。牛马散北海，割鲜若虎餐。虽居燕支山，不道朔雪寒。妇女马上笑，颜如赪玉盘。翻飞射鸟兽，花月醉雕鞍。旄头四光芒，征战若蜂攒，白刃洒赤血，流沙为之丹。名将古谁是，疲兵良可叹。何时天狼灭，父子得闲安。

——《全唐诗》上册，上海古籍出版社1986年影印版　第387页。

《出自蓟北门行》

虏阵横北荒，胡星耀精芒。羽书速惊电，烽火昼连光。虎竹救边急，戎车森已行。明主不安席，按剑心飞扬。推毂出猛将，连旗登战场。兵威冲绝漠，杀气凌穹苍。列卒（一作"阵"）赤山下，开营紫塞旁。孟（一作"穷"或"途"）冬风沙（一作

"沙风")紧,旌旗飒凋伤。画角悲海月,征衣卷天霜。挥刃斩楼兰,弯弓射贤王。单于一平荡,种落自奔亡。收功报天子,行歌归咸阳。

——《全唐诗》上册,上海古籍出版社1986年影印版 第388页。

《经乱离后,天恩流夜郎,忆旧游书怀,赠江夏韦太守良宰》

天上白玉京,十二楼五城。仙人抚我顶,结发受长生。误逐世间乐,颇穷理乱情。九十六圣君,浮云挂空名。天地睹一掷,未能忘战争。试涉霸王略,将期轩冕荣。时命乃大谬,弃之海上行。学剑翻自哂,为文竟何成。剑非万人敌,文窃四海名。儿戏不足道,五噫出西京(今西安)。临当欲去时,慷慨泪沾缨。叹君倜傥才,标举冠群英。开筵引祖帐,慰此远徂征。鞍马若浮云,送余骠骑亭。歌钟不尽意,白日落昆明。十月到幽州,戈铤若罗星。君王弃北海,扫地借长鲸。呼吸走百川,燕然可摧倾。心知不得语,却欲栖蓬瀛。弯弧惧天狼,挟矢不敢张。揽涕黄金台,呼天哭昭王。无人贵骏骨,騄耳空腾骧。乐毅傥再生,于今亦奔亡。蹉跎不得意,驱马还贵乡。逢君听弦歌,肃穆坐华堂。百里独太古,陶然卧羲皇。征乐昌乐馆,开筵列壶觞。闲豪间青娥,对烛俨成行。醉舞纷绮席,清歌绕飞梁。欢乐未终朝,秩满归咸阳。祖道拥万人,供帐遥相望。一别隔千里,荣枯异炎凉。炎凉几度改,九土中横溃。汉甲连胡兵,沙尘暗云海。草木摇杀气,星辰无光彩。白骨成丘山,苍生竟何罪。函关壮帝居,国命悬哥舒。长戟三十万,开门纳凶渠。公卿如犬羊,忠谠醢与菹。二圣出游豫,两京遂丘墟。帝子许专征,秉旄控强楚。节制非桓文,军师拥熊虎。人心失去就,贼势腾风雨。惟君固房陵,诚节冠终古。仆卧香炉顶,餐霞漱瑶泉。门开九江转,枕下五湖连。半夜水军来,浔阳满旌旃。空名适自误,迫胁上楼船。徒赐五百金,弃之若浮云。辞官不受赏,翻谪夜郎天。夜郎万里道,西上令人老。扫荡六合清,仍为负霜草。日夜无偏照,何由诉苍昊。良牧称神明,深仁恤交道。一忝青云客,三登黄鹤楼。顾惭祢处士,虚对鹦鹉洲。樊山霸气尽,寥落天地秋。江带峨眉雪,川横三峡流。万舸此中来,连帆过扬州。送此万里目,旷然散我愁。纱窗倚天开,水树绿如发。窥日畏衔山,促酒喜得月。吴娃与越艳,窈窕夸铅红。呼来上云梯,含笑出帘栊。对客小垂手,罗衣舞春风。宾跪请休息,主人情未及。览君荆山作,江鲍堪作色。清水出芙蓉,天然去雕饰。逸兴横素襟,无时不招寻。朱门拥虎士,列戟何森森。剪凿竹石开,萦流涨清深。登台坐水阁,吐论多英音。片辞贵白璧,一诺轻黄金。谓我不愧君,青鸟明丹心。五色云间雀,飞鸣天上来。传闻赦书至,却放夜郎回。暖气变寒谷,炎烟生死灰。君登凤池去,忽弃贾生才。桀犬尚吠尧,匈奴笑千秋。中夜四五叹,常为大国忧。旌旗夹两山,黄河当中流。连鸡不得进,饮马空夷犹。安得羿善射,一箭落旄头。

——《全唐诗》上册,上海古籍出版社1986年影印版 第400页。

《送崔度还吴》
幽燕沙雪地，万里尽黄云。朝吹归秋雁，南飞日几群。中有孤凤雏，哀鸣九天闻。我乃重此鸟，彩章五色分。胡为杂凡禽，鸡鹜轻贱君。举手捧尔足，疾心若火焚。拂羽泪满面，送之吴江濆。去影忽不见，踌躇日将曛。

——《全唐诗》上册，上海古籍出版社1986年影印版　第411页。

《邹衍谷》
燕谷无暖气，穷岩闭严阴。邹子一吹律，能回天地心。

——《全唐诗》上册，上海古籍出版社1986年影印版　第432页（补遗）。

（9）高适诗

《塞上》
东出卢龙塞，浩然客思孤。亭堠列万里，汉兵犹备胡。边尘涨北溟，虏骑（一作"塞马"）正南驱。转斗岂长策，和亲非远图。惟昔李将军，按节出皇（一作"临此"）都。总戎扫大漠，一战擒单于。常怀感激心，愿效纵横谟。依剑欲谁语，关河空郁纡。

《蓟门行五首》
蓟门逢故（一作"古"）老，独立思氛氲。一身既零丁，头鬓白纷纷。勋庸今已矣，不识霍将军。
汉家能用武，开拓穷异域。戍卒厌糠籺，降胡饱衣食。关（一作"开"）亭试一望，吾欲泪（一作"涕"）沾臆。
边城十一月，雨雪乱霏霏。元戎号令严，人马亦轻肥。羌胡无尽日，征战几时（一作"人"）归。
幽州多骑射，结发重横行。一朝事将军，出入有声名。纷纷猎秋草，相向角弓鸣。
黯黯（一作"茫茫"）长城外，日没更烟尘。胡骑虽凭陵，汉兵不顾身。古树满空塞，黄云愁煞人。

《蓟门不遇王之涣、郭密之，因以留赠》
适远登蓟丘，兹晨独搔屑。贤交不可见，吾愿终难说。迢递千里游，羁离十年别。才华仰清兴，功业嗟芳节。旷荡阻云海，萧条带风雪。逢时事多谬，失路心弥折。行矣勿重陈，怀君但愁绝。

——《全唐诗》上册，上海古籍出版社1986年影印版　第494页。

《酬裴员外以诗代书》

少时方浩荡，遇物犹尘埃。脱略身外事，交游天下才。单车入燕赵，独立心悠哉。宁知戎马间，忽展平生怀。且欣清论高，岂顾夕阳颓。题诗碣石馆，纵酒燕王台。北望沙漠垂，漫天雪皑皑。临边无策略，览古空裴回。乐毅吾所怜，拔齐翻见猜。荆卿吾所悲，适秦不复回。然诺多死地，公忠成祸胎。与君从此辞，每恐流年催。如何俱老大，始复忘形骸。兄弟真二陆，声名连八裴。乙未将星变，贼臣候天灾。胡骑犯龙山，乘舆经马嵬。千官无倚着，万姓徒悲伤（一作"哀"）。诛吕鬼神动，安刘天地开。奔波走风尘，倏忽值云雷。拥旄出淮甸，入幕征楚才。誓当剪鲸鲵，永以竭驽骀。小人胡不仁，谗我成死灰。赖得日月明，照耀无不该。留司洛阳宫，詹府惟蒿莱。是时扫氛祲，尚未歼渠魁。背河列长围，师老将亦乖。归军剧风火，散卒争椎埋。一夕瀍洛空，生灵悲曝腮。衣冠投草莽，予欲驰江淮。登顿宛叶下，栖遑襄邓隈。城池何萧条，邑屋更崩摧。纵横荆棘丛，但见瓦砾堆。行人无血色，战骨多青苔。遂除彭门守，因得朝玉阶。激昂仰鹓鹭，献替欣盐梅。驱传及远蕃，忧思郁难排。罢人纷争讼，赋税如山崖。所思在畿甸，曾是鲁宓侪。自从拜郎官，列宿焕天街。那能访遐僻，还复寄琼瑰。金玉本高价，埙篪终易谐。朗咏临清秋，凉风下庭槐。何意寇盗间，独称名义偕。辛酸陈侯诔，叹息季鹰杯。白日屡分手，青春不再来。卧看中散论，愁忆太常斋。酬赠徒为尔，长歌还自咍。

——《全唐诗》上册，上海古籍出版社1986年影印版 第495页。

《睢阳酬别畅大判官》

吾友遇知己，策名逢圣朝。高才擅白雪，逸翰怀青霄。承诏选嘉宾（一作"兵"或"贤"），慨然即驰轺。清昼下公馆，尺书忽相邀。留欢惜别离，毕景驻行镳。言及沙漠事，益令胡马骄。丈夫拔东蕃，声冠霍嫖姚。兜鍪冲矢石，铁甲生风飚。诸将出冷（一作"井"）陉，连营济石桥。酋豪尽俘馘，子弟输征徭。边庭绝刁斗，战地成渔樵。榆关夜不扃，塞口常萧萧。降胡满蓟门，一一能射雕。军中多宴乐，马上何轻趫。戎狄本无厌，羁縻非一朝。饥附诚足用，饱飞安可招。李牧制儋蓝，遗风岂寂寥。君还谢幕府，慎勿轻刍荛。

——《全唐诗》上册，上海古籍出版社1986年影印版 第497页。

《蓟中作》

策马自沙漠（一作"海"），长（一作"上"）驱登塞垣。边城何萧条，白日黄云昏。一到征战处，每愁胡虏翻。岂无安边书，诸将已承恩。惆怅孙吴事，归来独闭门。

——《全唐诗》上册，上海古籍出版社1986年影印版 第499页。

《燕歌行》并序

开元二十六年（原注：《文苑英华》作十六年）客有从御史大夫张公出塞而还者，作

《燕歌行》以示适（按：高适之自称），感征戍之事，因而和焉。

汉家烟尘在东北，汉将辞家破残贼。男儿本自重横行，天子非常赐（一作"借"）颜色。摐金伐鼓下榆关，旌旆逶迤碣石间。校尉羽书飞瀚海，单于猎火照狼山。山川萧条极边土，胡骑凭陵杂风雨。战士军前半死生，美人帐下犹歌舞。大漠穷秋塞草衰（一作"腓"），孤城落日斗兵稀。身当恩遇恒轻敌，力尽关山未解围。铁衣远戍辛勤久，玉箸应啼别离后。少妇城南欲断肠，征人蓟北空回首。边风（一作"庭"）飘飘那可越（一作"度"），绝域苍茫（一作"黄"）更何有（一作"何所"）。杀气三时（一作"日"）作阵云，寒声一夜传刁斗。相看白刃血纷纷，死节从来岂顾勋。君不见杀场征战苦，至今犹忆李将军。

——《全唐诗》上册，上海古籍出版社1986年影印版　第501页。

《使青夷军①入居庸三首》

匹马行将久，征途去转难。不知边地别，祇讶客衣单。溪冷泉声苦，山空木叶干。莫言关塞极，云雪尚漫漫。

古镇青山口，寒风落日时。岩峦鸟不过，冰雪马堪迟。出塞应无策，还家赖有期。东山足松桂，归去结茅茨。

登顿驱征骑，栖迟愧宝刀。远行今若此，微禄果徒劳。绝坂水连下，群峰云共高。自堪成白首，何事一青袍。

《自蓟北归》

驱马蓟门北，北风边马哀。苍茫远山口，豁达胡天开。五将已深入，前军止半廻。谁怜不得意，长剑独归来。

《信安王幕府诗》并序

开元二十年，国家有事林胡（按：指契丹），诏礼部尚书信安王总戎大举。时考工郎中王公、思勋郎中刘工、主客郎中魏公、侍御史李公、监察御史崔公咸在幕府，诗以颂美数公，见于词，凡三十韵。

云纪轩皇代，星高太白年。庙堂咨上策，幕府制中权。磐石藩维固，升坛礼乐先。国章荣印绶，公服贵貂蝉。乐善旌深德，输忠格上玄。剪桐光宠锡，题剑美贞坚。圣祚雄图广，师贞武德虔。雷霆七校发，旌旆五营连。华省征群义，霜台举二贤。岂伊公望远，曾是茂才迁。并秉韬钤术，兼该翰墨筵。帝思麟阁像，臣献柏梁篇。振玉登辽甸，摐金历蓟墙。渡河飞羽檄，横海泛楼船。北伐声逾迈，东征务以专。讲戎喧涿野，料敌静居延。军势持三略，兵戎自九天。朝瞻授钺去，时听偃戈

---

① 青夷军即清夷军。《旧唐书·地理志一》云："清夷军，在妫州城内（今河北怀来东旧怀来县城），管兵万人，马三百匹。"

旋。大漠风沙里,长城雨雪边。云端临碣石,波际隐朝鲜。夜壁冲高斗,寒空驻彩旃。倚弓玄兔月,饮马白狼川。庶物随交泰,苍生解倒悬。四郊增气象,万里绝风烟。关塞鸿勋著,京华甲第全。落梅横吹后,春色凯歌前。直道常兼济,微才独弃捐。曳裾诚已矣,投笔尚凄然。作赋同元淑,能诗匪仲宣。云霄不可望,空欲仰神仙。

——《全唐诗》上册,上海古籍出版社1986年影印版 第504页。

《送兵到蓟北》
积雪与天迥,屯军连塞愁。谁知此行迈,不为觅封侯。

——《全唐诗》上册,上海古籍出版社1986年影印版 第506页。

(10) 杜甫诗

《后出塞五首》①
男儿生世间,及壮当封侯。战伐有功业,焉能守旧丘。召募赴蓟门,军动不可留。
千金买马鞍,百金装刀头。闾里送我行,亲戚拥道周。斑白居上列,酒酣进庶羞。
少年别有赠,含笑看吴钩。
朝进东营门,暮上河阳桥。落日照大旗,马鸣风萧萧。平沙列万幕,部伍各见招。
中天悬明月,令严夜寂寥。悲笳数声动,壮士惨不骄。借问大将谁②,恐是霍嫖姚。
古人重守边,今人重高勋。岂知英雄主,出师亘长云。六合已一家,四夷且孤军。
遂使貔虎士,奋身勇所闻。拔剑击大荒,日收胡马群。誓开玄冥北,持以奉吾君。
献凯日继踵,两蕃静无虞。渔阳豪侠地,击鼓吹笙竽。云帆转辽海,粳米来东吴。
越罗与楚练,照耀舆台躯。主将位益崇,气骄凌上都。边人不敢议,议者死路衢。
我本良家子,出师亦多门。将骄益愁思,身贵不足论。跃马二十年,恐辜明主恩。
坐见幽州骑,长驱河洛昏。中夜间道归,故里但空村。恶名幸脱免,穷老无儿孙。

——《全唐诗》上册,上海古籍出版社1986年影印版 第519页。

《渔阳》
渔阳突骑犹精锐,赫赫雍王都节制。猛将飘然恐后时,本朝不入非高计。禄山北筑

---

① 按:杜甫作:《前出塞九首》和《后出塞五首》。原注:前出塞写征秦陇之兵赴交河,而后出塞为征东都之兵赴蓟门而作也。秦陇,今陕西陇县和甘肃秦安一带。交河,今新疆吐鲁番西北。东都,今洛阳。蓟门,今北京在内的河北北部地区。即前出塞是写唐朝用兵西北,后出塞是写唐朝用兵河北以平安、史之乱。

② 原注:天宝二年,安禄山入朝,进骠骑大将军。

雄武城，旧防败走归其营。系书请问燕耆旧，今日何须十万兵①。

——《全唐诗》上册，上海古籍出版社1986年影印版　第523页。

《昔游》
昔者与高、李②，晚登单父台。寒芜际碣石，万里风云来。桑柘叶如雨，飞藿去徘徊。清霜大泽冻，禽兽有余哀。是时仓廪实，洞达寰区开。猛士思灭胡，将帅望三台。君王无所惜，驾驭英雄材。幽燕素用武，供给亦劳哉。吴门转粟帛，泛海凌蓬莱。肉食三十万，猎射起黄埃。隔河忆长眺，青岁已摧颓。不及少年日，无复故人杯。赋诗独流涕，乱世想贤才。有能市骏骨，莫恨少龙媒。商山议得失，蜀主脱嫌猜。吕尚封国邑，傅说已盐梅。景晏楚山深，水鹤去低迴。庞公任本性，携子卧苍苔③。

——《全唐诗》上册，上海古籍出版社1986年影印版　第534页。

《秦州杂诗二十首》
闻道寻源使，从天此路迴。牵牛去几许，宛马至今来。一望幽燕隔，何时郡国开。东征健儿尽，羌笛暮吹哀。
萧萧古塞冷，漠漠秋云低。黄鹄翅垂雨，苍鹰饥啄泥。蓟门谁自北，汉将独征西。不意书生耳，临衰厌鼓鼙。

——《全唐诗》上册，上海古籍出版社1986年影印版　第549页。

《诸将五首》
洛阳宫殿化为烽，休道秦关百二重。沧海未全归禹贡，蓟门何处尽尧封④。朝廷衮职虽多预，天下军储不自供。稍喜临边王相国，宜销金甲事春农⑤。

——《全唐诗》上册，上海古籍出版社1986年影印版　第568页。

《承闻河北诸道节度入朝欢喜口号绝句十二首》
禄山作逆降天诛，更有思明亦已无。汹汹人寰犹不定，时时𬭚战欲何须。
渔阳突骑邯郸儿，酒酣并辔金鞭垂。意气即归双阙舞，雄豪复遣五陵知。
李相将军拥蓟门，白头虽老赤心存。竟能尽说诸侯入，知有从来天子尊。

——《全唐诗》上册，上海古籍出版社1986年影印版　第570页。

---

① 原注：唐代宗宝应元年（762年）九月，鲁王[李]适改封雍王，为天下兵马元帅，统河东、朔方及诸道行营、回纥等兵十余万，讨史朝义，会兵于陕州。[杜]甫在梓，闻王受钺，作此诗以讽河北诸将：飘然而来犹恐后时，乃拥兵不朝，岂高计乎。末，又举禄山往事以戒之。
② 诗人高适、李白。
③ 原注："市骏骨"以下，言果能求贤，则商山、诸葛、吕尚、傅说之流，世岂少其人哉。惟甫漂泊楚山，终当为庞公高隐耳。
④ 原注：时河北幽瀛皆安、史余孽盘踞。
⑤ 原注：唐代宗广德二年（764年）王缙以平章事代李光弼都统行营，岁余迁河南副元帅。

（11）钱起诗

《送王相公赴范阳》

翊圣衔恩重，频年按节行。安危皆报国，文武不缘名。受脤仍调鼎，为霖更洗兵。幕开丞相阁，旗总贰师营。料敌知无战，安边示（一作"自"）有征。代云横马首，燕雁拂笳生。去镇关河静，归看日月明。欲知瞻恋（一作"望"）切，迟暮一书生。

——《全唐诗》上册，上海古籍出版社1986年影印版　第599页。

（12）张继诗

《奉送王相公赴幽州》（原注：一作韩翃诗，题下有巡边二字）

黄阁开幨幰，丹墀拜冕旒。位高汤左相，权总汉诸侯。不改周南化，仍分赵北忧。双旌过易水，千骑入幽州。塞草连天暮，边风动地愁。无因随远道，结束佩吴钩。

——《全唐诗》上册，上海古籍出版社1986年影印版　第612页。

（13）皇甫冉诗

《送王相公之幽州》

自昔萧曹任，难兼卫霍功。勤劳无远近，旌旗屡西东。不选三河卒，还令万里通。雁行缘古塞，马鬣起长风（一作"御闲分善马，武库出彤弓"）。遮虏关山静，防秋鼓角雄。徒思一攀送，赢老莲门中。

——《全唐诗》上册，上海古籍出版社1986年影印版　第636页。

（14）王之涣诗

《九日送别》

蓟庭萧瑟故人稀，何处登高且送归。今日暂同芳菊酒，明朝应作断蓬飞。

——《全唐诗》上册，上海古籍出版社1986年影印版　第640页。

（15）李益诗

《登长城》

汉家今上郡，秦塞古长城。有日云常惨，无风沙自惊。当今圣天子，不战四夷平。

《送辽阳使还军》
征人歌且行,北上辽阳城。二月戎马息,悠悠边草生。青山出塞断,代地入云平。昔者匈奴战,多闻杀汉兵。平生报国愤(一作"意"),日夜角弓鸣。勉君万里去,勿使房尘惊。

——《全唐诗》上册,上海古籍出版社1986年影印版　第713页。

《献刘济》
草绿古燕州,莺声引独游。雁归天北畔,春尽海西头。向日花遍落,驰年水自流。感恩自有地,不上望京楼[①]。

——《全唐诗》上册,上海古籍出版社1986年影印版　第716页。

《观骑射》
边头射雕将,走马出中军。远见平原上,翻身向暮云。

《幽州赋诗见意时佐刘幕》(又题:《题太原落漠驿西堠》)
征戍在桑干,年年蓟水寒。殷勤驿西路(一作"堠"),北去(一作"此去")向长安。

——《全唐诗》上册,上海古籍出版社1986年影印版　第717页。

《送客还幽州》
惆怅秦城送独归,蓟门云树远依依。秋来(一作"空")莫射南归雁,从(一作"纵")遣乘春更北飞。

《从军北征》
天山雪后还风寒,横笛遍吹行路难。碛里征人三十万,一时回相(一作"首")月明(一作"中")看。

——《全唐诗》上册,上海古籍出版社1986年影印版　第718页。

(16)韩愈诗

《送无本师归范阳》(原注:贾岛初为浮屠,名无本)
无本于为文,身大不及胆。吾尝示之难,勇往无不敢。蛟龙弄角牙,造次欲手揽。

[①] 《旧唐书·李益传》:李益是唐肃宗时期的宰相李揆族子,唐德宗贞元末年与著名诗人李贺齐名,但因自幼即有痴病,所以虽登进士而久不得升调,心常抑郁,遂"北游河朔,幽州刘济辟为从事,常与济诗而有'不上望京楼'之句。唐宪宗雅闻其名,自河北召还,用为秘书少监、集贤殿学士。自负才地,多所凌忽,为众不容,谏官举其幽州诗句,降居散秩"。不久复官,并转为右散骑常侍。

众鬼因大幽，下觑袭玄窨。天阳熙四海，注视首不颔。鲸鹏相摩窣，两举快一噉。夫岂能必然，固已谢黯黮。狂词肆滂葩，低昂见舒惨。奸穷怪变得，往往造平淡。蜂蝉碎锦缬，绿池披菡萏。芝英擢荒榛，孤翩起连菼。家住幽都远，未识气先感。来寻吾何能，无殊嗜唱歌。始见洛阳春，桃枝缀红糁。遂来长安里，时卦转习坎（原注：韩愈迁职方员外郎，贾道来别时十一月，故云）。
老懒无斗心，久不事铅椠。欲以金帛酬，举室常颔颔。念当委我去，雪霜刻以惨。狞飚搅空衢，天地与顿撼。勉率吐歌诗，慰女别后览。

——《全唐诗》上册，上海古籍出版社1986年影印版　第841页。

（17）刘禹锡诗

《平齐行》①

胡尘昔起蓟北门，河南地属平卢军。貂裘代马绕东岳，峄阳孤桐削为角。地形十二㟝意骄，恩泽含荣历四朝。鲁人皆解带弓箭，齐人不复闻箫韶。今朝天子圣神武，手握玄符平九土。初哀狂童袭故事，文告不来方振怒。去秋诏下诛东平，官军四合犹婴城。春来群乌噪且惊，气如坏山堕其庭。牙门大将有刘生，夜半射落欃枪星。帐中庬血流满地，门外三军舞连臂（一作"舞臂盟"）。驿骑函首过黄河，城中无贼天气和。朝廷侍郎来慰抚，耕夫满野行人歌。

——《全唐诗》上册，上海古籍出版社1986年影印版　第886页。

（18）孟郊诗

《征妇怨》

良人昨日去，明月又不圆。别时各有泪，零落青楼前。君泪濡罗巾，妾泪满路尘。罗巾长（一作"去"）在手，今得随妾身。路尘如（一作"因"）得风，得上君车轮。渔阳千里道，近如中门限。中门逾有时，渔阳长在眼。生在绿（一作"丝"）罗下，不识渔阳道。良人自戍来，夜夜梦中到。

——《全唐诗》上册，上海古籍出版社1986年影印版　第927页。

（19）张藉诗

《征妇怨》

九月匈奴杀边将，汉军全没辽水上。万里无人收白骨，家家城下招魂葬。妇人依倚

---

① 此诗叙唐德宗时用兵淄青、平卢事，但追述藩镇割据局面始于安史之乱以后。

子与夫，同居贫贱心亦舒。夫死战场子在腹，妾身虽存如昼烛。

——《全唐诗》上册，上海古籍出版社 1986 年影印版　第 948 页。

《蓟北旅思》（原注：一作送远人）
日日望乡国，空歌白苎词。长因（一作"于"）送人处，忆得别家时。失意还独语，多愁只自知。客亭门外柳，折尽向南枝。

《渔阳将》
塞深沙草白，都护领燕兵。放火烧奚帐，分旗筑汉城。下营看岭势，寻雪觉人行。更向桑干北，擒生问碛名。

《蓟北春怀》
渺渺水云外，别（一作"望"）来音（一作"乡"）信稀。因逢过江使，却寄在家衣。问路更愁远，逢人空说归。今朝蓟城北，又见塞鸿飞。

——《全唐诗》上册，上海古籍出版社 1986 年影印版　第 954 页。

（20）李贺诗

《塞下曲》
胡角引北风，蓟门白于水。天含青海道，城头月千里。露下旗濛濛，寒金鸣夜刻。蕃甲锁蛇鳞，马嘶青冢白。秋静见旄头，沙远席羁（一作"箕"）愁。帐北天应尽，河声出塞流。

——《全唐诗》上册，上海古籍出版社 1986 年影印版　第 982 页。

（21）元稹诗

《刘颇诗》并序
　　昌平人刘颇，其上三世有义烈。颇少落行阵，二十解属文，举进士科试不就，负气，狭路间病瞀车蔽柩，尽碎之，罄囊酬值而去。南归唐州，为吏所轧，势不支，气屈，自火其居，出契书投火中，由是以气闻。予闻风四五年而后见，因以诗许之。
一言感激士，三世义忠臣。破瓮嫌妨路，烧庄耻属人。迥分辽海气，闲闲洛阳尘。倘使权由我，还君白马津。

——《全唐诗》上册，上海古籍出版社 1986 年影印版　第 1009 页。

《寄刘颇两首》

平生嗜酒癫狂甚，不许诸公占丈夫。唯爱刘君一片胆，近来还敢似人无。
前年碣石烟尘起，共看官军过洛城。无限公卿因战得，与君依旧绿衫行。

——《全唐诗》上册，上海古籍出版社 1986 年影印版　第 1015 页。

（22）张祜诗

《塞下曲》

二十逐嫖姚，分兵远戍辽。雪迷经塞夜，冰壮渡河朝。促放雕难下，生骑马未调。小儒何足问，看取剑横腰。

——《全唐诗》下册，上海古籍出版社 1986 年影印版　第 1293 页。

（23）贾岛诗

《易水怀古》

荆卿重虚死，节烈书前史。我叹方寸心，谁论一时事。至今易水桥，寒风兮萧萧。易水流得尽，荆卿名不消（一作"凋"）。

——《全唐诗》下册，上海古籍出版社 1986 年影印版　第 1459 页。

《上谷送客游江湖》

莫叹迢递分，何殊咫尺别。江楼到夜登，还见南台月。

《代边将》

持戈簇边日，战罢浮云收。露草泣寒霁，夜泉鸣陇头。三尺握中铁，气冲星斗牛。报国不拘贵，愤将平房雠。

——《全唐诗》下册，上海古籍出版社 1986 年影印版　第 1460 页。

《送友人游塞》

飘蓬多塞下，君见亦潸然。迥碛沙衔日，长河水接天。夜泉行客火，晓戍向京烟。少结相思恨，佳期芳草前。

——《全唐诗》下册，上海古籍出版社 1986 年影印版　第 1466 页。

《上谷旅夜》

世难那堪恨旅游，龙锺更是对穷秋。故园千里数行泪，邻杵一声终夜愁。月到寒窗空皓晶，风翻落叶更飕飗。此心不向常人说，倚识平津万户侯。

——《全唐诗》下册，上海古籍出版社 1986 年影印版　第 1469 页。

《夏夜上谷宿开元寺》
诗成一夜月中题，便卧松风到曙鸡。带月时闻山鸟语，郡城知近武陵溪。
——《全唐诗》下册，上海古籍出版社 1986 年影印版　第 1470 页。

《代旧将》
旧事说如梦，谁当信老夫。战场几处在，部曲一人无。落日收病（一座"疲"）马，晴天晒阵图。犹希圣朝用，自镊白髭须。

《老将》
胆壮乱须白，金疮蠹百骸。旌旗犹入梦，歌舞不开怀。燕雀来鹰架，尘埃满箭靫。自夸勋业重，开府是官阶。
——《全唐诗》下册，上海古籍出版社 1986 年影印版　第 1472 页。

（24）河北士人诗两首（原注：《本事》诗：河北朱滔括兵，不择世族，悉令赴军，自闭于球场。有士子容止可观，进趋淹雅。滔召问曰：所业者何？曰：学为诗。问：有妻否？曰：有。即令作《寄内诗》及《代妻答诗》。援笔立成。滔怜之，遗束帛遣归。）

《寄内诗》
握笔题诗易，荷戈征戍难。惯从鸳被暖，怯向雁门寒。瘦尽宽衣带，啼多渍枕檀。试留青黛著，迴日画眉看。

《代妻答诗》
蓬鬓荆钗世所稀，布裙犹是嫁时衣。胡麻好种无人种，合是归时底不归。
——《全唐诗》下册，上海古籍出版社 1986 年影印版　第 1929 页。

（25）无可诗（无可，范阳人（今北京），姓贾氏。[贾]岛从弟，居天仙寺，诗名亦与[贾]岛齐）

《秋寄从兄贾岛》
螟（一作"暗"）虫喧（一作"分"）暮色，默思坐西林。听雨寒更彻（一作"尽"），开门落叶深。昔因京邑病，并起洞庭心。亦是吾兄事（一作"弟"），迟迴共（一作

"直")至今。
　　　　　——《全唐诗》下册，上海古籍出版社 1986 年影印版　第 1992 页。

《吊从兄岛》
尽日叹沉沦，孤高碣石人。诗名从盖代，谪宦竟终身。蜀集重编否，巴仪薄葬新。青门临旧卷，欲见永无因。
　　　　　——《全唐诗》下册，上海古籍出版社 1986 年影印版　第 1994 页。

（26）姚合诗

《送无可上人游边》
一钵与三衣，经行远近随。出家还养母，持律复能诗。春雪离京厚，晨钟近塞迟。亦知莲府客，夜坐喜同师。
　　　　　——《全唐诗》下册，上海古籍出版社 1986 年影印版　第 1254 页。

《送贾岛及锺浑》
日日攻诗亦自强，年年供应在名场。春风驿路归何处，紫阁山边是草堂。

《送僧游边》（一作"送无可"）
师向边头去，边人业障轻。腥膻斋自洁，部落讲还成。传教多离寺，随缘不计程。三千世界内，何处是无生。

《别贾岛》
懒作住山人，贫（一作"官"）家日（一作"月"）赁身。书多笔渐重，睡少枕长新。野客狂无过，诗仙瘦始真。秋风千里去，谁与我相亲。

《寄贾岛》
漫（一作"虽"）向城中住，儿童不识钱。瓮头寒绝酒，灶额晓（一作"冷"）无烟。狂发吟如哭，愁来坐似禅。新诗有几首，旋被世（一作"众"）人传。
　　　　　——《全唐诗》下册，上海古籍出版社 1986 年影印版　第 1256 页。

《寄贾岛时任普州司仓》
长沙事可悲，普掾罪谁知。千载人空尽（一作"老"），一家冤不移。吟寒应齿落，才峭自名垂。地远山重垒，难传相忆词。

《寄贾岛》
寂寞荒原下,南山只隔离。家贫唯我并,诗好复谁知。草色无穷处,虫声少尽(一作"歇")时。朝昏鼓不到,闲卧益相宜。

《洛下夜会寄贾岛》
洛下攻诗客,相逢只是吟。夜觞欢稍静,寒屋坐多深。乌府偶为吏,沧江长在心。忆君难就寝,烛灭复星沉。

《寄无可上人》
十二门中寺,诗僧寺独幽。多年松色别,后夜磬声秋。见世虑皆尽,来生事更修。终须执瓶钵(一作"屦"),相逐入牛头。
——《全唐诗》下册,上海古籍出版社1986年影印版 第1258页。

《寄贾岛浪仙》
悄悄掩门扉,穷窘自维絷。世途已昧履,生计复乖缉。疎我非常性,端峭尔孤立。往还纵云久,贫寒岂自习。所居率荒野,宁似在京邑。院落夕弥空,虫声雁相及。衣巾半僧施,蔬药常自拾。凛凛寝席单,翳翳灶烟湿。颓篱里人度,败壁邻灯入。晓思已暂舒,暮愁还更集。风凄林叶萎,苔糁行径涩。海峤誓同归,橡栗充朝给。

《寄贾岛》
疏拙只如此,此身谁与同。高情向酒上,无事在山中。渐老病难理,久贫吟益空。赖君时访宿,不避北斋风。

《赠卢大夫将军》
将军身在城,讵得庑尘清。酿酒邀闲客,吟诗直禁营。苍鹰春不下,战马夜空鸣。碣石应无业,皇州独有名。上山嫌鞬重,拔剑叹衣生。公议今如此,登坛到即行。
——《全唐诗》下册,上海古籍出版社1986年影印版 第1259页。

《喜贾岛至》
布囊悬蹇驴,千里到贫居。饮酒谁堪伴,留诗自与书。爱眠知不醉,省语似相疎。军吏衣裳窄,还应暗笑余。
——《全唐诗》下册,上海古籍出版社1986年影印版 第1269页。

《哭贾岛二首》
白日西边没,苍波东去流。名虽千古在,身已一生休。岂料文章远,那知瑞草秋。

曾闻有书剑，应是别人收。

杳杳黄泉下，嗟君向此行。有名传后世，无子过今生。新墓松三尺，空阶月二更。从今旧诗卷，人觅写应争。

      ——《全唐诗》下册，上海古籍出版社1986年影印版　第1271页。

（27）周贺诗

《出关寄贾岛》

旧乡无子孙，谁共老青门。迢递早秋路，别离深夜村。伊流偕行（一作"背远"）客，岳响答啼（一作"清"）猿。去后期招隐，何当复此言。

      ——《全唐诗》下册，上海古籍出版社1986年影印版　第1273页。

《出关后寄贾岛》

故国知何处，西风已度关。归人值落叶，远路入寒山。多难喜相识，久贫宁自闲。唯将往来信，遥慰别离颜。

      ——《全唐诗》下册，上海古籍出版社1986年影印版　第1274页。

第三编　北京五代历史资料

一、后梁建立前后的幽州（治今北京）地区

（1）刘仁恭割据幽州（治今北京）地区

刘仁恭，深州人。父［刘］晟，客范阳（今北京），为［幽州节度使］李可举新兴镇将，故仁恭事军中。从李全忠攻易州（今河北易县），号"窟头"，稍迁裨校。为人豪纵，多智数，有大志，尝自言："梦大幡出指端，年四十九，当秉旄节。"［幽州节度使］李匡威恶之，补景城令。

会瀛州乱，杀守吏，［刘］仁恭募士千人定其乱。［李］匡威复使将兵，戍蔚州（今河北蔚县），踰期未代，士皆恶。会［李］匡筹夺地（按：指李匡筹夺其兄匡威节度使位），故戍卒拥［刘］仁恭趋幽州，［李］匡筹逆战，败之，［刘仁恭］遂以族奔太原［投李克用］。李克用待之甚厚，赐田宅，拜寿阳镇将。数以策干［李］克用，请以步骑一万东取幽州，且为导。［李］克用攻［李］匡筹，［李］匡筹遁去。［刘］仁恭与符存审（后赐姓李）入城，封府库以待。［李］克用悦，留［刘］仁恭守之，以亲信分典其兵。

［唐昭宗］乾宁二年（895年），［李］克用袭王行瑜，表［刘］仁恭为检校司空、卢龙军节度使。明年（896年），［李］克用攻魏州，召卢龙兵，［刘］仁恭以契丹解。又明年（897年）［李］克用复兴其兵救朱瑄，［刘］仁恭不答，使者数十往，卒不出。［李］克用以书让之，［刘］仁恭乃谩骂，执其使，尽囚太原士之在燕者。复以厚利诱［李］克用麾下士，多亡归之。［李］克用怒，自将往击，不胜，师丧过半。［刘］仁恭献馘于朱全忠，［朱］全忠表同中书门下平章事。

既与［李］克用绝，则益募兵。［唐昭宗］光化初，使其子［刘］守文袭沧州，节度使卢彦威弃城走，遂有沧（治今河北沧县旧州）、景（治今河北献县）、德（治今山东陵县）三州地，用［刘］守文为节度留后，请命于朝。昭宗怒，不与。会中人至，［刘］仁恭嫚谓曰："旄节吾自可为，要假长安本色耳，何见拒邪？"由是兵益张，显图河北。悉幽、沧步骑十万，声言三十万，南徇魏（治今河北大名东北）、镇（治今河北正定）。次贝州（治清河，今河北清河西北），屠之，清水（今河北清河县附近的南运河）①为不流。

---

① 隋炀帝治永济渠，自河南引淇水入白沟，再北入清河即清水，北经山东临清入河北，后世统称卫河。唐、五代时尚称清水。元代自临清以下截弯取直，其以上称南运河，以下称会通河、山东运河。

罗绍威求救于朱全忠，[朱]全忠使李思安、葛从周赴之，屯内黄。[刘]仁恭负强，下令曰："[李]思安懦，当先破之，乃取魏。"[刘]守文与单可及精甲五万，循清水上。[李]思安设伏，自引兵逆战，伪不胜。[刘]守文蹑北至内黄，[李]思安整兵还击[刘]守文，伏发，斩可及，独[刘]守文挺逸，众无还者。[葛]从周兴邢、洺兵与魏将贺德伦等出馆陶门，夜击[刘]仁恭，破八屯。[刘]仁恭走，自魏抵长河数百里，尸蔽道。镇人邀败之东境。[刘]仁恭遂衰。

[唐昭宗光化]三年（900年），葛从周攻沧州，[刘]仁恭壁乾宁（今河北青县）。[葛]从周潜军战老鸦堤（今河北青县东南），[刘]仁恭败，退壁瓦桥（今河北雄县），卑辞归穷于[李]克用求救，[李]克用为侵邢（今河北邢台）、洺（今河北永年东）。俄而[朱]全忠取瀛（治今河北河间）、莫（治今河北任丘鄚州），[李]克用使周德威出飞狐（今河北涞源）。

[唐哀帝]天祐三年（906年），[朱]全忠自将攻沧州，壁长芦（今河北沧州）。[刘]仁恭悉发男子十五以上为兵，涅其面曰"定霸都"，士子则涅其臂曰"一心事主"，卢龙（今北京地区）闾里为空，得众二十万，屯瓦桥。[朱]全忠环沧（今河北沧县旧州）筑而沟之，内外援绝，人相食。[刘]仁恭求战，不许，复从[李]克用乞师，使百辈往，乃许。[刘]仁恭以兵三万合攻潞州（治今山西长治），降[朱]全忠将丁会，沧州围乃解。

是时，中原多故，[刘]仁恭得倚燕强且远，无所惮，意自满。从方士王若讷学长年，筑馆大安山（在今北京房山境内），掠子女充之。又招浮屠，与讲法。以堇（音：琴，黄黏土）土为钱，敛真钱，穴山藏之，杀匠灭口。禁南方茶，自撷山为茶，号山曰"大恩"，以邀利。

子[刘]守光烝嬖妾，事觉，[刘]仁恭谪之。

[天祐四年，后梁开平元年（907年）]李思安来攻，屯石子河。[刘]仁恭居大安[山]，城中无备。[刘]守光引兵出战，[李]思安去，[刘守光]因回攻大安[山]，房[刘]仁恭，囚别室，杀左右婢媵（音：硬），遂有卢龙。

——《新唐书》卷二百一十二《藩镇卢龙·刘仁恭传》。

刘仁恭为幽州节度使。[刘]仁恭微时，曾梦佛幡于七指飞出。或占曰："君年四十九，必有旌幡之贵。"后如其梦。

——《册府元龟》卷八百九十三《总录部·梦征二》。

刘仁恭为幽州节度使，物力雄富，志渤骄纵，师道士王若讷修长生之法。乃于州西大安山（在今北京房山境内）营造台观，极其雕丽，聚美妇人为黄帝房中之法。忧虑四邻侵寇，幽州城陷，且曰："吾居此山，四面悬壁，以百夫守门，万夫不能进。"乃图无穷之计，号令九州禁使铜钱，自以胶和堇土（音：琴，黄黏土）为泥丸，令九州行使。其铜钱峻法赋敛，凿大安山为石穴以藏之，其数百万。每岁毕，即杀匠石以灭口。自仁恭父子败后，往往有上言者知钱处所，皆无所得①。

——《册府元龟》卷九百二十二《总录部·妖望二》。

刘守光，深州乐寿人也。其父仁恭，初随父[刘]晟客于范阳（治今北京），[刘]晟以军吏补新兴镇将，事[范阳]节度使李可举。仁恭幼多智机，数陈力于军中。李全忠之攻易、定也，别将于晏围易州（今河北易县），累月不能拔，仁恭穴地道以陷之，军中号曰"刘窟头"，稍迁裨校。仁恭志大气豪，自言尝梦大佛幡出于指端，或云年四十九当领旄节（按：位节度使的意思）。此言颇泄，燕帅李匡威（李全忠之子，继其父后为范阳节度使）恶之，不欲令典军，改为府掾，出为景城令。属瀛州军乱，杀郡守，仁恭募白丁千人讨平之，匡威壮其才，复使为帐中爪牙，令将兵戍蔚州。兵士以过期不代，思归流怨，会李匡俦（一为"筹"，匡威之弟）夺兄位，戍军拥仁恭为帅，欲攻幽州（今北京），比至居庸关，为府兵②所败，仁恭挈族奔于太原。武皇（即唐河东节度使李克用，驻太原，后唐追谥武皇帝）③遇之甚厚，赐田宅以处之，出为寿阳镇将，从征吐浑。仁恭数进画于盖寓，言幽州可图之状，愿得步骑万人，即指期可取，武皇从之。洎仁恭举兵，屡不克捷。

唐[昭宗]乾宁元年（894年）十一月，武皇亲征[幽州李]匡俦。十二月，破燕军于威塞，进拔妫州，收居庸。二十六日，[李]匡俦弃城而遁，武皇令李存审与[刘]仁恭入城抚劳，封府库，即以[刘]仁恭为幽州节度使，留腹心燕留德等十余人分典军政，武皇乃还。

[乾宁]二年七月，武皇讨王行瑜，师于渭北，上章请授仁恭节钺。九月，天子以仁恭为检校司空幽州卢龙节度使。

[乾宁]三年，罗弘信背盟，武皇遣李存信攻魏州，征兵于燕，仁恭托以契丹入寇，俟敌退听命。

[乾宁]四年七月，武皇闻兖、郓俱陷，复征兵于仁恭，数月之间，使车接辙，仁恭辞旨不逊。武皇以书谯之，仁恭览书嫚骂，拘其使人，晋之戍兵在燕者（晋即河东，今山西；即李克用留燕之兵）皆拘之，复以厚利诱晋之骁将，由是亡命者众矣。八月，武皇讨仁恭。九月五日，次安塞军（在今河北蔚县东）。九日，渡木瓜涧，大为燕军所败，死伤大半。既而仁恭告捷于梁祖（即唐宣武节度使朱全忠）④，梁祖

---

① 《旧五代史·唐书·明宗纪九》：长兴三年（932年）七月己亥，幽州衙将潘昊上言，知故使刘仁恭于大安山藏钱之所，枢密院差人监往发之，竟无所得。
② 幽州卢龙节度使即前期的范阳都督府都督，所谓府兵其实就是幽州节度使兵。
③ 建元开平。唐朝天亡。李克用仍坚持丰唐正朔，对抗朱全忠。908年，李克用死。其子李存勖于923年灭朱梁，国号唐，史称后唐，建元同光，谥李克用为武皇帝，庙号太宗。此处乃史家尊崇称之，实际当时并未称帝。
④ 唐哀帝天祐四年（907年）原唐宣武节度使、梁王朱全忠废哀帝，自立为帝，国号梁，改名朱晃。乾元二年（912年），其子朱友珪杀朱晃，自立为帝。追朱晃庙号梁太祖。此处以史家尊崇称之，实际当时尚未称帝。

闻之喜，因表仁恭加平章事。仁恭又遣使于武皇，自陈边将擅兴之罪，武皇以书报之。仁恭既绝于晋，恒惧讨伐，募兵练众，常无虚月。

［唐昭宗］光化元年（898年）三月，［刘仁恭］令其长子袭沧州，［节度使］卢彦威委城而遁，遂兼有沧、景、德三郡，以［刘］守文为留后，请节钺于朝。昭宗怒其擅兴，不时与之。会中使至范阳（今北京），仁恭私之曰："旌旗吾自有，但要长安本色耳。何以累章见阻，为吾言之。"其悖戾如此。仁恭兵锋益盛，每战多捷，以为天赞，遂有吞噬河朔之志。

［唐昭宗］光化二年（899年）正月，仁恭率幽、沧步骑十万，号三十万，将兼并魏、博（驻魏州，今河北大名东北）、镇、定（驻镇州，今河北正定）；师次贝州，一鼓而拔，无少长皆屠之，清水为之不流。［魏博节度使］罗绍威求援于汴（即宣武节度使朱全忠，驻汴州，今河南开封），汴将李思安、葛从周赴之，［李］思安屯内黄（今河南内黄西）。仁恭兵围魏州（今河北大名东北），闻汴军在内黄（按：两地相距不过100余里），戒其子守文曰："李思安怯懦，汝之智勇，比之十倍，当先殄此鼠辈，次掳绍威。"［刘］守文与单可及率渔阳精甲五万，夹清水（今卫河）而上。思安设伏于内黄清水之左（即西岸），袁象先设伏于内黄清水之右（即东岸）。思安逆战于繁阳城（今河南内黄西北），伪不胜，徐退，燕人追蹑，至于内黄，思安步兵成列，回击之。燕人将引退，左右伏兵发，燕军大败。临阵斩单可及，守文单骑仅免，五万之众无生还者。时葛从周率邢、洺之众入魏州，与贺德伦、李晖出击贼营。是夜，仁恭烧营遁走，汴人长驱追击，自魏至长河数百里，僵尸蔽地，败旗折戟，纍纍于路。镇人（即镇、定节度使王镕军）又邀击于东境，燕军复败。仁恭自是垂翅不振者累年。汴人乘胜攻沧州（今河北沧县旧州），仁恭率师援之，营于乾宁军（今河北青县）。汴将氏叔琮逆战，燕军逗挠，退保瓦桥（今河北雄县），乃卑辞厚礼乞师于晋，武皇（即李克用）遣兵逼邢、洺（今河北邢台及今河北永年东，时在汴军朱全忠掌控之下，此为围魏救赵之计）以应之。十月，汴人陷瀛（治今河北河间）、莫（今河北任丘鄚州镇）二州，晋将周德威将出兵飞狐（今河北涞源），［刘］仁恭复修好于晋①。

唐哀帝天祐三年（906年）七月，梁祖（即朱全忠）自将兵攻沧州，营于长芦（今河北沧州）。仁恭师徒屡丧，乃酷法尽发部内男子十五以上，七十以下，各自备兵粮一丛军，闾里为之一空。部内男子无贵贱，并黥其面，文曰"定霸都"，士人黥其臂，文曰"一心事主"。由是燕、蓟人士例多黥涅，或伏窜而免。仁恭阅众，得二十万，进至瓦桥，汴人深沟高垒以攻沧州，内外阻绝，仁恭不能合战，城中大饥，人相篡啖，析骸而爨，丸土而食，转死骨立者十之六七。自七月至十月，仁恭遣使求援于晋，前后百余辈，武皇乃征兵于燕，仁恭遣都将李溥、夏侯景，监军张居翰、书记马郁等，以兵三万来会。十二月，合晋师以攻潞州（治金山西长治），降［朱

---

① 即河东沙陀李克用军事集团。

全忠将]丁会,乃解沧州之围。

是时,天子播迁(按:天祐元年朱全忠逼唐昭宗迁洛阳并杀之,立哀帝),中原多故,仁恭啸傲蓟门,志意盈满,师道士王若讷,祈长生羽化之道。幽州西有名山曰大安山,仁恭乃与其上盛饰馆宇,僭拟宫掖,聚室女艳妇,穷极侈力。又招聚缁黄,合仙丹,讲求法要。又以堇泥作钱,令部内行使,尽敛铜钱于大安山巅,凿穴以藏之,藏毕即杀匠石以灭其口。又禁江表茶商,自撷山中草叶为茶,以邀厚利。改山名为大恩山。仁恭有嬖妾曰罗氏,美姿色,其子守光烝之,事泄,仁恭怒,笞[刘]守光,谪而不齿。

——《旧五代史》卷一百三十五《僭伪列传二·刘守光》。

乾宁二年(895年)八月以幽州兵马留后刘仁恭检校司空、兼幽州大都督府长史,充幽州卢龙军节度、押奚契丹等使……从李克用请也。

乾宁四年(897年)十月,幽州节度使刘仁恭大败沙陀于安塞(按:安塞无考,当在今河北蔚县内,见《旧五代史·伊广传》),李克用单骑仅免。

唐昭宗光化元年(898年)正月,幽州节度使刘仁恭恃安塞之捷,欲吞噬河朔,是月遣其子[刘]守文将兵袭沧州,节度使卢彦威弃城而遁,守文遂据之,自称留后。

光化二年(899年)二月,幽州节度使刘仁恭驱燕军十万,将兼赵、魏(按:即镇州、魏博)。是月陷贝州,人无少长皆屠之,投尸清水(今河北清河县附近的南运河),为之不流。遂进攻魏州(今河北大名东北)。[魏博节度使]罗绍威求救于汴[朱全忠]。

三月,朱全忠遣大将张存敬率师援之,屯于内黄(今河南内黄西),葛从周自邢、洺率劲骑八百入魏州。燕将刘守文、单可及闻汴军在内黄,引军往击之。[张]存敬设伏内黄东,大败燕军,俘斩三万,生擒单可及。刘守文以余众还魏州,为[张]存敬、[葛]从周所乘,燕军复败,仁恭父子仅免。汴、魏合兵蹑之,赵人(指镇州王镕)复邀之(指燕军)东境,自魏至沧五百里间,[燕军]僵尸相枕。

光化三年(900年)四月戊午,汴、魏合军攻沧州(按:时属刘仁恭),以报入郛之役(按:指前刘仁恭陷贝州之事),葛从周连陷沧[州]、德[州]郡邑,王镕遣使和解于[朱]全忠,令刘仁恭修好,汴、魏班师。

九月丙午朔,朱全忠引三镇之师攻镇州,王镕惧,遣判官周式、副大使王昭祚、主事梁公儒子弟为质于汴,出犒师绢十五万匹求盟,许之。[汴将]张存敬遂自深[州]、冀[州]进军攻瀛[州]、莫[州](按:均刘仁恭辖地),阻雨泥泞,不及幽州(今北京)。遂西行陷祁州(今河北安国西南),大败中山将王处直军于沙河北,进屯怀德驿。遂攻定州(今河北定州),[易定]节度使王郜奔太原,衙将王处直斩孔目官梁汶,出缣二十万乞盟,许之。[朱]全忠遂署王处直为义武军留后(按:易定节度使原称义武军节度使)。

——《旧唐书》卷二十上《昭帝纪》。

刘仁恭镇幽州,素知契丹军势情伪,选将练兵,乘秋深入,逾摘星岭讨之。霜降秋暮,即燔塞下野草以困之,马多饥死,即以良马赂〔刘〕仁恭,以市牧地。

刘守光戍平州,契丹舍利王子率万骑攻之。〔刘〕守光伪与之和,张幄幕于城外以飨之。群虏就席,伏甲起擒舍利入城,群虏聚哭,请纳马五千以赎之,不许。钦德乞盟纳赂以求之,自是十余年不敢犯塞。

——《册府元龟》卷三百六十七《将帅部·机略七》。

光化二年春,幽州刘仁恭寇魏州,〔葛〕从周击走之,授宣义军司马。

——《册府元龟》卷三百八十六《将帅部·褒异十二》。

光化二年(899年)春,幽州刘仁恭率军十万寇魏州(今河北大名东北),屠其郡,〔梁将葛〕从周自邢台驰入魏州,燕军突上水关,攻馆陶门。〔葛〕从周与〔魏博将〕贺德伦率五百骑出战,谓门者曰:"前有敌,不可返顾。"令阖其门。〔葛〕从周等极力死战,大破燕人,擒都将薛突厥、王郐郎等。翌日,破其八寨,追击至临清。刘仁恭走沧州。〔光化〕三年(900年)四月,〔葛从周〕领军讨沧州,先攻德州(今山东陵县),下之;及进攻浮阳,幽州刘仁恭大举来援。时都监蒋玄晖谓诸将曰:"吴王命我护军,志存攻取,今燕师来赴,不可外战,当纵其入壁,聚食困廪,力屈粮尽,可取也。"〔葛〕从周对曰:"兵在机,机在上将,非都护所言也。"乃令张存敬、氏叔宗(《资治通鉴》、《旧五代史》作"琮")守其寨,〔葛〕从周逆战于乾宁军老鸦堤(今河北青县东南),大破燕军,斩首三万,获将佐马慎交以下百余人,夺马三千匹。

——《册府元龟》卷三百四十六《将帅部·佐命七》。

葛从周为邢州留后时,幽州刘仁恭率众寇魏州,屠其郡。〔葛〕从周自邢台驰入魏州。燕军突上水关,攻馆陶门,〔葛〕从周与〔魏博将〕贺德伦率五百骑出战,谓门者曰:"前有敌,不可返顾。"命阖其门。〔葛〕从周等极力死战,大败燕人,擒都将薛突厥。

——《册府元龟》卷三百九十六《将帅部·勇敢三》。

范居实为感义都头、郑州马军指挥使。幽州刘仁恭举众寇魏郡,〔范〕居实与葛从周、张存敬率兵救魏,大破幽、沧之众于内黄。

——《册府元龟》卷三百八十六《将帅部·褒异十二》。

〔后梁〕王重师,〔唐〕僖宗文德中,为太祖(指后梁太祖朱全忠)帐下都指挥使、检校右仆射。枕戈擐甲五六年，于齐、鲁间凡经百余战，威震敌人，寻检校司空。后知平卢军留后，加检校司徒。其后北伐幽、沧、镇、定，屡与晋军接战，颇得士心，故多胜捷。昭宗天祐中授雍州节度，加同平章事。

——《册府元龟》卷三百八十六《将帅部·褒异十二》。

王重师，知平卢军留后、加检校司徒，其后北伐幽、沧、镇、定，屡与晋军接战，颇得士心，故多胜捷。

——《册府元龟》卷四百一十二《将帅部·得士心》。

萧翰者，契丹诸部之酋长也。父曰阿钵。刘仁恭镇幽州，阿钵曾引众寇平州（今河北卢龙），[刘]仁恭遣骁将刘雁郎与其子[刘]守光率五百骑先守其州，阿钵不知，为郡人所绐，因赴牛酒之会，为[刘]守光所擒。契丹请赎之，[刘]仁恭许其请，寻归。其妹为阿保机妻，则[耶律]德光之母也。[萧]翰有妹，亦嫁于[耶律]德光，故国人谓[萧]翰为国舅。

——《旧五代史》卷九十八《晋书·萧翰传》。

李嗣昭，字益光，武皇（即李克用）母弟代州刺史[李]克柔之假子也。小字进通，不知种姓所出……[唐昭宗]光化三年（900年）汴人攻沧州，刘仁恭求救，[武皇]遣[李]嗣昭出师邢、洺以应之。[李]嗣昭遇汴军于沙河，击败之，获其将胡礼。进攻洺州，下之，获其郡将朱绍宗。九月，梁祖（即朱全忠）自率军三万至临洺，葛从周设伏于青山口。[李]嗣昭闻梁祖至，敛军而退，从周伏兵发，为其所败，偏将王郜郎、杨师悦等被擒。十月，汴人大寇镇、定，王郜告急于武皇，乃遣[李]嗣昭出师，下太行，击怀、孟。汴将侯信守河阳，不意嗣昭之师至，既无守备，驱市人登城，嗣昭攻其北门，破其外垣，俄而汴将阎宝救军至，乃退。

……

[唐哀帝]天祐三年（906年），汴人攻沧、景，刘仁恭遣使求援。十一月，[李]嗣昭合燕军三万进攻潞州，降丁会，武皇乃以[李]嗣昭为昭义节度使①

——《旧五代史》卷五十二《唐书·李嗣昭传》。

唐哀帝天祐三年（906年）八月甲辰，[朱]全忠复自汴州（今河南开封）北渡河，攻沧州。

九月丁卯，[朱]全忠大军至沧州（今河北沧县旧州），军于长芦（今河北沧州）。

---

① 原注："按《旧唐书》：'天祐三年十二月戊辰，李克用与幽州之众同攻潞州，[朱]全忠守将丁会以泽、潞降太原，[李]克用以其子[李]嗣昭为留后。甲戌，[朱]全忠烧长芦营旋军，闻潞州陷故也。'考嗣昭本克柔养子，《旧唐书》以为武皇子，殊误。"

是月积阴霖雨不止，差官禜（音：营，是因遭水旱灾害而举行的祈祷活动）都门。

闻十二月戊辰，李克用与幽州［刘仁恭］之众同攻潞州，［朱］全忠守将丁会以泽（今山西晋城）、潞（今山西长治）降太原［李克用］，克用以其子［李］嗣昭为留后①。甲戌，［朱］全忠烧长芦营旋军，闻潞州陷故也。

天祐四年（后梁开平元年，公元907年）正月壬寅，［朱］全忠自长芦至大梁（今河南开封），天子遣御史大夫薛贻矩赍诏慰劳。［朱］全忠自弑昭宗之后，岐、蜀、太原，连兵牵制，关西日削。幸［魏博节度使］罗绍威杀牙军，全获魏博六州。将行篡代，欲威临河朔，乃再兴师临幽、沧、冀［刘］仁恭父子乞盟，则与之相结，以固王镕、［罗］绍威之心。而自秋迄冬，攻沧州无功，及闻丁会失守，烧营遽还。路由魏州（今河北大名东北），罗绍威知［其］失势，恐［朱全忠］兵袭己，深赞篡夺之谋，他日如王受禅，必罄六州军赋以助大礼，［朱］全忠深感之。至大梁，会薛贻矩来，乃以臣礼见［朱］全忠。贻矩乘间密陈禅代之谋，［朱］全忠心德之。贻矩还奏曰："元帅有受代意，陛下深体时事，去兹重负。"［哀］帝曰："此吾素怀也。"乃降诏元帅以二月行传禅之礼，［朱］全忠伪辞。

三月戊寅朔，［朱］全忠令大将李思安率兵三万，合魏博之众，攻掠幽州［刘仁恭］。［李］思安顿兵临其鄗，会［刘］仁恭子［刘］守光率兵赴援，［李］思安乃还。甲子，［朱］全忠建国，奉［唐哀］帝为济阴王，迁于曹州，处前刺史氏叔琮之第。时太原、幽州、凤翔、西川犹称天祐正朔。天祐五年（908年）二月二十一日，［哀］帝为［朱］全忠所害，时年十七，仍谥曰哀皇帝，以王礼葬于济阴县之定陶乡。

——《旧唐书》卷二十下《哀帝纪》。

唐昭宗乾宁元年（894年）十月，武皇（即唐河东节度使李克用，驻太原，后唐追谥武皇帝）自晋阳（今山西太原）率师伐幽州。初，李匡俦（一书"筹"）夺据兄位，燕人多不义之，安塞军戍将刘仁恭挈族归于武皇，武皇遇之甚厚。［刘］仁恭数进画于盖寓，言幽州可取之状，愿得兵一万，指期平定。武皇方讨李存孝于邢州（今河北邢台），辍兵数千，欲纳［刘］仁恭，不利而还。［李］匡俦由是骄怠，数犯边境，武皇怒，故率军以讨之。

十一月，进攻武州（今河北宣化）。甲寅，攻新州（今河北涿鹿）。十二月，李匡俦命大将率步骑六万救新州，武皇选精甲逆战，燕军大败，斩首万馀级，生获将领百馀人，曳练徇于新州城下。是夜，新州降。辛亥，进攻妫州（今河北怀来旧怀来县城）。壬子，燕军复合于居庸关拒战，武皇命精骑以疲之，令步将李存审由他道击之，自午至晡，燕军复败。甲寅，李匡俦携其族弃城而遁，将之沧州，随行辎车、藏获、妓妾甚众。沧帅卢彦威利其货，以兵攻［李］匡俦于景城，杀之，尽掳

---

① 按，误。李嗣昭乃武皇李克用同母弟李克柔之养子，见《旧五代史·李嗣昭传》。

其众。丙辰，进军幽州，其守城大将请降，武皇令李存审与刘仁恭入城抚劳，居人如故，市不改肆，封府库以迎武皇。

乾宁二年（895年）正月，武皇在幽州（今北京），令李存审、刘仁恭徇诸属郡。二月，以［刘］仁恭为权幽州留后，从燕人之请也。留腹心燕留德等十余人分典军政，武皇遂班师，凡驻幽州四十日。

乾宁三年（896年）十月，武皇败魏军（按：即魏博节度使罗绍威军）于白龙潭，追击至观音门，汴军（按：即宣武节度使朱全忠军）救至，乃退。十一月，武皇征兵于幽、镇、定三州，将迎驾（指唐昭宗，时避乱在华州）于华下，幽州刘仁恭托以契丹入寇，俟敌退听命。

乾宁四年（897年）七月，武皇复征兵于幽州，刘仁恭辞旨不逊，武皇以书让之，仁恭捧书谩骂，抵之于地，仍囚武皇之行人（即使者）。八月，大举以伐［刘］仁恭。九月，师次蔚州（今河北蔚县）。戊寅，晨雾晦冥，占者云不利深入。辛巳，攻安塞，俄报"燕将单可及领骑军至矣"。武皇方置酒高会，前锋又报"贼至矣"！武皇曰："仁恭何在？"曰："但见可及辈。"武皇张目怒曰："可及辈何足为敌！"仍促令出师。燕军已击武皇军寨，武皇乘醉击贼，燕军披靡。时步兵望贼而退，为燕军所乘，大败于木瓜涧，俄而大风雨震雷，燕军解去，武皇方醒。甲午，师次代州（今山西代县），刘仁恭遣使谢罪于武皇，武皇亦以书报之，自此有檄［文］十馀返。

昭宗光化三年（900年）［朱全忠］汴军大寇河朔，幽州刘仁恭乞师，武皇遣周德威帅五千骑以援之。十月，汴人乘胜寇镇、定，镇、定惧，皆纳赂于汴。是时，周德威与燕军刘守光败汴人二万于望都（今河北望都），闻定州［节度使］王郜来奔，乃班师。

昭宗天复三年（903年）五月，云州都将王敬晖杀刺史刘再立，以城归于刘仁恭。武皇遣李嗣昭讨之，仁恭遣将以兵五万来援云州（今山西大同），［李］嗣昭退保乐安，燕人掳［王］敬晖，弃城而去。

唐哀宗天祐三年（906年）九月，汴帅［朱全忠］亲率兵攻沧州，幽州刘仁恭遣使来乞师，武皇乃征兵于仁恭，将攻潞州（今山西长治），以解沧州之围①。仁恭遣掌书记马郁、都指挥使李溥等将兵三万，会于晋阳，武皇遣周德威、李嗣昭合燕军以攻泽、潞。十二月，潞州节度使丁会开门迎降，命李嗣昭为潞州节度使，以丁会归于晋阳。

天祐四年（907年）正月甲申，汴帅［朱全忠］闻潞州失守，自沧州烧营而遁。

——《旧五代史》卷二十六《唐书·武皇纪下》。

---

① 《旧五代史·庄宗纪一》："及沧州刘守文为梁朝所攻，其父［刘］仁恭遣使乞师，武皇（即李克用）恨其翻覆，不时许之，帝（即李存勖）白曰：'此吾复振之道也，不得以嫌怨介怀。且九分天下，朱氏今有其六七，赵、魏、中山在他虎下，贼所惮者，唯我与仁恭尔，我之兴衰，系此一举，不可失也。'太祖（即李克用，后唐追谥武皇，庙号太祖）乃征兵于燕，攻取潞州，既而丁会果以城来降。"

马郁，幽州人。刘仁恭入燕，用为掌书记。唐天祐元年（按：误，当为三年）汴人寇沧、景，[刘]仁恭求援于武皇帝[李克用]。武皇征其兵同攻潞州（今山西长治）。[刘]仁恭遣[马]郁与监军张居翰率师数万赴会泽、潞，既平，[刘]仁恭为其子[刘]守光所囚，兄[刘]守文又失沧、景，[武皇]乃留[马]郁不遣，署为副留守，累官至检校司空、秘书监。武皇与庄宗礼遇俱厚，岁时给赐优异。

　　　　　　　　　——《册府元龟》卷七百二十九《幕府部·辟署四》。

　　李存信，本姓张，父君政，回鹘部人也……[唐昭宗乾宁四年，公元897年]八月，从讨刘仁恭，师次安塞（今河北蔚县东），为燕军所败。武皇（即李克用）怒谓[李]存信曰："昨日吾醉，不悟贼至，公不辨耶！古人三败，公殆二矣。"[李]存信惧，泥首谢罪，几至不测①。

　　　　　　　　　——《旧五代史》卷五十三《唐书·李存信传》。

　　伊广，字言，[唐宪宗]元和中右仆射[伊]慎之后。[伊]广，[唐僖宗]中和末除授忻州刺史，遇天下大乱，乃委质于武皇（即李克用）……[唐昭宗]乾宁四年（897年），从征刘仁恭，武皇之师不利于成安寨②，[伊]广殁于贼。

　　　　　　　　　——《旧五代史》卷五十五《唐书·伊广传》。

　　[李]克宁，武皇（即李克用）之季弟也……燕军（即刘仁恭父子）之攻蔚州，[李]克宁昆仲婴城拒敌，昼夜辍寝食者旬余。[庄宗初即位，以谋被诛]。

　　　　　　　　　——《旧五代史》卷五十《唐书·李克宁传》。

　　[唐昭帝]光化元年（898年）四月，沧州节度使卢廷彦为[刘守文]燕军所攻，弃城奔于魏，魏人（即魏博节度使罗绍威）送于汴（即朱全忠）。是月，帝（即朱全忠，时尚未称帝）以大军至巨鹿，屯于城下，败[李克用]晋军万馀人于青山口，俘马千馀匹。

　　光化二年（899年）正月，时幽州节度使刘仁恭大举蕃汉兵号十万以伐魏（即魏博节度使罗绍威），遂攻贝州（治清河，今河北清河县西北），州民万馀户，无少长悉屠之。进攻魏州（今河北大名东北），魏人来乞师，帝遣朱友伦、张存敬、李思安等先屯于内黄，帝遂亲征。

　　三月，与燕军战于内黄北，燕军大败，杀二万馀众，夺马二千馀匹，擒都将单无敌（即单可及）以下七十馀人。是月，[汴将]葛从周自山东领其部众，驰以救魏。

---

① 《册府元龟》卷四百四十三《将帅部·败衄三》与此同。
② 成安寨，《旧唐书·昭宗纪》及《旧五代史·武皇纪下》均为安塞。当在今河北蔚县东。

翼日乘胜，诸将张敬存以下连破八寨，遂逐燕军，北至临清（今山东临清），拥其残寇于御河（即永济渠），溺死者甚众。[刘]仁恭奔于沧州。

光化三年（900年）四月，遣葛从周以兖、郓、滑、魏之师伐沧州。六月，燕帅刘仁恭大举来援，[葛]从周与诸将逆战于乾宁军老鸦堤（今河北青县东南），大破之，杀万馀众，俘其将佐马慎交以下百馀人。既而以连雨，遂班师。

九月，帝以[刘]仁恭、[晋将]李进同之入寇也，皆由镇、定为其囊橐，即以葛从周为上将以伐镇州。遂攻下临城，渡滹沱以揠其城。帝领亲军继至，镇帅王镕惧，纳质请盟，仍献文缯二十万以犒戎士，帝许之。

十一月，以张存敬为上将，自甘陵发军，北侵幽、蓟，连拔瀛、莫二郡，遂移军以攻中山（今河北定县）定帅王郜以精甲二万战于怀德亭，尽殪之。[王]郜惧，奔于太原[李克用]。迟明，大军集于城下，[王]郜季父（即叔父）[王]处直持印钥乞降，亦以缯帛三十万为献，帝即以[王]处直代[王]郜领其镇焉。是月，燕人刘守光赴援中山，寨于易水之上，继为康怀英、张存敬等所败，斩获甚众。由是河朔（指幽、定诸镇）知惧，皆弭伏焉。

唐哀帝天祐三年（906年）正月，幽、沧称兵，将寇于魏。魏人（即魏博节度使罗绍威）来乞师，且以牙军骄悍，谋欲诛之，遣亲吏臧延范密告于帝，帝阴许之。乙丑，北征。先是，帝之爱女适罗氏，是月卒于邺城（今河北临漳县邺镇），因以兵仗数千实于橐中，遣客将马嗣勋领长直军千人，杂以工匠、丁夫，肩其橐而入魏城（今河北大名东北），声言为帝女设祭，魏人信而不疑。庚午夜，[马]嗣勋率其众与罗绍威亲军数百人同攻牙军，迟明尽杀之，死者七千馀人，洎于婴孺，亦无留者。是日，帝次于内黄（今河南内黄西），闻之，驰骑至魏。时魏之大军方与帝军同伐沧州（今河北沧县旧州），闻牙军之死，即时奔还。帝之军追及历亭（今山东武城东北），杀贼几千，余众乃拥大将史仁遇保于高唐（今山东高唐），帝遣兵围之。

四月癸未，攻下高唐，军民无少长皆杀之，生擒逆首史仁遇以献，帝命支解之。未几，又攻下澶、博、贝、卫等州，皆为魏军残党所聚故也。

八月甲辰，以沧州未平，复命北征。

九月丁卯，营于长芦（今河北沧州）。

闰十二月，晋人、燕人同攻潞[州]（今山西长治），[潞]帅丁会举城降于太原[李克用]，帝闻知，遂自长芦班师。以寨内糗粮山积，帝命焚之。沧帅刘守文（刘仁恭长子）以城内绝食，因致书于帝，乞留余粮以救饥民，帝为之留十馀囷以与之。

——《旧五代史》卷二《梁书·太祖纪二》。

[唐昭宗光化]二年（899年）春，幽州刘仁恭率军十万寇魏州，屠贝郡。[邢台留后葛]从周自邢台驰入魏州，燕军突上水关，攻馆陶门。[葛]从周与[魏博将]贺德伦率五百骑出战，谓门者曰："前有敌，不可返顾！"命阖其门。[葛]从

周等极力死战，大败燕人，擒都将薛突厥、王郘郎等。翌日，破其八寨，追击至临清，刘仁恭走沧州……三年（900年）四月，领军讨沧州，先攻德州（今山东陵县），下之。及进攻浮阳，幽州刘仁恭大举来援，时都监蒋玄晖谓诸将曰："吾王命我护军，志在攻取，今燕帅来赴，不可外战，当纵其入壁，聚食困廪，力屈粮尽，必可取也。"［葛］从周对曰："兵在机，机在上将，非都护所言也。"乃令张存敬、氏叔琮守其寨。［葛］从周逆战于乾宁军老鸦堤（今河北青县东南），大破燕军，斩首三万，获将佐马慎交以下百馀人，夺马三千匹……表授检校太保、兼徐州两使留后，寻为兖州节度使。

——《旧五代史》卷十六《梁书·葛从周传》。

葛从周为兖州留后（按：此言其后官职也，且为节度使，非留后）光化元年（当为二年），幽州刘仁恭又举十万众攻陷贝郡。［葛］从周自山东驰救魏壁，入上万岁亭下，迟明，燕人突上水关，攻馆陶门。［葛］从周与贺德伦、李晖、马言［率］骑五六百人出壁外，谓门者曰："前有大敌，不可返顾！"命下栅阖焉。［葛从周］与［贺］德伦等殊死战，燕人大衄，擒其将薛突厥、王郘郎等。翌日，乘势统诸将张存敬、齐奉国、程晖等连破八寨，袭至临清，拥其师于御河，溺死甚众，［刘］仁恭走沧州。

——《册府元龟》卷四百一十四《将帅部·赴援》。

后梁太祖开平元年（907年）正月丁亥，帝迴自长芦，次于魏州。节度使罗绍威以帝迴军，虑有不测之患，由是供亿甚至，因密以天人之望切陈之。帝虽拒而不纳，然心德之。壬寅，帝至自长芦……甲辰，天子遣御史大夫薛贻矩来传禅代之意。

四月，唐帝御札敕宰臣张文蔚等备法驾奉迎梁朝……戊辰，［梁太祖］即位……改唐天祐四年为开平元年，国号大梁。

——《旧五代史》卷三《梁书·太祖纪三》。

唐昭宗乾宁二年（895年）二月，李克用表刘仁恭为卢龙留后，留兵戍之；壬子，还晋阳。

妫州人高思继兄弟，有武干，为燕人所服，克用皆以为都将，分掌幽州兵；部下士卒皆山北之豪也①，仁恭惮之。久之，河东兵戍幽州者暴横，思继兄弟以法裁之，所诛杀者甚多。克用怒，以让仁恭，仁恭诉称高氏兄弟所为，克用俱杀之。仁恭欲收燕人心，复引其诸子置帐下，厚抚之。

八月，以护国留后王珂、卢龙留后刘仁恭各为本镇节度使。

——《资治通鉴》卷二百六十 唐纪七十六 昭宗乾宁二年。

① 胡三省注曰："妫、檀诸州皆在幽州山北，亦谓之山后。"

唐昭宗乾宁四年（897年）七月，初，李克用取幽州，表刘仁恭为节度使留戍兵及腹心将十人典其机要，租赋供军之外，悉输晋阳。及上幸华州（按：指昭宗被朱全忠挟持到洛阳事），[李]克用征兵于[刘]仁恭，又遣成德节度使（即镇州节度使）王镕、义武节度使（即易定节度使）王郜书，欲与之共定关中，奉天子还长安。仁恭辞以契丹入寇，须兵捍御，请俟虏退，然后承命。[李]克用屡趣（音：促）之，使者相继，数月，兵不出。[李]克用移书责之，[刘]仁恭抵书于地，谩骂，囚其使者，欲杀河东戍将，戍将遁逃获免。

[李]克用大怒，八月，自将击[刘]仁恭。

九月丁丑，李克用至安塞军（今河北蔚县东），辛巳，攻之。幽州将单可及引骑兵至，[李]克用方饮酒，前锋白："贼至矣！"[李]克用醉，曰："仁恭何在？"对曰："但见可及辈。"[李]克用瞋目曰："可及辈何足为敌！"亟命击之。是日大雾，不辨人物，幽州将杨师侃伏兵于木瓜涧（在河北蔚县境内），河东兵大败，失亡太半。会大风雨震电，幽州兵解去。[李]克用醒而后知败，责大将李存信等曰："吾以醉废事，汝曹何不力争！"

十月，刘仁恭奏称："李克用无故称兵见讨，本道大破其党于木瓜涧，请自为统帅以讨克用。"[昭宗]诏不许。[刘仁恭]又遣朱全忠书。[朱]全忠奏加[刘]仁恭同平章事，朝廷从之。[刘]仁恭又遣使谢[李]克用，陈去就不自安之意。[李]克用复书略曰："今公仗钺控兵，理民立法，擢士则欲其报德，选将则望彼酬恩；己尚不然，人何足信！仆料猜防出于骨肉，嫌忌生于屏帷，持干将而不敢授人，捧盟盘而何词著誓！"

唐昭宗光化元年（898年）三月，义昌节度使卢彦威，性残虐，又不礼于邻道；与卢龙节度使刘仁恭争盐利，仁恭遣其子[刘]守文将兵袭沧州（今河北沧县旧州），[卢]彦威弃城，挈家奔魏州（即投魏博节度使罗弘信，同年罗弘信死，子绍威继）；罗弘信不纳，乃奔汴州（投宣武节度使朱全忠）。[刘]仁恭遂取沧、景、德三州，以[刘]守文为义昌留后。[刘]仁恭兵势益盛，自谓得天助，有并吞河朔之志，为[刘]守文请旌节，朝廷未许。会中使至范阳（今北京），[刘]仁恭语之曰："旌旗吾自有之，但欲得长安本色耳，何为累章见拒！为吾言之！"其悖慢如此。

朱全忠与刘仁恭修好，会魏博兵击李克用。四月丁未，[李]全忠至钜鹿城下，败[李克用]河东兵万餘人，逐北至青山口。

九月己丑，魏博节度使罗弘信薨，军中推其子节度副使[罗]绍威知留后。癸卯，以罗绍威知魏博留后。

十一月甲寅，以魏博留后罗绍威为节度使。

光化二年（899年）正月，刘仁恭发幽沧等十二州兵十万①，欲兼河朔；攻贝州（今河北清河西北），拔之，城中万余户，尽屠之，投尸清水（即卫河、永济渠，今河北清河县附近的南运河）。由是诸城各坚守不下。[刘]仁恭进攻魏州（今河北大名东北），营于城北；魏博节度使罗绍威求救于朱全忠。

三月，朱全忠遣其将李思安、张存敬将兵救魏博，屯于内黄（今河南内黄）；癸卯，[朱]全忠以中军军于滑州（今河南滑县）。刘仁恭谓其子[刘]守文曰："如用十倍于[李]思安，当先虏鼠辈，后擒[罗]绍威耳！"乃遣[刘]守文及其妹婿单可及将精兵五万击[李]思安于内黄。丁未，[李]思安使其将袁象先伏兵于清水之右，[李]思安逆战于繁阳（在内黄西北）佯不胜而却；[刘]守文逐之，及内黄之北，[李]思安勒兵还战，伏兵发，夹击之。幽州兵大败，斩[单]可及，杀获三万人，[刘]守文仅以身免。[单]可及，幽州骁将，号"单无敌"，燕军失之丧气。[李]思安，陈留人也。

时[汴将]葛从周自邢州（今河北邢台）将精骑八百已入魏州（今河北大名东北）。戊申，[刘]仁恭攻上水关、馆陶门（胡三省注：魏州北城门），[葛]从周与宣义牙将贺德伦出战，顾门者曰："前有大敌，不可返顾。"命阖其扉。[葛]从周等殊死战，[刘]仁恭复大败，擒其将薛突厥、王郐郎。明日，汴、魏乘胜合兵击[刘]仁恭，破其八寨，[刘]仁恭父子烧营而遁。汴、魏之人长驱追之，至临清（今山东临清），拥其众入永济渠，杀溺不可胜纪。镇人（即成德节度使王镕）亦出兵邀击于东境，自魏（今河北大名东北）至沧（今河北沧县旧州）五百里间，僵尸相枕。[刘]仁恭自是不振，而[朱]全忠益横矣。

刘仁恭之攻魏州也，[魏博节度使]罗绍威遣使修好于河东[李克用]，且求救。壬午，李克用遣李嗣昭将兵救之。会[刘]仁恭已被汴兵所败，[罗]绍维复与河东绝，[李]嗣昭引还。

——《资治通鉴》卷二百六十一　唐纪七十七　昭宗乾宁四年—光化二年。

唐昭宗光化三年（900年）四月，朱全忠遣葛从周帅兖、郓、滑、魏四镇兵十万击刘仁恭。

五月庚寅，拔德州（今山东陵县），斩刺史傅公和；己亥，围刘守文于沧州。[刘]仁恭复遣使卑辞厚礼求援于河东[李克用]，李克用遣周德威将五千骑出黄泽（今河北峻极关南），攻邢（今河北邢台）、洺（今河北永年东）以救之。

六月，刘仁恭将幽州兵五万救沧州，营于乾宁军（今河北青县）葛从周留张存敬、氏叔琮守沧州寨，自将精兵逆战于老鸦堤（今河北青县东南），大破[刘]仁恭，

---

① 胡三省注云："十二州：幽、涿、瀛、莫、平、营、蓟、妫、檀、沧、景、德也。幽州巡属更有蔚、新、武三州，刘仁恭留以备河东，不发其兵。"

斩首三万级，[刘]仁恭走保瓦桥（今河北雄县）。

七月，李克用复遣都指挥使李嗣昭将兵五万攻邢、洺以救[刘]仁恭，败汴军于内丘（今河北内丘）。[镇州]王镕遣使和解幽、汴，会久雨，朱全忠召[葛]从周还。

九月，朱全忠以[镇州]王镕与[河东]李克用交通，移兵伐之，下临城，逾滹沱，攻镇州南门，焚其关城。[朱]全忠自至元氏，[王]镕惧，遣其判官周式诣[朱]全忠请和。[朱]全忠盛怒，谓[周]式曰："仆屡以书谕王公，竟不之听！今兵已至此，期于无舍！"[周]式曰："镇州密迩太原，困于侵暴，四邻各自保，莫相救恤，王公与之连和，乃为百姓故也。今明公果能为人除害，则天下谁不听命，岂惟镇州！明公为唐桓、文，当崇礼义以成霸业；若但穷威武，则镇州虽小，城坚食足，明公虽有十万之众，未易攻也！况王氏秉旄五代，时推忠孝，人欲为之死，庸可冀乎！"[朱]全忠笑揽[周]式袂，延之帐中，曰："与公戏耳！"乃遣客将开封刘捍入见[王]镕，[王]镕以其子节度副使[王]昭祚及大将子弟为质，以文缯二十万犒军；[朱]全忠引还，以女妻[王]昭祚。

成德[军]判官张泽言于王镕曰："河东，劲敌也，今虽有朱氏之援，譬如火发于家，安能俟远水乎！彼幽、沧、易定犹附河东[李克用]，不若说朱公乘胜兼服之，使河北诸镇合而为一，则可以制河东矣。"[王]镕复遣周式往说[朱]全忠。[朱]全忠喜，遣张存敬会魏博[罗绍威]兵击刘仁恭；甲寅，拔瀛洲（今河北河间）。

十月丙辰，拔景州（今河北献县），执刺史刘仁霸；辛酉，拔莫州（今河北任丘市鄚州镇）。张存敬攻刘仁恭，下二十城，将自瓦桥（今河北雄县）趣幽州（今北京），道泞不能进；乃引兵西攻易、定，辛巳，拔祁州（今河北安国西南）①，杀刺史杨约。癸未，张存敬攻定州，义武节度使王郜遣后院都知兵马使王处直将兵数万拒之。[王]处直请以城为栅，俟其师老而击之。孔目官梁汶曰："昔幽、镇兵三十万攻我，于时我军不满五千，一战败之。今[张]存敬兵不过三万，我军十倍于昔，奈何示怯，欲依城自固乎！"[王]郜乃遣[王]处直逆战于沙河，易定兵大败，死者过半，余众拥[王]处直奔还。甲申，王郜弃城奔晋阳[李克用]，军中推[王]处直（王郜之叔）为留后。[张]存敬围定州，丙申，朱全忠至城下；[王]处直登城呼曰："本道事朝廷甚忠，于公未尝相犯，何为见攻？"[朱]全忠曰："何故附河东[李克用]？"对曰："吾兄[王处存]与晋王[李克用]同时立勋（胡三省注：同平黄巢立功），封疆密迩，且婚姻也，修好往来，乃常理耳；请从此改图。"[朱]全忠许之。乃归罪于梁汶而族之，以谢[朱]全忠。以缯帛十万犒师；[朱]全忠乃还，仍为[王]处直表求节钺。[王]处直，[王]处存之母弟也。

刘仁恭遣其子[刘]守光将兵救定州，军于易水之上；[朱]全忠遣张存敬袭之，

---

① 胡三省注云："[唐昭宗]景福二年（893年）王处存表以定州无极、深泽二县置祁州。"

杀六万余人。由是河北诸镇皆服于［朱］全忠①。

唐昭宗天复元年（901年）二月，加幽州节度使刘仁恭、魏博节度使罗绍威并兼侍中。

——《资治通鉴》卷二百六十二　唐纪七十八　昭宗光化三年—天复元年。

后唐周式在梁时为镇州王镕判官。光化三年（90年）秋，梁祖［朱全忠］将吞河朔，乃亲征镇、定，纵其军燔镇之关城。［王］镕谓宾佐曰："事急矣，谋其所向。"［周］式有口辩，出见梁祖。梁祖盛怒，逆谓［周］式曰："王令公（指王熔）朋附并汾（指太原李存勖），违盟爽信，敝赋业已及此，期于无舍！"［周］式曰："公为唐室之桓、文，当以礼义而成霸业，反欲穷兵黩武，天下其谓公何！"梁祖喜，引［周］式袂而慰之曰："前言戏之耳。"即送牛酒以犒军。［周］式请［王］镕子［王］昭祚及大将梁公儒、李弘规子各一人任质于汴（今河南开封）。梁祖以女妻［王］昭祚"

——《册府元龟》卷八百九十一《总录部·游说六》。

光化三年（900年）六月，［后梁］太祖北伐镇、定，至恒山，而王镕危慑，送款于太祖，［太祖］命［刘］捍入壁门传谕。时两军未整，守门者戈戟千匝，［刘］捍驰骑而入，竟达其命。又移师次中山（今河北定州），至怀德驿，大破定人五万众，［定州节度使］王处直乞降，［刘］捍复单骑入州，安抚而回。

——《册府元龟》卷三百四十六《将帅部·佐命七》。

唐昭宗天复三年（903年）十二月，卢龙节度使刘仁恭素知契丹情伪，常选将练兵，乘秋深入，踰摘星岭击之，契丹畏之。每霜降，［刘］仁恭则遣人焚塞下野草，契丹马多饥死，常以良马赂［刘］仁恭买牧地②。契丹王阿保机遣其妻兄阿钵将万骑寇渝关（今河北抚宁境内），［刘］仁恭遣其子［刘］守光戍平州（今河北卢龙），［刘］守光伪与之和，舍幄犒飨于城外，酒酣，伏兵执之以入。虏众大哭，契丹以重贿请于［刘］仁恭，然后归之③。

——《资治通鉴》卷二百六十四　唐纪八十　唐昭宗天复三年。

唐哀帝天祐二年（905年）七月庚午夜，天雄牙将（即魏博牙将）李公佺与牙军谋乱，［节度使］罗绍威觉之；公佺焚府舍，剽掠，奔沧州［刘守文］。

---

① 胡三省注云："史言河北诸镇皆羁服于全忠，全忠不能并有其地。"
② 胡三省注云："北荒寒早，至秋，草先枯死。近塞差暖，霜降草犹未尽衰，故契丹南并塞放牧；焚其野草，则马无所食而饥死。"
③ 胡三省注云："薛居正《旧五代史》及《庄宗列传》皆云：'［唐僖宗］光启中，［刘］守光擒舍利王子，其王钦德以重赂赎之。'按是时仁恭犹未得幽州也。今从薛史《萧翰传》及王皡《唐余录》。"

天祐三年（906年）正月，初，（唐代宗广德元年）田承嗣镇魏博，选募六州骁勇之士五千人为牙军，厚其给赐以自卫，为腹心；自是父子相继，亲党胶固，岁久益骄横；小不如意，辄族旧帅而易之，自史宪成以来皆立于其手①。天雄军节度使（即魏博节度使）②罗绍威心恶之，力不能制。朱全忠之围凤翔也，[罗]绍威遣军将杨利言密以情告[朱]全忠，欲借其兵以诛之。[朱]全忠以事方急，未暇如其请，阴许之。及李公佺作乱，[罗]绍威益惧，复遣牙将臧延范趣（音：促）[朱]全忠。[朱]全忠乃发河南诸镇兵十万，遣其将李思安将之，会魏、镇兵屯深州乐城；声言击沧州，讨其纳李公佺也。会[朱]全忠女适[罗]绍威子[罗]廷规者卒，[朱]全忠遣客将马嗣勋实甲兵于橐中，选长直兵③千人为担夫，帅之入魏，诈云会葬；[朱]全忠自以大军继其后，云赴行营；牙军皆不之疑。庚午，[罗]绍威潜遣人入库断弓弦、甲襻，是夕，[罗]绍威帅其奴客数百，与[李]嗣勋合击牙军，牙军欲战而弓甲皆不可用，遂合营殪之，凡八千家，婴孺无遗。诘旦，[朱]全忠引兵入城。

四月，罗绍威既诛牙军，魏之诸军皆惧，[罗]绍威遂数抚谕之，而猜怨益甚。朱全忠营于魏州城（今河北大名东北）东数旬，将北巡行营，会天雄（即魏博）牙将史仁遇作乱，聚众数万据高唐（今山东高唐），自称留后，天雄巡内诸县多应之。[朱]全忠移军入城，遣使召行营兵还攻高唐，至历亭（今山东武城东北），魏兵在行营者作乱，与[史]仁遇相应。元帅府左司马李周彝、右司马符道昭击之，所杀殆半，进攻高唐，克之，城中兵民无少长皆死。擒史仁遇，锯杀之。

先是，[史]仁遇求救于河东[李克用]及沧州[刘守文]，李克用遣其将李嗣昭将三千骑攻邢州以救之。时邢州兵才二万，团练使牛存节守之，[李]嗣昭攻七日不克。[朱]全忠遣右长直都将张筠将数千骑助[牛]存节守城，[张]筠伏兵于马岭，击[李]嗣昭，败之，[李]嗣昭遁去。

义昌节度使（按：即原横海节度使，驻沧州）刘守文遣兵万人攻贝州（今河北清河西北），又攻冀州（今河北冀县），拔蓨县（今河北景县），进攻阜城（今河北阜城）。时镇州（即成德军）大将王钊攻魏叛将李重霸于宗城（今河北威县东）。[朱]全忠遣归救冀州，沧州兵去。

七月，朱全忠克相州（治安阳，今河南安阳）。时魏[博]之乱兵散据贝、博、澶、

---

① 胡三省注云："唐穆宗长庆二年立史宪诚，文宗大和三年立何进涛，懿宗咸通十一年立韩允中，僖宗中和三年立乐彦祯，文德元年立赵文㺹（音：变），寻立罗弘信（即罗绍威之父）"
② 《资治通鉴》唐代宗广德二年："正月，魏博节度使田承嗣奏名所管曰天雄军，从之"；唐昭宗天祐元年四月："更名魏博曰天雄军。癸亥，进天雄节度使长沙郡王罗绍威爵邺王。"胡三省注云："代宗以魏博为天雄军以宠田承嗣；至德宗时，田悦逆命，后复归顺，命为魏博节度使。今复旧天雄军号"；后梁太祖开平元年（907年）"四月，更名魏博曰天雄军。"胡三省注云："《通鉴》卷二百六十四昭宗天祐元年四月，已书'更名魏博曰天雄军'，盖亦出朱全忠之意，此复出也，但未知更军额的在何年。"
③ 胡三省注云："盖选骁勇之士，长使之直卫，不以番代者也。"

相、卫州，[朱]全忠分命诸将攻讨，至是悉平之，引兵南还。

[朱]全忠留魏半岁，[魏博节度使]罗绍威供亿，所杀牛羊豕近七十万。资粮称是，所赐遗又近百万；比去，蓄积为之一空。[罗]绍威虽去其逼，而魏兵自是衰弱。[罗]绍威悔之，谓人曰："合六州四十三县铁，不能为此错也①。"

八月，朱全忠以幽、沧相首尾为魏患②，欲先取沧州，甲辰，引兵发大梁（即汴州，今河北开封）。

九月辛亥朔，朱全忠自白马渡河，丁卯，至沧州，军于长芦（今河北沧州）；沧人不出。[魏博]罗绍威馈运，自魏（今河北大名东北）至长芦五百里，不绝于路；又建元帅府舍于魏（按：为朱全忠也），所过驿亭供酒馔、幄幕、什器，上下数十万人，无一不备。

刘仁恭救沧州，战屡败。乃下令境内："男子十五以上，七十以下，悉自备兵粮诣行营，军发之后，有一人在闾里，刑无赦！"或谏曰："今老弱悉行，妇人不能转饷，此令必行，滥刑者众矣。"乃命胜执兵者尽行，文其面曰"定霸都"，士人则文其腕或臂曰"一心事主"，于是境内士民，穉孺之外无不文者，得兵十万，军于瓦桥（今河北雄县）。

时汴军筑垒围沧州，鸟鼠不能通。[刘]仁恭畏其强，不敢战。城中食尽，丸土而食，或互相掠啖。朱全忠使人说刘守文曰："援兵势不相及，何不早降！"[刘]守文登城应之曰："仆于幽州，父子也。梁王方以大义服天下，若子叛父而来，将安用之！"[朱]全忠愧其辞直，为之缓攻。

十月，刘仁恭求救于河东[李克用]，前后百余辈；李克用恨[刘]仁恭前后返覆，竟未之许，其子[李]存勖谏曰："今天下之势，归朱温（朱全忠原名）者什七八，虽强大如魏博、镇、定莫不附。自河以北，能为[朱]温患者独我与幽、沧耳，今幽、沧为[朱]温所困，我不与之并力拒之，非我之利也。夫为天下者不顾小怨，且彼尝困我而我救其急，以德怀之，乃一举而名实附也。此乃吾复振之时，不可失也。"[李]克用以为然，与将佐谋召幽州兵与攻潞州（今山西长治），曰："于彼可以解围，于我可以拓境。"乃许[刘]仁恭和，召其兵。[刘]仁恭遣都指挥使李溥将兵三万诣晋阳，[李]克用遣其将周德威、李嗣昭将兵与之共攻潞州。

闰十二月，初，[天祐元年八月]唐昭宗凶讣至潞州，昭义节度使丁会帅将士缟素流涕久之。及[河东]李嗣昭攻潞州，[丁]会举军降于河东。李克用以[李]嗣昭为昭义留后。[丁]会见[李]克用，泣曰："会非力不能守也。梁王（朱全忠）凌虐唐室，会虽受其举拔之恩，诚不忍其所为，故来归命耳。"[李]克用厚待之，位于诸将之上。

——《资治通鉴》卷二百六十五　唐纪八十一　昭宣帝天祐二年——三年

---

① 胡三省注云："错，鑢也，铸为之；又释错为误。罗绍威以杀牙兵之误，取铸错为谕。"
② 幽州节度使刘仁恭，沧州节度使刘守文系其长子，故为首尾相应。

梁太祖开平元年（唐哀帝天祐四年，公元907年）[1]正月，初，梁王（朱全忠，篡位后改名朱晃）以河北诸镇皆服，惟幽、沧未下，故大举伐之，欲以坚诸镇之心。既而潞州内叛，[梁]王烧营而还（以上天祐三年事），威望大沮。恐中外因此离心，欲速受禅以镇之。丁亥，[梁]王入馆于魏，有疾，卧府中；[魏博节度使]罗绍威恐[梁]王袭之，入见[梁]王曰："今四方称兵为王患者，皆以翼戴唐室为名，王不如早灭唐以绝人望。"[梁]王虽不许而心德之，乃亟归。壬寅，至大梁（即汴州，今河南开封）。

甲辰，唐昭宣帝（即唐哀帝）遣御史大夫薛贻矩至大梁劳王，[薛]贻矩请以臣礼见，[梁]王揖之升阶，[薛]贻矩曰："殿下功德在人，三灵改卜，皇帝方行舜、禹之事，臣安敢违！"乃北面拜舞于庭。[梁]王侧身避之。[薛]贻矩还，言于[唐昭宣]帝曰："元帅有受禅之意矣！"[唐昭宣]帝乃下诏，以二月禅位于梁。

三月癸未，[梁]王以亳州刺史李思安为北路行军都统，将兵击幽州。甲辰，唐昭宣帝降御札禅位于梁。

卢龙节度使刘仁恭，骄奢贪暴，常虑幽州城不固，筑馆于大安山，曰："此山四面悬绝，可以少制众。"其栋宇壮丽，拟于帝者。选美女实其中。与方士炼丹药，求不死。悉敛境内钱，瘗于山巅；令民间用堇泥为钱。又禁江南茶商无得入境，自采山中草木为茶，鬻之。

[刘]仁恭有爱妾罗氏，其子[刘]守光通焉。[刘]仁恭杖[刘]守光而斥之，不以为子数[2]。

——《资治通鉴》卷二百六十六　后梁纪一　太祖开平元年。

梁李思安为检校左仆射、亳州刺史，为性不勇悍，每每统戎临敌，不大胜必大败。开平元年（907年）春，率兵伐幽州，营于桑干河，虏获甚众，燕人大惧。及军迴潞州（今山西长治），累月不克，师人多逸。

——《册府元龟》卷四百四十五《将帅部·军不整》。

（2）刘守光建立"大燕"

刘守光，深州乐寿人也。其父[刘]仁恭……[天祐]四年（907年）四月，汴将李思安以急兵攻幽州，营于石子河，[刘]仁恭在大安山，城中无备，[刘]守光自外帅兵来援，登城拒守。汴军击退，[刘]守光乃自为幽州节度，令其部将李小喜、元行钦将兵攻大安山。[刘]仁恭遣兵拒战，为[李]小喜所败，乃掠[刘]仁恭归

---

[1] 朱全忠唐昭宗天复三年（903）进爵梁王，唐哀帝天祐四年（907年）三月，篡唐，国号梁，史称后梁；并改名朱晃，改元开平。

[2] 胡三省注云："不齿于诸子之列。"

幽州，囚于别室。[刘]仁恭左右，追至婢媵，与[刘]守光不协者毕诛之。其兄[刘]守文在沧州，闻父被囚，聚兵大哭，谕之曰："哀哀父母，生我劬劳。自古岂有子雠父者，吾家生此枭獍，吾生不如死。"[后梁开平三年，后唐天祐六年，公元909年][五月]，即率沧、德之师讨之。[刘]守光逆战于鸡苏（在今天津蓟县西），为[刘]守文所败。既而[刘]守文诈悲，单马立于阵场，泣谕于众曰："勿杀吾弟！"时[刘]守光骁将元行钦识之，被擒，沧兵失帅自溃。[刘]守光乃絷兄于别室，围以丛棘，乘胜进攻沧州。沧州宾佐孙鹤、吕兖已推[刘]守文子[刘]延祚为帅，[刘]守光携[刘]守文于城下，攻围累月。城中乏食，斗米直三万，人首一级亦直十千，军士食人，百姓食堇土，驴马相遇，食其鬃尾，士人出入，多为强者屠杀。久之，[次年（910年）正月][刘]延祚力穷，以城降于[刘]守光，[刘]守文寻亦遇害。

[刘]守光性本庸昧，以父兄失势，谓天所助，淫虐滋甚，每刑人必以铁笼盛之，薪火四逼，又为铁刷剧剔人面。尝衣赭黄袍，顾谓将吏曰："当今海内四分五裂，吾欲南面以朝天下，诸君以为如何？"宾佐有孙鹤者，骨鲠方略之士也，率先对曰："王西有并、汾之患（即河东李存勖），北有契丹之虞，乘时观衅，专待薄人，彼若结党连衡，侵我疆场，地形虽险，势不可支，甲兵虽多，守恐不暇，纵能却敌，未免生忧。王但拊土爱民，补兵完赋，义声驰于天下，诸侯自然推戴。今若恃兵与险，未见良图。"[刘]守光不悦，及[后]梁军（即朱全忠）据深、冀，[镇州]王镕乞师于[刘]守光，孙鹤劝[刘]守光出援军以图霸业，[刘]守光不从。及[后唐]庄宗（即河东李存勖）有柏乡之捷（按：事在天祐八年，后唐庄宗大败后梁军。），[刘]守光谋攻易、定，讽动镇人（即王镕），欲为河朔元帅。[后唐]庄宗乃与镇州节度使王镕、易定节度使王处直、昭义节度使李嗣昭、振武节度使周德威、天德军节度使宋瑶（按：李嗣昭、周德威、宋瑶皆庄宗李存勖部将）同遣使奉册，推[刘]守光为尚父，以稔其恶。[刘]守光不悟，谓藩镇畏己，仍以诸镇状送梁祖[朱全忠]，言："臣被晋王等推臣为尚父，坚辞不获，又难拒违。臣窃料所宜，不如陛下与臣河北道都统，则并、镇之叛，不足平殄矣。"梁祖知其诈，优答之。仍命阁门使王瞳、供奉官史彦璋等使于燕，册[刘]守光为河北道采访使。

[后唐天祐八年，后梁乾化元年（911年）]六月，梁使至，[刘]守光令所司定尚父采访使仪注，所司取唐朝册太尉礼以示之。[刘]守光曰："此仪注中何无郊天改元之事？"梁使曰："尚父虽尊，犹是人臣。"守光怒，投于地，谓将吏曰："方今天下鼎沸，英雄角逐，朱公创号于夷门，杨渭假名于淮海，王建自尊于巴蜀，茂贞矫制于岐阳，皆因茅土之封，自假帝王之制，然兵虚力寡，疆场多虞。我大燕地方二千里，带甲三十万，东有鱼盐之饶，北有塞马之利，我南面称帝，谁如我何！今为尚父，孰当帝者？公等促具帝者之仪，予且为河朔天子。"燕之将吏窃议，以为不可。[刘]守光置斧锧于庭，令将佐曰："今三方协赞，予难重违，择日而帝矣。从我者赏，横议者诛。"孙鹤对曰："沧州破败，仆乃罪人，大王宽容，乃至今日，不

敢阿旨，以误家国，苟听臣言，死且无悔。"［刘］守光大怒，推之伏锧，令军士割其肉生啖之。［孙］鹤大呼曰："百日之外，必有急兵矣！"［刘］守光令窒其口，寸斩之，有识为之嗟惋。乃悉召部内官吏，教习朝仪，边人既非素习，举措失容，相顾诮笑。

八月十三日，［刘］守光僭号大燕皇帝，改年曰应天。以梁使王瞳、判官齐涉为宰相，史彦璋为御史大夫。伪册之日，契丹陷平州（今河北卢龙）。［后唐］庄宗闻之大笑，监军张承业曰："恶不积不足以灭身，老氏（即老子）所谓'将欲取之，必先与之'，今［刘］守光狂蹶，请遣使省问，以观其衅。"十月，庄宗令太原少尹李承勋往使。［李］承勋至，［刘］守光怒不称臣，械之于狱。

十二月，［后唐］庄宗遣周德威出飞狐（今河北涞源），会镇、定之师以讨之。［周］德威攻围历年，属郡皆下。［刘］守光坚保幽州（今北京），求援于［后］梁，北诱契丹，救终不至。

［后唐天祐］十年（后梁末帝乾化三年，公元913年）十月，［刘］守光遣使持币马见［周］德威乞降，又乘城呼曰："予俟晋王至即出城。"十一月，庄宗亲征。二十三日，至幽州，单骑临城，召［刘］守光曰："丈夫成败，须决所向，公将何如？"［刘］守光曰："某俎上肉耳！"庄宗悯之，折弓为盟，许其保全。［刘］守光辞以它日，庄宗乃令诸军攻之。二十四日，四面毕攻，庄宗登燕太子墓观之。俄而数骑执［刘］仁恭并其孥来献，檀州游奕将李彦晖于燕乐县（今北京密云燕乐）获［刘］守光，并其妻李氏、祝氏，男［刘］继珣、继方、继祚等来献。初，［刘］守光城破后，携其妻子将走关南依刘守奇。沿路寒疮足踵，经日不食。至燕乐县，匿于坑谷，令妻祝氏乞食于田父张师造家，怪妇人异状，诘之，遂俱擒焉。庄宗方宴府第，引［刘］仁恭、守光至席，父子号泣谢罪，庄宗慰抚之曰："往事不复言，人谁无过，改之为贵。乃归之传舍。"是月己卯，晋人执［刘］守光及仁恭，露布表其罪，驱以班师。

［后唐天祐］十一年（后梁末帝乾化四年，公元914年）正月，至晋阳（今山西太原），［刘］仁恭父子荷校于露布之下，父母唾面骂［刘］守光曰："逆贼，破家如是！"［刘］守光俛（音：免）首不顾。自范阳（今北京）至晋阳，涉千余里，所在聚观，呼［刘］守光为"刘黑子"，略无愧色。庄宗以［刘］仁恭、守光徇于都城，即告南宫七庙，礼毕，［刘］守光与李小喜、郑藏斐、刘延卿及其二妻皆伏诛。李小喜者，本晋之小校，先奔于燕，［刘］守光以为爱将。［刘］守光虽凶淫出于天性，然而稔恶侈毒，抑亦小喜赞成。［刘］守光将败，前一日来降。［刘］守光将死，大呼曰："臣之愎计，小喜荧惑故也，若罪人不死，臣必诉于地下。"庄宗急召小喜至，令证辩，小喜瞋目叱［刘］守光曰："囚父杀兄，烝淫骨肉，亦我教耶！"庄宗怒小喜失礼，先斩之。［刘］守光恸哭曰："王将定天下，臣精于骑，何不且留指使。"二妻让之曰："皇帝，事势及此，生不如死！"即延颈就戮。［刘］守光犹哀诉不已。既诛，命判官司马揆备辒辌祭醊，瘗于城西三里龙山下。令副使卢汝弼、李存霸拘送［刘］仁

恭至代州，于武皇（即李克用）陵前刺心血以祭，诔于雁门山下。自[刘]仁恭乾宁二年（895年）春入幽州，至天祐十年（913年），父子相承，十九年而灭。

——《旧五代史》卷一百三十五《僭伪列传二·刘守光》。

封彝卿仕梁（即后梁朱全忠）为礼部侍郎，知贡举。开平三年（909年）奉使幽州（按：即刘守光也），以门生郑致雍从行，复命之日，又与[郑]致雍同受命入翰林位学士。[郑]致雍有俊才，[封]彝卿虽有文辞，才思拙涩，及试五题，不胜困敝，因托[郑]致雍秉笔。当时讥者以为座主辱门生。

——《册府元龟》卷九百三十九《总录部·讥诮》。

曹国珍，字彦辅，幽州固安人（今河北固安）也。曾祖[曹]蔿，父[曹]绚，代袭儒素。[曹]国珍少值燕、蓟乱离①，因落髮被缁，客于河西延州（今陕西延安北），高万兴兄弟皆好文，辟为从事。

——《旧五代史》卷九十三《晋书·曹国珍传》。

吕琦字辉山，幽州安次（今河北廊坊）人也。祖[吕]寿，瀛州景城主簿。父[吕]兖，沧州节度判官，累至检校右庶子。刘守光攻陷沧州，[吕]琦父[吕]兖被擒，族之。[吕]琦时年十五，为吏追摄，将就戮焉。有赵玉者②，幽、蓟之义士也，久游于[吕]兖之门下，见[吕]琦临危，乃绐谓监者曰："此子某之同气也，幸无滥焉。"监者信之，即引之俱去。行一舍，[吕]琦困于徒步，以足病告，[赵]玉负之而行，逾数百里，因变姓名，乞食于路，乃免其祸③。

——《旧五代史》卷九十二《晋书·吕琦传》。

赵玉，幽蓟人。沧帅刘守文以其弟[刘]守光囚父于幽州，乃举兵以伐之，寻为[刘]守光所败，沧之吏民共立[刘]守文之子[刘]延祚为帅，以节度判官吕兖为谋主，以拒[刘]守光。及[刘]守光攻陷沧州，[吕]兖被擒，族之。[吕]兖子[吕]琦时年十五，为吏追摄，将就戮焉。[赵]玉久游于[吕]兖之门下，见[吕]琦临危，乃绐谓监者曰："此子某之同气也，幸无滥焉。"监者信之，即引之俱去。行未数舍，[吕]琦困于徒步，以足病告，[赵]玉负之而行，逾数百里，因

---

① 按：据《旧五代史·高万兴传》，高万兴于后唐天祐六年（909年）据有河西地区，归款于后梁。同光元年（923年）后唐灭后梁，高万兴复归款于后唐，三年卒。据此，曹国珍因燕、蓟乱离而客于河西，当在天祐六年以后，时刘守光据幽州。

② 《旧五代史考异》："《厚德录》作李玉。"

③ 孔继涵（号荭谷）注："按《厚德录》云：'李玉尝客于沧州吕兖门下，刘守光破沧州，尽杀吕兖家，[吕]兖子[吕]琦年十四，[李]玉负之以逃，匄衣食以资之。燕、赵以[李]玉能存吕氏之孤，推为义士。'考薛史作赵玉，《厚德录》作李玉；薛史作[吕]琦年十五，《厚德录》作十四。盖传闻之异。"

变姓名，乞食于路，乃免其祸。

——《册府元龟》卷八百四《总录部·义四》。

[后唐庄宗]天祐八年（911年）正月丁亥，周德威、史建瑭帅三千骑致师于柏乡，设伏于村坞间……梁军大败。己亥，遣史建瑭、周德威徇地于邢、魏。

三月己丑，镇、定州各遣使言幽州刘守光凶僭之状，请推为尚父，以稔其恶。乙未，帝（指后唐庄宗李存勖，时仍奉唐正朔）至晋阳宫召监军张承业诸将等议幽州之事，乃遣牙将戴汉超赍墨制并六镇书，推刘守光为尚书令、尚父，[刘]守光由是凶炽日甚，随邀六镇奉册。

五月，六镇使至幽[州]，[朱全忠]梁使亦集。是月，梁祖[朱全忠]遣都招讨使杨师厚将兵三万屯邢州（今河北邢台），帝令李嗣昭出师掠相（今河南安阳）、卫（今河南汲县）而还。

七月，帝会[镇州节度使]王镕於承天军。[王]镕，武皇之友也，帝奉之尽敬，奉卮酒为寿，[王]镕亦捧酒釂帝。[王]镕幼子[王]昭诲从行，因许为婚。

八月甲子，幽州刘守光僭称大燕皇帝，年号应天。

是月，幽州刘守光杀帝之行人李承勋，忿其不行朝礼也。

十一月辛丑，燕人入侵易、定，王处直来告难。

十二月甲子，帝遣周德威、刘光浚、李嗣源及诸将率蕃汉之兵发晋阳。伐刘守光于幽州。

——《旧五代史》卷二十七《唐书·庄宗纪一》。

康思立为河东亲骑军使，从庄宗解上党围（按：天祐七年事），败梁人于柏乡（按：天祐八年事），及平蓟丘（按：天祐十年事），後战于河上，皆有功。

——《册府元龟》卷三百八十七《将帅部·褒异十三》。

张廷蕴，字德枢，开封襄邑人也。祖[张]立，赠骁卫将军。父[张]机，赠光禄大夫。[张]廷蕴少勇捷，始隶宣武军为伍长，唐[昭宗]天复中，奔太原，武皇[李克用]收于帐下为小校。及庄宗救上党（今山西长治，天祐七年事），战柏乡（按：后唐天祐八年正月事），攻蓟门（按：即天祐十年灭幽州刘守光事），下邢、魏（按：天祐十二年六月据魏州，十三年八月据邢州），皆从之。

——《旧五代史》卷九十四《晋书·张廷蕴传》。

[后唐]天祐九年（912年）春正月庚辰朔，周德威等自飞狐东下。丙戌，会镇、定之师进营祁沟（今河北涿州西南）。庚子，次涿州，刺史刘知温以城归顺。[周]德威进迫幽州，[刘]守光出兵拒战，燕将王行方等以部下四百人来奔。

二月庚戌朔，梁祖（即朱全忠）大举河南之众以援［刘］守光。

三月辛丑，沧州都将张万进杀留后刘继威（刘守光之子），自为沧帅，遣人送款于梁（即后梁朱全忠），亦乞降于帝（即后唐庄宗李存勖）。戊申，周德威遣李存晖攻瓦桥关（今河北雄县），下之。

五月乙卯朔，周德威大破燕军于羊头冈①，擒大将单廷珪，斩首五千馀级。［周］德威自涿州进军于幽州，营于城下。

闰［五］月己酉，攻其西门，燕人出战，败之。

六月戊寅，梁祖为其子［朱］友珪所弑，［朱］友珪僭帝位于洛阳。

十月庚申，周德威报刘守光三遣使乞和，不报。丁卯，燕将赵行实来奔。

天祐十年（913年）春正月丁巳，周德威攻下顺州（今北京顺义），获刺史王在思。

二月甲戌朔，攻下安远军，获燕将一十八人。庚寅，梁朱友珪为其将袁象先所杀，均王［朱］友贞即位于汴州（今河南开封）。丙申，周德威报檀州（今北京密云）刺史陈确以城降。

三月甲辰朔，收卢［芦］台军（今河北宁河）。乙丑，收古北口。时居庸关使胡令珪等与诸戍将相继挈族来奔。丙寅，武州（今河北宣化）刺史高行珪遣使乞降。时刘守光遣爱将元行钦牧马于山北，闻［高］行珪有变，率戍兵攻［高］行珪，［高］行珪遣其弟［高］行温为质，且乞应援。周德威遣李嗣源、李嗣本、安金全率兵救武州，降元行钦以归。

四月甲申，燕将李晖等二十余人举族来奔。［周］德威攻幽州（今北京）南门。壬辰，刘守光遣使王遵化致书哀祈于［周］德威，［周］德威戏［王］遵化曰："大燕皇帝尚未郊天，何怯劣如是耶！"［刘］守光再遣哀祈，［周］德威乃以状闻。己亥，刘光浚攻下平州（今河北卢龙），获刺史张在吉。

五月壬寅朔，［刘］光浚进迫营州（今辽宁朝阳），刺史杨靖以城降。

六月壬申朔，帝（即后唐庄宗）遣监军张承业至幽州，与周德威会议军事。

七月，［张］承业与［周］德威率千骑至幽州西，［刘］守光遣人持信箭一支，乞修前好。［张］承业曰："燕帅当令子弟一人为质则可。"是日，燕将司全爽等十一人并举族来奔。辛亥，［周］德威进攻诸城门。壬子，贼将杨师贵等五十人来降。甲子，五院军使李信攻下莫州。时［刘］守光继遣人乞降，将缓帝军，阴令其将孟脩、阮通谋于沧州节度使刘守奇，及求援于［汴将］杨师厚，帝之游骑擒其使以献。是月，帝会［镇州节度使］王镕于天长。

九月，刘守光率众夜出，遂陷顺州。

十月己巳朔，［刘］守光率七百骑，步军五千夜入檀州。庚午，周德威自涿州将兵蹑之。壬申，［刘］守光自檀州南山而遁，［周］德威追及，大败之，获大将李

① 《旧五代史考异》："按：《资治通鉴》作龙头冈，《考异》引《庄宗实录》作羊头冈。"

刘、张景绍及将吏八百五十人，马一百五十匹。［刘］守光得百馀骑遁入山谷中，［周］德威急驰，扼其城门，［刘］守光惟与亲将李小喜等七骑奔入燕城（按：至幽州城，今北京）。己丑，［刘］守光遣牙将刘化脩、周遵业等以书币哀祈［周］德威。庚寅，［刘］守光乘城以病告，复令人献自乘马玉鞍勒易［周］德威所乘马而去。俄而刘光浚擒送［刘］守光伪殿直二十五人于军门，［刘］守光又乘城谓［周］德威曰："予俟晋王（即李存勖）至，即泥首俟命。"祈［周］德威即驰驿以闻。

十一月己亥朔，帝（即李存勖）下令亲征幽州。甲辰，发晋阳（今山西太原）①。己未，至范阳（今北京）。辛酉，［刘］守光奉礼币归款于帝，帝单骑临城邀［刘］守光，辞以他日，盖为其亲将李小喜所扼也。是夕，［李］小喜来奔，帝下令诸军，诘旦攻城。壬戌，梯衝并进，军士毕登，帝登燕丹冢以观之。有顷，擒刘仁恭以献。癸亥，帝入燕城，诸将毕贺。

十二月庚午，墨制授周德威幽州节度使。癸酉，檀州燕乐县人执刘守光并妻李氏、祝氏、子继祚以献。己卯，帝下令班师，自云、代而旋。时镇州王镕、定州王处直遣使请帝由井陉而西，许之。庚辰，帝发幽州，携［刘］仁恭父子以行。甲申，次定州（今河北定州），舍于关城。翌日，次曲阳，与王处直谒北岳祠。是日，次行唐，镇州王镕迎谒于路。

天祐十一年（914年）春正月戊戌朔，王镕以履新之日，与其子昭祚、昭海奉觞上寿置宴。［王］镕启曰："燕主刘太师顷为邻国，今欲挹其风仪，可乎？"帝即命主者破械，引［刘］仁恭、守光至，与之同宴，［王］镕馈以衣被饮食。己亥，帝发镇州，因与王镕畋于行唐之西。壬子，至晋阳，以组系［刘］仁恭、守光，号令而入。是日，诛［刘］守光。遣大将李存霸拘送［刘］仁恭于代州，刺其心血典告于武皇陵，然后斩之②。是月，镇州王镕、定州王处直遣使推帝为尚书令③。初，王镕称藩于梁，梁以［王］镕为尚书令，至是镇、定以帝南破梁军，北定幽、蓟，乃共推崇焉。使三至，帝让乃从之，遂选日受册，开霸府，建行台，如武德故事。

——《旧五代史》卷二十八《唐书·庄宗纪二》。

天祐十年（913年）庄宗遣周德威伐幽州，帝（指李嗣源，后为明宗）分兵略定山后八军，与刘守光爱将元行钦战于广边军，凡八阵。帝控弦发矢七中，［元］行钦遂降之。

——《册府元龟》卷二十《帝王部·功业二》。

---

① 原按："欧阳史（即《新五代史》）作十月，刘守光请降，王如幽州。据薛史（即《旧五代史》）则帝发晋阳在十一月甲辰，非十月也。《资治通鉴》从薛史。
② 原按："《辽史·太祖纪》：'七年正月，晋王李存勖拔幽州，擒刘守光。'考辽太祖七年即天祐十年，庄宗以天祐十年冬始拔幽州，十一年正月乃凯旋也。《辽史》误以次年事先一年书之。"
③ 《旧五代史考异》："《资治通鉴考异》引《唐实录》云：'天祐八年，晋王已称尚书令。'薛史作天祐十一年，与《唐实录》异。"

天祐八年（911年）八月，幽州刘守光僭称大燕皇帝。十二月，帝遣周德威、刘光浚、李嗣源及诸将率蕃汉之兵讨之。

九年（912年）正月，燕将王行方等以部下四百人来奔。二月，梁祖［朱全忠］率举河南之众以援［刘］守光。三月，周德威遣李存晖攻瓦桥关。四月，李嗣源攻瀛洲，皆下之。五月，［周］德威大破燕军于羊头冈，斩首五千餘级，自涿州进军于幽州城下（今北京）。

十年（913年）正月，［周］德威攻顺州（今北京顺义）；二月，攻安远军，皆下之。三月，攻芦台及古北口。五月壬寅朔，刘光浚逼营州，刺史杨靖以城降，得李之諲马步兵四百，因令五院将李益权典州事。六月，帝遣监军张承业至幽州。是月，收下莫州。九月，［刘］守光率众夜出，遂陷顺州。十月，入檀州（今北京密云）。［周］德威自涿州将兵蹑之，［刘］守光循山而南，［周］德威追及，大败之。［刘］守光复之燕城（按：即幽州城）。十一月，帝亲征幽州。十二月，执伪燕主刘守光并其父［刘］仁恭，班师晋阳。次行唐，镇州节度使王镕迎谒于道路，［王］镕启曰："燕主刘太师顷为邻国，谋之不臧，患生膝下，今既伏罪，履新之会，仆欲挹其风仪，可乎？"帝促命主者破械，引［刘］守光、仁恭至，与［王］镕答拜，同宴久之。

十一年（914年）正月，至自幽州。是日于汾亭令军士数百组练系［刘］仁恭、守光，号呼而入。与其党李小喜、郑藏斐、皆伏法。是月，镇州王镕、定州王处直再遣使奉书推册帝为尚书令。帝可之，乃选日受册，开霸府，建行台，如武德故事。帝以燕蓟初平，将军南伐。七月，率师自黄沙岭东下，会周德威、王镕于赵州（今河北赵县），大军进至洺州，徇地而还。

——《册府元龟》卷八《帝王部·创业四》。

后唐庄宗初为晋王。天祐十一年（914年）正月，平幽蓟还，以刘守光告南宫七庙。是日，与其党李小喜、郑藏斐皆伏法。

——《册府元龟》卷十二《帝王部·告功》。

后唐刘守文为沧州节度使。唐天祐六年五月，［刘］守文为其弟［刘］守光败于蓟州之鸡苏。［刘］守文为弟所擒，归幽州。初，刘仁恭辇幽州积实营大安山以自固，会汴人攻其城，［刘］守光坚守之，因自为幽帅，囚［刘］仁恭于大安山别室。［刘］守文素蓄奸谋，志大才短，利燕蓟之土疆，乃令子延祐质于汴，自将兵讨［刘］守光，以迎父为名，频年出兵不利。至是大举，以重赂诱契丹、吐谷浑之众，合四万，屯蓟州，运沧、景刍粟，海船而下，以给军费。及大战，［刘］守光之兵败也，［刘］守文诈慈（误，当为"悲"），单马立于阵场，泣谕于众曰："勿杀吾弟。"为［刘］守光将元行钦识之，见擒。沧州失帅自溃，［刘］守光复系兄于别室，援以丛棘。沧州兵败，［刘］守光乃进攻沧州。沧州宾佐孙鹤、吕兖以（按，误，当为"已"）推［刘］

守文之子［刘］延祚为沧州帅。［刘］守光携［刘］守文于城下，攻围累月。城中乏食，人饥殍，军士食人，百姓食堇土，驴马相遇，食其鬃，士人出入，多为强者屠杀。吕兖率城中饥羸丁口，以麴麪饲之，专为宰杀务，旋烹以充军食，危酷之状，远古未闻。［刘］延祚力穷以城降［刘］守光。［刘］守光以其子［刘］继威为沧帅，大将张迈进（按：《旧五代史》、《资治通鉴》均作"万进"）佐之。［刘］守光既得志父兄，虽结托于我（指后唐）而以状告于梁祖曰："臣守光谬叨戎寄，向受国恩，既有血诚，合宜披诉……昨者兄［刘］守文遽于明时擅兴兵革，坚贮吞并之志，全无友爱之情，诳惑宸聪，即言迎侍，勾牵戎旅，元逞他图。兄之行藏，臣实所谙悉……今者既破贼军，足以细验前事。昨于阵上所杀契丹兵马绝多，及寨内收得契丹与往来文字不少，今又捉得自来与臣兄谋事人道士褚玄嗣、学院使郑绪等，皆言兄本计谋极大，妄动绝深，不唯窥取其一方，实亦将图于大事。苟非臣亲当战阵，手执干戈，大扫群雄，生擒戎首，则沧州得志，蕃众转征，合势连横，为患非细……其褚玄嗣等分析文状谨同封进。其褚玄嗣文状多述［刘］守文结构说诱幽州将士，及会契丹窥算幽州城池，皆是自相鱼肉。又言如［刘］守文得志，必谋乱中原，以迎侍为名，实欲并吞幽、蓟。又沧州鼓角门东有誓众碑一所，其辞愿破梁国，却兴唐朝。及见幽州归向朝廷，遂拆却碑楼，其碑坑于楼下，文字见在。又守文所遣男［刘］延祚人质不是亲儿。又［刘］守文令褚玄嗣将琉璃、水精、金银等器、锦采与契丹将领，约取幽州后别图富贵，其契丹少君遂差使还书，愿与［刘］守文救命，［刘］守文乃言得契丹下大夫所赞也。"梁祖览之大噱，［刘］守光复致书于［后唐］庄宗，言同破伪梁事。

——《册府元龟》卷九百四十三《总录部·不谊》。

李小喜者幽帅刘守光之爱将。虽［刘］守光凶淫出于天性，然而稔恶侈毒，多为小喜赞成。燕城将破前一日逾垣请罪。庄宗宥之。至［刘］守光将伏锧，泣而诉曰："臣死无恨，教臣为恶，不早归向者，由［李］小喜荧惑故也。罪人不死，臣必诉于地下。"［庄宗］急召小喜至，小喜瞋睨［刘］守光曰："囚父杀兄，烝淫骨肉，亦小喜教耶！"［刘］守光大惭，帝怒其失旧君之节，即命斩之。

——《册府元龟》卷九百四十三《总录部·不谊》。

王缄，幽州刘仁恭故吏也。少以刀笔直记室，［刘］仁恭假以幕职，令使凤翔。还经太原，属［刘］仁恭阻命（按：即不出兵之事），武皇（即李克用）留之。［王］缄坚辞复命，书词稍抗，武皇怒，下狱诘之，谢罪听命，乃署为推官，历掌书记[①]。从庄宗（即李克用子李存勖）经略山东，承制授检校司空、魏博节度副使[②]。

---

① 《旧五代史考异》："按《契丹国志·韩延徽传》：'延徽自契丹奔晋（即太原），晋王（指李克用）欲置之幕府掌书记，王缄嫉之。延徽不自安，求东归省母，遂复入契丹，寓书于晋王，叙所以北去之意。且曰：非不恋英主，非不思故乡，所以不留，正惧王缄之谗耳。'"

② 《册府元龟·幕府部·辟署四》所记与以上同。

〔王〕缄博学善属文，燕蓟多文士，〔王〕缄后生，未知名。及在太原，名位骤达。燕人马郁，有盛名于乡里，而〔王〕缄素以吏职事〔马〕郁。及〔马〕郁在太原，谓〔王〕缄曰："公在此作文士，所谓避风之鸟①，受赐于鲁人也。"每于公宴，但呼王缄而已。〔天祐〕十年（913年），从征幽州，既获〔刘〕仁恭父子，庄宗命〔王〕缄为露布，观其旨趣。〔王〕缄起草无所辞避，义士以此少之。胡柳之役（按：事在天祐十五年十二月。周德威亦阵亡于是役），〔王〕缄随辎重前行，殁于乱兵……归葬太原。

——《旧五代史》卷六十《唐书·王缄传》。

马郁，唐末为幽州刀笔小吏，少负文艺，节度使李全忠子〔李〕匡威曾问其年，〔马〕郁曰："弱冠后两周星岁。"傲形于色。后〔李〕匡威继父为帅，首召〔马〕郁曰："子今弱冠后几周星岁？"〔马〕郁但顿颡谢罪。〔李〕匡威曰："如子之事，吾平生之所爱也，何惧之有。"因署以府职。后为庄宗太原副留守。〔马〕郁初与同幕王缄皆事燕王刘仁恭，〔马〕郁本府名位先达，〔王〕缄学术虽优，然才性梗涩，居燕时职官未达，故〔马〕郁在河东（即太原）稠人广众之中颐指，〔王〕缄有所请谒，呼王缄而已。尝阅〔王缄〕所为文，因谓之曰："孰知王缄中道，有言语得无异乎。"

——《册府元龟》卷九百四十四《总录部·佻薄》。

王缄，幽州刘仁恭故吏也。庄宗承制授魏博节度副使。〔王〕缄博学善属文，燕蓟多文士，〔王〕缄后生，未知名。及在太原，名位骤达。燕人马郁，有盛名于乡里，而〔王〕缄素以吏职事〔马〕郁。及〔马〕郁在太原，谓〔王〕缄曰："公在此作文士，所谓避风之鸟，受赐于鲁人也。"每于公宴，但呼王缄而已。

——《册府元龟》卷九百三十九《总录部·讥诮》。

后唐王缄，在庄宗幕前。胡柳之役，〔王〕缄随辎重前行，没于乱兵。及晚，卢质还营，庄宗问副使所在，〔卢质〕曰："某初不知之也。"既而，〔王〕缄凶问至，庄宗流涕久之。得其丧，归葬太原。

——《册府元龟》卷七百六十三《总录部·死节》。

周德威……〔天祐〕十年，又擒幽州刘守光父子，授检校侍中、幽州卢龙军节度使。

——《册府元龟》卷三百八十七《将帅部·褒异十三》。

---

① 《影库本粘签》："避风，原本作'避凤'，今据《庄子》改正。"

王缄先事幽州刘仁恭，后归庄宗。及从征幽州，既获[刘]仁恭父子，庄宗命[王]缄为露布，观其旨趣。[王]缄既起草，无所辞避，义士以此少之。

　　——《册府元龟》卷九百四十三《总录部·不谊》。

　　高行珪，燕人也。家世勇悍，与弟[高]行周俱有武艺，初仕燕为骑将，骁果出诸将之右。燕帅刘守光僭逆不道，庄宗令周德威征之，守光大惧，以[高]行珪为武州（今河北宣化）刺史，令张掎角之势。时[后唐]明宗（即李嗣源）将兵助[周]德威平燕，俄闻[高]行珪至，率骑以禦之，明宗谕以逆顺之理，[高]行珪乃降①。[刘]守光将元行钦在山北，闻[高]行珪有变，即率部下军众以攻[高]行珪。[高]行珪遣弟[高]行周告急于周德威②，[周]德威命明宗、李嗣本、安金全将兵援之。明宗破[元]行钦于广边军（今河北赤城雕鹗镇），[元]行钦亦降。寻以[高]行珪为朔州刺史，历忻、岚二郡，迁云州留后。[明宗]天成初（926年），授邓州（今河南邓县）节度使，寻移镇安州（今湖北安陆）。

　　[高]行珪性贪鄙，短于为政，在安州日，行事多不法。副使范延策者，幽州人也，性刚直，累为宾职，及佐[高]行珪，睹其贪猥，因强谏之，[高]行珪多不从。后[范]延策因入奏，献封章于阙下……述藩镇之弊，请敕从事明谏净之，不从，令诸军校列班廷净。[高]行珪闻之，深衔之。后因戍兵作乱，诬奏[范]延策与之同谋，父子俱戮于汴。

　　——《旧五代史》卷六十五《唐书·高行珪传》。

　　范延策，幽州人。少习兵书，累居宾职，[庄宗]同光时为段凝掌书记，[明宗]天成初，擢为安州副使。节度使高行珪为政贪猥，[范]延策强制之既不能制，尝因入奏……[高]行珪见敕，衔之转深……因怀顺兵叛，奏[范]延策为同谋，父子俱戮。

　　——《册府元龟》卷九百三十一《总录部·枉横》。

　　高行珪，燕人也。家世勇悍，与弟[高]行周俱有武艺，初仕燕[刘守光]为骑将，骁果出诸将之右。

　　——《册府元龟》卷三百九十六《将帅部·勇敢三》。

---

① 《影库本粘签》：" 《资治通鉴考异》云：据《唐实录》高行珪降在刘守光既平之后，与薛史（按：即《旧五代史》）异，今附识于此）。"
② 《旧五代史考异》："按：欧阳史（按：即《新五代史》）：行珪夜缒行周驰入晋，见庄宗，庄宗因遣明宗救武州。比至，行钦已解围去，行珪乃降。是行珪先求救于晋而后降也。薛史（按：即《旧五代史》）作降晋后告急，微有异同。"

高行珪，燕人将家子，家世勇悍，后为安州刺史（误，当为节度使）。

——《册府元龟》卷八百四十七《总录部·勇》。

高行珪为武州（今河北宣化）刺史时，太原军攻燕经年，城中刍粟少。刘守光令散员大将元行钦率散员骑四千于山后牧马，兼为外援，及燕城危蹙，甲士亡散，[刘]守光召[元]行钦。[元]行钦部下诸将以[刘]守光必败，赴召无益，乃请[元]行钦为燕帅，称留后。[元]行钦无如之何，乃谓诸将曰："我为帅，亦须归幽州。"众然之。[元]行钦以[高]行珪在武州，虑为后患，乃令人于怀戎掠得其子，絷之自随。至武州，谓[高]行珪曰："将士立我为留后，共汝父[子]同行，先定军府，然后降太原；若不从，必杀尔子。"[高]行珪曰："大王（按：指刘守光）委尔亲兵，遂图叛逆，吾死不能从也。"其子泣告[高]行珪。[高]行珪谓曰："元公谋逆，何以顺从！与尔诀矣。"[高]行珪城守月余，城中食尽，士有饥色，乃召集居人谓曰："非不为父老惜家属，不幸军中乏食，可斩予首出降，即坐见宁帖。"[高]行珪为治有恩，众泣谓："愿出私粮济军，以死共守。"乃夜缒其弟[高]行周入太原军，既见庄宗。[庄宗]即令明宗（按：即李嗣源，后即位为明宗）率骑援之。比至，[元]行钦解围矣。

——《册府元龟》卷四百《将帅部·固守二》。

李嗣本，雁门人，本姓张。父[张]准，铜冶镇将。[李]嗣本少事武皇，为帐中纪纲，渐立战功，得补军校。[唐昭宗]乾宁中，从征李匡俦为前锋，与燕人战，得居庸关，以功为义儿军使，因赐姓名……天祐九年（912年），周德威讨刘守光，[李]嗣本率代北诸军、生熟吐浑，收山后①八军，得纳降军使卢文进、武州刺史高行珪以献。幽州平，论功授振武节度使（治朔州，今山西朔县），号"威信可汗"。十二年（915年），[后唐]庄宗定魏博……命[李]嗣本入太原巡守都城……十三年（916年）八月，契丹阿保机倾塞犯边，其众三十万攻振武……城陷，[李]嗣本举族如契丹。

——《旧五代史》卷五十二《唐书·李嗣本传》。

王思同，幽州人也。父[王]敬柔，历瀛、平、儒、檀、营五州刺史。[王]思同母即刘仁恭之女也，故[王]思同初事[刘]仁恭为帐下军校②。会刘守光攻[刘]仁恭于大安山，[王]思同以部下兵归太原（即后唐），时年十六，武皇（即李克用）

---

① 《资治通鉴》胡三省注曰："妫、檀诸州皆在幽州山北，亦谓之山后。"
② 《旧五代史考异》："欧阳史（即《新五代史》）作银胡䩮（按：胡䩮，箭袋）指挥使。"

命为飞腾指挥使①。从庄宗平定山东，累典诸军……性喜为诗什，与人唱和，自称蓟门战客。

——《旧五代史》卷六十五《唐书·王思同传》。

王思同，幽州人。初仕武皇（即李克用）命为飞胜指挥使。从庄宗累典诸军……[王]思同性疎俊，粗有文，性喜为诗什，与人唱和，称蓟门战客。魏王[李]继岌（按：庄宗之子）待之若子，时内养吕知柔侍兴圣宫（按：兴圣宫在洛阳。后唐庄宗称帝以洛阳为都），颇用事，[王]思同不平。吕[知柔]为终南山诗，末句有"头"字，[王]思同曰："料伊直拟冲霄汉，赖有青天压着头。"

——《册府元龟》卷九百三十九《总录部·讥诮》。

王思同，幽州人。初仕庄宗历典诸军，至都将。性疎俊，粗有文，性喜为诗什，与人唱和，自称蓟门战客。魏王[李]继岌（按：庄宗之子）待之若子，时内养吕知柔侍兴圣宫（按：兴圣宫在洛阳。后唐庄宗即位以后，以洛阳为都），颇用事，[王]思同不平之。[吕]知柔为终南山诗，末句有"头"字，[王]思同曰："料伊直拟冲霄汉，赖有青天压着头。"其可笑诗句皆此类也。

——《册府元龟》卷九百五十四《总录部·妄作》。

索自通，字得之，太原清源人也……少能骑射，尝于山野射猎，庄宗镇太原时，遇之于野，讯其姓名，即补右番厅直军使。后因从猎，射中走鹿，转指挥使。佐周德威攻燕军于涿州，擒燕将郭在钧（《册府元龟》作"均"）。从庄宗定魏博，改突骑指挥使。明宗（即李嗣源）即位，自随驾左右厢马军都指挥授忻州刺史。

——《旧五代史》卷六十五《唐书·索自通传》。

索自通，字得之，太原清源人也……少能骑射，尝于山墅射猎，庄宗镇太原时，遇之于野，讯其姓名，即补右番厅直军使。后因从猎，射中走鹿，转指挥使。佐周德威攻燕军于涿州，擒燕将郭在均（《旧五代史》作"钧"）。从庄宗定魏博，改突骑指挥使。明宗（即李嗣源）即位，自随驾左右厢马军都指挥授忻州刺史。

——《册府元龟》卷三百四十七《将帅部·佐命八》。

索自通……天祐中佐周德威攻燕军于涿州，旬日未克，[索]自通乃选精骑二十，夜薄幽州外郭，擒燕将郭在均而还。

---

① 《旧五代史考异》："按：欧阳史作飞胜指挥使。"《影库本粘签》："飞腾指挥使，疑有舛误。考《册府元龟》亦作'飞腾'，今无可复考，姑仍其旧。"按：《册府元龟·总录部·讥诮》作"飞胜"，《粘签》误。

——《册府元龟》卷三百六十《将帅部·立功十三》。

赵凤，幽州人也。少为儒。[后]唐天祐中，燕帅刘守光尽率部内丁夫为军伍，而黥其面，为儒者患之，多为僧以避之，[赵]凤亦落髪至太原。顷之，从刘守奇奔梁，[后]梁用守奇为博州刺史，表[赵]凤为判官。[后刘守奇卒，赵凤去梁归晋]，为悻州节度判官①。

唐庄宗闻[赵]凤名，得知甚喜，以为护銮学士。

——《旧五代史》卷六十七《唐书·赵凤传》。

赵凤幽州人，从刘守奇奔梁，[后梁]用刘守奇为博州刺史，表[赵]凤为判官。

——《册府元龟》卷七百二十九《幕府部·辟署四》。

赵凤，幽州人也。少为儒。[后]唐天祐中，燕帅刘守光与太原（即后唐）争霸，率十夫团为军伍，而黥面为文，儒者患之，多为僧。[赵]凤亦落髪与游方者杂处，后为相终。

——《册府元龟》卷九百四十《总录部·患难》。

元行钦，本幽州刘守光之爱将。[刘]守光之夺父位也，令[元]行钦攻大恩山②，又令杀诸弟。[后唐]天祐九年（912年），周德威攻围幽州，[刘]守光困蹙，令[元]行钦于山北募兵，以应契丹。时明宗（即李嗣源，即位后为明宗）为将攻[元]行钦于山北，与之接战，矢及明宗马鞍，既而以势迫来降③。明宗怜其勇，奏隶为假子，后因从征伐，恩礼特隆。[庄宗卒，元行钦因系明宗敌党，被明宗所杀]。

——《旧五代史》卷七十《唐书·元行钦传》。

[后唐]明宗……讳亶，初名[李]嗣源，及即位，改今讳，代北人也。世事武皇（即后唐庄宗之父李克用），及其锡姓也，遂编于属籍。
……[天祐九年（912年）]庄宗遣周德威伐幽州，帝（指明宗，即李嗣源）分兵略定山后八军，与刘守光爱将元行钦战于广边军（今河北赤城雕鹗镇），凡八战，

---

① 原注："下有阙文，按欧阳史（即《新五代史》）云：守奇卒，凤去，为悻州节度判官。"《册府元龟·总录部·逃难二》所记与此同。
② 《旧五代史考异》："按：欧阳史（即《新五代史》）作大安山，考《资治通鉴》注引薛史（即《旧五代史》）亦作大恩。"按：薛史在前，欧阳史在后。司马光修《资治通鉴》时《旧五代史》还存于世，故当用薛史而弃欧阳史。
③ 《旧五代史考异》："按：《资治通鉴考异》引《周太祖实录》云：'燕城危蹙，甲士亡散，刘守光召元行钦。[元]行钦部下以[刘]守光必败，赴召无益，乃请[元]行钦为燕帅，称留后，[元]行钦无如之何。'据薛史，[元]行钦未尝自称留后，实录误也。"

帝控弦发矢七中。[元]行钦酣战不解,矢亦中帝股,拔矢复战。[元]行钦穷蹙,面缚乞降,帝酹酒饮之,拊其背曰:"吾子壮士也!"因厚遇之。

——《旧五代史》卷三十五《唐书·明宗纪一》。

夏鲁奇,字邦杰,青州人也。初事宣武军(即后梁朱全忠)为军校,与主将不协,遂归于[后唐]庄宗,以为护卫指挥使。从周德威攻幽州,燕将有单廷珪、元行钦,时称骁勇,[夏]鲁奇与之鬬,两不能解,将士皆释兵纵观。幽州平,[夏]鲁奇功居多。

——《旧五代史》卷七十《唐书·夏鲁奇传》。

夏鲁奇,字邦杰,青州人。幼有雄杰之志,初试(应为"事")宣武军(即后梁朱全忠)为军校,与主将不协,遂归于我(按:指后唐),庄宗以为护卫指挥使。从周德威攻幽州,燕将有单廷珪、元行钦,时称骁勇,[夏]鲁奇每与之接战,莫不气势凌制,每鬬不能自解,将士皆释兵而观,军中称赏。

——《册府元龟》卷三百九十六《将帅部·勇敢三》。

夏鲁奇,字邦杰,青州人也。初事宣武军为军校,与主将不协,遂归于[后唐]庄宗,以为护衞指挥使。从周德威攻幽州,燕将有单廷珪、元行钦,时称骁勇,[夏]鲁奇与之鬬,两不能解,将士皆释兵从观。幽州平,[夏]鲁奇功居多。

——《册府元龟》卷三百四十七《将帅部·佐命八》。

李岩,幽州人,本名让坤。初仕燕,为刺史,涉猎书传,便弓马,有口辩,多游艺,以功名自许。[后唐庄宗]同光中,为客省使①,奉使于蜀,及与王衍相见,陈使者之礼,因于笏记中俱述庄宗兴复之功,其警句云:"才过汶水,缚王彦章于马前;旋及夷门,斩朱友贞于楼上。"[李]岩复声韵清亮,蜀人听之愕然。

——《旧五代史》卷七十《唐书·李岩传》。

周玄豹者②本燕人,世为从事。玄豹少为僧,其师有知人之鉴,从游十餘年,辛苦无悱,师知其可教,遂以袁、许之术授之。大略状人形貌,比诸龟鱼禽兽,目视臆断,咸造其理。及还乡,遂归俗。初,卢程寄褐游燕,与同志二人谒焉。玄豹谓乡人张殷衮曰:"适二君子,明年花发,俱为故人,唯彼道士,他年甚贵。"至来岁,二子果卒。又二十年,卢程登庸于邺下(即指魏州)。玄豹归晋阳,张承业信重之,言事数中。[张]承业俾明宗(即李嗣源,即位后改名李亶)易衣列于诸校

---

① 《册府元龟·总录部·多能》所记与此同。
② 《影库本粘签》:"周玄豹,《锦绣万花谷》作'崔玄豹',系传写之讹。考欧阳史、《资治通鉴》俱作'周',今仍其旧。"

之下，以他人诈之，而玄豹指明宗于末缀言曰："骨法非内衙太保欤！①"咸服其异。或问明宗之福寿，惟云末后为镇州节度使，时明宗为内衙都校，才兼州牧而已。昭懿皇后夏氏方侍巾栉，偶忤旨，大为明宗榎楚。玄豹见之曰："此人有藩侯夫人之位，当生贵子。"明宗赫怒因解，后其言果验……庄宗署玄豹北京（按：时后唐以洛阳为东都，长安为西都，太原为北都）巡官……明宗即位……令以金帛厚赐之，授光禄卿致仕。寻卒于太原，年八十余②。

——《旧五代史》卷七十一《唐书·周玄豹传》。

周玄豹本燕人，初为僧，后归俗。天祐中，冯道自刘守光府掾归太原，监军使张承业重其文章履行，甚见待遇。时周玄豹善人伦之鉴，与［冯］道不合，谓［张］承业曰："冯生无前程，公不可过用。"管记卢质闻之，曰："我曾见杜黄裳司空写真图，［冯］道之状貌酷类焉，将来必副大用，［周］玄豹之言不足信也。"［张］承业寻荐为霸府从事（按：时李存勖尚未称王，故称霸府）。

——《册府元龟》卷九百五十二《总录部·忌害》。

卢程，［唐昭宗］天复末登进士第，为盐铁巡官。昭宗迁洛阳，［卢］程游燕赵，中山王处直（易定节度使）礼遇未优，故投于太原，［后唐］庄宗（指李克用之子李存勖）署为推官，寻改支［度］使，后历观察判官。

——《册府元龟》卷七百二十九《幕府部·辟署四》。

豆卢革初为定州王处直判官，理家无法。有日，独请谒见，［王］处直虑布政有阙，疑有所勉，敛板出迎。［豆卢］革立通尺牍处，［王］处直撦笏披之，乃为嬖人祈军职也。

——《册府元龟》卷七百三十《幕府部·贪纵》。

张承业，字继元，本性康，同州人。［唐懿宗］咸通中，内常侍张泰（按：宦官）畜为假子。［唐僖宗］光启中，主邠阳军事，赐紫，入为内供奉。武皇（按：此指后唐武皇李克用，时为唐河东节度使）之讨王行瑜，承业累奉使渭北，因留监武皇军事（按：唐后期以宦官监诸道军事），密令迎驾（按：时唐帝在朱全忠掌控之中）……崔魏公之诛宦官也③，武皇伪戮罪人首级以奉诏，匿［张］承业于斛律寺，［唐］昭宗遇弑，乃复请为监军。

---

① 原按：以上疑有脱误。《北梦琐言》作"骨法非常，此为内衙太保乎！"
② 《册府元龟·总录部·相术》所记与此同。
③ 《影库本粘签》："宋初修《五代史》避太祖御名，于唐宰相崔胤或称崔裔，此传又称为崔魏公，前后异称，殊失史家纪实之体。今存其旧，仍附识于此。"

……

武皇病笃，启手之夕，召[张]承业属之曰："吾儿孤弱，群臣纵横，后事公善酬之。"[张]承业奉遗顾，爰立嗣王（即庄宗），平内难，策略居多……庄宗深感其意，兄事之，亲幸[张]承业私第，升堂拜母，赐遗优厚……

[后唐]天祐中，幽州刘守光败，其府掾冯道归太原，[张]承业辟为本道巡官，承业重其文章履行，甚见待遇……

柏乡之役（事在天祐八年），王师（按：后唐军）既逼汴营，周德威虑其奔冲，坚请退舍。庄宗怒其懦，不听，垂帐而寝，诸将不敢言事，咸诣监军请白。承业遽至牙门，褰帐而入，抚庄宗曰："此非王安寝时，周德威老将，洞识兵势，姑务万全，言不可忽。"庄宗蹶然而兴曰："予方思之。"……[周]德威讨刘守光，令[张]承业往视贼势，因请庄宗自行，果成大捷。[张]承业感武皇厚遇，自庄宗在魏州垂十年，太原军国政事，一委[张]承业，而积聚庚帑，收兵市马，招怀流散，劝课农桑，成是霸基者，承业之忠力也……[天祐]十九年十一月二日，以疾卒于晋阳之第。

——《旧五代史》卷七十二《唐书·张承业传》。

马郁，其先范阳人①。[马]郁少警悟，有俊才智术，言辩纵横，下笔成文。[唐昭宗]乾宁末，为幽州府刀笔小吏。[节度使]李匡威为[镇州]王镕所杀，[王]镕书报其弟[李]匡俦（一书"筹"）。[李]匡俦遣使于[王]镕，问谋乱本末，幕客为书，多不如旨。[马]郁时直记室，即起草，为之条列事状，云可疑者十，词理俊瞻，以此知名②。

尝聘[节度使]王镕于镇州（治真定，今河北正定），官妓有转转者，美丽善歌舞，因宴席，[马]郁累挑之。幕客张泽亦以文章名，谓[马]郁曰："子能席上成赋，可以此妓奉酬。③"[马]郁抽笔操纸，即时成赋，拥妓而去。

[马]郁在武皇（即李克用）幕，累官至检校司空、秘书监。武皇与庄宗礼遇俱厚，给赐优异。监军张承业，本朝旧人，权贵任事，人士胁肩低首候之。[马]郁以滑稽侮狎，其往如归，有时直造卧内。每宾僚宴集，[张]承业出珍果陈列于前，食之必尽④。[张]承业私戒主膳者曰："他日马监（按：马郁官秘书监，故称马监）至，唯以干藕子置前而已。"[马]郁至，窥其不可啖，异日，靴中出一铁槌，碎而食之，

---

① 《旧五代史考异》："按：尹洙：《河南集》'韩重华志铭'作燕客马彧（音：郁），韩琦：《安阳集》'重修五代祖茔域记'亦作幕吏马彧。考宋人说部载韩定辞唱和诗俱作马彧，与薛史异。惟《云谷杂记》从《资治通鉴》作'郁'，与薛史同。"
② 孔继涵（号荭谷）校："按《太平广记》：匡俦愍其兄之见杀，即举全师伐赵之东鄙，将释其愤气，而致十疑之书。赵王遣记室张泽以事实答之。其略曰：'营中将士，或可追呼；天上雷霆，何人计会。'词多不载。"
③ 《旧五代史考异》："按：《太平广记》作韩定辞请马彧为赋，与薛史异。"
④ 《旧五代史考异》："按：《太平御览》引《后唐书》作陈列于前，客无敢先尝者，当[马]郁前者，食之必尽。"

［张］承业大笑曰："为公设异馔，勿败余食案。"其俊率如此①。

［马］郁在庄宗幕，寄寓他土，年老思乡，每对庄宗唏嘘，言家在范阳，祈骸归国，以葬旧山。庄宗谓之曰："自卿去国以来，同舍孰在？［刘］守光尚不能容父，能容卿乎！孤不惜卿行，但卿不得死尔。"［马］郁既无归路，衷怀鸣咽，竟卒于太原②。

——《旧五代史》卷七十一《唐书·马郁传》。

马郁，［唐昭宗］乾宁末，为幽州府刀笔小吏。时节帅李［匡］威为［镇州］王镕所杀，［王］镕书报其弟［李匡］俦（一书"筹"）云：［李匡］威谋危军府，重甲窃发，与三军接战而死。［李匡］俦遣使于［王］镕，问谋乱本末，幕客为书，多不知旨。［马］郁时直记室，即起草，为之条列事状，云可疑者十，词理俊瞻，以此知名。因得署幕职，后在［后唐］庄宗幕府，自李袭吉卒后，每有四方会盟书檄，多命［马］郁为之。

——《册府元龟》卷七百一十八《幕府部·才学》。

后唐马郁，唐末为幽州李匡俦掌书记。尝使于镇州王镕，官妓有转转者，美丽善歌舞，因宴席，［马］郁屡挑之。［王］镕幕客张泽亦以文章有名，谓［马］郁曰："子能座上成赋，可以此妓奉酬。"［马］郁抽笔操纸，即时成赋，拥妓而去。

——《册府元龟》卷七百三十《幕府部·贪纵》。

李承勋者，与［伊］广同为牙将，善于奉使，名闻军中。［李］承勋累迁至太原少尹。刘守光之僭号也，庄宗遣［李］承勋往使，问其衅端。［李］承勋至幽州，见［刘］守光，如藩方聘问之礼。谒者曰："燕王为帝矣，可行朝礼。"［李］承勋曰："吾大国使人，太原亚尹，是唐帝除授，燕王自可臣其部人，安可臣我哉！"［刘］守光闻之不悦，拘留于狱，数日而出，诘之曰："臣我乎？"［李］承勋曰："燕君能臣我王，则我臣之，吾有死而已，安敢辱命！"会王师讨［刘］守光，［李］承勋竟殁于燕。

——《旧五代史》卷五十五《唐书·李承勋传》。

［后梁太祖］开平元年（后唐天祐四年，公元907年），［后梁］李思安引兵入其境（按：幽州刘仁恭之境），所过焚荡无馀。夏四月己酉，直抵幽州城下。［刘］仁恭犹在大安山，城中无备，几至不守。［刘］守光自外引兵入，登城拒守；又出兵与［李］思安战，［李］思安败退。［刘］守光遂自称节度使，令部将李小喜、元行钦

---

① 《册府元龟·总录部·纵逸》所记与此段同。
② 按此段亦见于《册府元龟·总录部·伤感》。

将兵攻大安山。[刘]仁恭遣兵拒战,为小喜所败。虏[刘]仁恭以归,囚于别室。[刘]仁恭将佐及左右,凡[刘]守光素所恶者皆杀之。

银胡簶(按:胡簶,箭袋)都指挥使王思同帅部兵三千,山后八军巡检使李承约帅部兵二千①奔河东[李克用];[刘]守光弟[刘]守奇奔契丹,未几,亦奔河东。河东节度使、晋王李克用以[李]承约为匡霸指挥使,[王]思同为飞腾指挥使。思同母,[刘]仁恭之女也。

六月,刘守光既囚其父,自称卢龙留后,遣使[后梁]请命。七月甲午,以[刘]守光为卢龙节度使、同平章事。

十一月,义昌节度使(按:即原横海节度使,驻沧州)刘守文闻其弟[刘]守光幽其父,集将吏大哭曰:"不意吾家生此枭獍!吾生不如死,誓与诸君讨之!"乃发兵击[刘]守光,互有胜负。

天雄节度使、邺王[罗]绍威谓其下曰:"[刘]守光以窘急归国(指投后梁),[刘]守文孤立无援,沧州可不战服也。"乃遗[刘]守文书,谕以祸福。[刘]守文亦恐梁乘虚袭其后,戊子,遣使请降,以子[刘]延祐为质。帝(后梁太祖朱晃,即全忠)拊手曰:"[罗]绍威折简,胜十万兵!"加[刘]守文中书令,抚纳之。

——《资治通鉴》卷二百六十六 后梁纪一 太祖开平元年。

李承约,字德俭,蓟州(今天津蓟县)人也。曾祖[李]琼,蓟州别驾,赠工部尚书。祖[李]安仁,檀州(今北京密云)刺史,赠太子太保。父[李]君操,平州(今河北卢龙)刺史,赠太子少师。[李]承约性刚健笃实,少习武事,弱冠为幽州牙门校,迁山后八军巡检使。属[刘]守光囚杀父兄,名儒宿将经事父兄者,多无辜被戮,自以握兵在外,心不自安。时属唐武皇(即李克用)召募英豪,方开霸业,乃以所部二千归于并州,即补匡霸都指挥使、检校右仆射、兼领贝州刺史。

——《旧五代史》卷九十《晋书·李承约传》。

后梁太祖开平二年(后唐天祐五年,公元908年)十一月,刘守文举沧、德之兵攻幽州,刘守光求救于晋,晋王(李克用该年正月卒,此指其子李存勖)遣兵五千助之。丁亥,[刘]守文兵至芦台军(今河北宁河)为[刘]守光所败;又战玉田,亦败。[刘]守文乃还。

开平三年(后唐天祐六年,公元909年)五月,刘守文频年攻刘守光不克,乃大发兵,以重赂召契丹、吐谷浑之众,合四万屯蓟州。[刘]守光逆战于鸡苏(今天

---

① 胡三省注云:"卢龙以妫(治今河北怀来东旧怀来县城)、檀(治今北京密云)、新(治今河北涿鹿)、武(治今河北宣化)四州为山后。"

津蓟县西），为［刘］守文所败。［刘］守文单马立于阵前，泣谓其众曰："勿杀吾弟。"［刘］守光将元行钦识之，直前擒之，沧、德军皆溃。［刘］守光囚之别室，桎以蒺棘，乘胜进攻沧州（治今河北沧县旧州）。沧州节度判官吕兖、孙鹤推［刘］守文子［刘］延祚为帅，乘城拒守。［吕］兖，安次（今河北廊坊）人也。

六月，刘守光遣使上表告捷，且言"俟沧、德事毕，为陛下（指后梁朱全忠）扫平并寇（指后唐李存勖）。"亦致书晋王，云欲与之同破伪梁（指后梁朱全忠）①。

七月甲子，［后梁］以刘守光为燕王。

九月，刘守光奏遣其子中军兵马使［刘］继威安抚沧州吏民；戊申，［后梁］以［刘］继威为义昌（按：即原横海军，驻沧州）留后。

十二月，刘守光围沧州久不下，执守文至城下示之，犹固守。城中食尽，民食堇土，军人食人，驴马相啖鬃尾。吕兖选男女羸弱者，饲以麴蘖而烹之，以给军食，谓之宰杀务。

开平四年（后唐天祐七年，公元910年）正月乙未，刘延祚力尽出降。时［刘守光子］刘继威尚幼，［刘］守光使大将张万进、周知裕辅之镇沧州，以［刘］延祚及其将佐归幽州，族吕兖而释孙鹤。辛丑，刘守光为其父［刘］仁恭请致仕，丙午，［后梁］以［刘］仁恭为太师，致仕。［刘］守光寻使人潜杀其兄［刘］守文，归罪于杀者而诛之。五月己亥，以刘继威为义昌节度使②。八月，［后梁］以刘守光兼义昌节度使③。

十一月，上（指后梁太祖朱全忠）疑赵王（即镇州节度使）［王］镕二于晋，且欲因邺王（即魏博节度使）［罗］绍威卒除移镇、定。会燕王（即幽州节度使）［刘］守光发兵屯涞水，欲侵定州（今河北定州，时属义武节度使王处直），上遣供奉官杜廷隐、丁延徽监魏博兵三千分屯深、冀，声言恐燕兵南寇，助赵守禦；又云分兵就食。赵将石公立戍深州，白赵王（即镇州节度使）［王］镕，请拒之。［王］镕遽命开门，移［石］公立于外以避之。［石］公立出门指城而泣曰："朱氏灭唐社稷，三尺童子知其为人。而我王犹恃姻好，以长者期之，此所谓开门揖盗者也。惜乎，此城之人今为虏矣！"

梁人有亡奔真定（镇州治真定，今河北正定），以其谋告［王］镕者，［王］镕大惧，又不敢先自绝；但遣使诣洛阳（时后梁都洛阳），诉称"燕兵已还，与定州讲和如故，深、冀民见魏博兵入，奔走惊骇，乞召兵还。"上遣使诣真定慰谕之。未及，［杜］廷隐等闭门尽杀赵戍兵，乘城拒守。［王］镕始命石公立攻之，不克，乃遣使求援于燕、晋。

---

① 胡三省注云："刘守光反覆梁、晋之间，自以为得计，不知乃所以速亡也。"
② 胡三省注云：刘守光之请也。
③ 《资治通鉴考异》云："《实录》，是岁五月以义昌留后刘继威为义昌节度使，八月又云以守光兼义昌节度使，不言继威于何处，或者复为留后。不然，守光兼幽、沧节度使，继威但为沧州节度使，皆不可知。今两存之。"

［王］镕使者至晋阳，义武节度使（即易定节度使）王处直使者亦至，欲共推晋王（即李存勖）为盟主，合兵攻梁。晋王会将佐谋之，皆曰："［王］镕旧臣朱温（按：朱全忠本名朱温，降唐后改名朱全忠，即后梁帝位时又改名朱晃），岁输重赂，结以婚姻，其交深矣；此必诈也，宜徐观之。"［晋］王曰："彼亦择利害而为之耳。王氏在唐世犹或臣或叛，况肯终为朱氏之臣乎？彼朱温之女何如寿安公主①！今救死不赡，何顾婚姻！我若疑而不救，正堕朱氏计中。宜趣发兵赴之，晋、赵叶力，破梁必矣。"乃发兵，遣周德威将之，出井陉，屯赵州（治平棘，今河北赵县）。

［王］镕使者至幽州，燕王［刘］守光方猎，幕僚孙鹤驰诣野谓［刘］守光曰："赵人来乞师，此天欲成王之功业也。"［刘］守光曰："何故？"对曰："比常患其与朱温胶固。［朱］温之志非尽吞河朔不已，今彼自为仇敌，王若与之并力破梁，则镇、定皆敛衽而朝燕矣。王不出师，但恐晋人先我矣。"［刘］守光曰："王镕数负约，今使之与梁自相弊，吾可以坐承其利，又何救焉！"自是镇、定复称唐天祐年号，复以武顺为成德军②。

十二月己未，上（指后梁太祖朱全忠）闻赵与晋合，晋兵已屯赵州，乃命［宁国节度使、同平章事］王景仁等将兵击之。庚申，［王］景仁等自河阳渡河，会［魏博节度使］罗周翰兵，合四万，军于邢、洺。辛巳，赵王［王］镕复告急于晋，晋王以蕃汉副总管李存审守晋阳，自将兵自赞皇东下，［义武节度使］王处直遣将将兵以从。辛巳，晋王至赵州，与周德威合，获梁刍荛者二百人，问之曰："初发洛阳，梁王有何号令？"对曰："梁主戒上将云：'镇州翻覆，终为子孙之患。今悉以精兵付汝，镇州虽以铁为城，必为我取之。'"晋王命送于赵③。壬午，晋王进军，距柏乡（今河北柏乡）三十里，遣周德威等以胡骑迫梁营挑战，

［后梁太祖］乾化元年（后唐天祐八年，公元911年）正月，［周德威大败梁军］，自野河至柏乡，僵尸蔽地……晋兵夜至柏乡，梁兵已去，弃粮食、资财、器械不可胜计。凡斩首二万级……晋王收兵屯赵州。

二月，卢龙、义昌节度使、兼中书令燕王［刘］守光既克沧州，自谓得天助，淫虐滋甚。每刑人，必置诸铁笼，以火逼之；又为铁刷刷人面。闻梁兵败于柏乡，使人谓赵王［王］镕及［易定节度使］王处直曰："闻二镇与晋王破梁兵，举军南下，仆亦有精骑三万，欲自将之为诸公启行。然四镇连兵，必有盟主，仆若至彼，何以处之？"［王］镕患之，遣使告于晋王，晋王笑曰："赵人告急，［刘］守光不能出一卒以救之；及吾成功，乃复欲以兵威离间二镇，愚莫甚焉！"诸将曰："云、代与燕接境，彼若扰我城戍，动摇人情，吾千里出征，缓急难应，此亦腹心之患也。不若

---

① 胡三省注云："王镕曾祖［王］元逵尚唐绛王［李］悟女寿安公主。"
② 胡三省注云："镇、定臣梁，称开平年号，避梁庙讳改成德军为武顺军；今既与梁猜阻，顾年号、军号皆复唐之旧。"
③ 胡三省注云："使赵人闻此言，以坚其附晋之心。"

先取〔刘〕守光，然后可以专意南讨。"〔晋〕王曰："善！"会〔后梁〕杨师厚自磁、相引兵救邢、魏，壬申，晋解围去；〔杨〕师厚追之，逾漳水而还，邢州围亦解。

赵王〔王〕镕自来谒晋王于赵州，大犒将士，自是遣其养子〔王〕德明将三十七都常从晋王征讨。德明本姓张，名文礼，燕人也。

壬午，晋王发赵州，归晋阳（今山西太原），留周德威等将三千人戍赵州。

——《资治通鉴》卷二百六十七　后梁纪二　太祖开平二年—乾化元年。

〔后梁〕乾化元年（后唐天祐八年，公元911年）六月，燕王〔刘〕守光尝衣赭袍，顾谓将吏曰："今天下大乱，英雄角逐，吾兵强地险，亦欲自帝，何如？"孙鹤曰："今内难新平，公私困竭，太原窥吾西，契丹伺吾北，遽谋自帝，未见其可。大王但养士爱民，训兵积谷，德政既修，四方自服矣。"〔刘〕守光不悦。

又使人讽镇、定，求尊己为尚父，赵王〔王〕镕以告晋王。晋王怒，欲伐之，诸将皆曰："是为恶极矣，行当族灭，不若阳为推尊以稔之。"乃与〔王〕镕、义武王处直、昭义李嗣昭、振武周德威、天德宋瑶六节度使①共奉册推〔刘〕守光为尚书令、尚父。

〔刘〕守光不寤，以为六镇实畏己，益骄，乃具表，其状曰："晋王等推臣，臣荷陛下厚恩，未之敢受。窃思其宜，不若陛下授臣河北都统，则并、镇不足平矣。"上（指朱全忠）亦知其狂愚，乃以〔刘〕守光为河北道采访使，遣閤门使王瞳（按：《旧五代史·刘守光传》为"瞳"）、受旨（即"承旨"）史彦群册命之。

〔刘〕守光命僚属草尚父、采访使受册仪。乙卯，僚属取唐册太尉仪献之，〔刘〕守光视之，问何得无郊天、改元之事，对曰："尚父虽贵，人臣也，安有郊天、改元者乎？"〔刘〕守光怒，投之于地，曰："我地方二千里，带甲三十万，直作河北天子，谁能禁我！尚父何足为哉！"命趣具即帝位之仪，械系瞳、彦群及诸道使臣于狱，既而皆释之②。

---

① 胡三省注云："五镇并河东为六；然自昭义以下皆属河东。"
② 《资治通鉴考异》曰："《庄宗列传》、《刘守光传》云：'朱温命伪閤门使王瞳、供奉官史彦章等使燕，册守光为河北道采访使。六月，汴使至，守光令所司定尚父、采访使仪注，取二十四日受册。'《朱温传》亦云'史彦章'，《庄宗实录》作'史彦瑋'。《编遗录》、《薛史》（按：即《旧五代史》）皆作'史彦群'，今从之。又《庄宗实录》：'三月己丑，镇州遣押牙刘光业至，言刘守光凶逆纵毒，欲自尊大，请稔其恶以殆之，推为尚父。乙未，上至晋阳宫，召张承业诸将等议讨燕之谋，诸将云宜稔其祸。上命押牙戴汉超持墨制及六镇书入幽州，其辞曰：天祐八年三月二十七日，天德军节度使宋瑶、振武节度使周德威、昭义节度使李嗣昭、易定节度使王处直、镇州节度使王镕、河东节度使·尚书令晋王谨奉册进卢龙、横海等军节度使、检校太师兼中书令燕王为尚书令、尚父。五月，六镇使至，汴使（即朱全忠使臣）亦集。六月，守光令有司定尚父、采访使仪则。'《梁太祖实录》都不言守光事，惟《编遗录》云：'三月壬辰，差閤门使王瞳、受旨史彦群赍国礼赠幽州刘守光。甲子，守光连上表章，率以镇、定既与河东结欢，兼同差使谓当道却行天祐年号事。守光寻捉王瞳、史彦群上下一行并囚禁，数日后放出。'按：《庄宗实录》及《南唐烈祖实录》皆云：'三月辛亥，晋王遣戴汉超推守光为尚父。'辛亥，三月二十七日也。壬辰乃三月初八日，王瞳等安得已在幽州！甲午乃三月十日。守光安得上表云：'六月推臣为尚父！'《编遗录》日月多差错，今不取。"

八月，燕王［刘］守光将称帝，将佐多窃议以为不可，［刘］守光乃置斧质于庭曰："敢谏者斩！"孙鹤曰："沧州之破，鹤分当死，蒙王生全，以至今日，今日敢爱死忘恩乎！窃以为今日之帝未可也。"［刘］守光怒，伏诸质上，命军士剐而啖之。［孙］鹤呼曰："不出百日，大兵当至！"［刘］守光命以土塞其口，寸斩之。

甲子，［刘］守光即皇帝位，国号大燕，改元应天。以梁使王瞳为左相，卢龙判官齐涉为右相，史彦群为御史大夫。受册之日，契丹陷平州（治今河北卢龙），燕人惊扰。

十月，晋王闻燕主［刘］守光称帝，大笑曰："俟彼卜年，吾当问其鼎矣。"张承业请遣使致贺以骄之，晋王遣太原少尹李承勋往。［李］承勋至幽州，用邻藩通使之礼。燕之典客者曰："吾王帝矣，公当称臣庭见。"［李］承勋曰："吾受命于唐朝为太原少尹，燕王自可臣其境内，岂可臣他国之使乎！"［刘］守光怒，囚之数日，出而问之曰："臣我乎？"［李］承勋曰："燕王能臣我主，则我请为臣；不然，有死而已！"［刘］守光竟不能屈。

十一月，燕主［刘］守光集将吏谋攻易、定，幽州参军景城冯道以为未可；［刘］守光怒，系狱，或救之，得免。［冯］道亡奔晋，张承业荐之于晋王，以为掌书记①。丁亥，王处直告难于晋。巫申，燕王［刘］守光将兵二万寇易、定，攻容城。王处直告急于晋。

十二月甲子，晋王遣蕃汉马步总管周德威将兵三万攻燕，以救易、定。

——《资治通鉴》卷二百六十八　后梁纪三　太祖乾化元年。

冯道自叙云："余世家宗族本始平、长乐二郡，历代之名实具载国史家牒。余先自燕亡归晋，事庄宗、明宗、闵帝、清泰帝，又事晋高祖皇帝、少帝。契丹据汴京……［余］自镇州与文武臣僚、马步将士归汉朝，事高祖皇帝……"

——《册府元龟》卷七百七十《总录部·自述二》。

冯道，［后］唐天祐中刘守光辟为幽州掾，尝以利害箴［刘］守光，［刘］守光怒，置于狱中，后仕晋为相。

——《册府元龟》卷九百四十《总录部·患难》。

龙敏，幽州人，少为儒丐，游都邑。［后唐］庄宗定魏博，［龙］敏闻故人冯道为霸府记室，乃客于河中，岁内归太原，馆于冯道之家。监军使张承业从容谓［冯］道曰："吾子乡友南来，何不相见？"遂得通刺。会庄宗在魏州，召［冯］道从军，［张］承业即署［龙］敏为巡官典监军奏记。

---

① 胡三省注云："冯道自此历事唐、晋、汉、周，位极人臣，不闻谏诤，岂惩谏守光之祸邪。"

——《册府元龟》卷七百二十九《幕府部·辟署四》。

龙敏,幽州永清人也。初事后唐为御史中丞。[龙]敏父[龙]咸式年七十,[龙]咸式之父年九十余。[龙]敏供养二尊,朝夕无懈。[龙]咸式以[龙]敏贵得秘书监致仕。龙敏为兵部侍郎,奉使幽州,乡里耆旧留宴尽欢。

——《册府元龟》卷七百八十二《总录部·荣遇》。

[后梁乾化]二年(后唐天祐九年,公元912年)正月,[周]德威东出飞狐,与赵王将王德明(即镇州王镕部将)、义武将程岩(即易定王处直将)会于易水。丙戌,三镇兵进燕祁沟关(今河北涿州西南),下之①;戊子,围涿州。刺史刘知温城守,刘守奇之客刘去非大呼于城下,谓[刘]知温曰:"河东小刘郎来为父讨贼,何豫汝事而坚守邪?"[刘]守奇免胄劳之,[刘]知温拜于城上,遂降。周德威疾[刘]守奇之功,潜诸晋王,王召之;[刘]守奇恐获罪,与[刘]去非及进士赵凤来奔(按:投后梁),上(指后梁朱全忠)以[刘]守奇为博州刺史。[刘]去非、[赵]凤,皆幽州人也。先是,燕主[刘]守光籍境内丁壮,悉文面为兵,虽士人不免,[赵]凤诈为僧奔晋,[刘]守奇客之。丁酉,[周]德威至幽州城下,[刘]守光来救。

二月,帝(指后梁朱全忠)疾小愈,议救之。

三月,[后梁败于蓨县,朱全忠病剧]留贝州旬余,诸军始集。乙巳,帝发贝州(今河北清河西北);丁未,至魏州(今河北大名东北)。戊申,周德威遣裨将李存晖等攻瓦桥关(今河北雄县),其将吏及莫州刺史李岩皆降。[李]岩,幽州人也,涉猎书传,晋王使傅其子[李]继岌,[李]岩固辞。晋王怒,将斩之,教练使孟知祥徒跣入谏曰:"强敌未灭,大王岂宜以一怒戮向义之士乎!"乃免之。[孟]知祥,[孟]迁之弟子②,李克让③之婿也。

五月,甲申,帝(朱全忠)至洛阳,疾甚。

燕主[刘]守光遣其将单廷珪将精兵万人出战,与周德威遇于龙头冈④。[单]廷珪曰:"今日必擒周杨五(一作"阳五")以献。"杨五(一作"阳五")者,德威小名也。既战,见[周]德威于阵,援枪单骑逐之,枪及[周]德威背,[周]德威侧身避之,奋檛反击[单]廷珪坠马,生擒,置之军门。燕兵退走,[周]德威引骑乘之,燕兵大败,斩首三千级。[单]廷珪,燕骁将也,燕人失之,夺气。

六月,[朱全忠子朱友珪弑其父,自为梁帝]。

---

① 胡三省注云:"三镇,并、镇、定。祁沟关在涿州南,易州拒马河之北。"
② 胡三省注云:"孟迁以邢州降晋,又背晋以邢州降梁者也。"
③ 胡三省注云:"李克让,晋王李克用之弟(按:即存勖之叔)。"
④ 胡三省注云:"龙头冈在幽州城东南。"《资治通鉴考异》曰:"《庄宗实录》作'羊头冈',今从《庄宗列传》。《庄宗实录》:'四月己卯朔,周德威擒单廷珪,进军大城庄。'薛史(即《旧五代史》)及《庄宗列传》、《周德威传》云:'五月七日擒[单]廷珪,十二日次大城庄。'今从之。"

——《资治通鉴》卷二百六十八　后梁纪三　太祖乾化二年。

赵凤初落髪为僧，与游方者杂处，至太原。顷之，刘守奇归庄宗，［时］周德威军于涿州（按：平刘守光也），庄宗命［刘］守奇军佐之。［赵］凤乡人［刘去非］从［刘］守奇奔［后］梁，［后］梁用［刘］守奇为博州刺史，表［赵］凤为判官。

——《册府元龟》卷九百五十五《总录部·知旧》。

符存审为蕃汉马步都指挥使，天祐九年（公元912年）庄宗讨刘守光于幽州，梁太祖（朱全忠）因此北伐，至于枣强。［符］存审以骑军三千屯于赵州，［败之］。

——《册府元龟》卷三百六十七《将帅部·机略七》。

［后梁］乾化三年（后唐天祐十年，公元913年）正月丁巳，晋周德威拔燕顺州（今北京顺义）①。甲子，晋周德威拔燕安远军，蓟州将（今天津蓟县）成行言等降于晋②。二月，庚寅旦，［朱全忠第三子、后梁均王朱友贞杀朱友珪，即帝位于大梁（今河南开封）］。丙申，晋李存晖攻燕檀州（今北京密云），刺史陈确以城降③。

三月甲辰朔，晋周德威拔燕卢［芦］台军（今河北宁河）。乙丑，晋将刘光浚克古北口④，燕居庸关使胡令圭等奔晋⑤。

燕主［刘］守光命大将元行钦将骑七千，牧马于山北，募山北兵以应契丹⑥；又以骑将高行珪为武州（今河北宣化）刺史，以为外援。晋李嗣源分兵徇山后八军，皆下之；晋王以其弟［李］存矩为新州（今河北涿鹿）刺史总之。以燕纳降军使卢文进为裨将。李嗣源进攻武州，高行珪以城降。元行钦闻之，引兵攻［高］行珪；［高］行珪使其弟［高］行周质于晋以求救，李嗣源引兵救之，［元］行钦解围去。［李］

---

① 胡三省云："唐贞观四年平突厥，以其部落置顺、祐、化、长四州，六年，以顺州侨治营州南之五柳戍。沈括曰：'幽州（今北京）东北三十里有望京馆，东行少北十里余出古长城（按：当即北齐长城），又二十里至中顿，又踰孙侯河行二十里至顺州（今北京顺义），其北平斥，土厚宜稼。又东北行七十里至檀州（今北京密云）。'《金人疆域图》：'顺州至燕京（今北京）一百五十里。'《匈奴须知》：'顺州南至燕京九十里。'其载道里远近不同，今并存之。宋白曰：'幽州东北至顺州八十里。'［胡三省云］：大元顺州领怀柔、密云二县，属大都府路。"编者按：《元史·地理志》、《元一统志·大都府路》、《析津志·属县》，均不云元代顺州有属县。胡三省所云可补史阙。
② 宋白曰："蓟州治渔阳（今天津蓟县），本春秋无终之国，隋开皇初徙玄州于此，炀帝废州，立渔阳郡。唐初废郡，其地属幽州；开元十八年治蓟州，取古蓟门关以名。州西至幽州（今北京）二百一十里。"
③ 《匈奴须知》："檀州（今北京密云）南至燕京（今北京）一百六十里，东南至蓟州一百九十里。"宋白曰："檀州，古白檀之地。"
④ 胡三省云："檀州燕乐县（今北京密云燕乐）东有东军、北口二守捉。北口，长城口也。"沈括曰："檀州东北五十里有金沟馆。自管少东北行，乍原乍隰，三十余里至中顿。过顿，曲折北行峡中，济滦水，通三十余里，钩折投山隙以度，所谓古北口也。"《匈奴须知》："虎北口（今北京密云古北口）南至燕京三百里。"
⑤ 胡三省云："幽州昌平县（今北京昌平旧县）北十五里有军都陉（今北京昌平南口镇），西北三十五里有纳款关，即居庸故关（今北京居庸关）。"
⑥ 胡三省云："刘守光求救于契丹，故使元行钦募兵于山北以应之。"

嗣源与［高］行周追至广边军①，凡八战，［元］行钦力屈而降；［李］嗣源爱其骁勇，养以为子②。

四月，晋（按：指太原，非后晋）周德威进军逼幽州南门，壬辰，燕主［刘］守光遣使致书于［周］德威以请和，语甚卑而哀。［周］德威曰："大燕皇帝尚未郊天，何雌伏如是邪！予受命讨有罪者，结盟继好，非所闻也。"不答书。［刘］守光惧，复遣人乞哀，［周］德威乃以闻于晋王。己亥，晋刘光浚拔燕平州（今河北卢龙），执刺史张在吉。

五月，［刘］光浚攻营州（今辽宁朝阳），刺史杨靖降。乙巳，［后梁］杨师厚与刘守奇将汴、滑、徐、兖、魏、博、邢、洺之兵十万大略赵境（按：即镇州之境）③。［杨］师厚自柏乡（今河北柏乡）入攻土门（今河北获鹿西南），趣赵州（今河北赵县）；［刘］守奇自贝州（今河北清河西北）入趣冀州（今河北冀县），所过焚略。庚戌，［杨］师厚至镇州（今河北正定），营于南门外，燔其关门。壬子，［杨］师厚自九门（今河北藁城九门）退军下博，［刘］守奇引兵与［杨］师厚会攻下博（今河北深县东南），拔之。晋将李存审、史建瑭戍赵州，兵少，赵王［王镕］告急于周德威。［周］德威遣骑将李绍衡会赵将王德明同拒梁军。［杨］师厚、［刘］守奇自弓高（今河北泊头市交河镇东）渡御河④而东，逼沧州，［后梁顺化节度使］张万进惧，请迁于河南；［杨］师厚表徙［张］万进镇青州，以［刘］守奇为顺化节度使⑤。

六月壬申朔，晋王遣张承业诣幽州，与周德威议军事。辛卯，燕主［刘］守光

---

① 胡三省云："妫州怀戎县（今河北怀来旧县城）北有广边军，故白云城也。"宋白曰："广边军在妫州北一百三十里。高行周兄弟本贯广边军鹏窠村。"
② 《资治通鉴考异》曰："《庄宗实录》：'行周'作'行温'。张昭《周太祖实录》云：'燕城危蹙，甲士亡散，刘守光召元行钦。［元］行钦部下诸将以［刘］守光必败，赴召无益，乃请［元］行钦为燕帅，称留后。［元］行钦无如之何，乃谓诸将曰：我为帅，亦须归幽州。众之。［元］行钦以［高］行珪在武州，虑为后患，乃令人于怀戎掠得其子，絷之自随。至武州，［元］行钦谓［高］行珪曰：将士立我为留后，共汝父子同行，先定军府，然后降太原；若不从，必杀汝子。［高］行珪曰：大王委尔亲兵，遂图叛逆，吾死不能从也。其子泣告［高］行珪。［高］行珪谓曰：元公谋逆，何以顺从！与尔诀矣。［高］行珪城守月余，城中食尽，士有饥色。［高］行珪乃召集居人谓之曰：非不为父老惜家属，不幸军中乏食，可斩吾首出降，即坐见宁帖。［高］行珪为治有恩，众泣曰：愿出私粮济军，以死共守。乃夜缒其弟行周为质于晋军，乞兵救援。周德威命李嗣本、李嗣源、安金全救武州，比至，［元］行钦解围矣。［李］嗣源与［高］行珪追蹑至广边军，［元］行钦帅骑拒战。［高］行珪呼谓［元］行钦曰：与公俱事刘家，我为刘家守城，尔则僭称留后，谁之过也？今日之事，何劳士众，与君抗衡以决胜负。［元］行钦骁猛，骑射绝众，报曰：可！［高］行周马足微蹶，将踣，［李］嗣源跃马救之，槛击［元］行钦几坠。［元］行钦正身引弓射［李］嗣源，中髀贯鞍。［李］嗣源拔矢，凡八战，控弦七发，矢中［元］行钦，犹沫血酣战不解。是夜，［元］行钦穷蹙，固守广边军，晋军围之。［李］嗣源遣人告之曰：彼此战将，不假言谕。事势可量，亟来相见，必保功名。翌日，［元］行钦面缚出降。［李］嗣源酌酒饮之，抚其背曰：吾子壮也。养为假子。临敌擒生，必有所获，名闻军中。'《庄宗实录》、薛史纪（按：即《旧五代史·庄宗纪》）、及《元行钦传》、《明宗实录》皆云：'［元］行钦闻［高］行珪降晋，帅兵攻之。'惟《周太祖实录》、《高行周传》云：'［元］行钦称留后，［高］行珪城守，不从。'然恐［高］行周卒时，去燕亡已久，［高］行周名位尊显，门生故吏虚美其兄弟，故与诸说特异。今从众书。"
③ 胡三省云："杨师厚以燕、晋交兵，乘虚略赵。"
④ 胡三省云："隋炀帝大业四年穿永济渠，引沁水南达于河，北通涿郡，后人因谓之御河。"
⑤ 胡三省云："去年（912年）改沧州义昌军为顺化军。"

遣使诣张承业，请以城降；[张]承业以其无信，不许。

七月甲子，晋五院军使拔莫州（今河北任丘市鄚州镇）擒燕将毕元福。

八月乙亥，李信拔瀛州（今河北河间）。晋王与赵王[王]镕会于天长（今河北井陉天长镇）。

九月，燕主[刘]守光引兵夜出，复取顺州。

十月己巳朔，燕主[刘]守光帅众五千夜出，将入檀州（今北京密云）；庚午，周德威自涿州引兵邀击，大破之。[刘]守光以百余骑逃归幽州，其将卒降者相继。

卢龙巡属皆入于晋，燕主[刘]守光独守幽州城，求援于契丹；契丹以其无信，竟不救。[刘]守光屡请降于晋，晋人疑其诈，终不许。至是，[刘]守光登城谓周德威曰："俟晋王至，吾则开门泥首听命。"[周]德威使白晋王。

十一月甲辰，晋王以监军张承业权知军府事，自诣幽州，辛酉，单骑抵城下，谓[刘]守光曰："朱温篡逆，余本与公合河朔五镇之兵兴复唐祚。公谋之不臧，乃效彼狂僭。镇、定二帅皆俯首事公，而公曾不之恤，是以有今日之役。丈夫成败须决所向，公将何如？"[刘]守光曰："今日俎上肉耳，惟王所裁。"王悯之，与折弓为誓，曰："但出相见，保无他也。"[刘]守光辞以他日。

先是，[刘]守光爱将李小喜多赞成[刘]守光之恶，言听计从，权倾境内。先是[刘]守光将出降，小喜止之。是夕，小喜踰城诣晋军，且言城中力竭。壬戌，晋王督诸军四面攻城，克之，擒刘仁恭及其妻妾，[刘]守光帅妻子亡去。癸亥，晋王入幽州①。

——《资治通鉴》卷二百八十六　后梁纪三　均王乾化三年。

李绍衡为周德威骑将，天祐十年（913年）正月乙巳，梁将杨师厚、刘守奇率邢、洺、魏博、徐、兖、汴、滑之众十万，大略镇、冀。[杨]师厚自邢州柏乡（今河北柏乡）攻土门（今河北获鹿西南），逼赵州（今河北赵县）。庚戌，[杨师厚]至镇州（今河北正定），营于南门外，燔其关门。壬子，史建瑭自赵州领骑五百人入镇州。是日，王德明亦自西山入。[杨]师厚知其有备，自九门（今河北藁城九门）军于下博，[刘]守奇以一军自贝州入掠冀州、衡水、阜城与[杨]师厚会，陷下博城（今河北深县东南）。我赵州戍将李存审、史建瑭，兵寡不敌。[周]德威令[李]绍衡会[李]存审，征镇州大将王德明兵同袭贼。乙丑，王镕遣使告急于[周]德威。[周德威]分兵赴援。[杨]师厚、[刘]守奇自弓高（今河北泊头市交河镇东）渡御河而东寇沧州，[后梁顺化节度使]张方进（误，当为"万进"）惧，请迁河南；[杨]师厚表[张万进]为青州节度使，以[刘]守奇代之而旋。

——《册府元龟》卷四百一十四《将帅部·赴援》。

---

① 胡三省注云："唐昭宗乾宁二年（895年）刘仁恭据幽州，至是父子俱败亡。"

后梁均王乾化三年（后唐天祐十年，公元913年）十二月庚午，晋王以周德威为卢龙节度使、兼侍中，以李嗣本为振武节度使①。

燕主［刘］守光将奔沧州就刘守奇②，涉寒，足肿，且迷失道，至燕乐之境③，昼匿坑谷，数日不食，令其妻祝氏乞食于田父张师造家。［张］师造怪妇人异状，诘知［刘］守光处，并其三子擒之。癸酉，晋王方宴，将吏擒［刘］守光适至，王语之曰："主人何避客之深邪！"并［刘］仁恭置之馆舍，以器服膳饮赐之。王命掌书记王缄草露布，［王］缄不知故事，书之于布，遣人曳之④。晋王欲自云、代归⑤，赵王［王］镕及王处直请由中山（定州古称，今河北定州）、真定（镇州治真定，今河北正定）趣井陉⑥，王从之。庚辰，晋王发幽州（今北京），刘仁恭父子皆荷校（按：即木枷之类）于露布之下。［刘］守光父母唾其面而骂之曰："逆贼，破我家至此！"［刘］守光俛首而已。甲申，至定州，舍于关城。丙戌，晋王与王处直谒北岳庙；是日至行唐（今河北行唐），赵王［王］镕迎谒于路。

乾化四年（后唐天祐十一年，公元914年）正月戊戌朔，赵王［王］镕诣晋王行帐上寿置酒。［王］镕愿识刘太师面⑦，晋王命吏脱［刘］仁恭及守光械，引就席同宴；［王］镕答其拜，又以衣服鞍马酒馔赠之。己亥，晋王与［王］镕畋于行唐之西，［王］镕送境上而别。壬子，晋王以练绅（音：撒，捆绑的意思）刘仁恭父子，凯歌入于晋阳，丙辰，献于太庙，自临斩刘守光。［刘］守光呼曰："守光死不恨，然教守光不降者，李小喜也。"［晋］王召小喜证之，小喜瞋目叱［刘］守光曰："汝内乱禽兽行，亦我教邪！"［晋］王怒其无礼，先斩之。［刘］守光曰："守光善骑射，王欲成霸业，何不留之使自效！"其二妻李氏、祝氏讓之曰："皇帝，事已如此，生亦何益！"即伸颈就戮。［刘］守光至死号泣哀祈不已。［晋］王命节度副使卢汝弼等械［刘］仁恭至代州，刺其心血以祭先王墓（李克用之墓），然后斩之⑧。

——《资治通鉴》卷二百六十九　后梁纪四　均王乾化三年—四年。

---

① 胡三省注云："先是，周德威以破夹寨之功帅振武，今以平燕之功徙帅卢龙，以李嗣本代帅振武。欧史义儿传（即欧阳修《新五代史》），嗣本本雁门张氏子。"
② 胡三省注云："刘守奇藉兵于梁以取沧州，事见上卷上年（912年）"
③ 胡三省注云："燕乐县，后魏置（即北魏），治白檀古城。唐长寿二年徙治新兴城，属檀州。宋白曰：'燕乐、密云二县皆汉虎奚县地。'"
④ 胡三省注云："魏晋以来，每战胜则书捷状，建之漆杆，使天下知之，谓之露布。露布者，暴白其事而布告天下，未尝书之于布而使人曳之也。"
⑤ 胡三省注云："自幽州取山后路，历云（今山西大同）、代（今山西代县）等州至晋阳（今山西太原）。"
⑥ 胡三省注云："［易定］王处直、［镇州］王镕欲晋王取道中山、真定，各展迎贺之礼。"
⑦ 胡三省注云："刘守光既囚其父［刘］仁恭，请于［后］梁，以太师致仕，故王镕因而称之。"
⑧ 胡三省注云："［晋王李存勖］以刘仁恭叛其父［李克用］也。晋王葬其先王于代州雁门县，后名为建极陵。"

二、后唐在幽州（治今北京）地区的统治

（1）前期周德威等人与契丹的战争

周德威，字镇远，小字阳五，朔州马邑（今山西朔县东北）人也。初事武皇［李克用］为帐中骑督，骁勇便骑射，胆气智数皆过人，久在云中，谙熟边事，望烟尘之警，悬知兵势。［唐昭宗］乾宁中，为铁林军使，从武皇讨王行瑜，以功加检校左仆射，移内衙军副……［唐哀宗］天祐三年（906年），与李嗣昭合燕军攻潞州（今山西长治），降丁会，以功加检校太保、代州刺史，代［李］嗣昭为蕃汉都将。［后梁］李思安之寇潞州也……汴军十万筑夹城，围潞州，内外断绝，［周］德威以精骑薄之……汴军闭壁不出，乃自东南山口筑甬道树栅以通夹城……日数十战，前后俘馘，不可胜纪。梁有骁将黄角鹰、方骨嵩，皆生致之。

［天祐］五年（908年）正月，武皇疾笃，［周德威］退营乱柳（今山西沁县）。武皇厌代，四月，命［周］德威班师。时庄宗［李存勖］初立，［周］德威外握兵柄，颇有浮议，内外忧之。［周］德威既至，单骑入谒，伏灵柩哭，哀不自胜，由是群情释然。是月二十四日，从庄宗再援潞州。二十九日，［周］德威前军营横碾，距潞（今山西长治）四十五里。五月朔，晨雾晦冥，王师伏于三垂岗下，翌日，直趋夹城，斩关破垒，梁人大败，解潞州之围。初，［周］德威与李嗣昭有私憾，武皇临终顾谓庄宗曰："近通（李嗣昭小字"近通"）忠孝不负我，重围累年（指潞州被后梁包围不解），似与［周］德威有隙，以吾命谕之，若不解重围，殁有遗恨。"庄宗达遗旨，［周］德威感泣，由是励力坚战，竟破强敌，与［李］嗣昭欢爱如初。以功加检校太保、同平章事、振武节度使。

［天祐］七年（910年）十一月，汴人据深、冀，汴将王景仁军八万次柏乡，镇州节度使王镕来告难，帝（后唐庄宗）遣［周］德威率前军出井陉，屯于赵州。十二月，帝亲征，二十五日，近薄汴营，距柏乡五里，营于野河上。

［天祐］八年（911年）正月二日，［周］德威率骑军致师柏乡，设伏于村坞间，令三百骑以压汴营……时汴军以魏、博之人为右广，宋、汴之人为左广，自未至申，阵势稍确，［周］德威麾军呼曰："汴军走矣！"尘埃张天，魏人收军渐退，庄宗与史建瑭、安金全等因冲其阵，夹攻之，大败汴军，杀戮殆尽，［后梁将］王景仁、李思安仅以身免，获将校二百八十人。

八月，刘守光僭称大燕皇帝。十二月，遣［周］德威率步骑三万出飞狐，与镇州将王德明、定州将程严等军进讨。

［天祐］九年（912年）正月，收涿州，降刺史刘知温。五月七日，刘守光令骁

将单廷珪督精甲万人出战，[周]德威遇于龙头岗。初，[单]廷珪谓左右曰："今日擒周阳五。"既临阵，见[周]德威，[单]廷珪单骑持枪躬追[周]德威，垂及，[周]德威侧身避之，[单]廷珪稍退，[周]德威奋檛击坠其马，生获[单]廷珪，贼党大败，斩首三千级，获大将李山海等五十二人。十二日，[周]德威自涿州进军良乡、大城。[刘]守光既失[单]廷珪，自是夺气。[周]德威之师，屡收诸郡，降者相继。

[天祐]十年（913年）十一月，擒[刘]守光父子，幽州平。十二月，授[周]德威检校侍中、幽州卢龙等军节度使。

[周]德威性忠孝，感武皇奖遇，尝思临难忘身①。[天祐]十二年（915年）汴将刘鄩自洹水乘虚将寇太原，[周]德威在幽州闻之，径以五百骑驰入土门，闻[刘]鄩军至乐平不进，[周]德威径至南宫以候汴军。初，刘鄩欲据临清以扼镇、定转饷之路，行次陈宋口，[周]德威遣将擒数十人，皆俾刃于背，縶而遣之②。既至，谓刘鄩曰："周侍中（指周德威）已据宗城矣。③"[周]德威其夜急骑扼临清，刘鄩乃入贝州（今河北清河西北）。是时[周]德威若不至，则胜负未可知也。

十四年（917年）三月，契丹寇新州（今河北涿鹿），[周]德威不利，退保范阳（今北京）④。敌众攻城仅二百日，外援未至，[周]德威抚循士众，昼夜乘城，竟获保守。

十五年（918年），我师营麻口渡，将大举以定汴州（今河南开封）。[周]德威自幽州率本军至，十二月二十三日，军次胡柳陂（濮阳东，今河南濮阳东南）。诘旦，骑报曰："汴军至矣。"庄宗使问战备，[周]德威奏曰："……此去大梁（即汴州，今河南开封）信宿，贼之家属，尽在其间，人之常情，孰不以家国为念？以我深入之众，抗彼激愤之军，不以方略治之，恐难必胜……"[庄宗不听]，乃率亲军成列而出，[周]德威不获已，从之。谓其子曰："吾不知其死所矣！"庄宗与汴将王彦章接战，大败之。[周]德威之军在东偏，汴之游军入我辎重，众骇，奔入[周]德威军，因纷扰无行列。[周]德威兵少，不能解，父子俱战殁。先是镇星犯上将，星占者云，不利大将。是夜收军，[周]德威不至，庄宗恸哭谓诸将曰："丧我良将，吾之咎也。"

[周]德威身长面黑，笑不改容，凡对敌列阵，凛凛然有肃杀之风，中兴之朝，号为名将。及其殁也，人皆惜之。[后唐庄宗]同光初，追赠太师。[后唐明宗]天

---

① 原按："按《辽史》：周德威初至镇，卢文进引辽师攻之，城几陷，以救得免。此事薛史（即指薛居正《旧五代史》）列传不载。"
② 《旧五代史考异》："《资治通鉴》从《庄宗实录》作擒其斥候者数十人，断腕而纵之。"
③ 《旧五代史考异》："《资治通鉴》作临清，《资治通鉴考异》曰：'刘鄩见在宗城，薛史云周侍中据宗城，盖临清字误耳。'"
④ 《旧五代史考异》："按《辽史·太祖纪》：'神册二年（后唐天祐十四年，公元917年）三月辛亥，攻幽州，节度使周德威以幽、并、镇、定、魏五州兵拒战于居庸关之西，战于新州东，大破之，斩首三万级。'又，《资治通鉴》：'契丹主帅众三十万，[周]德威众寡不敌，大为契丹所败。'"

成中，诏与李嗣昭、符存审配飨庄宗庙廷。晋高祖即位，追封燕王。

——《旧五代史》卷五十六《唐书·周德威传》。

［后］梁太祖建号（907年），契丹阿保机遣使送名马、女口、貂皮等，求封册。梁祖（朱全忠）与之书曰："朕今天下皆平，惟有太原（指李克用）未服。卿能长驱精甲，径至新庄，为我翦彼仇雠讐，与尔便行封册。"

——《册府元龟》卷九百九十九《外臣部·请求》。

后唐周德威，初事武皇为帐中骑督，久在云中，谙熟边事，望烟尘之警，悬知兵势。

——《册府元龟》卷三百九十一《将帅部·习兵法》。

周德威为晋阳衙将，天祐三年（906年）幽州［刘仁恭］求援，［周］德威与李嗣昭合燕军五万攻潞州，降丁会……［天祐十二年（915年）］庄宗南伐，［周］德威闻［汴将］刘鄩西寇晋阳，自幽州率骑千人赴援①。

——《册府元龟》卷四百一十四《将帅部·赴援》。

周德威……［为幽州节度使，天祐十四年（917年）］契丹寇新州（今河北涿鹿），［周］德威不利，退保范阳（今北京）。虏来攻城，仅二百日，外援未至，［周］德威抚绥士众，昼夜乘城，竟获保守。

——《册府元龟》卷四百《将帅部·固守二》。

后唐庄宗天祐十四年（917年），以契丹攻周德威于幽州，命诸将进讨；八月，大军入幽州，翌日献捷于邺。

——《册府元龟》卷四百三十五《将帅部·献捷二》。

天祐十四年（917年）四月，契丹阿保机率众三十万攻幽州。周德威间使告急。庄宗命帝（指李嗣源）与李存审、阎宝率军赴援，帝为前锋，距幽州（今北京）两舍，敌骑当谷口而阵，帝与末帝（指李从珂，李嗣源养子，后即位为末帝）舞槊奋击，万众披靡，挟其酋帅而还。虏众大败，势如席卷，委弃铠仗羊马殆不胜纪。是日，解围。

——《册府元龟》卷二十《帝王部·功业二》。

周德威……［后唐庄宗世］以功授卢龙军节度使（按：天祐十年事）。时天祐

---

① 天祐十年，周德威已是幽州卢龙等军节度使。

十五年（918年），下杨柳城（今山东东阿东北），庄宗大悦，诸将渡河趋汴（今河南开封），征［周］德威进师讨之，将起，［周］德威以为不利深入……上（庄宗）将临战，［周］德威军为辎重所扰，父子跃马出与贼数百骑血战而死。

——《册府元龟》卷三百七十四《将帅部·忠五》。

周德威为幽州节度使，天祐十五年（918年），下杨柳城（今山东东阿东北），庄宗大悦，诸军渡河趋汴（今河南开封），征［周］德威进讨，师之将起，［周］德威以为不利深入……临战，［周］德威军为辎重所扰，父子跃马出与贼数百骑血战而死。

——《册府元龟》卷四百二十五《将帅部·死事二》。

周德威为卢龙等军节度使，唐末（误，当为后唐天祐十五年）军次胡柳［陂］。诘旦，骑报曰："汴军至矣。"庄宗使问战备，［周］德威奏曰："……此去大梁（即汴州，今河南开封）信宿而近，贼之家属，尽在其间，人之常情，孰不以家国为念？以我深入之众，抗彼激愤之军，不以方略治之，恐难必胜……"［庄宗不听］，乃率亲军成列而出，［周］德威不获已，从之。谓其子曰："吾不知其死所矣！"庄宗与汴将王彦章接战，大败之。［周］德威之军在东偏，汴之游军犯我辎重，众骇，奔入［周］德威军，因纷扰无行列。［周］德威兵少，不能解，父子俱战殁。先是镇星犯上将，星占者云，不利大将。是夜收军，［周］德威不至，庄宗恸哭谓诸将曰："丧我良将，吾之咎也。"

——《册府元龟》卷四百四十四《将帅部·陷没》。

安金全，武皇时为骑将，屡从征伐，所在立功，庄宗之救潞州（今山西长治）及平定河朔，凡有战阵，［安］金全皆有功，累为刺史。

——《册府元龟》卷三百六十《将帅部·立功十三》。

安金全，代北人，世为边将，少骁果善骑射，武皇时为骑将，屡从征伐。庄宗之救潞州（今山西长治）及平定河朔，皆有战功，累为刺史。

——《册府元龟》卷三百四十七《将帅部·佐命八》。

天祐八年（911年）八月，刘守光僭称大燕皇帝。十二月，［庄宗］遣［周］德威率步骑三万出飞狐，与镇州将王德明（即张文礼）、定州将程严等军进讨。九年（912年）正月，收涿州，降刺史刘知温。五月七日，刘守光令骁将单廷珪督精甲万人出战，［周］德威遇于龙头岗。初，［单］廷珪谓左右曰："今日擒周阳五（按：周德威小字阳五）。"既临阵，见［周］德威，［单］廷珪单骑持枪穷追［周］德威，垂及，［周］德威侧身避之，［单］廷珪稍退，［周］德威奋檛击坠其马，生获［单］

廷珪，贼党大败，斩首三千级，获大将李山海等五十二人。十二日，［周］德威自涿州进军良乡、大城。［刘］守光既失［单］廷珪，自是夺气。［周］德威之师，屡收诸郡，降者相继。［天祐］十年（913年）十一月，擒［刘］守光父子，幽州平。十二月，授［周］德威检校侍中、幽州卢龙等军节度使。

——《册府元龟》卷三百四十七《将帅部·佐命八》。

天祐九年（912年）五月七日，刘守光令骁将单廷珪督精甲万人出战，［周］德威遇于龙头岗。初，［单］廷珪谓左右曰："今日擒周阳五（按：周德威小字阳五）。"既临阵，见［周］德威，［单］廷珪单骑持枪穷追［周］德威，垂及，［周］德威侧身避之，［单］廷珪少退，［周］德威奋楇击堕其马，生获［单］廷珪，［贼］党大败，斩首三千级，获大将李山海等五十二人。

——《册府元龟》卷三百九十六《将帅部·勇敢三》。

［天祐］十年（913年）十二月庚午，墨制授周德威幽州节度使。

天祐十三年（916年）八月，契丹入蔚州①，振武节度使李嗣本陷于契丹。

九月，梁沧州节度使戴思远弃城遁去，旧将毛璋入据其城。李嗣源率师招抚，［毛］璋以城降。乃以李存审为沧州节度使，以李嗣源为邢州节度使。时契丹犯塞，帝领亲军北征，至代州（今山西代县）北，闻蔚州（今河北蔚县）陷，乃班师②。是月，贝州（今河北清河西北）平，以沧州降将毛璋为贝州刺史。自是，河朔悉为帝所有。帝自晋阳复至魏州（今河北大名东北）。

天祐十四年（917年）二月甲午，新州（今河北涿鹿）将卢文进杀节度使李存矩，叛入契丹，遂引契丹之众寇新州。［李］存矩，帝之诸弟也，治民失政，御下无恩，故及于祸。帝（后唐庄宗李存勖）以契丹王阿保机与武皇（庄宗之父李克用）屡盟于云中，约为兄弟，急难相救，至是容纳叛将，违盟犯塞，乃驰书以让之。契丹攻新州（今河北涿鹿）甚急，刺史安金全弃城而遁，契丹以卢文进部将刘殷（《册府元龟·将帅部·败衄三》作"刘殷寿"）为刺史。帝命周德威率兵三万攻之，营于城东。俄而［卢］文进引契丹大至，［周］德威拔营而归，因为契丹追蹑，师徒多丧。契丹乘胜寇幽州。是时言契丹者，或云五十万，或云百万，渔阳以北（今北京密云以北），山谷之间，毡车毳幕，羊马弥漫。卢文进招诱幽州亡命之人，教契丹为攻城之具，

---

① 原按："欧阳史及《资治通鉴》俱从薛史作蔚州（今河北蔚县）。《辽史·太祖纪》：'神册元年（916年）八月，拔朔州（今山西朔县），擒节度使李嗣本。与薛史异。'"按：《旧五代史·唐书·李嗣本传》："十三年（916年）八月，契丹阿保机倾塞犯边，其众三十万攻振武……城陷，［李］嗣本举族如契丹。"后唐振武军驻朔州，故当以《辽史》所记为是。
② 原按："《辽史·太祖纪》：'十一月，攻蔚、新、武、妫、儒五州，自代北至河曲，逾阴山，尽有其地。其围蔚州，敌楼无故自坏，众军大噪，乘之，不逾时而破。'盖由朔州进破蔚州也。《资治通鉴》作晋王自将兵救云州，契丹闻之，引去。与《辽史》异。"

飞梯、衝车之类，毕陈于城下。凿地道，起土山，四面攻城，半月之间，机变百端。城中随机以应之，仅得保全，军民困弊，上下恐惧。[周]德威间道驰使以闻，帝忧形于色，召诸将会议。时李存审请急救燕、蓟，且曰："我若犹豫未行，但恐城中生事。"李嗣源曰："愿假臣突骑五千，以破契丹。"阎宝曰："但当蒐选锐兵，控制山险，强弓劲弩，设伏待之。"帝曰："吾有三将，无复忧矣。"

四月，命李嗣源率师赴援，次于涞水，又遣阎宝率师夜过祁沟（今河北涿州西南），俘擒而还。周德威遣人告李嗣源曰："契丹三十万，马牛不知其数，近日所食羊马过半，阿保机责让卢文进，深悔其来。契丹胜兵散布射猎，阿保机帐前不满万人，宜夜出奇兵，掩其不备。"[李]嗣源具以事闻①。

七月辛未，帝遣李存审领军与[李]嗣源会于易州（今河北易县），步骑凡七万。于是三将同谋，衔枚束甲，寻涧谷而行，直抵幽州。

八月甲午，自易州北循山而行，李嗣源率三千骑为前锋。庚子，循大房岭而东，距幽州六十里。契丹万骑遽至，[李]存审、嗣源极力以拒之，契丹大败，委弃毳幕、毡庐、弓矢、羊马不可胜纪，进军追逃，俘斩万计。辛丑，大军入幽州，[周]德威见诸将，握手流泣。翌日，献捷于邺（即魏州，今河北大名）。

九月，班师，帝授[李]存审检校太傅，[李]嗣源检校太保，阎宝加同章事。

天祐十五年（918年）八月，大阅于魏郊，河东（今山西太原）、魏博（今河北大名东北）、幽（今北京）、沧（今河北沧县旧州）、镇（今河北正定）、定（今河北定州）、邢（今河北邢台）、洺（今河北永年东）、麟（今陕西神木县北）、胜（今内蒙古鄂尔多斯左翼后旗黄河西岸）、云（今山西大同）、朔（今山西朔县）十镇之师，及奚、契丹、室韦、吐浑之众十餘万，部阵严肃，旌甲照耀，师旅之盛，近代为最。

十二月庚子朔，帝进军，距梁军栅十里而止……戊午……悉兵以趣汴（今河南开封）。庚申，大军毁营而进。辛酉，次于临濮，梁军舍营踵于后。癸亥，次于胡柳陂（濮阳东，今河南濮阳东南）。迟明，梁军亦至，帝帅亲军出视，诸军从之。梁军已成阵，横亘数十里，帝亦以横阵抗之。时帝与李存审总河东、魏博之众居其中，周德威以幽、蓟之师当其西，镇、定之师当其东。梁将贺瓌、王彦章全军接战。帝以银枪突入梁军阵中，斩击十餘里，贺瓌、王彦章单骑走濮阳。帝军辎重在阵西，望见梁军旗帜，皆惊走，因自相蹈籍，不能禁止。帝一军先败，周德威战殁。[后唐军复反败为胜]，帝军遂拔濮阳。

——《旧五代史》卷二十八《唐书·庄宗纪二》。

[天祐十五年（918年）后唐庄宗]进军胡柳堤，梁军亦至，帝亲帅军出视，诸军从之。梁军已成阵，横亘数十里，帝亦以横阵抗之。时帝与李存审总河东、魏博

---

① 原按："《辽史·太祖纪》：'四月，围幽州，不克。六月乙巳，望城中有气如烟火状，上曰：未可攻也。以大暑霖潦，班师，留卢国用守之。'是契丹已于六月退兵矣，薛史及《资治通鉴》皆不载。"

之众居其中，周德威以幽、蓟之众当其西，镇、定之师当其东。梁将贺瓌、王彦章举中军，两军接战。帝以银枪军突入梁军阵中，斩击十馀里，贺瓌、王彦章皆单骑而走。

——《册府元龟》卷四十四《帝王部·神武》。

天祐十三年（916年）九月，帝（指后唐李存勖）还晋阳。梁沧州节度使戴思远弃城遁，旧将毛璋入其城。［帝］复命明宗［李嗣源］率师招抚之，毛璋以城降。以李存审为沧州节度使。是月，贝州降（今河北清河西北），河朔悉平。

十四年（917年）十二月，时幽州卢龙军节度使、蕃汉马步总管周德威帅幽、蓟步骑之师三万，横海军节度使、蕃汉马步副总管李存审帅沧、景步骑之师万人，成德军节度使王镕遣其将王德明（原名张文礼）帅镇、冀步骑之师三万，昭义军节度使李嗣昭帅泽、潞步骑万人，安国军节度使李嗣源帅邢、洺步骑之师万人，义武军节度使王处直使其将帅易、定步骑万人，麟、胜、云、蔚、新、武等州诸部落奚、契丹、室韦、吐谷浑等马万匹，总河东魏博十万之师阅于魏州，部阵严肃，精甲照耀，师旅之盛，近代未之有也。

十五年（918年）六月，帝与梁军战于杨柳（今山东东阿东北），大破之，收其四寨……（按：此年十二月胡柳之役，周德威殁于此阵）。

——《册府元龟》卷八《帝王部·创业四》。

天祐十五年（918年）十二月，庄宗大蒐兵胡柳陂下，众号十万，总管周德威将左军杂以燕人，前锋不利，［周］德威死之。

——《册府元龟》卷八《帝王部·创业四》。

后唐庄宗初为晋王，天祐十四年（917年）二月，新州（今河北涿鹿）偏将卢文进杀其帅李存矩，叛投契丹，寇我新州。先是，契丹阿保机当武皇（庄宗之父李克用）时，屡盟于云中，面相约束，款塞交欢，义为弟兄，急难相救，彼无侵苦，至是容纳叛臣，渝盟犯塞，使让之曰："……近者，卢文进潜图凶逆，苟避诛夷，苞奸蕴恶之情，何方可保，有父有君之国皆所不容……契丹王未始苞藏，专听诳惑，党一夫之罪恶，绝两国之欢盟……见蒐兵甲，决战西楼（契丹之上京，今内蒙古巴林左旗）。"

——《册府元龟》卷九百九十六《外臣部·责让》。

天祐十四年（917年）二月，契丹阿保机攻幽州，城中困弊，士卒悯惧。［周］德威使人间道以闻，帝忧形于色，召诸将议发兵之策。帝曰："鲜卑百万，践暴渔阳，［周］德威独坐孤城，计无生路，群情悯悯，日望援军。今若出师，深虞众寡不敌，但欲伺其机变，又虑失彼一隅，今日诸君，计将安出？"李存审进曰："……今大王为国除凶，抚顺讨逆，前无坚阵，所向摧锋。阿保机背约逾盟，或惑卢文进之奸策，远驱虏众，寇我渔阳。周德威社稷重臣，控兹要害，重围之内，惟望援师，我若犹豫不前，窃恐城中生事，如失人丧地，虏势难支，须兴攘逐之师，以决安危之计。天命有在，阿保机无能为也……安民保泰，在此一行。"明宗〔李嗣源〕时为邢台节度使，曰："……今阿保机亲携丑类，犯我疆场，原其兽心，本窥货利，虽名百万之众，胜兵都有几何，止无斥候之方，战无行阵之法，交兵合斗，唯恃骑军……愿假臣突骑五千，蠕蠕獯戎（指契丹）即时荡平。阎宝又曰："……古人效一夫之命，尚灭獯戎，当今聚万旅之师，何忧患难。臣虽愚懦，请以命先……今但当蒐选锐兵，控制山险，良弓劲弩，设伏待之。虏骑轻佻，度险不整，一人败走，余众不敢支。我但犄角陈兵，偃旗卧鼓，饵以羸卒，〔虏〕常以孤军追奔岩险之中，遇我伏藏之卒，万弩齐发，则丑类无遗，〔阿〕保机之头坐见悬于蛮邸。愿假臣精卒一万，庶几成殄扫之功。"帝曰："苟如其言，吾将高枕矣……予今有三，吾无忧矣。"诸将奉觞为寿，宴乐而罢。

四月，命明宗〔李嗣源〕率师赴援，次于涞水，扼祁沟诸关，伺其贼势，自是虏骑不过祁沟。帝又遣阎宝率师合镇、定之兵以附，既而分领骑军夜过祁沟（今河北涿州西南），入贼部伍，俘擒而还。又有燕人自贼中来，言阿保机见在幽州南稍住攻城，其军无营舍，皆聚毹帐以处，其众军分头剽掠，全无警备；马千百为群，夜牧边地，枕戈而睡，不虞奔逸；所获我人，皆以长縋联头系之于树，中夜断縋皆得逃去。周德威遣人密书告于明宗〔李嗣源〕言："契丹约三十万人，马牛不知其数，贼以羊马为资，近闻所食数以大半。阿保机谴让卢文进，已悔其来。契丹胜兵散布射猎，阿保机帐前不满万人，宜夜出奇兵，掩其不备。"明宗〔李嗣源〕具其事闻。

八月，明宗破虏于幽州。

——《册府元龟》卷九百九十四《外臣部·备御七》。

周德威为卢龙军节度使时，新州偏将卢文进杀其帅李存矩，叛投契丹。胡骑攻我新州甚急，刺史安金全不能守，弃城而遁。阿保机令〔卢〕文进部将刘殷寿（《旧五代史·庄宗纪二》作"刘殷"）为刺史，固守其城。帝（按：指庄宗）怒，遣周德威及河东、镇、定之师三万攻之，营于城东。俄而〔卢〕文进引契丹大至，〔周〕德威拔营而归，因为契丹所蹙，师旅多丧。

——《册府元龟》卷四百四十三《将帅部·败衄三》。

杨光远，小字阿檀，及长，止名檀，〔后〕唐天成中，以明宗（即李嗣源）改御名亶，以偏旁字犯之，始改名光远①，字德明，其先沙陀部人也（按：与李克用、李

---

① 《旧五代史考异》："按薛史《唐纪》：〔后唐末帝〕清泰二年（935年），杨檀始改名光远，非〔明宗〕天成中即改名也。"

存勖父子同族）。父阿登啜，后改名瑊，事武皇［李克用］为队长。［杨］光远事庄宗［李存勖］为骑将，唐天祐中，庄宗遣振武节度使周德威讨刘守光于幽州（按：事在后唐天祐八年），因令［杨］光远隶于［周］德威麾下。后与［周］德威拒契丹于新州（按：今河北涿鹿，事在天祐十四年），一军以深入致败，因伤其臂，遂废，罢于家。［同光元年］庄宗即位，思其战功，命为幽州马步军都指挥使、检校尚书右仆射，戍瓦桥关久之。明宗朝，历妫、瀛、易、冀四州刺史。

——《旧五代史》卷九十七《晋书·杨光远传》。

李建及，许州人也。本姓王……［李克用之世］以功署牙职，典义儿军，及赐姓名……［天祐］十四年（917年）从击契丹于幽州（今北京），破之。

——《旧五代史》卷六十五《唐书·李建及传》。

［天祐］十四年（917年）四月，契丹阿保机率众攻幽州，周德威间使告急，庄宗召诸将议进趋之计，诸将咸言："敌势不能持久，野无所掠，食尽自还，然后接踵击之可也。"帝（指李嗣源，后为明宗）奏曰："［周］德威尽忠于家国，孤城被攻，危亡在即，不宜更待敌衰。愿假臣突骑五千为前锋以援之。"庄宗曰："公言是也。"即命帝与李存审、阎宝率军赴援，帝为前锋，会军于易州。帝谓诸将曰："敌骑以马上为生，不须营垒，况彼众我寡，所宜衔枚箝马，潜行溪涧，袭其不备也。"

八月，师发上谷，阴晦而雨，帝仰天祈祝，即时晴霁，师循大房岭，缘涧而进。翌日，敌骑大至，每遇谷口，敌骑扼其前，帝与长子［李］从珂奋命血战，敌即解去，我军方得前进。距幽州两舍，敌骑复当谷口而阵，我军失色，帝曰："为将者受命忘家，临敌忘身，以身殉国，正在今日。诸君观吾父子与敌周旋！"因挺身入于敌阵，以边语（按：即契丹语）谕之曰："尔辈非吾敌，吾当与天皇（指辽太祖阿保机）较力耳。"舞檛奋击，万众披靡，俄挟其酋帅而还。我军呼跃奋击，敌众大败，势如席卷，委弃铠仗羊马殆不胜纪。是日，解围，大军入幽州，周德威迎帝，执手歔欷。九月，班师于魏州（今河北大名东北），庄宗亲出郊劳，进位检校太保。

——《旧五代史》卷三十五《唐书·明宗纪一》。

明宗［李嗣源］初为邢州节度使，天祐十四年（917年）四月，契丹阿保机率众二十万攻幽州，周德威间使告急，庄宗召诸将议进趋之计，诸将咸言："虏势不能持久，野无所掠，食尽自还，然后踵而击之可也。"帝（指李嗣源，后为明宗）奏曰："［周］德威尽忠于国家，孤城被攻，危亡在即，不宜更待虏衰。愿假臣突骑五千为前锋以援之。"庄宗曰："公言是也。"即命帝与李存审、阎宝率军赴援。帝为前锋，会军于易州，步骑七万三千。三将谋进，李存审曰："契丹合战，唯使骑军，弓良矢尽，其锋难敌。我师合战，唯使步兵，若于平原广野之中卒遇其众，彼以骑军十万驰突，我师欲战不能，退则被逐，则我属无遗类矣。"帝曰："彼贼骑以马上为生，不须营垒，我今步骑之行，须有次舍御备，辎重资粮一宿不爨，则士有饥色。若平原之中卒遇贼军，被掠辎重资粮，则我不战而自亡矣。不如衔枚束甲，寻涧谷而直行抵幽州，与[周]德威合势，若贼警觉，据险拒之，此计之上矣。"

——《册府元龟》卷四十五《帝王部·谋略》。

阎宝为天平军节度使，天祐十四年（917年）从明宗（李嗣源）援幽州，败契丹，指挥方略多中事机。

——《册府元龟》卷三百六十七《将帅部·机略七》。

毛璋，本沧州小校。梁将戴思远帅沧州，时[后唐]庄宗已定魏博，[戴]思远势蹙，弃州遁去，[毛]璋据城归庄宗，历贝州、辽州刺史……[后唐明宗天成四年七月，以罪]长流儒州（今北京延庆），赐死于路。

——《旧五代史》卷七十三《唐书·毛璋传》。

郭延鲁，字德兴，沁州绵上人也。父[郭]饶，后唐武皇[李克用]时，以军功尝为本郡守，凡九年，有遗爱焉。[郭]延鲁少有勇，善用槊，庄宗[李存勖]以旧将之子，擢为保卫军使，频戍塞下，捍契丹有功。及[同光元年庄宗]即位，赐协谋定乱功臣，加检校兵部尚书。

——《旧五代史》卷九十四《晋书·郭延鲁传》。

天祐十六年（919年）正月，帝还魏州，命昭义军节度使李嗣昭权知幽州军府事。三月，帝兼领幽州，遣近臣李绍宏提举府事。

天祐十七年（920年）春，幽州民于田中得金印，文曰："关中龟印"，李绍宏献于行台。

——《旧五代史》卷二十九《唐书·庄宗纪三》。

[天祐十五年，公元918年]胡柳之役，周德威战没……十六年（919年）[李]嗣昭代周德威权幽州军府事。九月，以李绍宏（即马绍宏）代，[李]嗣昭出蓟门，百姓号泣请留，截鞍惜别，[李]嗣昭夜遁而归。

——《旧五代史》卷五十二《唐书·李嗣昭传》。

马绍宏（即李绍宏），阉官也①。初与孟之祥同为中门使，及周德威薨，庄宗兼

---

① 《旧五代史考异》："按《庄宗实录》作李绍宏，盖尝赐姓。"

领幽州，令［马］绍宏权知州事。

——《旧五代史》卷七十二《唐书·马绍宏传》。

萧希甫，［后］梁时登进士第，之镇州，王镕署参军，后遁于易州，落髪为僧。［后唐］庄宗搜扬贤俊，幽州马绍宏以［萧］希甫闻，召至魏州，辟为推官。

——《册府元龟》卷七百二十九《幕府部·辟署四》。

天祐十八年（921年）二月，镇州大将张文礼杀其帅王镕……时张文礼遣使请旌节于帝，帝曰："文礼之罪，期于无赦，敢邀予旌节！"左右曰："方今事繁（按：即指与后梁战事），不欲与人生事。"帝不得已而从之，乃承制授［张］文礼镇州兵马留后。

八月庚申，令天平节度使阎宝、成德兵马留后符习讨张文礼于镇州……是月，张文礼病疽而卒，其子［张］处瑾掌军事。

十月辛酉，阎宝上言，定州节度使王处直为其子［王］都幽于别室，［王］都自称留后①。

十二月辛未，王郁（王处直庶子）诱契丹阿保机寇幽州②，遂引军涿州，陷之③。又寇定州，王都遣使告急，帝自镇州率五千骑赴之。

天祐十九年（922年）正月甲午，帝至新城（今河北高碑店市新城东南，白沟河西），契丹前锋三千骑至新乐（今河北新乐东北）。是时，梁将戴思远乘以寇魏州（今河北大名东北），军至魏店，李嗣源自领兵驰入魏州。梁人知其有备，乃西渡洹水，陷成安而去。时契丹渡沙河口，诸将相顾失色，又闻梁人内侵，邺城（即魏州，今河南安阳）危急，皆请旋师，唯帝谓不可，乃亲率亲骑至新城（今河北高碑店市新城东南，白沟河西）。契丹万余骑，遽见帝军，惶骇而退。帝分军为二广（按：即左右两翼），追蹑数十里，获阿保机之子。时沙河冰薄，桥梁狭隘，敌争践而过，陷溺者甚众。阿保机方在定州，闻前军败，退保望都。帝至定州，王都迎谒，是夜宿于开元寺，翌日，引军至望都，契丹逆战，帝身先士伍，驰击数四，敌退而结阵，帝之徒兵亦阵于水次。李嗣昭跃马奋击，敌众大溃，俘斩数千，追击至易水（今中易水）。获毡裘、毳幕、羊马不可胜纪。时岁且北至，大雪平地五尺，敌乏刍粮，人马毙踣道路，累累不绝，帝乘胜追击至幽州④。是月，梁将戴思源寇德胜北城（今河南濮阳），

---

① 《旧五代史考异》："按欧阳史：'王处直叛附于契丹，其子［王］都幽处直以来附。'"
② 《旧五代史考异》："按《契丹国志》：'王处直在定州，以镇、定为唇齿，恐镇亡而定孤，乃潜使人语其子王郁，使赂契丹，令犯塞以救镇州之围。王郁说［辽］太祖曰：镇州美女如云，金帛似山，天皇速往，则皆为己物也，不然，则为晋王所有矣。太祖以为然，率众而南。'"
③ 原按：契丹陷涿州在天祐十八年，《李嗣弼传》作天祐十九年，纪传互异。
④ 《旧五代史考异》："《契丹国志》：'晋王趋望都，为契丹所围，力战，出入数四，不解。李嗣昭引三百骑，横击之，晋王始得出，因纵兵奋击，［辽］太祖兵败，遂北至易州。会大雪弥旬，平地数尺，人马死者相属，［辽］太祖乃归。'"

筑垒穿堑，地道云梯，昼夜攻击，李存审极力拒守，城中危急。帝自幽州闻之，倍道兼行以赴，梁人闻帝至，烧营而遁。

三月丙午，王师败于镇州城下，阎宝退保赵州……镇人坏其营垒，取其刍粮者累日。帝闻失律，即以昭义节度使李嗣昭为北面招讨使，进攻镇州。

四月，[李]嗣昭为流矢所中，卒于师。己卯，天平节度使阎宝卒。以振武节度使李存进为北面招讨使。

五月乙酉，李存进围镇州，营于东垣渡（在镇州城外）。

九月戊寅朔，张处球（张文礼之子）悉城中兵奄至东垣渡，急攻我之垒门。时骑军已临贼城，不觉其出，李存进惶骇，引十余骑鬪于桥上，贼退，我之骑军前后夹击之，贼众大败，步兵数千，殆无还者。是役也，李存进战殁于师，以蕃汉马步总管李存审（即符存审）为北面招讨使，以攻镇州。丙午夜，赵将（即镇州将）李再丰之子[李]冲投縋以接王师，诸军登城，迟明毕入，镇州平。获[张]处球、处瑾、处琪并其母，及同恶高濛、李㻌、齐俭等，皆折足送行台，镇人请醢而食之，发张文礼尸，磔于市。帝以符习为镇州节度使……镇人请帝兼领本镇，从之，乃以符习遥领天平军节度使。

十二月，以魏州观察判官张宪权知镇州军州事。

[后唐庄宗]同光元年（923年）三月己卯，以横海军节度使、内外蕃汉马步总管李存审为幽州节度使。

四月己巳，帝升坛。祭告昊天上帝，随即皇帝位……以天祐二十年（923年）为同光元年……云、应、蔚、朔、易、定、幽、燕及山后八军，秋夏税率量与蠲减……以权知幽州军府事李绍宏为宣徽使。

闰四月丁丑，以李嗣源（即后唐明宗）为检校侍中，依前横海军节度使、内外蕃汉副总管；以幽州节度使李存审为检校太师、兼中书令，依前蕃汉马步总管。甲午，契丹寇幽州，至易、定而还。

[十月陷汴，灭后梁。]

——《旧五代史》卷二十九《唐书·庄宗纪三》。

天祐十八年（921年）八月，镇州王镕为其将张文礼（即王德明）所杀，帝援镇州，行营偏将符习、成德军兵马留后以所统镇、冀兵进讨；又遣阎宝、史建瑭将兵以益之。[张]文礼闻王师至，忧惧病疽而卒，子[张]处球代其任。

十九年（922年）九月，镇州平。镇人请帝兼领，因以符习为天平军节度使（按：原本拟以符习为成德军节度使，至此改任天平军）。

同光元年（923年）二月，诸藩镇相继上牋劝进。四月，遂即帝位（按：此即后唐庄宗）

——《册府元龟》卷八《帝王部·创业四》。

同光元年（923年）帝入洛，宴于崇光殿，明宗（即李嗣源）及伪庭大将军（按：指后梁降将）预焉。帝酒酣，顾明宗曰："今辰宴客皆吾前日之劲敌也，一旦与吾同筵，盖卿前锋之功也。"伪将霍彦威、戴思远伏阶叩头。……帝营德胜也，霍彦威、戴思远皆为军帅屯杨村寨，日与帝挑战交兵，故有是语。

——《册府元龟》卷九十九《帝王部·推诚》。

庄宗同光初，沧州奏，侦间契丹国舅撒剌宴进羊马于幽州，申和好。

二年（924年）八月，幽州进契丹国舅撒剌宴书。

——《册府元龟》卷九百八十《外臣部·通好》。

后唐庄宗同光元年（923年）四月即位诏："诸道管内有高年逾百岁者，便与给复，永俾除名；自八十、九十者，与免一子役，州县不得差徭。其云应边陲、山北八军、易定幽燕边陲诸县，自鲜卑（指契丹）入寇，仍岁缠灾……须加慰恤，其税率仍为长吏量与矜免。"

——《册府元龟》卷四百九十一《邦计部·蠲复三》。

同光二年（924年）二月，诏曰："……北京（治晋阳，今山西太原）以北诸州川界，及至新州（治今河北涿鹿）、幽州（治今北京）、镇（治今河北正定）、定（治今河北定州）管界，契丹侵掠，井邑凋残……并宜倍加抚安，召令复业……所输税租，特与蠲减。"

——《册府元龟》卷四百九十一《邦计部·蠲复三》。

李存进为天雄军都指挥使，天祐十九年（922年）庄宗讨张文礼于镇州、定州，王处球（即张文礼之子张处球）悉率城中兵甲，乘我刍牧无备，奄至东垣渡，我骑军已临贼城，不觉其出，贼既上桥，攻我营门，［李］存进惶骇，引十馀人鬭于桥上，贼退，我骑军已邀贼后，前后夹击之，贼退无路，围之数重，步兵七千，殆无生还者。

——《册府元龟》卷三百六十《将帅部·立功十三》。

后唐李存进初为建武军节度使，天复（按：当为"天祐"）十九年（922年）王师讨张文礼于镇州。阎宝、李嗣昭相次不利而殁，［李］存进代李嗣昭为招讨，进营东垣渡（即镇州城外渡口），夹滹［沱水］为垒。沙土散恶，垣壁难成，［李］存进斩伐林树版筑，旬日而就，贼不能寇。

——《册府元龟》卷四百一十《将帅部·壁垒》。

李存进为魏博马步都将，会王师讨张文礼于镇州，招讨李嗣昭不利而殁，以［李］

存进代之,遂讨镇州。王处球(即张文礼之子张处球)尽率其众,乘其无备,奄至垒门。[李]存进闻之,得部下数人出斗,驱贼于桥下,俄而贼大至,后军不继,血战而死。

——《册府元龟》卷四百二十五《将帅部·死事二》。

[天祐]十八年(921年)九月,北面招讨使李存审攻镇州,下之,擒王德明(即张文礼)之子[王]处球、同恶高蒙、李翥,露布以献。

——《册府元龟》卷四百三十五《将帅部·献捷二》。

郭崇韬,代州雁门人也……[天祐]十八年(921年)从征张文礼于镇州,契丹引众至新乐(今河北新乐东北),王师大恐,诸将咸请退还魏州,庄宗犹豫未决,[郭]崇韬曰:"阿保机为王郁(王处直庶子)所诱,本利货财,非敦邻好,苟前锋小衄,遁走必矣。况我新破汴寇,威震北蕃,乘此驱攘,往无不捷,且事之济否,亦有天命。"庄宗从之,王师果捷。

——《册府元龟》卷三百四十七《将帅部·佐命八》。

李嗣昭……天祐三年(906年)汴人(即后梁朱全忠)攻沧、景,刘仁恭遣使求援。十一月,[李]嗣昭为昭义节度使……十九年(922年)庄宗亲征张文礼于镇州。冬,契丹三十万奄至,[李]嗣昭从庄宗击虏于新城。阿保机在望都。庄宗深入,亲与虏斗,虏骑围之数十重,良久不解。[李]嗣昭号泣赴之,引三百骑横击虏围,驰突出没者数十合,虏退,翼庄宗而还。是时,阎宝为镇人所败,退保赵州(今河北赵县),庄宗命[李]嗣昭代[阎]宝攻真定(按:镇州治真定,今河北正定)。七月二十四日,王处球(即张文礼之子,以文礼在前改名王德明,故称王处球)之兵出至九门(今河北藁城九门),[李]嗣昭设伏于故营,贼至,发伏击之殆尽,余三人匿于墙墟间,[李]嗣昭环马而射之,为贼矢中脑,[李]嗣昭箙中矢尽,拔贼矢于脑射贼,一发而殪之。[李]嗣昭日暮还营,所伤流血不止,是夜卒。

——《册府元龟》卷三百四十七《将帅部·佐命八》。

李克修,字崇远,武皇(即李克用)从父弟也。……克修子二人,长曰[李]嗣弼,次曰[李]嗣肱。[李]嗣弼初授泽州刺史,历昭义、横海节度副使,改海州刺史。天祐十九年(922年)①契丹犯燕、赵,陷涿郡(今河北涿州),[李]嗣弼举家被俘,迁于幕庭。

——《旧五代史》卷五十《唐书·李克修传》。

---

① 《旧五代史考异》:"按:欧阳史作十一年。"

阎宝，字琼美，恽州人。[天祐六年（909年）为后梁邢洺节度使、检校太傅。]后唐庄宗定魏博，十三年（916年），攻相、卫、洺、磁，下之，[阎]宝独保邢州，城孤援绝。八月，[阎]宝以邢州降，庄宗嘉之，进位检校太尉、同平章事，遥领天平军节度使、东南面招讨等使，待以宾礼，位在诸将上，每有谋画，与之参决。

契丹之寇幽州也，周德威危急，[阎]宝与李存审（即符存审）从明宗（即李嗣源，即位后为明宗）击契丹于幽州西北，解围而还。

……

[天祐]十八年（921年），[镇州]张文礼（即王德明）杀[节度使]王镕叛，[阎]宝帅师进讨。八月，收赵州（今河北赵县），进渡滹水，擒贼党张友顺以献。九月，进逼真定（镇州治真定，今河北正定）结营西南隅，掘堑栅以环之，掘大悲寺漕渠以浸其郛。十九年（922年）正月，契丹三十万来援镇州，前锋至新乐（今河北新乐），众心忧之。[阎]宝见庄宗，指陈方略，军情乃安。敌退，加检校侍中。三月，城中饥，王处瑾①之众出城求食，[阎]宝纵其出，伏兵击之。饥贼大至，诸军未集，为贼所乘，[阎]宝乃收军退保赵州，因惭愤成疾，疽发背而卒。

——《旧五代史》卷五十九《唐书·阎宝传》。

后唐阎宝为检校侍中、遥领天平军节度使。唐天祐十九年（922年）讨镇州。镇人累月受围，城中艰食，谷价腾贵，饥饿者多，计无所出……[阎]宝轻之，不为坚敌。俄而数千人……奋力死战，我救兵不至，贼坏城而出，纵火攻[阎]宝营，不能拒战，引师而退。镇人坏我营垒，取其刍粮者累日。

——《册府元龟》卷四百四十七《将帅部·轻敌》。

阎宝，庄宗时遥领天平军节度使、东西面招讨等使。张文礼之杀[节度使]王镕叛，[阎]宝帅师进讨。及契丹来援镇州，前锋至新乐（今河北新乐），众心忧之。[阎]宝见庄宗，指陈方略，军情乃安。虏退，加检校侍中。

——《册府元龟》卷三百八十七《将帅部·褒异十三》。

阎宝遥领天平军节度使、东南面招讨等使，时镇州张文礼杀[节度使]王镕叛。[阎]宝率师进讨，收赵州，进渡滹水（今滹沱河），擒贼党张文顺以献，又进逼真定（按：镇州治真定，今河北正定），结营西南隅，掘堑栅以环之，决大悲寺漕渠以侵其郛。

——《册府元龟》卷三百六十九《将帅部·攻取二》。

---

① 应为张处瑾，系张文礼之子，见《新五代史·王镕传》。不过，张文礼被王镕收留后改名王德明，故其子仍书王姓。不过一传之中父子异姓，仍为写史者之失。

梁汉颙，太原人也。少事后唐武皇，初为军中小校，善骑射，勇于格战。庄宗之破〔幽州〕刘仁恭、〔镇州〕王德明（即张文礼），及与梁军对垒于德胜（即德胜寨，今河南濮阳），皆预其战，累功至龙武指挥使、检校司空。

——《旧五代史》卷八十八《晋书·梁汉颙传》。

梁汉颙，太原人。少事后唐武皇，初为军中小校，善骑射，勇于格战。庄宗之破〔幽州〕刘仁恭、〔镇州〕王德明（即张文礼），及与梁军对垒于德胜（即德胜寨，今河南濮阳），皆预其战，累功至龙武指挥使。

——《册府元龟》卷三百六十《将帅部·立功十三》。

阎宝，唐末为梁祖四镇牙将……天祐十三年（916年）以邢州（今河北邢台）归于〔后唐〕庄宗，授检校太尉同平章事，充天平军节度使、东南面招讨使。十八年（921年）〔镇州〕张文礼谋叛，〔庄宗〕以〔阎〕宝为招讨使进攻之，下赵州，渡滹水而军，擒〔张〕文礼所署深州刺史张友顺，折足送于邢台。营于〔镇州〕西北隅，洎十九年（922年）正月契丹大至，众心危惧，〔阎〕宝备陈方略，遂挫獯戎，加检校侍中。

——《册府元龟》卷三百六十《将帅部·立功十三》。

戴思远，本梁之故将也……〔后梁末帝〕贞明中，为邢州留后，迁本州节度使。属燕将张万进杀沧州留后刘继威，以城归梁，末帝命〔戴〕思远镇之。〔后唐〕庄宗平定魏博（按：事在天祐十三年，公元916年），以兵临沧、德，〔戴〕思远弃镇渡河归汴，累遣天平军节度使、兼北面招讨使，将兵与庄宗对垒。久之，〔天祐十九年，公元922〕庄宗讨张文礼于镇州，其但来援，庄宗追袭契丹至幽州（治今北京）。〔戴〕思远闻之，总兵以袭魏州（今河北大名东北），至魏店，遇明宗（即李嗣源，即位后改名李亶）骑军适至，〔戴〕思远乃涉洹水，陷成安，复归杨村寨，尽率其众，攻德胜北城（今河南濮阳）。城中危急，符存审昼夜乘城以拒之，庄宗自蓟（今北京）五日驰至魏州，〔戴〕思远闻之解去。及明宗袭下郓州，〔戴〕思远罢军权，降授宣化军留后。其年，庄宗入汴（按：事在后唐同光元年，公元923年），〔戴〕思源自邓州入朝，复令归镇。

——《旧五代史》卷六十四《唐书·戴思远传》。

周知裕，字好问，幽州人也。少事燕帅刘仁恭为骑将，表为妫州（今河北怀来旧县城）刺史，久之移刺德州（今山东陵县）。天祐四年（907年），刘守光既平沧州，乃以其幼子〔刘〕继威为留后，大将张万进与〔周〕知裕佐之。〔刘〕继威幼冲，宣淫于〔张〕万进之家，〔张〕万进杀之。诘旦，召〔周〕知裕告其故，〔张〕万进自称留后，署［周］知裕为景州刺史。会［张］万进纳款于梁，［周］知裕先奔于汴，梁主厚待之，特置归化军，以［周］知裕为指挥使，凡军士自河朔归梁者，皆隶于部下。梁与［后唐］庄宗交战于河，摧坚挫锐，惟恃归化一军，然岁将一纪，位不及郡守。

［后唐］同光初，庄宗入汴，［周］知裕随段凝军解甲封丘。明宗时为总管，受降于郊外，见［周］知裕甚喜，遥相谓曰："周归化今为吾人，何乐如之！"因令诸子以兄事之……［周］知裕老于军旅，勤于稼穑，凡为郡劝课，皆有政声，朝廷喜之，迁安州留后……

——《旧五代史》卷六十四《唐书·周知裕传》。

张温，字德润，魏州魏县人也。始仕梁祖（即朱温）为步直小将，改崇明都校……［后唐］庄宗伐邢台，获之，用为永清都校，历武州（今河北宣化）刺史、山后八军都将。从庄宗袭契丹于幽州，收新州（今河北涿鹿），历银枪效义都指挥使，再任武州刺史。同光初，契丹陷妫（今河北怀来东旧怀来县城）、儒（今北京延庆）、檀（今北京密云）、顺（今北京顺义）、平（（今河北卢龙））、蓟（今天津蓟县）六州，武州独全，改授蔚州刺史。

——《旧五代史》卷五十九《唐书·张温传》。

张温为永清都校，历武州（今河北宣化）刺史、山后八军都将。天祐中从庄宗袭契丹于幽州，收新州（今河北涿鹿），历银枪效义都指挥使。同光初，北戎陷妫（今河北怀来东旧怀来县城）、儒（今北京延庆）、檀（今北京密云）、顺（今北京顺义）、平（（今河北卢龙））、蓟（今天津蓟县）六州，武州独全，改授蔚州刺史。

——《册府元龟》卷三百六十《将帅部·立功十三》。

［后唐庄宗］同光二年（924年）正月甲辰，幽州上言，契丹入寇至瓦桥①。以天平军节度使李嗣源为北面行营都招讨使，陕州留后霍彦威为副，率军援幽州。乙卯，幽州奏，妫州山后②十三寨百姓却复新州（今河北涿鹿）

三月乙巳，以沧州节度使、检校太傅、同平章事符习为青州节度使，以北京（镇州真定，今河北正定）衙内马步军都指挥使、右领军卫大将军李绍斌为沧州节度使。镇州奏，契丹犯塞，诏李嗣源率师屯邢州（今河北邢台）③。丙午，以幽州节度行军

---

① 《旧五代史考异》："《契丹国志》：'时契丹日益强盛，遣使就［后］唐求幽州，以处卢文进。'"
② 《资治通鉴》胡三省注云："卢龙以妫（治今河北怀来东旧怀来县城）、檀（治今北京密云）、新（治今河北涿鹿）、武（治今河北宣化）四州为山后。"
③ 《旧五代史考异》："《资治通鉴》：'诏横海节度使李绍斌、北京指挥使李从珂率骑兵分道备之。'与薛史异。"

司马李存贤依前检校太保,为幽州节度使(按:以代符存审)。庚戌,幽州奏,契丹寇新城(今河北高碑店市新城东南,白沟河西)。

四月丁丑,以前幽州节度使、内外蕃汉马步总管、检校太师、兼中书令李存审(即符存审)为宣武军节度使,余如故。

——《旧五代史》卷三十一《唐书·庄宗纪五》。

同光二年(924年)三月,镇州奏,契丹将犯塞。乃令李绍斌(即赵德钧,时为沧州节度使)、李从珂(明宗养子,时为北京①左厢马军指挥使)部署马军,分道备之;蕃汉内外马步军副总管李嗣源领诸军屯于邢州(今河北邢台)。三月乙巳,镇州言契丹将犯塞,诏横海节度使(驻沧州,今河北沧县旧州)李绍斌、北京(今山西太原)左厢马军指挥使李从珂帅骑兵分道备之;天平节度使李嗣源屯邢州(今河北邢台)。

——《册府元龟》卷九百九十四《外臣部·备御七》。

霍彦威……同光二年(924年)从明宗(即李嗣源,后即位为明宗)平潞州,授徐州节度使。庄宗时,契丹犯塞,明宗招讨北面,命[霍]彦威为副。

——《册府元龟》卷三百六十《将帅部·立功十三》。

霍彦威,字子重,不知何许人。梁将霍存得于村落间,年十四,初列于厮养(即家仆),从[霍]存征戍,爱其爽迈,遂养为己子。

——《册府元龟》卷八百六十三《总录部·为人后》。

同光二年(924年)五月甲寅,以沧州节度使李绍斌充东北面招讨使,以兖州节度使李绍钦为副招讨使,以宣徽使李绍宏为招讨都监,率大军渡河而北,时幽州上言契丹将寇河朔故也。乙卯,幽州上言,契丹营于州东南。丙辰,以澶州刺史李审益为幽州行军司马、蕃汉内外都知兵马使。丙寅,幽州上言,新授宣武军节度使李存审卒。

七月庚申,升新州(今河北涿鹿)为威塞军节度使,以妫(今河北怀来旧县城)、儒(今北京延庆)、武(今河北宣化)等州为属郡。壬戌,幽州奏,契丹阿保机东攻渤海②。

九月癸卯,幽州上言,契丹阿保机自渤海回军。丙辰,契丹寇幽州。

十月庚辰,幽州奏,契丹入寇,至近郊。

十一月戊午,镇州地震。契丹寇蔚州(今河北蔚县)

---

① 时以太原为北京。
② 原按:"《辽史·太祖纪》:'天赞三年五月,渤海杀其刺史张秀实而掠其民。'与东攻渤海之事,阙而不载。考《五代会要》,同光二年七月,契丹东攻渤海国,与薛史同。"

十二月己巳，诏汴州节度使李嗣源归镇①。

同光三年（925年）正月丙申，契丹寇幽州。丙辰，幽州上言，节度使李存贤卒。

——《旧五代史》卷三十二《唐书·庄宗纪六》。

后唐同光二年（924年）七月，幽州奏，侦得〔契丹〕阿保机东攻渤海。

——《册府元龟》卷九百九十五《外臣部·交侵》。

〔后唐庄宗〕同光二年（924年）正月，契丹寇瓦桥关（今河北雄县），以天平军节度使李嗣源为北面行营都招讨使，陕州留后霍彦威为副，率军讨之。是月，契丹还。

五月，幽州上言契丹阿保机将寇河朔，以沧州节度使李绍斌为东北面招讨使，以兖州节度使李绍钦为副招讨使，以宣徽使李绍宏为招讨都监，率大军渡河而北。

十二月，契丹寇幽州，以宣武军节度使李嗣源部署大军北征。

——《册府元龟》卷九百八十七《外臣部·征讨六》。

后唐庄宗同光二年（924年）十一月己丑，幽州李存贤奏，契丹林牙求药茶。

——《册府元龟》卷九百九十九《外臣部·请求》。

李琼，字隐光，沧州饶安人也。少籍本军为骑士，庄宗平河朔，隶明宗〔李嗣源〕麾下，渐升为小校。〔后唐庄宗〕同光二年（924年）明宗（即李嗣源，时为庄宗部将）受诏，以本部兵送粮入蓟门（今北京），时〔后晋〕高祖从行（按：时石敬瑭为后唐帅隶于李嗣源），至涿州与敌相遇，高祖〔石敬瑭〕陷于〔契丹〕围中。〔李〕琼顾诸军已退，密牵高祖铁衣，指东而遁。至刘李河（今琉璃河），为敌所袭，〔李〕琼浮水先至南岸，高祖〔石敬瑭〕至河中，马倒，顺流而下，〔李〕琼以所执长矛援高祖〔石敬瑭〕出之，又以所跨马奉高祖〔石敬瑭〕，〔李〕琼徒步护之，奔十余里，乃入涿州。高祖〔石敬瑭〕荐于明宗〔李嗣源〕，明宗赏之，寻超授军职②。

——《旧五代史》卷九十四《晋书·李琼传》。

符存审，字德祥，陈州宛邱人，旧名存③……〔唐昭宗〕乾宁初，〔李克用〕讨〔幽州〕李匡俦，〔符〕存审前军拔居庸关……〔后唐庄宗〕天祐十四年（917年）八月，将兵援周德威于幽州，败契丹之众……十二月，周德威战殁，一军逗挠，梁军四集，

---

① 原按："《资治通鉴》做己巳，命宣武军节度使李嗣源将宿卫兵三万赴汴州，遂如幽州禦契丹。是〔李〕嗣源因出师而归镇也。"
② 据此可知，同光二年（924年）宣武节度使李嗣源不但受命自汴州北援幽州，且在今北京房山琉璃河以北兵败。大军渡河才南归涿州。时幽州节度使赵德钧也。
③ 原按："欧阳史'义儿传'，唯符存审不在其列，别自为传。盖存审子彦卿有女为宋太宗后，故存其本姓也。"

［符］存审与其子［符］彦图冒刃血战，出没贼阵，与庄宗军合。午后，师复集，击败汴人。

［天祐］十六年（919年）春，代周德威为内外蕃汉马步总管，于德胜口（在今河南濮阳）筑南北城以据之。

［天祐］二十年（923年）正月，师旋于魏州，庄宗出城迎劳，就第宴乐。无何，契丹犯燕、蓟，郭崇韬奏曰："汴寇未平，继韬背叛①，北边捍御，非［符］存审不可。"上遣中使谕之，［符］存审卧病羸瘵，附奏曰："臣效忠秉命，靡敢为辞，但痾恙缠绵，未堪祗役。"既而诏［符］存审以本官充幽州卢龙节度使，自镇州之任。［后唐庄宗］同光初，加开府仪同三司、检校太师、中书令、食邑千户，赐号忠烈扶天启运功臣。

十月，平梁，迁都洛阳。［符］存审以身为大将，不得预收复中原之功，旧疾愈作，坚求入觐寻医，以情告郭崇韬。时［郭］崇韬自负一时，佐命之功无出己右，功名事望，素在［符］存审之下，权势既隆，人士辐凑，不欲［符］存审加于己上，每有章奏求觐，即阴沮之。［符］存审妻郭氏泣诉于［郭］崇韬曰："吾夫于国，粗效驱驰，与公乡里亲旧，公忍令死弃北荒，何无情之如是！"［郭］崇韬益惭憨。明年（924年）春，疾甚，上章恳切，祈生觐天颜，不许。［符］存审伏枕而叹曰："老夫历事二主，垂四十年，幸而遇今日天下一家，远夷极塞，皆得面觐彤墀，射钩斩袪之人，孰不奉觞丹陛，独予壅隔，岂非命哉！"渐增危笃，［郭］崇韬奏请许［符］存审入觐。四月，制授［符］存审宣武军节度使、诸道蕃汉马步总管，诏未至，五月十五日卒于幽州官舍，时年六十三，遗命葬太原。［符］存审遗奏，陈叙不得面觐，辞旨凄婉。庄宗震悼久之，废朝三日，赠中书令。

——《旧五代史》卷五十六《唐书·符存审传》。

符存审……［天祐］十八年（921年）王师讨张文礼于镇州，李嗣昭、李存进相次战殁。十九年（922年）遣［符］存审率师进攻。师于城下，［张］文礼之将李在丰阴送款于［符］存审。我师中夜登城，擒［张］文礼子［张］处球等，露布以献。镇州平，以功加检校太傅、兼侍中。二十年（923年）正月，师旋于魏州，庄宗出城迎劳，就第宴乐。居无何，契丹犯燕、蓟。郭崇韬奏，汴寇（指后梁）未平，李继韬背叛，北边遮虏，非［符］存审不可。帝遣中使谕之，［符］存审卧病羸瘵，附奏曰："臣效忠秉命，靡敢为辞，但痾恙缠绵，未堪抵（误，当为"祗"）役。"既而诏［符］存审以本官充幽州卢龙节度使，自镇州之任。［后唐庄宗］同光初，加开府仪同三司、检校太师、中书令、邑千户，赐号忠烈扶天启运功臣。

---

① 即李嗣昭次子。天祐十九年（922年）庄宗攻镇州张文礼之役，李嗣昭阵亡，李继韬诈称三军劫己为昭义留后，拒不奉诏，暗通后梁。

——《册府元龟》卷三百四十七《将帅部·佐命八》。

符存审……[天祐]十九年，平镇州[张文礼]，以功加检校太傅、兼侍中。二十年正月，师旋于魏州，庄宗出城迎劳，就第宴乐。居无何，契丹犯燕、蓟，诏[符]存审以本官充幽州卢龙节度使，自镇州之任。[庄宗]同光初，加开府仪同三司、检校太师、中书令，邑千户，赐号忠烈扶天启运功臣。五月，卒于幽州。庄宗震悼久之，废朝三日，赠尚书令。

——《册府元龟》卷三百八十七《将帅部·褒异十三》。

后唐李存审（即符存审）为幽州节度使。同光初，[李]存审患深秋之后倾塞而来，与边将谋欲于幽、涿之间置幽州行府，以禦贼冲，冀转输为便。

——《册府元龟》卷四百二十九《将帅部·守边》。

段凝，开封人也。本名明远，少颖悟，多智术。初为渑池簿，脱荷衣以事梁祖（即朱全忠），梁祖渐器之。[后梁]开平三年（后唐天祐六年，公元909年）十月，自东头供奉官授右威卫大将军，充左军巡使、兼水北巡检使。[段]凝妹为梁祖美人，故稍委心腹。四年（910年）五月，授怀州刺史。

……

[梁末帝之世]，[后唐同光元年（923年）十月]庄宗入汴，[段]凝自滑率兵而南，前锋杜晏球（按：误，当为王晏球，见《旧五代史·唐书·王晏球传》）至封丘，解甲听命。翌日，[段]凝率大军乞降于汴郊，庄宗释之，复以[段]凝为滑州兵马留后，赐姓，名绍钦（即李绍钦）。有顷，正授节度，改兖州节度使。……其年，契丹寇幽州，命宣徽使李绍宏监护诸军，以禦契丹，[段]凝与董璋戍瓦桥关（今河北雄县）。[段]凝巧事[李]绍宏，[李]绍宏尝乘间奏[段]凝盖世奇才，可以大任，屡请以兵柄委之，[后以罪赐死]。

——《旧五代史》卷七十三《唐书·段凝传》。

段凝，梁末为招讨使，乞降，累授兖州节度使。初谒见庄宗，因伶人景进通货于宫掖。又天性奸佞，巧言饰智，善候人意。契丹寇幽州，命宣徽使李绍宏监护军，以禦北虏，[段]凝与董璋戍瓦桥关（今河北雄县）。[段]凝巧事[李]绍宏，[李]绍宏尝乘间奏[段]凝盖世奇才，可以大任，屡请以兵柄委之……[段]凝在藩镇私用库物数万计，有司促偿，中旨贳其负。

——《册府元龟》卷九百三十八《总录部·奸佞二》。

段凝，仕梁为滑州兵马留后。同光初，庄宗赐姓，名绍钦。

——《册府元龟》卷八百二十五《总录部·名字二》。

王晏球，仕梁为耀州刺史。同光初，赐姓，名绍虔。
——《册府元龟》卷八百二十五《总录部·姓名》。

乌震，冀州信都人也……镇州平，以功授［乌］震深、赵二州刺史。其性纯质，以清直御下。在河北独有政声，移易州刺史①，兼北面水陆转运、招抚等使。契丹犯塞，渔阳路梗，［乌］震率师运粮，三入蓟门②，擢为河北道副招讨，遥领宣州节度使，代房知温军于卢［芦］台（今河北青县）。及至军，会戍兵龙晊所部邺都奉节等军数千人作乱，未及交印而遇害。明宗闻之，废朝一日，诏赠太傅。［乌］震略涉书史，尤嗜左氏传，好为诗，善笔札，凡邮亭佛寺，多有留题之迹。及其遇祸，燕、赵之士皆叹息之。
——《旧五代史》卷五十九《唐书·乌震传》。

乌震初为镇州队长，以功渐升都将，与符习［随庄宗］从征于河上，颇得士心，闻张文礼（即王德明）杀王镕，志复主仇，雪泣请行兵，及镇阳，［张］文礼执其母、妻洎儿女十口诱之，不迴，攻城日急。［张］文礼忿之，咸割鼻断腕，不绝于肤。纵至军门，观者皆不忍正视，［乌］震一恸而止，愤激自励，身先矢石。镇州平，以功历深、赵二州刺史③。
——《册府元龟》卷八百四《总录部·义四》。

乌震为深州刺史，常交儒者以讲诵为乐。其性纯质，以清直御下，河北诸郡，独有政声。
——《册府元龟》卷六百七十七《牧守部·能政》。

乌震初为赵州刺史，疏财礼士，有安民之政，转深州刺史，人颇思之。
——《册府元龟》卷六百八十三《牧守部·遗爱二》。

乌震，明宗天成中为冀州刺史、兼北面水陆转运招抚等使。契丹犯塞，渔阳路梗，［乌］震率师运粮，三入蓟门，擢为河北道副招讨，遥领宣州节度使。
——《册府元龟》卷四百八十三《邦计部·褒宠》。

房知温，字伯玉，兖州瑕丘人也……隶［后梁］魏州杨师厚，以为马步军校，

---

① 《旧五代史考异》："欧阳史（即欧阳修《新五代史》）作冀州。"
② 在今天津蓟县，该地俗称蓟门，故隋称渔阳，唐改称蓟县。
③ 《册府元龟》卷九百二十三《总录部·不孝》所记与此同。

渐升至亲随指挥使，继加检校司空。

［后唐］庄宗入魏，赐姓，名绍英，改天雄军马步都指挥使，加检校司徒、澶州刺史、行台右千牛卫大将军。庄宗平梁，历曹、贝州刺史，权充东北面蕃汉马步都虞候，遣戍瓦桥关（今河北雄县）。明宗（李嗣源）自邺入洛，［房］知温与王晏球首赴焉。明宗自总管府署［房］知温滑州两使留后。［明宗］天成元年（926年），授兖州节度使。明宗即位（即位在元年四月），诏充北面招讨，屯于卢［芦］台军（今河北青县）①。以卢文进来归，加特进、同平章事，赏招讨之功也。

后除乌震为招讨副使，代［房］知温归镇（按：天成二年三月事）。［房］知温怒［乌］震遽至，有怨言，因纵博，诱牙兵杀［乌］震于席上。会次将安审通保骑军隔河按甲不动，［房］知温惧事不济，乃束身渡水，复结［安］审通逐其乱军以奏。时朝廷姑息［房］知温，下诏于邺（即魏州）尽杀军士家口老幼凡数万，清漳（今漳河）为之变色。寻诏遣［房］知温就便之镇，以安反侧。俄改徐州节度使，加兼侍中……［后晋石敬瑭］天福元年（936年）冬十二月辛巳，卒于镇。

——《旧五代史》卷九十一《晋书·房知温传》。

［后］晋房知温，初事后唐，明宗天成初为兖州节度使，明年（天成二年）②，诏充北面招讨使屯于卢［芦］台。以卢文进来归，特加进同平章事，赏招讨之功也。

——《册府元龟》卷三百八十七《将帅部·褒异十三》。

安审通为齐州防御使，天成中奉诏北征，从房知温营于卢［芦］台，会龙晊部下兵乱，［安］审通脱身酒筵，夺船以济，促骑士介马，及乱兵南行，尽戮之，以功加检校太傅，充沧州节度使。

——《册府元龟》卷三百六十《将帅部·立功十三》。

唐五代芦台军驻地辨

北京社会科学院历史所于德源

芦台军，《资治通鉴》、《旧五代史》又书卢台军。唐末、五代初年刘仁恭、刘

---

① 按：唐末、五代庄宗初年，卢［芦］台军驻今河北宁河县芦台。大约庄宗同光、明宗天成之际南迁至今河北青县旧唐乾宁军之地。
② 按：房知温任北面招讨使（一说招讨副使），《旧五代史·明宗纪四》始见于天成二年正月癸酉，然同书《房知温传》云"明宗即位，诏充北面招讨"，则应在天成元年四月。又房知温任兖州节度使，同书《明宗纪一》云在天成元年四月丁亥朔，《明宗纪二》又云在五月戊午。据本传，其任兖州节度使在前，而兼任北面招讨使在后。

守光父子据幽州时期，卢［芦］台军驻地在蓟运河出海口今河北宁河县南的芦台镇。其卢［芦］台军号应该是以地得名。臧励龢等编《中国古今地名大辞典》称："芦台军在河北宁河县东南……五代时刘守光置。俗名将台。《通鉴》：'梁乾化三年（913年），晋周德威拔燕芦台军。'即今芦台镇。""芦台镇在河北宁河县南三十里。"今地名仍旧。这里也是人们常认为的古代卢［芦］台军所在地。

不过，查《资治通鉴》，"梁乾化三年（913年）三月甲辰朔，晋周德威拔燕卢［芦］台军"。"卢［芦］台军"下无注。然而，此前的梁开平元年（907年）刘守光因父夺位据有幽州，其兄义昌节度使刘守文于次年（908年）十一月"举沧、德兵攻幽州……丁亥，守文兵至卢［芦］台军……"此处"卢［芦］台军"下胡三省注云："卢台军，宋为乾宁军。《九域志》：乾宁军在沧州西北九十里。"胡三省所说的位于沧州（今河北沧县旧州）西北百余里的乾宁军址，就是今河北青县。《元丰九域志》也认为在今河北青县的芦台城是"唐置芦台军，其城周三里。后废为冯桥镇。乾宁中复置芦台军，亦曰乾宁军"。《宋史·地理志二》"河北路"载："清州（今河北青县）本乾宁军。幽州卢［芦］台军之地，晋陷契丹。周平三关，置永安县，属沧州。［北宋］太平兴国七年（982年）置军，改县曰乾宁，隶焉……"顾祖禹《读史方舆纪要》大约就是根据胡三省、《元丰九域志》和《宋史·地理志》的看法，在《北直隶一·顺天府·宝坻县（按：时尚未分置宁河县）》"驻马台"下注云："县南五里……志云：'县东南百六十里有将台，五代时燕刘守光所置。亦名芦台。'"却绝口不提卢［芦］台军。然而,同书《北直隶四·河间府》"青县"下却详细注云："唐幽州芦台军地，乾宁中改置乾宁军。五代晋初陷于契丹，置宁州于此。周显德六年（959年）收复，置永安县，属沧州。宋太平兴国七年（982年）复置乾宁军及乾宁县，大观二年（1108年）升为清州……明洪武七年（1374年）改清州为青县。"又在"芦台城"下注云："在［青］县东，卫河西岸。"并在举例中把自唐昭宗光化三年（900年）刘仁恭与朱全忠部将葛从周沧州之役以下的所有关于卢［芦］台军或乾宁军的事迹，例如前述梁乾化三年（913年）周德威灭刘守光时拔燕卢［芦］台军，等等，都归之于发生在青县。也就是说，如果根据以上观点则卢［芦］台军从来就是在今河北青县芦台城，与宁河的芦台无关。

笔者以为，其实以上无论认为芦台军从来就在今河北宁河芦台镇的观点，还是认为芦台军从来就在今河北青县芦台城的观点，都有失偏颇。考诸史实，唐昭宗光化三年（900年）刘仁恭、葛从周沧州之战中的乾宁军，确实是在今河北青县。《旧五代史·梁书·太祖纪二》载："光化三年（900年）四月，遣葛从周以兖、郓、滑、魏之师伐沧州。六月，燕帅刘仁恭大举来援，［葛］从周与诸将逆战于乾宁军老鸦堤，大破之……"老鸦堤，《读史方舆纪要》记在今河北青县东南，旧筑堤以防卫河泛滥。故所谓乾宁军老鸦堤，当是位于今河北青县的唐昭宗乾宁年间所置乾宁军址。然而，除乾宁军以外，当时也还有卢［芦］台军。8年以后的刘守文、刘守光兄弟玉田之役，

《资治通鉴》载：梁开平二年（908年）义昌节度使刘守文于十一月"举沧、德兵攻幽州……丁亥，守文兵至卢［芦］台军，为守光所败；又战于玉田，亦败。守文乃还"。这里的卢［芦］台军就肯定不是河北青县的乾宁军旧址；从刘守文自沧州出发，先至卢［芦］台军，失利后又再战于玉田来看，明显应该是位于今河北宁河南的芦台镇。此条下胡三省注称其地即宋乾宁军，系位于沧州西北九十里即今河北青县，应属误断。对比以上所举唐光化三年（900年）葛从周、刘仁恭沧州之役，及8年以后的后梁开平二年（908年）刘守文、刘守光兄弟玉田之役，可以得知唐末、五代初年今河北青县的乾宁军和今河北宁河的卢［芦］台军是同时存在的。所以顾祖禹《读史方舆纪要》将此时的乾宁军和卢［芦］台军混为一谈，明显不当。

再看梁乾化三年（913年）周德威攻拔刘守光卢［芦］台军的经过：《旧五代史·唐书·周德威传》载："［天祐］八年（梁乾化元年，公元911年）八月，刘守光僭称大燕皇帝。十二月，遣［周］德威率步骑三万出飞狐，与镇州将王德明、定州将程严等军进讨。九年（梁乾化二年，公元912年）正月，收涿州……五月七日，刘守光令骁将单廷珪督精甲万人出战，［周］德威遇于龙头岗（胡三省注：在幽州东南）……［周］德威奋檛击坠其马，生获［单］廷珪，贼党大败……十二日，［周］德威自涿州进军良乡、大城……［周］德威之师，屡收诸郡，降者相继。十年（梁乾化三年，公元913年）十一月，擒［刘］守光父子，幽州平。"其进军路线是东出飞狐口，然后北至涿州、良乡，再东渡卢沟河，抵达幽州城下。这段记载虽然简单，但把周德威进军路线基本说明白了。不过，周德威于天祐九年（梁乾化二年，公元912年）五月十二日就抵达了良乡，直到十年（梁乾化三年，公元913年）十一月才平幽州，其间一年多的军事活动是怎样的经过呢？

同书《庄宗纪二》载："［后唐］天祐九年（梁乾化二年，公元912年）五月乙卯朔，周德威大破燕军于羊头冈（一书龙头冈，幽州城东南），擒大将单廷珪，斩首五千余级。［周］德威自涿州进军于幽州，营于城下。闰［五］月己酉，攻其西门，燕人出战，败之。十月庚申，周德威报刘守光三遣使乞和，不报……天祐十年（梁乾化三年，公元913年）春正月丁巳，周德威攻下顺州（今北京顺义），获刺史王在思。二月甲戌朔，攻下安远军（在蓟州，今天津蓟县），获燕将一十八人。丙申，周德威报檀州（今北京密云）刺史陈确以城降。三月甲辰朔，收卢［芦］台军。乙丑，收古北口。时居庸关使胡令珪等与诸戍将相继挈族来奔。丙寅，武州（今河北宣化）刺史高行珪遣使乞降。时刘守光遣爱将元行钦牧马于山北……率戍兵攻［高］行珪……周德威遣李嗣源、李嗣本、安金全率兵救武州，降元行钦以归。四月甲申……［周］德威攻幽州（今北京）南门。壬辰，刘守光遣使王遵化致书哀祈于［周］德威……［周］德威乃以状闻。己亥，刘光浚攻下平州（今河北卢龙）……五月壬寅朔，［刘］光浚进破营州（今辽宁朝阳）……六月壬申朔，帝（即后唐庄宗）遣监军张承业至幽州，与周德威会议军事。七月，［张］承业与［周］德威率千骑至幽州西……辛亥，[周]德威进攻诸城门……十一月己亥朔，帝（即李存勖）下令亲征幽州。甲辰，发晋阳（今山西太原）。己未，至范阳（即幽州，今北京）。辛酉，[刘]守光奉礼币归款于帝，帝单骑临城邀[刘]守光，辞以他日……帝下令诸军，诘旦攻城。壬戌，梯衝并进，军士毕登，帝登燕丹冢以观之。有顷，擒刘仁恭以献。癸亥，帝入燕城，诸将毕贺。"从以上记述中可以得知，周德威平燕颇费周折，以至于十年（913年）六月庄宗遣监军张承业来幽州和周德威商议军事。从以上记载分析：周德威天祐九年（912年）五月抵达幽州城下以后，由于城坚难破，所以一方面顿大军于幽州城下，另一方面分派刘光浚、李嗣源、李存晖廓清幽州外围地区。《资治通鉴》云：梁乾化三年（即后唐天祐十年，公元913年）二月李存晖克檀州；三月刘光浚克古北口，李嗣源徇山后八军并克新州（今河北涿鹿）、武州（今河北宣化）。四月刘光浚克燕平州（今河北卢龙），五月克营州（今辽宁朝阳）。周德威本人则于正月克顺州（今北京顺义），再东破蓟州的安远军，降刘守光蓟州将成行言。三月"拔燕卢[芦]台军"。四月，复回军进逼幽州南门。十一月李存勖帅大军亲征，刘守光弃城逃跑，被获，幽州平。在这里需要强调的是，周德威从十年（913年）正月破顺州（今北京顺义），复东至蓟州（今天津蓟县），三月"拔燕卢台军"，四月进逼幽州南门。其作战都在幽州城以东一带，而且其大营是在涿州，因此所拔的卢[芦]台军只能是今河北宁河的芦台，不可能向南远至今河北青县的乾宁军旧址。所以顾祖禹《读史方舆纪要·北直隶四·河间府》"青县芦台城"下注称："乾化三年（913年）晋将周德威攻燕，拔其芦台军。"是误把青县的芦台城当成了宁河的芦台镇。

不过，今河北青县的芦台城也并非完全和芦台军没有关系。《旧五代史·唐书·明宗纪四》载："天成二年（927年）四月辛巳朔，房知温奏：'前月二十一日，卢[芦]台戍军乱，害副招讨使宁国军节度使乌震，寻与安审通斩杀乱兵讫。'庚寅，诏：'卢[芦]台乱军龙晊所部邺都（即魏州）奉节等九指挥三千五百人，在营家口骨肉，并可全家处斩。'龙晊所部之众，即梁故魏博节度使杨师厚之所招置也，皆天下雄勇之士，目其都为银枪效节，仅八千人……同光末，自赵州劫赵在礼，据有魏博。及帝缵位……乃令北御契丹……在途……互相煽动。及屯于卢[芦]台，会乌震代房知温为帅，转增浮说。[乌]震与房知温博于东寨，日亭午，大噪于营外，[房]知温上马出门，为甲士所拥，且曰：'不与儿郎为主，更何处去？'[房]知温绐之曰：'马军皆在河西，步卒独何为也！'遂得跃马登舟，济于西岸。安审通戢骑军不动，[房]知温与[安]审通谋伺便攻之，令乱兵卷甲南行……迟明，潜令外州军别行，[房]知温等遂击乱军，横尸于野，余众复趋旧寨，至则已焚之矣。翌日，尽戮之，脱于丛草沟塍者十无一二，追夜窜于山谷，稍奔于定州。"而乌震则死于这场兵乱之中。《旧五代史·唐书·乌震传》载："契丹犯塞，渔阳路梗，[乌]震率师运粮，三入蓟门，擢为河北道副招讨，遥领宣州节度使，代房知温军于卢[芦]台。及至军，会戍兵龙晊所部邺都奉节等军数千人作乱，未及交印而遇害。"据《旧五代史·晋书·房知温传》：庄宗之世房知温本是贝州刺史，明宗天成元年（926年）四月明宗李嗣源称监国，擢房知温为兖州节度使，数日之后明宗即位，又"诏充北面招讨使，屯于卢台军"。也就是说，房知温虽为兖州节度使但以北面招讨使（按：《旧五代史·唐书·明宗纪四》称北面副招讨）之责而实际驻于卢［芦］台军。及天成二年（927年）二月，明宗因冀州刺史乌震将兵运粮幽州有功，因此"除乌震为招讨副使，代［房］知温归镇。［房］知温怒［乌］震遽至，有怨言，因纵博，诱牙兵杀［乌］震于席上"。那么，这时的卢［芦］台军究竟在何地呢？据《明宗纪四》所云：这些乱军初在房知温的诈骗下卷甲南行，等被杀戮时复逃至定州投奔王都。从地理位置分析，只能是今河北青县的芦台城。因为如果是宁河的芦台镇，那么南行就是大海，而且遭杀戮时也不能就近奔定州。《资治通鉴》天成二年（927年）二月此事下胡三省注云："卢［芦］台军临御河之岸，周建乾宁军，东至沧州一百里，西至瀛州百七十里。"这是正确的。可以证明这个判断的还有一事，这就是《资治通鉴》天成二年三月，宣徽北院使范延光奉命带兵护送皇子李从荣从洛阳赴邺都（后唐以魏州为邺都，今河北大名东北）上任，在返回的路上闻卢［芦］台兵乱，马上发"滑州兵复如邺都，以备奔逸"。如果这时的卢［芦］台军是在宁河的话，那么两地远不相及，范延光就没有必要返回邺都防御乱兵。

综合以上分析，可以判断唐末、五代初年的芦台军应该是位于今河北宁河县的芦台镇。《光绪顺天府志·地理志十》和光绪《畿辅通志·舆地略二十二》均引《名胜志》称其为"后唐同光中（923年），刘守光所置"。这是不对的。一是因为早在梁乾化三年（即后唐天祐十年，公元913年）刘守光就已被李存勖遣周德威所灭。二是刘守文与刘守光战于卢［芦］台军是在刘守光囚父夺位的第二年，这不可能是刘守光新置。因此今河北宁河的芦台军至少应是刘仁恭所置，或更早是唐末藩镇所置。后唐天祐十四年（917年）周德威守幽州被契丹围困二百余日。同光二年（924年）李存贤守幽州时契丹强盛，城门之外，烽尘交警，一日数战。契丹势力已经向西发展到幽州城下。大约是这段时期河北宁河的卢［芦］台军才被迫南迁到青县乾宁军旧址。它在青县存在的时间应该不长，所以后周显德六年（959年）北伐契丹，收复三关（今河北雄县、霸州、信安）时，《旧五代史·周书·世宗纪六》和《资治通鉴》记载其地时仍为乾宁军旧称而不称卢［芦］台军。

——《北京文博》2010年第2期。

李存贤，字子良，本姓王，名贤，许州人也。祖启忠，父恽①……［后唐庄宗］同光初，授右武卫上将军。十一月，入觐洛阳。二年（924年）三月，幽州李存审（即

---

① 《旧五代史考异》："按：《九国志·李奉虔传》：'奉虔，太原人，本姓王氏。祖钦，唐隰州刺史。父存贤，佐唐武皇，累著功。赐姓李氏。考薛史作许州人，又作父恽，不载其官爵，与《九国志》异。'"

符存审）疾笃，求入觐，议择帅代之，方内宴，庄宗曰："吾披榛故人，零落殆尽，所残者存审耳。今复衰疾，北门之事，知付何人！"因目［李］存贤曰："无易于卿。"即日授特进、检校太保，充幽州卢龙节度使①。五月，到镇。时契丹强盛，城门之外，烽尘交警，一日数战。［李］存贤性忠谨周慎，昼夜戒严，不遑寝食，以至忧劳成疾，卒于幽州，时年六十五。诏赠太傅。

——《旧五代史》卷五十三《唐书·李存贤传》。

后唐李存贤为幽州节度使时，契丹强盛，［幽州］城门之外鞠（按：音：菊，意同"多"）为胡貂，援军自瓦桥关万众防卫，与胡骑一日数战，［李］存贤晓夕警备，废寝与食。

——《册府元龟》卷四百三十一《将帅部·勤戎事》。

［后梁均王］乾化三年（后唐天祐十年，公元913年）十二月庚午，晋王（即李存勖）以周德威为卢龙节度使（驻幽州，今北京）、兼侍中，以李嗣本为振武节度使（驻朔州，今山西朔县）。

乾化四年（后唐天祐十一年，公元914年）五月，晋王既克幽州，乃谋入寇（按：攻后梁也）。七月，会赵王王镕及周德威于赵州，南寇邢州（今河北邢台），李嗣昭引昭义兵会之。［失利］，诸镇兵皆引归。

［后梁均王］贞明元年（后唐天祐十二年，公元915年）七月，周德威闻［后梁］刘鄩西上［偷袭晋阳］，自幽州引千余骑救晋阳，至土门，刘鄩已整众下山，自邢州陈宋口逾漳水而东，屯于宗城。

时晋军乏食，［刘］鄩知临清有蓄积，欲据知以绝晋粮道，［周］德威急追［刘］鄩。再宿，至南宫，遣骑擒其斥候者数十人，断腕而纵之，使言曰："周侍中已据临清矣！"②鄩军大骇。诘朝，［周］德威略［刘］鄩营而过，入临清，［刘］鄩引军趋贝州。

八月，［刘］鄩将万余骑薄镇、定营，镇、定人惊扰。晋李存审以骑兵二千横击之，李建及以银枪千人助之，［刘］鄩大败，奔还。晋人逐之，及寨下，俘斩千计。

贞明二年（后唐天祐十三年，公元916年）八月，契丹王阿保机率诸部兵三十万，号百万，自麟（今陕西神木县北）、胜（今内蒙古鄂尔多斯左翼后旗黄河

---

① 《旧五代史考异》："按：《九国志》：'梁人攻上党（潞州治上党，今山西长治），庄宗亲总大军以援之，［李］存贤先登陷敌，以功授卢龙军节度使。与薛史异。'"
② 《资治通鉴考异》曰："薛史：'德威闻刘鄩东还，急趋南宫。知鄩军在宗城，遣十余骑迫其营，擒斥候者数十人，皆傅刃于背，縶而遣之。既至，谓鄩曰：周侍中已据宗城矣！鄩军大骇。'按：傅刃于背，其人岂能复活而言！今从《庄宗实录》及薛史'庄宗纪'。又，鄩见在宗城，而云周侍中据宗城，盖临清误耳。"

西岸）攻晋蔚州（今河北蔚县），陷之，虏振武节度使李嗣本①。遣使以木书求货于大同防禦使李存璋，［李］存璋斩其使；契丹进攻云州（按：云州治大同），存璋悉力拒之。

九月，晋人以兵逼沧州，顺化节度使戴思远弃城奔东都；沧州将毛璋据城降晋，晋王命李嗣源将兵镇抚之，［李］嗣源遣［毛］璋诣晋阳。晋王徙李存审为横海节度使，镇沧州，以［李］嗣源为安国节度使。

晋王自将兵救云州；行至代州，契丹闻之，引去，王亦还。以李存璋为大同节度使。

晋人围贝州逾年，张源德闻河北诸州皆为晋有，欲降，谋于其众，众以穷而后降，恐不免死，不从；共杀［张］源德，婴城固守。［城陷］，尽殪。晋王以毛璋为贝州刺史。于是河北皆入于晋，惟黎阳为［后］梁守。

十二月，初，燕人苦刘守光残虐，军士多归契丹；及［刘］守光被围于幽州，其北边士民多为契丹所掠；契丹日益强大。契丹主阿保机自称皇帝，国人谓之天皇王，以妻述律氏为皇后，置百官；至是改元神册……晋王（此指李克用）方经营河北，欲结契丹为援，常以叔父事阿保机，以叔母事述律后②。

刘守光末年衰困，遣参军韩延徽求援于契丹③，契丹怒其不拜，使牧马于野。［韩］延徽，幽州人，有智略，颇知属文。述律后言于契丹主曰："延徽能守节不屈，此今之贤者，奈何辱以牧圉！宜礼而用之。"契丹主召［韩］延徽与语，悦之，遂以为谋主，举动访焉。［韩］延徽始教契丹建牙开府，筑城郭，立市里，以处汉人。使各有配偶，垦艺荒田。由是汉人各安生业，逃亡者益少。契丹威服诸国，延徽有助焉。

顷之，［韩］延徽逃奔晋。晋王欲置之幕府，掌书记王缄疾之；［韩］延徽不自安，求东归省母，过真定（今河北正定），至于乡人王德明家（即张文礼），［王］德明问所之，［韩］延徽曰："今河北皆为晋有，当复诣契丹。"德明谓："叛而复往，得无取死乎？"［韩］延徽曰："彼自吾来，如丧手目；今往诣之，彼手目复完，安肯害我！"既省母，遂复入契丹。契丹主闻其至，大喜，如自天而下，拊其背曰："曩者何往？"［韩］延徽曰："思母，欲告归，恐不听，故私归耳。"契丹主待之益厚。

---

① 胡三省云："契丹攻蔚州，自麟、胜出诡道以掩晋不备也。按麟、胜至蔚州，中间悬隔云、朔，'蔚州'恐当作'朔州'。《资治通鉴考异》曰：［唐玄宗］开元中，振武军在朔州西北三百五十里单于都护府城内，隶朔方节度使。［唐肃宗］乾元元年置振武节度使，领镇北大都护、麟、胜二州。后唐振武戒毒是亦带安北都护、麟、胜等州观察等使，石晋以后皆带朔州刺史。据此乃治蔚州，不知迁徙年月。"
② 胡三省云："以晋王［李］克用与阿保机结为兄弟也。"
③ 胡三省云："《资治通鉴考异》曰：'《汉高祖实录·延徽传》云：天祐中连帅刘守光攻中山（今河北定州）不利，欲结北戎，遣［韩］延徽将命入虏。'刘恕以为刘守光据幽州后未尝攻定州，惟唐光化三年汴将张存敬拔瀛、莫，攻定州，刘仁恭遣守光救定州，为存敬所败，恐是此时，［刘］仁恭方为幽帅，非守光也。按刘仁恭父子强盛之时常陵暴契丹，岂肯遣使与之相结！乾化元年［刘］守光攻易定，［节度使］王处直求救于晋，故晋王遣周德威伐之，其遣［韩］延徽结契丹盖在此时。然事无显据，故但云衰困，附于此。"

及称帝，以［韩］延徽为相，累迁至中书令。

晋王遣使至契丹，［韩］延徽寓书于晋王，叙所以北去之意，且曰："非不恋英主，非不思故乡，所以不留，正惧王缄之谮耳。"因以老母为托，且曰："延徽在此，契丹必不南牧。"故终［后唐庄宗］同光之世，契丹不深入为寇，［韩］延徽之力也①。

贞明三年（后唐天祐十四年，公元917年）二月，晋王之弟威塞军防禦使［李］存矩在新州（今河北涿鹿）骄惰不治，侍婢预政。晋王使募山北部落骁勇者及刘守光亡卒以益南讨之军；又率其民出马，民或鬻十牛易一战马，期会迫促，边人嗟怨。［李］存矩得五百骑，自部送之，以寿州刺史卢文进为裨将②。行者皆惮远役，［李］存矩复不存恤。甲午，至祁沟关（今河北涿州西南）……执兵大噪，趣传舍，诘朝，［李］存矩寝未起，就杀之。［卢］文进不能制，抚膺哭其尸曰："奴辈既害郎君，使我何面目复见晋王！"因为众所拥，还新州，守将杨全章拒之；又攻武州（今河北宣化），雁门以北都知防禦兵马使李嗣肱击败之。周德威亦遣兵追逃，［卢］文进帅其众奔契丹。晋王闻［李］存矩不道以致乱，杀侍婢及幕僚数人。

初，幽州北七百里有渝关（今河北抚宁榆关），下有渝水通海。自关东北循海有道，道狭处才数尺，旁皆乱山，高峻不可越。比至进牛口，旧置八防御军，募士兵守之③，田租皆供军食，不入于蓟（今北京），幽州岁致缯纩以供战士衣。每岁早获，清野坚壁以待契丹，契丹至，则闭壁不战，俟其去，选骁勇据隘邀之，契丹常失利走。士兵皆自为田园，力战有功则赐勋加赏，由是契丹不敢轻入寇。及周德威为卢龙节度使，恃勇不修边备，遂失渝关之险，契丹每刍牧于营、平之间④。［周］德威又忌

---

① 胡三省云："按庄宗之世，契丹围周德威，救张文礼，何尝不欲深入为寇哉！晋之兵力方强，能折其锋耳，岂［韩］延徽之力邪！"
② 胡三省云："寿州属吴（今江苏），卢文进遥领刺史耳。"
③ 胡三省云："欧史曰（即欧阳修《新五代史》）：'渝关东临海，北有兔耳、覆舟山。山皆陡绝。并海东北有路，狭仅通车，其旁地可耕植。唐时置东硙石、西硙石、渌畴、米砖、长扬、黄花、紫蒙、白狼城以扼之。'宋白曰：'渝关关城下有渝水入大海。其关东临海，北有兔耳山、覆舟山，山皆陡峻，山下循海岸东北行，狭处才通一轨。三面皆海，北连陆关，西乱山至进牛栅凡六口，栅成相接，此所以天限戎狄者也。'"按，白狼水即今大凌河。白狼城即汉白狼县治，晋以后称白狼城，在今河北凌源市南。
④ 胡三省云："《金虏节要》曰：'燕山之地，易州（今河北易县）西北乃金坡关，昌平县（今北京昌平西南）之西乃居庸，顺州（今北京顺义）之地乃古北口，景州（今河北遵化）之东北乃松亭关（今河北平泉县西南），平州（今河北卢龙）之东乃渝关，渝关之东即金人之来路也。此数关皆天造地设以分蕃汉之限，一夫守之可以当百。本朝（指宋朝）复燕之役，若得诸关，则燕山之境可保。然关内之地，平（今河北卢龙）、滦（今河北滦县）、营（今河北昌黎）三州，自后唐陷于阿保机，改平州为辽兴府，以营、滦二州隶之，号为平州路。至石晋之初，耶律德光又得燕山、檀、顺、景、蓟、涿、易诸州，建燕山为燕京，以辖六郡，号燕京路，而与平州自成两路。海上议割地（指宋金海上之盟），但云燕、云两路而已，初谓燕山路尽得关内之地，殊不知燕山、平州尽在关内而异路也。破辽之后，金人复得平州路据之，故阿离不後由平州入寇，乃当时议燕、云不明地里之故。'又《金虏行程》云：'滦州，古无之。唐末阿宝继攻陷平、营，刘守光据幽州，暴虐，民多亡入房中，乃筑此城。营州古柳城郡，舜所筑也，乃殷之孤竹国，汉、唐辽西地。其城外多大山，高下皆石，不产草木，地当营室，故以为名。自营州东至渝关（按：误，渝关在营州之西），并无保障，沃野千里，北限大山，崇冈峻岭，中有无关，惟渝关、居庸可通饷馈，松亭、金坡、古北口只通人马，不可行车。其山之南，则五谷百果、良材美木，无所不有，出关未数里则地皆瘠卤，岂天设此以限华夷乎？'"

幽州旧将有名者，往往杀之。

吴王（按：指吴高祖杨隆演）遣使遗契丹以猛火油，曰："攻城，以此油然火焚楼橹，敌以水沃之，火愈炽。"契丹主大喜，即选骑三万欲攻幽州，述律后哂之曰："岂有试油而攻一国乎！"因指帐前树谓契丹主曰："此树无皮，可以生乎？"契丹主曰："不可。"述律后曰："幽州城亦如是矣。吾但以三千骑伏其旁，掠其四野，使城中无食，不过数年，城自困矣，何必如此躁动轻举！万一不胜，为中国笑，吾部落亦解体矣。"契丹主乃止。

三月，卢文进引契丹兵急攻新州（今河北涿鹿），刺史安金全不能守，弃城走；[卢]文进以其部将刘殷为刺史，使守之。晋王（李存勖）使周德威合河东、镇、定之兵攻之，旬日不克。契丹主率众三十万救之，[周]德威众寡不敌，大为契丹所败，奔归。

契丹乘胜进围幽州，声言有众百万，毡车毳幕弥漫山泽。卢文进教之攻城，为地道，昼夜四面俱进，城中穴地然膏以邀之；又为土山以临城，城中熔铜以洒之，日杀千计，而攻之不止。周德威遣间使诣晋王告急，[晋]王方与[后]梁相持河上，欲分兵则兵少，欲勿救恐失之，谋于诸将，独李嗣源、李存审、阎宝劝王救之。王喜曰："昔太宗得一李靖犹擒颉利，今吾有猛将三人，复何忧哉！"[李]存审、[阎]宝以为虏无辎重，势不能久，俟其野无所掠，食尽自还，然后蹑而击之。李嗣源曰："周德威社稷之臣，今幽州朝夕不保，恐变生于中，何暇待虏之衰！臣请身为前锋以赴之。"王曰："公言是也。"即日，命治兵。四月，晋王命[李]嗣源将兵先进，军于涞水（今河北涞水）阎宝以镇、定之兵继之。

——《资治通鉴》卷二百六十九　后梁纪四　均王乾化三年—贞明三年。

李存璋……[后唐]天祐十三年（916年）王檀逼太原，[李]存璋率汾州之军入城固守，授大同军防御使，应、蔚、朔等州都知兵马使。秋，契丹寇蔚州，陷之，阿保机遣使驰木书，求赂，[李]存璋斩其使。虏逼云州，[李]存璋拒守，城中有古铁车，乃熔为兵仗以给军士，虏退，以功授检校太傅、大同军节度、云应等州观察。

——《册府元龟》卷三百四十七《将帅部·佐命八》。

[后梁均王]贞明三年（后唐天祐十四年，公元917年）七月，晋王以李嗣源、阎宝兵少，未足以敌契丹，辛未，更命李存审将兵益之。

八月，契丹围幽州且二百日，城中危困。李嗣源、阎宝、李存审步骑七万会于易州（今河北易县），[李]存审曰："虏众吾寡，虏多骑，吾多步，若平原相遇，虏以万骑蹂吾阵，吾无遗类矣。"[李]嗣源曰："虏无辎重，吾行必载粮食以自随，若平原相遇，虏抄吾粮，吾不战自溃矣。不若自山中潜行趣幽州，与城中合势，若中道遇虏，则据险以拒之。"甲午，自易州北行，庚子，逾大房岭①，循涧而东。[李]嗣源与养子[李]从珂将三千骑为前锋，距幽州六十里，与契丹遇，契丹惊却，晋兵翼而随之。契丹行山上，晋兵行涧下，每至谷口，契丹辄邀之，[李]嗣源父子力战，乃得进。至山口，契丹一万余骑遮其前，将士失色；[李]嗣源以百余骑先进，免胄扬鞭，胡语谓契丹曰："汝无故犯我疆场，晋王命我将百万众直抵西楼（即辽上京），灭汝种族！"因跃马奋楇，三入其阵，斩契丹酋长一人。后军齐进，契丹兵却，晋兵始得出。李存审命步兵伐木为鹿角，人持一枝，止则成寨。契丹骑环寨而过，寨中发万弩射之，流矢蔽日，契丹人马死伤塞路。将至幽州，契丹列阵待之，[李]存审命步兵阵于其后，戒勿动，先令羸兵曳柴然草而进，烟尘蔽天，契丹莫测其多少；因鼓噪合战，[李]存审乃趣后阵起而乘之，契丹大败，席卷其众自北山去②，委弃车帐铠仗羊马满野，晋兵追之，俘斩万计。辛丑，[李]嗣源等入幽州，周德威见之，握手流涕。

契丹以卢文进为幽州留后，其后又以为卢龙节度使，[卢]文进常居平州（今河北卢龙），帅奚骑岁入北边，杀掠吏民。晋人自瓦桥（今河北雄县）运粮蓟城（今北京）③，虽以兵援之，不免抄掠。契丹每入寇，则[卢]文进率汉卒为向导，卢龙巡属诸州为之残弊。

贞明四年（后唐天祐十五年，公元918年）七月，晋王谋大举入寇（按：伐后梁），周德威将幽州步骑三万，李存审将沧、景步骑万人，李嗣源将邢（今河北邢台）、洺（今河北永年东）步骑万人，王处直遣将将易、定步骑万人，及麟（今陕西神木县北）、胜（今内蒙古鄂尔多斯左翼后旗黄河西岸）、云（今山西大同）、蔚（今河北蔚县）、新（今河北涿鹿）、武（今河北宣化）等州诸部落奚、契丹、室韦、吐谷浑，皆以兵会之。八月，并河东、魏博之兵，大阅于魏州（今河北大名东北）④。

……

晋王欲趣大梁（今河南开封），而梁军扼其前，坚壁不战百余日。十二月庚子朔，晋王进兵，距梁军十里而舍。[梁北面行营招讨贺瑰以谋反罪擅杀排阵使谢彦章]。

晋王闻谢彦章死，喜曰："彼将帅自相鱼肉，亡无日矣。贺瑰残虐，失士卒心，我若引兵直指其国都（即汴梁，今河南开封），彼安得坚壁不动！幸而一与之战，蔑不胜矣。"王欲自将万骑直趣大梁，周德威曰："梁人虽屠上将，其军尚全，轻行徼利，未见其福。"不从。戊午，下令军中老弱悉归魏州，起师趋汴。庚申，毁营而进，

---

① 胡三省云："《水经注》：'圣水（今大石河）出上谷郡西南谷，东南流迳大房岭。'又曰：'良乡西北有大房山（约今北京良乡西北马鞍山一带），房水出其南。'按易州（今河北易县）即汉上谷郡地。"范成大：《北使录》：'自良乡六十五里至幽州城外。此又驿路也。'"
② 胡三省云："取古北口路而去。"
③ 胡三省云："《九域志》瓦桥北至涿州一百二十里，涿州北至蓟城一百二十里。"
④ 胡三省云："兵莫难于用众。是举也，晋兵先败，周德威父子死焉，晋王特危而后济耳。"

众号十万。壬戌，至胡柳陂（濮阳东，今河南濮阳东南）①……周德威曰："贼倍道而来，未有所舍，我营栅已固，守备有余，既深入敌境，动须万全，不可轻发。此去大梁至近，梁兵各念其家，内怀愤激，不以方略制之，恐难得志。王宜按兵勿战，德威请以骑兵扰之，使彼不得休息，至暮营垒未立，樵爨未具，乘其疲乏，可一举灭也。"……［晋王不听］，以亲军先出。［周］德威不得已，引幽州兵从之，谓其子曰："吾无死所矣。"

贺瓌结阵而至，横亘数十里。［晋］王帅银枪都陷其阵，冲荡击斩，往返十余例。［后梁］行营左厢马军都指挥使、郑州防禦使王彦章军先败，西走濮阳。晋［王］辎重在阵西，望见梁旗帜，惊溃，入幽州阵，幽州兵亦扰乱，自相蹈藉；周德威不能制，父子皆战死。魏博节度副使王缄与辎重俱行，亦死……是日，两军所丧士卒各三分之二，皆不能振。

晋王还营，闻周德威父子死，哭之恸，曰："丧吾良将，是吾罪也。"以其子幽州中军兵马使［周］光辅为岚州刺史。

贞明五年（后唐天祐十六年，公元919年）正月，晋李存审于德胜（今河南濮阳）南北筑两城而守之②。晋王以［李］存审代周德威为内外蕃汉马步总管。晋王还魏州，遣李嗣昭权知幽州军府事。

三月，晋王自领卢龙节度使③，以中门使李绍宏提举军府事，代李嗣昭④。绍宏，宦者也，本姓马，晋王赐姓名，使与知岚州事孟知祥俱为中门使……及［李］绍宏出幽州，知祥惧祸，称疾辞位。

——《资治通鉴》卷二百七十　后梁纪五　均王贞明三年—五年。

［后梁］均王贞明六年（后唐天祐十七年，公元920年）十二月，赵王［王］镕（即原镇州节度使）自恃累世镇成德，得镇人心，生长富贵，雍容自逸……多事嬉游，不亲政事……权移左右，行军司马李蔼、宦者李弘规用事于中外，宦者石希蒙尤以谄谀得幸。

初，刘仁恭使牙将张文礼从其子［刘］守文镇沧州（今河北沧县旧州），［刘］守文诣幽州省其父，［张］文礼于后据城作乱，沧人讨之，奔镇州。［张］文礼好夸诞，自言知兵，赵王［王］镕奇之，养以为子，更名［王］德明，悉以军事委之。［王］

---

① 胡三省云："胡柳陂在濮州西临濮县界。"按：唐临濮在今河南濮阳东南、山东鄄城西南。又《资治通鉴》卷二百七十一贞明五年十二月"晋王乘胜遂拔濮阳"条，胡三省云："胡柳在濮阳东。"
② 胡三省云："唐澶州治顿丘（今河南清丰县西南二十五里之旧州镇）。自筑德胜南北城，及［后］晋天福三年遂移澶州及顿丘县于德胜（今河南濮阳）以防河津，惧契丹南牧也。宋景德澶渊之役犹在德胜。［宋］熙宁以来，澶州治濮阳（今河南濮阳），又非石晋（即后晋）所移之地。"按北宋濮阳是原德胜北城，南城在其东南5里。
③ 胡三省云："周德威死，难其代，且北边大镇，士马强锐，故自领之。"
④ 胡三省云："以宦者代功臣，失之矣。"

德明将行营兵从晋王（即后唐李存勖），［王］镕欲寄以腹心，使都指挥使符习代还，以为防城使。

　　［王］镕晚年好事佛及求仙……盛饰馆宇于［镇州］西山，每往游之，登山临水，数月方归，将佐士卒陪从者常不下万人，往来供顿，军民皆苦之。是月，［王镕］自西山还，宿鹘营庄，［石希蒙仍劝诱王镕野游，李弘规等力阻反而遭谗，李弘规遂教内牙将苏汉衡帅亲军杀石希蒙，王镕只好归第。］是夕，遣其长子［王］昭祚与王德明将兵韦［李］弘归及李蔼之第，族诛之，连坐者数十家。又杀苏汉衡，收其党与，穷治反状，亲军大恐。

　　［后梁］均王龙德元年（后唐天祐十八年，公元921年）二月，［赵亲军叛杀王镕］，军校张友顺帅众诣［王］德明第，请为留后，［王］德明复姓名张文礼，尽灭王氏之族①，独置［王］昭祚之妻普宁公主以自托于梁②。

　　三月，张文礼遣使告乱于晋王，且奉笺劝进，因求节钺。晋王方置酒作乐，闻之，投杯悲泣，欲讨之。僚佐以为［张］文礼罪诚大，然吾方与梁争，不可更立敌于肘腋，宜且从其请以安之。王不得已，四月，遣节度判官卢质承制授［张］文礼成德留后（镇州即成德军）。

　　七月，张文礼虽受晋命，内不自安，复遣间使因卢文进求援于契丹；又遣间使来告（按：告梁也）曰："王氏为乱兵所屠，公主无恙（按：公主系梁氏女也）今臣已北招契丹，乞朝廷发精甲万人相助，自德、棣渡河，则晋人遁逃不暇矣。"帝［均王］疑未决……乃止。

　　晋人屡于塞上及河津获［张］文礼蜡丸绢书③。晋王皆遣使归之，［张］文礼惭惧。［张］文礼忌赵故将（即王镕旧部），多所诛灭。符习将赵兵万人从晋王在德胜（今河南濮阳），［张］文礼请招归，［符习泣涕请留，并请伐张文礼］。八月庚申，晋王以［符］习为成德留后，又命天平［军］（今山东东平西北）节度使阎宝、相州（今河南安阳）刺史史建瑭将兵助之……［张］文礼闻之，惊惧而卒，其子［张］处瑾密不发丧，与其党韩正时谋悉力拒晋。九月，晋兵渡滹沱，围镇州……获其深州刺史张友顺。壬辰，史建瑭中流矢卒。

　　十月，初，义武节度使（即易定节度使，驻定州）、兼中书令王处直未有子，妖人李应之得小儿刘云郎于陉邑（胡三省注："陉"音"刑"，属定州），以遗［王］处直曰："是儿有贵相。"使养为子，名之曰［王］都。及壮，便佞多诈，［王］处直爱之，置新军，使典之。［王］处直有孽子（即庶子）［王］郁，无宠，奔晋，晋王李克用以女妻之，累迁至新州团练使（驻今河北涿鹿）。余子皆幼；［王］处直以［王］都为节度副大使，欲以为嗣。

---

　　① 胡三省注云："唐穆宗长庆元年（823年），王庭凑据成德军，历四世、五帅而灭。"
　　② 胡三省注云："唐昭宗光化三年（900年），梁女妻王昭祚。"
　　③ 胡三省注云："塞上所获者通契丹之书，河津所获者通梁之书。"

及晋王［李］存勖讨张文礼，［王］处直以平日镇、定（即镇州与易定）相为唇齿，恐镇亡而孤定，固谏，以为方禦梁寇，宜且赦［张］文礼。晋王答以［张］文礼弑君，义不可赦；又潜引梁兵，恐于易、定亦不利。［王］处直患之，以新州地邻契丹，乃潜遣人语［王］郁，使赂契丹，召令犯塞，务以解镇州之围①；其将佐多谏，不听。［王］郁素疾［王］都冒继其宗，乃邀［王］处直求为嗣，［王］处直许之。

军府之人皆不欲召契丹，［王］都亦虑［王］郁夺其处，乃阴与书吏和昭训谋劫［王］处直。会［王］处直与张文礼宴于城东②，暮归，［王］都以新军数百伏于府第，大噪劫之，曰："将士不欲以城召契丹，请令公归西第。"乃并其妻妾幽之西第③。尽杀［王］处直子孙在中山（定州治中山，今河北定州）及将佐之为［王］处直腹心者。［王］都自为留后，具以状白晋王；晋王因以［王］都代［王］处直。

十一月，晋王使李存审、李嗣源守德胜（今河南濮阳），自将兵攻镇州（今河北正定）。张处瑾遣其弟处琪、幕僚齐俭谢罪请服，晋王不许，尽锐攻之，旬日不克。［张］处瑾使韩正时将千骑突围出，趣定州（今河北定州），欲求救于王处直，晋兵追至行唐（今河北行唐）斩之。

契丹主既许卢文进出兵，王郁又说之曰："镇州美女如云，金帛如山，天皇王速往，则皆已物也，不然，为晋王所有矣。"契丹主以为然，悉发所有之众而南。述律后谏曰："吾有西楼羊马之富，其乐不可胜穷也，何必劳师远出以乘危邀利乎！吾闻晋王用兵，天下莫敌，脱有危败，悔之何及！"契丹主不听。十二月辛未，攻幽州，李绍宏婴城自守④。契丹长驱而南，围涿州，旬日拔之，擒刺史李嗣弼，进攻定州。王都告急于晋，晋王自镇州将亲军五千救之，遣神武都指挥使王思同将兵戍狼山（在今河北定州西北200里）之南以拒之。

龙德二年（后唐天祐十九年，公元922年）正月壬午朔，王都省王处直于西第，［王］处直奋拳殴其胸，曰："逆贼，我何负于汝！"既无兵刃，将噬其鼻，［王］都掣袂获免。未几，［王］处直忧愤而卒。甲午，晋王至新城（今河北高碑店市新城东南，白沟河西）南，候骑白契丹前锋宿新乐（今河北新乐东北），涉沙河（今大沙河）而南……晋王乃自帅铁骑五千先进。至新城（今河北高碑店市新城东南，白沟河西）北，半出桑林，契丹万余骑见之，惊走。晋王分军为二逐之，行数十里，获契丹主之子。时沙河桥狭冰薄，契丹陷溺者甚众。是夕，晋王宿新乐。契丹主车帐在定州城下，败兵至，契丹举众退保望都（今河北望都）。

晋王至定州，王都迎谒于马前，请以爱女妻［晋］王子［李］继岌。

---

① 胡三省注云："王郁虽不能解镇州之围，而亦能为契丹向导以寇晋。"
② 胡三省注云："按张文礼时已受兵，安能至定州与王处直宴！处纸所与宴者必［张］文礼使者也。"
③ 胡三省注云："凡官府第舍以东为上，西第者即安养闲之地。唐末王处存帅义武（即易定），兄弟相机，至是而败。"
④ 胡三省注云："后梁贞明五年（919年），晋王令李绍宏提举幽州军府事。"

戊戌，晋王引兵趣望都，契丹逆战，晋王以亲军千骑先进，遇奚酋秃馁五千骑，为其所围。晋王力战，出入数四，自午至申不解。李嗣昭闻之，引三百骑横击之，虏退，王乃得出。因纵兵奋击，契丹大败，遂北至易州（今河北易县）会大雪弥旬，平地数尺，契丹人马无食，死者相属于道。契丹主举手指天，谓卢文进曰："天未令我至此。"乃北归。晋王引兵蹑之，随其行止，见其野宿之所，布蒿于地，回环方正，皆如编翦，虽去，无一枝乱者，叹曰："虏用法严乃能如是，中国所不及也。"晋王至幽州（今北京），使二百骑蹑契丹之后，曰："虏出境即还。"骑恃勇追击之，悉为所擒，惟两骑自他道走免。

契丹主责王郁，縶之以归，自是不听其谋。

晋代州刺史李嗣肱将兵定妫（今河北怀来旧县城）、儒（今北京延庆）、武（今河北宣化）等州①授山北都团练使。

[后梁将戴思远]将兵五万攻德胜北城（今河南濮阳）……[晋]李存审悉力据守。晋王闻德胜势危，二月，自幽州赴之，五日至魏州。[戴]思远闻之，烧营遁还杨村。

晋天平军节度使、兼侍中阎宝筑垒以围镇州，决滹沱水环之，[轻敌失利]，退保赵州。镇人悉毁晋之营垒，取其刍粮，数日不尽。晋王闻之，以昭义节度使、兼中书令李嗣昭为北面招讨使，以代[阎]宝。

四月甲戌，[李嗣昭阵亡]，晋王以天雄马步都指挥使、振武节度使李存进为北面招讨使……阎宝惭愤，疽发于背。甲戌，卒。

五月乙酉，晋李存进至镇州，营于东垣渡（即镇州城外渡口）②，夹滹沱水为垒。

九月戊寅朔，张处瑾使其弟[张]处球乘李存进无备，将兵七千人奄至东垣渡……鬬于桥上，镇兵退，晋骑兵断其后，夹击之，镇兵殆尽，[李]存进亦战没。晋王以蕃汉马步总管李存审为北面招讨使。

镇人食竭力尽，[张]处瑾遣使诣行台请降，未报，[李]存审兵至城下。丙午夜，城中将李再丰为内应③，密投絙以纳晋兵，比明毕登，执[张]处瑾兄弟家人及其党高濛、李嶷、齐俭送行台，赵人皆脔而食之，磔张文礼尸于市。赵王故侍者得赵王遗骸于灰烬中，晋王命祭而葬之。以赵将符习为成德节度使（即镇州节度使），乌震为赵州刺史，赵仁贞为深州刺史，李再丰为冀州刺史。

符习不敢当成德……赵人请晋王兼领成德节度使，从之。

十二月，晋王以魏博观察判官晋阳张宪兼镇冀观察判官，权领镇州军府事。

——《资治通鉴》卷二百七十一　后梁纪六　均王贞明六年—龙德二年。

---

① 胡三省注云："《匈奴须知》：'妫州东南距幽州二百二十里，儒、武又在妫州西北。契丹入塞，三州皆陷，故李嗣肱复之。'"
② 胡三省注云："真定本东垣，汉高帝更名真定，其津渡之处犹有东垣之名。"
③ 按《旧五代史》庄宗纪、张文礼传均称，内应者系李再丰之子。

后唐天祐十八年（921年）十二月，契丹阿保机寇幽州，节度使李绍宏率士固守。契丹引众而南攻涿州，围逼十余日，陷之。契丹寇定州，［节度使］王都遣使告急，［庄宗］御亲军赴之。

天祐十九年（922年）正月甲午，帝御亲军五千进击契丹（镇州张文礼所招也）至新城南（今河北高碑店市新城东南，白沟河西），探报契丹前锋三千骑宿于新乐（今河北新乐东北），渡沙河而南矣。帝令前锋侦契丹所至，报云渡沙河矣。军中相顾失色，咸欲释镇州之围，班师于魏［州］，以避契丹，俟其还塞，再议进军……帝曰："……今吾以数万之众，底定山东，张文礼厮仆小人，非吾所敌；阿保机潼酪贱类，唯利是求，犯难而来，其强易弱，一逢挫败，奔走无路。尔曹辈但乘马同行，看吾破贼。"帝乃率骑五千，精甲耀日，至新城北（今河北高碑店市新城东南，白沟河西），半出桑林，契丹万余骑，遽见我军，惶骇而退。帝乃分军为二广（按：即左右两翼），乘之蹑数十里，获其大将一人，即［阿保］机之子。其众益恐，时沙河冰薄，桥道甚狭，虏骑军无行次，相践而过，陷溺人马……阿保机车帐方在定州，败兵夜至，拔旗而遁，保于望都。帝车次定州，［节度使］王都迎谒，言辞恳切，是夜宿于开元寺。来日，帝引军趋望都，契丹逆战，帝身先骑士，驰击数四，虏骑退而结阵，我徙兵阵于水次。俄而，帝与李嗣昭跃马交战，贼骑大溃，俘斩数千级，获其酋长数十，追击至于易州。所获毡车、毳幕、羊马不可胜纪。时自正月朔，雪平地五尺，贼刍粟已竭，人马踏死于积雪中，累累不绝，帝乘胜追击至幽州而还。

——《册府元龟》卷九百八十七《外臣部·征讨六》。

李再丰，故镇帅王镕之裨校。张文礼害王镕时，［李］再丰与别将符习、赵仁真（一为"贞"，在德胜，闻镇州归梁，号哭，请兵于庄宗，誓擒［张］文礼。及事定，用为冀州刺史。

——《册府元龟》卷八百四《总录部·义四》。

符习，赵州昭庆人。少以军卒事［镇州节度使］王镕，积功至都校。自［后唐］庄宗经略河朔，与［王］镕连横，尝令［符］习率师从征。［王］镕为大将王德明（即张文礼）所害，［王］德明据镇州，时［符］习在德胜行台，［王］德明上书请［符］习归藩。庄宗诏［符］习，谓之曰："王德明召尔归藩，自为行计。"［符］习雨泣而进曰："臣本赵人，家世事王氏，常效忠义，而［王］德明乃幽沧叛卒，赵王知人不尽，过意任使，果致此反噬。臣等虽不武，愿在霸府，血战而死，不能委身于凶首，被其屠割。"庄宗曰："尔等既怀旧君之恩，则能复仇乎？吾当助尔。"［符］习等举身投地，号恸感激良久……庄宗即令阎宝、史建瑭助［符］习兴师讨［王德明］，乃以［符］习为镇冀节度留后。及［王］德明诛，将正受钺，［符］习不敢当其任……及庄宗兼领镇州，乃割相、卫二州置义宁军，以［符］习为节度使。［符］习奏曰：

"魏博六州,霸主之府,不宜分割以示弱,但授臣河南一镇,得自攻取便也。"乃授天平军节度、郓齐棣观察、东南面招讨等使。

——《册府元龟》卷八百四《总录部·义四》。

史建瑭为相州刺史,〔镇州〕张文礼叛,〔史建瑭〕总北面行营兵马,攻赵州,进攻镇州,营于西南隅,日以轻骑逼门,为伏弩所中,归营而卒。

——《册府元龟》卷四百二十五《将帅部·死事二》。

〔后唐〕庄宗(即晋王李存勖)同光元年(923年)三月,契丹寇幽州(今北京),晋王问帅于郭崇韬,〔郭〕崇韬荐横海节度使李存审。时〔李〕存审卧病,己卯,徙〔李〕存审为卢龙节度使,舆疾赴镇。以蕃汉马步副总管李嗣源领横海节度使(治沧州,今河北沧县旧州)。

四月,〔晋王即皇帝位〕。

初,李绍宏为中门使,郭崇韬副之。至是,自幽州召还,〔郭〕崇韬恶其旧人位在己上,乃荐张居翰为枢密使,以〔李〕绍宏为宣徽使,〔李〕绍宏由是恨之。

以魏州(今河北大名东北)为兴唐府,建东京;又于太原府(今山西太原)建西京,又以镇州(今河北正定)为真定府,建北都。

闰四月,甲午,契丹寇幽州,至易、定而还。

时契丹屡入寇,抄略馈运,幽州食不支半年,卫州(今河南汲县)为梁所取,潞州(今山西长治)内叛,人情岌岌,以为梁未可取,帝患之。

〔闰四月至十月,后唐军自德胜(今河南濮阳)而东,夺杨刘渡口(今山东东阿北),南渡河,相继陷郓州(今山东东平西北)、曹州(今山东曹县北),攻陷大梁(今河南开封),后梁亡〕。

十一月,癸卯,张全义请帝迁都洛阳,从之①。乙巳,废北都,复为成德军。辛酉,复以永平军大安府为西京京兆府②。

——《资治通鉴》卷二百七十二 后唐纪一 庄宗同光元年。

同光二年(924年)正月甲辰,幽州奏契丹入寇,至瓦桥(今河北雄县)③。以天平军节度使(驻郓州,今山东东平西北)李嗣源为北面行营都招讨使,陕州留后霍

---

① 胡三省注云:"《资治通鉴考异》曰:'《实录》:甲辰,议修洛阳太庙。按梁以汴州为东京,洛京为西京。庄宗以魏州为东京,太原为西京,真定为北都。及灭梁,废东京为汴州,以永平军(即长安)为西京,而不云以洛阳为何京。若以为东京,则与魏州无以异。诸书但谓之洛京,亦未尝有诏改梁西京为洛京也。至同光三年(925年)始诏依旧以洛京为东都。或者以永平(即长安)为西京时即改梁西京为洛京而史脱其文也?无可质正,故但谓之洛阳。'"
② 胡三省注云:"〔梁太祖开平三年(909年)〕梁改长安为永平军;该京兆府为大安府。"
③ 胡三省注云:"李存审奏也。"

彦威副之，宣徽使李绍宏为监军，将兵救幽州。庚戌，契丹出塞。召李嗣源旋师，命泰宁节度使（驻今山东兖州）李绍钦、泽州（今山西晋城）刺史董璋戍瓦桥（今河北雄县）。甲寅，［卢龙节度使］李存审奏契丹去，复得新州（今河北涿鹿）①。

三月乙巳，镇州言契丹将犯塞，诏横海节度使（驻沧州，今河北沧县旧州）李绍斌、北京（今山西太原）左厢马军指挥使李从珂帅骑兵分道备之；天平节度使李嗣源屯邢州（今河北邢台）。［李］绍斌本姓赵，名行实，幽州人也。

李存审自以身为诸将之首，不得预克汴之功，感愤，疾益甚，屡表求入觐，郭崇韬抑而不许。［李］存审疾亟，表乞生睹龙颜，乃许之。初，帝尝与右武卫上将军李存贤手搏，［李］存贤不尽其技，帝曰："汝能胜我，当授藩镇。"［李］存贤乃奉诏，仅仆帝而止。及许［李］存审入觐，帝以［李］存贤为卢龙行军司马，旬日除节度使，曰："手搏之约，吾不食言矣。"

庚戌，幽州奏契丹寇新城（今河北高碑店市新城东南，白沟河西）②。

五月壬子，新宣武节度使兼中书令、蕃汉马步总管李存审卒于幽州③。

［李］存审出于寒微，常戒诸子曰："尔父少提一剑去乡里，四十年间，位及将相，其间出万死获一生者非一，破骨出镞者凡百余。"因授以所出镞，命藏之，曰："尔曹生于膏粱，当知尔父起家如此也。"

幽州言契丹将入寇，甲寅，以横海节度使李绍斌充东北面行营招讨使，将大军渡河而北。契丹屯幽州东南城门之外，虏骑充斥，馈运多为所掠。

六月壬辰，以天平军节度使、［蕃汉内外马步副总管］李嗣源为宣武军节度使，代李存审为蕃汉内外马步总管。

七月庚申，置威塞军于新州（今河北涿鹿）。

契丹恃其强盛，遣使就帝求幽州以处卢文进。时东北诸夷皆役属契丹，惟渤海（即靺鞨）未服；契丹主谋入寇，恐渤海掎其后乃举兵击渤海之辽东，遣其将秃馁及卢文进据营、平等州（今辽宁朝阳及河北卢龙一带）以扰燕地。

九月癸卯，契丹攻渤海，无功而还。丁巳，幽州言契丹入寇。

十月辛未，易、定言契丹入寇。

十一月庚申，蔚州言契丹入寇。

十二月己巳，命宣武军节度使李嗣源将宿卫兵三万七千人赴汴州，遂如幽州禦契丹④。壬午，北京（今山西太原）⑤言契丹寇岚州（今山西岚县）。辛卯，卢龙节度使李存贤卒。

---

① 胡三省注云："后梁贞明三年（917年）新州陷契丹。"
② 胡三省注云："新城属涿州，唐太和六年以故督亢地置。《匈奴须知》：'新城县北至涿州六十里。'"
③ 胡三省注云："李存审受宣武之命而未离幽州也。"
④ 胡三省注云："命李嗣源将兵赴镇，因而北出备边。"
⑤ 胡三省注云："同光之初，以镇州为北都，太原为西京；寻废北都复为镇州，以太原为北京。"

——《资治通鉴》卷二百七十三　后唐纪二　庄宗同光二年。

符存审为幽州卢龙节度使、检校太师、中书令。常戒诸子曰:"余本寒家,少小携一剑而违乡里,四十年间,位及将相,其间屯危患难,履锋冒刃,入万死而无一生,身方及此。前后中矢仅百余。"乃出镞以示诸子,出镞,因以奢侈为戒。

——《册府元龟》卷八百一十七《总录部·训子二》

王思同为马军左厢都指挥使,领蓟州刺史。[后唐庄宗]同光中,从明帝(即李嗣源)援粮入幽州,逐虏有功,迁郑州防禦使。

——《册府元龟》卷三百六十《将帅部·立功十三》。

(2)后期赵德钧与契丹的战争

赵德钧,本名行实,幽州人也。少以骑射事沧州连帅刘守文,[刘]守文为弟[刘]守光所害,遂事[刘]守光,属为幽州军校。及[后]唐庄宗伐幽州,[赵]德钧知其必败,乃遁归庄宗。庄宗善待之,赐姓,名曰绍斌(即李绍斌),累历郡守,从平梁,迁沧州节度使。[后唐庄宗]同光三年(925年),移镇幽州(按:即同光三年正月李存贤之卒也)。明宗即位,遂归本姓,始改名赵德钧。其子[赵]延寿尚明宗女兴平公主,故[赵]德钧犹承倚重。

[后唐明宗]天成中,定州王都反(按:天成三年事),契丹遣惕隐领精骑五千来援[王]都,至唐河(今河北唐河),为招讨使王晏球所败。会霖雨相继,所在泥淖,败兵北走,人马饥疲,[赵]德钧于要路邀之,尽获余众,擒惕隐以下首领数十人,献于京师。明年,王都平(事在天成四年,公元929年),加兼侍中,顷之,加东北面招讨使。

[赵]德钧奏发河北数镇丁夫,开王马口至游口(按:误,当为淤口,今河北信安),以通水运,凡二百里。又于阎沟筑垒,以戍兵守之,因名良乡县,以备抄寇。又于幽州东筑三河城,北接蓟州(今天津蓟县),颇为形势之要,部民由是稍得樵牧。[赵]德钧镇幽州凡几十余年①,甚有善政,累官至检校太师、兼中书令,封北平王。[后唐末帝]清泰三年(936年)夏,晋高祖(即石敬瑭)起义于晋阳。九月,契丹败张敬达之军于太原城下,唐末帝诏[赵]德钧以本军由飞狐路出贼后邀之。时[赵]德钧子[赵]延寿为枢密使,唐末帝命帅军屯上党(潞州治上党,今山西长治),[赵]德钧乃以所部银鞍契丹直三千骑至镇州(今河北正定),率节度使华温琪(按:《资

---

① 《旧五代史考异》:"《辽史》:'天赞六年(按:误,当为辽太宗天显六年,公元931年),遣人以诏赐卢龙军节度使赵德钧。七年(932年),赵德钧遣人进时果。'盖德钧久在边境,尝与契丹通好也。"

治通鉴》作董温琪）同赴征行，自吴儿峪路趋昭义（昭义节度使驻潞州，今山西长治），与［赵］延寿会于西唐店。十一月，以［赵］德钧为诸道行营都统，以［赵］延寿为太原南面招讨使，遣端明殿学士吕琦赍赐官告，兼令犒军。［吕］琦从容言天子委任之意，［赵］德钧曰："既以兵相委，焉敢惜死。"时范延光领兵二万于辽州（今山西左权），［赵］德钧欲并其军，奏请与［范］延光会合。唐末帝谕［范］延光，疑其奸谋，不从。［赵］德钧、延寿自潞州引军至团柏谷（今山西祁县东南），［赵］德钧累奏乞授［赵］延寿镇州节度使，末帝不悦，谓左右曰："赵德钧父子坚要镇州，苟能逐退蕃戎，要代予位，亦所甘心；若翫寇要君，但恐犬兔俱毙。"朝廷继驰书诏，促令进军，［赵］德钧持疑不果，乃遣使于契丹，厚赍金币，求立为帝，仍许晋太祖（指石敬瑭）镇太原，契丹主不许。

及杨光远以晋安寨（今山西太原晋祠南）降于契丹，［赵］德钧父子自团柏谷（今山西祁县东南）南走潞州（今山西长治），一行兵士，投戈弃甲，自相腾践，死者万计。时［赵］德钧有爱将时赛，率轻骑东还渔阳（按：泛指今北京地区），其部曲尚千余人，与散亡之卒俱集于潞州（今山西长治）。是日，潞州节度使高行周亦自北还，及至府门，见［赵］德钧父子在城闉上，［高］行周谓曰："某与大王乡人，宜以忠言相告，城中无斗粟可食，请大王速迎车驾（指晋太祖石敬瑭），自图安计，无取后悔焉。"［赵］德钧遂与延寿出降契丹。高祖至，［赵］德钧父子迎谒于马前，高祖不礼之。时契丹主问［赵］德钧曰："汝在幽州日，所置银鞍契丹直何在？"［赵］德钧指示之，契丹尽杀于潞之西郊，遂锁［赵］德钧父子入蕃，及见契丹国母述律氏，尽以一行财宝及幽州田宅籍而献之，国母谓之曰："汝父子自觅天子何也？"［赵］德钧俛首不能对①。又问："田宅何在？"曰："俱在幽州。"国母曰："属我矣，又何献也？"至［后晋太祖］天福二年（937年）夏，［赵］德钧卒于契丹②。

——《旧五代史》卷九十八《晋书·赵德钧传》。

赵美，幽州节度使［赵］德钧之孙。［后唐明宗］天成四年（929年）［赵］德钧奏："［赵］美年五岁默念何论、孝经，令于汴州取解就试。"敕："封尉之孙能念儒书，备彰家训，不劳就试，特与成名。宜赐别敕及第，仍附今年春榜。"

——《册府元龟》卷七百七十五《总录部·幼敏三》。

赵德钧为蓟门守，以北虏孔炽，虽军威不振，［然］郡任甚理，兵粮皆给于朝廷，

---

① 《旧五代史考异》："《资治通鉴》云：太后问曰：'汝近者何为在太原？'答曰：'奉唐主之命。'太后：'汝从吾儿求为天子，何妄语耶？'又自指其心曰：'此不可欺也。'又曰：'吾儿将行，吾戒之云：赵大王若引兵北向榆关，亟须引归，太原不可救也。汝欲为天子，何不先击退吾儿，徐图亦未晚。汝为人臣，既负其主，不能击敌，又欲乘乱邀利，所为如此，何面目复求生乎？德钧俛首不能对。'"

② 《旧五代史考异》："《契丹国志》云：'德钧郁郁不多食，逾年而死。德钧既卒，国主释［赵］延寿而用之。'"

而百姓数年不藉租调，增峻城洫，惟以军士役作，境内歌之。

——《册府元龟》卷六百八十八《牧守部·爱民》。

[后唐]庄宗同光三年（925年）二月甲戌，以沧州节度使李绍斌（即赵德钧）为幽州节度使，依前检校太保；以大同军留后安元信为沧州节度使……丙子，李嗣源奏，涿州东南杀败契丹，生擒首领三十人……时帝命李绍斌镇幽州，以其时望未重，欲以李嗣源为镇[州]帅，且为[李]绍斌声援，移郭崇韬兼领汴州。召郭崇韬议之，[郭]崇韬以为当，因恳辞兼领。庚辰，以宣武军节度使李嗣源为镇州节度使。

三月辛酉，诏本朝以雍州（长安，今陕西西安）为西京，洛州（今河南洛阳）为东都，并州（晋阳，今山西太原）为北都。近以魏州（今河北大名东北）为东京，宜依旧以洛京为东都，魏州改为邺都①，与北都并为次府。

六月丁卯，以沧州节度使安元信充北面行营马步军都排阵使。

——《旧五代史》卷三十二《唐书·庄宗纪六》。

同光三年（925年）正月，李嗣源上言，于涿州东南杀败契丹，生擒首领三十人，遣人告捷。是月，李嗣源送所获契丹俘囚首领衢多等八人，斩于应天门外。

——《册府元龟》卷九百八十七《外臣部·征讨六》。

同光三年（925年）二月己卯，文思殿宴罢，召郭崇韬于文明殿后议边事言："契丹部族方强，幽州寡弱，威名宿将相继殂落，如非勋望，难服夷人。"[郭]崇韬曰："臣未奉圣谟，已有私图，敢不上陈。"因曰："李绍斌虽忠勤尽瘁，洞悉燕蓟事情，然向来名位未高，蕃情恐未宾伏，此时弹压宜委重臣。"上曰："正合吾意也。"

——《册府元龟》卷九百九十四《外臣部·备御七》。

同光四年（926年）正月，契丹寇渤海。丙寅，契丹寇女真、渤海。戊寅，契丹阿保机遣使贡良马。

二月，初，帝令魏博指挥使杨仁晸率兵戍瓦桥（今河北雄县），至是代归，有诏驻于贝州（治清河，今河北清河西北）。[众情汹汹，遂发生兵变。攻陷邺都（即魏州，今河北大名东北）。三月，李嗣源领兵至邺都平叛，兵临城下亦叛，拥李嗣源为帝。四月，洛阳兵乱，庄宗中流矢而亡。李嗣源入洛阳，是为后唐明宗。]

——《旧五代史》卷三十四《唐书·庄宗纪八》。

---

① 魏州在今河北大名东北，邺在今河南安阳临漳县境，本两不相及。惟因汉代魏郡治邺，曹操为魏王以之为都，故庄宗特借其名以魏州比汉魏郡而称邺都。

［庄宗］同光四年（926年）正月，幽州李绍斌（即赵德钧）奏契丹阿保机与臣貂裘一……李绍斌遣契丹梅老茹真贡焉。

——《册府元龟》卷九百八十《外臣部·通好》。

［后唐］明宗……讳亶，初名［李］嗣源，及即位，改今讳，代北人也。世事武皇（即后唐庄宗之父李克用），及其锡姓也，遂编于属籍。

……

［天祐］二十年（923年），代李存审为沧州节度使。四月，庄宗即位于邺宫，帝（即李嗣源）进位检校太傅兼侍中。［寻灭梁］。

同光二年（924年）正月，契丹犯塞，帝受命北征。二月，庄宗以郊天礼毕。赐帝铁券。六月，进位太尉，移镇汴州，代李存审为蕃汉总管。十二月，契丹入塞。

三年正月（925年）帝领兵破契丹于涿州①，移授镇州节度使。先是，帝领兵过邺（即魏州，后唐以之为邺都），邺库素有御甲，帝取五百联以行。是岁，庄宗幸邺，知之，怒甚。无何，帝奏请以长子李从珂为北京（今山西太原）内衙都指挥使，庄宗愈不悦，曰："军政在吾，安得为子奏请！吾之细甲，不奉诏旨强取，其意何也？"令留守张宪自往取之，左右说谕，乃止。帝忧恐不自安，上表申理，方解。

十二月，帝朝于洛阳。是时，庄宗失政，四方饥馑，军士匮乏，有卖儿贴妇者，道路怨咨。帝在京师，颇为谣言所属，洎朱友谦、郭崇韬无名被戮，中外大臣皆怀忧慑。诸军马步都虞候朱守殷奉密旨伺帝起居，［朱］守殷阴谓帝曰："德业振主者危，功盖天下者不赏，公可谓振主矣，宜自图之，无与祸会。"帝曰："吾心不负天地，祸福之来，吾无所避，付之于天，卿勿多谈也。"

四年（926年）二月六日，赵在礼据魏州反，庄宗遣元行钦将兵攻之，［元］行钦不利，退保卫州。初，河南尹张全义密奏，请委帝北伐，［李］绍宏赞成之，遂遣帝将兵渡河。三月六日，帝至邺都（即魏州）……八日夜，军乱，［拥明宗为首，明宗诈言而出］，夜至魏县（今河北大名西南）。

元行钦退保卫州，果以飞语上奏，帝上章申理，庄宗遣帝子［李］从审及内官白从训赍诏谕帝。［李］从审至卫州，为［元］行钦所械，帝奏章亦不达。

四月丁亥朔……闻萧墙衅作，庄宗晏驾，帝（指李嗣源）恸哭不自胜。诘旦，朱守殷遣人驰报："京城大乱，燔剽不息，请速至京师。"己丑，帝至洛阳，止于旧宅，分命诸将止其焚掠。壬辰，文武百僚三拜笺请行监国之仪，以安宗社，答旨从之。

——《旧五代史》卷三十五《唐书·明宗纪一》。

---

① 《旧五代史考异》："按：欧阳史云：冬，契丹侵渔阳，［李］嗣源败之涿州。入寇破敌皆作冬间事，盖顺文并述之耳。当以薛史为徵实。"

赵在礼，字干臣，涿州人也……父［赵］元德卢［芦］台军使。［赵］在礼始事燕帅刘仁恭为小校，唐［昭宗］光化末，［刘］仁恭遣其子［刘］守文逐浮阳节度使卢彦威（按：隋唐沧州治清池，即汉浮阳县。今河北沧县旧州。浮阳节度使即沧州节度使），据其城，升［赵］在礼为军使，以佐［刘］守文。及［刘］守文死，事其子。［刘］延祚为［刘］守光所害，［刘］守光子［刘］继威复为部将张万进所杀，［赵］在礼遂事［张］万进。［张］万进奔梁，［赵］在礼乃与沧州留后毛璋归太原（即后唐庄宗李存勖）。［庄宗］同光末，为效节指挥使，屯于贝州（今河北清河西北）。会军士皇甫晖等作乱，推指挥使杨叕（按：《新五代史》作杨仁晟）为帅，［杨］叕不从，为众所害，携［杨］叕首以胁［赵］在礼。［赵］在礼知其不可拒，遂从之，以四年（926年）二月六日引众入邺（即魏州，今河北大名东北），［赵］在礼自称留后。唐庄宗遣明宗（即李嗣源）率师讨之，会城下军乱，［赵］在礼迎明宗入城，事具《［旧］五代史·］唐书》。

——《旧五代史》卷九十《晋书·赵在礼传》。

［后唐明宗］天成元年（926年）四月丙午，帝……乃于［庄宗］枢前即皇帝位……甲寅，改同光四年（926年）为天成元年，大赦天下。

五月甲申，幽州节度使、检校太保李绍斌加检校太傅、同平章事，复姓名赵德钧。

六月己巳，以前幽州节度判官吕梦奇为右谏议大夫。甲寅，以镇州副使王建立为镇州留后……

七月乙亥，镇州留后王建立奏，涿州刺史刘殷肇不受代，谋叛，昨发兵收掩，擒刘殷肇及其党一十三人，见折足勘诘。

——《旧五代史》卷三十六《唐书·明宗纪二》。

天成元年（926年）八月己亥，幽州奏，契丹寇边，诏齐州防御使安审通率师御之。

十月庚子，幽州奏，契丹平州守将伪署幽州节度使卢文进①帅户口归明，百僚称贺。辛丑，契丹遣使来告哀，言国主阿保机以今年七月二十七日卒。诏曰："朕近缵皇图，恭修帝道，务安夷夏，贵洽雍熙。契丹王世预欢盟，礼交聘问，遽闻凶讣，备轸悲怀，可辍今月十九日朝参②。"丁未，幽州奏，卢文进所率降户孳畜人口在平州西，首尾约七十里。壬子，卢文进至幽州，遣军吏奉表来上。

十一月戊午，以沧州留后王景戡为邢州节度使。青州奏，得登州状申，契丹先攻逼渤海国，自阿保机身死，虽已抽退，尚留兵马在渤海扶余城，今渤海王弟领兵

---

① 《旧五代史考异》："按：《辽史》作卢国用，盖卢文进在辽改名国用耳。"
② 《旧五代史考异》："按：欧阳史作废朝三日。"

马攻围扶余城内契丹次①。癸未，镇州奏，准诏卢文进所率归业户口，蠲放租税三年，仍每口给粮五斗。

十二月戊子，卢文进及将吏四百人见，赐鞍马、玉带、衣被、器玩、钱帛有差。甲午，以契丹卢龙军节度使卢文进为检校太尉、同平章事，充滑州节度使。

——《旧五代史》卷三十七《唐书·明宗纪三》。

天成元年九月，幽州赵德钧奏先羌军将陈继威使契丹部内，今使还，得状称：今年七月二十日至渤海界扶余府，契丹族帐在府城东南隅。[陈]继威既至，求见不通，窃问汉儿，言契丹主阿保机已得疾。七月二十七日，阿保机身死。

——《册府元龟》卷八百九十《外臣部·通好》。

[后唐]明宗天成元年（926年）十月，契丹平州守将、领幽州节度使卢文进率户口兵马车帐来降。

——《册府元龟》卷九百七十七《外臣部·降附》。

天成二年（927年）正月癸丑朔……[明宗李嗣源]改名亶②。

四月辛巳朔，[兖州节度使]房知温奏："前月二十一日，卢[芦]台（今河北青县）戍军乱，害副招讨使宁国军节度使乌震，寻与安审通斩杀乱兵讫。"③帝闻之，废朝一日，赠[乌]震太傅。庚寅，诏："卢[芦]台乱军龙晊所部邺都（即魏州）奉节等九指挥三千五百人，在营家口骨肉，并可全家处斩。"龙晊所部之众，即梁故魏博节度使杨师厚之所招置也，皆天下雄勇之士，目其都为银枪效节，仅八千人。师厚卒，贺德伦不能制。西迎庄宗入魏，从征河上，所向有功。庄宗一统之后，虽数颁赉，而骄纵无厌。同光末，自赵州劫赵在礼，据有魏博。及帝缵位，[赵]在礼冀脱其祸，潜奏愿赴朝觐，遂除皇子[李]从荣为帅，乃令北禦契丹。是行也，不支甲胄，惟帜于长竿表队伍而已，俛首遄征。在途闻[监军]李岩为[西川节度使]孟之祥所害，以为剑南（按：今四川成都等地）阻绝，互相煽动。及屯于卢台（今河北青县），会乌震代房知温为帅，转增浮说。[乌]震与房知温博于东寨，日亭午，大噪于营外，[房]知温上马出门，为甲士所拥，且曰："不与儿郎为主，更何处去？"

---

① 《旧五代史考异》："按：契丹次，盖言契丹方即次也。薛史前后如攻城次、镇州次，多单用'次'字，疑即当时案牍之文，今仍其旧，附识于此。"
② 原注：按杨文公《谈苑》云："唐时避讳最重，人君即位多更名，后唐尚沿其例。明宗初名嗣源，后改名亶，于是杨檀改称光远，其金坛及檀州诸州县皆从改更，则并偏旁字而亦改之。当时明宗在御，臣下避讳之严如此。"今考薛史《杨光远传》云："初名檀，唐天成中，以明宗改御名为亶，始改名光远。"与《谈苑》合。然《闵宗纪》尚称安北都护檀，是[杨]檀在天成中未尝改名。又，《明宗纪》前后皆称檀州，则地名亦不改，疑《谈苑》所纪不能无误。薛史纪、传异文，亦未一划。
③ 《旧五代史考异》："按《五代春秋》：'卢台军乱，房知温讨平之。'据薛史《房知温传》及《资治通鉴》，知温初诱戍军为乱，继恐事不济，乃与安审通谋讨乱兵也。《五代春秋》所书殊非事实。"

［房］知温绐之曰："马军皆在河西，步卒独何为也！"遂得跃马登舟，济于西岸。安审通戡骑军不动，［房］知温与［安］审通谋伺便攻之，令乱兵卷甲南行……迟明，潜令外州军别行，［房］知温等遂击乱军，横尸于野，余众复趋旧寨，至则已焚之矣。翌日，尽戮之，脱于丛草沟塍者十无二三，追夜窜于山谷，稍奔于定州。及［定州］王都之败，乃无噍类矣。癸巳，兖州节度使房知温加侍中，齐州防禦使安审通加检校太傅，并赏卢台之功。

六月壬辰，南面招讨使、知荆南行府事、襄州节度使、检校太傅刘训责授检校右仆射、守檀州（今北京密云）刺史。［刘］训南征无功，故有是谴。

七月壬申，沧州节度使赵在礼移镇兖州，以齐州防御使安审通为沧州节度使。

八月癸巳，新州（今河北涿鹿）奏，契丹乞置互市。

九月辛亥，幽州节度使赵德钧加检校太尉，镇州节度使王建立加平章事。己巳，契丹遣使梅老没骨以下朝贡。

十月丙申，契丹遣使持书求碑石，欲为其父表其葬所。癸卯，以权知汴州事、陕州节度使石敬瑭为汴州节度使、兼六军诸卫副使、侍卫亲军马步都指挥使。

——《旧五代史》卷三十八《唐书·明宗纪四》。

天成二年（927年）正月，定州行营副招讨［使］房知温奏，奚陀罗支领两番奚内附，建牙于营州（今辽宁朝阳）。

——《册府元龟》卷九百七十七《外臣部·降附》。

［后唐］明宗天成二年（927年）四月，幽州节度使赵德钧令衙校常玉破奚于檀州（今北京密云），斩首百余级，夺［回］汉民四十，擒生奚二。

——《册府元龟》卷九百八十七《外臣部·征讨六》。

天成二年（927年）八月，新州（今河北涿鹿）奏得契丹书，乞置互市。翌日，付中书省宣示百官。

——《册府元龟》卷九百九十九《外臣部·互市》。

天成二年（927年）九月癸酉，北面招讨副使王晏球奏，准宣差兵士筑城于阎沟店。初，诏城良乡，复诏壁于此，盖取幽、涿之中途，以备鲜卑（即契丹）之抄掠也。

——《册府元龟》卷九百九十四《外臣部·备御七》。

天成二年（927年）十月，幽州奏，契丹王差人持书求碑石，欲为其父表其葬所。

——《册府元龟》卷九百九十九《外臣部·请求》。

天成三年（928年）正月辛酉，契丹陷平州（今河北卢龙）①。契丹遣使秃汭悲梅老等贡献，帝遣指挥使奔托山押国信赐契丹王妻。

二月丁酉，以责授檀州刺史刘训为右龙武大将军。甲辰，以威塞军节度使（驻新州，今河北涿鹿）张廷裕卒，废朝，诏赠太保。

三月庚申，以前复州刺史翟章为新州威塞军留后。己巳，命范延光权知镇州军府事。

四月戊寅，以汴州节度使石敬瑭为邺都留守（即魏州），充天雄军节度使，加同平章事；以枢密使、权知镇州军府事、检校太保范延光为镇州节度使、兼北面水陆转运使。甲申，幽州上言，契丹有书求乐器。癸巳，北面副招讨、宋州（今河南商丘东南）节度使王晏球以定州节度使王都反状闻②。庚子，制义武军节度使（即原易定节度使）、检校太尉、兼中书令、太原王王都削夺官爵。壬寅，以王晏球为北面行营招讨使，知定州行军州事；以沧州节度使、兼北面行营马军都指挥使安审通为副招讨使兼诸道马军都指挥使。

五月丁未，邺都（即魏州）留守、天雄军节度使石敬瑭，河阳节度使赵延寿（即幽州节度使赵德钧养子）并加驸马都尉。辛亥，王晏球上言，收夺得定州北、西二关城。己未，契丹秃馁领二千骑西南趋定州。丁卯，镇州奏，今月十八日，王师不利于新乐（今河北新乐东北）。壬申，王晏球奏，今月二十一日，大破定州贼军及契丹于曲阳（今河北曲阳），斩获数千人，王都与秃馁以数十骑复入于定州。

六月己丑，幽州赵德钧奏，杀契丹千余人于幽州东，获马六百匹。

七月丁未，以沧州节度使安审通卒于师，辍朝。甲寅，王晏球奏，六月二十二日进攻逆城（即定州城），将士伤者三千人。时［王］晏球知城中有备，未欲急攻，朱宏昭、张虔钊切于立功，促攻贼垒，［王］晏球不得已而进兵，遂致伤痍者众。甲子，王晏球奏，今月十九日契丹七千骑来援定州，王师逆战于唐河（今河北唐河）北，大破之③。己巳，王晏球奏，此月二十一日，追契丹至易州（今河北易县），掩杀死四十里，擒获甚众。

八月壬午，幽州赵德钧奏，于府西邀杀契丹败党数千人，生擒首领惕隐等五十余人。是时，官军袭杀契丹，属秋雨继降，泥泞莫进，人饥马乏，散投村落，所在村民持白梃殴杀之。［赵］德钧出兵接于要路，几无噍类④。帝致书谕其本国。

闰八月乙卯，契丹遣使来贡献。契丹平州刺史张希崇尚上表归顺。乙丑，陕州

---

① 《旧五代史考异》："按：契丹陷平州，欧阳史作丁巳，《资治通鉴》不书日。考平州自梁开平中刘守光以赂契丹，天成元年卢文进举其地以归于［后］唐，至三年复为辽人所取，自是平州遂属于辽。宋人论石晋（即石敬瑭后晋）赂辽故地，兼及平州，盖未详考，今附识于此。"
② 原按："《辽史》作三月，王都以定州来归。《五代春秋》及《资治通鉴》并从薛史作四月。"
③ 原按："《资治通鉴》：壬戌，王晏球破契丹于唐河北。甲子，追至易州。所推《长历》与薛史合。"
④ 原按："《资治通鉴》作八月壬戌，赵德钧邀击契丹。据薛史，八月系癸酉朔，不得有壬戌，疑《资治通鉴》误。"

(今河南三门峡市西)节度使李从敏移镇沧州（今河北沧县旧州）。

十月丙午，以沧州节度使李从敏兼北面招讨使。戊午，契丹平州（今河北卢龙）刺史张希崇已下八十余人见于元德殿，颁赐有差。

十一月壬午，以契丹所署平州刺史、光禄大夫、检校太保张希崇为汝州（今河南临汝）刺史。

——《旧五代史》卷三十九《唐书·明宗纪五》。

天成三年（928年）四月，幽州奏得契丹书，求觅乐器，云要蕃中所有，即亦遵副。帝曰："招怀之道，且宜依随。"

——《册府元龟》卷九百九十九《外臣部·请求》。

天成三年（928年）四月，定州［节度使］王都作乱，求援于契丹，［契丹主］耶律德光遂陷平州（今河北卢龙），遣秃馁以骑五千援王都于中山（即定州，古称中山）。北面行营招讨使王晏球破之于曲阳，秃馁走保贼城（指王都定州城）。

六月，幽州赵德钧奏，杀契丹百余人于幽州之东，夺马六百匹。是月，诏王晏球攻取定州；诏迷怛及诸蕃东入契丹界，以张军势。

七月，契丹遣惕隐率七千骑救定州。招讨使王晏球逆战于唐河，大破之。幽州赵德钧以生兵接于西路，生擒首领惕隐等五十余人，接杀皆尽，契丹强盛仅三十年，雄踞北戎，诸蕃鼠伏，屡为边患，汉兵尝惮之，前后战争，罕得其利。是役也，曲阳之败，已失下骑；唐河之阵，兵号七千，溃败之后，沟渠之益，官军袭杀，人不暇食，秋雨继降，泥泞莫进，人饥马乏，散投村落，所在村人持白梃殴之。［赵］德钧生兵接于要路，惟奇峰岭北有弃马潜遁脱者数十，余无噍类。帝致书谕其本国，皇威大振。

闰八月，幽州赵德钧献俘于行阙，蕃将惕隐等五十人留于亲卫，鲜卑六百人皆斩之。

［天成］四年（929年）二月，定州王都平，擒秃馁及余众斩之。自是契丹大挫，数年不敢窥边。

——《册府元龟》卷九百八十七《外臣部·征讨六》。

［后唐］明宗天成四年（929年）二月，王晏球平定州王都，献俘馘，帝御咸安楼受之……出献于郊社毕，于街市号令，王都男四人、弟一人、秃馁父子二人，并磔于开封桥，文武百官称贺于楼前。

——《册府元龟》卷十二《帝王部·告功》。

张廷裕［后唐］同光中为新州节度使（即威塞军节度使），塞上多事，［张］廷裕无控制之术，边弊常箕。

——《册府元龟》卷四百四十五《将帅部·无谋》。

［天成三年］八月，镇州赵德钧（误，赵德钧为幽州节度使，镇州系李嗣源）驰骑上言，今月二日于府西逢契丹败党数千，生擒首领惕隐等五十馀人，接杀皆尽。契丹强盛仅三十年，雄踞北戎，诸蕃鼠伏，屡为边患，汉兵尝惮之，前后战争，罕得其利。是役也，曲阳之败已失千骑，唐河之阵，兵号七千，溃散之后，沟渠泛溢，官军袭杀，人不暇食，秋雨继降，泥泞莫进，人饥马乏，难（误，当为"散"，见《旧五代史·明宗纪五》）投村落，所在村人持白梃殴之。[赵]德钧生兵接于要路，惟奇峰岭北有弃马潜遁脱者数十，余无噍类。帝致书谕其本国，皇威大振。

——《册府元龟》卷四百三十五《将帅部·献捷二》。

安审通为横海军节度（即沧州节度使）、观察等使、兼北面行营、诸道马军都指挥使，围中山（即定州），躬冒矢石以先士卒，志平氛祲，为飞矢所中，卒。

——《册府元龟》卷四百二十五《将帅部·死事二》。

契丹者，古匈奴之种也。代居辽泽之中，潢水南岸，南距榆关（今河北抚宁榆关）一千一百里，榆关南距幽州七百里，本鲜卑之旧地也。其风土人物，世代君长，前史载之详矣。

唐［懿宗］咸通末，其王曰习尔之（《册府元龟·外臣部·总序》作习尔），疆土稍大，累来朝贡。［唐僖宗］光启中，其王钦德者，乘中原多故，北边无备，遂蚕食诸部，鞑靼、奚、室韦之属，咸被驱役，族帐浸盛，有时入寇。刘仁恭镇幽州，素知契丹军势情伪，选将练兵，乘秋深入，逾摘星岭讨之。霜降秋暮，即燔塞下野草以困之，马多饥死，即以良马赂［刘］仁恭，以市牧地。[刘]仁恭季年荒恣，出居大安山，契丹背盟，数来寇钞。时刘守光戍守平州（今河北卢龙），契丹舍利王子率万骑攻之。[刘]守光伪与之和，张幄幕于城外以享之。群虏就席，伏甲起，擒舍利王子，入城，群虏聚哭，请纳马五千以赎之，不许。钦德乞盟纳赂以求之，自是十余年不能犯塞。

及钦德政衰，有别部酋长耶律阿保机最推雄劲，族帐渐盛，遂代钦德为主。先是契丹之先大贺氏有胜兵四万，分为八部，每部皆号大人，内推一人为主，建旗鼓以尊之，每三年第其名以代之。及阿保机为主，乃怙强恃勇，不受诸族之代，遂自称国王。

［唐］天祐四年（907年）大寇云中。后唐武皇［李克用］遣使连和，因与之面会于云中东城，大具享礼，延入帐中，约为兄弟……及梁祖建号（即朱全忠建后梁），阿保机亦遣使送名马、女乐、貂皮等，求封册。

……

刘守光末年苛惨,军士叛亡,皆入契丹。洎周德威〔时〕,攻围幽州,燕之军民多为其寇所掠,既尽得燕中人士,教之文法,由是渐盛。十三年(916年)八月,阿保机率诸部号称百万,自麟(今陕西神木县北)、胜(今内蒙古鄂尔多斯左翼后旗黄河西岸)陷振武,长驱云、朔,北边大扰。庄宗赴援于代北,虏众方退。十四年(917年),新州(今河北涿鹿)大将卢文进为众所迫,杀新州团练使李存矩于祁沟关(今河北涿州西南),返攻新(今河北涿鹿)、武(今河北宣化)。周德威以众击之,〔卢〕文进不利,乃奔于契丹,引其众陷新州。周德威率兵三万讨之,敌骑援新州,〔周〕德威为敌所败,杀伤殆尽,契丹乘间攻幽州。是时,或言契丹三十万,或言五十万,幽、蓟之北,所在敌骑皆满。庄宗遣明宗(即李嗣源)与李存审(即符存审)、阎宝将兵救幽州,遂解其围,语在《庄宗纪》中。

十八年(921年)十月,镇州大将张文礼弑其帅王镕,庄宗讨之。时定州〔节度使〕王处直与〔张〕文礼合谋,遣威塞军使(驻今河北涿鹿)王郁(王处直庶子)复引契丹为援。十二月,阿保机倾塞入寇,攻围幽州,李绍宏以兵城守。契丹长驱陷涿州,执刺史李嗣弼。进攻易、定,至新乐,渡沙河,王都遣使告急(按:时王都囚王处直,自为定州节度使)。时庄宗在镇州行营,闻前锋报曰:"敌渡沙河。"军中咸恐……庄宗亲御铁骑五千,至新城北,遇契丹前锋万骑。庄宗精甲自桑林突出,光明照日,〔契丹〕诸部愕然缓退,庄宗分二广(按:即左右两翼)以乘之,敌骑散退。时沙河微冰,其马多陷,阿保机退保望都。是夜,庄宗次定州。翌日出战,遇奚〔族酋〕长秃馁五千骑,庄宗亲军千骑与之斗,为敌所围,外救不及,庄宗挺马奋跃,出入数四,酣战不解。李嗣昭闻其急也,洒泣而往,攻破敌阵,掖庄宗而归。时契丹值大雪,野无所掠,马无刍草。冻死者相望于路。阿保机招卢文进,以手指天,谓之曰:"天未令我到此。"乃引众北去。庄宗率精兵骑蹑其后,每经阿保机野宿之所,布秸在地,方而环之,虽去,无一茎乱者。庄宗谓左右曰:"蕃人法令如是,岂中国所及!"庄宗至幽州(今北京),发二百骑侦之,皆为契丹所获,庄宗乃还。

天祐末,阿保机乃自称皇帝,署中国官号。其俗旧随畜牧,素无邑屋,得燕人所教,乃为城郭宫室之制于漠北,距幽州三千里,号其邑曰西楼邑(今内蒙古巴林左旗南,即辽上京临潢府),屋门皆东向,如车帐之法。城南别作一城,以实汉人,名曰汉城,城中有佛寺三,僧尼千人。其国人号阿保机为天皇王。〔后唐庄宗〕同光中,阿保机深贮乱华之志,欲收兵大举,虑渤海踵其后。三年,举军众讨渤海之辽东,令秃馁、卢文进据营、平等州,扰我燕、蓟。

〔后唐〕明宗初纂嗣,遣供奉官姚坤赍空函告哀,至西楼邑。属阿保机在渤海……〔姚〕坤至止三日,阿保机病伤寒……俄而卒于扶余城,时天成元年(926年)七月二十七日也。其妻述律氏自率众护其丧归西楼,〔姚〕坤亦从行,得报而还。既而述律氏立其次子德光为渠帅,以总国事,寻遣使告哀。明宗为之辍朝。明年正月,葬阿保机于木叶山，伪谥曰大圣皇帝。

阿保机凡三子，皆雄伟。长曰人皇王突欲，即东丹王也；次曰元帅太子，即德光也；幼曰安端少君……德光素为部族所服，又其母亦常钟爱，故而立之。明年，德光遣使梅老等三十余人来修好，又遣使为父求碑石，明宗许之，赐与甚厚，并赐其母璎珞锦采。自是山北安静，蕃汉不相侵扰。

三年，德光伪改为天显元年（按：误，天显乃阿保机年号。阿保机天显元年卒）。是岁，定州王都作乱（天成三年四月事），求援于契丹，德光遂陷平州，遣秃馁以骑五千救定州，王晏球逆战于唐河北，大破之。幽州赵德钧以生兵接于要路，生擒惕隐等首领五十余人，献于阙下。明年，王都平，擒秃馁及余众斩之。自是契丹大挫，数年不敢窥边。尝遣使捺括梅里来求秃馁骸骨，明宗怒其诈，斩之。[明宗]长兴二年（931年），东丹王突欲在阙下，其母继发使申报，朝廷亦优容之。

长兴末，契丹迫云州，明宗命晋高祖（即石敬瑭）为河东节度使、兼北面蕃汉总管。[后唐末帝]清泰三年（936年），晋高祖为张敬达等攻围甚急，遣指挥使何福赟表乞师，愿为臣子。……德光乃自率五万骑，有雁门至晋阳，即日大破张敬达之众于城下。寻册封晋高祖为大晋皇帝，约为父子之国，割幽州管内蓟、新、武、云、应、朔州之地以赂之，仍每岁许输帛三十万。时幽州赵德钧屯兵于团柏，遣使至幕帐，求立己为帝，以石氏世袭太原。德光对使指帐前一石曰："我已许石郎为父子之盟，石烂可改矣。"杨光远等杀张敬达，降于契丹，德光戏谓[杨]光远等曰："汝辈大是恶汉儿，不用盐酪，食却一万匹战马。"[杨]光远等大惭。

晋高祖南行，德光送至潞州。时赵德钧、赵延寿自潞州出降于契丹，德光镴之，令随牙帐。晋高祖入洛，寻遣宰相赵莹致谢于契丹。

是岁（后晋天福元年），契丹改天显十一年为会同元年（938年），以赵延寿为枢密使，升幽州为南京（今北京），以赵思温为南京留守。

——《旧五代史》卷一百三十七《外国列传·契丹》。

后唐耶律阿保机者，契丹别部尊长也。先是，契丹王钦德政衰，阿保机最推雄劲，族帐渐盛，代钦德为主。先是，契丹之先大贺氏有胜兵四万，分为八部，每部皆号大人，内推一人为主，建旗鼓以尊之。每二年（一作"三年"）第其名以代之，及阿保机为主，乃怙强恃勇，不受诸族之代，遂自称国王。及刘守光末年苛惨，军士叛亡，皆入契丹。洎[后唐]周德威，[契丹]攻围幽州，燕之军民多为其寇所掠，既尽得燕中人士，教之文法，由是渐盛。与太祖（李克用）会盟于云州，结为兄弟。其后阿保机僭称帝号，以妻述律氏为皇后，用燕人韩延徽为宰相，法令严明，诸侯畏服，与太祖抗衡，通朝贡于梁祖（朱全忠）

——《册府元龟》卷一千《外臣部·强盛》。

唐僖宗光启中，契丹王习尔稍强盛，时中原多故，习尔遂役属靼鞑、奚、室韦等诸部入寇。其后为幽州刘守光所破，十年不敢犯塞。昭宗（误，当为哀帝）天祐四年（907年）寇云中。后唐武皇帝［李克用］与之连和。又吐谷浑数叛，旋亦归服，靼鞑依于武皇。时中原罹乱，燕人多入于虏。天祐末，契丹阿保机遂建大号，署百官，为城郭。梁祖建号（即朱全忠建后梁），契丹遣使求封，梁祖不许，而其众滋盛。后唐庄宗时，匈奴数为边患，吐谷浑微弱，聚居蔚州界，皆授中国官爵，河西党项、突厥、吐蕃，朝贡不绝。明宗即位，遣使修好于契丹，时虏主［耶律］德光始建，年纪未几，复寇北鄙，为边兵所破，数年不敢窥边。洎晋祖求援于契丹，遂割幽、朔、云、应等州以赂之。自是，吐谷浑遂属于契丹。终高祖之世，略无衅隙。

——《册府元龟》卷九百五十六《外臣部·总序》。

奚，本匈奴别种，即东胡之地，凡五部。其大首领号奚王，居阴凉川，东去营州五百里，西南去幽州九百里（按：即在营州西五百里，幽州东北九百里之地）；后徙居琵琶川，在幽州东北数百里。

奚有五部，每部置俟斤一人为帅……其大首领号奚王。唐置饶乐府，以其王为都督。

［唐哀帝］天祐初，契丹兵力渐盛，室韦、奚、霫皆受制焉，为契丹守边土。暨虏政苛虐，奚之首领去诸怨之，以别部内附，徙于妫州（今河北怀来旧县城），依北山而居，渐至数千帐，故有东、西奚之号。去诸卒，子扫剌代立。后唐庄宗破幽州，赐扫剌姓名李绍威。［明宗］天成四年（929年）卒，子素姑（按：《新五代史》作拽剌）代立。［末帝］清泰三年（936年），其首领达剌干遣通事介老奏其王素姑谋叛，欲附契丹，已处置讫，见权知部落。

——《册府元色》卷九百五十六《外至部·总序》；卷九百六十七《外臣部·继袭二》。《文献通悉》卷三百四十四·四裔考》。

奚本东部胡之种也，为慕容氏所破，遗落者窜匿松漠之间，曰库莫奚。初臣于突厥，后稍强盛，分为五部……唐贞观二十二年（648年）酋长可度者率所部内属，乃置饶乐府，以可度者为都督，赐姓李氏。［唐末哀帝］天祐初，契丹兵力渐盛，室韦、奚、霫皆受制焉，虏政苛虐，奚之首领去诸怨之，以别部内附，徙于妫州（今河北怀来旧县城），依北山而居，渐至数千帐，故有东、西奚之号。去诸卒，子扫剌代立。

——《册府元龟》卷九百五十六《外臣部·种族》。

奚本匈奴之别种……契丹阿保机强盛，室韦、奚、霫皆服属之。奚人常为契丹守界上，而苦其苛虐，奚王去诸怨叛，以别部徙妫州，倚北山射猎，常采北山麝香、仁参赂［刘］守光以自托。其族至数千帐，始分为东、西奚。去诸之族，颇知耕种，岁借边民荒地种穄，秋熟则来获，窖之山下，人莫知其处。举以平底瓦鼎，煮穄为粥，以寒水解之而饮。

去诸卒，子扫剌立。[后唐]庄宗破刘守光，赐扫剌姓李，更其名绍威。绍威卒，子拽剌立。[庄宗]同光以后，[李]绍威父子数遣使朝贡。初，[李]绍威娶契丹女舍利逐不鲁之姊为妻，后逐不鲁叛亡入西奚，[李]绍威纳之。晋高祖入立，割幽州、雁门以北入于契丹，是时[李]绍威与逐不鲁皆已死，耶律德光已立晋北归，拽剌迎谒马前，[耶律]德光曰："非尔罪也。负我者，扫剌与逐不鲁耳。"乃发其墓，粉其骨而飏之。后[耶律]德光灭晋，拽剌常以兵从。其后不复见于中国①。

——《新五代史》卷七十四《四夷附录三·奚》。

王都，本姓刘，小字云郎，中山陉邑人也。初，有妖人李应之得于村落间，养为己子。及[王]处直有疾，[李]应之以左道医之，不久病间，[王]处直神之，待为羽人。始假幕职，出入无间，渐署为行军司马，军府之事咸取决焉。[王]处直时未有子，[李]应之以[王]都遗于[王]处直曰："此子生而有异。"因是[王]都得为处直之子。其后[李]应之阅白丁于管内，别置新军，起第于博陵坊，面开一门，动皆鬼道。[王]处直信重益隆，将校相虑，变在朝夕，欲先事为难。会燕师假道，伏甲于外城，以备不虞，昧旦人郭，诸校因引军以围其第，[李]应之死于乱兵，咸云不见其尸，众不解甲。乃逼牙帐请杀[王]都，[王]处直坚靳之，久乃得免。翌日，赏劳，籍其兵于卧内，自队长以上记于别簿，渐以它事笞戮，殆二十年，别簿之记，略无孑遗。[王]都既成长，总其兵柄，奸诈巧佞，生而知之。[王]处直爱养，渐有付托之意，时[王]处直诸子尚幼，乃以[王]都为节度副大使。

王郁者，亦[王]处直之孽子（即庶子）也。

天祐十八年（921年）十二月，[后唐]庄宗（即李存勖）亲征镇州（即王镕，时附朱全忠，驻今河北正定），败契丹于沙河。明年（922年）正月，乘胜杀敌，过定州，[王]都马前奉迎，庄宗幸其府第曲宴。[王]都有爱女，十余岁，庄宗与之论婚，许为皇子继岌妻之，自是恩宠特异，奏请无不从。[后唐庄宗]同光三年（925年）庄宗幸邺都（即魏州，今河北大名东北），[王]都朝觐，留宴旬日，赐赍巨万，迁太尉、侍中……及明宗（即李嗣源，即位后改名李亶）嗣位（926年），加中书令，然以其夺据父位（即夺王处直之位），深心恶之。

初，[后唐庄宗]同光中，祁、易二州刺史，[王]都奏部下将校为之，不进户口，租赋自赡本军，[明宗]天成初仍旧。既而[明宗亲信]安重诲用事，稍以朝政厘之。时契丹犯塞，驻军多屯幽、易间，大将往来，[王]都阴为之备，屡废迎送，渐成猜间。和昭训为[王]都筹划曰："主上（指明宗）新有四海，其势易离，可图

---

① 按：由此观之，五代末以后奚族即融于契丹。

自安之计。"会朱守殷据汴州（今河南开封）反，镇州节度使王建安与安重海不协，心怀怨嫉。[王]都阴知之，乃遣人说[王]建安谋叛，[王]建安伪许之，密以状闻。[王]都又与青、徐、岐、潞梓五帅蜡书以离间之。[天成]三年（928年）四月，制削[王]都在身官爵，遣宋州节度使王晏球率师讨之。[王]都急与王郁谋，引契丹为援。洎王师攻城，契丹将秃馁率骑万余人来援，[王]都与契丹合兵大战于嘉山，为王师所败，唯秃馁以二千骑奔入定州。[王]都仗之守城，呼为馁王，屈身沥恳，冀其尽力，孤垒周年，亦甚有备。诸校或思归向，以其访查严密，杀人相继，人无宿谋，故数构不就。

[王]都好聚图书，自常山（即镇州，今河北正定）始破（按：即指天祐九年，公元912年，镇州王镕被部下张文礼所杀，后唐破镇州），梁国初平（按：同光元年，公元923年后梁被后唐所灭），令人广将金帛收市，以为务得，不责贵贱，书至三万卷，名画乐器各数百，皆四方之精妙者，萃于其府。四年（929年）三月，[王]晏球拔定州，时都校马讓能降于曲阳门（按：定州城门），[王]都巷战而败，奔马归于府第，纵火焚之，府库妻孥，一夕俱烬，唯擒秃馁并其男四人、弟一人献于行在。

——《旧五代史》卷五十四《唐书·王都传》。

刘昫，涿州（今河北涿州）人。[后]唐天祐中契丹陷其郡，[刘]昫被俘至新州（今河北涿鹿），逃而获免，隐居上谷大宁山，会定州王处直以其子[王]都为易州（今河北易县）刺史，署[刘]昫为军事衙推。及[王]都去任，招[刘]昫至中山（即定州，古称中山）。会其兄[刘]暄自本郡至，[王]都荐其父，累署为观察推官。及[王]都代位，[王]都有客和少微，素嫉[刘]暄，构而杀之。[刘]昫越境而去，寓居浮阳（隋称清池，唐改沧州，今河北沧县旧州），后官司空平章事。

——《册府元龟》卷九百四十九《总录部·逃难二》。

李应之，定州人。节度使王处直信[李]应之，阅白丁于管内，别置新军，起第于博陵坊，面开一门，动皆鬼道。[王]处直信重日隆，将校相虑，变在朝夕，言即先罹其祸。会燕师假道，伏甲于外城，以备不虞。昧旦，入郭，诸校因引军以围其第，[李]应之死于乱兵，咸云不见其尸。

——《册府元龟》卷九百二十二《总录部·妖妄二》。

王都为定州节度，好聚图书，自恒山（今河北正定）始破（按：即指天祐九年，公元912年，镇州王镕被部下张文礼所杀，后唐破镇州），汴州初平（按：同光元年，公元923年后唐破汴州，后梁灭），令人广将金帛收市，以得为务，不责贵贱，书至三万卷，名画乐器各数百，皆四方之精妙者，萃于其府。

——《册府元龟》卷八百一十一《总录部·聚书》。

王都为定州节度，临戎数年，惟以惨虐为务，不敢并语。周玄豹见之曰："形若鲤鱼，难免刀几。"

——《册府元龟》卷八百六十《总录部·相术》。

王都者，本姓刘，小字云郎，中山陉邑人也。初，有幻人李应之得于村落间，养为己子。[李]应之以左道医定州帅王处直，不久病间。[王]处直神之，待为羽人。[王]处直时未有子，[李]应之遗[王]都于[王]处直曰："此子生而有异。"因为[王]处直之子。

——《册府元龟》卷八百六十三《总录部·为人后》。

李嗣肱（李克用从父弟李克修之子，李嗣弼之弟）……[天祐]十年（913年）……以功特授蔚州刺史、雁门以北都知兵马使，从[庄宗]平刘守光……十九年（922年），新州刺史王郁（王处直之子）叛入契丹，[李]嗣肱进兵定妫（（今河北怀来旧怀来县城））、儒（今北京延庆）、武（今河北宣化）等三州，授山北都团练使。二十年（923年）春，卒于新州（今河北涿鹿），时年四十五。

——《旧五代史》卷五十《唐书·李嗣肱传》。

[后唐明宗]天成二年（927年）①，授[王晏球]北面行营副招讨，以兵戍满城。是岁，王都据定州（今河北定州）②，契丹遣秃馁率骑千余来援[王]都，突入定州，[王]晏球引军保曲阳。王都、秃馁出军拒战，[王]晏球督属军士，令短兵击贼，戒之曰："回首者死。"符彦卿以龙武左军攻其左，高行周③以龙武右军攻其右，奋剑挥楇，应手首落，贼军大败于嘉山之下，追袭至于城门。俄而契丹首领惕隐率勇骑五千至唐河。是时大雨，[王]晏球出师逆战，惕隐复败，追至易州，河水暴涨，所在陷没，俘获二千骑而还。惕隐以馀众北走幽州，赵德钧令牙将武从谏以骑邀击，[赵]德钧分扼诸要路，旬日之内，尽获惕隐以下酋长七百余人，契丹遂弱。

——《旧五代史》卷六十四《唐书·王晏球传》。

王晏球为齐州防御使、北面行营马军都指挥使。邺都之乱，明宗[李嗣源]入

---

① 《旧五代史·王都传》云王晏球来攻事在天成三年（928年）。《旧五代史·明宗纪四》记天成二年（927年）七月王晏球为北面副招讨使，三年（928年）四月削夺王都官爵，以王晏球为北面行营招讨使，知定州行军事。即讨王都以代之。
② 《旧五代史考异》："按：《资治通鉴》[王都]遣人说副北面招讨使王晏球，晏球不从，乃以金遗晏球帐下，使图之，不克。癸巳，晏球以[王]都反状闻。壬寅，以王晏球为北面招讨时，权知定州行州事。"
③ 《旧五代史考异》："欧阳《史》（即欧阳修《新五代史》）作高行珪。"

赴内难，[王]晏球时在瓦桥（今河北雄县），[明宗]遣人招之。明宗至汴（今河南开封），[王]晏球率骑从至京师，以平定功，授宋州节度使。天成二年（927年），王都据定州叛，[王]晏球讨平之，以功授天平军节度使。

——《册府元龟》卷三百八十七《将帅部·襃异十三》。

王晏球……庄宗入汴（按：灭后梁也），[王]晏球率骑兵入援，至封丘，闻梁末帝殂，即解甲降于庄宗。明年，与霍彦威北捍契丹，授齐州防御使、北面行营马军都指挥使，仍赐姓，名绍虔。邺之乱，明宗入赴内难，[王]晏球时在瓦桥，遣人招之。明宗至汴，[王]晏球率骑从至京师，以平定功授宋州节度使，上章求还本姓名。

——《旧五代史》卷六十四《唐书·王晏球传》。

王晏球，初事梁末帝，初为龙乡四军度指挥使……[后唐]明宗时为宋州节度使。天成二年（927年）充北面行营副招讨使，兵戍满城。是岁（按《资治通鉴》记在天成三年四月），王都谋叛，据定州，乃以[王]晏球为招讨使攻之。时[王]都北连契丹，契丹遣奚首领秃馁率虏千骑援[王]都，突入定州。[王]晏球引军保曲阳。王都、秃馁出军来战，[王]晏球预督士卒以待之，及贼虏至，一战败之于嘉山之下，追击至于城门，因进军攻之，得其西关城，乃高其壁垒，营于其间，为定州府署，令百姓转输租赋。城既坚峻，进攻无利，但食其租税以守之。俄而契丹首领惕隐率虏骑五千来援[王]都（按《资治通鉴》记在天成三年七月）。是时大雨，虏至唐河，[王]晏球出师逆战。[王]晏球令龙武左右厢指挥使高行周、符彦卿前锋，渡唐河与虏相遇，三战惕隐大败，追至易州，河水暴涨，所在陷溺，获虏二千骑而还。惕隐以馀众还寨，幽州赵德钧知其败也，令牙将武从谏率劲骑追击，[赵]德钧分兵扼诸要路，旬日之内，尽获惕隐以下酋长七百余人，虏势由是援绝。其年冬（按：《资治通鉴》记在天成四年二月），平贼，以功授天平军节度使。

——《册府元龟》卷三百六十《将帅部·立功十三》。

后唐王晏球为宋州节度使，充招讨使，攻围定州。[王]晏球能与将士同甘苦，所得禄赐私财尽以飨士。

——《册府元龟》卷四百三十三《将帅部·轻财》。

[后唐明宗]天成三年（928年）七月己丑，北面招讨使、定州刺史[1]。王晏球

---

[1] 《资治通鉴》卷二百七十六载："天成三年（928年）四月癸巳，[王]晏球以[王]都反状闻，诏宣徽使张延朗与北面诸将议讨之。壬寅，以王晏球为北面招讨使，权知定州事，以横海节度使安审通为副招讨使，以郑州防御使张虔钊为都监，发诸道兵会讨定州。"王晏球本官是宋州节度使，《册府元龟》在此据其"权知定州事"，而称为定州刺史。

献所获戎马一百匹；甲子，[王]晏球使人驰报：十九日，契丹七十（按：应为七千，见《资治通鉴》）骑来援定州，遂逆战于唐河北，败之。袭至蒲城，又掩杀二千级，捉马千匹，内外称贺。己巳，驿骑入报：二十一日又于阳州掩杀契丹四十余里，擒获殆尽。

——《册府元龟》卷四百三十五《将帅部·献捷二》。

高行周，初隶后唐明宗帐下……明宗即位，[高]行周从王晏球围定州，败王都，擒秃馁，皆有功，贼平，迁颖州团练使。

——《册府元龟》卷三百八十七《将帅部·褒异十三》。

赵德钧，明宗乡人也①。高行周事明宗，尝与清泰主（李从珂，明宗李嗣源养子）分率牙兵。明宗所征，无不拱从。[赵]德钧谓明宗曰："行周心好谨厚，必享大位。"

——《册府元龟》卷八百四十三《总录部·知人二》。

刘遂清，字得一，青州北海人……少敏惠，初事梁为保銮军使，历内诸司使，[后唐]庄宗入汴（按：同光元年后唐灭后梁）不改其职。明宗即位（按：天成元年事），加检校尚书仆射，委以西都（长安，今陕西西安）监守。逾岁，以中山王都有不臣之迹，除[刘]遂清为易州刺史，俾遏其寇冲，既至郡，大有禦侮之略，境内赖焉。王都平（天成三年事），加检校司空，迁棣州刺史。

——《旧五代史》卷九十六《晋书·刘遂清传》。

刘遂清为易州刺史，时王都与契丹连结，将使[刘遂清]遏其寇冲。既至郡，大有禦侮之略，境内赖焉。

——《册府元龟》卷六百九十四《牧守部·武功二》。

潘环字楚奇，洛阳人也……少以负贩为业，始事[后]梁邢州节度使阎宝，为帐中亲校。及[后唐]庄宗定魏博，移兵攻邢（按：后唐于天祐十二年六月据魏州，十三年八月据邢州），[阎]宝遣[潘]环间道驰奏于梁，梁末帝用为左坚锐夹马都虞候，累迁左雄威指挥使。时梁人与庄宗对垒于河上，[潘]环每预战，先登陷敌，金疮遍体。庄总知其名，及平梁，命典禁军。[庄宗]同光中，从明宗[李嗣源]

---

① 按：《旧五代史·晋书·赵德钧传》载："赵德钧……幽州人也。"同书《唐书·明宗纪一》载："明宗……初名[李]嗣源……代北人也"，生于"应州之金城县"。 故二人并非乡人。然同书《唐书·高行珪传》载："高行珪，燕人也。家世勇悍，与弟[高]行周俱有武艺……燕人即幽州人，故首句当为"赵德钧，高行周乡人也。"《资治通鉴·后梁纪·乾化三年》注："胡三省云：'妫州怀戎县（今河北怀来旧县城）北有广边军，故白云城也。'宋白曰：'广边军在妫州北一百三十里。高行周兄弟本贯广边军鵰窠村。'"

北禦契丹；邺军之乱（按：即赵在胜与魏军之乱），从明宗入洛。[后唐明宗]天成初，授棣州刺史。会定州（今河北定州）王都反（天成三年事），朝廷攻之，以[潘]环为行营右厢步军都指挥使。贼平，改易州刺史（今河北易县）、北面沿边都部署，后移刺庆州。

——《旧五代史》卷九十四《晋书·潘环传》。

潘环，初仕后唐为棣州刺史。[明宗]天成初，定州（今河北定州）王都叛（天成三年事），以为行营右厢步军都指挥使。贼平，改易州刺史（今河北易县）。

——《册府元龟》卷三百六十《将帅部·立功十三》。

王建立，辽州榆社人也。……明宗领代州刺史（今山西代县），擢为虞候将……及[明宗]即位，以功授镇州节度副使，加检校司徒，旋为留后。未及，正授节旄，继加检校太尉、同平章事。

会[定州]王都据中山（今河北定州）叛，密使通弟兄之好①。[权臣]安重诲素与[王]建立不协，知其事，奏之。明宗虑陷[王]建立，寻征[王建立]赴阙②，拜右仆射兼中书侍郎、平章事、判盐铁户部度支，充集贤殿大学士。天成四年（929年）出为青州节度使。五年（930年）移镇上党（潞州治上党，今山西长治）辞不赴任，请退居丘园，制以太子少保致仕。

——《旧五代史》卷九十一《晋书·王建立传》。

胡饶为[镇州节度使]王建立所辟，奏为真定少尹。[后唐明宗]天成末，定州王都构乱，阴使人结[王]建立为兄弟之国。[胡]饶又曾荐梁时右庶子张澄为判官，[王]建立亦狎之。[张]澄素不知书，每坐则以阴符鬼谷为己任。[王]建立时密以王都之盟告之，[张]澄与[胡]饶俱赞成其事。会王师会中山（即定州），其事遂寝，而[胡]饶之凶戾如此。

——《册府元龟》卷七百三十《幕府部·谴斥》。

天成四年（929年）正月壬申朔，幽州节度使赵德钧奏："臣孙[赵]赞，年五岁，默念《论语》、《孝经》③，举童子，于汴州取解就试。"诏曰："都尉之子（赵赞之父赵延徽系驸马都尉），太尉之孙（赵赞之祖父赵德钧系检校太尉），能念儒书，备彰

---

① 《旧五代史考异》："按《资治通鉴》云：'王都阴与谋复河北故事（按：即唐末河朔三镇割据），[王]建立阳许而密奏之。'"
② 《旧五代史考异》："按《资治通鉴》云：'[王]建立奏[安]重诲专权，求入朝面言其状，帝召之。'"
③ 《旧五代史考异》："按：《宋史》作'赞七岁，颂书二十七卷'。"

家训，不劳就试，特与成名。宜赐别敕及第，附今春榜。①"

二月乙巳，王晏球奏，此月三日收复定州②，获王都首级，生擒契丹秃馁等二千余人。百僚称贺。辛亥，以北面行营招讨使、宋州节度使王晏球为郓州（今山东东平西北）节度使（即天平军节度使），加兼侍中；以北面行营副招讨使、沧州节度使李从敏为定州节度使；以北面行营兵马都监、郑州防禦使张虔钊为沧州节度使；幽州节度使赵德钧加兼侍中。丙辰，邢州奏，定州送到伪太子李继陶，已处置讫。辛酉，帝御咸安楼受定州俘馘，百官就列，宣露布于楼前，礼毕，以王都首级献于太社。王都男四人、弟一人、秃馁父子二人，并磔于市③。时露布之文，类制敕之体，盖执笔者误，颇为识者所嗤。甲子，车驾发汴州，丙寅，至郑州。丁卯，东都（今洛阳）留守、太子少傅李琪等奏，至郾师县奉迎，时［李］琪奏章中有"败契丹之凶党，破真定之逆城"之言。诏曰："契丹即为凶党，真定不是逆城（按：真定系镇州所在，王都是定州节度使，反于定州。李琪误把真定当定州），李琪罚一月俸。"

三月丙申，邺都、幽、镇、沧、邢、易、定等州管内百姓，除正税外，放免诸色差配，以讨王都之役，有挽运之劳也。

四月壬子，契丹寇云州（今山西大同）。癸丑，契丹遣捴括梅里等来朝贡，称取秃馁等骸骨，并斩于北市。壬戌，幽州节度使赵德钧兼北面行营招讨使，镇州节度使范延光加检校太傅。

五月丙申，云州（今山西大同）奏，契丹犯塞。

六月戊申，诏邺都仍旧为魏府④。

七月壬申，贬前左金吾上将军毛璋为儒州（今北京延庆）长流百姓，寻赐自尽，以其在藩镇阴蓄奸谋故也。

——《旧五代史》卷四十《唐书·明宗纪六》。

李琪为太子少傅。［后唐］明宗天成末，既平定州［王都］，自汴（今河南开封）还洛（今洛阳）。李琪为留司官班首，奏于偃师县奉迎，而奏章中有"败契丹之凶党，破真定之逆贼"之言。诏曰："契丹即为凶党，真定不是逆贼（按：真定系镇州所在，王都是定州节度使，反于定州。李琪误把真定当定州），李琪罚一月俸。"

——《册府元龟》卷九百五十四《总录部·寡学》。

---

① 《旧五代史考异》："按：《宋史》云：'特赐童子及第，附长兴三年（932年）礼部春榜。'薛史作天成四年（929年）春榜，与《宋史》异。"
② 《旧五代史考异》："按：欧阳史作二月癸卯，王晏球克定州，与薛史合。《资治通鉴》作癸丑，考癸丑非二月三日也，疑传写之讹。"
③ 《旧五代史考异》："按：《五代会要》：'尚书兵部宣露布于楼前，宣讫，尚书刑部侍郎张文宝奏曰：逆贼王都首级请付有司。大理卿校希甫受之以出，献于郊社，其王都男并蕃将等磔于开封桥。'"
④ 《影库本粘签》："邺都仍旧为魏府，考《资治通鉴》注云：'庄宗同光元年即位于魏州，以魏州为兴唐府，建东京。既迁洛，同光三年复唐之旧，以洛阳为东都，改魏州之东京为邺都，至是复以为魏州。'今附识于此。"

李从敏，字叔达，[后]唐明宗之犹子也①……王都据定州叛，命王晏球为招讨使，率师讨之，以[李]从敏为副，领沧州节度使。王都平，移授定州（今河北定州）。寻代范延光为成德军节度使（治镇州，今河北真定），加检校太尉，封泾王。

——《旧五代史》卷一百二十三《周书·李从敏传》。

　　李从敏，初仕后唐为陕州节度使。[明宗]天成中，王都据定州叛，命宋州王晏球为招讨，命率师北伐，以[李]从敏为副，领沧州节度使。王都平，移授定州节度使。

——《册府元龟》卷三百六十《将帅部·立功十三》。

　　李从敏为定州节度使，其政静而不烦。易、定征赋旧典，三镇（按：指幽、镇、定）同风，赋敛出自藩镇，朝法不能拘执，至是[李]从敏削旧弊，载振朝纲，不取兵于民，不横赋于境，部内便之。

——《册府元龟》卷六百八十九《牧守部·革弊》。

　　天成四年（929年）二月乙巳，北面[招讨使]驰报：是月三日收复定州。

——《册府元龟》卷四百三十五《将帅部·献捷二》。

　　[后唐明宗]长兴元年（930年）二月，宣制：改天成五年为长兴元年，大赦天下。

　　三月壬午，许州节度使（即忠武军节度使）孔循移镇沧州……沧州节度使张虔钊移镇徐州。

　　四月丁巳，云州奏：掩袭契丹，获头口万余计。

　　六月丁巳，皇子北京（即晋阳，今山西太原）留守、河东节度使[李]从厚移领镇州。

　　九月甲申，以镇州节度使范延光为检校太傅、守刑部尚书，充枢密使。

　　十月甲午，正衙命使册兴平公主于宋州节度使、驸马都尉赵延寿之私第。

　　十一月甲子，正衙命使册皇子宋王[李从厚]于镇州。丙戌，青州奏，得登州状，契丹阿保机男东丹王突欲越海来归国②。

——《旧五代史》卷四十一《唐书·明宗纪七》。

---

① 犹子即侄子。《册府元龟》卷八百四十六《总录部·善射》云："李从敏，[后]唐明宗之诸子也。"同书卷五十八《帝王部·守法》云："泾王[李]从敏，明宗子也。为成德军节度使……"当以本传为是。
② 《旧五代史考异》："按《辽史·太宗纪》：十一月戊寅，东丹奏：'人皇王浮海事唐。'又《义宗传》：'太宗既立，见疑。唐明宗闻之，遣人跨海持书密召倍（按：东丹王名倍），倍因畋海上。使再至，倍立木海上，刻诗曰：小山压大山，大山全无力；羞见故乡人，从此投外国。携高美人载书浮海而去。'薛史不载明宗密召之事，当日人皇王自以见疑出奔，当不待明宗之召也。""殿本"注："《契丹国志》：'时东丹王失职怨望，因率其部四十余人越海归唐。'"

长兴元年（930年）正月，定州奏于易州（今河北易县）界间行到奇峰岭北黑儿口，修置砦栅，已分兵士守把，备契丹侵轶故也。

——《册府元龟》卷九百九十四《外臣部·备御七》。

孔循为沧州节度使。初，其女与宋王（指明宗李嗣源子李从厚）婚姻。[明宗]长兴初乃奏：今既封王，私礼悬绝，乞改就公礼①。

——《册府元龟》卷八百五十三《总录部·姻好》。

孔循，不知其家世何人也……唐亡，事[后]梁为汝州防禦使、左卫大将军、租庸使，始改姓孔，名循。[后唐]庄宗时，权知汴州。明宗[李嗣源]自魏兵反而南，庄宗东出汜水，[孔]循持两端，遣迎明宗于北门，迎庄宗于西门，供帐牲饩，其礼如一，而戒其人曰："先至者入之。"明宗先至，遂纳之……[孔]循为人柔佞而险狡，安重诲尤亲信之，凡[孔]循所言，无不听用。明宗尝欲以皇子娶[安]重诲女，[安]重诲以问[孔]循，[孔]循曰："公为机密之臣，不宜与皇子婚。"[安]重诲信之，乃止。而[孔]循阴使人白明宗，求女妻皇子，明宗即以宋王[李]从厚娶[孔]循女。[安]重诲始恶其为人，出[孔]循为忠武军节度使，徙镇横海（横海军驻沧州），卒于镇，年四十八，赠太尉。

——《新五代史》卷四十三《杂传·孔循传》。

长兴元年（930年）七月前洋州节度副使程又徽陈：……请于瀛、莫两州界起置营田，以备边。因授[程]又徽莫州刺史充两州营田使。

——《册府元龟》卷五百三《邦计部·屯田》。

张演，河北转运司前行也。明宗长兴元年（930年）七月，镇州奏，[张]演伪出宣头，支钱三贯，令外甥交领。又搜得蜡印一面。

——《册府元龟》卷九百二十四《总录部·诈伪》。

长兴二年（931年）正月壬申，契丹东丹王突欲自渤海国率众到阙②，帝慰劳久之，锡赉加等，百僚称贺。

二月己丑朔，以宋州节度使赵延寿为左武卫上将军，充宣徽北院使。

---

① 按：私，家族之义。《左传·宣公十七年》："请以其私属，又弗许。"杜预注："私属，家众也。"所谓私礼，即家族内的长幼之礼。公，与私相对而言，指公家、公事等。顾炎武：《日知录》卷二十："平王以后，诸侯通称为公。"因此，公又有国君之义。公礼亦相对私礼而言，指朝廷、官府中的君臣、尊卑之礼。孔循以婿既封王，故自降身份，请对婿执朝廷之礼，谄媚而已。

② 《旧五代史考异》："按：托云归唐，《五代春秋》作二年正月，盖以到阙之日为据；欧阳史作四年十一月丙戌，盖以奏闻之日为据。"

三月辛酉，诏渤海国人皇王突欲宜赐姓东丹，名慕华，仍授检校太保、安东都护，充怀化军节度、瑞、慎等州观察使。其从慕华归国部校，各授怀化、归德将军中郎将。先于定州擒获蕃将，惕隐宜赐姓狄，名怀惠；则骨宜赐姓列，名知恩，并授检校右散骑常侍。舍利则剌宜赐姓原，名知感；械骨宜赐姓服，名怀造；奚王副使竭石讫宜赐姓乙，名怀宥，三人并授检校太子宾客。壬申，以沧州节度使孔循卒，废朝。

四月戊戌，诏今年四月禘飨太庙。故昭义节度使李嗣昭、故幽州节度使周德威、故汴州节度使符存审（即李存审），并配飨庄宗庙庭。甲辰，以宣徽北院使、左卫上将军赵延寿为检校太傅、行礼部尚书，充枢密使。

六月乙亥，以镇州节度使、宋王[李]从厚为兴唐（即魏州所治，今河北大名东北）尹，以石敬瑭为河阳、天雄军节度使，以天雄军节度使石敬班为河阳节度使①，依前六军诸卫副使。乙卯，定州节度使李从敏移镇州节度使，卢质为沧州节度使。壬午，以前秦州节度使李德珫为定州节度使、兼北面行营副招讨使。

——《旧五代史》卷四十二《唐书·明宗纪八》。

卢质为沧州节度使，长兴四年（933年）奏荐沧景观察判官靳诩雪得冤狱，乞行恩奖。[靳]诩父名儒，沧州市井之富民也，家财巨万，前后镇帅无不受其赂者。先是应圣节靳儒来朝，帝见之于后楼下，[靳]儒因言其子[靳]诩为本道观察判官，月限已满，乞量留一年，帝即从之。又荐押牙郝寓，帝曰："[郝]寓乃何人，朝廷事有大臣，朕不自由，尔无宜多言也。"[靳]诩，商贩之子，不数年至本州从事。[卢]质书生，备位廉察，而受赂荐许，人士丑之。

——《册府元龟》卷七百《牧守部·贪黩》。

长兴三年（932年）正月庚子，契丹遣使朝贡。

三月甲申，契丹遣使朝贡。

四月戊午，契丹累遣使求归则剌、惕隐等，幽州赵德钧奏请不俞允。帝顾问侍臣，亦以为不可与。帝意欲归之，会冀州刺史杨檀（后改名杨光远）罢郡至阙，帝问其事，奏曰："此辈来援王都，谋危社稷，陛下宽慈，贷其生命。苟若归之，必复向南放箭，既知中国事情，为患深矣。"帝然之。既而只遣则骨舍利随来使归蕃，不欲全拒其请也。辛未，以幽州节度使赵德钧兼中书令。

七月己亥，幽州衙将潘昊上言，知故使刘仁恭于大安山藏钱之所，枢密院差人监往发之，竟无所得。

九月乙巳，契丹遣使自幽州进马。

---

① 《影库本粘签》："以天雄军节度使石敬班为河阳节度使，与上文复互，疑有舛错。考《册府元龟》所引薛史与《永乐大典》同，今故仍其旧，附识于此。"

十一月丁亥，以河阳节度使、兼六军诸卫副使石敬瑭为河东节度使、兼大同（驻今山西大同）、彰国（驻今山西应县）、振武（驻今山西朔县）、威塞（驻今河北涿鹿）等军蕃汉马步总管。时契丹帐族在云州境上，与群臣议择威望大臣以制北方，故有是命。乙巳，云州奏，契丹主在黑榆林南捺刺泊造攻城之具。帝遣使赐契丹主银器采帛。

——《旧五代史》卷四十三《唐书·明宗纪九》。

长兴三年（932年）四月庚申，契丹朝贡使铁葛罗卿辞归本部。帝顾谓侍臣曰："契丹遣使求归则刺，其事如何？"侍臣对曰："荝刺之来，此为我患。到今边患弭息，盖缘此辈受擒，若纵其归，则复生吾敌，故不可从其请也。"帝曰："苟欲和戎修好，不可虑及此也。"帝意欲归之。会冀州刺史杨檀（后改名杨光远）罢郡至阙，帝问其事，[杨]檀……尤谙边事。帝召[杨]檀以荝刺事谋之，奏曰："此辈初附王都，谋危社稷，陛下宽慈，贷其生命。苟若归之，必复向南放箭，既知中国事情，为患深矣。"帝曰："其实如此，非卿吾几误计矣。"

——《册府元龟》卷九百九十四《外臣部·备御七》。

长兴三年（932年）七月，幽州奏，契丹国差梅老乾捺铺都到州求果子。

——《册府元龟》卷九百九十九《外臣部·请求》。

[杨]光远虽不识字，然有口辩，通于吏理，在郡有政声，明宗颇重之。长兴中，契丹有中山之败（按：指明宗天成三年平定州王都之叛，击败契丹援军之役），生擒其将李和等数十人①，送于阙下，其后契丹既通和。遣使乞归之，明宗与大臣谋议，特放还蕃。一日，召[杨]光远于便殿言其事，[杨]光远曰："李和等北土之善战者，彼失之如丧手足；又在此累年，备谙中国事，若放还非便。"明宗曰："蕃人重盟誓，即通欢好，必不相负。"[杨]光远曰："臣恐后悔不及也。"明宗遂止，深嘉其抗直。后自振武节度使移镇中山（今河北定州，即定州节度使），累加检校太傅，将兵戍蔚州（今河北蔚县）。

——《旧五代史》卷九十七《晋书·杨光远传》。

长兴四年（933年）三月甲申，镇州奏，行军司马赵璟、节度判官陆浣、元从押衙高知柔等并弃市，坐受赂枉法杀人也。节度使李从敏罚一季俸。

五月戊寅，皇子凤翔节度使[李]从珂封潞王……皇子[李]从益封许王、郧

---

① 中华书局点校本注：《殿本》（即《旧五代史》清武英殿本）作"扎拉"，《殿本考证》云："扎拉，旧作则刺，今改。"欧阳史卷五一《杨光远传》作"荝刺"。

州节度使李从温封兖王、河中节度使李从璋封洋王、镇州节度使李从敏封泾王①。丙戌，契丹遣使朝贡。

六月壬戌，以前泾州节度使李金全为沧州节度使。

九月壬戌，永宁公主石氏（按：石敬瑭妻）进封魏国公主，兴平公主赵氏（按：赵延寿妻）进封齐国公主。壬寅，以北面行营都指挥使、易州刺史杨檀为振武军节度使（驻山西朔县）。

十月庚申，以枢密使范延光为镇州节度使。

十一月丙子，以前沧州节度使卢质为右仆射。乙酉，以郓州节度使李从温为定州节度使。[帝大渐]，甲午，遣宣徽使孟汉琼诏宋王[李从厚]于邺都（即魏州）。戊戌，帝崩于大内之雍和殿。

十二月癸卯朔，宋王[李]从厚自邺都至……于枢前即皇帝位。

——《旧五代史》卷四十四《唐书·明宗纪十》。

明宗长兴四年（933年）六月己未，新州王景戡奏，契丹国左右相牙卢克与臣书，称被都要镇偷窃马三匹，速宜送来，不然则出兵剽掠。[枢密使]范延光奏曰："北虏以我夏州未平，欲诡间相窥，时向初秋，所宜防备，缘边戍兵合交番者，宜切留候秋获讫令还。"从之。

——《册府元龟》卷九百九十八《外臣部·奸诈》。

[长兴四年（933年）]三月，延州节度使安从进奏夏州[定难节度使]李仁福卒，其子[李]彝殷（《旧五代史·明宗纪十》、《资治通鉴》均作"彝超"）自为留后。先是，河西诸镇皆言[李]仁福连结契丹，尝约虏使。朝廷以虏势方盛，恐与仁福往来，若使深入河西，可以南侵关辅，为社稷之忧，无有控制之术。会[李]仁福死，欲移其嗣别镇，命延帅安从进镇之，恐其不从命，令邠州节度使乐（一书"药"）彦稠、宫苑使安重益为监军，同率师送安从进之镇。帝又命安重益收聚诸军先配契丹及亲从契丹直两都，并随[安]重益。

先是，幽州捕送契丹惕隐以下六百人（按：天成三年事）及相次投来者，散配诸军，选其尤壮劲者立为契丹直，其酋长皆赐姓吉②。而言事者以为胡虏悍戾，不可狎于君侧。至是契丹首领吉赵实自京欲遁归，夺船过河，至深州，所由捕送，斩之。是日，命[安]重益部而出征，固所以斥之于外也（按：斥契丹降俘）。

——《册府元龟》卷九百九十四《外臣部·备御七》。

---

① 孔继涵（号荭谷）注："按：从文等皆明宗从子，故书其姓，薛史书法如此。"
② 《旧五代史·明宗纪八》："长兴二年（931年）三月辛酉……先于定州擒获蕃将惕隐，宜赐姓狄，名怀恩，则骨易赐姓列，名知恩，并授检校右散骑常侍。舍利则剌宜赐姓原，名知感，械骨宜赐姓服，名怀造，奚王副使竭失讫宜赐姓乙，名怀宥，三人并授检校太子宾客。"与上略有不同。

李金全，本唐明宗之小竖也。其先出于吐谷浑。［李］金全骁勇，善骑射，少从明宗［李嗣源］征伐，以力战有功，明宗即位，连典大郡。天成中，授泾州节度使，在镇数年，以掊敛为务。长兴中，受代归阙，始进马数十匹，不数日又进之。明宗召而谓之曰："卿患马多耶，何进贡之数也？"又谓曰："卿在泾州日，为理如何，无乃以马为事否？"［李］金全惭谢而退。四年夏（933年），授沧州节度使，累官至检校太傅。［后唐末帝］清泰中，罢镇归阙，久留于京师。

——《旧五代史》卷九十七《晋书·李金全传》。

闵帝，讳从厚，小字菩萨奴，明宗第三子也……长兴元年（930年），改授镇州节度使，寻封宋王。二年（931年）加检校太尉、兼侍中，移镇邺都。四年（933年）十二月癸卯朔，即位。癸丑，以前镇州节度使、泾王［李］从敏权知河南府事，寻以卢质代之。

［后唐闵帝］应顺元年（934年）正月乙亥，契丹遣使朝贡①。戊寅，改长兴五年为应顺元年。戊子，北京（晋阳，今山西太原）留守、河东节度使兼大同、彰国、振武、威塞等军蕃汉马步总管石敬瑭加兼中书令，幽州节度使、检校太尉、兼中书令赵德钧兼检校太师、兼中书令。丙申，镇州节度使、检校太尉、兼侍中范延光，汴州节度使、检校太尉、兼侍中赵延寿，并加检校太师②。辛丑，以振武军节度使、安北都护杨檀兼大同、彰国、振武、威塞等军都虞候，充北面马军都指挥使。

二月乙亥，以前镇州节度使、泾王［李］从敏为宋州节度使。己卯，宣授凤翔节度使、潞王［李］从珂为权北京留守，以北京留守石敬瑭权知镇州事，以镇州范延光权知邺都留守事，以前河中节度使、洋王［李］从璋权知凤翔军府事……庚寅，西京留守王思同奏，凤翔节度使、潞王［李］从珂拒命。丁酉，以前定州节度使李德珫为权北京留守。

三月己酉，以镇州节度使范延光依前检校太师、兼侍中、行兴唐尹，充天雄军节度使、北面水陆转运制置使。以北京留守、河东节度使石敬瑭依前检校太尉、兼中书令，其真定尹、充镇州节度使、大同、彰国、振武、威塞等军蕃汉马步总管如故。辛亥，以前定州节度使李德珫为北京留守，充河东节度使。［潞王李从珂反，至陕州，逼洛阳，闵帝出走卫州，被石敬瑭所劫，献于李从珂］。

四月三日，潞王［李从珂］入洛。五日，即位。九日，闵帝遇鸩而崩。

——《旧五代史》卷四十五《唐书·闵帝纪》。

［后唐］末帝，讳从珂，本姓王氏，镇州人也。母宣宪皇后魏氏，以［唐僖宗］

---

① 《旧五代史考异》："按：《辽史·太宗纪》：'天显九年闰月戊午，唐遣使来告哀，即日遣使祭吊。'"
② 按：赵德钧官阶虽高于石敬瑭但军事实力却显然弱于石氏。

光启元年（885年）岁在乙巳，正月二十三日，生帝于平山。［唐昭宗］景福中，明宗（即李嗣源）为武皇（即李克用）骑将，掠地至平山，遇魏氏，掳之，帝时年十余岁，明宗养为己子①……小字二十三。

［后唐庄宗］天祐十八年，庄宗营于河上，议讨镇州。留守符存审在德胜砦（即德胜寨）未行，梁人谓庄宗已北，乃悉众攻德胜，庄宗命明宗、［符］存审为两翼以抗之，自以中军前进。梁军退却，帝以十数骑杂梁军而退，至垒门大呼，斩首数级，斧其望橹而还。庄宗大噱曰："壮哉，阿三！"赐酒一器。

同光三年（925年），明宗奉诏北御契丹，以家在太原，表帝（指明宗之子李从珂）为北京内衙指挥使，庄宗不悦，以帝为突骑都指挥使，遣戍石门。

长兴二年（931年），安重诲得罪，帝即授左卫大将军。未几，复检校太傅、同平章事、行京兆尹，充西京留守。三年（932年），进位太尉，移凤翔节度使。四年（933年）五月，封潞王。［明宗卒，应顺元年（934年）］闵帝（即明宗子李从厚）即位，加兼侍中……［李从珂遂反，同年四月即皇帝位。］乙酉，宣制改应顺元年为清泰元年。

［清泰元年（934年）］五月丙午，以成德军节度使（按：即镇州节度使）、大同、彰德、振武、威塞等军蕃汉马步都部署、检校太尉、兼中书令、驸马都尉石敬瑭为北京留守、河东节度使，加检校太师、兼中书令，都部署如故。汴州节度使、检校太师、兼侍中、驸马都尉赵延寿进封鲁国公。

六月壬申，幽州节度使赵德钧进封北平王，青州节度使房知温进封东平王。甲戌，皇子左卫上将军［李］重美加检校太保、同平章事，充镇州节度使兼河南尹，判六军诸卫事。

九月甲寅，以前潞州节度使、检校太尉、同平章事卢文进为安州节度使。己未，云州奏，契丹寇境②。

十月，戊寅，契丹寇云、应州（今山西大同、应县），诏河东节度使石敬瑭率兵屯代州（今山西代县）。

十一月丁未，诏振武（今山西朔县）、新州（今河北涿鹿）、河东（今山西太原）西北边经契丹蹂践处，放免三年两税差配，时契丹初退故也。甲寅，以振武节度使杨光远充大同（驻今山西大同）、彰国（驻今山西应县）、振武（驻今山西朔县）、威塞（驻今河北涿鹿）等军兵马都虞候。

十二月己巳，以北面马军都指挥使、易州刺史安叔千为安北都护、振武节度使。

——《旧五代史》卷四十六《唐书·末帝纪上》。

---

① 原注："按《资治通鉴考异》引《唐废帝实录》云：'废帝，讳从珂，明宗之元子也（按：即长子）。母曰宣宪皇后魏氏，镇州平山人。［唐僖宗］中和末，明宗徇地山东，留戍平山，得魏后。帝以［唐僖宗］光启元年（885年）正月二十三日生于外舍，属用兵不息，音问阻绝，帝甫十岁，方得归宿。今考《五代会要》、欧阳史诸书，皆作养子，惟《实录》作元子，疑因太后令称为皇长子而傅会也。《资治通鉴》仍从薛史。'"

② 《旧五代史异》："按《辽史·太宗纪》：'李从珂弑其主自立，人皇王倍自唐上书请讨。八月，［辽太宗］自将南伐，九月乙卯，次云州。'自太宗之伐唐，人皇王召之也。"

安叔千，初仕后唐庄宗为奉安都将。［明宗］天成初，王师伐定州，命为先锋都指挥使。王都平，授秦州刺史，连刺涿、易二郡。清泰初，契丹寇振门（即振武），［安］叔千从晋祖（即石敬瑭）逆战，败之，进位检校太保、振武节度使。

——《册府元龟》卷三百八十七《将帅部·褒异十三》。

［后唐末帝］清泰二年（935年）二月庚午，定州节度使、沇王［李］从温移镇兖州；振武军节度使杨檀移镇定州，兼北面行营马步都虞候。甲戌，皇子镇州节度使兼河南尹、判六军诸卫事、左右街坊使［李］重美兼检校太尉、同平章事，充天雄军节度使，余如故。

三月辛丑，以前汴州节度使赵延寿为许州节度使、兼枢密使。戊申，皇妹魏国公主石氏（按：赵延寿妻）封晋国长公主，齐国公主赵氏（按：赵德钧妻）封燕国长公主。庚申，以镇州节度使知军府事董温琪为镇州节度使、检校太保。

五月丙申，新州、振武奏，契丹寇境。庚戌，中书奏："准敕，凡庙讳但回避正文，其偏旁文字不在减少点画。今定州节度使杨檀、檀州、金坛等名（按：明宗李嗣源即位后改名李亶，以上诸字的字形皆涉及"亶"字），酌情制宜，并请改之。其表章文案偏旁字阙点画，凡臣僚名涉偏旁，亦请改名。"诏曰："偏旁文字，音韵悬殊，止避正呼，不宜全改。杨檀赐名光远（按：即杨光远），餘依旧。"

六月甲子朔，新州（今河北涿鹿）上言，契丹入寇。乙丑，振武（驻今山西朔县）奏，契丹二万骑在黑榆林。壬申，契丹寇应州（今山西应县）。以新州节度使杨汉宾为同州（今陕西大荔）节度使，以前晋州（今山西临汾）节度使翟璋为新州节度使。庚辰，北面招讨使赵德钧奏，行营马步军都虞候、定州节度使杨光远（即杨檀），行营排阵使、邢州节度使安审琦率本军至易州，见进军追袭契丹次。河东节度使石敬瑭奏，边军乏刍粮，其安重荣巡边兵士欲移振武就粮。从之。寻又奏，怀（今河南沁阳）、孟（今河南孟县）租税请指挥于忻（今山西忻县）、代（今山西代县）输纳。朝廷以边储不给，诏河东民户积粟处，量事抄借，仍与镇州支绢五万匹，送河东充博采之直①。是月，北面转运副使刘福配镇州百姓车子一千五百乘，运粮至代州。时水旱民饥，河北诸州困于飞挽，逃溃者甚众，军前使者继至，督促粮运，由是生灵咨怨。

七月丙申，石敬瑭奏，斩挟马都指挥使李晖等三十六人，以谋乱故也。时［石］敬瑭以兵屯忻州，一日，军士喧噪，遽呼万岁，乃斩［李］晖等以止之②。乙巳，以徐州节度使张敬达充北面行营副总管。时契丹入边，石敬瑭屡请益兵，朝廷军士多

---

① 按：据此可见，河南农业较山西发达；而河北定州、真定之桑蚕业自唐以来至五代时始终不衰。
② 《旧五代史考异》："按《契丹国志》：'契丹屡攻北边，时石敬瑭将大兵屯忻州（今山西忻县），潞王（即唐末帝李从珂，即位前为潞王）遣使赐军士夏衣，传诏抚谕，军士呼万岁者数四。［石］敬瑭惧，幕僚段希尧请诛其倡者，［石］敬瑭命刘知远斩三十六人以徇。潞王闻，益疑之。'"

在北鄙，俄闻忻州驻军呼噪，帝不悦，乃命[张]敬达为北军之副，以减[石]敬瑭之权也。

十一月庚子，以徐州节度使张敬达为晋州（今山西临汾）节度使，依前充大同、振武、威塞、彰国等军兵马副总管。乙卯，以前金州防禦使马全节为沧州留后。

——《旧五代史》卷四十七《唐书·末帝纪中》。

清泰二年（935年）七月，沧州言：续逃亡户八百五十九。

——《册府元龟》卷四百九十二《邦计部·蠲复四》。

清泰三年（936年）三月丁巳，以端明殿学士吕琦为御史中丞①。

四月辛未，以前沧州节度使李金全为右领军上将军。

五月辛卯，以河东节度使、兼大同、彰国、振武、威塞等军蕃汉马步总管、检校太师、兼中书令、驸马都尉石敬瑭魏郓州（今山东东平西北）节度使，进封赵国公②。以河阳节度使、充侍卫马步军都指挥使宋审虔为河东节度使。甲午，以前晋州节度使、大同、彰国、振武、威塞等军蕃汉副总管张敬达充西北面蕃汉马步都部署，落副总管。

戊戌，昭义（按：昭义节度使驻潞州，今山西长治）奏，河东节度使石敬瑭叛。壬寅，削夺石敬瑭官爵，便令张敬达进军攻讨。乙卯，以晋州（今山西临汾）节度使张敬达为太原四面兵马都部署，寻改为招讨使③；以河阳节度使、侍卫马军都指挥使张彦琪为太原四面马步军都指挥使；以邢州节度使安审琦为太原四面马军都指挥使；以陕州节度使相里金为太原四面步军都指挥使；以右监门上将军武廷翰为壕寨使。丙辰，以定州节度使杨光远（即杨檀）为太原四面兵马副部署、兼马步都虞候，寻改为太原四面副招讨使，都虞候如故。以前彰武军（驻今陕西延安）节度使高行周为太原四面招抚、兼排阵使。

[自五月至七月，以安审信为首，先后叛入太原；邺都节度使被驱，捧圣都虞候张令诏与石敬瑭子石重英、石重裔皆据城叛，后为汴州节度使范延光收复。]

九月甲辰，张敬达奏，此月十五日，与契丹战于太原城下④，王师败绩。时契丹主自率部族来援太原，高行周、符彦卿率左右厢骑军出鬭，蕃军引退。巳时后，蕃

---

① 《旧五代史考异》："按《资治通鉴》：吕琦与李崧间和亲契丹之策，为薛文遇所沮，改为御史中丞，盖疏之也。"
② 《旧五代史考异》："按欧阳史《废帝纪》于五月以前即书石敬瑭反，与《晋本纪》自相矛盾。据薛史，五月辛卯始移敬瑭于郓州，戊戌始闻拒命也。《五代春秋》、《资治通鉴》俱与薛史同。"
③ 《旧五代史考异》："按《资治通鉴》：'乙巳，以张敬达兼太原四面排阵使。丙午，以为太原四面都部署。丁未，又知太原行府事'，不言其为招讨使。欧阳史又作都招讨使，与薛史微异。"
④ 《旧五代史考异》："按：张敬达与契丹战于太原，薛史《晋纪》作辛丑，盖辛丑日战，越四日甲辰乃奏到也。《资治通鉴》亦作辛丑，辽史作庚午，与薛史异。欧阳史作甲辰，战于太原，殊误。"

军复成列，张敬达、杨光远、安审琦等阵于贼城西北，倚山横阵，诸将奋击，蕃军屡却。至晡，我骑军将移阵，蕃军如山而进，王师大败，投兵仗相藉而死者山积。是夕，收合余众，保于晋祠南晋安寨（今山西太原晋祠南），蕃军堑而围之，自是音闻阻绝。朝廷大恐。是日，诏幽州赵德钧由飞狐路出敌军后……契丹主移帐于柳林（今山西太原东南）。庚戌，枢密使赵延寿先赴潞州（今山西长治）。

十月癸酉，幽州赵德钧以本军二千骑与镇州董温琪由吴儿谷趋潞州。

十一月戊子，以赵德钧为诸道行营都统，以赵延寿为河东道南面行营招讨使，以刘延朗副之。庚寅，以范延光为河东道东南面行营招讨使，以李周副之。帝以吕琦尝佐幽州幕，乃命赍都统官告以赐[赵]德钧，兼犒军士。[吕]琦至，从容宣帝委任之意，[赵]德钧曰："既以兵相委，焉敢惜死！"[赵]德钧志在并范延光军，奏请与[范]延光会合。帝以诏谕[范]延光，[范]延光不从。庚子，赵德钧奏，大军至团柏谷（今山西祁县东南），前锋杀蕃军五百骑。范延光奏，军至榆次，蕃军退入河东川界。壬寅，赵德钧奏，军出谷口，蕃军渐退，契丹主见驻柳林寨（今山西太原东南）①。时[赵]德钧累奏乞授[赵]延寿镇州节制，帝怒曰："[赵]德钧父子坚要镇州，苟能逐退蕃戎，要代予位，亦甘心矣。若玩寇要君，但恐犬兔俱毙。"[赵]德钧闻之不悦。

闰十一月甲子，太原行营副招讨使杨光远（即杨檀）杀招讨使张敬达于晋安砦，以兵降契丹②。时契丹围寨，自十一月以后刍粮乏绝……马尾鬃相食俱尽……一日，[杨]光远伺[张]敬达无备，遂杀之，与诸将同降契丹。时马犹有五千匹，戎王并以汉军与石敬瑭，其马及甲仗即赍驱出塞③。丁卯，戎王立石敬瑭为大晋皇帝，约为父子之国，改元天福④。戎王与晋高祖（即石敬瑭）南行，赵德钧父子与诸将自团柏谷（今山西祁县东南）南奔，王师为蕃骑所蹙，投戈弃甲，自相腾践，挤于岩谷者不可胜纪⑤。壬申，车驾至河阳（今河南孟县西南）[遂复归洛阳]。甲戌，晋高祖与戎王至潞州（今山西长治），戎王遣蕃将大相温率五千骑送晋高祖南行。辛巳辰时，

---

① 孔继涵（号荭谷）注："按《辽史》：'初围晋安，分遣精兵守其要害，以绝援兵之路。而李从珂（即后唐废帝）遣赵延寿以兵二万屯团柏谷（今山西祁县东南），范延光以兵二万屯辽州（今山西左权），幽州赵德钧以所部兵万余由上党（潞州治上党，今山西长治）趋延寿军，合势进击。知此有备，皆逗留不进。'《资治通鉴》云：'契丹主虽军柳林（今山西太原东南），其辎重老弱皆在虎北口（今山西太原城西汾水滨），每日冥结束，以备仓促遁逃。'所叙契丹军势，彼此互异。"
② 《旧五代史考异》："按：欧阳史、《资治通鉴》俱作闰十一月甲子，《五代春秋》作十一月，误。"
③ 《旧五代史考异》："按《辽史》云：'所降军士及马五千匹以赐晋帝。'与薛史异。《资治通鉴》从薛史。"
④ 《旧五代史考异》："欧阳史作十一月丁酉，契丹立晋。《资治通鉴考异》引《废帝实录》作闰月丁卯，薛史盖据《实录》也。《资治通鉴》从欧阳史。"《殿本》注："按：契丹立晋，是书《晋高祖纪》作十一月丁酉，此纪（即末帝纪）作闰月丁卯，前后互异。据《资治通鉴考异》引《末帝实录》亦作闰月丁卯，盖契丹立晋在十一月丁酉，唐人至闰十一月丁卯始奏闻也。《实录》误以奏闻之日为立晋之日，是书《唐纪》亦仍其误。"
⑤ 孔继涵（号荭谷）注："按《资治通鉴》：'丁卯，至团柏，与唐兵战，赵德钧、赵延寿先遁，符彦饶、张彦琪、刘延朗、刘在明继之。盖系日以薛史为据。《辽史》作庚申，闻德钧等援兵将遁，诏夜发兵追击。与薛史异。'"

帝举族与皇太后曹氏自焚于［洛阳］玄武楼。晋高祖入洛。

——《旧五代史》卷四十八《唐书·末帝纪下》。

［清泰］三年（936年，后晋天福元年）九月甲辰，北面行营都招讨使张敬达奏，此月十五日与契丹战于太原城下，王师败绩……诏遣侍卫步军都指挥使符彦饶率兵屯河阳（今河南沁阳，黄河北岸，洛阳东北），诏范延光率兵由青山路（今河北邢台西北青山）趣榆次（今太原东南，山西榆次），诏幽州赵德钧由飞狐路出军贼后，耀州防禦使潘环合防戍兵，出慈（今山西吉县）、隰（今山西隰县），以援张敬达。

——《册府元龟》卷九百八十七《外臣部·征讨六》。

相里金，字奉金，并州人也……从庄宗攻下夹寨（按：天祐五年事），得补为小校。后与梁师战于柏乡（按：天祐八年事）及胡柳陂（按：天祐十五年事），以功授黄甲指挥使……唐末帝起兵于凤翔，传檄于邻道，诸侯无应者，唯［相里］金遣判官薛文遇往来计事，末帝深德之……［末帝］清泰三年夏，高祖［石敬瑭］建义于太原……及受代归阙，累为诸卫上将军。

——《旧五代史》卷九十《晋书·相里金传》。

相里金，初为唐庄宗亲卫小校，后与梁师战于柏乡及胡柳陂，袭德胜口（今河南濮阳），攻广边军（今河北赤城雕鹗镇），擒元行钦，围幽州（按：天祐十年事），及［救］慈丘、凤翔，所至登锋奋勇，军（当为"均"）罕出其右。

——《册府元龟》卷三百九十六《将帅部·勇敢三》。

高祖（按：后晋高祖石敬瑭）建义于太原，［后］唐末帝幸怀州，赵德钧驻军于团柏谷（今山西祁县东南），末帝以［吕］琦尝在［赵］德钧幕下，因令赍都统使官告以赐之，且犒其军焉。及观军于北陲，馆于忻州，会晋祖降下晋安寨（今山西太原晋祠南），遣使告于近郡，［吕］琦适遇其使，即斩之以闻，寻率郡兵千人间道而归①。高祖入洛，亦弗之责，止改授秘书监而已。

——《旧五代史》卷九十二《晋书·吕琦传》。

卢文进，字国用②，范阳人也。身长七尺，饮啗过人，望之伟如也。少事刘守光

---

① 《旧五代史考异》："按：《资治通鉴》作'率州兵趣镇州'。"
② 《旧五代史考异》："《辽史》：'文进字大用。'按：《南唐书》：'文进字大用。'《辽史·太祖纪》：'神册元年，晋幽州节度使卢国用来降。二年，晋新州裨将卢文进杀节度使李文矩来降。'则国用与文进显系二人，然天显元年又书卢龙节度使卢国用叛奔于唐，即文进归唐之事也。疑文进入辽以后，遂以字行，修《辽史》杂采诸书，误作两人耳。"

为骑将,唐庄宗攻燕,以[卢]文进首降(事在天祐九年,公元912年),遥授寿州刺史。

初,庄宗得山后八军,以爱弟[李]存矩为新州(今河北涿鹿)团练使以总领之。庄宗与刘鄩对垒于莘县。命存矩于山后召募劲兵,又令山北居民出战马器仗,每鬻牛十头易马一匹,人心怨咨。时[李]存矩团结五百骑,令[卢]文进将之,与[李]存矩俱行。至祁沟关(今河北涿州西南),军士聚谋曰:"我辈边人,弃父母妻子,为他血战,千里送死,固不能也。"众曰:"拥卢将军却还新州,据城自守,奈我何!"因大呼挥戈,趣传舍,害[李]存矩于榻下,[卢]文进抚膺曰:"奴辈累我矣。"因环尸而泣曰:"此辈既害郎君,我何面目见王!"① 因为乱军所拥。反攻新州,不克;又攻武州(今河北宣化),又不利。周德威命将追讨,[卢]文进遂奔契丹,伪命为幽州兵马留后,部分汉军,常别为营寨(事在天祐十四年,公元917年)。

未几,[卢]文进引契丹寇新州(按:与降契丹同年事)。自是戎师岁至,驱掳数州士女,教其织纴工作,为中国所为者悉备,契丹所以强盛者,得[卢]文进之故也②。[后唐庄宗]同光之世,为患尤深。[卢]文进在平州(今河北卢龙),率奚族劲骑,鸟击兽搏,倏来忽往,燕、赵诸州,荆榛满目。军屯涿州,每岁运粮,自瓦桥至幽州,劲兵猛将,援递粮车,然犹为寇所钞,奔命不暇,皆[卢]文进导之也。

及明宗即位之明年(927年),[卢]文进自平州率所部十余万众来奔。行及幽州,先遣使上表曰:"顷以新州团练使李存矩,提衡群邑,掌握恩威,虐黎庶则毒甚于豺狼,聚赋敛财则贪盈于沟壑,人不堪命,士各离心,臣既抛父母之邦,入朔漠之地,几年雁塞,徒向日以倾心;一望家山,每消魂而断目。李子卿之河畔,空有怨词;石季伦之乐中,莫陈引归。近闻皇帝陛下,皇天眷命,清明在躬,握纪乘乾,鼎新革故,始知大幸,有路朝宗,便贮归心,祗伺良会。臣十月十日,决计杀在城契丹,取十一日离州,押七八千车乘,领十五万生灵,十四日已达幽州"云。

洎至洛阳,明宗宠待弥厚,授滑州节度使、检校太尉。岁余,移镇邓州,累加同平章事,入为上将军。长兴中,复出镇潞州,擒奸卹隐,甚获当时之誉。[后唐末帝]清泰中,改安州节度使。及高祖即位(按:即后晋高祖石敬瑭),与契丹敦好,[卢]文进以尝背契丹,居不自安③。乃杀行军司马冯知兆、节度副使杜重贵等,率其部众渡淮奔于金陵(今江苏南京,即南唐)。[南唐烈祖]李昪待之尤重,伪命为宣州节度使,后卒于江南。

---

① 原按:《辽史》:"存矩取文进女为侧室,文进心常内愧,因与乱军杀存矩。"与薛史异。
② 原按:"《辽史》云:'文进引契丹军攻新州,刺史安金全不能守,弃城去。周德威援之,进攻新州,契丹众数万,德威不胜,大败奔归。文进与契丹攻幽州,且二百日,城中危困,晋王[李存勖]亲将兵救之,方始解去。契丹以文进为幽州节度使,又以为卢龙节度使。'与薛史所载官阶微异。"
③ 《旧五代史考异》:"按马令:《南唐书》:'文进居数镇,颇有善政,兵民爱之。其将行也,从数骑至营中,别其裨将李藏机,告以避契丹之意,将士皆拜为诀。'"

——《旧五代史》卷九十七《晋书·卢文进传》。

卢文进，身长七尺，饮啖过人，望之伟如也，后至安州节度使。

——《册府元龟》卷八百八十三《总录部·形貌》。

张希崇，字德峰，幽州蓟县人也（今北京）。父〔张〕行简，假蓟州玉田令（今河北玉田）。〔张〕希崇少通《左氏春秋》，复癖于吟咏。〔后唐〕天祐中，刘守光为燕帅，性惨酷，不喜儒士，〔张〕希崇乃掷笔以自效，〔刘〕守光纳之，渐升为裨将。俄而〔刘〕守光败，〔后〕唐庄宗命周德威镇其地，〔张〕希崇以旧籍列于麾下，寻遣率偏师守平州（今河北卢龙）①。

〔契丹〕阿保机南攻，陷其城，掠〔张〕希崇而去。阿保机询〔张〕希崇，乃知其儒人也，因授元帅府判官，后迁卢龙军行军司马，继改蕃汉都提举使。〔后唐明宗〕天成初，伪平州节度使卢文进南归（按：天成二年事），契丹以〔张〕希崇继其任，遣腹心总边骑三百以监之。〔张〕希崇莅事数岁，契丹主渐加宠信……遂以管内生口二万余南归②。唐明宗嘉之，授汝州防御使……历二年，迁灵州两使留后……〔后唐末帝〕清泰中，议内地处之，改邠州（今陕西彬县）节度使。及〔后晋〕高祖入洛（按：石敬瑭灭后唐也），与契丹方有要盟。虑其为所取，乃复除灵武（灵州治灵武，今宁夏灵武西北）③。〔张〕希崇叹曰："我应老于边城，赋分无所逃也。"因郁郁不得志，久而成疾，卒于任，时年五十二。

——《旧五代史》卷八十八《晋书·张希崇传》。

张希崇，字德峰，幽州蓟县人也（今北京）。〔张〕希崇少通《左氏春秋》，复癖于吟咏。刘守光为连帅，惨酷不喜文士，〔张〕希崇乃掷笔入谒军门，以求自效。〔刘〕守光纳之，渐升为裨将。

——《册府元龟》卷九百《总录部·干谒》。

张希崇唐末以幽州裨将守平州（今河北卢龙）。为虏所陷，授卢龙军行军司马。〔后唐明宗〕天成中，平州节度使卢文进归朝（按：天成二年事），〔契丹〕委〔张〕希崇旄钺继其任，遣腹心总虏骑三百以监之。〔张〕希崇莅事数岁，虏中渐至宠信，坦然无复疑矣……遂以管内生口二万余南归。明宗嘉之，授汝州防禦使。

---

① 《旧五代史考异》："欧阳史作：刘守光不喜儒士，〔张〕希崇因事军中为偏将，将兵守平州。是〔刘〕守光未败即守平州，非为〔周〕德威所遣也，与薛史异。"
② 《旧五代史考异》："按：《辽史》：'天显元年（926年）七月，卢龙行军司马张崇叛奔唐'，疑〔张〕希崇在辽只名崇，归唐后始加'希'字也。然〔张〕希崇归唐在辽太宗时，而《辽史》系于《太祖纪》，又〔张〕希崇本继卢文胜（按：当为卢文进），而《辽史》书其降在卢国用（即卢文进）归唐之前，年月皆舛误。"
③ 《旧五代史考异》："按：《资治通鉴》：'帝（指晋高祖石敬瑭）与契丹修好，虑其复取灵武。'"

——《册府元龟》卷八百七十九《总录部·计策二》。

桑维翰，字国侨，洛阳人也。

[后]唐同光中，登进士第。高祖领河阳（今河南孟县西南。长兴二年六月后唐以石敬瑭为河阳、天雄军节度使），辟为掌书记，历数镇皆从，及建义太原（按后唐清泰三年五月，河东节度使石敬瑭据晋阳叛），首预其谋。复遣为书求援于契丹，果应之，俄以赵德钧发使聘契丹，高祖（石敬瑭）惧其改谋（按：惧契丹改也），命[桑]维翰诣幕帐，述其始终利害之义，其约乃定①。

——《旧五代史》卷八十九《晋书·桑维翰传》。

[后唐末帝]清泰元年（934年）五月，复授[石敬瑭]太原节度使、北京（晋阳，今山西太原）留守，充大同、振武、彰国、威塞等军蕃汉马步总管。二年夏（935年）帝（指石敬瑭，下同）屯军于忻州，朝廷遣使送夏衣，传诏抚谕，後军人遽呼万岁者数四，帝惧，斩挟马将李晖以下三十余人以徇，乃止。

三年（936年）五月，移授郓州节度使，进封赵国公……寻降诏促帝赴任。帝心疑之……遂拒[后唐]末帝之命……

九月辛丑，契丹主率众自雁门而南，旌旗不绝五十里余。[于晋阳城外大败后唐诸军]……是夜，帝出北门与戎王相见，戎王执帝手曰："恨会见之晚。"因论父子之义。……十月，幽州节度使赵德钧领所部万余人自上党吴儿谷合[赵]延寿并屯团谷口，与[张]敬达寨相去百里，弥月竟不能相通②。

十一月戎王会帝于营……乃命筑坛于晋阳城南，册立为大晋皇帝，戎王自解衣冠授焉……是日，帝（指石敬瑭）言于戎王，愿以雁门已北及幽州之地为戎王寿，仍约岁输帛三十万，戎王许之。

——《旧五代史》卷七十五《晋书·高祖纪一》。

后唐末帝清泰三年（936年）五月，[命]移镇郓州，帝（指石敬瑭）心疑之……

① 《旧五代史考异》："按《资治通鉴》云：赵德钧以金帛赂契丹主，云：'若立己为帝，请即以见兵南平洛阳，与契丹为兄弟之国，仍许石氏常驻河东。'契丹主自以深入敌境，晋安未下，[赵]德钧兵尚强，范延光在其东，又恐山北诸州邀其归路，欲许[赵]德钧之请。帝（晋高祖石敬瑭）闻之，大惧，亟使桑维翰见契丹主，说之曰：'大国举义兵以救孤危，一战而唐兵瓦解，退守一栅，食尽力穷。赵北平（按：清太原年六月，后唐封赵德钧为北平王）父子不忠不信，畏大国之强，且素蓄异志，按兵观变，非以死徇国之人，何足可畏，而信其诞妄之辞，贪毫末之利，弃垂成之功乎！且使晋得天下，将竭中国之财以奉大国，此岂小利之比乎！'契丹主曰：'尔见捕鼠者乎，不备之，犹或啮伤其手，况大敌乎！'对曰：'今大国已扼其喉，安能啮人乎！'契丹主曰：'吾非有渝前约也，但兵家权谋，不得不耳。'对曰：'皇帝以信义救人之急，四海之人俱属耳目，奈何二三其命，使大义不终，臣窃为皇帝不取也。'跪于帐前，自旦之暮，涕泣争之。契丹乃从之，指帐前石谓[赵]德钧使者曰：'我已许石郎，此石烂，可改矣。'"
② 原按：《辽史》：初围晋安[寨]（今山西太原晋祠南），分遣精兵守其要害，以绝援兵之路，赵延寿等皆逗留不进。

乃不奉诏，末帝削夺帝爵，遣晋州节度使张敬达围帝于晋阳（今山西太原）……帝求援契丹，[契丹]俄遣人复书，约以中秋赴义……九月辛丑，契丹大酋长耶律氏帅众自雁门而南，旌旗不绝五十余里，与南军骑将高行周、符彦卿等合战……十月，幽州节度使赵德钧领所部万余人自上党吴儿谷合[赵]延寿兵，屯团柏谷，与[张]敬达寨相去百里，弥月不能相通。十一月，戎王筑坛于晋阳城南，册帝为大晋皇帝，改元天福。闰十一月甲子，唐将杨光远杀[张]敬达以诸军来降。甲戌，帝至昭义受赵德钧、赵延寿降。己卯，至河阳北，节度使苌从简降。辛巳，末帝自焚，帝遂入洛都。

——《册府元龟》卷八《帝王部·创业四》。

[后晋高祖]天福元年（936年）十一月己亥，改长兴七年（936年）为天福元年。

闰十一月甲子，[后唐]晋安寨副招讨使杨光远等杀上将张敬达，以诸军来降。甲戌，车驾至昭义（按：昭义军驻潞州，治上党，今山西长治）受赵德钧、赵延寿降。辛巳，唐末帝聚其族，与亲将宋审虔等登[洛阳宫内]玄武楼，纵火自焚而死。

天福二年（937年）正月庚申，定州奏，契丹改幽州为南京（今北京）。

——《旧五代史》卷七十六《晋书·高祖纪二》。

天福三年（938年）九月丙寅，赵延寿进马谢恩，放燕国公主归幽州（今北京）①。

——《旧五代史》卷七十七《晋书·高祖纪三》。

赵延寿，本姓刘氏。父曰邟，常山人也，常任蓚令。[后]梁开平初，沧州节度使刘守文陷其邑，时[赵]德钧为偏将，获[赵]延寿并其母种氏，遂养为子。[赵]延寿姿貌妍柔，稍涉书史，尤好宾客，亦能为诗。及长，尚明宗[李嗣源]女兴平公主……及[后晋]高祖起义于晋阳（今山西太原）唐末帝幸怀州，委[赵]延寿北伐。后高祖至潞州（今山西长治），[赵]延寿与父[赵]德钧俱陷北庭。未几，契丹以[赵]延寿为幽州节度使，封燕王②，寻为枢密使兼政事令③。

——《旧五代史》卷九十八《晋书·赵德钧传》附延寿传。

[后]唐天祐中，庄宗方开霸府，翘贮贤士，墨制授[吕]琦代州军事判官。秩满，归太原，监军使张承业重[吕]琦器量，礼遇尤厚。会其子[张]瑾领麟州刺史，

---

① 原按：《资治通鉴》不载赵延寿进马之事。胡三省云："延寿妻，唐明宗女也。延寿在北用事，故来取之。"
② 《旧五代是考异》："按《辽史》云：'[赵]德钧卒，以子延寿为幽州节度使，封燕王。'与薛史同。《契丹国志》：'[辽太宗耶律德光]会同六年（943年），以延寿为卢龙节度使。八年（945年）南征，以延寿为魏博节度使，封燕王。'与薛史异。"
③ 《旧五代史考异》："按《辽史》云：'[辽太祖阿保机]天显末，以延寿妻在晋，诏取之以归，自是益激昂图报。[辽太宗耶律德光]会同初，帝幸其第，加政事令，不言延寿枢密使。'考《契丹国志》云：'会同改元，参用蕃汉，以延寿为枢密使兼政事令。'与薛史同。"

乃辟［吕］琦从事。同光中，赵德钧镇沧州，表［吕］琦为节度推官。［赵］德钧移镇幽州，亦从之。

——《旧五代史》卷九十二《晋书·吕琦传》。

吕琦，幽州人，励志劝学，游于汾、晋。［后］唐天祐中，庄宗方开霸府，翘贮贤士，墨制授［吕］琦代州军事判官。秩满，归太原，监军使张承业重［吕］琦器量，礼遇尤厚。会其子［张］瑾领麟州刺史，乃辟［吕］琦从事。同光中，赵德钧镇沧州，表［吕］琦为节度推官。［赵］德钧移镇幽州，亦从之。

——《册府元龟》卷七百二十九《幕府部·辟署四》。

［后唐庄宗］同光三年（925年）正月丙申，契丹寇幽州（今北京）。

二月甲戌，以横海节度使李绍斌为卢龙节度使①。丙子，李嗣源奏，败契丹于涿州。

上以契丹为忧，与郭崇韬谋，以威名宿将零落殆尽，李绍斌位望素轻，欲徙李嗣源镇真定（今河北定州），为［李］绍威声援……庚辰，徙李嗣源为成德节度使（按：即镇州节度使，驻真定）。

三月庚辰，帝至洛阳；辛酉，诏复以洛阳为东都，兴唐府（即魏州治所，今河北大名东北）为邺都②。

——《资治通鉴》卷一百七十三 后唐纪二 庄宗同光三年。

同光三年（925年）十二月癸未，成德节度使（即镇州节度使）李嗣源入朝。

［后唐明宗］天成元年（926年）正月，契丹主击女真及渤海，恐唐乘虚袭之，戊寅，遣梅老鞋里来修好。

二月魏博指挥使杨仁晸将所部兵③戍瓦桥（今河北雄县），逾年代归，至贝州（今河北清河西北），以邺都（今河北大名东北）空，恐兵至为变，敕留屯贝州……杨仁晸部兵皇甫晖……因人情不安，遂作乱，［劫杨仁晸从乱］，［杨］不从，［皇甫］晖杀之；又劫小校，不从，又杀。效节指挥使赵在礼闻乱，衣不及带，逾垣而走，［皇甫］晖追及，曳其足而下之，示以二首，［赵］在礼惧而从之。乱兵遂奉以为帅，

---

① 胡三省注云："李绍斌至明宗时复姓赵，赐名德钧。［赵］德钧守幽州无功；其后乘危以邀君，外与契丹为市，不但父子为虏，幽州亦为虏有矣。"

② 胡三省注云："唐之盛时，以洛阳为东都。［后唐庄宗］同光之初，以晋阳为西京，魏州为东京，寻以洛阳为洛都，今复唐旧以洛阳为东都，又改魏州之东京为邺都。然相州（今河南安阳）乃古邺地，魏州治元城（今河北大名东北），非邺地也。邺（今河北临漳县邺镇），战国时为魏邑，汉为邺县，魏郡治焉。汉末曹操为魏王，居邺。前燕慕容暐都邺，置贵乡县，属昌乐郡。《水经注》所谓沙丘堰有贵乡者也。隋开皇三年罢昌乐郡，贵乡县属魏州，遂为州治所。此时与唐县并置于郭下。［后唐］兴唐本元城，庄宗以魏州为邺都，特以汉魏郡治邺、曹操以魏王都邺而名之耳。然相州自隋以来治安阳，而邺为属县，魏州、相州治所皆非古邺也。"

③ 按：后唐以魏州为邺都，号北都，即唐魏博镇之魏州也。故魏博兵即驻邺都。其出征时，家眷都留邺都大营。

焚掠贝州。[皇甫]晖，魏州人；[赵]在礼，涿州人也。癸巳，贼入邺都，孙铎等拒战不胜，亡去。赵在礼据宫城①，署皇甫晖及军校赵进为马步都指挥使，纵兵大掠。[赵]进，定州人也。三月……戊辰，李绍荣（按：即元行钦，后唐庄宗赐姓改名）自邺都退保卫州，奏李嗣源已叛，与贼合；[李]嗣源遣使上章自理，一日数辈……是后[李]嗣源所奏，皆为[李]绍荣所遏，不得通，[李]嗣源由是疑惧……乙亥，帝（按：指庄宗）发洛阳……甲申，[无计]，[复]入洛城。

——《资治通鉴》卷二百七十四　后唐纪三　庄宗同光三年—明宗天成元年。

天成元年（926年）四月丁亥朔，[洛阳]兵乱……俄而帝（庄宗）为流矢所中……须臾，帝殂……乙丑，[李]嗣源入洛阳……丙午……于[庄宗]枢前即位。

五月丙寅，赵在礼请帝幸邺都。戊辰，以[赵]在礼为义成节度使；辞以军情未听，不赴镇②。

……诏发汴州控鹤指挥使，六月丁酉，出城，复还，作乱……尽诛其众四百人，军、州定。

七月，壬申，契丹主攻渤海，拔其夫余城，更命曰东丹国。命其长子突欲镇东丹，号人皇王，以次子[耶律]德光守西楼，号元帅太子。

帝遣供奉官姚坤告哀于契丹……契丹主曰："吾儿与我虽世旧，然屡与我战争；于今天子则无怨，足以修好。若与我大河之北，吾不复南侵矣。"[姚]坤曰："此非使臣所得专也。"契丹主怒，囚之，旬余，复招之，曰："河北恐难得，得镇、定、幽亦可也。"给纸笔趣令为状，[姚]坤不可，欲杀之，韩延徽谏，乃复囚之。丁丑，镇州留后王建立奏涿州刺史刘殷肇不受代，谋作乱，已讨擒之③。辛巳，契丹主阿保机卒于夫余城。庚子，幽州言契丹寇边，命齐州防御使安审通将兵御之。

九月癸酉，卢龙节度使李绍斌请复姓赵，从之，仍赐名德钧。[赵]德钧养子[赵]延寿尚帝女兴平公主，故[赵]德钧尤蒙宠任。[赵]延寿本蓟令刘邟之子也。

十月庚子，幽州奏契丹卢龙节度使卢文进来奔。初，[卢]文进为契丹守平州（今河北卢龙），帝即位，遣间使说之，以易代之后，无复嫌怨④。[卢]文进所部皆华人，思归，乃杀契丹戍平州者，帅其众十余万人、车帐八千来奔。

十一月癸巳，以卢文进为义成节度使（按：驻滑州，今河南滑县东南）、同平章事

天成二年（927年）正月庚丑朔，帝（按：明宗李嗣源）更名亶。己卯，契丹改

---

① 胡三省注云："帝（即庄宗）即位于魏州，以牙城为宫城。"
② 胡三省注云："赵在礼实为魏兵所劫制，不容其赴滑州。"
③ 胡三省注云："唐之方镇，涿州，幽州节度使属郡也，不属镇州节度；而王建立得讨之者，明宗初得天下，方镇州郡反侧者尚多，王建立明宗之所亲者，越境讨擒刘殷肇，奏以为不受代，朝廷亦听之耳。"
④ 胡三省注云："庄宗[李存勖]怨卢文进杀其弟而奔契丹，又引契丹而扰边，今庄宗殂而明宗立，则无复嫌怨矣。"

元天显。

帝以冀州刺史乌震三将兵运粮入幽州①，二月戊子，以［乌］震为河北道副招讨，领宁国节度使（按：驻宣州，今安徽宣城，时属吴，乌震为虚领）屯卢［芦］台军②。代泰宁节度使、同平章事房知温归兖州。

三月，赵在礼之徙滑州，不之官，亦实为其下所制，［赵］在礼欲自谋脱祸，阴遣腹心诣阙求移镇，帝乃为之除皇甫晖陈州刺史，赵进贝州刺史（按：二人皆祸乱之首），徙［赵］在礼为横海节度使（即沧州节度使）；以皇子［李］从荣镇邺都（按：即代赵在礼），命宣徽北院使范延光将兵送之，且制置邺都军事。乃出奉节等九指挥三千五百人（按：皆邺都兵，恐其作乱而遣之），使军校龙晊部之，戍卢［芦］台军（今河北青县，原唐乾宁军址）以备契丹，不给铠仗，但系帜于长竿以别队伍，由是皆俛（音：免）首而去。中途闻孟知祥杀［监军］李岩，军中籍籍，已有讹言；既至［芦台］，会朝廷不次擢乌震为副招讨使，讹言益甚。

房知温怨［乌］震骤来代己③，［乌］震至，未交印。壬申，［乌］震召［房］知温及诸道先锋马军都指挥使、齐州防禦使安审通博于东寨④，［房］知温诱龙晊所部兵杀［乌］震于席上，其众噪于营外⑤，安审通脱身走，夺舟济河，将骑兵按甲不动。［房］知温恐事不济，亦上马出门……跃马登舟济河，与［安］审通合谋击乱兵，乱兵遂南行。骑兵徐踵其后，部伍甚整。乱者相顾失色……诘朝，骑兵四合击之，乱兵殆尽，馀众复趣故寨，［安］审通已焚之，乱兵进退失据，遂溃……得免者十无一二。范延光还至淇门（今河南汲县东北50里有淇门镇），闻卢［芦］台乱，发滑州（今河南滑县东南）兵复如邺都（即魏州，今河北大名东北），以备奔逸。

四月庚寅，敕卢［芦］台乱兵在营家属（按：即在邺都家属）并全门处斩。

——《资治通鉴》卷二百七十五　后唐纪四　明宗天成元年—二年。

赵在礼历十余镇，后为晋昌军节度使，善治生殖货，积财巨万，两京及所莅藩镇，皆邸店罗列。

——《册府元龟》卷八百一十二《总录部·富》。

天成二年（927年）七月，以归德节度使王晏球为北面副招讨使⑥。

---

① 胡三省注云："时契丹常以劲骑徜徉幽州四郊之外，抄掠粮运，故以三将兵运粮，善达者为劳绩。"
② 胡三省注云："卢［芦］台军临御河之岸，周建乾宁军，东至沧州一百里，西至瀛州百七十里。"按：乾宁军始建于唐昭宗乾宁间，后周复之。今河北青县。
③ 胡三省注云："房知温自庄宗时戍边，以举兵从帝（指明宗）建节；乌震自刺史领节，又代知温为副招讨，故怨其骤。"
④ 胡三省注云："时卢［芦］台戍军夹河东西为两寨。"
⑤ 胡三省注云："噪者，乌震亲兵也。欧阳史以为噪者乱兵。"
⑥ 胡三省注云："乌震既死，以王晏球代之。按薛史，是年七月戊辰诏曰：'本朝亲王遥领方镇，遂有副大使知节度事，年代已深，相沿未改。其西川、东川今后落副大使，只云节度使。'"

九月壬申，契丹来请修好，遣使报之。

天成三年（928年）正月，契丹陷平州①。

四月，初，义武节度使（即易定节度使）兼中书令王都镇易、定十余年②，自除刺史以下官，租赋皆赡本军。及安重诲用事，稍以法制裁之；帝亦以［王］都篡父位，恶之③。时契丹数犯塞，朝廷多屯兵于幽、易间④，大将往来，［王］都阴为之备，浸成猜阻。［王］都恐朝廷移之他镇，腹心和昭训劝［王］都为自全之计，［王］都乃求婚于卢龙节度使赵德钧。又知成德节度使（即镇州节度使）王建立与安重诲有隙，遣使结为兄弟，阴与之谋复河北故事⑤［王］建立阳许而密奏之。［王］都又以蜡书遗青、徐、益、梓五帅，离间之⑥。又遣人说北面副招讨使归德节度使王晏球，［王］晏球不从；乃以金遗［王］晏球帐下，使图之，不克；癸巳，［王］晏球以［王］都反状闻，诏宣徽使张延朗与北面诸将议讨之⑦。庚子，诏削夺王都官爵。壬寅，以王晏球为北面招讨使，权知定州事，以横海节度使安审通为副招讨使，以郑州防御使张虔钊为都监，发诸道兵会讨定州。是日，［王］晏球攻定州，拔其北关城⑧。

［王］都以重赂求救于奚酋秃馁⑨，五月，秃馁以万骑突入定州；［王］晏球退保曲阳（今河北曲阳），［王］都与秃馁就攻之。［王］晏球与战于嘉山下，大破之，秃馁以二千骑奔还定州。［王］晏球追至城门，因进攻之，得其西关城。定州城坚，不可攻，［王］晏球增修西关城以为行府⑩。使三州民输税供军食而守之⑪。辛酉，王晏球闻契丹发兵救定州，将大军趣望都（今河北望都），遣张延朗分兵保新乐（今河北新乐东北）。［张］延朗遂之真定（镇州治所，今河北正定），留赵州刺史朱建丰将兵修新乐城。契丹已自他道入定州，与王都夜袭新乐，破之，杀［朱］建丰。乙丑，王晏球、张延朗会于行唐（今河北行唐），丙寅，至曲阳。王都乘胜，悉其众与契丹五千骑合万余人，邀［王］晏球等于曲阳，丁卯，战于城南。［王］晏球集诸将校令之曰："王都轻而骄，可一战擒也。今日，诸君报国之时也。悉去弓矢，以短兵

---

① 胡三省注云："元年冬卢文进来奔，［后］唐得平州，至是复为契丹所陷。"
② 胡三省注云："梁均王龙德元年，王都得定州，至是九年。"
③ 胡三省注云："王都囚其父［王］处直而篡其位，见二百七十一卷后梁均王龙德元年。"
④ 胡三省注云："瓦桥（今河北雄县）、卢［芦］台（按：此指河北青县，时今河北宁河的芦台已陷于契丹）皆在幽、易之间。"
⑤ 胡三省注云："欲复如唐河北诸镇世袭，不输朝廷贡赋，不受朝廷征发。"
⑥ 胡三省注云："是时青帅霍彦威（平卢节度使驻青州，今山东益都）、徐帅房知温（武宁节度使驻徐州，今江苏徐州），潞帅毛璋（昭义节度使驻潞州，今山西长治），益帅孟知祥（剑南西川节度使驻成都，今四川成都），梓帅董璋（剑南东川节度使驻梓州，今四川三台），皆桀强难制者。"
⑦ 胡三省注云："北面诸将，谓招讨王晏球及所部戍幽、间诸将与幽州赵德钧也。"
⑧ 胡三省注云："权知定州行州事者，以未得定州，使王晏球权知行州事于城外，以招抚定州之民。盖此命未颁，［王］晏球之兵已至定州城下矣。"
⑨ 胡三省注云："秃馁即围庄宗者，房暠之桀也。"
⑩ 胡三省注云："置招讨使行府及定州行州于西关城。"
⑪ 胡三省注云："三州，定（今河北定州）、祁（今河北无极）、易（今河北易县）也。王晏球之攻定州，以持久弊之，此其先定之计也。"

击之，回顾者斩！"于是骑兵先进，奋楇挥剑，直冲其阵，大破之，僵尸蔽野①；契丹死者过半，余众北走；[王]都与秃馁得数骑，仅免。卢龙节度使赵德钧邀击契丹，北走者殆无孑遗。

六月，王晏球知定州有备，未易急攻，朱宏昭、张虔钊宣言大将畏怯；有诏促令攻城。[王]晏球不得已，乙未，攻之，杀伤将士三千人。

七月壬戌，契丹复遣其酋长惕隐将七千骑救定州，王晏球逆战于唐河北，大破之；甲子，追至易州。时久雨水涨，契丹为唐所俘斩及陷溺死者，不可胜数。戊辰，契丹北走，道路泥泞，人马饥疲，入幽州境。

八月壬戌，赵德钧遣牙将武从谏将精骑邀击之，分兵扼险要，生擒惕隐等数百人；余众散投村落，村民以白梃（按：杖也）击之，其得脱归国者不过数十人。自是，契丹沮气，不敢轻犯塞。戊申，赵德钧献契丹俘惕隐等，诸将皆请诛之，帝曰："此曹皆虏中骁将，杀之则虏绝望，不若存之以纾边患。乃赦惕隐等酋长五十人，置之亲卫，余六百人悉斩之。"契丹遣梅老季素等入贡。

初，卢文进来降，契丹以蕃汉都提举使张希崇代之为卢龙节度使，守平州（今河北卢龙），遣亲将以三百骑监之。[张]希崇本书生，为幽州牙将，没于契丹②，性和易，契丹将稍亲信之，因与其部曲谋南归。部曲泣曰："归固寝食所不忘也，然虏众我寡，奈何？"[张]希崇曰："吾诱其将杀之，兵必溃去。此去虏帐千余里，比其知而征兵，吾属去远矣。"众曰："善！"乃先为穿，实以石灰，明日，召虏将饮，醉，并从者杀之，投诸穿中。其营在城北，亟发兵攻之，契丹众皆溃去。[张]希崇悉举其所部二万余口来奔，诏为汝州刺史。

十月，王都据定州，守备固，伺察严，诸将屡有谋翻城应官军者，皆不果。帝遣使者促王晏球攻城，[王]晏球与使者联骑巡城，指之曰："城高峻如此，借使主人听外兵登城，亦非梯冲所及。徒多杀精兵，无损于贼，如此何为！不若食三州之租，爱民养兵以俟之，彼必内溃。"帝从之。

天成四年（929年）正月，王都、秃馁欲突围走，不得出。

二月癸丑，定州都指挥使马讓能开门纳官军，[王]都举族自焚，擒秃馁及契丹二千人③。辛亥，以王晏球为天平军节度使，与赵德钧并加兼侍中④。秃馁至大梁（今河南开封），斩于市。

王晏球在定州城下，日以私财飨士，自始攻至克城未尝戮一卒。三月辛巳，[王]晏球入朝，帝美其功；[王]晏球谢久烦馈运而已。

---

① 胡三省注云："用短兵则将士齐致死，直冲其阵则敌不及拒。北人所恃者弓矢，既入其阵，皆不得用，而楇剑所及，不死则伤，是以甚败。"
② 胡三省注云："欧史曰：刘守光使张希崇戍平州，契丹陷平州得之。"
③ 胡三省注云："王晏球自去年四月攻王都，至是克之。"
④ 胡三省注云："赏王晏球，以平王都之功也；赏赵德钧，以擒惕隐之功也。"

四月，契丹寇云州（今山西大同）。

五月，契丹寇云州①。

六月戊申，复以邺都为魏州（今河北大名东北）②。

——《资治通鉴》卷二百七十六　后唐纪五　明宗天成二年—四年。

王晏球为北面招讨副使，天成二年九月奏准，宣差兵士筑城于阎沟店（今北京房山良乡镇）。初诏城良乡（按，即汉良乡，仅北京房山窦店），复设壁于此，盖取涿、蓟之中途，以备鲜卑之抄略也③。

——《册府元龟》卷四百一十《将帅部·壁垒》。

药彦稠，沙陀三部落人。幼以骑射事明宗（即李嗣源），累迁至列校。明宗践祚，领澄州刺史④、河阳马步都将。从王晏球讨王都于定州，平之，领寿州节度使、侍卫步军都虞候。

——《旧五代史》卷六十六《唐书·药彦稠传》。

药（一书"乐"）彦稠为河阳马步都将，领邓州刺史。[后唐明宗]天成中，从王晏球讨王都于定州，平之，迁侍卫步军都虞候，领寿州节度使。

——《册府元龟》卷三百六十《将帅部·立功十三》。

孙璋，齐州历城人。出身行间，隶梁将杨师厚麾下……[后唐]庄宗入邺，累迁澶州指挥使。明宗……天成初，历赵、登二州刺史、齐州防禦使。王都之据中山，[孙]璋为定州行营都虞候。贼平，加检校太保。

——《旧五代史》卷六十一《唐书·孙璋传》。

孙璋为齐州防禦使，[后唐明宗]天成中，王都据中山叛，以[孙]璋为定州行营都虞候，贼平，加检校太保。

——《册府元龟》卷三百六十《将帅部·立功十三》。

张虔钊，辽州人也……明宗素闻[张]虔钊有将帅才，及即位，擢为护驾亲军

---

① 胡三省注云："一月之间再寇云州，契丹主耶律德光渐西徙也。"
② 胡三省注云："[后唐]庄宗同光元年即位于魏州，以魏州为兴唐府，建东京。既迁洛，同光三年，复唐之旧，以洛阳为东都，改魏州之东京为邺都，今复为魏州。"
③ 按《旧五代史·赵德钧传》、《资治通鉴》均云良乡县悉赵德钧所筑，与三河、潞县前后。然赵德钧任幽州节度使在庄宗同光三年（925年），王晏球任北面招讨副使在明宗天成二年（927年）平王都之役，时良乡尚不在其作战范围内，称其筑良乡不知何据。
④ 按：《册府元龟》作邓州，治今河南邓县。澄州远在今广西境内，与后唐远不相及，当以邓州为是。

都指挥使，领春州刺史①。天成中，与诸将围王都于中山，大败契丹于嘉山之下。及定州平，以功授沧州节度使。移镇徐州。

——《旧五代史》卷七十四《唐书·张虔钊传》。

张虔钊为护驾亲军都指挥使，领秦州刺史（《旧五代史》本传作春州，误）。天成中，与诸将围王都于中山，大败契丹于嘉山之下。及平定州，以功授沧州节度使。

——《册府元龟》卷三百六十《将帅部·立功十三》。

[后唐明宗] 长兴元年（930年）十一月，契丹东丹王突欲自以失职（按：即未得立为契丹王），率部曲四十人越海自登州（今山东蓬莱）来奔②。

长兴二年（931年）三月辛酉，赐契丹东丹王突欲姓东丹，名慕华，以为怀化节度使、瑞、慎等州观察使③；其部曲及先所俘契丹将惕隐等，皆赐姓名。惕隐姓狄，名怀忠。

四月，以宣徽北院使赵延寿为枢密使。

九月己亥，更赐东丹慕华姓名曰李赞华。

长兴三年（932年）三月，初，契丹舍利萴剌与惕隐皆为赵德钧所擒④，契丹屡遣使请之。上谋于群臣，[赵]德钧等皆曰："契丹所以数年不犯边、数求和者，以此辈在南故也，纵之则边患复生。"上以问冀州刺史杨檀，对曰："萴剌，契丹之骁将，向助王都谋危社稷，幸而擒之，陛下免其死，为赐已多。契丹失之如丧手足。彼在朝廷数年，知中国虚实，若得归，为患必深，彼才出塞，则南向发矢矣，恐悔之无及。"上乃止。[杨]檀（按：后改名光远），沙陀人也。

上欲授李赞华以河南藩镇，群臣皆以为不可，上曰："吾与其父约为昆弟，故赞华归我。吾老矣，后世继体之君，虽欲招之，其可致乎！"四月癸亥，以[李]赞华为义成节度使，为选朝士为僚属辅之。[李]赞华但优游自奉，不预政事；上嘉之，虽时有不法亦不问，以庄宗后宫夏氏妻之。[李]赞华好饮人血，姬妾多刺臂以吮之；婢仆小过，或抉目，或刀刲火灼；夏氏不忍其残，奏离婚为尼。

---

① 《旧五代史考异》："按《北梦琐言》云：'[张]虔钊镇沧州日，因亢旱民饥，发廪赈之，方上闻，帝甚嘉之。他日秋成，倍斗征敛，朝论鄙之。'"春州在今广东境内，属南汉，与后唐两不相及；《册府元龟》作秦州，治今甘肃秦安，在后唐辖境西部，当以此为是。

② 《资治通鉴考异》："《实录》：'阿保机妻令元帅太子往渤海代慕华归西楼，欲立为契丹王；而元帅太子既典兵柄，不欲之渤海，遂自立为契丹王，谋害慕华，其母不能止。慕华惧，遂航海内附。'按天皇王入汴，犹求害东丹者诛之，岂有在国欲杀之礼！今不取。"

③ 胡三省注云："时置怀化军于慎州。瑞州领远来一县，慎州领逢龙一县，盖皆后唐所置。薛史：瑞、慎二州本辽东之地，唐末为怀化节度。余按唐贞观十年，以乌突汗达干部落置威州于营州之境，后更名瑞州，侨置[幽]州良乡之广阳城（今北京房山区广阳村）。武德初，以速末、乌素固部落置慎州，侨置良乡之故都乡城（今北京房山长沟村）。"

④ 胡三省注云："舍利、惕隐，皆契丹官军头目之称。被擒见上卷天成三年。"

五月己亥，契丹使者迭罗辞归国，上曰："朕志在安边，不可不少副其求。"乃遣荝骨舍利与之俱归。契丹以不得荝剌，自是数寇云州及振武。

——《资治通鉴》卷二百七十七　后唐纪六　明宗长兴元年—三年。

长兴三年（932年）八月，初，契丹既强，寇抄卢龙诸州皆遍，幽州城门之外，虏骑充斥。每自涿州运粮入幽州，虏多伏兵于阎沟，掠取之①。及赵德钧为节度使，城阎沟而戍之，为良乡县②，粮道稍通。幽州东十里之外，人不敢樵采；［赵］德钧于州东五十里城潞县而戍之③，近州之民始得稼穑。至是，又于州东北百余里城三河县以通蓟州运路④，虏骑来争，［赵］德钧击却之。

十月丙辰，幽州奏契丹屯捺剌泊⑤。

十一月丁亥，以石敬瑭为北京留守、河东节度使，兼大同、振武、彰国、威塞等军蕃汉马步总管⑥。己丑，大同节度使张敬达聚兵要害，契丹竟不敢南下而还⑦。敬达，代州人也。蔚州刺史张彦超本沙陀人，尝为帝（后唐明宗）养子，与石敬瑭有隙；闻［石］敬瑭为总管，举城附于契丹，契丹以为大同节度使。

长兴四年（933年）五月戊寅，立皇子［李］从珂为潞王，［李］从益为许王……

九月，秦王［李从荣］每入朝，从数百骑，张弓夹矢，驰骋衢路；另文士草《檄淮南书》，陈己将廓清海内之意。［李］从荣不快于执政，私谓所亲曰："吾一旦南面，必族之。"［枢密使］范延光、赵延寿惧，屡求外补以避之。上以为见己病而求去，甚怒，曰："欲去自去，奚用表为！"齐国公主复为延寿言于禁中，云："延寿实有疾，不堪机务。"戊戌，以［赵］延寿为宣武节度使。

十月庚申，以［范］延光为成德节度使（按：即镇州节度使）。

十一月，戊戌，帝（后唐明宗李嗣源）殂。

---

① 胡三省注云："据《水经》，汉涿州故安县有阎乡，其西山则易水所出也。欧史作'阎沟'。"
② 胡三省注云："良乡，汉古县，赵德钧移之于阎沟耳。《匈奴须知》：'阎沟县北至燕六十里，古良乡空城南至涿州四十里。'盖契丹得燕之后改良乡县为阎沟县，而所谓古良乡空城即赵德钧未移县之前古城也。"按：阎沟县即赵德钧之良乡县，今北京房山良乡镇。古良乡空城即今北京房山窦店镇。
③ 胡三省注云："潞，汉古县，唐属幽州。《匈奴须知》：'潞县东二里有潞河（今潮白河），自潞县西至燕（今北京）六十里。'"
④ 胡三省注云："唐开元四年，分潞县置三河县，属蓟州（今天津蓟县）。《匈奴须知》：'三河县西至燕（今北京）一百七十里，蓟州西至三河县七十里。'"
⑤ 胡三省注云："时幽州有备，契丹寇掠不得其志。契丹主西徙横帐，居捺剌泊出寇云、朔之间。薛士本纪，是年十一月，云州奏契丹主在黑榆林南捺剌泊治造攻城之具。是后石敬瑭镇河东（治今山西太原），因契丹部落近在云、应，遂资其兵力以取中国，而燕、云十六州之地遂皆为北方引导之民。"
⑥ 胡三省注云："唐末移大同军于云州（按：原在马邑，今山西朔县东北。云州，今山西大同）、振武军于朔州（按：原在今内蒙古和林格尔西北。朔州，今山西朔县）。帝应州人（今山西应县），即位置彰国军于应州，以兴唐军为寰州（今山西朔县东北）隶之。庄宗同光元年置威塞军于新州（今河北涿鹿），以妫（今河北怀来旧县城）、儒（今北京延庆）、武（今河北宣化）三州隶之。四军皆节镇也。"
⑦ 胡三省注云："按薛史，时契丹帅族帐自黑榆林捺剌泊至没越泊，云借汉界水草；张敬达聚兵遏其冲要，虏竟不敢南牧。"

十二月癸卯朔，始发明宗丧，宋王［李从厚］①即皇帝位。

［后唐潞王］清泰元年（934年）正月戊寅，闵帝［李从厚］大赦，改元应顺。

——《资治通鉴》卷二百七十八　后唐纪七　明宗长兴三年—潞王清泰元年。

赵德钧为幽州节度使，同光末于阎沟筑城亦戍兵守之，因名良乡县，自是稍息虏寇；自幽州东十里外，州人不敢樵牧，后［赵］德钧又于州东五十里故潞县择潞河筑城，以兵守之，而近州民方敢耕稼。自擒破惕隐秃馁之后，［赵］德钧又于其东筑三河城，以遏虏寇。三河接蓟州，有漕运之利。初聚工兴筑，虏骑遮我粮船，云此我疆界安得设版筑？［赵］德钧以礼责之，出师将击，虏乃退去，故城守坚完到今，为形胜之要。

——《册府元龟》卷四百一十《将帅部·壁垒》。

清泰元年（934年）［凤翔节度使兼侍中、潞王李从珂，明宗养子，年最长，实力与石敬瑭相埒。三月，闵帝遣五节度使兵攻凤翔，兵溃，潞王李从珂自凤翔而东，闵帝北奔，遇石敬瑭。石敬瑭尽杀闵帝随从左右。卫州刺史王弘贽迁闵帝于州廨，四月，为李从珂遣使缢杀。］四月甲戌，太后令潞王宜即皇帝位；乙亥，即位于［明宗］柩前。乙酉，改元［清泰］，大赦。

五月，帝（李从珂）与石敬瑭皆以勇力善斗，事明宗为左右；然心竞，素不相悦。帝即位，［石］敬瑭不得已入朝，山陵既毕，不敢言归。时［石］敬瑭久病羸瘠，太后及魏国公主②屡为之言；而凤翔将佐多劝帝留之，惟韩昭胤、李专美以为赵延寿在汴，不宜猜忌［石］敬瑭③。帝亦见其骨立，不以为虞，乃曰："石郎不惟密亲，兼自少与吾同艰难；今我为天子，非石郎尚谁托哉！"乃复以为河东节度使。

六月甲戌，以皇子左卫上将军［李］重美为成德节度使（即镇州节度使）、兼平章事、兼河南尹，判六军诸卫事。

九月己未，云州奏契丹入寇，北面招讨使石敬瑭奏自将兵屯百井以备契丹。辛酉，［石］敬瑭奏振武节度使（驻今山西朔县）杨檀击契丹于境上，却之。

十二月己巳，以易州刺史安叔千为振武节度使④……叔千，沙陀人也。壬申，石敬瑭奏契丹引去，罢兵归。

清泰二年（935年）三月辛丑，以前宣武节度使兼侍中赵延寿为忠武节度使、

---

① 胡三省注云："宋王讳从厚，明宗第五子也。明宗殂四日而后宋王至，至三日始发丧即位。"按：《旧五代史·唐书·闵帝纪》云从厚系明宗第三子，胡三省误。
② 胡三省注云："魏国公主，明宗之女，下嫁石敬瑭，曹太后所生也。欧史：公主初号永宁公主，是年进封魏国长公主。"按：皇帝之女称公主，皇帝之姊妹称长公主。
③ 胡三省注云："赵延寿时为宣武节度使［驻汴州（今河南开封），逼近洛都；又其父［赵］德钧在幽州，拥强兵。言若猜忌［石］敬瑭，赵延寿必惧而生心。"
④ 胡三省注云："安叔千以捍契丹之功……赏也。"

兼枢密使。

五月丙申，契丹寇新州（今河北涿鹿）及振武（今山西朔县，振武军驻地）。庚戌，赐振武节度使杨檀名［杨］光远①。

六月，契丹寇应州（今山西应县）……时契丹屡寇北边，禁军多在幽、并，［石］敬瑭与赵德钧求益兵运粮，朝夕相继②。甲申，诏借河东人有蓄积者菽粟。乙酉，诏镇州输绢五万匹于总管府，籴军粮③，率镇、冀人车千五百乘运粮于代州（今山西代县）④；又诏魏博市籴。时水旱民饥，［石］敬瑭遣使督趣（音：促）严急，山东之民流散⑤，乱始兆矣。

［石］敬瑭将大军屯忻州，朝廷遣使赐军士夏衣，传诏抚谕，军人呼万岁者数四⑥，［石］敬瑭惧，幕僚河内段希尧请诛其唱首者，［石］敬瑭命都押衙刘知远斩挟马都将李晖等三十六人以徇。帝闻之，益疑［石］敬瑭。

——《资治通鉴》卷二百七十九　后唐纪八　潞王清泰二年。

［后晋］天福元年（936年）三月，石敬瑭尽收其货之在洛阳及诸道者归晋阳，托言以助军费，人皆知其有异志。唐主（末帝李从珂）夜与近臣从容语曰："石郎于朕至亲，无可疑者；但流言不释，万一失欢，何以解之？"皆不对。

端明殿学士、给事中李崧退谓同僚吕琦曰："吾辈受恩深厚，岂得自同众人，一概观望耶！计将安出？"［吕］琦曰："河东若有异谋，必接契丹为援。契丹母以赞华（即阿保机长子东丹王）在中国，屡求和亲，但求葭刺等未获，故和未成耳⑦。今诚归葭刺等与之和，岁以礼币约直十余万缗遗之，彼必骧然承命。如此，河东虽欲陆梁，无能为矣。"……二人密言于帝，帝大喜，称其忠，二人私草《遗契丹书》以俟命。

久之，帝以其谋告枢密直士薛文遇，［薛］文遇对曰："以天子之尊，屈身事夷狄，不亦辱乎！又，虏若循故事求尚公主，何以拒之？"因诵戎昱《昭君》诗曰："安危托妇人。"帝意遂变……盛怒……二人（李崧、吕琦）惧，汗流浃背……自是群臣不敢复言和亲之策。

---

① 胡三省注云："薛史载中书奏：'准天成三年（928年）正月敕，凡庙讳但回避正文，其偏旁文字不在减少点画。今定州节度使杨檀、檀州、金坛等名，酌情制宜，并请改之。其表章文案偏旁字缺点画，凡臣僚名涉偏旁亦请改名。'诏曰：'偏旁文字，音韵悬殊，只避正呼，不宜全改。杨檀宜赐名光远，余依旧。'按此以明宗庙讳'亶'字避偏旁也。杨檀时不镇定州，当从《资治通鉴》。"按：杨檀在明宗朝，历妫、瀛、易、冀四州刺史，末帝清泰时始为定州节度使。
② 胡三省注云："石敬瑭求兵粮以实并州，赵德钧求兵粮以实幽州。"
③ 胡三省注云："总管府在晋阳，石敬瑭时为北面马步军都总管故也。"
④ 胡三省注云："《元丰九域志》：镇州西北至代州六百二十里。"
⑤ 胡三省注云："此谓太行、常山之东。"
⑥ 胡三省注云："时骄兵习于闻见，又欲扶立石敬瑭以希赏。"
⑦ 胡三省注云："赞华，契丹主阿保机长子也。来降见明宗长兴元年。求葭刺见三年。契丹母，为述律后也。"

五月辛卯，以［石］敬瑭为天平节度使（治郓州），以马军都指挥使、河阳节度使朱审虔为河东节度使。制出，两班（文武官班）闻呼［石］敬瑭名，相顾失色。

［石］敬瑭疑惧……掌书记洛阳桑维翰曰："主上初即位，明公入朝，主上岂不知蛟龙不可纵之深渊耶？然卒以河东复授公，此乃天意假公以利器……公明宗之爱婿，今主上以反逆见待，此非首谢可免，但力为自全之计。契丹素与明宗结为兄弟，今部落近在云、应①，公诚能推心屈节事之，万一有急，朝呼夕至，何患无成。"［石］敬瑭意遂决。

戊戌，昭义节度使（按：驻潞州，今山西长治）皇甫立奏［石］敬瑭反②……壬寅，制削夺［石］敬瑭官爵。乙巳，以张敬达兼太原四面排阵使，河阳节度使张彦琪为马步军都指挥使，以安国节度使安审琦为马军都指挥使，以保义节度使相里金为步军都指挥使，以右监门上将军武廷翰为壕寨使。丙午，以张敬达为太原四面兵马都部署，以义武节度使（即定州节度使）杨光远（即杨檀）为副部署。丁未，又以张敬达知太原府事，以前彰武节度使高行周为太原四面招抚、排阵等使。［杨］光远既行，定州军乱，牙将千乘（今山东广饶）方太讨平之。

七月，石敬瑭遣间使求救于契丹③，令桑维翰草表称臣于契丹主，且请以父礼事之，约事捷之日，割卢龙一道及雁门关以北诸州与之。刘知远谏曰："称臣可矣，以父事之太过。厚以金帛赂之，自足致其兵，不必许以土田，恐异日大为中国之患，悔之无及。"［石］敬瑭不从。表至契丹，契丹主大喜，白其母曰："儿比梦石郎遣使来，今果然，此天意也。"乃为复书，许俟仲秋倾国赴援。

八月癸亥，应州言契丹三千骑攻城……帝闻契丹许石敬瑭以仲秋赴援，屡督张敬达急攻晋阳，不能下。每有营构，多值风雨，长围复为水潦所坏，竟不能合。晋阳城中日窘。粮储浸乏。

九月，契丹主将五万骑，号三十万，自扬武谷④而南，旌旗不绝五十余里。代州刺史张朗、忻州刺史丁审琦婴城自守，虏骑过城下，亦不诱胁。辛丑，契丹主至晋阳，阵于汾北之虎北口⑤……与唐将高行周、符彦卿合战，［石］敬瑭乃遣刘知远出兵助之……唐兵大败，步兵死者近万人，骑兵独全……唐主大惧，遣彰圣都指挥使符彦饶将洛阳步骑兵屯河阳（今河南沁阳，黄河北岸，洛阳东北），诏天雄节度使、兼中书令范延光将魏州兵二万由青山（今河北邢台西北青山）趣榆次（今太原东南，山西榆次），卢龙节度使、东北面招讨使兼中书令、北平王赵德钧将幽州

---

① 胡三省注云："契丹牙帐自明宗长兴三年屯捺剌泊。"
② 胡三省注云："并（河东节度使所驻）、潞（昭义节度使所驻）二镇接境，故知其事可先奏也。"
③ 胡三省注云："时张敬达在代州，云、应两镇亦不从［石］敬瑭，故遣使从间道趋契丹。"
④ 胡三省注云："扬武谷在代州崞县（今山西代县崞阳镇）。薛史：阳武谷在朔州南。《资治通鉴考异》曰：代州今有杨武寨，其北有长城岭、圣佛谷。今从《汉高祖实录》作'扬武'。"
⑤ 胡三省注云："《资治通鉴考异》曰：按幽州北山口名虎北口，亦名古北口。此在太原，而云阵于虎北口，又云归虎北口，盖太原城侧别有地名虎北口也。"

兵出契丹军后①，耀州防御使潘环纠合西路戍兵，由晋、绛两乳岭出慈（今山西吉县）、隰（今山西隰县），共救晋安寨（今山西太原晋祠南）。契丹主移帐于柳林（晋安寨南），游骑过石会关，不见唐兵。丁未，唐主下诏亲征……本不欲行……帝至河阳，心惮北行，召宰相、枢密使议进取方略……皆曰："赵延寿父[赵]德钧以卢龙兵来赴难，宜遣[赵]延寿会之。"庚戌，遣枢密使、忠武节度使、随驾诸军都部署、兼侍中赵延寿将兵二万如潞州（今山西长治）……帝以晋安为忧，问策于群臣，吏部侍郎永清②龙敏请立李赞华（即契丹东丹王）为契丹主，令天雄、卢龙二镇分兵送之③，自幽州趣西楼，朝廷露檄言之，契丹必有内顾之忧④，然后选募军中精锐以击之，此亦解围之一策也。帝深以为然，而执政恐其无成，议竟不决。

初，赵德钧阴蓄异志，欲因乱取中原。自请救晋安寨；唐主命自飞狐踵契丹后，抄其部落，[赵]德钧请将银鞍契丹直三千骑⑤，由土门路（今河北石家庄西）西入，帝许之。赵州刺史、北面行营都指挥使刘在明先将兵戍易州（今河北易县），[赵]德钧过易州，命[刘]在明以其众自随。[刘]在明，幽州人也。[赵]德钧至镇州（今河北正定），以董温琪领招讨副使，邀与偕行⑥，又表称兵少，须合泽、潞兵；乃自吴儿谷趣潞州（今山西长治）⑦，癸酉，至乱柳（今山西沁县）。时范延光受诏将部兵二万屯辽州（今山西左权），[赵]德钧又请与魏博军合；[范]延光知[赵]德钧合诸军，志趣难测，表称魏博兵已入贼境，无容南行数百里与[赵]德钧合，乃止。

十一月，以赵德钧为诸道行营都统，依前东北面行营招讨使。以赵延寿为河东道南面行营招讨使，以翰林学士张砺为判官……辛卯，赵延寿遇赵德钧于西汤（乱柳西北），悉以兵属[赵]德钧。唐主遣吕琦赐[赵]德钧敕告，且犒军。[赵]德钧志在并范延光军，逗留不进，诏书屡趣之，[赵]德钧乃引兵北屯团柏谷口（今山西祁县东南）。

丁酉，契丹主作册书，命[石]敬瑭为大晋皇帝，自解衣冠授之，筑坛于柳林，是日即皇帝位。割幽（治今北京）、蓟（治今天津蓟县）、瀛（治今河北河间）、莫（今河北任丘市鄚州镇）、涿（治今河北涿州）、檀（治今北京密云）、顺（治今北京顺义）、新（治今河北涿鹿）、妫、儒（治今北京延庆）、武（治今河北宣化）、云（治今山西大同）、应（治今山西应县）、寰（今山西朔县东北）、朔（治今山西朔县）、蔚（治

---

① 胡三省注云："欲使赵德钧自飞狐道出代州，以断契丹之后。"
② 胡三省注云："唐如意元年分安次置武隆县，景云元年改曰会昌，天宝元年改曰永清，属幽州。《匈奴须知》：永清县在幽州东南一百七十里。舜以龙为纳言，子孙以名为氏，又或以为豢龙氏之后。项羽将有龙且，汉有龙伯高。"
③ 胡三省注云："欲令范延光、赵德钧分兵送之。"按：天雄军驻魏州，今河北大名东北。
④ 胡三省注云："露檄者，欲使契丹知之。观他日契丹述律太后责赵德钧之言，则龙敏之策为可行，唐主惜不用耳。"
⑤ 胡三省注云："赵德钧在幽州，以契丹来降至骁勇者置银鞍契丹直。"
⑥ 胡三省注云："董温琪时在镇州。"按《旧五代史·赵德钧传》作华温琪。
⑦ 胡三省注云："吴儿谷在潞州黎城东北，涉县西南。"

今河北蔚县）十六州以与契丹①，仍许岁输帛三十万匹。己亥，制改长兴七年为天福元年，大赦；敕命法制，皆遵明宗之旧。

契丹主虽军柳林，其辎重老弱皆在虎北口（今山西太原城西汾水滨），每日暝辄结束，以备仓猝遁逃，而赵德钧欲倚重契丹取中国，至团柏逾月，按兵不战，去晋安才百里，声问不能相通。［赵］德钧累表为［赵］延寿求成德节度使（按：即镇州节度使），曰："臣今远征，幽州势孤，欲使［赵］延寿在镇州（今河北正定），左右便于接应。"②唐主曰："［赵］延寿方击贼，何暇往镇州！俟贼平，当如所请。"［赵］德钧求之不已，唐主怒曰："赵氏父子坚欲得镇州，何意也？苟能却胡寇，虽欲代吾位，吾亦甘心，若玩寇邀君，但恐犬兔俱毙耳。"［赵］德钧闻之，不悦。

闰十一月，赵延寿献契丹主所赐诏及甲马弓剑，诈云［赵］德钧遣使致书于契丹主，为唐结好，说令引兵归国；其实别为密书，厚以金帛赂契丹主，云："若立己为帝，请即以见兵南平洛阳③，与契丹为兄弟之国；仍许石氏常镇河东。"契丹主自以深入敌境，晋安未下，［赵］德钧兵尚强，范延光在其东，又恐山北诸州邀其归路④，欲许［赵］德钧之请。

帝（即石敬瑭）闻之，大惧，亟使桑维翰见契丹主，说之曰："大国举义兵以救孤危，一战而唐兵瓦解，退守一栅，食尽力穷。赵北平父子不忠不信，畏大国之强，且素蓄异志，按兵观变，非以死殉国之人，何足可畏，而信其诞妄之辞，贪豪末之利⑤。弃垂成之功乎！且使晋得天下，将竭中国之财以奉大国，岂此小力之比乎！"契丹主曰："尔见捕鼠者乎，不备之，犹或啮伤其手，况大敌乎！"对曰："今大国已扼其喉，安能啮人乎！"契丹主曰："吾非有逾前约也，但兵家权谋不得不尔。"对曰："皇帝以信义救人之急，四海之人俱属耳目，奈何二三其命，使大义不终！臣窃为皇帝不取也。"跪于帐前，自旦至暮，涕泣争之。契丹主乃从之，指帐前石谓［赵］德钧使者曰："我已许石郎，此石烂，可改矣。"

晋安寨被围数月⑥，高行周、符彦卿数引骑出战，众寡不敌，皆无功。刍粮俱竭……援兵竟不至。杨光远、安审琦劝［张］敬达降于契丹，［张敬达拒绝］。［杨］光远乘其无备，斩［张］敬达首，帅诸将上表降于契丹……时晋安寨马犹近五千，铠仗

---

① 胡三省注云："儒州领晋山一县，武州领文德一县。武州，唐志有之。儒州，盖晋王镇河东所表置。后唐明宗天成元年，以兴唐军置寰州，领寰清一县，隶应州彰国节度使。人皆以石晋割十六州为北方之撤藩篱之始，余谓雁门以北诸州，弃之犹有关隘可守。汉建安丧乱，弃陉北之地，不害为魏、晋之强是也。若割燕、蓟、顺等州，则为失地险。然卢龙之险在营、平二州界，自刘守光僭窃，周德威攻取，契丹乘间遂据营、平。自同光以来，契丹南牧直抵涿、易，其失险也久矣。"
② 胡三省注云："言［赵］延寿在常山（按即镇州，汉常山郡，以县南有常山。旧城在今河北正定西南），则左可以应接蓟门（即幽州），右可以应接团柏。"
③ 胡三省注云："即其父子之见统之兵。"
④ 胡三省注云："山北诸州，谓云、应、寰、朔等州。"
⑤ 胡三省注云："秋豪之末，言其细也。"
⑥ 胡三省注云："是年九月晋安寨被围。"

五万，契丹悉取以归其国，悉以唐之将卒授帝（石敬瑭），语之曰："勉事而主。"

帝（石敬瑭）以晋安已降，遣使谕诸州，代州刺史张朗斩其使；吕琦奉唐主（后唐末帝）诏劳北军①，至忻州，遇晋使，亦斩之，谓刺史丁审琦曰："虏过城下而不顾，其心可见，还日必无全理，不若早帅兵民自五台奔镇州②。"将行，［丁］审琦悔之，闭牙城不从。［忻］州兵欲攻之，［吕］琦曰："家国如此，何为复相屠灭！"乃率州兵趣镇州，［丁］审琦遂降契丹。

帝与契丹将引兵而南……以［兄子］石重贵为北京留守、太原尹、河东节度使。契丹以其将高谟翰为前锋，与降卒偕进。丁卯，至团柏，与唐兵战，赵德钧、赵延寿先遁，符彦饶、张彦琪、刘延朗、刘在明继之，士卒大溃，相腾践死者万计。……［李］崧因劝唐主南还，唐主从之……壬申，唐主还至河阳。

赵德钧、赵延寿南奔至潞州，唐败兵稍稍从之，其将时赛率卢龙轻骑东还渔阳③。帝先遣昭义节度使高行周还具食④，至城下，见［赵］德钧父子在城上，［高］行周曰："仆与大王乡曲⑤，敢不忠告！城中无斗粟可守，不若速迎车驾。"甲戌，帝与契丹至潞州，［赵］德钧父子迎谒于高河，契丹主慰谕之，父子拜帝于马首，进曰："别后安否？"帝不顾，亦不与之言⑥。契丹主问［赵］德钧曰："汝在幽州所置银鞍契丹直何在？"［赵］德钧指示之，契丹主命尽杀之于［潞州］西郊，凡三千人。遂锁［赵］德钧、延寿，送归其国。

［赵］德钧见述律太后，悉以所赍宝货并籍其田宅献之，太后问曰："汝近者何为往太原？"［赵］德钧曰："奉唐主之命。"太后指天曰："汝从吾儿求为天子，何妄语耶！"又自指其心曰："此不可欺也。"又曰："吾儿将行，吾戒之云：赵大王若引兵北向渝关（今河北抚宁榆关），亟须引归，太原不可救也。汝欲为天子，何不先击退吾儿，徐图未晚。汝为人臣，既负其主，不能击敌，又欲乘乱邀利，所为如此，何面目复求生乎？"［赵］德钧俛首不能对。又问："器玩在此，田宅何在？"［赵］德钧曰："在幽州。"太后曰："幽州今属谁？"曰："属太后。"太后曰："然则又何献焉？"［赵］德钧益惭。自是郁郁不多食，逾年而卒。张砺与赵延寿俱入契丹，契丹主复以为翰林学士⑦。

符彦饶、张彦琪至河阳，密言于唐主曰："今胡兵大下，河水复浅，人心已离，

---

① 胡三省注云："谓雁门以北诸州固守之军。"
② 胡三省注云："自五台县东南至镇州三百六十里，即取飞狐路也。"
③ 胡三省注云："渔阳即谓幽州，唐人多言之。安禄山反于幽州，南向京辅，白居易歌之，以为'渔阳鼙鼓动地来'是也。"
④ 胡三省注云："使还潞州，先供顿以待军。"按：昭义节度使本驻潞州。
⑤ 胡三省注云："赵德钧封北平王，故高行周称之为大王。［赵］德钧幽州人，［高］行周妫州人，皆燕人也，故云乡曲。"
⑥ 胡三省注云："以其欲争为帝，恨之也。"
⑦ 胡三省注云："张砺，唐明宗时为翰林学士。唐主遣［张］砺督赵延寿进军团柏，由是与［赵］延寿俱入契丹，卒以病中国。"

此不可守。"己丑，唐主命河阳节度使苌从简与赵州刺史刘在明守河阳南城，遂断浮梁，归洛阳。遣宦者秦继旻、皇城使李彦绅杀昭信节度使李赞华（即契丹主之兄，东丹王）于其第……辛巳，唐主与曹太后、刘皇后、雍王［李］重美及宋审虔等携传国宝登玄武楼自焚①。

是日晚，帝（石敬瑭）入洛阳，止于旧第。

十二月辛酉朔，帝如河阳，饯太相温②及契丹兵归国。

——《资治通鉴》卷二百八十　后晋纪一　高祖天福元年。

祕琼，镇州平山人也。……有勇，［后唐］清泰中，董温琪为镇州节度使，擢［祕］琼为衙内指挥，依为腹心。及［董］温琪陷蕃，［祕］琼乃害［董］温琪之家，载其尸，都以一次瘗之。［董］温琪在任贪暴，积镪巨万，［祕］琼悉辇之，以藏其家，遂自称留后。

——《旧五代史》卷九十四《晋书·祕琼传》。

祕琼初仕后唐为董温琪衙内指挥使，依以腹心。及［董］温琪为幽州连帅赵德钧所奏，同赴太原之役，军败没蕃，［祕］琼乃害［董］温琪之家，载其尸，都以一次瘗之。［董］温琪在任贪暴，积镪巨万，［祕］琼悉辇之，以藏其家，遂自称留后。

——《册府元龟》卷九百四十三《总录部·不谊》。

安重荣，朔州人……张敬达之围晋阳也，高祖（指石敬瑭）闻［安］重荣在代北，使人诱之，［安］重荣乃召边士，得千骑赴焉。高祖大喜，誓以土地。及即位，授成德军节度使（即镇州节度使），累加至使相……尝有夫妇共讼其子不孝者，［安］重荣面加诘责，抽剑令自杀之，其父泣曰："不忍也。"其母诟詈，仗剑逐之。［安］重荣疑而问之，乃其继母也，因叱出，自后射之，一箭而毙，闻者莫不快意③。

——《旧五代史》卷九十八《晋书·安重荣传》

安重荣，朔州人，［后晋时］为成德军节度使。尝与北来蕃使并辔而行，指飞鸟射之，应弦而落，观者万众，无不快抃。蕃使因辍所乘马以庆之，由是名振北狄，自谓天下可以一箭而定。

——《册府元龟》卷八百四十六《总录部·善射》。

---

① 胡三省注云："年五十一。宋审虔与唐主起事于凤翔，亲将也，故与之俱死。"
② 胡三省注云："按吐蕃、契丹皆有太相。……《资治通鉴考异》曰：'《废帝实录》作高谟翰，范质《陷蕃纪》作高模翰，欧阳史作高牟翰。'盖蕃名太相温，汉名高谟翰。今从《晋高祖实录》。"
③ 《册府元龟·牧守部·强明》所记与此同。

安重荣为镇州节度使。初，后唐清泰中董温琪为镇帅，于城之诸门各铸二铁人，虬须拱立，以抱其阙，众谓之铁胡。[安]重荣未举兵前①，东门忽陨一铁人头，不知其故也。阍者惧，乃托以为暴风吹巨扉所落。[安]重荣小子铁胡，心恶之，不复穷问。

——《册府元龟》卷九百五十一《总录部·咎征二》。

（3）赵德钧与"东南河"

[明宗长兴中]，赵德钧奏发河北数镇丁夫，开王马口至游口（按：游口，误，当为淤口，今河北信安），以通水运，凡二百里。

——《旧五代史》卷九十八《晋书·赵德钧传》。

[后唐]明宗长兴三年（932年）六月壬子朔，幽州赵德钧奏："新开东南河，自王马口（疑即及河北廊坊西南之王玛）至淤口（今河北信安），长一百六十五里。阔六十五步，深一丈二尺，以通漕运，舟胜千石，画图以献。"

——《旧五代史》卷四十三《唐书·明宗纪九》。

长兴三年（932年）三月，幽州奏重开府东南河路一百五十里，阔九十步，以通漕运。

五月，幽州进呈新开东南河路图，自王马口（疑即今河北廊坊西南之王玛）至淤口（今河北信安），长一百六十五里，阔六十五步，深一丈二尺，可胜漕船千石②。

——《册府元龟》卷四百九十七《邦计部·河渠二》。

附录：

五代赵德钧凿东南河考——兼辨隋永济渠北端河道　　于德源

五代末后唐同光之世，契丹掠幽州甚剧，城门之外，一日数战。幽州城（今北京）之外，百姓无法樵采、耕作。同光三年(925年)后唐幽州节度使李存贤病卒，后唐

---

① 安重荣后辱杀契丹使者，后晋天福六年（941年）子镇州举兵南向，兵败，退守镇州。七年（942年）城破被杀。
② 《册府元龟·邦计部·漕运》所记与此相同，惟长兴三年三月为"二月"。《河渠二》言"重开"，与《旧五代史》不同，颇值得玩味。

庄宗任命原沧州节度使赵德钧（时赐名绍斌，后复其本名）为幽州节度使。赵德钧颇有将才，连续击溃契丹军队，生擒契丹首领数百人，北境稍得平安。为了加强幽州的防守力量，赵德钧一方面派兵于良乡阎沟（今北京房山区境内）筑垒屯扎，护卫陆运粮饷；另一方面又于幽州东南开凿"东南河"，以利水路漕运。从河北涿州到良乡的陆运路线是自秦汉以来的太行山东麓大道，其事已明；惟有"东南河"属赵德钧新创，且言之不详，故历来多有歧异。笔者兹据史料记载，略述浅见，意在抛砖引玉。

《旧五代史·唐书·明宗纪九》记载："长兴三年（932年）六月壬子朔，幽州赵德钧奏：新开东南河，自王马口至淤口，长一百六十五里，阔六十五步，深一丈二尺，以通漕运，舟胜千石，画图以献。"按一步折合五尺，该河宽为三十二丈五尺。《旧五代史·晋书·赵德钧传》则载："德钧奏发河北数镇丁夫，开王马口至游（误，当为"淤"）口，以通水运，凡二百里。又于阎沟筑垒，以成兵守之，因名良乡县，以备抄寇。又于幽州东筑三河城，北接蓟州。"宋人司马光修《资治通鉴》只载长兴三年赵德钧城阎沟为良乡县、城潞县（今北京通州区）而成之，城三河县以卫蓟州（今天津蓟县）运路，但不见记"东南河"一事。然而，《旧五代史》编纂者薛居正为后唐进士，后入北宋为昭文馆大学士，开宝七年（974年）监修《旧五代史》书成。司马光编纂《资治通鉴》则晚至元丰七年（1084年），所以其书不载"东南河"一事应属疏漏。质言之，赵德钧"开凿幽州东南河以利漕运"应是确有其事。但是关于东南河的具体方位却一直不清楚。史书中只提到了从王马口至淤口。淤口在五代时又称淤口关，后被契丹（后改称辽）占领。五代末年，后周世宗发兵北伐，收复三关，此即其一。《资治通鉴·后周纪五》记载：显德六年（959年）周世宗发兵北伐，"四月辛卯，上（指周世宗）至沧州。壬辰，至乾宁军（今河北青县）。乙未，大治水军，分命诸将水陆俱下……乙亥，至独流口（今天津市西南独流镇）……溯流而西（按，即西入巨马河）。辛丑，至益津关……壬寅，上登陆而西，宿于野次。癸卯，太祖皇帝（指后来篡周而立的北宋太祖皇帝赵匡胤，时任后周水路都部署，是役之后兼殿前都点检）先至瓦桥关……于是关南悉平。乙酉，以瓦桥关为雄州……以益津关为霸州。"《通鉴》只言二关，实际却是三关。《辽史·穆宗纪上》记载："应历九年（即后周显德六年）四月丙戌，周来侵……是月，周拔益津、瓦桥、淤口三关。"《新五代史·周本纪·世宗纪》注云："世宗下三关，瓦桥、益津以建州及见，淤口关只置寨，故旧史、实录皆阙不书，遂不见其取得时日，今信安军是也。"《新五代史》由北宋欧阳修编纂于皇祐五年（1053年），其学生徐无党作注，所以所说的"今信安军"即宋信安军。《宋史·地理志二》记载："信安军，同下州。太平兴国六年（980年）以霸州淤口寨建破房军。景德二年（1005年）改为信安。"由此可知，淤口当即今河北任丘市境内的信安。淤口、益津、瓦桥三关都在巨马河，亦即后来北宋与辽朝分界的界河沿线。淤口既然已确定是今河北信安无疑，那么王马口又在何处呢？中国水利史专家姚汉源先生在《元代以前的高梁河水利》一文中说:"后唐长兴三年(932年)夏,幽州节度使赵德钧开'东南河自王马口至淤口……'淤口即宋代之信安军,金之信安县。王马口不知所在。"侯仁之先生主编的《北京历史地图集》"后唐"幅则置之阙如。已故常征先生撰写《中国运河史》(北京燕山出版社,1989)时发现在今河北廊坊市西南、永定河北岸有一地称"王玛"。该地现为村落,地理位置在信安之北。从地图上测量,王玛村与信安相距82里,则与《旧五代史·唐书·明宗纪》所述165里之数相差甚远。然而,我们必须考虑到古今长度单位的差异。据现在已发现的和传世的唐尺,每唐尺合今0.29米到0.31米不等。姚汉源先生《北京古城垣周长及其所用尺度考》一文,以《辽史·地理志》按唐制测量,称幽州城方36里,而许亢宗《乙巳奉使行程录》按宋制衡量则称幽州城方27里为例,亦即36唐里合27宋里,推算结果是每唐里合今0.7125里。其依据是日本奈良正仓院收藏的唐红、绿牙尺甲,每唐尺合0.297米。依照姚先生的推算结果,即每唐里合今0.7125里计算,王玛至信安之今82里则合115.1唐里,与《旧五代史·唐书·明宗纪》所述165里之数接近。而且,应该考虑到,推算的115.1唐里是两地直线距离,而史书所记则为东南河的实际长度。赵德钧开凿东南河必须考虑到地势和尽可能利用天然河道,所以河道迂屈,实际长度多于直线距离本是常理。至于《旧五代史》本传中记东南河"凡二百里"则是取其大概而述之,自然不如奏文中说得准确,故不足为凭。

信安到王玛一线正位于幽州城(今北京)东南,且两地距离与史书记载大致相符,因此笔者认为五代赵德钧在幽州开凿的"东南河",就应该是从今河北廊坊市的王玛到河北任丘市的信安一线。史书所说的淤口是今信安,王马口当即今王玛。若寻其旧迹,今信安东侧向北有一条河流今称"故道灌渠",该河北经永清县东侧,在三间房一带向西北折,成为今永定河的一条支流;若在三间房一带径向北则正与王玛相交。因此,笔者推测,故东南河或是以信安沿"故道灌渠"向北,在永清县三间房继续向北而会于王玛。

如果王马口的位置和东南河旧迹推测不误,那么剩下的问题就是赵德钧开凿东南河的原因。这就涉及到隋唐永济渠北端河道路线和永定河的迁徙问题。隋唐永济渠自河南沁水口至河北沧州的河道,根据唐人李吉甫的《元和郡县图志》"河北道一"至"河北道三"的记载可得复原。但是,由于该书"河北道四"佚缺,所以永济渠在沧州以北的情况没有史书记载为据,由此产生歧说。谭其骧主编《中国历史地图集》有关图幅认为永济渠北端应是利用曹操所凿平虏渠进入潞河南端(今北运河),然后循当时还是永定河主流的桑干河北派——今凉水河、凤河一线向西北抵达蓟城(今北京)城南。另有一些学者则以《太平寰宇记》为据,认为永济渠北端应是自今天津独流镇西入巨马河至信安,然后北经永清东侧,再北经安次县(今河北廊坊市旧州)城东,由此进入桑干河(今永定河),西北抵达幽州蓟城(今北京)。史念海、严耕望、黄盛璋诸先生皆持此说。

笔者通过对史料的比较和分析，认为应以谭先生的主张为是，即永济渠自天津地区入潞河南端(今北运河)后北上，然后在桑干河北派清泉水(今凉水河、凤河)与潞河交汇处向西折，循桑干河北派抵达幽州城(今北京)南。笔者的依据是：一、今永定河在隋唐时是一条清水河，且为地下河，水道稳定，其下游东南入潞河(今北运河)，因此完全可以用来漕运。二、史书记载的种种迹象表明，东汉末年曹操在河北地区开凿的平虏、泉州二渠和辽西新河在隋唐时期依然存在，只不过需要稍加疏浚而已。因此，永济渠的北端更没有必要在天津地区离开潞河去西溯巨马河，绕行信安。《隋书·炀帝本纪》和《旧唐书·太宗本纪》在述隋、唐征辽之役时，隋炀帝和唐太宗都是东出临渝关(今河北抚宁县榆关，唐称渝关)，正是东汉末曹操所说的"傍海道"。皇帝御驾亲征，中军的后勤供应必须有充分保证，由此推测辽西新河当时应当还在。另外，《旧唐书·韦挺传》中的一段记载也可以说明这个问题。唐太宗于贞观年间准备发动征辽之役时感到困难的是自幽州(治今北京)以北，至辽河之间无州县，军饷无所取给，需要开辟交通线以保证军用粮草。太常卿韦挺因为其父在隋代时曾任营州(治今辽宁朝阳)总管，留有经略辽东的遗文可供利用，于是上奏朝廷。唐太宗阅后以为该计划可行，于是委任韦挺为馈运使、崔仁师为副使，河北诸州都要服从韦挺调遣，授以相机处理各种事务的大权。贞观十八年(644年)秋，韦挺抵达幽州城，一面命令熟悉辽西地势的燕州司马王安德先出发巡渠通塞，一面

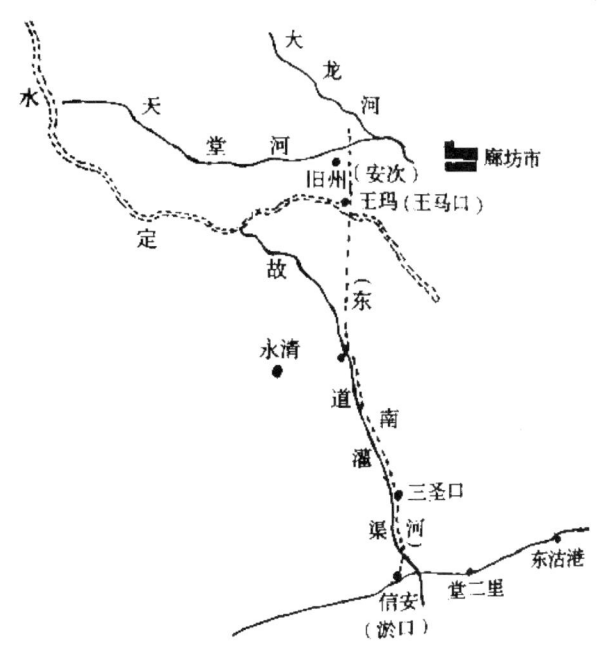

五代赵德钧"东南河"推想图

胸有成竹的"先出幽州库物，市木造船，运米而进。自桑干河下至卢思台"，东去幽州八百里，遇王安德回报，前面漕渠不通，无法行船。当时天寒地冻，漕船进退不得，只好把军粮暂卸于卢思台下。唐太宗闻讯大怒，惩治韦挺，另派将作少监李道裕为馈运使。卢思台当即今河北宁河县的芦台。李道裕是否疏浚了卢思台以东的河道，史书没有明确记载。但是李道裕原本的职务是将作少监，主持各项工程正是他分内的工作。根据史书记载唐太宗确实在贞观十九年（645年）按计划发动了征辽之役的情况推测，李道裕应该确实疏浚了卢思台以东河道，至于是否恢复了东汉末年的旧貌抵达了濡水（今滦河）则无从知晓。不过唐玄宗开元年间制定的《唐六典》中规定：诸州运租、庸、调的水陆脚费都有一定的数目，"从幽州（治今北京）运至平州（治今河北卢龙），上水（船每30里）十六文；下水（船每30里）六文"。上水船需逆流而上，下水船则是顺流而下，因难易不同，所以脚费也有高低不同。唐朝平州的治所卢龙就在濡水（今滦河）岸边，从幽州到平州的水路也只有辽西新河一途。这说明，至迟在唐玄宗开元之世辽西新河确实是重新浚通了。笔者列述以上史实，就是为了证明东汉末年曹操在河北开凿的平虏渠、泉州渠和辽西新河，在隋唐时期仍然存在，且今永定河是以清泉水（今凉水河、凤河）为主流。肯定了以上事实，那么隋唐永济渠的北端就应当是自平虏渠入潞河（今北运河）。由于清泉水下游也通潞河，所以主持开凿永济渠的阎毗只要将此河道稍加疏凿，漕船便可以从潞河向西北折入清泉水，抵达幽州蓟城（今北京）城南。至于永济渠北端河道改从独流镇向西折入巨马河，到信安后再北至永清东部入永定河，那是永定河在五代时期自幽州城南清泉水南徙到今天堂河和龙河之间的事情。也就是说，这时的永定河已经夺占了圣水（今琉璃河）下游河道，其下游已移到安次县（治今河北廊坊市旧州）境内，由"地下河"变成河床高出两岸的"地上河"。永定两岸筑堤也正是自辽、金开始。正因为永定河入潞水的河口由于下游河道频繁改变而不稳定，所以赵德钧才从信安开凿东南河到王马口，在安次县境内入永定河，再西北抵幽州蓟城（今北京）城南。今王玛即推测的王马口正位于旧州以南及天堂河与龙河之间一线以南不远。

　　由此又产生一个问题，就是今人为何会对隋唐永济渠北端线路产生误会。宋人乐史《太平寰宇记·河北道十七》"破虏军"条记载："破虏军，古淤口关（今河北信安）……永济河自霸州永清县界来，经军界，下入淀泊，连海。"同书《河北道十八》"安次县"条记载："安次县，本汉旧县，县东枕永济渠。"如前所述，史念海、严耕望诸先生便据此认为隋唐永济渠北端线路应是从独流口西溯巨马河到信安，北经永清县和安次县城东，然后入永定河，西北通往幽州城南。笔者在前已辨明隋唐永济渠北端线路应如谭其骧所说，从潞水入永定河。而《太平寰宇记》所说的永济渠、永济河，其路线恰恰就是赵德钧所开凿的"东南河"。《太平寰宇记》是宋人乐史写于北宋初年太平兴国年间的著作，成书年代距薛居正《旧五代史》不远。虽然其中收有不少唐代史料，但也如薛史一样，利用了五代时期遗留的实录、史书。笔笔者通过对史料的比较和分析，认为应以谭先生的主张为是，即永济渠自天津地区入潞河南端（今北运河）后北上，然后在桑干河北派清泉水（今凉水河、凤河）与潞河交汇处向西折，循桑干河北派抵达幽州城（今北京）南。笔者的依据是：一、今永定河在隋唐时是一条清水河，且为地下河，水道稳定，其下游东南入潞河（今北运河），因此完全可以用来漕运。二、史书记载的种种迹象表明，东汉末年曹操在河北地区开凿的平虏、泉州二渠和辽西新河在隋唐时期依然存在，只不过需要稍加疏浚而已。因此，永济渠的北端更没有必要在天津地区离开潞河去西溯巨马河，绕行信安。《隋书·炀帝本纪》和《旧唐书·太宗本纪》在述隋、唐征辽之役时，隋炀帝和唐太宗都是东出临渝关（今河北抚宁县榆关，唐称渝关），正是东汉末曹操所说的"傍海道"。皇帝御驾亲征，中军的后勤供应必须有充分保证，由此推测辽西新河当时应当还在。另外，《旧唐书·韦挺传》中的一段记载也可以说明这个问题。唐太宗于贞观年间准备发动征辽之役时感到困难的是自幽州（治今北京）以北，至辽河之间无州县，军饷无所取给，需要开辟交通线以保证军用粮草。太常卿韦挺因为其父在隋代时曾任营州（治今辽宁朝阳）总管，留有经略辽东的遗文可供利用，于是上奏朝廷。唐太宗阅后以为该计划可行，于是委任韦挺为馈运使、崔仁师为副使，河北诸州都要服从韦挺调遣，授以相机处理各种事务的大权。贞观十八年(644年)秋，韦挺抵达幽州城，一面命令熟悉辽西地势的燕州司马王安德先出发巡渠通塞，一面

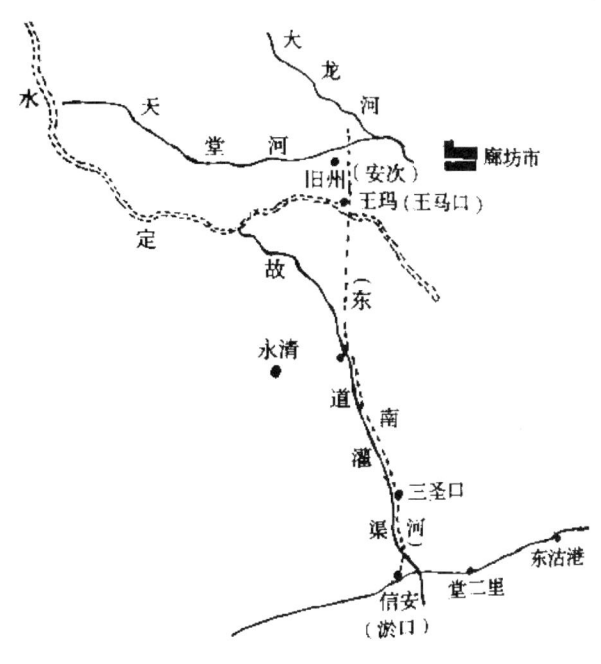

五代赵德钧"东南河"推想图

胸有成竹的"先出幽州库物，市木造船，运米而进。自桑干河下至卢思台"，东去幽州八百里，遇王安德回报，前面漕渠不通，无法行船。当时天寒地冻，漕船进退不得，只好把军粮暂卸于卢思台下。唐太宗闻讯大怒，惩治韦挺，另派将作少监李道裕为馈运使。卢思台当即今河北宁河县的芦台。李道裕是否疏浚了卢思台以东的河道，史书没有明确记载。但是李道裕原本的职务是将作少监，主持各项工程正是他分内的工作。根据史书记载唐太宗确实在贞观十九年(645年)按计划发动了征辽之役的情况推测，李道裕应该确实疏浚了卢思台以东河道，至于是否恢复了东汉末年的旧貌抵达了濡水(今滦河)则无从知晓。不过唐玄宗开元年间制定的《唐六典》中规定：诸州运租、庸、调的水陆脚费都有一定的数目，"从幽州(治今北京)运至平州(治今河北卢龙)，上水(船每30里)十六文；下水(船每30里)六文"。上水船需逆流而上，下水船则是顺流而下，因难易不同，所以脚费也有高低不同。唐朝平州的治所卢龙就在濡水(今滦河)岸边，从幽州到平州的水路也只有辽西新河一途。这说明，至迟在唐玄宗开元之世辽西新河确实是重新浚通了。笔者列述以上史实，就是为了证明东汉末年曹操在河北开凿的平虏渠、泉州渠和辽西新河，在隋唐时期仍然存在，且今永定河是以清泉水(今凉水河、凤河)为主流。肯定了以上事实，那么隋唐永济渠的北端就应当是自平虏渠入潞河(今北运河)。由于清泉水下游也通潞河，所以主持开凿永济渠的阎毗只要将此河道稍加疏凿，漕船便可以从潞河向西北折入清泉水，抵达幽州蓟城(今北京)城南。至于永济渠北端河道改从独流镇向西折入巨马河，到信安后再北至永清东部入永定河，那是永定河在五代时期自幽州城南清泉水南徙到今天堂河和龙河之间的事情。也就是说，这时的永定河已经夺占了圣水(今琉璃河)下游河道，其下游已移到安次县(治今河北廊坊市旧州)境内，由"地下河"变成河床高出两岸的"地上河"。永定河两岸筑堤也正是自辽、金开始。正因为永定河入潞水的河口由于下游河道频繁改变而不稳定，所以赵德钧才从信安开凿东南河到王马口，在安次县境内入永定河，再西北抵幽州蓟城(今北京)城南。今王玛即推测的王马口正位于旧州以南及天堂河与龙河之间一线以南不远。

由此又产生一个问题，就是今人为何会对隋唐永济渠北端线路产生误会。宋人乐史《太平寰宇记·河北道十七》"破虏军"条记载："破虏军，古淤口关(今河北信安)……永济河自霸州永清县界来，经军界，下入淀泊，连海。"同书《河北道十八》"安次县"条记载："安次县，本汉旧县，县东枕永济渠。"如前所述，史念海、严耕望诸先生便据此认为隋唐永济渠北端线路应是从独流口西溯巨马河到信安，北经永清县和安次县城东，然后入永定河，西北通往幽州城南。笔者在前已辨明隋唐永济渠北端线路应如谭其骧所说，从潞水入永定河。而《太平寰宇记》所说的永济渠、永济河，其路线恰恰就是赵德钧所开凿的"东南河"。《太平寰宇记》是宋人乐史写于北宋初年太平兴国年间的著作，成书年代距薛居正《旧五代史》不远。虽然其中收有不少唐代史料，但也如薛史一样，利用了五代时期遗留的实录、史书。笔者认为,其关于永济渠北端的记述就是依据的五代实录、史书。也就是说,《太平寰宇记》中所说的"永济渠"、"永济河",都是唐末、五代之际永济渠北端改道以后即赵德钧所开东南河的路线,而不是原来隋唐时期永济渠北端路线。

辽末、金初之际,这条运河又有了新的变化。北宋仁宗庆历、神宗元丰、哲宗元祐年间黄河发生3次大决口,改道北徙。宋哲宗元祐四年(1089年)朝臣范百禄述云:"臣等按视黄河,独流口至界河(今海河),又东至海口……自元丰四年(1081年)河出大吴埽(在河南浚县一带),一向就下,冲入界河,行流势如倾建。经今八年,不舍昼夜,冲刷界河,两岸日渐开阔……趋海之势甚速。"元祐八年(1093年)黄河复决,分为趋东、趋北两支。当时黄河北支泛流已夺御河(即隋唐永济渠)河道北至独流出海。公元1120年宋、金订立"海上之盟"夹击辽朝。公元1122年,金军攻陷辽南京(今北京)。次年(1123年)北宋以岁币四十万以外,另加每年输燕山代税钱一百万缗的代价赎回燕山等八州,并置燕山府(治今北京)。宋徽宗宣和七年(1125年)宋使许亢宗出使金朝,途经燕山府,其《宣和乙巳奉使行程录》述云:"第五程自燕山府(今北京)八十里至潞县(今北京通州区)。是岁燕山大饥,父母食其子,至有肩死尸插纸标于市售之以为食……上下相蒙,上(指徽宗)弗闻之。宣抚使王安中方献羡余四十万缗为自安计,后奉朝廷令度支漕太仓粳米五十万石自京(指宋京城开封)沿大河(指黄河北支泛流),由保、信沙塘入潞河(今潮白河)以赡燕军。"他又记云:待他完成出使任务返回燕山府(今北京)时,"已见舳舻衔尾,舣万艘于水"。他还进一步加以说明:"潞河(今潮白河)在县(指潞县,今通州区)东半里许。曹操征乌桓蹋顿、袁尚等,凿渠自滹沱,由泒水入潞河以护转输即此地。"关于这件事,《宋史·徽宗纪四》中记载:"宣和七年(1125年)二月庚戌,诏京师(今河南开封)运米五十万斛至燕山(今北京),令工部侍郎孟揆亲往措置。"《宋史·河渠志五》记载:在东起沧州海岸黑龙港,一直西到安肃军(今河北徐水)的数百里间,分布着众多大大小小的塘泊。这些塘泊因为塘底都是淤沙,所以又称沙塘,其中"东起乾宁军(今河北青县)、西信安军(今河北信安)永济渠为一水,西合鹅巢淀、陈人淀、燕丹淀、大光淀、孟宗淀为一水,衡广一百二十里,纵三十里或五十里,其深丈余或六尺。东起信安军永济渠,西至霸州莫金口,合水汶淀、得胜淀、下光淀、小兰淀、李子淀、大兰淀为一水,衡七十里,纵或十五里或六里,其深六尺或七尺"。以上这些塘泊,其位于保定军(今河北霸州市南)和信安军之间的就是所谓"保、信沙塘",大部分在今河北文安县文安洼泄洪区内。当时这些塘泊纵横相连,处处径通,黄河北支泛流在独流口附近只有穿过这些沙塘后才能进入界河(今海河),然后经由三会海口(今天津)出海。《三朝北盟会编》引《秀水闲居录》记述说:金朝起初攻辽朝时,原辽朝金吾将军郭药师率万众来附北宋,至宣和七年(1125年)的三四年间,其所率领的所谓常胜军达十万余众,且均携带家属,"食河北诸郡,收市牛马殆尽,至四万余骑。朝廷竭力应付,自京师(今河南开封)转粟之大河(即黄河北支泛流),转海口以给之"。由此可见，北宋漕船经黄河北支泛流和保、信沙塘之后，并没有西折入巨马河后经信安北上，而是经保、信沙塘过独流口以后东趋三会海口，在那里北入潞河（今北运河）。也就是说，这次漕运的北上路线是部分恢复了隋唐永济渠北端的路线，只不过是自潞河没有再西入永定河，而是径直沿潞河北上，抵达今北京东部通州区的潞河岸边。从许亢宗所说的舣集漕船万艘的情况来看，当时这里的水面十分辽阔。 综上所述，笔者认为，隋唐永济渠的北端线路应是自平房渠入潞河，然后西入永定河（时为凉水河、凤河一线的清泉水）。五代赵德钧开凿的幽州"东南河"应是自今河北信安到今河北廊坊市西南的王玛。其开凿的原因是唐末、五代之际永定河徙出清泉水道，南至今天堂河与龙河之间夺占圣水下游，从此下游河道变化频繁，其入潞河河口不定。因此赵德钧开凿"东南河"，使漕船自独流口西入巨马河，自信安经"东南河"北上，经永清县和安次县城东，北入永定河。这样一来，隋唐永济渠北端线路发生变化，被"东南河"部分替代，由此在《太平寰宇记》中，东南河在永清县、安次县境内乃分别有"永济河"、"永济渠"之号。及至辽末、金初之际，北宋曾一度自黄河北支泛流经独流口北入潞河，漕船循潞河（今北运河、潮白河）抵达潞县城（今北京通州区）东半里的潞河岸边，为此后金、元、明、清数百年间今通州成为北京漕运枢纽的地位奠定了基础。（原载《北京文博》2004年第四期）

谈古代北京东南方面漕渠的变迁（节录）　　韩嘉谷

一、永济渠末段河道位置

古代北京东南方面的漕渠，最先是隋炀帝开凿的永济渠，目的是为了对高丽的战争，在涿郡集结军械粮饷。《隋书·炀帝纪》记大业四年（608年），"将兴辽东之役，自洛口开渠达于涿郡，以通运漕"。《资治通鉴》记为：是年"春正月乙巳，诏发河北诸军百余万，穿永济渠，引沁水，南达于河，北通涿郡。丁男不供，始役妇人"。大业七年（611年），"发江淮以南民夫及船，运黎阳及洛口诸仓米至涿郡，船舻相次千余里，载甲兵及攻取之具，往还在道常数十万人，天下骚动"。隋炀帝不顾人民死活的举措，引发隋末人民大起义，不多几年隋朝灭亡，但由此与开皇七年（587年）开凿的山阳渎、大业元年（605年）开凿的通济渠、莨荡渠等一起，构成了贯通我国南北的京杭大运河，对密切南北经济文化交流、巩固国家统一，起到了不可估量的作用。只是关于永济渠末段抵达北京前的渠道，由于记载该河位置的《元和郡县志》自沧州以下部分佚失，因此一直处于不确定之中，一种意见认为和元代大运河一样，从沧州北行经天津，溯潞水抵达北京；另一种意见则认为是到静海独流后西折，通过冀中洼地到北京。检诸文献，以后者较可信。关于永济渠末段位置，在宋代史籍中多有涉及，兹举自乾宁军以下的地点如下：一、经青县兴济。《元丰九域志》

乾宁军苑桥下云："(乾宁)军南三十里,二乡。有永济渠、界河。"《青县志》引《读史方舆纪要》云："宋清州范(苑)桥镇地,大观初改置兴济县。"乾宁军在今青县,军南三十里是今兴济镇。 二、经静海县双塘。《宋史·河渠志》记皇祐元年,"河合永济渠,至乾宁军,分东、西两塘,次入界河,于劈地口入海"。"东、西两塘"是今静海县的东双塘和西双塘,分别处南运河东、西岸。三、经信安。《宋史·河渠志》记述缘边塘泺时云:"其水东起沧州界,拒海岸黑龙港,西至乾宁军,沿永济渠合破船淀、灰淀、方淀为一水。"又云:"东起乾宁军,西至信安永济渠为一水。""东起信安军永济渠,西至霸州莫金口……为一方。"表明永济渠离开了今南运河后,西行经信安、霸州。故《太平寰宇记》霸州破虏军下记:"永济河自霸州永清县界来,经军界,下入淀泊,连海水。"破虏军即信安,《大清一统志》记信安沿革:"信安故城,在霸州东,〈太平寰宇记〉:'本古淤口关,周显德六年收复关南,于此置寨,太平兴国六年置破虏军。'王存〈九域志〉:'景德二年改信安军。'"四、经永清。《太平寰宇记》云:"永济河自霸州永清县界来。"五、经安次旧州。《太平寰宇记》幽州安次县下记:"本汉旧县,东枕永济渠。"是永济渠从永清又到安次,侧安次旧州东,趋涿郡(今北京)。 永济渠经信安、永清、安次一线,为保证运渠畅通,隋朝专门在沿线设置了丰利、通泽二县。丰利县在今文安县境,《太平寰宇记》记:"大业七年征辽,途经淤河口,当三河合流之处,割文安、平舒二邑户于河口置丰利县。隋末乱,百姓南移是城。贞观元年以丰利、文安二县相近,遂废文安城,仍移文安名就丰利城置县,即今理也。"知宋代文安县治是隋设置的丰利县城,而丰利县的设置是由于通辽运渠途经该地。通泽县是永清县的前身,《永乐大典》本《顺天府志》永清县沿革下记:"永清县,本汉益昌县。……隋大业七年因开渠通辽,乃于县西置通泽县。……唐玄宗天宝元年更名永清。"同书河渠下记:"通辽渠在县西北五里通泽村发源,至县西南东流入霸州淀泊。"城池下记:"土城岁久倾圮,惟东北一隅仅存二十余步,壕亦堙塞,今通辽水环于西南。"寺观下记:"通贞(真)宫,永清县直大道……始自太玄郦真人,布教诸方,抵永清通泽……。"表明该县从设置到相关古迹、传说,都和征辽运渠途经该地有关。 这条经丰利县和通泽县的通辽运渠就是永济渠,既然这二县都是由于永济渠经过该地区而设置,表明宋代著作关于永济渠行冀中洼地达涿郡的记载,不是由五代赵德钧开凿幽州东南河路后产生的附会,必然有所依据。永济渠过安次后北行,不远即可进入桑干河。桑干河即《水经注》灅水,《水经》曾记经蓟县北,约是行由八宝山经紫竹院、积水潭、北海、中海入龙潭湖一线古河道。北魏时改道经蓟城南,行凉水河一线,在东汉雍奴县故城西北入注笥沟(沽河)。隋时继续南移,其故道从今北京市西南的衙门口起,往下经马家堡、南苑、留民营、采育镇、凤河营,已和安次旧州十分接近。《隋书·炀帝纪》记隋炀帝于大业七年(611年)"夏四月,至涿郡之临朔宫"。《隋书·仪礼志》记是年炀帝"遣诸将于蓟城南桑干河上,筑社稷二坛,设方墠,行宜社礼"。是永济渠在穿越冀中洼地后,又循桑干河达于此。

二、赵德钧"重开"运渠

隋代的永济渠到唐代仍然畅通,武则天万岁通天元年(696年)契丹反营州,朝廷以江南粮补充幽州军粮,《陈子昂集·上军国机要事》云:"即日江南、淮南诸州租船数千艘,已至巩、洛,计有百余万斛,所司便勒往幽州,纳充军粮。"所行当是此渠。《旧唐书·安禄山传》记天宝十三年安禄山从长安逃返,"至淇门,轻舻循流下,万夫挽牵而助,日三百里,返幽州"。也是在永济渠上的活动。《皮子文薮·汴河铭》曰:"今自九州之外,复有淇汴,北通涿郡之渔商,南通江淮之转输,其为利也博哉。"可见此渠在唐朝社会生活中起着重要作用。《元和郡县志》详细记载其经流位置,但末段是否仍行冀中洼地,还是从独流北行经天津三岔河口赴北京,同样因资料佚失,不明。唐代永济渠有经天津三岔河口到北京的可能,因为唐时幽州通过桑干河至海口的活动十分频繁。最早的一次大规模活动,是唐初唐太宗征高丽之战,由太常卿韦挺为馈运使,负责向前线运送军粮。战事尚未开始,便发生了严重事故,《旧唐书·韦挺传》记贞观十九年(645年):"(韦)挺至幽州,令燕州司马王安德巡渠通塞。先出幽州库物市木造船,运米而进,自桑乾河下至卢思台,去幽州八百里。"胡三省注《资治通鉴》云:"据《旧(唐)书》,卢思台去幽州八百里,此漕渠盖即曹操伐乌丸所开泉州渠也,上承桑乾河。"知这次运粮的路线是从幽州出发,行桑干河至今天津东郊,北折循曹操泉州渠至宝坻城南古鲍邱河(今潮白新河),再转入曹操新河,即循今窝头河、箭杆河、蓟运河一线东行,在宁河县北部与蓟运河别,沿泥河穿油葫芦洼至丰南县,东行至滦河下游。

征高丽之战后,桑干河海口依然繁忙,主要是向幽州等地转输江南海漕军粮。唐朝为加强边境守御,"置十节度经略使以备边",其中"范阳节度临制奚、契丹,统经略、威武、清夷、静塞、恒阳、北平、高阳、唐兴、横海九军,夹幽、蓟、妫、檀、易、横、定、漠、沧九州境内,治幽州,兵九万一千四百人,马六千五百匹,衣赐八十万匹段,军粮五十万石"。这些驻军的粮饷多由江南海漕运给,开元二十七年(739年)"幽州节度使增领河北海运使","于扬州置仓,以备海运,供东北边防用"。向幽州转输江南海漕军粮,位于渤海湾顶端的桑干河口是最合适的地点,杜佑《通典》记:"渔阳郡,东至北平郡三百里,南至三会海口一百八十里。"即是此海口,地在今天津军粮城与泥沽之间,连接海口和幽州之间的天然水道即是桑干河,沿线留下了许多具有一定规模的唐代遗存,如武清县旧县、大桃园等。海口附近有专门为转输军粮而修建的土城,位于今军粮城镇西刘台村,这一带还发现许多唐代墓葬,出土颇多精美文物。杜甫《昔游》诗:"幽燕盛用武,供给亦劳哉。吴门转粟帛,泛海凌蓬莱。肉食三十万,射猎起黄埃。"《后出塞》诗:"渔阳豪侠地,击鼓吹笙竽。云帆转辽海,粳稻来东吴。越罗与楚练,照耀舆台躯。"所说都是经过此海口的漕运活动。由海口到幽州，今天津市区三岔河口是必经之地，而从三岔河口到永济渠西折处的静海独流，相距仅七十里，曹操开凿的平虏渠已经使从参户（今青县木门镇）北展的《水经》清河和桑干河注入的沽河连结了起来。尽管郦道元为《水经·沽河》作注时说："沽水又东南合清河，今无水"，但《水经·沽水注》又说："清、淇、漳、洹、滱、易、涞、濡、沽、滹沱同归于海。"南北水系合流的河道结构已是无疑的事实，即使有一时的河道淤塞，要恢复此七十里的水道亦显非难事，因此唐朝永济渠有经天津三岔河口到北京的可能。不过这也并不排斥隋代永济渠由独流西折行冀中洼地赴北京的事实，因为五代赵德钧开辟幽州"东南河路"仍在此域，而且有史籍明确记载是"重开"，因此这只能是永济渠旧道上的活动。唐朝自"安史之乱"后国势急速衰落，尤其中原军阀之间的相互攻战，使契丹等部落乘机进入燕山南麓。"自唐末幽、蓟割据，戍兵废散，契丹因得出陷平、营，而幽蓟之人岁苦寇钞。自涿州至幽州百里，人迹断绝，转饷常以兵护送。"幽州城门之外，虏骑充斥，幽州东十里之外，人不敢樵牧，更谈不上从事农业生产。从涿州运粮到幽州的道路上，多有契丹兵埋伏，伺机掠取，幽州实际上成了契丹势力包围中的一座孤城。同光三年（925年）赵德钧移镇幽州，为摆脱困境，他采取了于阎沟筑垒、修建三河县城、开发宝坻（当时称新仓镇）盐业等一系列措施，另有一项措施便是开辟幽州"东南河路"，以加强与外部的联系。《旧五代史·赵德钧传》记长兴三年（932年），赵德钧"奏发河北数镇丁夫开王马口至游（淤）口，以通水运，凡二百里"。对此，《旧五代史·唐书·明宗纪》记之较详："六月壬子朔，幽州赵德钧奏：'所开东南河，自王马口至淤口，长一百六十五里，阔六十五步，深一丈二尺，以通漕运，舟胜千石，画图以献。'"值得注意的是，《册府元龟》在记载这一事件时，明确说是"重开"，其云："（长兴）三年二月，幽州奏重开府东南河路一百五十五里，阔九十步，以通漕运。"又云："五月，幽州进王新开东南河路图，自王马口至于淤口，长一百六十五里，阔六十五步，深一丈二尺，可胜漕船千石。"其所以称"重开"，必是这里原先曾有漕渠，由于淤塞，因此需重新开凿，而新开的河道必是循原来的旧渠。这旧渠只能是宋代史籍所说的永济渠，也就是《永乐大典》本《顺天府志》所记经永清县的通辽渠，因为"东南河路"的起点"王马"和终点"淤口"，和宋代史籍关于永济渠途经信安至安次旧州东的记载一致。"王马"今作王玛，在安次县旧州镇南永定河北岸。"淤口"又作淤河口，后周显德六年（959年）周世宗北伐，于其地置淤口寨，宋太平兴国六年置破虏军，景德二年改为信安军，故淤口在今信安。《旧五代史》和《册府元龟》皆记从王马至淤口的距离为一百六十五里，今地图上不足此数，除唐尺小于今尺外，主要是此河循永济渠旧道开凿，在冀中洼地穿淀注而行，多曲折盘绕，如由安次东的王马至绕经永清西南面的通辽渠，即是一个大弯；再从永清经霸州到信安，又是一个大弯。赵德钧不用桑干河而另开东南河路，应与桑干河到唐代进一步南迁有关，始撰于宋太平兴国四年（979年）的《太平寰宇记》记："桑干水在（永清）县北十里。"

其时距赵德钧开辟东南河路的时间仅三十多年,而迁移又当在此以前。桑干河南迁,势必将大量泥沙带入冀中洼地,于是即使桑干河进入幽州的水源不足,又造成穿越冀中洼地段的河道发生淤塞,因此需"重开府东南河路"。南迁后的永济渠泥沙进一步肆虐,终于导致到金代晚期,通过冀中洼地的永济渠旧道被彻底废弃。

三、金章宗"改凿"运渠

赵德钧"重开"幽州东南河路后三十五年,即后周显德六年(959年),周世宗北征契丹。进军路线避开契丹大军驻守的太行山东麓大道,由河北平原东部北进,从汴梁直趋沧州,因为那里地势低洼,河渠密布,不宜契丹骑兵进退。同时该地区在广顺三年(953年)有"契丹知芦台军事范阳张藏英来降",显德五年(958年)又攻拔了被契丹占领的束城(故城在今大城县南),可见契丹势力相对薄弱。大军由侍卫亲军韩通等率领水、陆军先发,扎寨于乾宁军(今青县兴济)南。韩通到后即整治自沧州入契丹境的水道,修补损坏的堤防,开游口三十六处,开通往瀛州(今河间)和莫州(今任邱州鄚州)等地的道路。周世宗到沧州后,当天即率步、骑军数万从沧州出发,第二天到乾宁军,大治水军,随后水陆并进,由韩通率陆军,略地拒马河以前诸州县;由赵匡胤率水军,从乾宁军出发,沿河顺流而北,舳舻相连达数十里。第三天过独流口,第五天到益津关(在永清县),所行无疑即是赵德钧的"府东南河路。"周世宗未及完成北伐便染病身亡,随即着发生陈桥驿兵变,赵匡胤称帝,不久进入了宋辽对峙,益津关以北入辽朝版图。宋朝沿界河修建塘泺防线,驻兵戍守,军饷运给仍使用永济渠旧道,即《资治通鉴长编》记景德元年(1004年)"知雄州何承矩上言:乾宁军西北有古河渠,抵雄州,漕则不复入界河,免戎人邀击之患"。

此渠在北宋末年还有一次运粮活动,便是宋朝以巨额岁币从金人手中取得燕云地区后,向燕山府驻军运粮,事见钟邦直《宣和乙巳(1125年)奉使行程录》:"自燕山府八十里于潞县,是岁,燕山大饥,父母食其子,至肩死尸插纸标于市售以为食。钱粮金帛率以供常胜军,帅之牙兵皆骨立,而戍兵饥死者十七八。……宣抚使王安中方献羡余四十万缗为自安计,后奉朝廷令,度支漕太仓粳米五十万石,自京沿大河,由保信沙塘入潞河,以赡燕军。回程至此,见舳舻衔尾,舣万艘于水。"所谓"保信沙塘",是指保州到信安之间沟渠纵横、淀洼连绵的塘泊环境,由于多缘宋境分布,史称缘边塘泺。《梦溪笔谈》云:"自保州西北沈远泺,东尽沧州泥沽海口,凡八百里,悉为潴潦,阔者有及六十里者,至今倚为藩篱。"即谓此。整个塘泺又由许多次一级的沙塘相连而成,《析津志》曰:"益津关,在燕京南文安县沙塘。"是此"保信沙塘"的一部分。文安县是淤河口所在地,益津关在永清县,永济渠显然即是穿行此沙塘,向燕山府运粮也当是由此沙塘转入潞河。对于这次运粮另有一种记载,《三朝北盟会编》引《秀水闲居录》,言郭药师常胜军"食河北诸郡收市牛马殆尽,至四万余骑。朝廷竭力应付，自京师转粟之大河，转海口以给之"。这里只提海口，不说保信沙塘和潞县，但并不意味着运粮直接由黄河进入了潞河，因为"保信沙塘"的固然和海口相连，可是黄河入海是不进入沙塘的。《宋史·河渠志》记：庆历八年(1048年)"六月癸酉，河决商胡埽……。皇祐元年(1049年)三月，河合永济渠，注乾宁军。"此时黄河过独流后东折至泥沽入海，即《宋史》所说的："提举河渠王亚等谓：黄御河带北行入独流东寨，经乾宁军、沧州等八寨边界，直入大海。"元丰四年决小吴，黄河到独流后改道北流，是为《宋史·河渠志》所说的："都水使者吴玠言：'自元丰间小吴口决，北流入御河，下合西山诸水，至清州独流寨三叉口入海。'"这次决溢后虽然尾闾进入了界河，但也是独有渠道，不与沙塘混。许邦直目睹这次运粮活动，说"自京沿大河，由保信沙塘入潞河"，前后经历黄河、沙塘、潞河三个环节，勾勒出运粮渠道的主要特征，表明所行仍是穿越"保信沙塘"的永济渠旧道。（原载《北京文博》2005年第一期）

图书在版编目（CIP）数据

北京隋唐五代历史资料汇编/于德源编.—北京：北京燕山出版社，2016.10
ISBN 978-7-5402-4263-3

Ⅰ.①北… Ⅱ.①于… Ⅲ.①中国历史—史料—汇编—隋唐时代 ②中国历史—史料—汇编—五代十国时期 Ⅳ.① K240.6

中国版本图书馆 CIP 数据核字（2016）第 248080 号

北京隋唐五代历史资料汇编

责任编辑：金贝伦　王　迪
责任校对：石书贤
出版发行：北京燕山出版社
地　　址：北京市西城区陶然亭路 53 号
邮政编码：100054
发行电话：（010）65243837
印　　刷：三河市灵山红旗印刷厂
开　　本：787mm×1092mm　1/16
印　　张：33.5
字　　数：620 千字
版　　次：2016 年 12 月第 1 版
印　　次：2016 年 12 月第 1 次印刷
定　　价：280 元
版权所有　违者必究

如有印刷质量问题，请与印厂联系退换

骑。朝廷竭力应付，自京师转粟之大河，转海口以给之"。这里只提海口，不说保信沙塘和潞县，但并不意味着运粮直接由黄河进入了潞河，因为"保信沙塘"的固然和海口相连，可是黄河入海是不进入沙塘的。《宋史·河渠志》记：庆历八年(1048年)"六月癸酉,河决商胡埽……。皇祐元年(1049年)三月,河合永济渠,注乾宁军。"此时黄河过独流后东折至泥沽入海，即《宋史》所说的："提举河渠王亚等谓：黄御河带北行入独流东寨，经乾宁军、沧州等八寨边界，直入大海。"元丰四年决小吴，黄河到独流后改道北流，是为《宋史·河渠志》所说的："都水使者吴玠言：'自元丰间小吴口决，北流入御河，下合西山诸水，至清州独流寨三叉口入海。'"这次决溢后虽然尾闾进入了界河，但也是独有渠道，不与沙塘混。许邦直目睹这次运粮活动，说"自京沿大河，由保信沙塘入潞河"，前后经历黄河、沙塘、潞河三个环节，勾勒出运粮渠道的主要特征，表明所行仍是穿越"保信沙塘"的永济渠旧道。（原载《北京文博》2005年第一期）

图书在版编目（CIP）数据

北京隋唐五代历史资料汇编 / 于德源编. — 北京：北京燕山出版社，2016.10
ISBN 978-7-5402-4263-3

Ⅰ. ①北⋯ Ⅱ. ①于⋯ Ⅲ. ①中国历史—史料—汇编—隋唐时代 ②中国历史—史料—汇编—五代十国时期 Ⅳ. ①K240.6

中国版本图书馆CIP数据核字（2016）第248080号

北京隋唐五代历史资料汇编

责任编辑：金贝伦　王　迪
责任校对：石书贤
出版发行：北京燕山出版社
地　　址：北京市西城区陶然亭路53号
邮政编码：100054
发行电话：（010）65243837
印　　刷：三河市灵山红旗印刷厂
开　　本：787mm×1092mm 1/16
印　　张：33.5
字　　数：620千字
版　　次：2016年12月第1版
印　　次：2016年12月第1次印刷
定　　价：280元
版权所有　违者必究

如有印刷质量问题，请与印厂联系退换